민법판례연구 I

권영준 저

박영사

머리말

필자는 2017년부터 2019년까지 매년 1월마다 대법원 민사실무연구회에서 그 직전 연도의 민법 판례 동향을 분석하여 발표하였다. 각각의 발표문은 “2016년 민법 판례 동향”(민사법학 제78호, 2017년 2월), “2017년 민법 판례 동향”(서울대학교 법학 제59권 제1호, 2018년 3월), “2018년 민법 판례 동향”(서울대학교 법학 제60권 제1호, 2019년 3월)으로 게재되었다. 그 내용을 약간 수정하고 편집하여 이 책에 담았다.

이 책에 담긴 개별 판결들에 대한 분석은 대체로 그 판결들에 대한 평석이 거의 존재하지 않던 시점에 이루어졌다. 그 이후 여러 판결들에 대해 다른 분들의 판례 평석들이 출간되었다. 이 내용을 사후적으로나마 반영해야 할지 고심하였다. 하지만 새로 선고된 판결들에 직면하여 치열하게 고민했던 당시의 흔적을 최소한의 사후 보정만 거쳐 담기로 하였다. 그 쪽이 다소 부끄럽지만 생생했던 사유의 색깔을 그대로 보존하여 궁극적으로는 판례 분석의 다양화에도 기여하는 방법이라고 생각하였기 때문이다.

일찍이 프랜시스 베이컨(Francis Bacon)은 “법이 국가의 닻이듯이 판결은 법의 닻이다(Judgements are the anchors of the laws; as laws are the anchors of states).”라고 표현한 바 있다. 판결(Rechtsprechung)을 선고한다는 것은 구체적 사태에 직면하여 법을 말하는 행위이다. 이를 통해 일반적 · 추상적인 법이 구체적 삶에 규범적으로 최적화된 상태로 안착될 수 있다. 판결이 구체적 사태 해결에 그치지 않고 장래 유사 사건에 대한 향도적 기능을 발휘하게 될 때에는 판례의 지위를 획득한다. 그러한 점에서 판례는 미래 지향적이다.

그렇기에 판례는 과거지사로만 치부해서는 안 된다. 오히려 판례는 세상의 빛을 보는 순간부터 소통과 재해석의 새로운 여정을 시작한다. 최근 수년간 대법원 전원합의체 판결들을 보면 대법관들의 의견이 다양한 갈래로 표출되는 양상이 두드러지게 발견된다. 이는 판례의 잠재적 역동성을 보여 주는 것이다. 결국 판례는 과거의 법적 지혜를 점층적으로 전승하는 도구이지만, 미래의 법적 지혜를 새롭게 형성해 나가는 소재이기도 하다. 이러한 전승과 재형성은 장기간에 걸쳐 공동의 노력이 축적되어 가면서 이루어져야 한다. 이 책 역시 필자에게 소중한 조언과 도움을 주신 고마운 분들과의 공동 산물이다. 이 책이 향후 지속되어야 할 공동의 노력에 조금이나마 보탬이 되기를 희망한다.

2019년 6월

권 영 준

차 례

제1 장 총칙편 분야

제2 장 물권편 분야

제 3 장 채권편(총칙 분야)

제 4 장 채권편(각칙) 분야

제5장 가족법 분야

제 1 장

총칙편 분야

1 변호사 보수 약정과 신의성실의 원칙 (대법원 2018. 5. 17. 선고 2016다35833 전원합의체 판결)

가. 사실관계

원고는 변호사이고, 피고들은 전국교수공제회 회원들이다. 피고들을 포함한 전국교수공제회 회원 367명은 대한민국이 전국교수공제회에 대한 관리 · 감독책임을 게을리하여 손해를 입었다고 주장하면서 국가배상청구소송을 제기하였다. 이들은 변호사인 원고를 소송대리인으로 선임하였는데, 변호사 보수(착수금)를 1인당 청구금액(100만 원)의 10%인 10만 원, 합계 3,670만 원(부가가치세 별도)으로 정하였다. 그 후 소송참여자가 350명으로 조정되면서 착수금도 3,500만 원(부가가치세 별도)으로 조정되었다. 그런데 피고들은 국가배상청구소송에서 패소하였고, 원고에게는 변호사 보수로 2,000만 원만 지급하였다. 원고는 피고들을 상대로 나머지 보수 및 인지대 등 비용 지급을 구하는 소를 제기하였다.

나. 원심판결과 대상판결

1심법원은 위와 같이 약정된 변호사 보수가 부당하게 과다하여 신의성실의 원칙과 형평의 관념에 반한다고 보아 이를 2,000만 원(부가가치세 포함)으로 감액하고, 비용 지급 부분에 대한 청구만 인용하였다.[1] 원심법원도 1심법원의 판단을 그대로 유지하였다.[2] 그러나 대법원은 원심이 제시한 사정만으로 이 사건 변호사 보수가 부당하게 과다하여 신의성실의 원칙이나 형평의 관념에 반한다고 볼 만한 특별한 사정이 있다고 보기 어렵다고 보아 원심판결을 파기하였다. 다만 이러한 결론에 이르게 된 이유에 관하여는 대법관들의 의견이 나뉘었다.

다수의견의 요지는 다음과 같다. 변호사 약정 보수액이 신의성실의 원칙이나 형평의 관념에 반한다고 볼 만한 특별한 사정이 있는 경우에는 예외적으로 적당하다고 인정되는 범위 내의 보수액만을 청구할 수 있다. 이러한 법리는 대법원이 오랜

1) 서울동부지방법원 2016. 1. 14. 선고 2014가단29358 판결.
2) 서울동부지방법원 2016. 7. 15. 선고 2016나945 판결.

시간에 걸쳐 발전시켜 온 것으로서 현재에도 여전히 그 타당성을 인정할 수 있다. 사적 자치와 계약자유의 원칙도 신의칙에 따라 제한될 수 있는 점, 위임이나 신탁과 같이 당사자 사이의 신뢰관계를 기초로 상대방의 권리와 이익을 보호하는 것을 목적으로 하는 계약에는 신의칙과 형평의 관념이 강하게 작용하는 점, 변호사에게는 고도의 공공성과 윤리성이 요구되고, 변호사 보수가 일반적인 수요와 공급의 법칙에 따라 적정 수준으로 결정되고 있다고 볼 수 없는 점 등에 비추어 그러하다. 다만 이러한 보수청구의 제한은 어디까지나 계약자유의 원칙에 대한 예외를 인정하는 것이므로, 법원이 약정 보수액을 감액할 때에는 그에 관한 합리적인 근거를 명확히 밝혀야 한다.

별개의견의 요지는 다음과 같다.[3] 민법은 반사회질서의 법률행위(제103조), 불공정한 법률행위(제104조) 등 법률행위의 무효사유를 개별적 · 구체적으로 규정하고 있다. 또한 '손해배상의 예정액이 부당히 과다한 경우에는 법원은 적당히 감액할 수 있다'라고 하는 민법 제398조 제2항과 같이 명시적으로 계약의 내용을 수정할 수 있도록 하는 법률 조항도 존재한다. 반면 민법은 제2조 제1항에서 "권리의 행사와 의무의 이행은 신의에 좇아 성실히 하여야 한다."라고 규정하고, 제2항에서 "권리는 남용하지 못한다."라고 규정할 뿐, 신의칙 위반을 법률행위의 무효사유로 규정하고 있지는 않다. 그러므로 민법 제2조의 신의칙 또는 민법에 규정되어 있지도 않은 형평의 관념은 당사자 사이에 체결된 계약을 무효로 선언할 수 있는 근거가 될 수 없다. 그럼에도 법원이 신의칙 또는 형평의 관념 등 일반 원칙에 의해 개별 약정의 효력을 제한하는 것은 사적 자치의 원칙, 자유민주적 기본질서, 시장경제질서 등의 헌법적 가치에 정면으로 반한다. 만일 당사자의 형평 등을 고려하여 계약 내용을 수정할 필요가 있다면, 헌법 제23조 제1항에서 정한 대로 구체적인 법률 규정을 먼저 마련하여야 한다. 일반 규정인 신의칙을 적용하여 계약 내용을 수정할 수는 없다.

---

3) 별개의견은 대법관 김신, 대법관 조희대에 의하여 개진되었다.

다. 분석

(1) 변호사 보수 감액론의 흐름

① 감액론 일반

그동안 대법원은 신의성실의 원칙이나 형평의 원칙에 비추어 변호사 보수의 감액 가능성을 인정해 왔다.[4] 신의성실의 원칙이나 형평의 원칙은 모든 계약 유형에서 논의될 수 있는 극히 일반적인 원칙이다. 그런데 판례의 흐름을 살펴보면, 신의성실의 원칙이나 형평의 원칙에 근거한 법원의 계약 개입은 특히 변호사 보수 약정 사건에서 두드러지게 나타난다. 그 배경으로 두 가지를 들 수 있다.

첫째, 위임계약의 특성이다. 변호사 선임계약은 위임계약(민법 제680조)의 일종이다. 위임계약은 원칙적으로 무상이다. 위임계약의 원칙적인 모습을 무상계약으로 설정하는 것은 로마법상 고급 노무의 호의성을 강조한 mandatum관의 전통으로 거슬러 올라간다.[5] 독일 민법(제662조), 일본 민법(제648조), 우리 민법(제686조) 등 여러 국가의 민법에도 이러한 전통이 남아 있다. 무상계약을 원형(原型)으로 삼는 위임계약의 특성은 신의칙과 형평의 관념에 따른 보수 감액에 대한 법리적 저항감을 줄여 준다. 실제로 대법원은 변호사 선임계약 외에도, 다른 유형의 위임계약에 관하여 신의칙과 형평의 관념을 들어 보수 감액을 인정하는 경향이 있다.[6] 이는 매매계약을 비롯해 다른 전형계약에서는 쉽게 찾아볼 수 없는 경향성이다.

둘째, 변호사의 공공적 지위이다. 변호사는 “기본적 인권을 옹호하고 사회정의를 실현함”을 사명으로 한다(변호사법 제1조 제1항). 대법원은 변호사의 공공성과 윤리성에 무게를 두어, 변호사의 상인성(商人性)을 부정한 바 있다.[7] 헌법재판소도

---

4) 대법원 1972. 2. 29. 선고 71다2722 판결; 대법원 1993. 2. 9. 선고 92다30382 판결; 대법원 1995. 4. 25. 선고 94다57626 판결.

5) 山本 豊 編, 新注釈民法(14), 総則(7)(有斐閣, 2018), 288면(一本孝之 집필부분).

6) 대법원 2006. 6. 15. 선고 2004다59393 판결(세무사 보수); 대법원 2006. 6. 9. 선고 2004다24557 판결(신탁보수) 등 참조. 신탁계약의 수탁자 역시 위임계약의 수임자와 마찬가지로 선관의무(신탁법 제32조)를 가지는 등 수임자와 유사한 지위에 있다. 수임인의 보수 감액 일반에 관한 하급심 판결의 흐름에 관하여는 이승규, “수임인의 보수에 대한 법원의 감액”, **민사판례연구**, 제30권(박영사, 2008), 236면 이하 참조..

7) 대법원 2007. 7. 26.자 2006마334 결정.

변호사의 업무는 다른 어느 직업적 활동보다도 강한 공공성을 내포한다거나, 변호사에게는 공공성을 지닌 법률전문가로서 가져야 할 사회적 책임과 직업적 윤리가 강하게 요청된다고 하여 변호사의 공공적 지위를 강조한 바 있다.[8] 대상판결에서도 "변호사의 직무수행이 영리추구가 목적인 상인의 영업활동과 중대한 차이가 있다는 점"은 보수 감액 법리의 중요한 근거로 제시되었다. 이러한 변호사의 공공적 지위는 형사사건에서 더욱 두드러진다. 형사사건에서 '변호인의 조력을 받을 권리'는 헌법상 기본권으로 보호되고(헌법 제12조 제4항 · 제5항), 모든 기본권 보장의 전제조건인[9] 신체의 자유와도 밀접한 관련이 있기 때문이다.[10] 대법원이 형사사건에 관한 성공보수 약정을 선량한 풍속 기타 사회질서에 위배되는 법률행위로 평가한 것도 변호사의 공공적 지위에 착안한 결과이다.[11] 그러나 형사사건에서만큼은 아니더라도, 민사사건에서도 변호사의 공공적 지위가 무시될 수 없다. 이처럼 변호사의 공공적 지위에 초점을 맞추면, 형사사건이건 민사사건이건 변호사 보수 규제가 정당화되기 쉽다.[12] 실제로 변호사 보수 규제는 여러 나라에서 발견되고 있고,[13] 우리나라도 이러한 흐름에서 예외가 아니다.[14] 규제의 방식과 정도에 차이가 있을 뿐이다. 법원이 변호사의 보수를 감액하는 것도 큰 틀에서 보면 이러한 규제의 하나로 이해할 수 있다.

② 감액 신중론, 나아가 감액 불허론의 등장

그러나 위에서 든 보수 감액의 근거들이 과연 오늘날에도 견고하게 유지될 수 있을지는 의문이다.

위임계약의 무상성, 특히 로마법 아래에서 강조되었던 '고급 노무의 호의성'은 현대 사회에서 더 이상 유효하지 않다. 오늘날 거래 현실은 오히려 『위임계약＝원

8) 헌재 2009. 10. 29. 2007헌마667.
9) 헌재 2001. 6. 28. 99헌가14; 헌재 2018. 8. 30. 2014헌마681.
10) 헌재 2004. 9. 23. 2000헌마138(재판관 권성, 재판관 이상경의 별개의견).
11) 대법원 2015. 7. 23. 선고 2015다200111 전원합의체 판결.
12) 정한중, "변호사 보수의 규제에 대한 연구", **법학연구**(인하대학교), 제14권 제1호(2011), 87면.
13) 변호사 보수 규제에 관한 입법례 소개는 정형근, "변호사의 보수에 관한 고찰", **법조**, 통권 제645호(2010), 217－223면 참조.
14) 우리나라의 경우 과거에는 구 변호사법(1982. 12. 31. 법률 제3594호로 전부개정되기 전의 것) 제17조 제2항이 "변호사는 현저히 불상당한 보수를 받지 못"한다고 정하고 있었다. 위 조항이 폐지된 뒤에는 대한변호사협회가 「변호사보수에 관한 규칙」을 마련하여 시행하기도 하였으나, 위 규칙은 보수담합이라는 이유로 폐지되었다. 현재는 대한변호사협회 회칙인 「변호사윤리장전」 중 윤리규약 제2장 제3절이 변호사 보수를 규율하고 있다.

칙적 유상계약』에 더 가깝다. 변호사 선임 시에는 거의 언제나 명시적인 보수 약정이 체결된다. 설령 명시적인 보수 약정을 하지 않았더라도, 특별한 사정이 없는 한 보수를 지급하기로 하는 묵시적 약정이 있는 것으로 본 대법원 판결들[15]은 이러한 현실을 반영한 것이다. 그렇다면 『위임계약=원칙적 무상계약』이라는 사고방식에 기초하여 보수 감액의 문턱을 낮추는 것은 더 이상 정당화되기 어렵다. 특히 당사자들이 명시적으로 유상 위임계약을 체결하였다면, 위와 같은 사고방식이 적용되어서는 안 된다.

변호사의 공공적 지위 역시 과거와는 다른 의미를 가진다. 변호사 직역의 다양화, 법조인 양성제도의 변화와 함께 변호사를 바라보는 사회 구성원들의 시각이나 변호사 스스로의 인식도 크게 변화하였다. '법률서비스',[16] '법률시장'과 같은 표현에서 알 수 있듯이, 이제는 변호사 업무의 영리적 성격을 무시할 수 없게 되었다.[17] 변호사는 공익적 가치를 지향하도록 요구받지만, 동시에 의뢰인으로부터 받은 보수를 주된 수입으로 삼는 사경제 주체이기도 하다.[18] 이러한 현실에서 변호사의 수임행위나 변호사-의뢰인 간 위임계약에까지 공공적 성격을 부여하고 보수 감액 등의 규제를 강하게 적용할 필요가 있는지는 생각해 볼 문제이다.[19] 한편으로는 변호사단체의 자율규제가 작동하고 있고 다른 한편으로는 민법 제103조, 제104조 등 과도한 보수 약정을 제어할 수 있는 기존 법리가 존재하는 상황에서, 변호사 보수 약정에 특유한 별도의 감액 법리를 형성하는 것은 신중해야 한다.

근래의 대법원 판결들은 과거의 판결들에 비해 변호사 보수 감액에 신중한 태도를 취하는 것으로 보인다. 가령 대법원 2009. 9. 10. 선고 2009다40677 판결은 계약자유의 원칙을 언급하면서 예외적인 경우에만 보수 감액이 이루어질 수 있음

15) 대법원 1993. 2. 12. 선고 92다42941 판결; 대법원 1993. 11. 12. 선고 93다36882 판결; 대법원 1995. 12. 5. 선고 94다50229 판결 등.

16) 「법학전문대학원 설치 · 운영에 관한 법률」 제2조는 "법률서비스"라는 용어를 명시적으로 사용한다.

17) 변호사의 '상인화' 경향에 관한 설명으로 한인섭 외, **법조윤리**, 제4판(박영사, 2017), 41-42면 참조.

18) 헌재 2009. 10. 29. 2007헌마667(재판관 조대현, 재판관 민형기, 재판관 이동흡, 재판관 목영준의 반대의견).

19) 박경재, "변호사의 법적 지위와 변호사보수계약", **법학연구**(부산대학교), 제50권 제1호(2010), 8면은 변호사 업무의 '공공성'은 변호사가 수임하여 처리하는 법률사무의 공공성을 의미하는 것이지, 수임행위의 공공성을 의미하는 것이 아니라고 설명한다.

을 분명히 하였다. 그리고 법원이 그와 같은 예외를 인정할 때에는 합리적 근거를 명확히 밝혀야 한다는 점을 강조하였다. 이러한 판시는 대법원 2014. 7. 10. 선고 2014다18322 판결에서도 반복되었다.[20] 대상판결 역시 이러한 판례의 흐름 위에 서 있다. 대상판결에서 특기할 만한 것은 별개의견이기는 하나 감액 불허론까지 등장하였다는 것이다. 이는 종전의 감액 신중론이 극단적으로 확장된 것으로 평가할 수도 있으나, 신의칙에 의한 감액 가능성 자체를 부정하였다는 점에서 종전의 변호사 보수 약정에 관한 판례의 흐름과는 결을 달리한다.

(2) 신의칙과 법률관계 수정

이처럼 다수의견은 감액 신중론을, 별개의견은 감액 불허론을 내세웠다. 신의칙의 보충성에 대하여는 다수의견과 별개의견이 같은 시각을 취하였지만, 신의칙의 법률관계 수정 기능에 대하여는 다수의견과 별개의견이 서로 다른 시각을 취하였다. 그리고 이러한 시각 차이는 감액 신중론과 감액 불허론이라는 결론의 차이로 이어졌다.

① 신의칙의 보충성

다수의견과 반대의견 모두 신의칙의 보충성을 인정하였다. 신의칙의 보충성은 민법 제2조의 일반조항적 성격과 관련이 있다. 일반조항은 조항의 내용을 포괄적으로 정함으로써 다양한 사례에 유연하게 적용될 수 있도록 만들어진 조항을 의미한다. 민법 제2조는 민법 제103조, 제750조와 함께 민법의 3대 일반조항이다. 어떤 법률관계를 규율하는 개별조항이 있다면 그 개별조항이 우선적으로 적용되어야 하고, 일반조항에 손쉽게 기대어 결론을 정당화해 버리는 이른바 '일반조항으로의 도피'[21]는 경계하여야 한다. 일반조항의 위험성은 유약화(Verweichlichung), 불안정성(Unsicherheit), 자의성(Willkür)으로 요약될 수 있다.[22] 이러한 경고는 민법 제2조에도 그대로 적용될 수 있다. 실제로 일반조항으로서의 신의칙은 어느 법률가에게 "한 국가가 빠질 수 있는 가장 잔혹스럽고 광기에 찬 개념의 왜곡"이라는 과도한 비판을 받기도 하였

---

20) 두 판결은 모두 민사사건에서의 성공보수에 관한 약정을 다루었다.

21) 이른바 '일반조항으로의 도피(Flucht zur allgemeinen Klauseln)'의 위험은 일찍이 Hedemann, *Die Flucht in die Generalklauseln*, 1933에서 언급된 바 있다.

22) J. W. Hedemann 저, 윤철홍 역주, **일반조항으로 도피－법과 국가에 대한 하나의 위험**(법원사, 2018), 86면. 원저는 Hedemann, *Die Flucht in die Generalklauseln*, 1933.

다.[23]) 물론 일반적 법원칙으로서의 신의칙은 독자적인 존재의의를 가진다. 그러나 위와 같은 위험성을 고려하면 신의칙은 다른 일반적인 법원리 및 구체적인 법규칙과의 관계에서 신중하게 적용될 필요가 있다.[24])

다수의견과 별개의견은 모두 신의칙의 이름 아래 계약자유의 원칙이 별다른 어려움 없이 제한되는 것을 경계하였다. 이러한 경계심은 사적 자치의 원칙이 가지는 가치와 일반조항이 야기하는 위험을 대조적으로 부각시킨 별개의견에서 더욱 명확하게 드러났다. 별개의견은 "신의칙 등 일반 원칙을 직접 적용하여 실정법의 운용을 사실상 수정하는 것은, 비록 그 목적이 성문법을 기계적으로 적용함으로써 발생하는 불합리한 결과를 방지하기 위한 것이라고 하여도, 개별적인 사안의 특수성 때문에 법률을 그대로 적용하면 도저히 참을 수 없는 부당한 결과가 야기되는 경우에 최후 수단으로, 그것도 법의 정신이나 입법자의 결단과 모순되지 않는 범위 안에서만 고려해 볼 수 있는 방안에 불과하다."라고 하여 신의칙의 보충성을 한층 더 강조하였다.

신의칙이 보충적으로 적용되어야 한다는 일반 명제는 타당하다. 그러나 신의칙이 언제 어떤 모습으로 등장할 것인가에 대한 세밀한 논의의 국면으로 들어가면 이 명제는 훨씬 복잡한 고민을 요한다. 사적 자치와 신의칙의 관계라는 민법학에서 가장 어렵고도 중요한 문제로 직결되기 때문이다.[25]) 역사적으로 우리 민법이 신의칙을 강조하는 사조의 영향 아래 제정되었음을 부인할 수는 없다.[26]) 당시 학계에서도 자유주의적 민법의 극복 필요성과 사회 본위 법률사상의 중요성이 지속적으로 강조되었고,[27]) 신의칙은 그 선두에 서 있었다. 그러나 1980년대부터 사적

---

23) 1932년 초에 개최된 대규모 산업단체 회의에서 내빈으로 참석했던 독일변호사협회 회장이 청중들에게 한 말이다. J. W. Hedemann 저, 윤철홍 역주(주 22), 91면 참조.

24) 대법원 2010. 5. 27. 선고 2009다44327 판결에서는 신의칙의 기본원리성을 인정하면서도 "우리 법에서는 예외로서의 자리를 차지할 수밖에 없다."라고 판시하는 한편, 개별 법제도 일반에서 두루 문제될 수 있다는 의미에서 "보편적 예외"로서의 성격을 가진다고 한다.

25) 한국 민법학에서 사적 자치 논의의 흐름에 관해서는 권영준, "한국 민법과 사적 자치", **청헌 김증한 교수 추모기념논문집**(법문사, 2018), 117－126면 참조.

26) 가령 1957년 11월 5일 배영호 당시 법무부차관이 국회에서 행한 민법 원안 제안 설명에 따르면 정부의 민법 초안을 뒷받침하는 기본 원칙은 "세계 법률사조에 입각하여 개인주의를 지양 · 발전시키고 공공복리라는 국민의 경제도의에 적응시킴"이었다. 제26회 국회정기회의속기록 제29호, 국회사무처, 1957. 11. 5., 1 이하. 명순구, **실록 대한민국 민법 3**(법문사, 2010), 29－30면에서 재인용.

27) 김증한 · 안이준, **신민법(Ⅰ)**(법문사, 1958), 24－27면; 이태준 · 유민상 편저, **주석 신민법**(일조각, 1958), 2－4면; 이영섭 · 이재철, **신민법총칙**(박영사, 1961), 24－28면.

자치에 대한 재조명이 이루어지고,[28] 신의칙이 사적 자치에 대한 제2의 이념이자 소극적 · 제한적 이념임을 지적하는 견해[29]가 부각되면서 신의칙의 체계적 위치는 다시 조정되었다. 신의칙의 보충성을 강조한 대상판결은 이러한 학계의 흐름을 배경으로 할 때 더욱 잘 이해될 수 있다.

② 신의칙의 법률관계 수정 기능

신의칙의 보충성을 인정하더라도, 민법 제2조의 중요성을 과소평가해서는 안 된다. 신의칙은 보충적으로 적용되어야 하나, 일단 그 보충성의 장벽을 넘었다면 포괄적이고 유연한 법 원칙으로 작동해야 한다. 신의칙의 존재 이유를 생각해 보면 더욱 그러하다. 신의칙은 사회구성원들에게 일반적으로 받아들여지는 정의 관념[30]이 법의 개별조항에 미처 세세하게 반영되지 못하여 생기는 공백을 메워 준다. 이로써 규범의 세계와 현실의 세계 사이의 괴리를 좁혀 주어 법이 '살아 있는 규범'으로 기능할 수 있도록 도와주고, 법에 대한 불신과 냉소, 사법부의 신뢰 저하를 막아준다. 세상만사를 개별조항에 빠짐없이 담아야 한다는 강박관념을 덜어주고, 이러한 강박관념 때문에 발생할 수 있는 사회적 비용을 감소시킨다. 그러므로 일단 신의칙의 적용 영역 내에 들어서면 신의칙은 위와 같은 목적을 달성하기 위해 적극적인 역할을 수행해야 한다.

이러한 신의칙의 기능이 극대화되는 장면이 바로 신의칙에 의한 법률관계 수정이다. 법률관계 수정은 주로 사후에 계약상 급부의무의 범위를 조정하거나 불법행위로 인한 손해배상책임 범위를 제한하는 모습으로 나타난다.[31] 권리자의 관점에서 바라보면 이를 신의칙에 따른 권리 행사의 제한이라고도 말할 수 있다.[32]

전자에 해당하는 것으로 계속적 보증에서 신의성실의 원칙을 활용한 보증채무

---

28) 예컨대 이영준, 민법총칙[민법강의 I](박영사, 1987), 16－17면.

29) 예컨대 양창수, 민법입문(초판)(박영사, 1991), 315－318면.

30) 이러한 정의 관념 안에는 윤리 관념도 포함되어 있다. Looschelders/Olzen, *J. von Staudingers Kommentar zum Bürgerlichen Gesetzbuch*, Neubearbeitung (SELLIER－DE GRUYTER, 2014), § 242, Rn. 143.

31) 가령 불법행위로 인한 손해배상책임 제한 법리를 판시한 대법원 2004. 12. 10. 선고 2002다60467, 60474 판결 등 참조. 다만 관련 판결들에서는 이러한 손해배상책임 제한이 구체적으로 어떻게 정당화될 수 있는지에 관한 논증이 제대로 행해지지 않고 있다.

32) Roth/Schubert, *Münchener Kommentar zum BGB*, 7. Auflage (Verlag C.H. Beck München, 2016), § 242, Rn. 84.

감축,[33] 변호사나 세무사, 공사감리인 등 전문가와의 보수약정에서 신의성실의 원칙이나 형평의 원칙에 따른 보수채무 감축,[34] 특정금전신탁의 신탁보수약정에서 신의성실의 원칙이나 형평의 원칙에 따른 보수채무 감축,[35] 토지개발신탁에 있어서 위탁자와 수탁자 쌍방이 예측하지 못한 경제상황의 변화로 인하여 신탁목적은 달성하지 못한 채 신탁비용만 발생한 경우 신의성실의 원칙에 기한 수탁자의 비용상환청구권의 범위 감축[36] 등을 들 수 있다.[37]

후자는 손해분담의 공평이라는 손해배상제도의 이념에 비추어 법원이 불법행위로 인한 손해배상책임 범위를 제한하는 것을 가리킨다. 이러한 손해배상책임 범위의 제한은 계약상 급부의무 자체를 감축하는 것보다는 비교적 너그럽고 자유롭게 이루어진다. 실제로 법원은 종종 신의칙이나 형평의 관념을 들어 손해배상책임을 제한하고 있다.[38] 사용자가 피해자에게 손해배상을 한 뒤 피용자에게 손해배상을 청구하거나 구상권을 행사하는 경우 신의칙에 따라 피용자의 책임범위를 제한하는 것도 같은 사고방식의 연장선상에서 파악할 수 있다.[39]

신의칙의 분칙(分則)인 사정변경 원칙도 신의칙에 따른 법률관계 수정의 모습이다. 사정변경 원칙은 계약 성립 당시 당사자가 예견할 수 없었던 현저한 사정 변경이 발생하여 본래의 계약 내용대로 구속력을 인정하는 것이 신의칙에 현저히 반하는 경우 계약 내용을 수정하거나 계약을 해제할 수 있도록 하는 법 원칙이다. 우리나라에서는 사정변경의 효과로서 계약의 해제나 해지가 주로 다루어지고 있으나,[40] 비교법적으로 보면 사정변경에 따른 1차적인 법적 효과는 계약 수정이다.[41]

---

33) 대법원 1990. 2. 27. 선고 89다카1381 판결 외 다수.
34) 대법원 1991. 12. 13. 선고 91다8722 판결; 대법원 1995. 4. 25. 선고 94다57626 판결; 대법원 2000. 7. 4. 선고 2000다16824 판결; 대법원 2002. 4. 12. 선고 2000다50190 판결, 대법원 2006. 6. 15. 선고 2004다59393 판결 등 다수.
35) 대법원 2018. 2. 28. 선고 2013다26425 판결.
36) 대법원 2006. 6. 9. 선고 2004다24557 판결.
37) 다만 법원은 공평의 이념이나 신의성실의 원칙을 들어 계약상 채무를 감축하는 것에 대해 일반적으로 엄격한 태도를 취한다. 대법원 2004. 1. 27. 선고 2003다45410 판결, 대법원 2015. 10. 15. 선고 2012다64253 판결, 대법원 2016. 12. 1. 선고 2016다240543 판결, 대법원 2018. 5. 17. 선고 2016다35833 전원합의체 판결.
38) 대법원 2004. 12. 10. 선고 2002다60467, 60474 판결, 대법원 2005. 10. 28. 선고 2003다69638 판결, 대법원 2006. 12. 7. 선고 2005다34766, 34773 판결, 대법원 2007. 11. 30. 선고 2006다19603 판결 등.
39) 대법원 1987. 9. 8. 선고 86다카1045 판결, 대법원 1991. 5. 10. 선고 91다7255 판결, 대법원 1996. 4. 9. 선고 95다52611 판결, 대법원 2009. 11. 26. 선고 2009다59350 판결, 대법원 2014. 5. 29. 선고 2014다202691 판결.

이러한 계약 수정의 근거 원리는 신의칙이다.

대상판결에서 다수의견은 신의칙의 법률관계 수정 기능에 의거하여 변호사 보수 감액을 할 수 있다는 입장을 취하였다. 그런데 보수 감액의 법적 성격에 대해서는 생각할 점이 있다. 대상판결은 이를 위임계약의 일부 무효로 파악하는 듯하다. 별개의견이 이해하는 다수의견의 태도가 그러하고,[42] 종래 판례도 일단 그렇게 이해된다.[43] 그러나 엄밀히 말하면 계약이 신의칙에 위반된다고 하여 무효가 되지는 않는다.[44] 신의칙 위반 계약에 기한 권리 행사가 허용되지 않을 뿐이다. 보수 감액이라는 동일한 결과에 이른다는 이유로 「신의칙 위반 = 무효」라는 일반 법리를 쉽게 승인해서는 안 된다. 신의칙의 이름 아래 계약을 무효화하는 것은 무효사유를 한정적으로 열거하고 그 요건도 엄격하게 정한 민법의 태도를 우회하는 것이고, 다른 영역에 그 부정적 파급효과가 미칠 수 있기 때문이다. 일부무효 법리에 비추어 보아도 그러하다. 민법 제137조에 따르면 법률행위의 일부가 무효가 되더라도 잔부가 유효하려면 그 일부만으로 계약을 체결하였으리라는 당사자의 가정적 의사가 인정되어야 한다. 그런데 이 사건에서 과연 그러한 전제가 충족되는지도 의문이다. 초기 판례에서 변호사 보수 감액을 일부 무효의 결과로 판시한 것은 그 당시 변호사법[45]에 변호사가 현저히 불상당한 보수를 받을 수 없다는 규정이 있었고, 이를 강행규정으로 보았기 때문이다. 하지만 지금은 변호사법에 그러한 규정이 없다. 그러므로 보수 감액은 계약의 일부무효의 결과라기보다는 신의칙

---

40) 대표적인 판결로 대법원 2007. 3. 29. 선고 2004다31302 판결. 또한 사정변경 원칙의 적용요건을 다소 수정한 최근 판결로 대법원 2017. 6. 12. 선고 2016다249557 판결.

41) 관련 입법례로서는 독일 민법 제313조 제1항, 네덜란드 민법 제6:258조 제1항, 이탈리아 민법 제1664조, 그리스 민법 제388조, 러시아 민법 제451조, 알제리 민법 제107조 제3항 등이 있다. 또한 유럽계약법원칙(Principle of European Contract Law) 제6:111조, 유니드로아 국제상사계약원칙(UNIDROIT Principle of International Commercial Contract) 제6.2.2조, 공통참조기준초안(Draft Common Frame of Reference) 제3편 제1:110조 등 주요 국제 모델법도 마찬가지 입장을 취한다. 법무부 민법개정위원회의 2014년 민법 개정시안 제538조의2도 마찬가지이다. 사정변경원칙의 계약수정기능에 대한 상세한 설명은 권영준, "위험배분의 관점에서 본 사정변경의 원칙", **민사법학**, 제51권(2010. 12), 243－253면 참조.

42) 반대의견은 "다수의견은 신의칙이나 형평의 관념에 비추어 계약 내용의 일부만 유효하고 나머지 부분은 효력을 인정할 수 없다."라고 전제한 뒤 신의칙으로 계약을 무효화할 법적 근거가 없다고 비판한다.

43) 주로 초기의 판결들이다(대법원 1967. 9. 5. 선고 67다1322 판결; 대법원 1968. 12. 6. 선고 67다1201 판결; 대법원 1972. 2. 29. 선고 71다2722 판결 등). 다만 대법원 2002. 4. 12. 선고 2000다50190 판결도 상당하지 않은 보수 약정 부분을 '무효'로 본다.

44) 정형근, "변호사의 보수에 관한 고찰", **법조**, 통권 제645호(2010), 229－230면.

45) 1982. 12. 31. 법률 제3594호로 개정되기 전의 것.

의 계약 수정 기능이 발현된 결과로 이해해야 한다.

(3) 대상판결에 대한 검토

다수의견과 별개의견은 신의칙을 신중하게 적용해야 한다는 대원칙에는 대체로 의견의 일치를 이루었다. 그러나 신의칙의 이름 아래 계약상 급부의무 범위를 감축하는 것이 가능한가에 대해서는 의견의 일치를 이루지 못하였다. 다수의견은 이를 긍정하였고, 별개의견은 이를 부정하였다. 그런데 앞서 살펴본 신의칙의 법률관계 수정 기능을 부정할 생각이 아니라면 신의칙에 따른 보수 감액이 이론적으로 불가능하다고는 말할 수 없다. 현실적으로 변호사 선임에 관한 정보의 구조적 비대칭이 존재한다는 점을 생각하면 더욱더 그러하다.[46] 그러므로 신의칙에 의한 보수 감액의 길을 좁게나마 열어 놓은 다수의견의 일반론에 찬성한다.

해당 사건에서 신의칙이 적용될 수 없다고 한 대상판결의 최종 결론도 타당하다.[47] 관련 소송은 500억 원이 넘는 개인의 횡령에 대한 국가 감독책임을 묻는 손해배상사건이었고, 법적 쟁점도 결코 단순하지 않은 사건이었다. 1년 5개월이 넘는 소송기간 동안 7차례의 준비서면 제출, 5차례의 서증제출, 9차례의 사실조회신청이 이루어졌고, 딱히 소송대리인인 원고의 과실을 찾아내기도 어려웠다. 이러한 점들을 생각하면 1인당 청구액의 10%인 10만 원의 착수금이 신의칙에 반하는 과다한 금액이라고 말하기 어렵다.

다만 약정 보수액을 감액할 때 그에 관한 합리적인 근거를 명확히 밝히도록 한 부분에 대해서는 생각할 점이 있다. 이러한 판시 자체에는 반대할 이유가 없다. 논증은 판결의 소통기능을 강화하는 데 필수적인 요소이다.[48] 따라서 법원은 자신의 결론을 정당화하기 위해 충실히 논증해야 한다.[49] 그런데 "합리적인 근거를 명확히 밝혀야 한다."는 요청은 비단 변호사 보수 감액 사건에만 적용되는 것이 아니다. 그러므로 이를 변호사 보수 감액에 국한된 판시로 이해해서는 안 된다. 한편 법원이 판결문에서 제시한 근거가 합리적이지 않거나 명확하지 않다고 하여 그 판

---

46) 한인섭 외, **법조윤리**, 제4판(박영사, 2017), 252면.

47) 이양희, "민법상 일반 원칙인 '신의성실의 원칙이나 형평의 원칙'에 의한 변호사 보수의 감액 여부", **사법**, 제45호(2018. 9), 542면도 같은 입장이다.

48) 권영준, "대법원 판결서 개선의 당위성과 방향성", **사법**, 제44호(2018. 6), 73면.

49) 독일 연방헌법재판소는 "법관은 자의가 없어야 한다. 법관의 판단은 합리적 논증에 근거해야 한다."라고 선언하였다. BVerfGE 34, 269.

결이 위법해지는 것도 아니다. 그러므로 대상판결의 위와 같은 판시가 어떤 법적 의미를 가진다고 말하기는 어렵다. 하지만 논증의 수준은 곧 판결의 수준이다.[50)]합리적이고 명확한 논증을 요구하는 대상판결의 판시가 가지는 상징적 의미와 긍정적 파급효과는 높게 평가되어야 한다.

---

50) Ulfrid Neumann 저, 윤재왕 역, **법과 논증이론**(세창출판사, 2009), 10면.

2 추가접속통화료 지급청구와 신의칙
(대법원 2017. 2. 15. 선고 2014다19776, 19783 판결)

가. 사실관계

이동전화사업자인 원고와 유선전화사업자인 피고는 자신의 통신서비스에 가입한 이용자가 상대방의 통신서비스에 가입한 이용자와 통화를 할 수 있도록 각자의 통신망을 연결하고 그에 따른 접속통화료를 정산하기로 하는 계약을 체결하였다. 접속통화료는 접속통화요율에 접속통화량을 곱하여 산정되며, 그 구체적인 정산 방식은 다음과 같았다. 피고가 전월에 발생한 접속통화량을 원고에게 통보하면, 원고와 피고는 그 접속통화량에 기초하여 접속통화료를 산정하고 상대방에게 그 지급을 청구한다. 일방 당사자가 지급받을 금액보다 지급할 금액이 큰 경우, 그 당사자는 상대방에게 그 차액을 지급한다.

2003. 12. 말경 원고는 3세대 이동통신(3G) 서비스를 시작하게 되었고, 원고의 이동통신망과 피고의 유선전화망 간 상호접속도 이루어졌다. 이때 원고의 3G 이동통신망은 기존 2G 이동통신망과 달리 피고의 유선전화망과 우회접속 방식으로 연결되었다. 우회접속 방식은 직접접속 방식보다 접속통화요율이 높기 때문에, 피고는 2008. 6. 2. 원고에게 위 통신망 연결을 2008. 9.부터 직접접속 방식으로 변경해 달라고 요청하였다. 그러나 원고는 피고에게 직접접속에 필요한 정보를 제공하지 않았고, 계약에서 정한 기간(1년)이 지났는데도 접속 방식을 변경해 주지 않았다. 이에 피고는 원고에게 직접접속 방식에 따른 접속통화료만을 지급하였다.

원고는 피고에게 우회접속 방식에 따른 접속통화료 지급 등을 구하는 소를 제기하였다.[1] 피고는 원고가 직접접속에 필요한 정보 제공을 거부한 것이 위 계약상 채무불이행 및 불법행위에 해당한다고 주장하면서, 원고에게 손해배상을 구하는 반소를 제기하였다.

---

1) 그 외에도 원고는 피고가 반소에서 주장하는 손해배상채무의 부존재확인청구도 하였다. 참고로 피고는 반소에서 주장하는 원고의 손해배상채무 중 일부인 10억 원에 대해서만 명시적 일부청구를 하였으므로, 피고가 반소청구를 통해 지급을 구하는 금액과 원고가 본소청구를 통해 부존재확인을 구하는 채무액은 다르다.

나. 원심판결과 대상판결

1심법원은 피고의 반소청구를 전부 인용하고, 원고의 접속통화료 지급청구는 기각하였다.[2] 원심법원은 1심판결을 취소하고 피고의 반소청구를 기각하는 한편, 원고의 접속통화료 지급청구를 일부 인용하였다.[3] 원심판결의 내용은 다음과 같다. 만약 원고가 피고에게 직접접속에 필요한 정보를 제공하고 직접접속 방식을 허용하였더라면, 피고는 2009. 9. 18. 무렵부터 직접접속을 할 수 있었을 것이다. 따라서 원고는 피고에게 2009. 9. 18. 이후 발생한 추가접속통화료 상당의 손해를 배상할 의무가 있다. 그러한 원고가 바로 그 접속통화료를 지급하라고 구하는 것은 신의칙상 허용되지 않는다. 한편 접속통화료에 관해 원고와 피고는 각각 상대방에 가지는 채권을 자동채권으로 하여 상계 주장을 하였다. 그런데 원고의 주장은 고의에 의한 채무불이행 또는 불법행위에 기한 손해배상채권을 수동채권으로 하여 상계하겠다는 것이어서 받아들일 수 없다. 반면 피고의 상계 주장은 이유 있으므로, 피고는 원고에게 위 손해배상채권을 자동채권으로 하여 상계하고 남은 액수만을 지급하면 된다.

대법원은 원심법원의 판단을 지지하였다. 우선 대법원은, 원고의 접속통화료 지급 청구에 따라 피고가 원고에게 접속통화료를 지급한 뒤 다시 같은 금액 상당의 손해배상청구를 하게 되는 것은 원고와 피고 사이의 순환소송을 인정하는 결과가 되어 소송경제에 반할 뿐만 아니라 원고는 결국 피고에게 반환할 것을 청구하는 것이 되어 원고의 접속통화료 지급 청구는 신의성실의 원칙에 비추어 타당하지 않다고 판단하였다. 또한 대법원은, 민법 제496조는 고의의 불법행위로 인한 손해배상채권을 수동채권으로 하는 상계를 금지하고 있을 뿐이어서 고의의 채무불이행으로 인한 손해배상채권에는 적용되지 않지만, 이 사건에서처럼 고의에 의한 불법행위가 동시에 채무불이행을 구성하여 불법행위로 인한 손해배상채권과 채무불이행으로 인한 손해배상채권이 경합하는 경우에는 위 규정을 유추 적용하는 것이 타당하다고 판단하였다.

---

2) 서울중앙지방법원 2012. 9. 19. 선고 2010가합127902, 2011가합43940 판결.
3) 서울고등법원 2014. 1. 24. 선고 2012나89360, 89377 판결.

다. 분석

대상판결은 두 가지 판시 사항을 담고 있다. 하나는 신의칙에 관한 것이고, 다른 하나는 민법 제496조의 유추 적용에 관한 것이다.

(1) 신의칙

대상판결은 어차피 반환해야 할 것을 굳이 지급하라고 청구하는 것은 신의칙에 반한다고 보면서 소송경제를 주된 근거로 들었다. 소송경제와 신의칙의 관계를 다룬 대법원 판결은 종전에도 있었다. 대법원 2002. 3. 21. 선고 2000다62322 전원합의체 판결이 대표적 예이다. 이 판결은 산재보험가입자와 제3자의 공동불법행위로 산업재해가 발생한 경우 근로복지공단이 제3자에게 구상권을 행사할 수 있는 범위를 다루었다. 근로복지공단이 공동불법행위의 피해자에게 보험급여를 지급하면, 근로복지공단은 공동불법행위자에게 구상할 수 있다. 공동불법행위자 가운데 보험가입자와 제3자 중 누구에게 구상권을 행사할지는 근로복지공단이 선택할 문제이다. 그런데 근로복지공단이 제3자에게 전액을 구상하면 그 제3자는 보험가입자에게 그의 부담 부분에 대해 재구상을 하고, 그 보험가입자는 다시 근로복지공단에 재재구상을 할 수 있다.[4] 이러한 순환구상으로 말미암아 근로복지공단은 보험가입자의 부담 부분에 대해 최종적인 책임을 지게 된다. 쉽게 갈 길을 어렵게 돌아가는 셈이다. 대법원은 이러한 순환소송은 소송경제에도 반할 뿐만 아니라 근로복지공단이 결국은 보험가입자에게 반환할 것을 청구하는 셈이므로 신의칙에 비추어 보더라도 상당하지 않다고 보았다. 이러한 취지는 중복보험에서 한 보험자가 다른 보험자를 상대로 구상권을 행사하는 사안을 다룬 대법원 2015. 7. 23. 선고 2014다42202 판결에서도 반복되었다. 이 판결에서도 대법원은 소송경제와 신의칙을 근거로 삼아, 구상권을 행사하는 보험자는 상대방 보험자의 피보험자 과실비율 범위 내에서만 구상권을 행사할 수 있다고 판시하였다.

위에서 소개한 판결들과 마찬가지로 대상판결은 '순환소송을 발생시켜 소송경제를 해친다'는 점을 신의칙 위반의 주된 근거로 제시하였다. 다만 이 사건에서 '소

---

4) 보험가입자가 보험급여에 상당하는 금품을 수급권자에게 미리 지급한 경우 수급권자의 근로복지공단에 대한 보험급여 청구권을 대위한다는 산업재해보상보험법(1999. 12. 31. 법률 제6100호로 개정된 것) 제55조의2의 유추 적용에 따른 것이다.

송경제'가 신의칙 동원을 얼마나 정당화할 수 있는지에 대해서는 좀 더 생각할 점이 있다. 이 사건에서 원고는 자신에게 엄연히 존재하는 권리를 행사하였다. 그 권리 행사 시점에는 장차 피고가 그 지급액에 해당하는 손해배상청구를 할지 여부가 분명하지 않았다. 즉 순환소송이 실제로 발생하리라 단정하기 어려운 상황이었다. 그렇다면 발생 여부가 불투명한 순환소송 때문에 신의칙을 이유로 처음부터 그 권리 행사를 금할 수 있는가? 만약 이 사건에서 피고가 손해배상청구를 하지 않았다면 사후적으로 원고의 지급청구는 신의칙에 반하지 않게 되는가? 즉 원고의 지급청구에 대한 법적 평가는 피고가 실제로 취한 후속 행동에 따라 달라지는가? 특히 주목할 점은 종전 판결들이 다수 당사자 간의 구상관계를 다룬 반면, 대상판결은 두 당사자 간의 채권관계를 다루었다는 것이다. 채권관계의 복잡성과 중층성이 다르다. 그러므로 대상판결의 사안은 종전 판결들의 사안과 비교할 때 순환소송으로 인하여 소송경제가 저해될 위험성이 상대적으로 낮다. 오히려 상대방의 반대청구는 반소의 형태로 하나의 소송절차에서 처리되거나 상계 항변으로 제기됨으로써 분쟁이 1회적으로 해결될 가능성이 높다. 실제로 이 사건도 그렇게 처리되었다.

이러한 점에서 대상판결의 사안은 종전 판결들의 사안과 구조적으로 다르다. 오히려 대상판결의 사안에서 신의칙이 적용될 수 있는 더욱 근본적인 이유는 '자신의 잘못으로 상대방의 채무를 발생시킨 후 바로 그 채무의 이행을 구하는 것은 허용될 수 없다'는 도덕적인 요청에서 찾을 수 있다. 이러한 도덕적인 요청은 종전 판결들의 사안에서는 찾아볼 수 없으나, 이 사건에 관하여 대상판결이 내린 결론의 정당성을 더욱 강화하는 요긴한 근거가 될 수 있다. 대상판결이 소송경제 외에도 "원고는 결국 피고에게 반환할 것을 청구하는 것이 되어" 신의칙에 반한다고 한 판시 부분은 이러한 도덕적 요청을 담담하게 표현한 것이라고 이해할 수 있다.

한편 대상판결의 결론은 타당하나, 그 결론에 이르는 과정에서 신의칙 외의 다른 방법을 사용할 수는 없었을까 하는 의문이 남는다. 신의칙은 민사법을 지배하는 기본원리이지만, 일반조항의 남용을 방지하고 개별 법리를 정치하게 발전시키기 위해 신의칙의 적용은 예외적인 것이 되어야 한다. 실제 1심법원은 피고가 원고에게 추가접속료를 지급하기로 하는 약정 자체를 인정할 수 없다고 보아 신의칙에 의거하지 않고 추가접속료 지급청구를 기각하였다. 원고와 피고 사이에는 접속료 산정과 지급에 관한 계약이 있었으므로 약정 자체가 이루어지지 않았다는 1심법원의 표현은 정확하지 않으나, 적어도 계약 해석상 피고는 원고의 잘못으로 인하여 증가한 추가접속료 채무를 애당초 부담하지 않는다고 볼 여지는 있었을 것이다.[5] 실제로 대상판결의 상고이유 중에는 계약 해석상 추가접속료를 지급할 채무가 없다는 점도 포함되어 있었다.

대상판결에서 제기된 문제는 다음 상황에 비유할 수 있다. 택시 기사가 일부러 먼 경로로 돌아가서 현저히 과도한 추가요금이 발생하였다고 생각해 보자. 승객은 택시 기사에게 추가요금 상당의 채무를 부담하는가? 아니면 운송계약 해석상 합리적으로 용인될 수 있는 범위를 초과하는 추가요금 채무는 애당초 발생하지 않는 것인가? 후자가 당사자의 의사에도 부합하고 법률관계를 간명하게 하며 일반조항으로의 도피를 막는 해석이 아닐까?[6] 1심법원의 판단이나 원고의 상고이유는 이러한 문제의식에 기초하고 있다. 이는 흥미롭게 고민해 볼 점이다. 그러나 대상판결의 사안에서 피고가 '원고의 잘못으로 인하여 증가한 추가접속료 채무'를 애당초 부담하지 않는다고 보는 것은 계약 해석의 범위를 넘어선다. 원고와 피고 사이에 체결된 상호접속협정에 따르면 접속통화료는 '접속설비별 접속통화요율 × 접속통화량'의 방식으로 계산하도록 명시되어 있었기 때문이다. 그러므로 이 사건에서는 일단 위 방식에 따라 산정된 접속통화료의 지급채무가 발생한다고 보아야 한다. 결국 대상판결처럼 계약 해석이 아니라 신의칙에 기대어 원고의 권리 행사를 제한할 수밖에 없다.

(2) 고의의 채무불이행에 대한 민법 제496조의 유추 적용

민법 제496조는 "채무가 고의의 불법행위로 인한 것인 때에는 그 채무자는 상계로 채권자에 대항하지 못한다."라고 규정한다. 이처럼 고의의 불법행위로 인한 손해배상채권을 수동채권으로 한 상계를 금지하는 이유는 채권의 만족을 얻지 못한 채권자가 채무자에 대하여 보복적 불법행위를 가하는 것을 방지하고, 불법행위

---

5) ① 일단 채무가 발생하되 그 채무의 이행을 구하는 것이 신의칙에 따라 허용되지 않는다고 보는 것과 ② 처음부터 채무 자체가 발생하지 않는다고 보는 것은 그 채권이 제3자에게 양도되었을 때의 법률관계에서 차이가 생긴다. 전자의 경우 양수인은 채무자에게 추가채무의 이행을 구할 수 있고 채무자는 신의칙에 기하여 항변할 수 없다. 채무자는 양도인에게 채무불이행 또는 불법행위로 인한 손해배상청구를 할 수 있지만 양도인의 무자력 위험은 채무자가 부담하게 된다. 후자의 경우 양수인은 존재하지 않는 채권을 양수한 것이므로 채무자는 양수인의 청구에 응하지 않아도 된다. 이로 인하여 발생하는 문제는 채무자가 아니라 양도인과 양수인 간의 관계에서 해결된다. 그러므로 이러한 논의의 실익이 없지 않다.

6) 이는 계약 해석에 신의칙을 적용한 결과라고 할 수 있다. 신의칙을 기준으로 한 법률행위의 해석에 관하여는 곽윤직 · 김재형, **민법총칙**, 제8판(박영사, 2012), 294면 참조.

의 피해자가 현실적으로 손해배상을 받을 수 있게 하기 위함이다.[7] 이 조항은 고의의 불법행위로 인한 손해배상채권에 관한 것이므로 고의의 채무불이행으로 인한 손해배상채권에는 직접 적용되지 않는다. 그런데 고의의 채무불이행이 동시에 고의의 불법행위를 구성하는 경우에는 이 조항을 유추 적용하여 채무불이행에 기한 손해배상채권을 수동채권으로 하는 상계를 금지할 수 있는가?[8]

이에 대해서는 학설이 대립한다. 유추 적용 긍정설은 고의의 채무불이행이 동시에 불법행위를 구성하면 이 조항을 유추 적용할 수 있다고 본다.[9] 유추 적용 부정설은 민법 제496조의 반대해석상 고의의 채무불이행에 기한 손해배상채권을 수동채권으로 삼아 상계를 할 수 있다고 해야 하므로 이 조항을 유추 적용할 수 없다고 본다.[10] 참고로 독일에서는 고의의 채무불이행만으로는 상계가 금지될 수 없으나, 고의의 불법행위 요건도 충족하는 경우에는 상계가 금지된다고 한다.[11]

대상판결 이전에 이 문제를 직접 다룬 대법원 판결은 없었다.[12] 다만 고의의 불법행위를 원인으로 한 부당이득반환채권의 상계 문제를 다룬 대법원 판결은 있었다. 이 판결에서 대법원은 하나의 행위가 불법행위와 부당이득의 요건을 함께 충족하였는데 피해자가 부당이득반환채권만 행사한 경우에 민법 제496조가 유추 적용된다고 보았다.[13] 부당이득의 원인이 고의의 불법행위였다는 점은 피해자가 부당이득반환채권만을 행사한다고 하여 달라지지 않으며, 고의의 불법행위에 의한 손해배상채권은 현실적으로 만족을 받아야 한다는 민법 제496조의 취지는 위와

---

7) 대법원 1994. 8. 12. 선고 93다52808 판결; 대법원 1997. 10. 28. 선고 97다26043 판결; 대법원 2002. 1. 25. 선고 2001다52506 판결 등. 학설도 민법 제496조의 취지를 그와 비슷하게 설명한다. 편집대표 곽윤직, **민법주해 X 채권(4)** (박영사, 1995), 409−410면(윤용섭 집필부분); 편집대표 김용담, **주석민법 채권총칙(3)**, 제4판(한국사법행정학회, 2014), 619−620면(조용구 집필부분); 양창수 · 김재형, **민법 I 계약법**, 제2판(박영사, 2015), 341면. 한편 윤진수, "민법 제496조는 사용자책임에도 적용되는가?", 법률신문(2007. 4. 9)은 판례의 설명에 의문을 표시하면서 민법 제496조의 상계 금지는 고의에 의한 불법행위의 경우 상계의 담보적 기능을 박탈하는 등으로 이를 제재할 필요성이 크기 때문에 도입되었다고 본다.

8) 이 문제는 고의의 불법행위와 고의의 채무불이행이 동시에 성립하는데 피해자가 채무불이행에 기초하여 손해배상청구를 하는 경우에 발생한다.

9) 김용담 편(주 7), 626면(조용구 집필부분).

10) 곽윤직 편(주 7), 414면(윤용섭 집필부분).

11) Schlüter, *Münchener Kommentar zum BGB*, 7. Auflage (Verlag C.H. Beck München, 2016), § 393 Rn. 2; Palandt, *Bürgerliches Gesetzbuch*, 76. Auflage (2017), § 393 Rn. 3; BGH NJW 1967, 2013.

12) 민법 제496조가 중과실로 인한 불법행위에는 유추 적용될 수 없다는 대법원 판결은 있다. 대법원 1991. 2. 8. 선고 90다카23387 판결.

13) 대법원 2002. 1. 25. 선고 2001다52506 판결.

같은 경우에도 타당하다는 이유 때문이다. 대상판결은 이 판결의 논리를 이어받아 고의의 채무불이행의 경우에도 동일한 결론을 내렸다.

이 사건에서는 피고가 원고에게 고의의 채무불이행 '및' 고의의 불법행위에 기한 손해배상청구를 하였다. 이처럼 피고는 고의의 불법행위에 기한 손해배상청구도 한다는 의사를 명확히 하였으므로 고의의 채무불이행에 기한 손해배상청구만을 한 경우에 문제되는 유추 적용 법리를 굳이 일반론으로 다룰 필요도 없었다. 원심판결에서도 유추 적용 여부에 대한 다툼이나 판단은 전혀 없었다. 그러나 이왕 대상판결이 이 문제를 일반론으로 다루었으므로 이에 관하여 평가한다.

결론부터 말하면 이러한 대상판결의 태도는 타당하다. 고의의 채무불이행으로 인한 손해배상채권을 수동채권으로 한 상계를 허용하면 고의의 불법행위로 인한 손해배상채권까지 소멸하게 된다. 그러면 고의의 불법행위로 인한 피해자가 현실적으로 변제받도록 하려는 입법 취지가 몰각된다. 이에 대해 상계금지의 혜택을 받으려면 손해배상을 구하는 자가 애당초 채무불이행이 아니라 불법행위에 기초하여 손해배상을 구하였어야 한다는 반론도 있다.[14] 그러나 어떤 법리 구성을 선택할 것인가는 손해배상청구권자의 자유이다. 증명책임이나 소멸시효 등에서 일반적으로 유리한 채무불이행에 기하여 손해배상을 구한 것을 잘못이라고 할 수도 없다. 또한 불법행위의 피해자가 상대방의 상계 항변을 미리 예상하여 불법행위에 기한 손해배상청구권을 행사하라고 말할 수도 없다. 어떤 법리에 기초하여 손해배상을 청구할 것인지는 다분히 법 기술적인 문제이고, 그 여하에 따라 고의의 불법행위라는 행위의 객관적 속성이 사라지는 것도 아니다. 그러므로 채무불이행에 기하여 손해배상을 구하였다고 하여 고의의 불법행위로 인한 피해를 현실적으로 변제받을 기회를 박탈당할 이유는 없다.

그런데 이 지점에 이르면 민법 제496조는 대상판결의 사안에 유추 적용되기보다는 직접 적용되는 것이 아닌가 하는 의문이 들 수 있다. 손해배상청구권자가 고의의 채무불이행에 기초하여 손해배상을 구하였더라도 그 손해배상이 객관적으로 '고의의 불법행위로 인한 것'임은 변하지 않기 때문이다. 즉 손해배상청구권자가 무슨 권리에 기하여 주장하는가가 아니라 그 권리의 발생 원인이 객관적으로 어떻게 평가되는가에 주목하면 민법 제496조는 이 사건에 직접 적용된다고 말할 수

14) 곽윤직 편(주 7), 414면(윤용섭 집필부분).

있을지도 모른다. 그러나 대법원은 하나의 행위가 동시에 채무불이행과 불법행위를 구성하는 경우 두 개의 독립된 손해배상청구권이 경합하여 발생한다고 본다.[15] 이러한 해석론 아래에서는 상계 대상이 되는 양자의 권리도 엄연히 서로 구별되는 독립된 권리이다. 따라서 채무불이행으로 인한 손해배상채권에 대한 상계는 같은 사태에 기초한 불법행위로 인한 손해배상채권에 대한 상계와 같은 상계라고 취급할 수 없다. 그러므로 민법 제496조는 직접 적용되는 것이 아니라 유추 적용될 수 있을 뿐이다.

한편 대상판결에서 다루어지지는 않았지만, 어떤 경우에 하나의 행위가 동시에 고의의 채무불이행과 고의의 불법행위를 구성하는가 하는 문제도 살펴볼 필요가 있다. 대부분의 채무불이행은 고의의 채무불이행이다. 즉 채무를 이행하여야 한다는 점을 알면서도 이를 이행하지 않는 경우가 많다. 고의의 채무불이행을 이유로 한 손해배상청구에 대하여 채무자가 상계 항변을 하는 경우도 많다. 계약관계 당사자들은 흔히 이런저런 채무관계로 서로 얽혀 있기 때문이다. 대상판결 이후에는 이러한 상계 항변에 대해 민법 제496조가 유추 적용되어야 한다는 주장도 늘어날 것이다. 그러므로 앞으로 재판실무에서 더욱 중요한 문제는 어떤 경우에 채무불이행이 동시에 불법행위를 구성하는가 하는 점이다. 이 쟁점에 대해 우리나라에 명쾌하게 정리된 입장은 없는 듯하다. 이는 결국 구체적인 사안에서 문제 된 채무불이행이 불법행위의 성립요건도 갖추었는지에 따라 판단할 문제이다. 불법행위가 성립하려면 ① 위법한 행위가 있어야 하고, ② 그 행위가 행위자의 고의 또는 과실에 기한 것이어야 하며, ③ 타인에게 손해가 발생하여야 하고, ④ 위법행위와 손해 사이에 인과관계가 있어야 한다. 채무불이행의 불법행위성은 대체로 ①과 관련하여 그 채무불이행이 불법행위의 위법성 요건을 충족하는가의 문제로 귀착된다. 이는 침해되는 이익의 중대성(결과불법)과 침해행위의 성질(행위불법)을 상관적으로 고려하여 사안별로 판단하는 수밖에 없다.[16]

---

15) 대법원 1983. 3. 22. 선고 82다카1533 전원합의체 판결.
16) 상관관계설에 관한 설명으로는 편집대표 곽윤직, **민법주해 XVIII 채권**(11)(박영사, 2005), 210면(이상훈 집필부분) 참조.

3 무효행위 전환과 일부 무효 (대법원 2016. 11. 18. 선고 2013다42236 전원합의체 판결)

가. 사실관계

원고는 피고에게 임대주택을 임대하면서, 관련 법령과 고시에 따른 표준임대보증금과 표준임대료를 일정한 비율에 의하여 상호전환한 금액으로 임대보증금과 임대료를 정하였다.[1] 이로써 전환임대보증금은 표준임대보증금보다 높은 금액으로, 전환임대료는 표준임대료보다 낮은 금액으로 각각 산정되었다.[2] 임대차계약에는 임차인이 임대료를 3개월 이상 연체하면 임대인이 임대차계약을 해지할 수 있도록 정하였다. 피고는 원고에게 임대보증금 전액을 지급하고 주택을 인도받았다.

그 이후 피고는 원고가 소정의 동의 절차[3] 없이 표준임대보증금을 초과하여 체결된 임대보증금 약정은 그 초과 부분에 관하여 무효라고 주장하며 차액 부분의 부당이득 반환을 구하는 소를 제기하여 승소하였다.[4] 항소심에서 원고는 피고 주장대로 전환임대보증금이 표준임대보증금만큼 낮아져야 한다면 전환임대료는 그에 상응하여 표준임대료만큼 높아져야 한다고 주장하면서, 표준임대료와 전환임대료의 차액에 해당하는 임대료 채권[5]에 기하여 상계항변을 하고 항소심 변론종결일 이후 발생할 전환임대료 차액에 대해서는 그 지급을 구하는 예비적 반소를 제

1) 표준임대보증금과 표준임대료는 임대주택 관련 법령에 따라 공공건설임대주택에 관하여 건설교통부장관이 고시하는 것으로서 임대보증금과 임대료의 상한에 해당한다. 한편 상호전환은 임차인의 경제적 부담을 동일하게 유지한 채 임대보증금과 임대료를 상호조정하는 것이다. 이러한 상호전환은 건설교통부장관의 「임대주택의 표준임대보증금 및 표준임대료」 고시(2004. 4. 2. 건설교통부 고시 제2004-70호로 전부 개정된 것)에 의하여 허용되었다.

2) 표준임대보증금은 137,191,000원, 표준임대료는 월 909,000원이었다. 전환임대보증금은 246,940,000원, 전환임대료는 월 593,000원이었다.

3) 대법원 2010. 7. 22. 선고 2010다23425 판결에 따르면 임대주택법령에서 정한 표준임대보증금과 표준임대료를 일정한 비율에 의하여 유효하게 상호전환하려면 임차인의 동의 절차를 거쳐야 한다. 즉 임대사업자는 표준금액과 전환금액을 모두 공고 내지 고지하여 임차인을 모집한 후 전환금액에 동의하는 임차인에 한하여 전환금액으로 임대차계약을 체결해야 한다. 따라서 표준금액과 전환금액을 모두 제시하지 않은 채 전환금액만 제시하여 체결한 임대차계약은 강행규정에 반하여 무효가 된다.

4) 수원지방법원 성남지원 2009. 12. 2. 선고 2009가합5663 판결.

5) 항소심 변론종결일까지 발생한 임대료 차액 상당 채권을 의미한다.

기하였다. 항소심 법원은 위 임대차계약은 일부 무효의 법리에 따라 “표준임대차보증금과 표준임대료를 내용으로 하는 부분만이 법적으로 유효하게 잔존”한다고 보고 피고의 본소와 원고의 예비적 반소를 모두 인용하는 취지로 판결을 선고하였다.[6] 이 판결은 대법원에서 그대로 확정되었다(이하 ‘선행판결’이라 한다).[7]

원고는 선행판결 확정 후 피고에게 판결 취지에 따라 임대보증금 차액을 반환하였다. 그런데 피고는 원고에게 종전의 전환임대료만 지급한 채 표준임대료와의 차액은 계속 지급하지 않았다. 그러자 원고는 피고가 임대료를 3개월 이상 연체하였음을 이유로 임대차계약을 해지한 뒤 피고를 상대로 임대차목적물의 반환을 구하는 소를 제기하였다.

나. 원심판결과 대상판결

1심법원은 원고의 청구를 인용하였고,[8] 피고는 이에 항소하였다. 원심법원은 1심 판결을 취소하고 원고의 청구를 기각하였다.[9] 원심판결 이유를 요약하면 다음과 같다. 비록 임대보증금과 월 임대료가 상호 연동관계에 있어 임대보증금이 감소하면 월 임대료가 증가하는 구조로 되어 있더라도, 임대차계약에서 임대보증금 부분과 월 임대료 부분은 각자 다른 법률효과를 지닌 별개의 구성요건이기 때문에 일부 무효의 법리를 적용하여 임대보증금 일부를 무효화시키는 대신 그에 해당하는 만큼의 월 임대료를 증액시킬 수 없다. 또한 당사자에게 임대차계약 전환의 가정적 의사를 인정하기 어려우므로 ‘전환임대보증금 및 전환임대료’를 ‘표준임대보증금 및 표준임대료’로 변경하는 것을 무효행위 전환으로 구성하기도 어렵다. 설령 전환임대료를 표준임대료로 증액하는 것이 가능하더라도, 그 증액 부분 미지급이 이 사건 임대차 해지사유가 될 수 없다. 선행판결이 지급을 명한 임대료 차액의 실질은 임대료 차액 상당의 부당이득이므로 그 미지급은 부당이득 미반환일 뿐 차임 연체가 아니기 때문이다. 또한 이 사건 임대차 해지사유는 ‘임차인이 3월 연속으로 월 임대료를 일체 납부하지 않는 경우’로 엄격하게 해석하여야 하는데 이 사건에서 이러한 연속 미지급은 발생하지 않았으므로 이 점에서도 원고는 임대차를 해지할 수 없다.

6) 서울고등법원 2011. 2. 23. 선고 2010나14461(본소), 60525(반소), 121109(참가) 판결.
7) 대법원 2011. 6. 24. 선고 2011다29888, 29895, 29901 판결.
8) 수원지방법원 성남지원 2012. 11. 2. 선고 2012가단5963 판결.
9) 수원지방법원 2013. 5. 3. 선고 2012나43710 판결.

대법원은 원심판결을 파기하였다. 다만 결론에 이르는 과정에서 대법관들의 의견이 나뉘었다. 다수의견의 요지는 다음과 같다. 건설교통부 고시에 의하여 산출되는 임대보증금과 임대료의 상한액인 표준임대보증금과 표준임대료를 기준으로 계약상 임대보증금과 임대료를 산정하여 임대보증금과 임대료 사이에 상호전환을 하였으나 절차상 위법이 있어 강행법규 위반으로 무효가 되는 경우에는 특별한 사정이 없는 한 임대사업자와 임차인이 임대보증금과 임대료의 상호전환을 하지 않은 원래의 임대조건, 즉 표준임대보증금과 표준임대료에 의한 임대조건으로 임대차계약을 체결할 것을 의욕하였으리라 봄이 상당하다. 그러므로 그 임대차계약은 민법 제138조에 따라 표준임대보증금과 표준임대료를 임대조건으로 하는 임대차계약으로서 유효하게 존속한다고 보아야 한다. 따라서 피고는 원고에게 표준임대료를 지급할 의무가 있다. 한편 이 사건 임대차 해지사유는 3월 연속으로 월 임대료를 일체 납부하지 않는 경우로 해석할 수는 없고, 연체횟수가 3회 이상, 연체금액이 3개월분 이상이 될 때 충족된다고 해석하여야 한다.[10] 이 사건에서 피고는 이 사유를 충족하였으므로 원고는 임대차를 해지할 수 있다. 또한 원심판결은 선행판결의 기판력에도 저촉된다.

별개의견은 원심판결이 직권조사사항인 확정판결의 기판력 저촉 여부에 관한 심리 및 판단을 누락하였으므로 원심판결을 파기하여야 한다는 점에 대해서는 다수의견에 동의하였다. 하지만 다수의견이 무효행위 전환 법리를 적용한 것에 대해서는 반대하였다.[11] 별개의견의 요지는, 이 사건의 경우 전환임대보증금은 표준임대보증금을 초과하는 한도 내에서 무효라고 할 것이나 임대차계약의 나머지 부분까지 무효가 되는 것은 아니므로 그 임대차계약상의 임대료 부분은 유효하게 존속한다는 것이다. 이와 관련하여 별개의견은 임대보증금계약은 임대차계약과 별개의 계약이므로 임대보증금계약 일부가 무효라고 하여 임대차계약상 차임을 증액할 수는 없고, 표준임대조건은 상한에 불과하므로 임대인과 임차인이 표준임대조건으로 임대차계약을 체결하였으리라고 단정하기도 어렵다고 보았다. 또한 임대보증금만 감액되고 임대료가 증액되지 않는 결과는 임대사업자가 자의적으로 법령을 위반하여 표준임대보증금을 초과하는 임대보증금을 정한 데 기인하는 것이고, 임대

10) 다수의견은 이렇게 해석하더라도 민법상 일반 임대차보다 임차인에게 불리하지 않고, 원심판결의 해석대로라면 매월 임대료의 일부씩만 연체한 경우에는 그 합계 금액이 아무리 늘어나도 해지를 할 수 없어 임대사업자의 지위를 지나치게 불리하게 하는 결과가 된다고 한다.

11) 별개의견은 대법관 김신, 대법관 김소영, 대법관 권순일, 대법관 박상옥에 의해 개진되었다.

사업자는 그 후 차임증감청구권을 행사하여 임대조건을 새로 정할 수 있으므로 위와 같은 결과가 임대사업자에게 일방적으로 불리한 것도 아니라고 보았다.

다. 분석

임대주택법[12)]은 임대주택의 건설을 촉진하고 국민주거생활의 안정을 도모하기 위하여 필요한 사항을 규정하는 법이다. 이 법의 하위 규범인 임대주택법 시행령과 이에 기한 건설교통부 고시는 국민주거생활의 안정을 위해 표준임대보증금과 표준임대료를 정하는 한편, 이를 토대로 한 분양전환가격 산정기준에 대해서도 정하고 있다. 이러한 일련의 법령규정은 강행규정이므로 이 규정에 위반한 약정은 무효가 된다.[13)] 임차인의 동의를 얻지 않고 이루어진 상호전환 역시 마찬가지이다.[14)] 그 결과 표준임대보증금보다 높게 설정된 임대보증금 부분에 관한 약정 부분은 무효가 된다.[15)]

문제는 이러한 법리에 따라 임대보증금이 감액되는 경우 그에 상응하여 임대료가 증액되는가 하는 점이다. 다수의견은 무효행위 전환 법리(민법 제138조)를 적용하여 이를 긍정하였다. 반면 별개의견은 일부 무효 법리(민법 제137조)를 적용하여 이를 부정하였다. 그러므로 이 사건의 핵심 쟁점은 둘 중 어느 법리를 적용할 것인가 하는 점이다.

무효행위 전환 법리는 무효가 된 기존 법률행위와는 구별되는 새로운 법률행위 창설을 허용한다. 따라서 임대보증금을 낮추고 임대료를 올리는 역(逆) 상호전환 작업이 가능하다. 반면 일부 무효 법리는 기존 법률행위의 일부 효력을 제거할 뿐 새로운 법률행위 창설까지 허용하는 것은 아니다. 따라서 임대보증금의 일부 감액

---

12) 이 법은 2015. 8. 28. 법률 제13499호로 전부개정되면서 그 제명이 「민간임대주택에 관한 특별법」으로 바뀌었다. 한편 공공임대주택에 관한 부분은 이제 「공공주택특별법」 제49조에서 규율하고 있다.

13) 대법원 2010. 7. 22. 선고 2010다23425 판결. 원래 대법원 2004. 12. 10. 선고 2004다33605 판결은 임대주택법 시행규칙에서 정한 산정기준에 위배된 분양전환가격으로 분양계약을 체결하였다는 사정만으로 그 사법상의 효력까지 부인된다고 할 수는 없고, 그 분양전환가격이 지나치게 높아서 임차인의 우선분양전환권을 사실상 박탈하는 것과 같은 정도에 이르러 임대주택법의 입법목적을 본질적으로 침해하는 경우에만 위 규정에 위배되어 허용될 수 없다고 판시하였으나, 위 2010다23425 판결은 분양전환가격 산정기준에 위배되면 그 범위 내에서는 바로 사법상의 효력이 부인된다고 하면서 위 2004다33605 판결을 변경하였다. 이 판결에 대한 해설로는 오영준, "임대주택법상 분양전환가격 규정의 강행규정성", **사법**, 제17호(2011. 9) 참조.

14) 대법원 2010. 7 22. 선고 2010다23425 판결.

15) 대법원 2010. 7 22. 선고 2010다23425 판결.

을 이끌어 내기는 쉽지만, 이에 상응하여 임대료를 올리는 역(逆) 상호전환 작업은 어려워진다. 둘 중 어느 법리를 적용하여 어떤 결론을 도출할 것인지는 ① 임대차계약과 임대보증금계약의 상호관계, ② 당사자의 가정적 의사, ③ 형평과 약자 보호라는 세 가지 관점에서 검토할 수 있다. 결론적으로 필자는 다음과 같은 이유에서 다수의견에 찬성한다.

(1) 임대차계약과 임대보증금계약의 상호관계

임대차계약과 임대보증금계약의 상호관계에 대해 다수의견은 양자의 관련성을, 별개의견은 양자의 독립성을 각각 강조하였다. 양자의 관련성을 강조할수록 임대보증금과 임대료가 동반 조정되어야 할 필요성이 증가하고, 양자의 독립성을 강조할수록 그러한 필요성은 줄어든다. 또한 양자의 관련성을 강조할수록 임대차계약에 따라 임대인이 부담하는 급부의 불가분성 때문에 무효행위 전환 법리가 적용될 가능성이 커지고, 양자의 독립성을 강조할수록 임대보증금의 가분성 때문에 일부무효 법리가 적용될 가능성이 커진다.[16)]

개념적으로 임대차계약과 임대보증금계약은 서로 다른 계약이다. 임대차계약으로부터 차임지급의무가, 임대보증금계약으로부터 임대보증금 지급의무가 각각 발생한다. 이때 임대보증금은 임대차계약의 필수 요소가 아니다. 그러나 일반적으로 임대차계약과 임대보증금계약은 하나의 세트(set)처럼 붙어 다니면서 하나의 계약서를 통해 함께 체결된다. 임대보증금계약이 수반되지 않는 임대차계약은 존재할 수 있지만, 임대차계약이 수반되지 않는 임대보증금계약은 존재할 수 없다. 따라서 일단 두 개 계약이 모두 존재하는 경우에는 양자가 밀접하게 연결된다. 또한 임대보증금은 본래 임차인의 채무 담보를 목적으로 하지만, 전세금이나 고액 임대보증금은 마치 알을 낳는 거위처럼 차임 지급의 기능도 수행한다. 그 범위에서 임대보증금계약은 차임 지급을 필수적 요소로 하는 임대차계약과 기능적 교집합을 구성한다. 이러한 실질적인 차임 지급 기능과 거래관행, 이에 기초한 일반인들의 법적 의식에 주목한다면 양자는 기능적으로 하나의 계약으로 평가될 수도 있다. 따라서 양자의 유기성을 단절하는 방향의 해석론은 이러한 실질과 맞지 않다. 그

16) 일부 무효 법리는 법률행위의 분할가능성을 요건으로 한다. 그리고 법률행위에 따른 한 당사자의 급부를 분할할 수 있어도 다른 당사자의 급부를 분할할 수 없다면 이 요건은 충족되지 않는다. 양창수 · 김재형, **계약법(민법 Ⅰ)**, 제2판(박영사, 2015), 751면. 그런데 임대차계약에 따라 임대인이 임차인에게 임대차목적물을 사용 · 수익하게 할 의무는 분할할 수 없다.

점에서 다수의견이 더 설득력을 가진다.

(2) 당사자의 가정적 의사

상호전환이 이루어지지 않을 경우 존재하였을 당사자의 가정적 의사에 대해 다수의견은 표준임대조건으로 계약을 체결하였으리라고 본 반면, 별개의견은 그렇게 단정하기 어렵다고 보았다. 이 사건에서 당사자의 가정적 의사는 두 단계에서 순차적으로 작동한다.

1단계에서는 민법 제137조에 규정된 일부 무효 법리의 적용과 관련하여 당사자의 가정적 의사가 문제된다. 민법 제137조는 본문에서 『일부 무효 ⇒ 전체 무효』의 원칙을 선언하면서, 단서에서는 이와 다른 당사자의 가정적 의사가 인정되면 『일부 무효 ⇒ 잔부 유효』의 예외가 허용된다고 규정한다.[17] 그런데 이 사건에서는 임대보증금계약 일부가 강행규정 위반으로 무효가 되었다. 그렇다면 계약의 나머지 부분은 어떻게 되는가? 이는 원칙과 예외 중 무엇을 적용할 것인가의 문제이다. 다수의견은 민법 제137조 본문의 원칙에 따라 임대보증금계약의 일부 무효가 일단 임대보증금계약과 임대차계약 양자의 전부 무효를 초래한다고 본 뒤 무효행위 전환 법리를 적용하였다.[18] 이는 임대차계약과 임대보증금계약의 관련성을 강조한 입장과도 연결된다. 반면 별개의견은 임대보증금계약과 임대차계약을 분리시킨 뒤 임대보증금계약에 대해서는 민법 제137조 단서의 예외에 따라 임대보증금계약 일부가 무효라고 하더라도 나머지 임대보증금계약과 임대차계약은 유효로 남는다고 보아 일부 무효 법리를 적용하였다.[19] 이는 임대차계약과 임대보증금계약의 독립성을 강조한 입장과도 연결된다. 결국 다수의견과 별개의견은 계약당사자가 일

---

17) 이에 대해서는 민법 제608조나 제651조 제1항, 이자제한법 제2조, 「약관의 규제에 관한 법률」 제16조처럼 전부무효 원칙에 대한 예외를 규정하는 법률 조항들이 있다.

18) Wolf/Neuner, *Allegemeiner Teil des Bürgerlichen Rechts,* 11. Auflage (C.H.BECK, 2016), § 57 Rn. 2는 무효행위 전환 법리는 원칙적으로 전부 무효를 전제로 한다고 설명한다.

19) 민법 제137조는 하나의 법률행위의 일부분이 무효인 경우에 적용되지만, 여기에서 '하나의 법률행위'는 형식적인 법률행위의 개수가 아니라 당사자의 의사에 따른 경제적 · 사실적 일체성에 의거하여 판단되는 개념이다. 편집대표 곽윤직, **민법주해(Ⅲ) 총칙(3)**(박영사, 1992), 271면(김용담 집필부분). 이는 유사한 내용을 규정하는 독일 민법 제139조의 해석론에서도 마찬가지이다. 독일에서는 이를 통합된 법률행위(einheitliches Rechtsgeschäft)의 개념으로 설명하면서, 여러 개의 법률행위가 행해진 경우에도 이를 하나의 법률행위로 통합하여 행하려는 의사(Einheitlichkeitswillen)가 있었다면 이를 통합된 법률행위로 볼 수 있다고 한다. *Münchener Kommentar zum BGB/Busche,* 7. Auflage (C.H.BECK, 2015), § 139, Rn. 15. 임대차계약과 임대보증금계약의 경제적 · 사실적 일체성을 고려하면 일부 무효 법리는 일단 이 사건에도 적용할 수 있다.

부 무효 사실을 알았다면 계약 자체를 새로 체결하였을지, 아니면 일부 무효 상태로 그대로 수용하였을지에 관한 가정적 의사를 서로 다르게 판단한 것이다.

2단계에서는 민법 제138조에 규정된 무효행위 전환 법리의 적용과 관련하여 당사자의 가정적 의사를 탐구하게 된다. 2단계는 무효행위 전환 법리를 적용하는 다수의견에 따를 때 비로소 문제된다. 무효행위 전환은 당사자가 어느 법률행위가 무효임을 알았더라면 다른 법률행위를 의욕하였으리라고 인정될 때 이루어진다.[20] 대법원의 표현을 빌리자면 이러한 가정적 의사는 "당사자 본인이 계약 체결 시와 같은 구체적 사정 아래 있다고 상정하는 경우에 거래관행을 고려하여 신의성실의 원칙에 비추어 결단하였을 바"를 의미한다.[21] 다수의견은 이 사건에서 당사자가 임대보증금과 임대료의 상호전환을 하지 않은 원래의 임대조건, 즉 표준임대보증금과 표준임대료에 의한 임대조건으로 임대차계약을 체결할 것을 의욕하였을 것이라고 추단하였다. 반면 별개의견은 표준임대보증금과 표준임대료가 상한에 불과하다는 점 등을 들어 위와 같은 가정적 의사를 추단할 수 없다고 다수의견을 비판하였다.

이처럼 같은 사건을 놓고 대법관들이 당사자의 가정적 의사를 정반대로 해석한 것은 흥미로운 일이다. 이는 가정적 의사가 본질적으로 수반하는 불명확성을 잘 보여 준다. 가정적 의사는 문자 그대로 가정일 뿐이다. 어떤 가정도 실제처럼 완벽할 수는 없다. 특히 당사자가 사후에 치열하게 자신에게 유리한 가정적 의사를 주장하는 국면에서는 가정적 의사의 추단은 더욱 어려워진다.[22] 결국 어느 쪽의 가정적 의사이건 상대방의 비판으로부터 자유로울 수는 없다. 그렇다면 실제로 중요한 것은 어떤 결과가 거래관행이나 신의성실의 원칙에 비추어 더 구체적 타당성을 획득하는가 하는 점이다. 그런데 현실적으로 표준임대보증금과 표준임대료는 문자 그대로 상한보다는 표준의 의미를 더욱 강하게 지니는 것이 거래관행으로 보인다.[23] 또한 상호전환은 임대조건 변경을 초래하기는 하지만, 그 전후에 걸쳐 임차

---

20) 무효인 법률행위와 전환되는 법률행위가 반드시 다른 종류의 법률행위라야 되는 것은 아니다. 대법원 2010. 7. 15. 선고 2009다50308 판결의 사안 및 곽윤직 · 김재형, **민법총칙**, 제9판(박영사, 2013), 388면 참조. 다만 양자는 적어도 "다른" 법률행위로 평가될 수 있어야 한다. 여하윤, "법률행위의 무효 · 취소 사유와 과다 지급된 대금의 반환", **민사판례연구**, 제34권(박영사, 2012), 58면.

21) 대법원 2010. 7. 15. 선고 2009다50308 판결.

22) 편집대표 김용담, **주석민법 총칙(3)**, 제4판(한국사법행정학회, 2010), 287면(이주흥 집필부분)은 법관이 당사자의 가정적 의사를 "객관적인 시각에서 법률행위의 규범적 해석을 통하여 발견"해 낸다고 표현한다.

인에게 주어지는 경제적 부담의 크기는 이론적으로 동일하다. 가정적 의사를 탐구할 때 가장 중요한 관련점이 당사자들이 추구하는 경제적 목적이라는 점을 고려하면,[24] 임차인도 동일한 크기의 경제적 대가를 지불하는 표준임대조건에 따랐으리라고 인정할 수 있다. 물론 현실적으로는 임대보증금이 줄어들더라도 임대료가 올라가면 임차인의 상황에 따라서는 더 큰 부담을 느낄 수도 있다. 그러나 민간임대주택보다 훨씬 좋은 조건을 제공하고 있어 공공임대주택의 공급보다 수요가 훨씬 많은 현실을 생각하면 임차인은 이를 문제 삼아 임대차계약을 체결하지 않기보다는 표준임대조건에 따라 임대차계약을 체결하려고 하였을 개연성이 높다. 그렇지 않으면 임차인은 더 열악한 조건에서 임대주택을 구해야 하는 상황에 처하게 되기 때문이다. 이 점에서 필자는 다수의견이 해석한 가정적 의사가 더욱 현실적이며 합리적이라고 생각한다.

(3) 형평과 약자 보호

이 판결을 더욱 깊숙이 파고들어가면 다수의견과 반대의견의 근본적인 관점 차이가 발견된다. 다수의견은 당사자 간의 형평을, 별개의견은 경제적 약자인 임차인의 보호를 염두에 두었다. 다수의견은 임대보증금만 낮추고 임대료는 높이지 않는 것은 당사자 간의 형평에 맞지 않다고 보았다. 반면 별개의견은 무주택 서민인 임차인에게 불리한 방향으로 당사자의 가정적 의사를 추단해서는 안 된다고 하면서, 임대보증금만 낮추고 임대료는 높이지 않는 결과는 임대인 자신의 잘못에서 비롯된 것이고, 이로 인한 부당함은 차임 등의 증감청구권으로써 시정할 수 있다고 보았다.

주택임대차보호법을 비롯한 각종 특별법의 존재에서도 알 수 있듯이 임차인 보호가 중요한 정책적 목표임에는 틀림없다. 그러나 이러한 보호는 그 정책적 목표에도 불구하고 임대인의 이익을 과도하게 해치지 않는 형평의 토대 위에서 이루어져야 한다. 임대보증금과 임대료의 밀접한 상관관계를 고려하면 임대보증금만 낮추는 결과는 이러한 토대를 침식한다. 이는 급부와 반대급부가 서로 등가관계를

23) 다수의견은 "공공건설임대주택의 임대 조건은 다른 어떤 민간주택의 일반적인 임대 조건보다 임차인에게 유리하다."라고 하면서 "공공건설임대주택은 입주지원자의 수가 그 공급물량을 초과하는 경우가 대부분이고, 임대 조건의 상호전환을 하는 경우에도 고시에 의한 상한액인 표준임대보증금과 표준임대료보다 낮은 금액을 기준가액으로 하는 경우는 거의 찾아보기 어렵다."라고 한다.

24) MünchKomm(주 19), § 140 Rn. 20.

이루어야 하는 쌍무계약의 특성에 비추어 보아도 그러하다.[25]

별개의견은 차임증감청구권을 통해 이러한 등가관계를 회복할 수 있다고 지적하였다. 그러나 다수의견에 대한 보충의견이 지적하듯 차임증감청구권을 통한 증액은 매년 5%를 초과하지 못하고 증액 후 1년 이내에는 다시 증액을 하지 못하는 한계가 있어 균형 회복에 충분한 수단이 될 수 없다.[26] 또한 다수의견에 따른다고 하여 임차인 보호의 이념이 부당하게 침해되는 것도 아니다. 임차인 보호의 이념은 이미 강행규정인 임대주택 관련 법령과 고시 및 이에 기하여 제시되는 표준임대조건에 충분히 반영되어 있으므로, 표준임대조건을 적용한다고 하여 임차인 보호가 소홀해진다고 할 수 없기 때문이다. 이 점에서 필자는 다수의견이 더욱 균형 잡힌 시각에 기초하고 있다고 생각한다.

---

25) Wolf/Neuner(주 18), § 56 Rn. 19는 쌍무계약에서 당사자가 급부와 반대급부 사이에 의도한 등가관계(Äquivalenzverhältnis)를 깨뜨리지 않는 범위에서만 잔부 유효 원칙이 적용될 수 있다고 한다.

26) 이 사건의 구체적 사실관계를 보더라도 전환임대료가 표준임대료의 65% 수준에 불과하여 차임증감청구권의 행사만으로는 상당한 기간 내에 표준임대료 조건에 도달하는 것이 불가능하다.

4 소송탈퇴와 소멸시효 중단의 효력 (대법원 2017. 7. 18. 선고 2016다35789 판결)

가. 사실관계

원고는 2001. 11. 22. 피고의 어머니인 A로부터 140,000,000원을 지급받기로 약정하였다. 이후 A가 사망하자 피고는 한정승인을 하였고, 원고는 2011. 6. 20. 피고를 상대로 위 약정금 지급을 구하는 소(이하 '전소'라 함)를 제기하였다. 원고는 전소가 계속 중이던 2011. 9. 26. 위 약정금 채권을 2011. 7. 13. 원고의 여동생인 B에게 양도하였다고 주장하면서 B의 소송인수를 신청하였다. 1심법원은 원고의 신청을 받아들여 2011. 9. 30. B가 전소를 인수하도록 결정하였고, 원고는 피고의 승낙을 받아 같은 날 전소에서 탈퇴하였다. 이후 B는 전소에서 소송을 계속 수행하였다. 그런데 1심법원은 원고와 B 사이의 채권양도가 소송신탁에 해당하여 무효라고 보아 소 각하 판결을 하였다. 이 판결은 항소기각 및 상고기각 판결로 확정되었다.[1]

한편 원고는 2015. 1. 19. 피고를 상대로 위 약정금의 지급을 구하는 소(이하 '후소'라 함)를 다시 제기하였다. 피고는 위 약정금 채권은 변제기를 정하지 않은 채권이므로 약정일인 2001. 11. 22.부터 소멸시효가 진행하고, 그로부터 10년이 경과한 2011. 11. 22. 위 약정금채권의 소멸시효가 완성되었다고 항변하였다. 그러자 원고는 자신이 소멸시효 완성 전인 2011. 6. 20. 전소를 제기하여 소멸시효가 중단되었고, 2014. 10. 27. 전소의 각하 판결이 확정되어 시효중단의 효력이 소멸하였으나, 원고가 그로부터 6개월 이내인 2015. 1. 19. 후소를 제기하였으므로 전소 제기일인 2011. 6. 20. 소멸시효가 중단되었다고 재항변하였다.

나. 원심판결과 대상판결

1심은 공시송달로 진행되어 원고의 청구가 인용되었다.[2] 그러나 원심법원은 피

---

1) 원고가 B에게 채권을 양도한 것이 소송신탁에 해당하여 무효라면 B는 채권을 가지지 못하므로 소를 각하할 것이 아니라 B의 청구를 기각하였어야 한다(대법원 2005. 10. 27. 선고 2003다66691 판결 참조). 그런데 1심은 소 각하 판결을 선고하고, 항소심은 이를 유지하였으며, 대법원은 이러한 잘못을 지적하면서도 불이익변경금지의 원칙 때문에 소 각하 결론을 그대로 유지하였다.

고의 시효항변은 받아들이고 원고의 시효중단 재항변은 배척하여 1심판결을 취소하고 원고의 청구를 기각하였다.[3] 그 이유는 다음과 같다. 원고가 2011. 6. 20. 전소를 제기하여 소멸시효가 중단되었지만, 원고가 2011. 9. 30. 전소에서 탈퇴하여 이를 취하함으로써 시효중단의 효력이 소멸하였다(B가 소송을 인수하였다고 하여 시효중단의 효력이 유지된다고 할 수도 없다). 그러므로 위 약정금 채권은 2011. 11. 22. 소멸시효가 완성되었다.

대법원은 다음과 같은 이유로 원심판결을 파기하였다. 원고가 법원의 소송인수 결정 및 피고의 승낙에 따라 소송에서 탈퇴하였고 그 후 법원이 인수참가인의 청구를 기각하거나 소를 각하하는 판결을 선고하여 그 판결이 확정된 경우에는 원고가 제기한 최초의 재판상 청구로 인한 시효중단의 효력은 소멸한다. 다만 소송탈퇴는 소 취하와 성질이 다르고, 탈퇴 후 잔존하는 소송에서 내린 판결은 탈퇴한 원고에 대하여도 효력이 미친다(민사소송법 제82조 제3항, 제80조 단서). 이에 비추어 보면 인수참가인의 소송목적 양수 효력이 부정되어 인수참가인에 대한 청구기각 또는 소 각하 판결이 확정된 날부터 6개월 내에 원고가 다시 탈퇴 전과 같은 재판상의 청구 등을 한 때에는 탈퇴 전에 원고가 제기한 재판상의 청구로 인하여 발생한 시효중단의 효력이 그대로 유지된다고 보아야 한다.

다. 분석

재판상 청구는 소멸시효를 중단시킨다(민법 제168조 제1호). 소멸시효는 권리를 행사하지 않은 데에 따른 불이익인데, 재판상 청구는 가장 적극적인 형태의 권리 행사이기 때문이다. 재판상 청구에 따른 소멸시효 중단의 종국적 운명은 재판상 청구의 결과에 따라 달라진다. 첫째, 원고가 승소 확정판결을 받으면 그 확정판결 시점으로부터 다시 10년의 소멸시효 기간이 진행된다(민법 제165조 제1항). 둘째, 원고가 소를 취하하거나 소 각하 또는 청구기각 판결을 받으면 재판상 청구에 따른 시효중단의 효력은 소멸한다(민법 제170조 제1항). 청구권의 존재가 법원의 판결에 의한 공권적 확인을 받지 못하였기 때문이다.[4] 셋째, 소 취하 또는 소 각하 · 청구기각 판결이 확정된 시점으로부터 6개월 내에 다시 재판상 청구[5]를 하면 최

---

2) 의정부지방법원 고양지원 2015. 8. 19. 선고 2015가합373 판결.
3) 서울고등법원 2016. 7. 22. 선고 2015나27912 판결.
4) 편집대표 곽윤직, **민법주해 Ⅲ 총칙(3)**(박영사, 1992), 508면(윤진수 집필부분).
5) 파산절차참가, 압류 또는 가압류, 가처분의 경우도 마찬가지이다.

초 재판상 청구로 시효가 중단되었다고 본다(민법 제170조 제2항).[6] 비록 소를 취하하거나 패소판결을 받긴 하였지만 재판상 청구를 하고 일정 기간 소송을 수행하였으며, 그 이후 재차 재판상 청구까지 함으로써 권리 행사 의지가 확고하게 발현되었으므로 주어지는 부가적인 혜택이다.[7]

그런데 원고가 소를 제기하였다가 제3자가 참가 또는 인수의 방법으로 소송을 승계함에 따라 소송을 탈퇴하면 어떠한가? 원심법원은 원고의 소송탈퇴를 원고의 소 취하와 동일하게 취급하였다. 소 취하를 하면 '소 취하 시점'에 시효중단의 효력이 소멸하고(민법 제170조 제1항), 그 효력을 계속 유지하려면 '소 취하 시점으로부터' 6개월 내에 다시 재판상 청구를 하여야 한다(민법 제170조 제2항). 소송탈퇴의 경우에도 '소송탈퇴 시점으로부터' 6개월 내에 재판상 청구를 하여야 당초 재판상 청구로 인한 시효중단의 효력을 유지할 수 있다고 보았다. 그런데 이 사건에서 원고는 그 요건을 충족하지 못하였으므로 원고의 청구를 기각한 것이다.

원심법원이 관찰하였듯이 소송탈퇴는 탈퇴자의 자발적 의사로 소송계속을 소멸시킨다는 점에서 소 취하와 유사한 면이 있다. 적어도 소송탈퇴 시점에 원고의 관점에서 바라본 결과는 그러하다. 그런데 소송탈퇴 후의 시점과 소송승계인의 관점까지 함께 고려하면 소송탈퇴와 소 취하는 유사하지 않다. 소 취하는 권리 행사를 철회하는 행위이지만, 소송탈퇴는 권리 행사의 위탁에 수반되는 행위이다. 소 취하는 소송물에 대한 소송계속을 소멸시키는 행위이지만, 소송탈퇴는 소송물에 대한 소송계속의 연장을 염두에 둔 행위이다. 소송탈퇴만 떼어놓고 보면 권리 행사는 중단되는 것 같지만, 소송탈퇴와 연결된 소송승계를 함께 보면 권리 행사는 계속된다.[8] 소멸시효 중단 판단에서 중요한 것은 권리 행사 여부이다. 그런데 소송

---

6) 청구기각 판결이 확정되면 원래 그 기판력으로 인해 다시 재판상 청구를 할 실익도 없으므로 청구기각의 경우에는 민법 제170조 제2항이 적용될 여지가 없는 것이 아닌가 하는 의문이 들 수 있다. 그러나 권리의 부존재가 아니라 권리 승계의 부존재로 인한 청구기각 판결의 경우에는 진정한 권리자가 다시 재판상 청구를 하도록 허용할 실익이 있다. 그 범위에서는 청구기각을 민법 제170조의 적용 범위에 포함시킨 것이 의미를 가진다. 곽윤직 편(주 4), 509면(윤진수 집필부분); 양창수 · 김형석, **민법 Ⅲ 권리의 보전과 담보**, 제2판(박영사, 2015), 105－106면.

7) 양창수 · 김형석(주 6), 104면은 최초 재판상 청구로 인하여 사법자원이 동원되었는데, 소가 취하되거나 각하되었다고 하여 그 절차를 무위로 돌리는 것은 부당하다는 점도 지적한다.

8) 소송목적인 권리 또는 의무의 전부나 일부를 승계한 특정승계인이 소송참가하거나 소송인수한 경우에는 소송이 법원에 처음 계속된 때에 소급하여 시효중단의 효력이 생긴다고 보아 시효중단효의 승계를 인정하는 것도 같은 맥락에 있다. 이러한 사고방식은 원고가 채권자대위권에 기해 청구를 하다가 당해 피대위채권 자체를 양수하여 양수금 청구로 소를 교환적으로 변경한 경우 당초 채권자대위소송으로 인한 시효중단의 효력이 소멸하지 않는다고 한 대법원 2010. 6. 24. 선고 2010다

탈퇴는 소송승계와 결별될 수 없는 동반자이고, 소송승계를 통해 권리 행사와 밀접한 관련성을 가진다. 따라서 소송계속의 소멸이라는 단면만 강조하여 "소송탈퇴=소 취하"로 취급하는 것은 소송탈퇴를 둘러싼 전체 그림을 보지 못하는 것이다. 소송탈퇴와 소 취하는 시효중단의 관점에서 동일하게 취급될 수 없다. 원심판결처럼 양자를 동일하게 취급하는 것은 단편적인 접근이다.

한편 대상판결은 민법 제170조를 적용하였으나 소송탈퇴에 당연히 민법 제170조가 적용되는 것은 아니다. 민법 제170조는 소 취하, 소 각하, 청구기각에 대해서만 규정할 뿐 소송탈퇴에 대해서는 규정하지 않기 때문이다. 그러므로 소송탈퇴에 민법 제170조를 적용한 대상판결이 옳은지는 별도로 살펴보아야 한다. 그런데 결론적으로 말하면 대상판결의 해석론은 다음과 같이 정당화될 수 있다. 민법 제170조는 재판상 청구에 따른 "소송의 각하, 기각 또는 취하"의 경우에 적용된다. 그런데 여기에서의 "소송"에는 최초의 재판상 청구가 이루어진 뒤 제3자에게 승계된 소송도 포함된다고 해석할 수 있다. 이러한 해석은 문언에 반하지 않을 뿐만 아니라 소송탈퇴와 소송승계의 밀접한 관련성을 잘 반영한다. 이러한 해석론에 따르면 제3자에게 승계된 소송이 각하나 기각판결로 확정된 경우에도 그 확정 시점으로부터 6개월 내에 재판상 청구가 있으면 원래의 시효중단효가 유지된다.

이러한 해석론에 대해서는 다음 반론이 있을 수 있다. 시효중단은 권리 행사의 대가로 주어지는 혜택이다. 이러한 혜택은 권리 행사 주체에게 주어져야 한다. 그런데 소송탈퇴를 한 자는 더 이상 소송에서 권리를 행사할 수 없으므로 권리 행사 주체가 아니다. 그러므로 그에게는 민법 제170조 제2항에 따른 혜택이 부여되어서는 안 된다. 그러나 다음 재반론도 가능하다. 앞서 살펴보았듯이 소송탈퇴를 한 당사자는 권리 행사를 포기한 자라기보다는 소송승계인에게 권리 행사를 담당시킨 자이다.[9] 다른 사람에게 권리 행사를 담당시키는 것도 넓은 의미에서 권리 행사의 또 다른 모습이다.[10] 이러한 이유 때문에 그는 소송 당사자가 아닌데도 제3

17284 판결에도 나타난다.

9) 이시윤, **신민사소송법**, 제8판(박영사, 2014), 793면은 소송탈퇴는 "남은 두 당사자에게 일종의 소송담당을 시키고 물러선 것"이라고 한다(이른바 소송담당설).

10) 부동산 매수인이 그 부동산을 인도받은 이상 이를 사용·수익하다가 그 부동산에 대한 보다 적극적인 권리 행사의 일환으로 다른 사람에게 그 부동산을 처분하고 그 점유를 승계하여 준 경우에도 그 이전등기청구권의 행사 여부에 관하여 그가 그 부동산을 스스로 계속 사용·수익만 하고 있는 경우와 특별히 다를 바 없으므로 위 두 어느 경우에나 이전등기청구권의 소멸시효는 진행되지 않는다고 보아야 한다는 대법원 1999. 3. 18. 선고 98다32175 전원합의체 판결도 승계인을 통한 간

자가 수행하여 내려진 판결의 효력을 받는다(민사소송법 제80조 단서, 제82조).[11] 요컨대 소송탈퇴를 한 당사자는 권리 행사의 무대에서 완전히 사라지지는 것이 아니다. 그는 권리 행사를 위한 소송이라는 연극에서 자신의 역할을 소송승계인에게 넘기고 무대 뒤에서 대기하고 있는 것이다.[12] 만약 소송승계인이 애당초 무대에 설 자가 아니었음이 밝혀지면 그는 다시 무대에 설 기회를 부여받아야 한다.

대상판결은 소송탈퇴와 민법 제170조의 관계에 대해 처음 다룬 판결이다. 대상판결은 권리양도를 이유로 소송에서 탈퇴하였으나 그 양도가 무효임이 종국적으로 확정된 경우 양도인에게 시효중단상태를 유지할 수 있는 기회를 부여하였다. 이 결론은 타당하다고 생각한다. 그렇지 않으면 당해 권리가 소송승계인을 통해 재판절차에서 진지하게 행사되고 있는 도중에 시효기간 경과를 이유로 그 권리가 소멸해 버리는 부당한 사태가 일어날 수 있기 때문이다.[13]

다만 대상판결은 권리 자체가 아니라 권리의 양도가 부정된 사안에 관한 판결이다. 만약 권리 자체가 부정되어 청구기각 판결이 확정되었다면 소송탈퇴 당사자와 소송승계인은 모두 기판력 때문에 다시 재판상 청구를 할 수 없다. 이 경우에는 애당초 민법 제170조 제2항이 적용될 여지가 없다. 또한 권리양도는 유효하나 중복제소나 중재합의의 존재 등 소송요건 결여로 인해 소 각하 판결이 확정되었다면 소송승계인이 6개월 내에 재판상 청구를 하여 최초의 시효중단효를 유지할 수는 있어도, 소송탈퇴 당사자가 그렇게 할 수는 없다고 보아야 한다. 그러므로 대상판결의 법리가 소송탈퇴에 관한 모든 사안 유형에 일반적으로 적용되는 것이 아님에 유의해야 한다.

접적인 권리 행사가 소멸시효에 미치는 영향을 다루었다는 점에서 참조할 만하다.

11) 민사소송법 제80조 단서에 따라 탈퇴자에게 미치는 판결의 효력이 무엇인지에 관하여 참가적 효력설, 기판력설, 집행력포함설(다수설) 등 학설 대립이 있다. 편집대표 민일영 · 김능환, **주석민사소송법(I)**, 제7판(한국사법행정학회, 2012), 604-605면(장석조 집필부분); 이시윤(주 9), 793면. 한편 소송인수나 승계의 경우에는 독립당사자참가와 달리 법적 분쟁이 합일확정되어야 할 필요성이 적다는 점에 착안하여, 위와 같은 학설의 설명을 그대로 적용하는 것은 타당하지 않다는 지적도 있다. 문영화, "소송승계와 탈퇴의 효력", **민사소송**, 제20권 제1호(2016), 222-224면.

12) 이는 선정자가 선정당사자를 세우고 소송에서 탈퇴하더라도 잠재적 당사자로서의 소송관계를 유지하는 것과도 비교할 수 있다. 이시윤(주 9), 792면 참조.

13) 입법론으로서는 소송탈퇴 후 새로운 당사자가 소송을 승계하여 권리를 행사하고 있는 동안은 시효가 정지되고, 그에 관한 패소판결이 확정되면 그로부터 6개월 내에는 그 시효의 완성이 유예된다고 보는 방안이 더 자연스럽다. 독일 민법 제212조는 우리 민법 제170조와 유사한 내용을 담고 있었으나, 2002년 개정을 통해 이를 시효정지 문제로 흡수하여 규율한다(제204조 참조).

5 승소확정판결이 존재하는 경우 시효중단을 위한 재소(再訴) 가능성 (대법원 2018. 7. 19. 선고 2018다22008 전원합의체 판결)

가. 사실관계

보험회사인 원고는 A와 사이에 피보험자를 B회사로 하는 할부판매보증보험계약을 체결하였다. 피고는 A가 위 보증보험계약에 따라 원고에게 부담하는 모든 채무에 관하여 연대보증을 하였다. 이후 A가 B회사에게 할부금 채무를 이행하지 않아, 원고는 B회사에게 보험금을 지급하게 되었다. 원고는 주채무자인 A와 연대보증인인 피고를 상대로 구상금을 청구하는 소송을 제기하여 승소하였고, 그 판결이 1997. 4. 무렵 확정되었다. 원고는 시효 연장을 위해 다시 같은 내용의 구상금 청구소송을 제기하여 이행권고결정을 받았고, 그 결정은 2007. 2. 23. 확정되었다. 그로부터 10년이 거의 다 된 2016. 8. 19. 원고는 시효 연장을 위해 또다시 같은 내용의 구상금 청구소송을 제기하였다.

나. 원심판결과 대상판결

1심법원과 원심법원은 모두 확정판결에 의한 채권의 소멸시효기간인 10년의 경과가 임박한 경우 그 시효중단을 위한 재소는 소의 이익이 인정된다는 기존 판례에 따라 원고의 청구를 받아들였다.[1] 대법원에서는 기존 판례를 유지하는 입장인 다수의견과 이를 변경하자는 입장인 반대의견이 나뉘었다.

다수의견의 요지는 다음과 같다. 확정된 승소판결에는 기판력이 있으므로, 승소확정판결을 받은 당사자가 그 상대방을 상대로 다시 승소 확정판결의 전소(前訴)와 동일한 청구의 소를 제기하는 경우 후소(後訴)는 권리보호의 이익이 없어 부적법하다. 하지만 예외적으로 확정판결에 의한 채권의 소멸시효기간인 10년의 경과가 임박한 경우에는 그 시효중단을 위한 소는 소의 이익이 있다. 그 경우 후소의 판결이 전소의 승소 확정판결의 내용에 저촉되어서는 아니 되므로, 후소 법원으로

1) 1심판결은 서울중앙지방법원 2017. 4. 26. 선고 2016가소284576 판결, 원심판결은 서울중앙지방법원 2018. 1. 31. 선고 2017나43304 판결.

서는 그 확정된 권리를 주장할 수 있는 모든 요건이 구비되어 있는지 여부에 관하여 다시 심리할 수 없다. 대법원이 오랜 시간 유지해 온 이러한 법리는 현재에도 여전히 타당하다. 또한 다른 시효중단사유인 압류 · 가압류나 승인 등의 경우 이를 1회로 제한하고 있지 않음에도 유독 재판상 청구의 경우만 1회로 제한되어야 한다고 보아야 할 합리적인 근거가 없다. 확정판결에 의한 채무라 하더라도 채무자가 파산이나 회생제도를 통해 이로부터 전부 또는 일부 벗어날 수 있는 이상, 채권자에게는 시효중단을 위한 재소를 허용하는 것이 균형에 맞다.[2)]

반대의견의 요지는 다음과 같다.[3)] 다수의견은 판결로 확정된 채권이 변제 등으로 만족되지 않는 한 시효로 소멸되는 것은 막아야 한다는 것을 당연한 전제로 하고 있는데, 이는 채권의 소멸과 소멸시효제도를 두고 있는 민법의 기본 원칙, 확정판결의 기판력을 인정하는 민사소송의 원칙에 반하므로 동의할 수 없다. ① 채권은 '소멸'을 전제로 하는 한시성을 기본적 성질로 하고 있고, 민법은 만족되지 않은 채권의 소멸도 인정하고 있다. 그러므로 소멸시효제도의 해석과 적용에서 만족되지 않은 채권이 소멸되는 것을 막아야 한다는 당위성이 인정되는 것은 아니다. 채권이 만족될 때까지 그 존속기간을 연장하여 시효소멸을 방지해야 한다는 다수의견은 채권의 본질과 소멸시효에 관한 민법 규정에 어긋난다. ② 민법이 소멸시효와 시효중단 제도를 두고 있는 취지에 비추어 보면, 판결이 확정된 채권의 시효기간을 10년으로 정하고 있는 제165조 제1항과 '청구'를 시효중단사유로 규정하고 있는 제168조 제1호의 두 규정을 무한히 반복, 순환하면서 영원히 소멸하지 않는 채권을 상정하고 있다고 볼 수 없다. 그러나 다수의견에 따르면 1년의 단기소멸시효에 해당하는 채권도 10년마다 주기적으로 소송을 제기하여 판결을 받으면 영구적으로 존속하는 채권이 될 수 있다. 이러한 결론은 소멸시효제도를 두고 있는 우리 민법이 의도한 결과라고 할 수 없다. ③ 민사소송법상 이미 이행판결을 선고받아 유효한 집행권원을 가지고 있는 원고에게 다시 동일한 소송을 제기할 법적 이익은 인정되지 않는다. 민법 제170조가 이러한 민사소송법의 원칙을 전제로 하여 적법한 재판상 청구만 시효중단사유로 삼은 이상, 승소 확정판결을 받은 후에 다시 재판상 청구를 하는 것은 전소의 기판력 때문에 유효한 시효중단사유가 될 수

2) 대상판결 이후에 선고된 대법원 2019. 1. 17. 선고 2018다24349 판결에서도 대상판결과 같은 취지의 법리가 반복하여 판시되었다.

3) 반대의견은 대법관 김창석, 대법관 김신, 대법관 권순일, 대법관 박상옥에 의하여 개진되었다.

없다고 보는 것이 논리적으로도 일관성이 있다. ④ 시효중단사유 중 승인은 채무자가 자신의 채무를 이행하겠다는 의사이므로 이를 제한할 이유는 없다. 반면 이미 유효한 압류, 가압류, 가처분이 있다면 이와 동일한 신청을 중복하여 제기하는 것은 부적법하므로 허용되지 않는다. 또한 민법은 제174조에서 최고를 아무리 여러 번 하더라도 시효중단의 효력을 반복적으로 인정하지 않겠다고 단호히 선언하고 있다. 그러므로 시효중단을 위한 재소를 허용하지 않는다고 하여 민법 제168조에서 정한 다른 시효중단사유와 재판상 청구를 달리 취급하게 되는 것은 아니다. ⑤ 시효중단을 위한 재소를 허용하여 영구적으로 소멸하지 않는 채권의 존재를 인정하게 되면, 각종 채권추심기관의 난립과 횡행을 부추겨 충분한 변제능력이 없는 경제적 약자가 견뎌야 할 채무의 무게가 더욱 무거워지는 사회적 문제도 따른다.

다수의견에 대한 보충의견은 두 갈래로 개진되었다. 첫 번째 보충의견[4]은 소멸시효 제도가 채권자와 채무자의 이익형량을 도모하는 제도라는 점을 강조하였다. 또한 민법은 중단사유의 행사 횟수를 제한하고 있지 않다고 지적하였다. 나아가 채무자 보호 문제는 구체적인 사건에서 채권자에게 권리보호의 이익이 있는지, 즉 소멸시효 완성이 임박하였는지를 충실히 심리함으로써 해결할 수 있다고 보았다. 두 번째 보충의견[5]은 이에 더하여 권리자가 자신의 권리를 적극적으로 행사하는데도 시효가 완성되고 그에 따라 권리가 소멸되는 것은 민법 규정에 반한다고 지적하였다. 시효중단을 위한 재소는 전소와 모순되지 않으므로 전소의 기판력에 저촉되지 않고, 권리보호의 이익이 있다면 이러한 후소를 제한할 필요가 없다는 점도 언급하였다. 한편 반대의견에 대한 보충의견[6]은 다수의견이 따르는 시효제도에 관한 전통적 관점이 반드시 정당한 것은 아니라고 하면서, 현행 민법의 해석으로도 재판상 청구의 소멸시효 중단 효력을 1회에 한하여 인정하는 것이 가능하다고 주장하였다.

다. 분석

대상판결은 여러 쟁점을 다루었다. 민법의 영역에서는 '채권'과 '소멸시효', 민사소송법의 영역에서는 '기판력'과 '소의 이익'의 본질을 각각 다루었다. 이러한 쟁점

---

4) 이 보충의견은 대법관 김소영, 대법관 민유숙에 의하여 개진되었다.
5) 이 보충의견은 대법관 김재형, 대법관 조재연에 의하여 개진되었다.
6) 이 보충의견은 대법관 김창석에 의하여 개진되었다.

들은 모두 민법과 민사소송법의 기본 문제에 관한 것이다. 이러한 기본 문제의 본질을 어떻게 파악하는지의 차이가 다수의견과 반대의견의 차이로 이어졌다. 결론부터 말하면, 필자는 다수의견에 찬성한다.

(1) '채권'과 '소멸시효'

반대의견은, 채권은 소멸을 전제로 하는 한시성(限時性)을 가진다고 전제한 뒤, 거듭된 재판상 청구로 인한 시효중단을 인정하면 영구히 존속하는 채권이 존재하게 되어 소멸시효 제도의 취지에 어긋난다는 입장을 취하였다.

채권은 변제나 상계, 공탁 등으로 채권이 만족되어 소멸할 수도 있고, 시효완성 등 채권의 만족과 무관하게 소멸할 수도 있다. 이러한 채권의 소멸 가능성을 각별히 강조한다면 채권을 한시적인 권리라고 부를 수 있을지도 모른다. 그러나 모든 권리는 소멸 가능성을 가진다. 가령 물권도 물건의 멸실이나 시효완성 등으로 소멸할 수 있다.[7] 인격권도 권리주체인 사람이 사망하면 소멸한다.[8] 그러므로 권리의 한시성은 채권에 국한된 속성이 아니다.

설령 한시성이 채권에 특유한 속성이라고 가정하더라도, 그러한 속성에서 시효중단사유로서의 재판상 청구가 1회로 제한된다는 결론이 곧바로 도출되지는 않는다. 재판상 청구로 인한 시효중단이 계속 인정될 수 있는가는 채권의 한시성보다는 소멸시효 제도의 본질과 관련된 문제이다. 소멸시효 제도는 법의 힘으로 사실 상태를 규범 상태로 승화시키는 제도이다. 여기에서의 사실 상태는 일정한 기간 동안 권리를 행사하지 않는 상태를 말한다.[9] 즉 '권리 불행사'라는 사실 상태를 '권리 부존재'라는 규범 상태로 바꾸어 놓는 것이 소멸시효 제도의 본질이다.[10] 그러므로 '권리 불행사'라는 사실 상태는 시효소멸의 필수요건이다. 권리가 행사되거나 권리 행사를 불필요하게 만드는 의무자의 승인이 있어 '권리 불행사'라는 사실

---

7) 다만 소유권은 시효로 소멸하지 않는다(민법 제162조 제2항). 소유권에 기한 물권적 청구권도 마찬가지이다.

8) 사망한 사람의 인격권을 인정할 것인지에 관해서는 다양한 논의가 있으나, 적어도 판례는 이를 인정하지 않는다. 대법원 2008. 11. 20. 선고 2007다27670 전원합의체 판결에서 다수의견에 대한 대법관 이홍훈, 대법관 김능환의 보충의견은 사망한 사람의 인격권을 인정하는 법 규정이 없는 상태에서 이를 섣불리 인정해서는 안 된다고 보았다. 사망한 사람의 인격권을 인정하기 위한 입법적 노력에 관하여는 김재형, "인격권에 관한 입법제안", **민사법학**, 제57호(2011. 12), 79면 이하 참조.

9) 대법원 2011. 11. 10. 선고 2011다54686 판결에서 말하는 "시효제도의 기초인 영속되는 사실상태"도 이를 의미한다고 생각된다.

10) 곽윤직 · 김재형, **민법총칙 [민법강의 I]**, 제9판(박영사, 2013), 416면.

상태가 충족되지 않으면 시효완성에 따른 권리 소멸은 정당화될 수 없다. 재판상 청구로 채권을 행사했는데도 채권을 소멸시키는 것은 법률상 근거 없이 재산권을 박탈하는 것이다.

소멸시효 제도의 존재이유를 생각해 보아도 그렇다. 대법원 1976. 11. 6. 선고 76다148 판결은 "시효제도는 일정기간 계속된 사회질서를 유지하고 시간의 경과로 인하여 곤란하게 되는 증거보전으로부터의 구제 내지는 자기 권리를 행사하지 않고 소위 권리 위에 잠자는 자는 법적 보호에서 이를 제외하기 위하여 규정된 제도"라고 판시하였다. 법적 안정성 제고, 증명곤란 구제, 권리 행사 태만에 대한 제재를 소멸시효 제도의 존재이유로 든 것이다. 이러한 판시는 대체로 수용할 수 있는 내용이다. 그런데 세 가지 존재이유 중 증명곤란 구제나 권리 행사 태만에 대한 제재는 반대의견을 뒷받침하는 근거가 될 수 없다. 이미 판결을 통해 권리관계가 확정되었으므로 증명곤란의 문제는 더 이상 발생하지 않는다. 재판상 청구의 형태로 권리를 행사하였으므로 권리 행사 태만을 운운할 여지도 없다.

소멸시효 제도가 추구하는 법적 안정성이라는 가치로 반대의견을 정당화할 가능성이 남아 있기는 하다. 그러나 시효제도로 달성하려는 법적 안정성이라는 가치는 채권자의 합리적 이익과 균형을 이루어야 한다.[11] 소멸시효 제도의 존재이유로 언급되는 법적 안정성은 주로 권리관계의 존부와 범위를 둘러싼 분쟁으로 인한 법적 불안정성에 대비되는 개념이다. 그런데 확정판결을 통해 권리관계의 존부와 범위가 확정되었다면 이러한 의미의 법적 불안정성은 더 이상 존재하지 않는다. 단기 소멸시효채권에 대한 확정판결 후 시효기간이 민법 제165조 제1항에 따라 10년으로 연장되는 이유도 시효제도를 떠받치는 법적 불안정성의 위험이 확정판결로 현저히 줄어들기 때문이다. 물론 10년마다 되풀이되는 재판상 청구가 채무자의 법적 평화(Rechtsfrieden)를 깨뜨릴 수도 있고, 채무자에게 지속적 굴레로 느껴질 수도 있다. 하지만 이러한 채무자의 불편함이 있더라도 자신의 권리를 보호받기 위해 법원에서 자신의 권리를 애써 행사하는 채권자의 채권을 박탈할 수는 없다. 채무자가 느끼는 불편함은 자신의 채무불이행으로부터 비롯되었다. 채무자는 채무를 이행하거나 파산, 회생제도 등을 통하여 그 불편함을 면할 수 있을 뿐이다.

민법상 소멸시효 제도에도 채무자에 대한 배려가 내부화되어 있다. 시효기간과

---

11) 양창수, "「유럽계약법원칙」의 소멸시효규정", 서울대학교 법학, 제44권 제4호(2013. 12), 118-119면.

기산점 설정, 시효중단사유와 시효정지사유의 한정적 열거, 시효이익 사전포기 금지, 시효배제 · 연장 · 가중 금지의 모든 국면에서 그러한 배려의 흔적이 발견된다. 하지만 민법의 소멸시효 제도가 상정하는 것 이상으로 채무자에게 유리한 해석을 해야 할 이유가 없다. 시효중단을 위한 재소가 허용된다는 것은 판례를 통해 공고하게 확립된 법리이고,[12] 이 법리를 적용하는 과정에서 큰 문제점이나 혼란도 없었다. 필자가 아는 한, 우리 학계에서 확정판결 후 재판상 청구로 인한 시효중단을 부정하자는 논의도 찾아보기 어렵다. 외국에서도 이를 제한하는 입법례가 쉽게 발견되지 않는다. 반대의견은 이러한 흐름과 다른 입장을 취하였으나 그 입장의 정당성이 충분히 논증되었다고 보기는 어렵다. 또한 반대의견에 따르면 패소확정판결을 받더라도 10년을 버티면 채무를 완전히 면할 수 있다는 왜곡된 메시지를 사회 구성원들에게 전달할 수도 있다.

반대의견이 적절히 지적하듯이 채무자는 채권자에 비해 경제적 약자의 지위에 있는 경우가 많다. 따라서 법 제도가 채무자에게 그에 상응하는 배려를 베풀어야 하는 경우도 있다. 그러나 이러한 법적 배려는 일정한 요건과 기준을 설정한 뒤 그 요건과 기준에 기초하여 개별적으로 행해야 한다. 재판상 청구에 수반될 수도 있는 불법 채권추심행위는 채권추심 관련 법으로 규제될 수 있고, 채무이행을 도저히 할 수 없는 지급불능상태는 도산법으로 해결될 수 있다. 그러나 '확정판결 후 재판상 청구에 의한 시효중단은 1회에 한한다'는 획일적인 기준을 모든 채무자에게 적용하여 해결할 것은 아니다.

(2) '**기판력**'**과** '**소의 이익**'

반대의견은 승소 확정판결이 이미 존재한다면 그 기판력 때문에 다시 재판상 청구를 할 수 없다고 보는 것이 논리적이라고 한다. 민사소송법은 확정판결에 기판력이 있다고 정할 뿐(제216조), 기판력의 의미에 관해서는 설명하고 있지 않다. 기판력의 의미를 규명하는 것은 판례와 학설의 몫이다. 기판력의 본질에 관한 학설로 실체법설과 소송법설이 있다.[13] 실체법설에 따르면 기판력은 실체법상의 권리관계를 변경하는 확정판결의 힘이다.[14] 소송법설에 따르면 기판력은 후소를 재

12) 대법원 1987. 11. 10. 선고 87다카1761 판결 등 다수.
13) 이시윤, **신민사소송법**, 제12판(박영사, 2018), 628－629면.
14) 이시윤(주 13), 628면.

판하는 법관을 구속하는 확정판결의 힘이다.[15] 우리나라에서는 소송법설만 주장되고 있다.[16] 소송법설에는 모순금지설과 반복금지설이 있다.[17] 모순금지설은 기판력이 판결 사이의 모순을 막기 위한 것이라고 설명한다.[18] 모순금지설에 따르면 후소법원은 전소 확정판결이 청구인용판결이라면 청구를 인용하고, 전소 확정판결이 청구기각판결이라면 청구를 기각하는 것이 원칙이다.[19] 다만 전소에서 이미 청구인용판결을 받았다면 굳이 똑같은 판결을 다시 받을 필요가 없으므로, 소의 이익이 부정된다. 그 결과 전소 확정판결이 청구인용판결이라면 그 판결과 동일한 내용을 청구하는 후소는 부적법하여 각하된다.[20] 즉 모순금지설에 따르면 승소확정판결에 따른 기판력의 존재는 그 자체가 독자적 소송요건이 아니라 소의 이익이라는 소송요건을 판단할 때 반영되는 요소이다. 반면 반복금지설은 기판력이 동일한 분쟁의 반복을 막기 위한 것이라고 설명한다.[21] 반복금지설에 따르면, 전소 확정판결의 내용과 동일한 분쟁을 다시 제기하는 후소는 언제나 금지되어야 한다. 다시 말해 기판력 그 자체가 소극적 소송요건이 된다. 그러므로 후소법원은 전소 확정판결의 결론이 무엇이었건 간에 언제나 후소를 각하하여야 한다.

판례는 모순금지설을 취하고 있다.[22] 대상판결의 다수의견과 반대의견 역시 모순금지설에 기초하고 있다.[23] 모순금지설에 따르면 청구인용 확정판결이 있는데 법원이 또다시 청구인용판결을 내리는 것은 기판력에 반하지 않고, 오히려 모순금지를 내용으로 하는 기판력에 따르는 것이다. 다만 이미 승소확정판결이 있다면 굳이 동일한 승소판결을 구할 소의 이익이 없기 때문에 본안 전 단계에서 소를 각하하는 것이다. 그런데 예외적으로 소의 이익이 인정된다면 다시 모순금지설의 원래 취지로 돌아가 본안에서 청구인용판결을 내리게 된다.[24] 그러므로 모순금지설

---

15) 이시윤(주 13), 628면.
16) 정선주, "소송판결의 기판력", **민사소송**, 제22권 제1호(2018), 12-13면; 강현중, **민사소송법**, 제7판(박영사, 2018), 668면.
17) 편집대표 민일영 · 김능환, **주석민사소송법**(Ⅲ), 제7판(한국사법행정학회, 2012), 348면(강승준 집필부분).
18) 호문혁, **민사소송법**, 제13판(법원사, 2016), 669-700면 등.
19) 대법원 1976. 12. 14. 선고 76다1488 판결; 대법원 1989. 6. 27. 선고 87다카2478 판결.
20) 대법원 1981. 3. 24. 선고 80다1888, 1889 판결.
21) 이시윤(주 13), 629면; 강현중(주 16), 668-669면 등.
22) 대법원 1979. 9. 11. 선고 79다1275 판결; 대법원 1989. 6. 27. 선고 87다카2478 판결; 대법원 2009. 12. 24. 선고 2009다64215 판결 등.
23) 반대의견도 "소멸시효 중단을 위한 재소는 이미 승소한 확정판결이 있는 경우이므로 권리보호의 이익이 없어 부적법"하다고 보아 모순금지설을 취하였다.

에 따르는 한, 대상판결에서 진정 중요한 민사소송법 쟁점은 기판력이 아니라 소의 이익이다.[25)]

한편 민사소송법에는 소의 이익의 판단기준에 관한 명문 규정이 없다. 그러므로 언제 소의 이익이 인정되는지는 해석론에 맡겨져 있다. 모순금지설에 따르면 기판력은 독자적 소송요건이 아니고, 소의 이익을 판단할 때 고려되는 한 요소에 불과하다.[26)] 따라서 확정판결의 기판력 때문에 곧바로 후소의 이익이 부정되는 것은 아니다. 판례는 시효중단을 위하여 후소를 제기하는 경우에는 확정판결이 있더라도 예외적으로 소의 이익을 인정하여 왔다.[27)] 그 외에도 판례는 ① 판결원본이 멸실된 경우,[28)] ② 판결내용이 구체적으로 특정되지 않아 집행할 수 없는 경우[29)]에 확정판결의 존재에도 불구하고 소의 이익을 인정하여 왔다. 이는 확정판결의 존재가 논리필연적으로 소의 이익 부정으로 이어지지는 않음을 보여 준다.

반대의견은 "소멸시효 중단을 위한 재소는 이미 승소한 확정판결이 있는 경우이므로 권리보호의 이익이 없어 부적법하고, 더 이상의 시효중단은 불가능하다고 보아야 한다."라거나 "민사소송법상 이미 이행판결을 선고받아 유효한 집행권원을 가지고 있는 원고에게 다시 동일한 소송을 제기할 법적 이익은 인정되지 않는다."라고 한다. 그러나 확정판결을 통해 채무의 존재와 범위가 확정되었는데도 채무자가 임의이행을 하지 않으면 채권자는 자신의 권리를 유지하기 위해 시효중단 조치를 취하여야 한다. 이때 채무자에게 책임재산이 없다면, 채무자 스스로 자신의 채무를 승인하지 않는 이상 채권자로서는 재판상 청구를 통해 시효중단을 할 수밖에 없다. 이처럼 시효중단조치를 취하여 권리를 존속시킬 이익은 법적으로 보호받아야 할 이익이다. 반대의견은 이러한 경우에 소의 이익이 부정되어야 한다고 하지

24) 이처럼 우리나라 판례가 취하는 모순금지설은 전소 확정판결이 청구인용인가, 청구기각인가에 따라 후소의 취급을 달리한다. 청구인용의 경우 기판력은 소송요건, 청구기각의 경우 기판력은 본안요건으로 문제된다. 하지만 전소 확정판결의 결론에 따라 기판력의 체계적 지위가 달라지는 것은 타당하지 않다. 어느 경우이건 소의 이익이 없다고 보아 각하하면 충분할 것이다. 독일의 모순금지설도 그렇게 본다. 이와 같이 모순금지설을 취하면서도 언제나 소 각하를 해야 한다는 국내 견해로는 호문혁(주 18), 700면 참조.

25) 대법관 김재형, 대법관 조재연의 다수의견에 대한 보충의견에서는 "이 문제는 일반적인 '소의 이익'의 관점에서 접근하여야 한다."라고 하여 이 점을 적절하게 지적하고 있다.

26) 호문혁(주 18), 699면.

27) 대법원 1998. 6. 12. 선고 98다1645 판결; 대법원 2001. 2. 9. 선고 99다26979 판결; 대법원 2010. 10. 28. 선고 2010다61557 판결; 대법원 2018. 4. 24. 선고 2017다293858 판결 등.

28) 대법원 1981. 3. 24. 선고 80다1888, 1889 판결.

29) 대법원 1965. 2. 3. 선고 64다1387 판결; 대법원 1998. 5. 15. 선고 97다57658 판결.

만, 왜 그러한지에 대해서는 자세히 설명하지 않고 있다.

다수의견이 말하는 '소멸시효 완성이 임박한 경우'가 언제를 말하는 것인지 불분명하다거나, 시효완성이 임박하면 원래 없던 권리보호 이익이 생기는 것은 문제라는 반대의견의 지적은 경청해야 한다. 하지만 법적 판단기준의 불명확성은 총천연색 현실과 흑백의 규범의 틈바구니에서 일상적, 숙명적으로 존재한다. 재판상 청구를 통한 시효중단의 장면에서만 나타나는 것이 아니다. 따라서 이러한 불명확성의 존재 자체가 재소를 금지할 만큼 중대한 사정이라고는 할 수 없다.[30] 판례가 축적되고 학설상 논의가 전개되는 과정에서 불명확성을 점차 줄여 나가는 것이 정공법(正攻法)이다.[31] 반대의견은 확정판결 후 일정한 기간 동안에는 재소의 권리보호이익이 없다가 시효기간이 임박해서 권리보호이익이 생기는 것이 이상하다고 한다. 하지만 권리보호이익은 시간의 흐름에 따라 변동할 수 있고,[32] 바로 그 이유 때문에 권리보호 이익의 판단 시점이 논의되는 것이다.[33]

(3) 기타 생각할 점

다수의견과 반대의견에 대한 각각의 보충의견은 흥미롭게도 모두 유럽계약법원칙(Principle of European Contract Law, PECL)[34]을 논거로 활용하였다. 필자가 공

---

30) 그런데 흥미롭게도 다음에 살펴볼 대법원 2018. 10. 18. 선고 2015다232316 전원합의체 판결의 다수의견은 이러한 불명확성이 가지는 문제점을 강조하고 있다.

31) 참고로 일본에서도 확정판결 후 시효기간 경과 임박 시 시효중단을 위한 재소를 허용하는데[大判 1931(昭和 6). 11. 24.(オ)제890号 判決; 大判 1968(昭和 43). 10. 17 判時 540号 34頁; 最判 1971(昭和 46). 7. 23. 判時 641号 62頁], 최고재판소는 10년의 소멸시효 기간 중 5년도 경과하지 않은 상태에서 새로운 소를 제기한 때에는 소의 이익이 인정되지 않는다고 판단한 바 있다[最判 1999(平成 11). 11. 9. **民集** 24卷 82頁].

32) 예컨대 부제소합의가 있으면 소의 이익이 부정되나, 그 부제소합의가 취소되면 소의 이익이 다시 인정된다. 또한 장래 이행의 소에서 요구되는 소의 이익요건인 '미리 청구할 필요'도 이행의무의 성질, 의무자의 태도, 상황에 따라 계속 달라질 수 있다.

33) 소의 이익을 비롯한 소송요건의 판단 시점은 사실심 변론 종결시이다. 이시윤(주 13), 216면.

34) 유럽계약법원칙은 덴마크 코펜하겐 대학의 Ole Lando 교수가 이끄는 유럽계약법위원회(Commission on European Contract Law)가 1982년 이후의 비교법적 연구를 토대로 순차적으로 발간한 성과물이다. Ole Lando and Hugh Beale(ed.), *Principles of European Contract Law, Part Ⅰ and Ⅱ* (Kluwer Law International, 2000); Ole Lando, Eric Clive, Andre Prum & Reinhard Zimmermann (ed.), *Principles of European Contract Law, Part Ⅲ* (Kluwer Law International, 2003). 법적 구속력이 없는 모델법이지만, 유럽 각국의 계약법에 기초하여 공통된 계약법원리를 추출한 결과물이어서 학술적, 실무적 가치가 크다. 그 내용은 이후 유럽민법전 형태로 만들어진 모델법인 공통참조기준초안(Draft Common Frame of Reference)에 대거 수용되었다. 상세한 내용은 권영준, "유럽사법(私法)통합의 현황과 시사점-유럽의 공통참조기준초안(Draft Common Frame of Reference)에 관한 논쟁을 관찰하며-", **비교사법**, 제18권 제1호

간(公刊) 판결을 검색해 본 바로는 유럽계약법원칙이 대법원 판결에서 언급된 것은 통상임금에 관한 대법원 2013. 12. 18. 선고 2012다89399 전원합의체 판결 이후 두 번째이다. 한국법이 적용되는 사건에 외국 입법이나 논의를 지지 논거로 끌어들이는 것에 관한 거부감이 있을 수 있다. 그러나 외국법의 렌즈를 통한 한국법의 재발견과 재해석은 한국법의 건강한 발전을 위해 필요한 일이다. 대법원이 이러한 작업을 거친 뒤 이를 논증 과정에서 솔직히 드러내는 것은 바람직한 일이기도 하다.

다수의견에 대한 대법관 김재형, 대법관 조재연의 보충의견에서는 독일, 프랑스 민법과 함께 유럽계약법원칙을 소개하면서 그 어디에서도 판결확정 후 재소를 금지하지 않는다고 하였다. 반면 반대의견에 대한 대법관 김창석의 보충의견에서는 유럽계약법원칙이 강제집행 시도나 승인은 판결로 확정된 채권에 관한 시효기간의 새로운 진행사유로 인정하면서도 재판상 청구는 당초 진행하던 시효기간의 정지사유로만 인정하여 양자를 달리 취급한다는 점을 강조하였다. 그러면서 이를 "전적으로 반대의견에 부합하는 관점"이라고 평가하였다.

그런데 재판상 청구를 정지사유로, 강제집행이나 승인을 새로운 진행사유로 구분하는 것이 "전적으로 반대의견에 부합"하는 관점인지는 의문스럽다. 결국 유럽계약법원칙도 이를 모두 시효완성의 장애사유로 파악한다는 점에서는 우리 민법과 다름이 없기 때문이다. 오히려 유럽계약법원칙에서는 시효정지사유가 한국의 시효중단사유를 대부분 포괄하고 있어, 시효정지가 시효완성 장애사유의 중심 개념이 되었음을 유념할 필요가 있다. 또한 양자의 법적 효력이 다르게 설정되었다고 하여 재판상 청구는 강제집행이나 승인과 달리 1회만 허용된다는 결론이 당연히 도출되지도 않는다. 다수의견에 대한 보충의견이 지적하듯 유럽계약법원칙도 이러한 결론을 염두에 두지는 않았다. 유럽계약법원칙처럼 재판상 청구를 시효정지사유로 보는 독일에서도(독일 민법 제204조 참조) 시효중단을 위한 재소를 허용하고 있다.[35]

참고로 법무부 민법개정위원회의 2014년 민법개정시안에서는 유럽계약법원칙을 비롯한 시효법의 세계적 흐름을 대폭 수용하면서 기존의 시효중단과 정지 개념

(2011. 3) 41－43면 참조.

35) BGH NJW 11, 2787, 2789. Saenger, *ZPO*, 7. Auflage (Nomos, 2017), Vorbemerkung zu §§ 253－494a, Rn. 28.

을 폐기하고 시효정지, 완성유예, 재개시라는 새로운 개념을 도입하였다.[36] 그리고 재판상 청구, 압류, 가압류 · 가처분, 승인 등 현행 민법이 시효중단사유로 정하던 사유들의 효력을 각각 달리 규정하면서 재판상 청구는 압류, 가압류 등과는 달리 시효정지사유로 규정하였다. 그런데도 개정시안 작성 과정에서 재판상 청구의 시효중단효는 한 차례만 허용되어야 한다는 논의가 이루어진 적은 없다. 이러한 논의 과정 역시 재판상 청구와 다른 사유들을 달리 취급하는 것과 재판상 청구의 횟수를 제한하는 것은 다른 차원의 문제임을 보여 준다.

---

36) 권영준, **2014년 법무부 민법 개정시안 해설 – 민법총칙 · 물권편**(법무부, 2017), 239면 이하 참조. 다만 시효 제도 개정안은 2011. 6. 22. 제18대 국회에 제출되었으나(의안번호 1231), 임기만료로 폐기되었다.

6 시효중단을 위한 확인의 소 (대법원 2018. 10. 18. 선고 2015다232316 전원합의체 판결)

가. 사실관계

원고는 피고를 상대로 대여금 청구의 소를 제기하여 2004. 11. 11. 전부승소 판결을 선고 받고 2014. 12. 7. 그 판결이 확정되었다. 피고는 법원에 파산 및 면책 신청을 하여 2013. 3. 12. 파산선고, 2013. 10. 21. 면책결정을 받았고, 그 면책결정은 2013. 11. 5. 확정되었다. 그 이후 원고는 2014. 11. 4. 위 대여금 채권의 시효중단을 위하여 다시 피고를 상대로 대여금 청구의 소를 제기하였다.

나. 원심판결과 대상판결

1심에서 피고는 소장 부본을 송달받고도 답변서를 제출하지 않았고, 1심법원은 무변론으로 원고 승소판결을 선고하였다.1) 원심에서 피고는 파산절차에서 면책결정이 확정되었으므로 원고가 지급을 구하는 판결금 채권에 대하여도 면책되었다고 항변하였다. 이에 대하여 원고는, 피고가 위 판결금 채권의 존재를 알면서도 악의로 채권자목록에 기재를 누락하였으므로 비면책채권에 해당한다고 재항변하였다. 원심법원은 원고의 재항변을 받아들여, 원고 승소판결을 하였다.2)

대법원도 원심의 판단을 그대로 유지하였다. 그런데 대법원은 이 사건에서 소멸시효 중단을 위한 후소의 형태에 관하여 직권으로 살펴보았다. 대법관들은 이 문제에 대하여 서로 다른 의견을 개진하였다.

다수의견의 요지는 다음과 같다. 채권자가 전소로 이행청구를 하여 승소 확정판결을 받은 후 그 채권의 시효중단을 위한 후소를 제기하는 경우, 후소의 형태로서 항상 전소와 동일한 이행청구만이 시효중단사유인 '재판상의 청구'에 해당한다고 볼 수는 없다. 시효중단을 위한 이행소송은 다양한 문제를 야기한다. 그와 같은 문제들의 근본적인 원인은 시효중단을 위한 후소의 형태로 전소와 소송물이 동일한

---

1) 수원지방법원 2015. 3. 17. 선고 2014가합71548 판결.
2) 서울고등법원 2015. 7. 17. 선고 2015나2019672 판결.

이행소송이 제기되면서 채권자가 실제로 의도하지도 않은 청구권의 존부에 관한 실체 심리가 진행되는 데에 있다. 채무자는 그와 같은 후소에서 전소 판결에 대한 청구이의사유를 조기에 제출하도록 강요되고 법원은 불필요한 심리를 해야 한다. 채무자는 이중집행의 위험에 노출되고, 실질적인 채권의 관리 · 보전비용을 추가로 부담하게 되며 그 금액도 매우 많은 편이다. 채권자 또한 자신이 제기한 후소의 적법성이 10년의 경과가 임박하였는지 여부라는 불명확한 기준에 의해 좌우되는 불안정한 지위에 놓이게 된다. 위와 같은 종래 실무의 문제점을 해결하기 위해서, 시효중단을 위한 후소로서 이행소송 외에 전소 판결로 확정된 채권의 시효를 중단시키기 위한 조치, 즉 '재판상의 청구'가 있다는 점에 대하여만 확인을 구하는 형태의 '새로운 방식의 확인소송'을 허용할 필요가 있다. 그리고 채권자는 두 가지 형태의 소송 중 자신의 상황과 필요에 보다 적합한 것을 선택하여 제기할 수 있다고 보아야 한다.

대법관 권순일, 대법관 박정화, 대법관 김선수, 대법관 이동원, 대법관 노정희의 의견 요지는 다음과 같다. 시효중단을 위한 재소로서 이행소송 외에 '새로운 방식의 확인소송'도 허용되어야 한다는 입장은 받아들일 수 없다. 다수의견이 지적하는 것처럼 이행소송을 허용하는 현재 실무의 폐해가 크다고 보기 어렵다. 또한 새로운 방식의 확인소송에는 법리적으로 적지 않은 문제점이 있고, 이행소송 외에 굳이 이를 허용할 실익이나 필요도 크지 않아 보인다. 시효중단을 위한 재소로서의 이행소송은 대법원 판결을 통해 허용된 이래 30년 이상 실무로 정착되었고 그동안 큰 문제점이나 혼란도 없었다. 최근 대법원 판결에서도 이러한 인식에 기초하여 이행소송이 허용됨을 재확인하였다. 이러한 상황에서 새삼스레 이행소송에 여러 문제가 있다고 주장하면서 굳이 새로운 방식의 확인소송이라는 낯설고 설익은 소송형태를 추가하여, 법적 안정성을 해치고 당사자의 편리보다는 혼란만 가중시키는 결과를 초래하지 않을까 염려된다.

대법관 김재형의 의견 요지는 다음과 같다. 시효중단을 위한 재소(再訴)로서 이행소송과 함께 해석을 통하여 다른 형태의 소송을 허용하고자 한다면, '청구권 확인소송'으로 충분하다. 입법을 통하여 새로운 방식의 확인소송을 도입하는 것은 가능하겠지만, 이를 법률의 해석을 통하여 받아들일 수는 없다. 청구권 확인소송은 전소 판결의 소송물이자 전소 판결에 의하여 확정된 채권 그 자체를 대상으로 확인을 구하는 소송이다. 청구권 확인소송에 비하여 새로운 방식의 확인소송이 큰

이점이 있다고 보기는 어렵다. 법리적 측면에서 본다면 청구권 확인소송을 허용하는 데 별다른 문제가 없는 반면, 새로운 방식의 확인소송에는 확인의 이익을 비롯하여 법리적으로 극복하기 어려운 문제가 적지 않다. 다수의견이 지적하는 정책적 측면까지 고려하더라도, 이론적으로 문제가 많은 새로운 방식의 확인소송을 굳이 무리하게 도입할 이유가 없다.

요컨대 대법관 13인 중 7인은 이른바 새로운 방식의 확인소송의 도입을 주장하였고, 나머지 6인은 이에 반대하였다. 아래에서는 편의상 후자의 의견을 반대의견이라고 표기한다.

다. 분석

(1) 법리와 실무의 관계

대상판결은 확정판결을 받은 채권자가 시효중단을 위한 재소(再訴)를 할 수 있는가를 다룬 대법원 2018. 7. 19. 선고 2018다22008 전원합의체 판결의 후속편이다. 대법원은 2018다22008 전원합의체 판결에서 확정판결 후에도 시효중단을 위해 이행소송을 제기할 수 있다는 종전 판례 법리를 재확인하였다. 뒤이어 선고된 대상판결에서는 이행소송 외에도 재판상 청구가 있었다는 점에 대한 확인을 구하는 새로운 방식의 확인소송을 허용하였다.

이러한 결론의 출발점은 "(승소판결확정 후) 시효중단을 위한 이행소송은 다양한 문제를 야기한다."라는 생각이었다. 여기에서 말하는 "다양한 문제"는 다수의견에 의해 "종래 실무의 문제점"이라고 표현되었듯이 이론적 문제라기보다 다분히 실무상 문제이다. 그 실무상 문제는 ① 실체 심리의 부담, ② 청구이의와의 중복, ③ 이중집행의 위험, ④ 소송비용의 부담, ⑤ 시효완성 임박성 판단의 어려움으로 요약된다. 다수의견은 새로운 방식의 확인소송으로 이러한 실무상 문제를 해결할 수 있다고 보았다. 반대의견은 이러한 실무상 문제가 심각하지 않을 뿐만 아니라, 새로운 방식의 확인소송에는 법리상 문제가 많다고 보았다. 결국 대상판결에서 다수의견과 반대의견의 대립은 법리와 실무 사이의 샅바 싸움이었다.

법리와 실무는 어떤 관계에 있는가?[3] 법리는 법을 해석하고 적용하는 과정에서

---

3) 이 문단의 내용은 권영준, "민사재판에 있어서 이론, 법리, 실무", **서울대학교 법학**, 제49권 제3호(2008. 9)의 각 해당 부분(314–315, 334–335, 337, 347–348면)에 의거하여 작성하였다.

활용할 수 있도록 실정법과 판례 또는 학설을 소재로 만들어진 구체적 법 명제들의 체계적 집합이다. 법리는 개별 사건에 대한 합리적 판단의 틀을 제공함으로써 법적 안정성을 증진하고 행위지침을 제공하며 자의적 판단의 여지를 줄여 예측 가능성을 부여한다. 이를 법리의 안정화 기능이라고 부를 수 있다. 실무는 법률가가 실제 사건을 대상으로 하여 이에 관한 법을 해석하고 적용하는 업무수행 과정이다. 실무는 불완전한 언어로 표현된 법리 체계와 실제로 존재하는 사건 사이의 상호작용 사이에서 일어나는 갈등을 중재한다. 이를 통해 법의 사회적응성을 높이고, 사회의 법적합성을 높임으로써 양자의 간격을 좁혀 나간다. 이를 실무의 최적화 기능이라고 부를 수 있다.

다수의견은 실무의 최적화 기능을, 반대의견은 법리의 안정화 기능을 강조하였다. 그런데 법리와 실무의 상호관계를 생각해 보면, 실무는 법리에 따라 운영되는 것이 원칙이라고 말할 수 있다. 그 점에서 법리는 실무를 제어한다. 물론 실무의 법리 종속은 맹목적 종속이 아니라 비판적 종속, 성찰적 종속이다. 실무를 통해 법리가 재발견, 재해석될 수 있고, 발전적으로 변용될 수 있다. 그러나 이러한 법리 변용에는 반드시 충실한 정당화가 뒤따라야 한다. 충실한 정당화가 뒤따르지 않으면 편의성과 자의성으로 점철된 실무 지상주의가 지배할 위험이 있다. 비유하자면 법리는 찰흙으로 만든 틀과 같아 일정한 유연성을 가지고 변용될 수 있으나, 그 변용이 지나쳐 본래 틀의 모습을 근본적으로 바꾸어 놓는 것은 삼가야 한다. 그 경우에는 차라리 새로운 틀을 만드는 것이 정도(正道)이다. 이러한 관점에서 볼 때 다수의견에는 찬성하기 어렵다.

(2) 실무상 문제점

다수의견을 실질적으로 뒷받침하는 핵심 논거는 “종전의 이행소송 방식에 관한 실무상 문제가 심각하기 때문에 어떻게든 이를 해결해야 한다.”라는 현실적 요청이다. 반복하여 설명하자면, 그 실무상 문제는 ① 실체 심리의 부담, ② 청구이의와의 중복, ③ 이중집행의 위험, ④ 소송비용의 부담, ⑤ 시효완성 임박성 판단의 어려움으로 요약된다. 이러한 실무상 문제가 심각할수록 해결책 도입의 당위성은 커진다. 그 해결책은 혁신적 해석론일 수도 있고, 입법적 변화일 수도 있다. 다수의견은 혁신적 해석론 쪽을 택하였다. 그런데 이러한 해석론의 토대가 되는 “실무상 문제의 심각성”이 과연 존재하는가? 반대의견은 이를 부정하였다. 실무상 문제가 심각한지를 실증(實證)할 수 없다면, 결국 실무에 종사하는 사법부 구성원들의 인식을 참조할 수밖에 없다. 그런데 아마도 사법부 구성원들을 대표한다고 말할 수 있는 대법관들은 "실무상 문제의 심각성"에 대해 7 대 6으로 날카로운 인식 차이를 보였다. 이는 다수의견의 출발점과 달리 "실무상 문제의 심각성"이 혁신적 해석론을 정당화할 만큼 중대하거나 명백하지 않다는 점을 방증한다. 이 점을 좀 더 살펴보자.

다수의견은 실체 심리의 부담을 언급하였다. 그런데 시효중단을 위한 재소에 대해서는 전소의 확정판결대로 재판하면 족하다. 그것이 모순금지설의 취지이기도 하다. 실제로 확정판결 후 재소는 별 다툼 없이 종결되는 경우가 많다. 따라서 법원의 실체 심리 부담은 그리 크지 않다. 드물게나마 채무자가 이미 그 채무를 변제하였다는 등 전소 변론종결 이후의 새로운 사정이 주장되는 경우, 법원이 이 주장의 당부를 심리해야 하는 것은 사실이다. 하지만 이러한 실체 심리는 법원의 부담이 아니라 법원의 의무이자 존재이유이다.

다수의견은 청구이의소송에서 위와 같은 사정을 일괄적으로 심리하는 것이 효율적이라고 하였다. 그러나 하나의 사정을 이 소송에서도 다루고 저 소송에서도 다루는 것은 매우 일반적이고 자연스러운 법 현상이다. 이러한 법 현상에서 심각한 비효율이 발생하는 것도 아니다. 현실적으로는, 채무자가 청구이의의 소를 먼저 제기하였다면 그 소송에서, 채권자가 이행소송을 먼저 제기하였다면 그 소송에서 심리와 판단이 이루어짐으로써 분쟁이 종결될 가능성이 크다.

다수의견이 지적한 이중집행 위험이 심각한지도 의문스럽다. 시효중단을 위한 재소가 이루어질 정도라면 책임재산이 없는 경우가 대부분이어서 애당초 이중집행의 가능성이 높지 않다. 설령 이중집행이 이루어지더라도 채무자는 청구이의의 소를 통해 집행력의 배제를 구할 수 있다. 청구이의소송의 존재는 이미 우리 법 제도가 이중집행의 위험을 제도적으로 예견하고 감수하였음을 보여 준다.

다수의견은 채무자가 소송비용을 부담한다는 점을 실무상 문제로 들었다. 하지만 패소자인 채무자가 소송비용을 부담하는 것은 민사소송법 제98조에 따른 결과이다. 이러한 소송은 채무자의 채무불이행으로 인해 불가피하게 제기되었으므로 그 원인을 제공한 채무자가 소송비용을 부담하는 것이 부당하지도 않다. 다수의견은 이러한 소송비용이 실질적으로는 채권의 관리·보존비용이므로 채권자가 부담해야 한다고 한다. 하지만 이러한 논리를 확장하면 채권자의 최초 재판상 청구를 포함해 모든 재판상 청구는 시효중단을 위한 채권의 관리 · 보존행위이므로 승소 여부와 관계없이 언제나 채권자가 소송비용을 부담해야 한다는 부당한 결론에 이를 수도 있다.

다수의견은 시효완성이 임박했는지 판단할 기준이 불명확하다고 하였다. 대법원 2018. 7. 19. 선고 2018다22008 전원합의체 판결에 대한 평석에서 이미 이 문제를 다루었으므로 이 부분에서는 자세히 다루지 않는다. 요컨대 시효완성 임박성 판단기준의 불명확성은 법적 판단에 흔히 수반되는 불명확성일 뿐이다. 가능한 범위 내에서 그러한 불명확성을 줄이기 위한 노력을 기울이면 된다. 필자가 아는 한, 시효완성 임박성 판단기준의 불가피한 불명확성 때문에 실무상 심각한 문제가 발생한 것 같지는 않다.

다수의견에는 구조적 한계도 있다. 이행소송 방식을 둘러싼 실무상 문제의 심각성을 부각시킬수록 다수의견의 정당성은 커진다. 그래서 다수의견은 실무상 문제의 심각성을 강조했다. 심지어 다수의견에 대한 대법관 이기택의 보충의견에 따르면 "청구권의 존부와 범위를 새로이 심사하여 판단하는 것은 채권자가 전혀 의도하지 않은 사항을 심리 · 판단하는 것으로서, 이와 같은 결과는 당사자의 사적 자치를 대원칙으로 하는 민사법체계와도 부합하지 않는다." 거칠게 말하면 이행소송 방식은 실무적으로나 이론적으로나 나쁜 방식이라는 것이다. 그러나 2018다22008 전원합의체 판결을 의식하였기 때문인지, 다수의견은 이행소송 방식을 그대로 인정하면서 새로운 방식의 확인소송이라는 선택지를 추가하는 다소 절충적인 결론을 내놓았다. 그 결과 새로운 방식의 확인소송을 통해 실무상 문제를 해결할 것인지에 대한 칼자루는 법원이 아닌 채권자가 쥐게 되었다. 그런데 채권자 입장에서는 인지대 대폭 할인과 같은 조치가 있지 않는 이상 굳이 새로운 방식의 확인소송을 채택할 유인(誘因)이 크지 않다. 위 보충의견이 "새로운 방식의 확인소송의 소송비용과 관련하여 규정을 정비할 필요가 있다."라고 하면서 "그 소송목적의 값을 대폭 낮추어 정하는 특칙"을 두어야 한다고 말한 것도 이러한 배경 때문일 것이다. 뒤집어 말하면, 이러한 주장은 실무상 문제 해결을 위해 새로 제시한 법리로는 실무상 문제의 자족적 해결이 어려울 수도 있다는 점을 보여 준다.

(3) 법리적 문제점

설령 다수의견이 주장하듯 기존 이행소송 방식에 실무상 심각한 문제가 있다고 가정하더라도, 실무상 문제의 심각성만으로 새로운 법리가 곧바로 정당화될 수는 없다. 새로운 법리는 실무적 관점뿐 아니라 법리의 관점에서도 정당화될 수 있어야 한다. 그러한 점에서 실무적 요청이 이러한 법리적 정당화 과정 없이 곧바로 법리의 혁신적 변용으로 이어지는 것은 꼬리가 몸통을 뒤흔드는 격이다.

대상판결에서 핵심적인 법리 문제는 사실관계에 관한 확인소송이 가능한가 하는 점이다. 증서진부확인소송(민사소송법 제250조)처럼 법에서 명문으로 허용되는 경우를 제외하면, 법률관계가 아닌 사실관계 확인을 구하는 소송은 허용되지 않는다는 것이 확고한 법리이다.[4] 이러한 확고한 법리를 극복하려면 적어도 그에 견줄 수 있는, 또는 그것보다 더 단단한 이론적 정당화가 수반되어야 한다.

다수의견은 그 첫 번째 시도로서, 재판상 청구나 확인의 이익이 넓게 해석되는 판례의 경향성을 들고 있다. 하지만 이러한 경향은 사실관계에 대한 확인소송을 허용하는 근거가 될 수 없다. 가령 확인의 이익을 넓히는 경향성이 있다는 것[5]과 사실관계가 확인의 대상이 될 수 있다는 것은 다른 차원의 문제이다. 확인의 이익[6]은 당사자가 권리 또는 법률상 지위에 관한 확인을 구하는 것을 전제로 하는 개념이다. 즉 확인의 이익 확대도 어디까지나 그 확인 대상이 권리나 법률관계라는 전제 아래에서 이루어져 왔다. 그 점에서 다수의견은 기존 법리의 물리적 외연 확장이 아니라 화학적 성격 변용이다.[7]

이 점을 의식해서인지, 다수의견은 새로운 방식의 확인소송의 소송물이 "시효중단을 위한 재판상의 청구를 통한 시효중단의 법률관계"라고 한다. 즉 새로운 방식

---

4) 사봉관, "확인의 이익에 대한 소고 : 실무상 문제되는 사안에 대한 대법원 판례를 중심으로", **민사재판의 제문제**, 제22권(사법발전재단, 2013), 53면; 정동윤 외 2, **민사소송법**, 제5판(법문사, 2016), 397면; 강현중, **민사소송법**, 제7판(박영사, 2018), 302면.

5) 대법원 2007. 5. 17. 선고 2006다19054 전원합의체 판결 중 다수의견에 대한 보충의견 참조.

6) 확인의 이익은 당사자의 권리 또는 법률상 지위에 현존하는 불안·위험이 있고, 확인판결이 그 불안·위험을 제거하는 가장 유효적절한 수단인 때에 인정된다. 대법원 1991. 10. 11. 선고 91다1264 판결; 대법원 1994. 11. 22. 선고 93다40089 판결; 대법원 2011. 9. 8. 선고 2009다67115 판결.

7) 앞서 살펴 본 대법원 2018. 7. 19. 선고 2018다22008 전원합의체 판결에 대한 분석에서 필자는 시효중단 조치를 취하기 위한 채권자의 법적 이익을 강조하였으나, 이러한 법적 이익이 확인소송으로 확인받기 위해서는 어디까지나 그 법적 이익에 관한 권리 또는 법률관계가 확인 대상이 되어야 한다.

의 확인소송은 사실관계에 대한 확인소송이 아니라는 것이다. 그러나 다수의견의 내용을 곰곰이 곱씹어 보면, 결국 소송물에 해당하는 부분은 “시효중단을 위한 재판상 청구”라는 사실관계이고, “시효중단의 법률관계” 부분은 이러한 사실관계가 있을 때 발생하는 법률효과일 뿐이다. 다수의견에 대한 대법관 이기택의 보충의견에서는 “원고와 피고 사이의 수원지방법원 2004. 11. 11. 선고 2003가합15269 대여금 사건의 판결에 기한 채권의 소멸시효 중단을 위하여 이 사건 소의 제기가 있었음을 확인한다.”라는 주문을 예시하였다. 이 주문에 나타나듯이 새로운 방식의 확인소송에서 다수의견이 상정하는 확인의 대상은 소 제기 사실이다. 그 앞에 “소멸시효 중단을 위하여”라는 수식어를 더한다고 하여 시효중단의 법률관계가 확인대상이 되는 것이 아니다. 결국 이는 계약상 권리의무관계에 관한 다툼에서 계약체결 사실의 확인을 구하는 것과 구조적으로 유사하다. 이러한 소송은 현행 법리 아래에서는 인정될 수 없다.

재판상 청구가 있었다는 사실을 확인하는 소송이 가지는 근본적 한계는, 그러한 소송 유형이 인정되는 순간 그 소송은 더 이상 소송이 아니게 된다는 점이다. 소 제기 사실 자체는 당사자들이 대심적 구조에서 법적으로 다툴 쟁송의 대상이 아니다. 재판상 청구, 즉 소 제기 사실 확인은 소 제기 증명으로 하면 되고, 위와 같은 주문으로 확인받을 이유가 없다. 따라서 다수의견이 말하는 확인판결은 실질에 있어서는 법적 쟁송에 대한 재판이 아니라 특정 사실에 대한 공증(公證)일 뿐이다. 그렇다면 차라리 소 제기 확인사실 증명원에 시효중단효를 부여하는 입법이 더 솔직한 대응책이다. 굳이 해석론으로 확인소송을 허용하고자 한다면 대법관 김재형의 별개의견에 제시되었듯이 청구권 확인소송을 활용하는 것이 맞다.[8)]

다수의견에 따라 재판실무와 관련규정이 정비되면 다수의견이 지목한 실무상 문제점이 어느 정도 해소될 수는 있을 것이다. 그리고 그것이 곧 대상판결의 성과로 평가될 수도 있다. 이를 통해 사법자원이 당장은 효율적으로 배분될 수도 있다. 그러나 법리의 변화에는 비용이 뒤따른다. 그 비용이 당장 눈에 보이지 않는 경우도 많다. 하지만 법리의 변화가 가져오는 이익과 그에 수반되는 비용은 거시적, 중장기적으로도 평가되어야 한다. 대상판결의 사안 유형만 놓고 보면 사실관계에까

---

8) 참고로 독일 민법 제204조 제1항 제1호는 재판상 청구에 의한 소멸시효 정지의 유형으로 이행의 소 제기(die Erhebung der Klage auf Leistung) 외에 청구권 확인(Feststellung des Anspruchs)의 소 제기도 명시한다.

지 확인소송의 대상을 넓히는 것이 일단은 괜찮은 선택지일 수 있다. 그러나 댐에 구멍을 뚫는 것은 당장의 갈증을 해소하는 데 도움이 될지는 몰라도 댐의 견고함을 서서히 무너뜨리는 계기가 될 수도 있다. 확인소송의 대상을 확장한 대상판결의 한 수가 장기적인 사법자원의 효율적 배분에 어떤 영향을 미칠지는 좀 더 두고 보아야 할 것이다.

7 신의칙에 반하는 소멸시효 항변과 구상권 행사 (대법원 2016. 6. 10. 선고 2015다217843 판결)

가. 사실관계

A는 논산훈련소에 입소하여 훈련을 받던 중, 선임하사인 피고로부터 군기를 잡는다는 명목으로 구타를 당하다가 가슴 부위를 맞아 그 자리에서 사망하였다. 중대장인 B 대위는 피고에게 A에 대한 구타 사실을 발설하지 말 것을 지시하는 한편, A의 유족들에게는 A가 취침 중 심장마비로 사망한 것으로 통지하였다. 그로부터 40여 년이 지난 뒤 A의 유족들은 군의문사진상규명위원회에 진정을 하였고, A가 피고에게 구타를 당하여 사망하였다는 취지의 진상규명결정을 받았다. A의 유족들은 원고(국가)를 상대로 손해배상청구소송을 제기하였다. 원고는 소멸시효 항변을 하였으나, 법원은 그러한 항변은 신의성실의 원칙에 반하고 권리남용에 해당한다는 이유로 이를 받아들이지 않았다. 이후 위 판결이 확정되자 원고는 A의 유족들에게 손해배상금을 모두 지급한 뒤, 피고를 상대로 구상금 지급을 구하는 소를 제기하였다.

나. 원심판결과 대상판결

1심법원은 원고의 청구를 기각하였고,[1] 원고는 이에 항소하였다. 원심법원은 원고의 항소를 일부 인용하였다. 판결 이유를 요약하면 다음과 같다. 국가배상법 제2조 제1항 본문은 공무원이 직무를 집행하면서 고의 또는 과실로 법령을 위반하여 타인에게 손해를 입혔을 때에는 국가가 그 손해를 배상하여야 한다고 규정하고, 같은 조 제2항은 국가가 그 손해배상책임을 이행한 경우 해당 공무원에게 고의 또는 중대한 과실이 있으면 국가는 그 공무원에게 구상할 수 있다고 규정한다. 피고는 군부대의 선임하사로 근무하면서 훈련병들을 안전하게 지도하여야 할 위치에 있음에도 불구하고 A를 구타하여 사망에 이르게 하였다. 그러므로 피고에게 고의 또는 중대한 과실이 있었음을 인정할 수 있다. 다만 이러한 사고 발생이나

---

1) 서울중앙지방법원 2014. 10. 1. 선고 2014가합533055 판결.

사망원인 은폐에는 국가인 원고의 책임도 있고, 그 당시 사회적 환경이나 그 후 경과한 시간 등 다른 사정들도 고려한다면, 원고의 구상권 청구는 신의칙상 제한되어야 한다. 따라서 원고는 A의 유족들에게 손해배상금으로 지급한 금액의 20%에 대하여만 구상권을 행사할 수 있을 뿐이다.

대법원은 원고의 구상권 행사는 전부 부정되어야 한다는 취지로 원심판결을 파기하였다. 그 요지는 다음과 같다. 공무원의 불법행위로 손해를 입은 피해자의 국가배상청구권의 소멸시효 기간이 지났으나 국가가 소멸시효 완성을 주장하는 것이 신의성실의 원칙에 반하는 권리남용으로 허용될 수 없어 배상책임을 이행한 경우에는, 그 소멸시효 완성 주장이 권리남용에 해당하게 된 원인행위와 관련하여 해당 공무원이 그 원인이 되는 행위를 적극적으로 주도하였다는 등의 특별한 사정이 없는 한, 국가가 해당 공무원에게 구상권을 행사하는 것은 신의칙상 허용되지 않는다고 봄이 상당하다. 한편 이 사건에서 망인의 유족들이 원고를 상대로 국가배상청구소송을 제기하였을 당시 그 소멸시효 기간은 이미 지났으나, 원고의 소멸시효 완성 주장이 신의성실의 원칙에 반하는 권리남용으로 허용될 수 없어 원고가 국가배상책임을 부담하게 된 것이었다. 그리고 원고의 소멸시효 완성 주장이 권리남용에 해당하게 된 원인은 부대원들이 망인의 사인을 심장마비인 것처럼 적극적으로 조작·은폐한 행위로 인한 것이었는데, 그 사인의 조작·은폐행위는 엄격한 상명하복이라는 수직적 지휘·통제체계에 의해 운영되는 군대조직 내에서 발생한 불법행위라는 특수성이 있는 점, 사고가 발생하였을 당시 피고는 선임하사로서 중대장의 지시에 따라 자신이 망인을 구타한 것을 발설하지 않은 것에 불과한 점 등 제반 사정을 종합하여 보면, 원고가 망인의 실제 사망원인을 은폐하고 심장마비로 조작하는 과정에서 피고가 이를 적극적으로 주도하였다고 보기 어렵다. 그러므로 이 사건에서 원고가 피고에게 구상권을 행사하는 것은 신의칙상 허용되지 않는다고 봄이 상당하다.

다. 분석

(1) 대상판결에 대한 검토

이 판결은 국가배상책임의 소멸시효가 완성되었으나 국가의 소멸시효 항변이 신의칙에 반하여 국가가 결국 피해자에 대한 배상책임을 이행한 경우 국가가 공무원에게 구상권을 행사할 수 있는지를 다루고 있다.

국가배상법 제2조 제2항에 따르면 국가는 고의 또는 중과실로 국가배상책임을 야기한 공무원에 대하여 구상권을 행사할 수 있다. 이 사안에서 피고는 군사훈련을 받던 피해자를 구타하여 사망에 이르게 하였으므로 고의 또는 중과실로 국가배상책임을 야기한 공무원에 해당한다. 그러므로 국가배상법에 따르면 피고는 국가의 구상권 행사에 응하여야 마땅하다. 이러한 구상권 제도는 원인 제공자가 궁극적으로 책임을 부담해야 한다는 기본적인 정의 관념에 기초한 제도이다. 명문 규정이 없는데도 공동불법행위자 상호 간의 구상권을 인정하는 이유도 바로 이러한 정의 관념 때문이다. 하지만 공무원이 고의 또는 중과실로 위법행위를 한 경우에도 국가와 공무원의 구조적 관계에 비추어 보면 공무원만이 오로지 원인 제공자라고 볼 수는 없다. 그러한 점에서 국가배상법 제2조 제2항이 상정하는 법적 틀과 실존하는 현실 사이에는 간극이 있다. 신의칙은 법과 현실 사이의 긴장관계를 누그러뜨린다. 대법원도 국가는 해당 공무원의 직무 내용, 불법행위의 상황과 손해발생에 대한 해당 공무원의 기여 정도, 평소 근무태도, 불법행위의 예방이나 손실분산에 관한 국가 또는 지방자치단체의 배려의 정도 등 제반 사정을 참작하여 손해의 공평한 분담이라는 견지에서 신의칙상 상당하다고 인정되는 한도 내에서 구상권을 행사할 수 있다고 판시하여 왔다.[2)]

한편 국가배상청구권의 소멸시효가 완성되면 국가는 더 이상 국가배상책임을 부담하지 않고, 국가배상책임의 이행을 요건으로 하는 공무원의 구상책임도 발생하지 않는다. 그런데 이 사건에서는 국가의 소멸시효 항변이 신의칙 위반으로 배척되어 국가가 배상책임을 부담하면서 그 책임을 궁극적으로 누가 부담할 것인가 하는 문제가 발생하게 되었다. 대법원은 국가가 이 책임을 모두 떠안아야 한다고 보았다. 그 이유는 다음과 같이 추측해 볼 수 있다.

첫째, 대법원은 국가배상책임을 야기한 위법행위와 소멸시효 항변의 신의칙 위반을 야기한 은폐행위 중 후자에 더 무게를 두었다. 즉 본래 소멸시효 완성에 따라 부담하지 않아도 되었을 국가배상책임을 부담하게 만든 주된 원인은 은폐행위에 있으므로 은폐행위의 주체가 궁극적으로 책임을 떠안아야 한다는 것이다. 이 사안에서 피고의 위법행위 은폐는 개인적인 차원이 아니라 조직적인 차원에서 이

2) 대법원 1991. 5. 10. 선고 91다6764 판결; 대법원 2008. 3. 27. 선고 2006다70929 판결.

루어졌다. 그러므로 이러한 은폐행위로 인하여 부담하게 된 국가배상책임을 공무원 개인에게 전가시켜서는 안 된다는 것이다. 대법원이 "원고가 망인의 실제 사망원인을 은폐하고 심장마비로 조작하는 과정에서 피고가 이를 적극적으로 주도하였다고 보기 어려우므로, 이러한 경우에 원고가 피고에게 구상권을 행사하는 것은 신의칙상 허용되지 않는다고 봄이 상당하다."라고 판시한 것도 이러한 생각 때문이다.

둘째, 대법원은 공무원이 누려야 할 법적 안정성에 무게를 두었다. 소멸시효 제도의 가장 강력한 존재근거는 법적 안정성이다.[3] 소멸시효 제도의 맥락에서 이를 달리 표현하자면, 유동적인 법률상태의 '매듭짓기'이다.[4] 이러한 법적 안정성의 이념은 하늘이 무너져도 정의는 세워야 한다는 법언의 강렬한 색채와 대비되어 그 의미가 과소평가되기도 한다. 그러나 소멸시효 제도는 옛 분쟁을 뒤로 하고 새 출발을 하도록 도와준다. 빛바랜 진실 공방으로 인한 사법비용을 줄여 준다. 권리자가 자신의 권리를 조속히 행사할 인센티브를 제공한다. 이처럼 법적 안정성에 토대를 둔 소멸시효 제도 아래에서는 아무리 고의 또는 중과실로 위법행위를 한 공무원이라도 소멸시효가 완성되면 구상책임으로부터 자유로워질 수 있다. 그것은 법질서에 따라 정당하게 허용되는 혜택이다. 이 사건에서도 구타사망사고 후 어언 50여 년이 흘렀고 피고는 어느덧 고령이 되었다. 그런데 오랜 기간이 경과한 뒤 진행된 소송에서 국가의 소멸시효 항변이 신의칙에 반하게 되었다는 이유로 돌연 구상책임을 추궁당하는 상황은 이러한 혜택에 대한 침해일 수 있다.

(2) 대상판결에 대한 의문

위와 같은 이유들을 생각하면 이 사건에서 국가에게 궁극적인 책임을 부담시켜야 할 필요성은 충분히 이해할 수 있다. 하지만 신의칙에 따라 구상권을 제한하는 것에서 더 나아가 구상권 행사 가능성을 차단하여 국가에게만 궁극적 책임을 부담시키는 것이 타당한지는 의문이다.

첫째, 이러한 결론은 불법행위의 예방 관점에서 최선의 결론이 아니다. 주지하다시피 불법행위법의 목적은 크게 회복과 예방으로 나누어 볼 수 있다.[5] 이 사건

---

3) 곽윤직 · 김재형, 민법총칙, 제9판(박영사, 2013), 418면; 양창수 · 김형석, **권리의 보전과 담보(민법 Ⅲ)**, 제2판(박영사, 2015), 67면.

4) 권영준, "소멸시효와 신의칙", **재산법연구**, 제26권 제1호(2009. 6), 10면.

5) 이에 대해서는 권영준, "불법행위법의 사상적 기초와 그 시사점 – 예방과 회복의 패러다임을 중심

에서 피해자의 유족들은 국가로부터 손해배상을 받았으므로 회복의 목적은 달성되었다. 그런데 국가와 공무원 중 누구에게 궁극적인 책임을 부담시켜야 향후 이러한 불법행위의 예방을 막는 데 더 도움이 될까? 이는 국가의 은폐행위와 공무원의 위법행위 중 무엇을 주된 예방 대상으로 삼을 것인가 하는 물음으로 환원된다. 결과적으로 이 판결은 국가의 은폐행위 예방에 더욱 무게를 두었다. 그러나 국가배상법이 굳이 경과실과 고의 · 중과실을 구별하여 전자에 대해서는 공무원을 면책시켜 주되 후자에 대해서는 공무원의 구상책임을 묻는 태도로부터, 공무원이 책임의 두려움 때문에 위축되지 않도록 배려하되 고의 · 중과실의 위법행위는 하지 않도록 예방하려는 뜻을 읽을 수 있다. 국가의 은폐행위가 개입한 경우에도 바로 그 은폐행위의 원인을 제공한 위법행위 그 자체의 예방 요청이 사라지는 것은 아니다. 요컨대 공무원이 고의 또는 중과실로 위법행위를 한 경우 국가의 은폐행위로 소멸시효 기간이 경과하였더라도 해당 공무원이 나중에 책임의 일부를 분담할 수 있다는 메시지를 주는 것이 위법행위의 예방에 도움이 된다.

둘째, 이러한 결론은 손해의 공평한 분담이라는 관점에서도 곱씹어 볼 필요가 있다. 피고는 원고의 은폐행위가 없었더라면 원고의 국가배상책임에 이어 구상책임을 부담하였을 가능성이 크다. 그런데 피고는 국가의 은폐행위로 인하여 그러한 구상책임의 부담이 연기되는 혜택을 입었다. 그 점에서 피고는 은폐행위의 수혜자인 셈이다. 또한 이러한 은폐행위는 피고의 관여 또는 협조 없이는 이루어질 수 없었다. 그 점에서 피고는 은폐행위의 가담자이기도 하다. 그런데 나중에 그 은폐행위가 문제 되어 국가가 소멸시효 완성에도 불구하고 배상책임을 부담하게 되었을 때 위법행위자가 그 은폐행위를 "주도하지 아니하였다."는 사정을 내세워 아무런 책임을 부담하지 않는 것이 손해의 공평한 분담인지 의문스럽다. 특히 대법원 1996. 2. 15. 선고 95다38677 전원합의체 판결은 공무원의 위법행위가 고의 · 중과실에 기한 경우에는 그 행위의 본질상 국가 등에게 책임을 귀속시킬 수 없다고 전제한 뒤, 피해자인 국민의 두터운 보호를 위해 일단 국가가 배상책임을 부담하되 공무원 개인에게 구상할 수 있다고 판시하고 있다. 적어도 이러한 판시에 따르면 고의 · 중과실에 기한 행위는 본래 공무원 개인이 국가라는 방호벽에서 나와 스스로 책임을 부담해야 할 행위인데도, 소멸시효 완성과 소멸시효 항변의 신의칙

으로-", 저스티스, 통권 제109호(2009. 2) 참조.

위반이라는 요소가 개입하면서 국가만 책임을 부담하는 결과가 초래되는 것은 아무래도 석연치 않다.

셋째, 이러한 결론은 신의칙의 과도한 일반화로 이어질 위험이 있다. 대법원은 이 판결을 통해 국가의 소멸시효 항변이 신의칙 위반으로 배척되어 국가배상책임을 이행한 경우에는 국가가 해당 공무원에게 구상권을 행사하는 것이 원칙적으로 허용되지 않는다는 일반론을 제시하였다.[6] 이러한 일반론은 향후 유사한 쟁점이 문제 되는 수많은 사안을 다룰 하급심 법원에 사실상 구속력을 가질 것이다. 그런데 본래 신의칙은 일반론과 친하지 않다.[7] 신의칙은 일반적인 법규범과 개별적 사안 사이의 긴장관계를 미세하게 조정하는 도구이다.[8] 이러한 신의칙의 조정기능은 보충성과 미세성이라는 특징을 가진다.[9] 따라서 신의칙의 적용은 본래 신중하게 이루어져야 하며,[10] 그 적용의 모습도 획일적이기보다는 유연하고 탄력적이라야 한다.[11] 그런데 개별 법 규정이 아닌 신의칙에 기초한 해석론에 쉽사리 일반론의 지위를 부여하면 이러한 신의칙 본연의 모습이 흔들릴 수 있다.[12] 이 판결과 관련해서도 이러한 우려가 생긴다. 국가의 은폐행위가 개입한 때에도 사안의 구체적 사정들을 개별적으로 고려하여 공무원에게 부분적으로나마 구상책임을 인정할 수 있는 사례가 없지 않을 것이다. 또한 소멸시효 항변이 신의칙에 위반되는 사유에는 은폐행위를 통하여 채권자의 권리 행사를 방해한 경우만 있는 것이 아니다. 판례에 따르면 "객관적으로 채권자가 권리를 행사할 수 없는 장애사유가 있는 경우"나 "채권자보호의 필요성이 크고, 같은 조건의 다른 채권자가 채무의 변제를 수령하는 등의 사정이 있어 채무이행의 거절을 인정함이 현저히 부당하거나 불공평하게 되는 등의 특별한 사정이 있는 경우"에도 소멸시효 항변은 신의칙에 반할

---

6) 이 점에서 일반론을 제시하지 않은 채 사안의 구체적인 사정에 의거하여 신의칙상 구상권 행사를 부정한 대법원 2008. 3. 27. 선고 2006다70929 판결은 대상판결과 구별된다.

7) 양창수 · 김형석, **권리의 보전과 담보(민법 Ⅲ)**, 제2판(박영사, 2015), 129면은 신의칙을 적용할 때 개별 사안의 특수성에 주의를 기울여야 한다고 지적한다.

8) 편집대표 곽윤직, **민법주해(Ⅰ) 총칙(1)**(박영사, 1992), 104-105면(양창수 집필부분).

9) 권영준(주 5), 8면.

10) 대법원 2010. 5. 27. 선고 2009다44327 판결은 신의칙은 민법의 일반적 법원칙이지만 개별 사건에 적용되는 국면에서는 개별 법규칙에 대한 예외로서의 자리를 차지할 수밖에 없다고 한다.

11) 권영준(주 5), 9면.

12) 가령 판례는 소멸시효 항변의 신의칙 위반이 문제 된 사안에서 신의칙에 기초하여 시효완성의 효력을 부정하는 것은 소멸시효 제도에 대한 "대단히 예외적인 제한에 그쳐야 할 것"이라고 보고 있다. 대법원 2013. 5. 16. 선고 2012다202819 전원합의체 판결; 대법원 2013. 12. 12. 선고 2013다201844 판결.

수 있다.[13] 하지만 이 경우에도 언제나 일률적으로 공무원의 구상책임을 부정할 수 있는지는 의문이다. 가령 수사관이 피의자를 고문하여 허위자백을 얻어낸 뒤 유죄판결을 받았고, 권위주의 정권 시대 아래에서 감히 이를 문제 삼을 수 없는 상황이 지속되다가(객관적으로 채권자가 권리를 행사할 수 없는 장애사유) 시대가 바뀌어 비로소 국가와 수사관의 책임을 묻고자 하는 경우 수사관은 시효소멸을 이유로 국가에 대한 구상책임마저도 면하게 되는 것인가? 또한 국가가 소멸시효가 완성된 사건들 중에 일부 피해자에게만 변제하고 다른 피해자에게는 변제하지 않는 경우(채무이행의 거절이 불공평한 경우)에는 전자의 사례에서만 구상권 행사가 허용되고 후자의 사례에서는 불허되는 것인가? 이러한 맥락에서 보면 이 판결이 제시한 일반론의 엄격성은 완화될 필요가 있다.

13) 대법원 2002. 10. 25. 선고 2002다32332 판결 등 다수.

제2장

물권편 분야

1 공유지분 포기에 따른 물권변동 발생 시기 (대법원 2016. 10. 27. 선고 2015다52978 판결)

가. 사실관계

A를 포함한 공유자 29명은 각각 X토지의 지분을 소유하고 있었다. A는 원고 등 나머지 공유자 28명을 상대로 지분이전등기절차인수의 소를 제기하면서, 자신이 소유하던 X토지의 지분을 포기한다는 의사표시가 담긴 소장을 제출하였다. 법원은 이에 따라 나머지 공유자들이 공유지분별로 A의 지분 포기를 원인으로 한 소유권이전등기신청절차를 인수하라는 판결을 선고하였고,[1] 이 판결은 그대로 확정되었다. 그런데 위 판결에 따른 소유권이전등기가 이루어지지 않은 상태에서 A가 사망하였고, A의 상속인인 B 등은 A의 재산을 법정상속분에 따라 상속하였다. 한편 피고는 강제경매절차를 통하여 원고가 소유하던 X토지의 지분을 취득하였다. 원고는 A의 지분 포기에도 불구하고 아직 자신에게 할당된 A의 지분에 관하여 소유권이전등기를 마치지 않은 상태였으므로 피고는 원고의 종전 지분에 대해서만 소유권이전등기를 마칠 수 있었다.

이후 피고는 X토지의 다른 공유자들과 함께 B 등을 상대로 그 법정상속분에 따라 A가 포기한 공유지분에 관한 소유권이전등기절차를 이행하라는 소를 제기하였다. 위 소송 과정에서 법원은 피고 및 다른 공유자들의 주장과 같은 내용의 화해권고결정을 하였다. 그 화해권고결정이 확정되면서 피고는 A의 포기 지분 중 자신에게 할당된 지분(이하 '이 사건 지분'이라고 한다)에 관하여도 소유권이전등기를 마쳤다. 피고는 원고의 종전 지분과 이 사건 지분을 여러 사람들에게 나누어 매도하고 소유권이전등기까지 마쳐 주었다.

한편 원고는 이 사건 지분이 피고가 아닌 자신에게 귀속되었다고 주장하며 피고를 상대로 이 사건 지분의 처분대금에 상응하는 부당이득반환을 구하는 소를 제기하였다. 원고가 이 사건 지분이 자신에게 귀속된다고 주장한 근거는 다음과 같다. 공유자가 그 지분을 포기한 경우 그 지분이 다른 공유자에게 각 지분의 비율

1) 인천지방법원 2003. 4. 11. 선고 2002가합6261 판결.

로 귀속하는 것(민법 제267조)은 법률의 규정에 의한 물권변동(민법 제187조)이다. 그러므로 지분 포기에 관한 A의 의사표시가 모든 공유자에게 도달한 시점에 그 포기 지분은 등기 없이도 나머지 공유자 28명에게 각 지분의 비율로 귀속한다.

나. 원심판결과 대상판결

1심법원은 지분 포기의 경우에도 등기를 하여야 비로소 포기로서의 효력이 생긴다고 보아, 원고의 청구를 기각하였다.[2] 원고는 이에 항소하면서, 항소심에서 자신이 이 사건 지분에 관한 소유권이전등기청구권자인데 피고가 이 사건 지분에 관하여 소유권이전등기를 마친 뒤 처분한 것은 부당이득에 해당하므로 그 가액을 반환하라는 예비적 청구를 추가하였다.

원심법원은 원고의 항소를 기각하면서 원고의 예비적 청구는 받아들였다.[3] 우선 원심법원은 이 사건 지분 포기의 효력 발생 시점에 관하여 1심법원과 견해를 같이하였다. 즉 공유지분 포기는 이로 인한 지분이전등기가 이루어져야 비로소 효력이 발생한다는 것이다. 한편 예비적 청구에 대해서는 다음과 같은 취지로 판시하였다. 원고는 이 사건 지분에 대해 이전등기청구권을 가지게 되었고, 피고가 강제경매절차를 통하여 취득한 것은 원고의 종전 지분일 뿐 위 이전등기청구권은 아니다. 이처럼 이 사건 지분에 관한 한 아무런 권리를 가지지 않는 피고가 소 제기 및 화해권고결정을 통하여 이 사건 지분에 관하여 소유권이전등기를 마침으로써 피고는 본래 이 사건 지분을 취득하였어야 할 원고와의 관계에서 부당한 이익을 취득하였다.[4] 따라서 피고는 원고에게 그 지분의 가액에 해당하는 지분 처분대가 상당액을 부당이득으로 반환할 의무가 있다.

대법원은 원심의 판단을 그대로 유지하면서 피고의 상고를 기각하였다.

다. 분석

이 사건의 핵심 쟁점은 부동산 공유자 중 1인이 공유지분을 포기한 경우 그 공유지분이 등기와 무관하게 다른 공유자들에게 바로 귀속하는지, 아니면 등기를 하여야 비로소 다른 공유자들에게 귀속하는지 여부이다.

---

2) 인천지방법원 2014. 10. 29. 선고 2014가합6950 판결.

3) 서울고등법원 2015. 8. 13. 선고 2014나55859 판결.

4) 피고가 확정된 화해권고결정을 법률상 원인으로 하여 이 사건 지분에 대한 소유권이전등기를 마친 것은 사실이나, 이 결정이 가지는 기판력은 화해권고결정의 당사자가 아닌 원고에게 미치지 않는다.

민법 제186조는 부동산에 관한 법률행위로 인한 물권변동은 등기를 요한다고 선언한다. 이른바 공시의 원칙을 선언한 것이다. 한편 민법 제187조 본문은 "상속, 공용징수, 판결, 경매 기타 법률의 규정"에 의한 부동산 물권변동의 경우에는 등기를 요하지 않는다고 규정한다. 이는 공시의 원칙에 대한 예외이다. 다만 민법 제187조 단서는 이 경우에도 그 부동산을 처분하려면 등기를 해야 한다고 하여 간접적으로 공시를 강제한다.[5)]

등기 없이도 물권변동이 일어나는 것을 정당화하는 형식적인 근거는 민법 제187조를 비롯한 법률의 규정 또는 관습법이다. 그런데 좀 더 실질적으로 관찰하면 이러한 물권변동은 대체로 ① 특정한 사유가 발생하면 등기를 기다리지 않고 바로 물권 변동이 일어나도록 할 정책적 · 논리적 이유가 있는 경우로서 ② 그렇게 하더라도 거래의 안전이 심하게 저해되지 않거나, ③ 거래의 안전을 심하게 저해하더라도 이를 압도할 만한 공익적 요청이 있을 때에 허용된다. 예컨대 피상속인 사망과 동시에 상속재산의 물권변동이 일어나지 않으면 상속인이 상속재산 중 부동산에 관한 등기를 마칠 때까지 상속 부동산은 권리 공백 상태에 놓이게 된다. 그렇다고 하여 그 권리 공백 기간 동안 그 부동산을 무주 부동산으로 보아 국가에 귀속시키는 것도 번거롭다. 그러므로 피상속인의 사망과 동시에 그 재산을 상속인에게 귀속시킬 정책적 이유가 있다.[6)] 이 경우 피상속인 명의로 등기가 남아 있더라도 제3자가 사망한 피상속인과 거래하는 것은 불가능하므로 거래의 안전도 그리 저해되지 않는다. 공용징수의 경우에도 그렇다. 일반적으로 공용징수를 수반하는 공익사업은 신속하게 시행되는 쪽이 공익에 부합한다. 그러므로 공용수용과 더불어 물권변동의 효과를 발생시킬 정책적 이유가 있다. 물권변동이 국가기관의 결정에 의하여 발생한다는 점도 등기 없이 물권변동의 효과를 인정하는 것을 정당화한다.[7)] 공용수용 대상 토지가 거래 대상이 되는 경우는 드물 뿐만 아니라 어차피 관공서에 의한 등기 촉탁으로 곧 등기가 이루어지는 경우가 대부분이어서 거래의 안전도 그리 저해되지 않는다.[8)] 그 외에 형성판결에 따른 물권변동은 논리적 이유

---

5) 다만 이러한 처분에 의한 물권변동은 법률행위에 의한 물권변동이므로 민법 제186조의 원칙으로 돌아가 등기를 필요로 하는 것이다. 그 점에서 민법 제187조 단서는 민법 제186조의 원칙을 재확인한 규정이라고 할 수 있다. 양창수 · 권영준, **권리의 변동과 구제(민법 Ⅱ)**, 제2판(박영사, 2015), 63-64면.

6) 편집대표 곽윤직, **민법주해(Ⅳ) 물권(1)**(박영사, 1992), 164면(김황식 집필부분).

7) 곽윤직 편(주 6), 164면.

8) 양창수 · 권영준(주 5), 65면.

에 기한 것이라면, 관습법상 법정지상권의 경우는 건물 존속 보장이라는 공익적 요청이 전면에 나선 것이다.

따라서 특정 조항에 기한 물권변동에 민법 제186조와 제187조 중 어느 것이 적용되는지 불분명하다면, 위와 같은 정책적 필요성과 거래 안전의 고려 등이 중요한 해석 기준이 되어야 한다. 또한 그러한 기준을 적용해 보더라도 여전히 불명확성이 남는다면 원칙에 해당하는 민법 제186조가 우선적으로 적용되어야 한다.[9] 이처럼 공시의 원칙을 우선시키는 해석론을 통해 실체법상 권리관계와 등기부상 권리관계를 일치시키고 거래의 안전을 더 강하게 보장할 수 있다. 공유물분할에 관한 임의조정에 대해 민법 제187조가 아닌 민법 제186조를 적용하여 등기를 요구하였던 대법원 판결[10]도 그러한 맥락에서 이해할 수 있다.

이러한 해석론은 부동산 지분 포기에 대해서도 적용될 수 있다. 민법 제267조는 "공유자가 그 지분을 포기하거나 상속인 없이 사망한 때에는 그 지분은 다른 공유자에게 각 지분의 비율로 귀속한다."라고 규정한다. 이 문언만 보면 공유자의 지분 포기는 곧바로 다른 공유자에 대한 지분 귀속으로 이어진다고 해석할 여지가 있다. 이를 토대로 민법 제267조가 민법 제187조의 "기타 법률의 규정"에 속하므로 등기 없이도 지분 귀속이 이루어진다고 해석할 여지도 있다.[11] 그렇게 보는 쪽이 지분 포기 주체의 입장에서도 편리하다. 또한 지분 포기는 법률행위의 일종이긴 하지만,[12] 법률행위로 인한 물권변동이라고 하여 등기 없는 물권변동이 불가능한 것은 아니다.[13] 그러나 이러한 점을 고려하더라도 지분 포기의 경우에는 이처럼 등기 없이도 물권변동의 효력을 부여해야 할 정책적 · 논리적 이유를 찾아볼 수 없다. 만약 지분 포기에 대해 등기 없이 물권변동이 발생한다는 결론을 받아들인다면 지분 포기 후 등기 전의 거래 안전이 저해된다.[14] 우리나라에는 부동산 등기에 대한 공신력이 인정되지 않기 때문이다.[15] 그러므로 민법 제267조에 따른 지

9) 곽윤직 편(주 6), 131면.
10) 대법원 2013. 11. 21. 선고 2011두1917 전원합의체 판결.
11) 이러한 해석을 취하는 견해로는 곽윤직 편(주 7), 179면.
12) 대상판결은 이를 상대방 있는 단독행위로 보았다. 상대방 없는 단독행위로 보는 일반적인 소유권 포기와 구별되는 부분이다.
13) 가령 판례는 민법 제48조의 경우 설립자와 법인 사이에서는 출연행위라는 법률행위만으로 등기 없이도 재산이 재단법인에게 귀속된다고 본다. 대법원 1970. 12. 11. 선고 78다481 전원합의체 판결 등.
14) 지원림, 민법강의, 제14판(홍문사, 2015), 450면은 일반적인 물권 포기에 관한 설명이기는 하지만 등기를 요하지 않을 경우 발생할 수 있는 거래 안전의 저해에 대해 언급한다.

분 포기의 경우에도 등기가 이루어질 때 비로소 물권변동이 발생한다고 해석하여야 한다.[16] 참고로 일반적인 부동산 물권 포기에 대해서도 포기의 의사표시 외에 등기까지 이루어져야 비로소 포기의 효력이 발생한다는 것이 다수설의 입장이다.[17] 대상판결의 입장은 이러한 다수설의 입장과도 논리적으로 잘 연결된다.

---

15) 곽윤직 편(주 6), 165면은 우리 법제에서는 이와 같은 이유로 민법 제187조에 의한 부동산 물권변동의 발생 자체를 억제할 필요가 있다고 지적한다.

16) 대법원 1965. 6. 15. 선고 65다301 판결도 같은 취지이다. 편집대표 곽윤직, **민법주해(Ⅴ) 물권(2)**(박영사, 1992), 582－583면(민일영 집필부분); 편집대표 김용담, **주석민법 물권(2)**, 제4판(한국사법행정학회, 2010), 82면(박삼봉 집필부분)도 공유지분의 포기에는 민법 제186조가 적용된다고 본다.

17) 곽윤직 편(주 6), 136면; 편집대표 김용담, **주석민법 물권(1)**, 제4판(한국사법행정학회, 2010), 208면(홍성재 집필부분); 곽윤직 · 김재형, **물권법**, 제8판(전면개정) 보정(박영사, 2015), 176면; 지원림(주 14), 450면; 송덕수, **신민법강의**, 제9판(박영사, 2016), 604면; 윤철홍, "물권의 포기에 관한 소고", **전남대학교 법학논총**, 제36권 제1호(2016. 3), 448면; 강태성, "물권의 포기에 관한 종합적·비판적 검토", **동아법학**, 제66호(2015. 2), 505면. 반대설로는 이영준, **물권법**, 전정신판(박영사, 2009), 102, 301면. 독일 민법 제875조 제1항은 부동산에 관한 물권 포기는 그 물권에 관한 말소등기를 요한다고 명문으로 규정한다. 독일 민법 제928조 제1항은 부동산 소유권의 포기에 관해서도 같은 취지로 규정한다.

2 폐쇄등기의 말소회복을 구하는 소의 이익
(대법원 2016. 1. 28. 선고 2011다41239 판결)

가. 사실관계

이 사건의 사실관계와 쟁점들은 복잡하나, 여기에서 분석할 쟁점에 관한 부분만 정리하면 다음과 같다.

A와 피고가 보유하던 X토지와 Y토지의 각 지분에 관하여 B호텔 앞으로 매매에 따른 소유권이전등기(이하 '이 사건 소유권이전등기'라고 한다)가 마쳐졌다. B호텔은 위 지분에 관하여 C은행 앞으로 근저당권을 설정하였고, C은행은 원고에게 근저당권을 이전하였다. 그런데 B호텔은 A와의 매매가 이사의 자기거래금지에 관한 상법 제398조에 위반하여 무효임을 이유로 A와 피고를 상대로 매매대금 반환의 소를 제기하였다. 그러자 A와 피고는 이 사건 소유권이전등기 말소를 구하는 반소를 제기하였다. 법원은 본소와 반소를 받아들여 상환이행판결을 하였고, 그 판결이 확정되어 B호텔 명의의 소유권이전등기가 말소되었다. 그런데 말소 당시 근저당권자로서 등기상 이해관계인인 원고의 승낙서나 승낙에 갈음하는 재판서 등본은 제출되지 않았다.

그 후 X토지는 X1토지와 X2토지, Y토지는 Y1토지와 Y2토지로 각각 분할되었다. X2토지는 W토지, Y2토지는 Z토지로 각각 환지되었다(이하 W토지와 Z토지를 합하여 '이 사건 각 토지'라고 한다). 그런데 X2토지, Y2토지나 이 사건 각 토지의 등기기록에는 이 사건 소유권이전등기와 말소등기가 옮겨 기록되지 않았다.

원고는 이 사건 각 토지 중 이 사건 소유권이전등기가 부적법하게 말소되지 아니하였더라면 위 각 토지 등기기록에 옮겨 기록되었을 B호텔 지분에 관하여 A 및 피고를 상대로 위 소유권이전등기의 말소회복등기절차 이행을 구하는 소를 제기하였다.[1)]

---

1) A는 1심 피고였으나 2심에서 청구의 교환적 변경으로 피고가 아니게 되었다. A와 피고 외에도 여러 피고들이 더 있었으나 설명의 편의상 다른 피고들에 대해서는 언급하지 않는다.

나. 원심판결과 대상판결

1심법원은 원고의 청구를 인용하였다.[2] 피고는 이에 항소하였다. 원심법원도 원심에서 교환적으로 변경된 청구에 따라 원고의 청구를 받아들였다.[3] 이에 대해 피고가 상고하였다. 대법원은 이 사건에서 원고가 이 사건 각 토지에 관하여 이 사건 소유권이전등기의 말소회복등기절차 이행을 구할 소의 이익이 있는지 직권으로 판단하였다. 이 사건 각 토지의 등기기록에는 이 사건 소유권이전등기나 그 말소등기가 기록되어 있지 않아 말소회복등기를 명하는 판결이 확정되더라도 이를 실행하기 어렵다고 볼 여지가 있기 때문이었다. 대법원은 이 점에 대해 다음과 같이 판시하였다.

등기관이 부동산등기법 제33조에 따라 등기기록에 등기된 사항 중 현재 효력이 있는 등기만을 새로운 등기기록에 옮겨 기록한 후 종전 등기기록을 폐쇄하는 경우, 새로운 등기기록에는 옮겨 기록되지 못한 채 폐쇄된 등기기록에만 남게 되는 등기(이하 '폐쇄등기'라 한다)는 현재의 등기로서의 효력이 없고, 폐쇄된 등기기록에는 새로운 등기사항을 기록할 수도 없으므로, 폐쇄등기 자체를 대상으로 하여 말소회복등기절차의 이행을 구할 소의 이익은 없다.

그러나 부동산등기법 제33조가 등기기록에 등기된 사항 중 현재 효력이 있는 등기만을 새로운 등기기록에 옮겨 기록할 수 있도록 규정하고 있는 것은 등기실무의 편의를 고려한 것이고, 이로 인하여 진정한 권리자의 권리구제가 곤란하게 되어서는 안 된다. 등기가 부적법하게 말소된 상태에서 현재 효력이 있다고 보이는 등기만을 새로운 등기기록에 옮겨 기록한 후 종전 등기기록을 폐쇄함으로써 진정한 권리자의 말소된 등기가 폐쇄등기로 남게 되는 경우와 같이, 새로운 등기기록에 옮겨 기록되지는 못하였지만 진정한 권리자의 권리실현을 위하여 말소회복등기를 마쳐야 할 필요가 있는 때에도 등기가 폐쇄등기로 남아 있다는 이유로 말소회복등기절차의 이행을 구하는 소의 이익을 일률적으로 부정하는 것은 타당하다고 할 수 없다.

따라서 이러한 경우에는 등기가 부적법하게 말소되지 아니하였더라면 현재의 등기기록에 옮겨 기록되었을 말소된 권리자의 등기 및 그 등기를 회복하는 데에

---

2) 대전지방법원 2010. 1. 29. 선고 2008가합11959 판결.
3) 대전고등법원 2011. 4. 15. 선고 2010나2204 판결.

필요하여 함께 옮겨 기록되어야 하는 등기에 관하여 말소회복등기절차 등의 이행을 구하는 소를 제기하고, 그 사건에서 말소회복등기절차 등의 이행을 명하는 판결이 확정되는 한편 현재의 등기기록에 이미 기록되어 있는 등기 중 말소회복등기와 양립할 수 없는 등기가 모두 말소되면, 등기관은 새로운 등기기록에 등기사항을 처음 옮겨 기록할 당시 말소된 권리자의 등기 및 그 등기를 회복하는 데에 필요한 등기도 함께 옮겨 기록하였어야 함에도 이를 누락한 것으로 보아 부동산등기법 제32조에 의하여 직권으로 이들 등기를 현재의 등기기록에 옮겨 기록한 다음 그 등기에서 위 확정판결에 기한 말소회복등기 등을 실행할 수 있다. 그렇다면 폐쇄등기 자체를 대상으로 하는 것이 아니라, 부적법하게 말소되지 아니하였더라면 현재의 등기기록에 옮겨 기록되었을 말소된 권리자의 등기 및 그 등기를 회복하는 데에 필요하여 함께 옮겨 기록되어야 하는 등기를 대상으로 말소회복등기절차 등의 이행을 구하는 소는 소의 이익을 인정할 수 있다.

그리고 이러한 법리는 토지분할 과정에서 분할 전 토지의 등기기록에는 남아 있으나 분할 후 새로운 등기기록을 사용하는 토지의 등기기록에는 옮겨 기록되지 못한 등기에 대하여도 마찬가지로 적용될 수 있다.

다. 분석

(1) 대상판결의 타당성

이 사건에서는 등기기록이 폐쇄되지는 않았다. 그러나 분할 후 토지에 관한 새로운 등기기록에 종전 등기사항이 옮겨 기록되지 않았다는 점에서는 등기기록의 폐쇄와 구조가 동일하다. 대상판결도 폐쇄된 등기기록에 기록된 말소등기사항의 회복을 구하는 소의 이익에 관하여 판시한 뒤, 그 법리를 토지분할에 관한 이 사건에 적용하고 있다. 따라서 아래에서는 등기기록의 폐쇄와 소의 이익에 관한 법리를 살펴보기로 한다.

일정한 사유가 발생하여 어떤 부동산에 관한 현재의 유효한 권리관계를 공시할 필요가 없게 되거나 공시할 수 없게 된 때에는 등기기록에 그 사유와 등기기록을 폐쇄한다는 뜻을 기록하고 부동산의 표시를 말소하게 된다. 이를 등기기록의 폐쇄라고 한다.[4] 폐쇄된 등기기록에 기록된 등기사항을 편의상 폐쇄등기라고 부르기

4) 법원행정처, 부동산등기실무 [I](법원행정처, 2015), 94－95면.

도 한다.[5] 등기기록의 폐쇄는 등기기록의 전환,[6] 소유권보존등기 말소, 중복등기기록 정리, 기록사항의 과다 등 합리적 사유로 인한 신등기기록에의 이기, 멸실방지 처분으로서의 재제(再製), 합필이나 건물합병, 부동산 멸실, 환지 처리에 따른 폐쇄, 도시정비법에 따른 폐쇄를 원인으로 하여 발생한다.[7] 이 중 상당수는 행정적인 편의에 따른 것이다.[8]

그런데 일단 등기기록이 폐쇄되면 그 등기기록은 효력을 상실하고 그 등기기록에는 어떠한 새로운 사항도 기록할 수 없게 된다.[9] 문제는 새로운 등기기록에 옮겨 기록하지 않은 폐쇄등기를 말소하거나 말소회복해야 하는 경우가 발생한다는 것이다. 『A－B－C』 순으로 소유권이전등기가 이루어졌고, C 등기만 새로운 등기기록에 옮겨 기록된 채 그 이전 등기기록은 폐쇄되었다고 해 보자. 뒤늦게 B 등기가 원인무효임이 밝혀져 이를 말소해야 하는 경우가 생길 수 있다. 하지만 B 등기는 폐쇄등기이므로 현재 등기로서의 효력이 없고 그 위에 말소등기라는 새로운 등기사항을 기록할 수도 없다. 말소회복의 경우도 마찬가지이다. A가 B에게 소유권이전등기를 마쳐 주었으나 B 등기가 말소되었고 다시 A가 C에게 소유권이전등기를 한 상태에서 C 등기만 새로운 등기기록으로 옮겨 기록된 채 그 이전 등기기록은 폐쇄되었다고 해 보자. 뒤늦게 B 등기의 말소가 부적법하다는 점이 밝혀져 이를 회복해야 하는 경우도 생길 수 있다.

종래 대법원은 폐쇄등기는 현재 등기로서의 효력이 없고 그 말소 또는 말소회복절차에 관하여 법률상 아무런 규정이 없으므로 말소 또는 말소회복절차의 이행을 구할 수 없다고 보았다.[10] 그러나 말소 또는 말소회복청구권을 행사할 수 있었을 권리자가 그와 무관하게 발생한 등기기록 폐쇄로 인하여 권리를 행사할 수 없게 되는 결과는 부당하다. 행정편의에 따라 이루어진 폐쇄등기 때문에 권리구제의

5) 엄밀히 말하면 폐쇄등기는 등기 그 자체는 아니다.
6) 등기기록의 전환은 전체 등기기록의 모든 기록 내용을 새로운 등기기록에 그대로 이기하는 것을 말한다. 종전의 부책식 등기부를 카드식 등기부로, 카드식 등기부를 전산등기부로 전환하는 과정에서 부책식 등기부와 카드식 등기부는 모두 폐쇄되었다. **부동산등기실무** [I](주 4), 95면.
7) **부동산등기실무** [I](주 4), 95－97면.
8) 부동산등기법 제33조는 "등기기록에 기록된 사항이 많아 취급하기에 불편하게 되는 등 합리적 사유로 등기기록을 옮겨 기록할 필요가 있는 경우에 등기관은 현재 효력이 있는 등기만을 새로운 등기기록에 옮겨 기록할 수 있다."라고 규정한다.
9) **부동산등기실무** [I](주 4), 95면.
10) 대법원 1978. 11. 28. 선고 78다1485 판결; 대법원 1979. 9. 25. 선고 78다1089 판결; 대법원 1980. 1. 15. 선고 79다1949 판결; 대법원 1980. 10. 27. 선고 80다223 판결; 대법원 1987. 12. 22. 선고 87다카1097 판결; 대법원 2001. 3. 9. 선고 2000다64281 판결.

길이 막힌다면 그것이야말로 행정편의주의적인 발상이다. 대상판결은 권리구제를 위해 필요하다면 폐쇄등기의 말소나 말소회복을 구할 소의 이익이 있다고 보았다. 행정편의를 위해 마련된 형식에 권리구제를 위한 실질이 지배되어서는 안 된다고 본 것이다. 대법원이 제시한 해결 방향은 타당한 것이다.

(2) 생각할 점

그런데 대상판결이 이처럼 타당한 결론에 이르는 과정에서 극복되어야 할 세 가지 난관들이 있었다. 대상판결의 흥미로움은 바로 이 난관들을 극복하는 논리에서 발견할 수 있다.

① 말소 내지 회복 대상

첫 번째 난관은 말소 내지 말소회복 대상의 확정이다. 폐쇄등기는 등기의 효력이 없고 여기에 새로운 등기사항을 기록할 방법도 없으므로 말소 내지 말소회복의 소가 무익(無益)하다고 볼 여지가 있다. 종래 판례도 바로 이 점 때문에 폐쇄등기에 대한 소의 이익을 부정하였던 것이다. 이는 말소 내지 말소회복 대상을 폐쇄등기 그 자체로 보았기 때문에 발생한 현상이다. 대법원은 그 대상을 다르게 파악함으로써 이 난관을 극복하였다. 대상판결에 따르면 말소 내지 말소회복 대상은 폐쇄등기 그 자체가 아니라 장차 현재의 유효한 등기기록에 옮겨 기록될 등기이다. 즉 폐쇄등기를 말소 내지 말소회복하려면 반드시 폐쇄등기를 현재 효력 있는 등기기록에 옮겨야 하는데 이처럼 장차 옮겨 기록될 등기를 소 제기 대상으로 파악하는 것이다.

이에 대하여는 현재 효력 있는 등기기록에는 존재하지도 않는 등기에 대한 소의 제기를 허용하는 것이 가능한가 하는 의문이 들 수도 있다. 그런데 폐쇄등기는 현재 효력을 가지지는 못하지만 여전히 제한적 공시방법으로서는 존재하는 등기이다. 폐쇄한 등기기록을 영구히 보존하고(부동산등기법 제20조 제2항), 이를 열람과 증명의 대상으로 삼아 공시기능을 계속 유지하는 것(부동산등기법 제20조 제3항, 제19조)도 폐쇄등기가 공시방법인 등기로서의 속성을 완전히 상실한 것이 아님을 보여 준다.[11] 또한 폐쇄등기는 새로운 등기기록과의 연결고리에 따라 장차 그 효력

11) 이문재, "폐쇄등기", **재판자료**, 제43집(1988), 590면도 폐쇄등기가 잠재적으로나마 등기부로서의 기능을 보유하고 있고, 이렇게 해석할 때 폐쇄등기부도 일반등기부처럼 영구보존하는 의미를 제대로 파악할 수 있다고 한다.

이 부활될 수 있는 등기이기도 하다.[12] 대상판결 선고 전에도 등기실무는 현재 유효한 등기기록상 소유명의인에 관한 등기가 원인무효 등을 이유로 모두 말소된 경우 그 직전 폐쇄등기의 효력이 부활하는 것으로 보아 이를 폐쇄등기기록으로부터 이기하였다.[13] 비유하자면 상점의 진열대에 진열된 상품이 현재 효력을 가지는 등기라면 한때 진열대에 진열되어 있다가 칸막이 벽 뒤 재고 보관함에 물러난 상품은 폐쇄등기이다. 하지만 재고 보관함에 적재된 상품도 필요하면 다시 꺼내어 진열대에 진열할 수 있다. 즉 폐쇄등기는 효력 부활의 씨앗을 지닌 채 잠들어 있는 등기인 셈이다. 그러므로 장차 그 효력이 부활하면 진열대 앞으로 나아오게 될 등기를 대상으로 소를 제기하는 것은 법적 의미를 가진다. 아직 발생하지 않은 조건부 청구권의 경우에도 미리 청구할 필요가 있으면 장래 이행의 소를 제기할 수 있도록 하는 점(민사소송법 제251조 참조)을 생각하면 더욱 그러하다.[14]

② 이기(移記)의 근거 규정

두 번째 난관은 폐쇄등기의 말소 내지 말소회복을 위하여 이를 현재 등기기록으로 옮기는 법적 근거이다. 이러한 법적 근거가 필요한 이유는 폐쇄등기를 현재 등기기록으로 옮기지 않는 이상 그 말소 내지 말소회복이 불가능하기 때문이다. 종래에는 이 경우에 기댈 수 있는 근거 규정이 있었다. 즉 1984. 6. 19.자로 전면 개정된 부동산등기법시행규칙 제113조에서는 폐쇄등기부에 등재된 등기사항에 관하여 예고등기의 촉탁이 있는 때에는 등기관은 그 등기사항을 신등기용지에 이기한 후 예고등기를 하여야 한다고 규정하고 있었다. 여기서 예고등기는 등기원인의 무효 또는 취소를 이유로 하는 등기의 말소 또는 회복의 소가 제기된 경우에 수소법원의 촉탁에 의하여 그러한 소가 제기되었다는 뜻을 등기기록에 기록하는 등기이다(2011. 4. 12. 법률 제10580호로 전면개정되기 전의 부동산등기법 제4조, 제39조). 그러므로 폐쇄등기의 원인무효를 이유로 말소 또는 회복의 소를 제기하면 수소법원은 예고등기를 촉탁하고, 등기관은 이를 이유로 그 등기사항을 새로운 등기기록에 이기함으로써 자연스럽게 이에 대한 말소 또는 말소회복절차를 이행할 수 있었

---

12) 예컨대 건물이 멸실되어 이루어진 폐쇄등기는 실체적 효력을 영구히 부정할 수 있지만 원인무효의 말소등기가 토지 합필이나 환지처분 등으로 폐쇄등기가 된 경우에는 그 실체적 효력이 부활할 수도 있다.

13) 부동산등기실무 [I](주 4), 95면.

14) 장차 발생할 조건부청구권에 관하여 소의 이익을 인정한 판결로는 대법원 1967. 8. 29. 선고 67다1021 판결; 대법원 1995. 5. 9. 93다62478 판결 등.

다.[15] 그러므로 대법원도 이 경우에는 소의 이익을 인정하였다.[16] 그런데 예고등기 제도는 2011. 4. 12. 법률 제10580호로 전면개정된 부동산등기법에 의해 폐지되었다.[17] 따라서 더 이상 예고등기의 촉탁과 이에 기한 신 등기기록으로의 이기는 이루어지지 않게 되었다. 한편 현재 부동산등기법령이나 규칙에서는 이러한 직권이기에 대한 뚜렷한 근거 규정을 찾을 수 없다. 말소 또는 말소회복의 필요성은 인정되지만 이를 가능하게 해 줄 기술적인 근거가 뒷받침되지 않는 것이다.

그런데 대법원은 그 근거 규정으로 부동산등기법 제32조를 제시하였다. 가령 앞서 예로 든 『A－B－C』 사안에서 A가 B, C 등기의 말소를 구하는 소를 제기하여 말소판결이 확정되면 등기관은 현재 유효한 등기기록에 있는 C 등기를 말소한 뒤 폐쇄등기인 B 등기를 현재 등기기록으로 옮겨 기록하고 다시 B 등기를 말소하게 된다. 대법원은 이때 B 등기를 현재 등기기록으로 옮기는 근거를 직권경정등기에 관한 부동산등기법 제32조에서 찾는 셈이다.

부동산등기법 제32조 제2항은 등기의 착오나 빠진 부분이 등기관의 잘못으로 인한 것임을 발견한 경우에는 지체 없이 그 등기를 직권으로 경정하여야 한다고 규정한다. 그런데 등기관에게는 형식적 심사권만 있으므로 등기관은 등기의 실체적인 말소 내지 말소원인을 심리하거나 판단할 수 없다. 따라서 위와 같은 상황이 등기관의 잘못으로 인하여 발생하였다고 일반화하기는 어려울 것이다.[18] 또한 경정등기는 현재 효력이 있는 등기사항의 일부에 원시적으로 착오나 빠진 부분이 있을 때에 할 수 있다. 그런데 폐쇄등기사항 전체를 현재 등기기록으로 옮기는 것은 등기사항의 일부에 관한 조치가 아니다. 더구나 이러한 이기가 필요하게 된 것은 사후적으로 말소 내지 말소회복원인이 발견되었기 때문이지 원시적으로 착오나

---

15) 그 구체적 적용례에 대해서는 이문재(주 11), 603면 이하 참조. 물론 이 경우에도 등기원인의 무효 또는 취소로서 선의의 제3자에게 대항할 수 없는 경우에는 예고등기 촉탁 및 그에 따른 이기가 불가능하였다. 김황식, "폐쇄등기부상의 등기사항에 대한 말소청구권 수소법원이 취한 조치", **대법원판례해설**, 제10호(1989), 92면.

16) 대법원 1987. 11. 10. 선고 87다카63 판결; 대법원 1994. 10. 28. 선고 94다33895, 33842 판결.

17) 예고등기에 대해서는 종래 예고등기로 인하여 등기명의인이 받는 불이익이 크고 집행방해의 목적으로 소를 제기하여 예고등기가 행해지는 경우도 적지 않다는 비판이 제기되어 왔다. 이러한 비판이 받아들여져 예고등기 제도는 폐지되었다.

18) 이 사건에서는 말소등기 당시 등기상 이해관계인인 원고의 승낙서나 그에 갈음하는 재판서 등본이 제출되지 않았음에도 등기관이 말소등기를 마쳐 주었다. 이는 부동산등기법 제29조 제9호의 "등기에 필요한 첨부정보를 제공하지 아니한 경우"로서, 등기관은 그 등기신청을 각하하였어야 한다. 그러므로 이 사건에 국한하여 보면 등기관의 잘못으로 해당 등기가 말소되었다고 볼 수 있을 것이다. 그러나 이를 일반론으로 확장하여 제시하는 것은 무리이다.

빠진 부분이 있었기 때문이 아니다. 요컨대 위와 같은 상황에 부동산등기법 제32조 제2항을 직접 적용하는 것은 무리한 구성이라고 생각한다. 이를 유추 적용하는 쪽이 더 솔직한 방법이었을 것이다.[19]

③ 기존 판례와의 배치 여부

세 번째 난관은 기존 판례와의 배치 여부이다. 앞서 서술하였듯이 종래 대법원은 폐쇄등기에 현재 등기로서의 효력이 없고 그 말소나 말소회복절차에 관하여 법률상 아무런 규정이 없으므로 그 절차의 이행을 구할 수 없다고 보았다.[20] 반면 대상판결은 진정한 권리자의 실현을 위해 필요한 때에는 소의 이익을 일률적으로 부정해서는 안 된다고 보았다. 기존 판례와 대상판결은 각각 다른 결론을 가리키고 있는 것으로 보인다. 그렇게 본다면 기존 판례는 우회의 대상이 아니라 극복의 대상이었다.

하지만 대상판결에서는 기존 판례를 폐기하지 않았다. 대상판결이 기존 판례에 배치되지 않는다고 판단한 것이다. 이는 아마도 대상판결의 사안이 기존 판례의 사안과 다르다거나, 대상판결은 기존 판례가 정립한 원칙의 토대 위에서 더 구체적인 기준을 제시한 것이지 원칙 자체를 허문 것은 아니라고 보았기 때문일 것이다. 실제로 대상판결은 기존 판례[21]를 인용하면서 "폐쇄등기 자체를 대상으로 하여 말소회복등기절차의 이행을 구할 소의 이익은 없다."라고 하여 기존 판례를 존중한다는 점을 분명히 하였다. 그러면서도 장차 옮겨 기록될 등기를 소의 대상으로 삼는 경우에는 소의 이익을 인정할 수 있다고 보았다. 그러나 말소 또는 말소회복 대상을 폐쇄등기로 볼 것인지, 아니면 새로 옮겨 기록될 등기로 볼 것인지에 따라 소의 이익이 달라진다고 보는 것은 다분히 형식적이다. 실질적으로 고찰하면 양자는 동일한 내용을 공시하는 동일한 등기이기 때문이다. 결국 양자를 분리한 뒤 기존 판례는 폐쇄등기에 대해서만 판시하였으므로 대상판결은 기존 판례에 배치되지 않는다고 보는 것은 다분히 인위적이다. 중요한 것은 폐쇄된 등기기록에

---

19) 종래에도 폐쇄등기의 회복절차에 대해서는 말소회복등기에 관한 규정을 "유추" 적용하거나[김종권, "폐쇄등기의 효력(下)", 사법행정(1980. 1), 98면] 경정등기에 관한 규정을 "유추" 적용하여야 한다는 주장[이문재(주 11), 599면]이 있었다.

20) 대법원 1978. 11. 28. 선고 78다1485 판결; 대법원 1979. 9. 25. 선고 78다1089 판결; 대법원 1980. 1. 15. 선고 79다1949 판결; 대법원 1980. 10. 27. 선고 80다223 판결; 대법원 1987. 12. 22. 선고 87다카1097 판결; 대법원 2001. 3. 9. 선고 2000다64281 판결.

21) 대법원 1980. 10. 27. 선고 80다223 판결.

기록된 사항의 말소 또는 말소회복을 구할 수 있는가 하는 문제이다. 이 문제에 대해 대상판결이 기존 판례와 법적 평가를 달리 한 것을 부인하기는 어렵다. 이 점에서 대상판결은 기존 판례와의 배치 여부를 얼마나 엄격하게 해석할 것인가에 대해 다시 생각할 계기를 제공한다.

3 점유권에 기한 방해제거청구 제척기간의 기산점 (대법원 2016. 7. 29. 선고 2016다214483, 214490 판결)

가. 사실관계

강남구 일대 구룡마을은 무허가건물, 천막 등이 설치되면서 형성된 판자촌이다. 원고들은 구룡마을 내 무허가건물인 이 사건 가옥들을 종전 권리자들로부터 권리 포기각서 등을 받고 그 점유를 이전받는 방법으로 양수하였다. 한편 구룡마을이 개발된다는 소문이 퍼지면서, 장차 구룡마을 개발이 이루어지면 입주권 보상을 받을 목적으로 구룡마을 내의 빈집에 입주하려는 시도가 빈번히 발생하게 되었다. 피고(서울특별시 강남구)는 그와 같은 입주 시도를 막기 위하여, 비어 있는 무허가 건물의 출입문에 각목이나 철망을 설치하는 등의 공가폐쇄조치를 하였다. 이와 같은 폐쇄조치가 모두 종료되고 약 2년이 지난 시점에 원고들은 위 폐쇄조치로 인한 손해배상을 구하는 소를 제기하였다.

나. 원심판결과 대상판결

1심법원은 위 폐쇄조치의 위법성을 인정할 근거가 없다고 하여, 원고들의 청구를 기각하였다.[1] 원고들은 이에 항소하였다. 항소심에서 원고들은 피고의 공가폐쇄조치가 자신들의 소유권, 점유권, 주거권을 침해한다고 주장하면서, 주위적으로는 이 사건 가옥들에 설치된 철망을 철거하라는 방해제거청구를, 예비적으로는 1심에서와 같은 손해배상청구를 하였다.

원심법원은 원고들의 주위적 청구를 받아들였다.[2] 그 근거는 다음과 같다. 피고가 이 사건 가옥들에 철망을 설치한 것은 권력적 사실행위인데 대집행이나 행정상 즉시강제의 요건을 갖추지 못하였다. 한편 피고의 공가폐쇄조치로 인하여 원고들은 이 사건 가옥들을 주거로 사용하지 못하게 되었다. 피고의 공가폐쇄조치는 명백하고 중대한 하자가 있어 당연무효이다. 그러므로 피고는 이 사건 가옥들에 설

---

1) 서울중앙지방법원 2013. 7. 5. 선고 2011가합117971, 2013가합19101 판결.
2) 서울고등법원 2016. 2. 5. 선고 2013나2016921, 2017238 판결.

치한 철망을 철거할 의무가 있다.

대법원은 원고들이 방해제거를 청구할 권원을 가지지 못한다고 보아, 원심판결을 파기하였다. 대법원 판결의 요지는 다음과 같다. 첫째, 원고들은 이 사건 가옥들에 관한 소유권을 가지지 못한다. 미등기 무허가건물의 양수인은 그 소유권이전등기를 마쳐야 비로소 그 건물의 소유권을 취득할 수 있는데, 원고들이 이 사건 가옥들에 관하여 소유권이전등기를 마치지 않았다. 둘째, 원고들은 점유권에 기한 방해제거를 청구할 수 없다. 점유권에 기한 방해제거청구는 방해가 종료한 날로부터 1년 내에 행사하여야 하는데(민법 제205조 제2항), 여기서 말하는 '1년의 제척기간'은 출소기간으로 해석하여야 한다. 그런데 원고들은 피고의 공가폐쇄조치가 모두 종료되고 2년이 지나서야 손해배상을 구하는 소를 제기하였고, 방해제거청구는 그로부터 다시 4년여가 흐른 뒤에야 제기하였다. 그러므로 원고들의 점유권에 기한 방해제거청구는 제척기간이 경과한 후에 제기된 것으로서 부적법하다. 셋째, 원고들이 주장하는 주거권은 소유권 · 점유권과 같이 방해제거청구의 권원이 된다고 볼 수 없다. 요컨대 대법원은 원심법원이 원고들의 주위적 청구의 권원을 밝혀 그 각각의 권원에 대해 필요한 심리를 다하지 아니한 점을 지적하여 원심판결을 파기하였다.

다. 분석

대상판결에 대해서는 점유권에 국한하여 분석하기로 한다.

원고들은 점유권에 기한 방해제거청구를 하였다. 이러한 청구권은 점유보호청구권의 일종이다. 그런데 점유보호청구권에 대해서는 대법원 판결이 많지 않다. 대부분의 물권 분쟁은 점유권 분쟁이 아니라 본권 분쟁이기 때문이다. 점유는 점유보호청구권의 형태보다는 취득시효 등 다른 제도의 개별 요건으로 문제되는 경우가 훨씬 많다. 이처럼 현실 세계에서 점유권이 후퇴하는 현상은 본권 체계가 정비되고 본권 보호가 강화되는 흐름에 비추어 쉽게 이해할 수 있다. 그러나 본권이 없거나 본권을 증명할 수 없는 경우에 물권적 보호를 보충적으로 제공하는 점유보호청구권의 의미를 무시할 수는 없다. 다만 점유권을 둘러싼 분쟁은 가급적 신속하게 해결해야 한다. 따라서 민법은 점유보호청구권에 관하여 단기 제척기간을 두고 있다(제204조 제3항, 제205조 제2항, 제3항, 제206조 제2항). 이 판결도 제척기간에 관한 쟁점들을 다루고 있다. 그런데 이 판결에는 두 가지 생각할 점이 있다.

첫째, 이 판결은 점유방해제거청구권에 적용되는 제척기간의 법적 성격에 관하여 언급한다. 민법 제205조 제2항은 점유방해제거청구권의 제척기간을 1년으로 정한다. 대법원은 이를 출소기간(出訴期間)으로 해석하여 왔다.[3] 이 판결도 이러한 기존 태도를 재확인하고 있다. 하지만 이러한 해석이 타당한지는 의문이다. 민법은 권리 행사기간을 출소기간으로 정하는 때에는 "소를 제기"하여야 한다는 표현 또는 이에 준하는 표현을 명시적으로 사용하고 있다.[4] 그런데 민법 제205조 제2항은 그러한 표현을 사용하지 않고 있다.[5] 입법 연혁도 고려하여야 한다. 우리나라에 적용되던 의용 민법 제198조는 점유자가 점유의 방해를 받은 때에는 "소로써" 그 방해제거를 구할 수 있다고 규정하였고, 제201조는 그 제척기간을 1년으로 규정하였다. 이러한 조항들의 규정 내용은 현행 일본 민법에서도 변함이 없다. 우리나라 민법 제정에 큰 영향을 끼친 만주국 민법 제198조도 제1항에서 점유방해제거 및 손해배상청구권에 규정하면서 제2항에서 그 청구권은 방해가 그친 날부터 1년 내에 "재판상" 이를 행사하지 않으면 소멸한다고 규정하였다. 그런데 우리나라 민법을 제정하는 과정에서는 소로써 또는 재판상 이 권리를 행사하여야 한다는 표현이 삭제되었다. 이는 의도적인 입법 선택이라고 평가하여야 한다.

이러한 법 문언이나 입법연혁에도 불구하고 1년이라는 단기의 제척기간 내에 소를 제기하는 방법으로만 권리를 행사하도록 해석할 뚜렷한 법 정책적 이유도 없다. 종래 대법원은 그 이유로서 ① 제척기간이 적용되는 권리가 형성권이 아니라 청구권인 점, ② 점유방해상태가 일정한 기간을 지나게 되면 그대로 사회의 평온한 상태가 되고 이를 복구하는 것이 오히려 평화질서의 교란으로 볼 수 있으므로 일정한 기간 후에는 원상회복을 허용하지 않는 것이 점유제도의 이상에 맞게 되는 점을 들었다.[6] 그러나 제척기간 대상 권리가 형성권인지 청구권인지에 따라 제척기간이 출소기간인지 여부가 꼭 달라지는 것은 아니다.[7] 하자담보책임의 일환으

---

3) 대법원 2002. 4. 26. 선고 2001다8097, 8103 판결.
4) 민법 제406조, 제846조, 제862조, 제863조, 제865조, 제999조 등.
5) 편집대표 곽윤직, **민법주해(Ⅲ) 총칙(3)**(박영사, 1992), 402면(윤진수 집필부분)은 소의 제기를 요한다는 특별한 규정이 없는 경우에는 출소기간이 아닌 재판외의 행사기간으로 해석하여야 한다고 본다. 이상태, "제척기간의 본질에 관한 연구", **저스티스**, 통권 제72호(2003. 4), 118－119면; 김진우, "제척기간이 붙은 권리의 보전방법", **외법논집**, 제28집(2007), 195면도 같은 취지이다.
6) 대법원 2002. 4. 26. 선고 2001다8097, 8103 판결.
7) 김진우(주 5), 191－192면은 이 점에서 청구권에 관한 제척기간은 곧 출소기간이라고 보는 대법원의 논리를 비판한다.

로 인정되는 손해배상청구권처럼 형성권이 아닌 청구권에 대해서 출소기간이 아닌 제척기간이 적용되는 사례들도 있다.[8] 또한 제척기간을 출소기간으로 보아야 언제나 점유방해상태의 조속한 복구가 촉진된다고 할 수도 없다. 소 제기 외의 권리 행사를 통하여 점유방해상태가 더 조속하게 제거되는 경우도 있다. 또한 소송을 통한 분쟁 해결은 시간이 오래 걸릴 뿐만 아니라 그 과정에서 당사자 사이의 반목을 조장하는 면도 있다. 일반 국민들에게 소의 제기가 가지는 엄중한 의미와 1년이라는 짧은 기간, 나아가 소송으로 인하여 발생하는 비용을 생각하면 소 제기의 강제는 신중하게 이루어져야 한다. 결국 민법 제205조 제2항의 제척기간은 재판외의 행사기간으로 해석하는 것이 옳다.[9]

둘째, 이 판결은 위 제척기간의 기산점에 관하여 다룬다. 민법 제205조 제2항은 그 기산점을 '방해가 종료한 날'이라고 규정한다. 대법원은 이 판결에서 '방해가 종료한 날'은 '방해행위가 종료한 날'을 의미한다고 판시하였다.[10] 학설로는 방해행위 종료설과 방해상태 종료설이 있다.[11] 그런데 방해상태가 종료되었다면 더 이상 방해제거도 필요하지 않다. 따라서 방해상태 종료설을 취할 경우 민법 제205조 제2항의 제척기간은 방해제거청구권이 아니라 손해배상청구권에 대해서만 의미를 가지게 된다. 이는 법률 조항은 가급적 그 조항이 의미를 가지는 방향으로 해석해야 한다는 원칙에 맞지 않다. 그러므로 방해행위 종료설을 취한 이 판결의 방향성은 타당하다.

하지만 여기에는 다음과 같은 한계도 있다. 방해는 행위방해와 상태방해를 모두 포함하는 개념이다.[12] 행위방해는 행위로써 방해상태가 초래된 경우를 말한다. 상태방해는 행위와 무관하게 방해상태가 초래된 경우를 말한다. 그런데 위 판시는 상태방해에는 적용될 수 없다. 가령 폭풍우로 A의 돌담이 B의 토지 위로 무너져 내린 경우 B는 점유권에 기해 방해제거청구권을 행사할 수 있다. 그런데 이 경우에는 A의 행위가 개입되지 않은 채 방해가 일어났으므로 방해행위 종료 시점을 제척기간의 기산점으로 삼을 수 없다. 이 경우에는 방해상태가 확립되어 안정된

---

8) 민법 제572조 내지 제575조, 제580조 내지 제582조 참조.
9) 곽윤직 편(주 5), 402면.
10) 이 역시 대법원 2002. 4. 26. 선고 2001다8097, 8103 판결에 이미 나타난 판시 내용이다.
11) 편집대표 곽윤직, **민법주해(Ⅳ) 물권(1)**(박영사, 1992), 452면(최병조 집필부분); 편집대표 김용담, **주석민법 물권(1)**, 제4판(한국사법행정학회, 2010), 416면(김형석 집필부분) 참조.
12) 김용담 편(주 11), 412면.

시점을 '방해가 종료한 날'로 보아 제척기간의 기산점으로 삼아야 한다.[13] 대상판결은 상태방해의 경우에는 방해상태가 지속되는 한 언제든지 방해제거를 청구할 수 있으므로 제척기간이 적용될 여지가 아예 없다고 보았던 것 같다.[14] 그러나 방해상태가 확립되어 안정되어 새로운 사실관계가 형성되었다면 예전의 사실적 상태에 규범적 힘을 부여해야 할 필요성은 현저히 줄어든다.[15] 대법원이 점유방해제거청구권의 제척기간을 출소기간으로 엄격하게 해석하면서, "점유의 침탈 또는 방해의 상태가 일정한 기간을 지나게 되면 그대로 사회의 평온한 상태가 되고 이를 복구하는 것이 오히려 평화질서의 교란으로 볼 수 있게 되므로 일정한 기간을 지난 후에는 원상회복을 허용하지 않는 것이 점유제도의 이상에 맞다."[16]라고 판시한 내용은 바로 제척기간의 기산점 해석에 반영되어야 할 내용이기도 하다. 이 점에서 점유권에 기한 방해제거청구권은 방해상태가 존재하면 아무리 오랜 시간이 지나도 그 제거를 구할 수 있는 본권의 경우와는 다르게 취급하여야 한다. 이러한 입장에 따르면 위 판시는 행위방해의 경우에 국한된 판시라고 축소하여 이해할 필요가 있다.

---

13) 김용담 편(주 11), 416면.

14) 곽윤직 편(주 11), 452면; 곽윤직 · 김재형, **물권법**, 제8판(전면개정) 보정(박영사, 2015), 215면; 송덕수, **신민법강의**, 제9판(박영사, 2016), 633면 등 다수 문헌들이 이러한 견해를 취한다. 이러한 견해에 따르면 방해종료의 기산점은 오로지 방해행위와 관련하여 문제된다.

15) 川島武宜 · 川井 健, 新版 **注釋民法(7)**(有斐閣, 2007), 270－271면(広中俊雄 · 中村哲也 집필부분)도 타인 점유 토지를 통로 또는 자동차 주차공간으로 무단사용하는 사안에서 그 방해상태가 1년 이상 계속되더라도 방해상태가 그 상태대로 안정되어 1년 이상 지속되었다면 점유방해정지청구권은 소멸한다고 해석한다.

16) 대법원 2002. 4. 26 선고 2001다8097, 8103 판결.

4 토지 소유권이 토지 상공에 미치는 범위 (대법원 2016. 11. 10. 선고 2013다71098 판결)

가. 사실관계

피고(대한민국) 소유의 X토지 지상에는 충남지방경찰청 항공대와 헬기장이 위치하고 있다. 위 헬기장은 응급환자 이송 등의 업무를 위하여 충남지방경찰청 항공대 소속 헬기뿐 아니라 다른 경찰청 소속 헬기의 이·착륙 장소로 이용되어 왔다. 한편 위 헬기장은 남동쪽 한 면이 A회사 소유인 Y토지에 접하고 있다. Y토지 지상에는 Z건물이 있는데, Z건물은 A회사의 차고지 및 주유소, 정비소로 이용되어 왔다.

원고는 Y토지 지상에 장례식장을 신축하기 위하여 건축허가를 신청하고, 대전광역시 서구청장으로부터 Y토지에 관하여 장례식장 신축을 목적으로 한 토지거래허가를 받은 다음, A회사로부터 Y토지를 매수하고 소유권이전등기를 마쳤다. 이후 대전광역시 서구청장은 원고에게 장례식장 신축을 불허하는 건축불허가 처분을 하였다. 헬기 운항 시 하강풍으로 인하여 장례식장을 이용하는 사람들의 인명피해 우려가 있다는 이유에서였다. 원고는 그 뒤에도 몇 차례 Z건물에 관한 증축허가를 신청하기도 하고, Z건물의 용도를 장례식장으로 변경해 달라는 내용의 허가신청도 해보았으나 계속하여 비슷한 이유로 불허가 처분을 받았다. 각각의 불허가처분에 대한 행정소송에서 원고는 모두 패소 확정판결을 받았다. 한편 원고는 피고를 상대로 Y토지의 상공을 헬기의 이·착륙 항로로 사용하는 행위의 금지와 Y토지의 임료, Y토지 공중 부분의 사용료 및 장례식장 설계비 상당의 손해배상을 청구하는 소를 제기하였다.

나. 원심판결과 대상판결

1심법원은 원고의 청구를 모두 기각하였다.[1] 원고는 이에 항소하였다. 원심법원은 원고의 금지청구를 인용하고, 손해배상청구는 기각하였다.[2] 원심법원은 토지의

1) 대전지방법원 2012. 8. 16. 선고 2010가합7823 판결.

소유권은 정당한 이익이 있는 범위 내에서 토지의 상하에 미친다고 전제한 뒤, 이 사건에서는 헬기가 통과하는 Y토지의 상공 부분에도 Y토지의 소유권이 미친다고 보았다. 즉 피고가 Y토지의 상공을 헬기의 이·착륙 항로로 사용하는 행위는 원고의 토지 소유권에 대한 방해라고 보아, 원고의 금지청구를 받아들였다. 피고는 원고가 이 사건 토지의 상공에 대한 배타적 사용수익권을 포기하였다고 주장하였지만, 이러한 주장은 받아들여지지 않았다. 반면 원고의 손해배상청구에 대해서는 손해액을 인정할 증거가 없다는 1심법원의 판단을 그대로 받아들였다. 이에 대하여 원고와 피고가 모두 상고하였고, 대법원은 원심판결을 파기하였다.

우선 대법원은 다음 이유를 들어 원심법원이 원고의 금지청구에 대해 추가 심리하였어야 한다고 판단하였다. 토지의 소유권은 정당한 이익이 있는 범위 내에서 토지의 상하에 미치나, 토지 소유자가 토지의 상공으로 어느 정도까지 정당한 이익을 가지는지는 구체적 사안에서 거래관념에 따라 판단하여야 한다. 즉 항공기가 토지의 상공을 통과하여 비행하는 등으로 토지의 사용·수익에 대한 방해가 있음을 이유로 토지 소유자가 방해제거·예방 및 손해배상을 청구하려면 토지소유권이 미치는 범위 내의 상공에서 방해가 있어야 하고, 나아가 그 방해가 사회통념상 일반적으로 참을 한도를 넘는 것이어야 한다. 특히 방해제거·예방청구의 경우에는 소송 당사자뿐 아니라 제3자의 이해관계에도 중대한 영향을 미칠 수 있으므로, 토지소유자와 상대방, 제3자 사이에서 세밀한 이익형량이 필요하다. 그런데 원고는 Y토지를 매수하기 전에 이미 헬기의 비행과 그에 따른 안전 문제로 인하여 장례식장 건축이 어렵다는 점을 알 수 있었다. 또한 충남지방경찰청은 X토지 지상의 헬기장에서 헬기를 운영하여 인명구조, 긴급환자 이송 등 공익업무를 수행하여 왔다. 그렇다면 원고가 Y토지 상공에 대하여 가지는 정당한 이익이 참을 한도를 넘어 침해되었다고 보기는 어렵다.

한편 대법원은 다음과 같은 이유에서 원고의 손해배상청구가 받아들여질 수 있다고 판단하였다. 방해제거·예방청구와 손해배상청구는 요건이 다르므로, 방해제거·예방청구를 판단할 때 기준이 되는 '참을 한도'와 손해배상청구를 판단할 때 기준이 되는 '참을 한도'가 반드시 같아야 하는 것은 아니다. 항공기가 토지의 상공을 통과하여 비행하는 등으로 토지의 사용·수익에 방해가 된다면, 토지소유자

---

2) 대전고등법원 2013. 8. 27. 선고 2012나4891 판결.

는 그에 대한 손해배상을 청구할 수 있다. 그리고 불법행위로 인하여 손해가 발생한 사실이 인정되는 경우 법원은 손해액에 관한 당사자의 주장과 증명이 미흡하다고 하여 손해배상청구를 기각할 것이 아니라, 적극적으로 석명권을 행사하여 증명을 촉구하고 경우에 따라서는 직권으로 손해액을 심리 · 판단하여야 한다. 그러므로 원심법원은 원고가 Y토지를 본래의 용법에 따라 사용하지 못하게 됨으로 인하여 입은 손해액, Y토지의 공중 부분 사용료 상당 손해액에 관한 증명을 촉구하였어야 한다.

다. 분석

대상판결은 몇 가지 의미 있는 판시를 담고 있다. 우선 방해배제청구와 손해배상청구의 위법성이 동일한 척도로 다루어져서는 안 된다는 점이다. 대법원은 이미 소음 관련 판결에서 이러한 법리를 설시한 바 있다.[3] 또한 손해 발생 사실은 인정되지만 손해액에 관한 증명이 미흡한 경우에는 이를 이유로 청구를 기각할 것이 아니라 법원이 석명권을 행사하거나 직권으로 개입하여야 한다는 점이다. 이 역시 낯선 법리가 아니다.[4] 대상판결에서 가장 중요한 의미를 지니는 판시는 토지 소유권의 강력함이 어디까지 미칠 수 있는지에 대한 판단이다. 이는 결국 소유권을 어떻게 볼 것인가에 대한 근본적인 문제의식과 연결된다.

루돌프 폰 예링은 일찍이 소유권을 "양면의 얼굴을 가진 야누스(Janus)"에 비교하며, "어떤 이에게는 이쪽 면만을, 어떤 이에게는 저쪽 면만을 보여 주기 때문에 그로부터 양쪽에서 받아들이는 점은 완전히 다른 모습"이라고 말하였다.[5] 필자는 이에 착안하여 과거 한 논문에서 강고함과 유연함을 모두 가지는 소유권의 속성을 다음과 같이 묘사한 바 있다.[6] 소유권은 대물적(對物的)이면서 대인적(對人的)이다. 소유권은 단일한 권리이면서 복잡한 권리이다. 소유권은 고체적이면서 액체적이다. 소유권은 개인주의적 로마법과 공동체주의적 게르만법의 뿌리를 모두 가진다. 소유권이 잘 기능하려면 민법 제214조로 대변되는 배제(exclusion)가 필요하지만

---

3) 대법원 2015. 9. 24. 선고 2011다91784 판결; 대법원 2015. 10. 15. 선고 2013다89433, 89440, 89457 판결.
4) 대법원 1987. 12. 22. 선고 85다카2543 판결; 대법원 2002. 5. 28. 선고 2000다5817 판결; 대법원 2011. 7. 14. 선고 2010다103451 판결 등.
5) 루돌프 폰 예링(윤철홍 옮김), **권리를 위한 투쟁**(책세상, 2007), 38면.
6) 권영준, "민법학, 개인과 공동체, 그리고 법원", **비교사법**, 제22권 제4호(2015), 1431면 이하.

민법 제217조로 대변되는 조정(coordination)도 필요하다. 궁극적으로 소유권은 개인의 권리이면서 공동체 안에서 비로소 인정되는 권리이기도 하다. 따라서 소유권의 행사를 보호하되 그 남용은 경계해야 한다.

이 사건에서 원고는 행정소송을 통하여 헬기 이 · 착륙으로 인한 불이익을 제거하고자 하였으나 좌절되었다. 그에 따라 원고는 민사소송으로 선회하여 가장 강력한 재산권인 소유권에 기대어 자신의 이익을 보호받고자 하였다. 그러나 이러한 원고의 소유권 행사는 공익과 마찰을 일으키고 있다. 이 장면에서 원심법원과 대법원은 각각 소유권의 상반된 측면에 주목하였다. 원심법원은 소유권의 강고함에 주목하였다. 원심법원의 논리에 따르면 소유권의 방해는 특별한 사정이 없는 한 금지청구권으로 이어지고, 그 방해의 배후에 공익이 자리하고 있는 경우라고 해서 달라지지 않는다. 만약 공익을 위해 꼭 필요하다면 관련 법령에 따른 수용 또는 사용 절차를 밟고 정당한 보상을 해 주어야 한다. 대법원은 소유권의 유연함에 주목하였다. 대법원은 공동체의 요청 앞에서 소유권의 강고함이 언제나 관철될 수만은 없다고 보았다. 특히 개인의 토지소유권과 공동체의 공익이 부딪힐 때에는 소유권의 방해가 곧바로 금지청구권으로 이어지는 것이 아니고, 그 방해가 '참을 한도'를 넘어서는 경우에 비로소 금지청구권이 인정된다.[7)]

개인의 소유권이 그가 속한 공동체와의 관계에서 조정되어야 한다는 요청은 헌법 제23조에 따라 민법 제211조와 제212조에 반영되어 있다. 민법 제211조는 소유권이 "법률의 범위 내"에서만 인정된다고 규정하고,[8)] 제212조는 토지의 소유권이 "정당한 이익 있는 범위 내"에서만 토지의 상하에 미친다고 규정한다.[9)] 이러한 "정당한 이익"은 토지 소유권의 범위를 제한함으로써 토지 소유권의 공동체 적합성을 소극적으로나마 담보하는 중요한 장치이다. 따라서 법령상 제한이 없더라도 이 조항 자체에 따라 토지 소유권의 효력이 미치는 범위가 제한될 수 있다.[10)] 민

7) 양창수 · 권영준, **권리의 변동과 구제(민법 Ⅱ)**, 제2판(박영사, 2015), 438면은 방해배제청구에서 그 방해가 위법한 것인지를 판단할 때 소유자가 소유권 보호에 관하여 가지는 이익과 상대방이 그 방해행위에 관하여 가지는 이익을 비교형량하여야 한다고 본다. 대상판결이 헬기 운행의 공공성과 사회적 가치를 언급한 것도 이와 같은 맥락에서 이해할 수 있을 것이다.

8) 편집대표 곽윤직, **민법주해(Ⅴ) 물권(2)**(박영사, 1992), 22면(김상용 집필부분)은 우리 민법이 제211조를 통하여 소유권의 사회적 구속성 개념을 받아들인 것으로 평가한다. 편집대표 김용담, **주석민법 물권(1)**, 제4판(한국사법행정학회, 2010), 475면(윤철홍 집필부분)도 같은 취지이다.

9) 이익(Interesse)에 따라 토지 소유권을 제한하는 취지의 규정은 독일 민법 제905조, 스위스 민법 제667조에도 존재한다.

10) 我妻 · 有泉, コンメンタール **民法(總則 · 物權 · 債權)**(日本評論社, 第4版), 2016, 438면.

법 제212조가 규정하는 "정당한 이익"의 존부는 사전에 획일적으로 결정되는 것이 아니라 토지 소유자와 그가 속한 공동체의 관계, 해당 토지와 주변 토지의 관계를 고려하여 거래관념에 따라 유연하게 결정되어야 한다.[11] 대상판결도 "토지의 상공으로 어느 정도까지 정당한 이익이 있는지는 구체적 사안에서 거래관념에 따라 판단하여야 한다."라고 판시하였다.

대상판결은 일단 헬기의 이 · 착륙 항로로 사용되는 이 사건 토지의 상공 부분에 대하여 원고가 정당한 이익을 가지고, 피고의 사용으로 그 정당한 이익이 침해된다고 보았다. 그 대신 일조방해 사건이나 소음 사건 등 환경 관련 사건에서 주로 원용되어 오던 '참을 한도' 이론을 끌어와서 위와 같은 정당한 이익의 침해가 '참을 한도'를 넘는 경우에 한하여 금지청구를 할 수 있다고 본 것이다.[12]

대상판결의 논리는 타당하다. 우선 이 사건 토지의 상공 부분에 대해 원고의 정당한 이익을 부정하기는 어려울 것이다. 항공기가 타인의 토지 상공을 비행하는 경우는 흔하다. 그러나 이 경우에 소유권 방해가 성립하지 않는 이유는 비행기가 통과하는 높은 고도의 상공에까지 토지 소유권의 정당한 이익이 미치는 것은 아니라고 보기 때문이다.[13] 그러나 이 사건에서는 낮은 고도의 상공을 통과할 수밖에 없는 이 · 착륙 항로가 문제 되었다. 또한 이 사건에서는 이 · 착륙으로 인하여 발생하는 헬기의 하강풍이 토지 상공에서 지표까지 미친다는 점도 원고가 Y토지를 자신이 원하는 형태로 사용 · 수익하는 데 큰 장애가 되었다. 따라서 이 상공 부분은 토지 소유자의 정당한 이익이 미치는 부분이다.

그런데 토지 소유자의 정당한 이익이 미치는 부분이라고 하여 그 반대편의 다른 이익에 대한 고려가 완전히 배제되는 것은 아니다. 그 상호관계 안에서 토지 소유자에게 참을 의무가 인정되어 소유권이 한 걸음 후퇴하는 경우도 있다. 물론 민법 제214조에는 민법 제217조와 같은 소유자의 '의무'에 대한 명문 근거가 없다.[14] 그러나 소유권에는 다른 여느 재산권과 마찬가지로 사회적 구속성의 요청이

---

11) 편집대표 김용담, **주석민법 물권(1)**, 제4판(한국사법행정학회, 2010), 495면(윤철홍 집필부분); 지원림, **민법강의**, 제14판(홍문사, 2015), 542면; 권영호 · 김상명, "입체적 공간을 이용한 토지소유권의 범위", **토지공법연구**, 제12집(2001), 374면.

12) 참을 한도에 대해서는 대법원 1995. 9. 15. 선고 95다23378 판결 등 다수 판결이 다루고 있다.

13) 가령 항공법 제2조 제20호에 따르면 국토교통부장관은 지표면 또는 수면으로부터 200미터 이상 높이의 공역에 관제구를 지정할 수 있는데, 이는 소유권의 효력 범위를 정하는 데에 중요하게 참조되어야 한다.

14) 참고로 독일 민법 제1004조 제1항은 소유자의 방해배제청구권에 대하여 규정하되, 제2항에서는

내재해 있다. 어느 누구에게 소유권을 부여한다는 것은 다른 모두에게 그 소유권을 존중할 의무를 부과하는 것과 다르지 않다. 그러므로 법적 개념으로서의 소유권은 본질적으로 사회적인 맥락에서 이해, 구성되어야 한다. 이러한 소유권의 사회적 구속성에 주목하면 다른 사람이 소유권 존중 의무를 부담하는 것에 대응하여 소유자 역시 일정한 경우 자신의 소유권 행사를 자제하는 인용의무를 부담하는 것으로 이해할 수 있다.[15] 그리고 이러한 이해는 그 동안 소유권의 절대성 · 배타성에 가려 주목받지 못하였던 소유권의 사회적 구속성 내지 공동체 적합성을 전면에 드러내는 계기가 될 수 있다. 그러한 점에서 소유자가 '참을 의무'를 진다는 사고방식은 소유자가 언제나 합리적 이용(reasonable use)의 제한을 안고 있다고 보는 영미법적 사고방식과도 닮아 있다.[16]

현재 토지 소유권 법리의 근간은 항공기가 등장하기도 전에 형성되었다. 따라서 토지 상공의 소유권 문제는 소유권법에서 전통적인 관심사의 바깥에 위치하고 있었다. 그러나 향후 항공기뿐만 아니라 드론(drone)이 일상화되면 토지 상공의 이용을 둘러싼 법적 분쟁은 점점 더 첨예하게 전개될 것이다.[17] 이는 단지 소유권의 차원뿐만 아니라 프라이버시(privacy)의 차원에서도 미묘한 문제를 불러일으킬 것이다. 대상판결은 이러한 향후 논쟁에 중요한 법리적 출발점을 제공하였다는 의미를 가진다.

소유자가 수인의무를 지는 경우에는 위 방해배제청구권이 배제된다고 규정한다.

15) 곽윤직 편(주 8), 247면(양창수 집필부분)은 소유자가 방해를 인용할 의무가 있는 경우에는 그 방해가 위법하지 않은 것으로 평가되어, 소유자가 방해배제청구권을 행사할 수 없게 된다고 한다. 또한 이와 같은 위법성 판단을 함에 있어서는 소유자에게 인용의무가 있는지를 사회관념에 비추어 신중하게 검토할 필요가 있다고도 한다. 김용담 편(주 8), 548면도 같은 취지이다.

16) Ugo Mattei, *Basic Principles of Property Law-A Comparative Legal and Economic Introduction*-(Praeger, 2000), p. 147.

17) 드론과 토지소유권의 관계를 다룬 문헌으로는 류창호, "드론(Drone)의 운행과 토지소유권의 침해", **경희법학**, 제50권 제4호(2015) 참조.

5 구분소유권등기의 효력 (대법원 2016. 1. 28. 선고 2013다59876 판결)

가. 사실관계

원고들은 X건물 신축공사의 시행사이자 건축주인 피고회사와 X건물의 각 구분점포에 관한 분양계약을 체결하였다. 이후 가압류등기 촉탁에 따라 구분점포별로 피고회사 앞으로 소유권보존등기가 이루어졌고, 피고 1 내지 4 앞으로 근저당권설정등기가 이루어진 뒤 원고들 앞으로 구분점포별 소유권이전등기가 이루어졌다. X건물은 판매시설로 총면적이 1,000㎡를 초과하였는데, 각 구분점포는 구분소유권의 객체로서 적합한 구조상 독립성을 갖추지 못하고 있었다.

원고들은 피고 1 내지 4의 근저당권설정등기가 구조상 독립성을 갖추지 못한 구분점포에 대한 것이어서 무효라고 주장하면서, 피고회사를 대위하여 위 근저당권 말소를 구하는 소를 제기하였다.[1] 그런데 1심재판 진행 중 피고 1 내지 4는 피고회사와 유치권자, 원고들을 제외한 분양자협의회의 동의를 받아 각 구분점포 바닥 경계선에 경계표지를 설치하고, 구분점포별로 건물번호표지를 설치한 다음, 각 층 입구에 구분점포의 위치가 표시된 건물현황도를 설치하였다. 이로써 각 구분점포는 집합건물법에 따른 구분소유 요건을 갖추게 되었다.

나. 원심판결과 대상판결

1심법원은 위 근저당권설정등기가 유효하다고 보아 원고들의 청구를 기각하였다.[2] 원고들은 이에 항소하였다.원심법원은 1심법원의 판단을 그대로 유지하였다.[3] 그 요지는 다음과 같다. 구분소유 요건을 갖추기 전에 이루어진 소유권보존등기, 근저당권설정등기, 소유권이전등기는 모두 무효이지만, 그 이후 구분소유 요건을 갖춘 이상 위 등기들을 모두 말소하고 다시 동일한 등기를 하는 것은 사회

1) 원고들은 그 외에 손해배상청구도 하였으나 상고심에서 쟁점으로 다루어지지는 않았으므로 근저당권 부분에 대해서만 살펴본다.
2) 인천지방법원 2011. 6. 30. 선고 2008가단141732 판결.
3) 인천지방법원 2013. 6. 13. 선고 2011나14947 판결.

적 · 경제적 비용 측면에서 매우 불합리하다. 그러므로 피고 1 내지 4의 근저당권 설정등기는 각 구분점포가 구조상 독립성을 갖추게 된 때부터 실체적 권리관계에 부합하는 유효한 등기가 되었다고 보는 것이 타당하다.

대법원도 원심의 판단을 지지하며 다음과 같이 판시하였다. 신축건물의 보존등기를 건물 완성 전에 하였더라도 그 후 건물이 완성된 이상 등기를 무효라고 볼 수 없다. 이러한 법리는 1동 건물의 일부분이 구분소유권의 객체로서 적합한 구조상 독립성을 갖추지 못한 상태에서 구분소유권의 목적으로 등기되고 이에 기초하여 근저당권설정등기나 소유권이전등기 등이 순차로 마쳐진 다음 구조상 독립성 요건을 갖추어 구분소유권의 객체가 된 경우에도 마찬가지이다.

다. 분석

이 판결은 건물의 일부분에 관한 구분소유권등기와 이에 기초한 다른 등기들이 이루어진 뒤 그 건물의 각 부분이 비로소 구분소유권 성립요건을 갖추게 된 경우에 그 등기들이 유효한지를 다루고 있다.

먼저 구분소유권 성립 일반론을 살펴본다. 1동의 건물 일부분이 구분소유권의 객체가 되려면 그 부분이 구조상 · 이용상 독립성을 갖추어야 한다. 구조상 독립성은 당해 부분이 구조적으로 다른 건물 부분과 외관상 독립되어 있는 상태를 의미한다.[4] 이용상 독립성은 당해 부분이 경제적으로 독립된 가치와 기능을 가지고 있는 상태를 의미한다.[5] 그중 구조상 독립성 요건은 일반적으로 구획의 차단성 내지 경계의 명확성을 요구한다.[6] 그런데 하나의 건물 안에서 여러 점포가 구획을 나누어 영업하는 경우에는 오히려 일정한 개방성이 유연한 점포 배치 변형이나 개방적 시야 확보를 통한 공간감 증대에 도움이 될 수 있다. 이러한 현실적 수요에 따라 집합건물법 제1조의2가 신설되었다.[7] 이에 따르면 일정한 용도와 면적을 갖춘 구

4) 편집대표 곽윤직, **민법주해(Ⅴ) 물권(2)**(박영사, 1992), 269면(김황식 집필부분). 구조상 독립성은 주로 해당 건물부분을 다른 부분과 구분하는 경계벽이 있는지 여부를 기준으로 판단된다. 김영희, "구조상 독립성과 이용상 독립성에 대한 일 고찰－건물 일부의 독립성 판단기준에 대한 재검토－", **연세대학교 법학연구**, 제19권 제1호(2009), 29－31면.

5) 이용상 독립성은 주로 해당 건물부분에서 직접 외부로 통하는 출입구가 있는지 여부를 기준으로 판단된다. 곽윤직 편(주 4), 269면; 송재일, "집합건물법상 상가의 구분소유권 조항의 개정 검토", **경상대학교 법학연구**, 제21권 제3호(2013), 101면; 김영희(주 4), 39－41면.

6) 곽윤직 편(주 4), 269면; 송재일(주 5), 98－99면.

7) 위 규정의 입법과정에 대하여는 송재일(주 5) 94면 이하 참고.

분점포의 경우 ① 경계를 명확하게 알아볼 수 있는 표지(경계표지)를 바닥에 견고하게 설치하고, ② 구분점포별로 부여된 건물번호표지를 견고하게 붙이면 각각의 건물부분을 구분소유권의 목적으로 할 수 있다. 즉 구분점포의 경우 구조상 독립성 요건을 대폭 완화한 것이다.[8] 한편 구조상 · 이용상 독립성 요건을 충족하는 것과는 별도로 구분행위가 있어야 구분소유권이 성립한다.[9] 이와 관련하여 구분행위 외에 구분등록이나 구분등기가 필요한지가 문제되었는데, 대법원은 전원합의체 판결을 통하여 구분등록이나 구분등기가 필요하지 않다는 입장을 취하였다.[10]

요컨대 구분소유권이 성립하려면 ① 1동의 건물이 존재하고, ② 그 건물의 일부에 관하여 구조상 · 이용상 독립성이 충족되며, ③ 이 부분을 구분소유권의 객체로 하려는 구분행위가 있어야 한다. 만약 그중 하나의 요건이 충족되지 않아 구분소유권이 성립하지 않으면 구분소유권등기나 이에 기초하여 이루어진 후속 등기는 무효이다.[11] 그런데 이러한 무효의 구분소유권등기가 이루어진 후에 구조상 · 이용상 독립성이 갖추어졌다면 어떻게 되는가? 이때 최초의 구분소유권보존등기를 말소하고 다시 동일한 내용의 등기를 하게 하는 것은 비효율적이다. 그 보존등기에 기초하여 후속 등기들이 이루어졌다면 더욱 그러하다. 또한 이 경우 모든 등기를 새롭게 하여야 한다면 기존의 등기순위가 그대로 유지된다는 보장도 없다.

이와 관련하여 대상판결은 구분소유권보존등기가 먼저 이루어지고 구조상 독립성 요건을 나중에 갖추었더라도 구분소유권보존등기나 이에 기초하여 이루어진 후속 등기를 무효라고 볼 수 없다고 보았다. 종래 판례는 건물이 신축되지 않은 상태에서 건물에 대한 소유권보존등기가 먼저 이루어지고 그 뒤 건물이 신축된 경우 그 보존등기의 유효성을 인정하였는데,[12] 대상판결은 구분소유권의 객체인 구분건물이 존재하지 않는 상황과 소유권의 객체인 건물이 존재하지 않는 상황을 규

---

8) 대법원 2011. 9. 29.자 2011마1420 결정. 집합건물의 구조상 독립성 요건 완화는 세계적인 흐름이라고 한다. 송재일, "집합건물법상 상가의 구분소유권 문제", **민사판례연구**, 제38권(박영사, 2016), 114-123면 참조.

9) 여기서 구분행위는 건물의 물리적 형질에 변경을 가함이 없이 법률관념상 건물의 특정 부분을 구분하여 별개의 소유권의 객체로 하려는 일종의 법률행위이다. 대법원 2013. 1. 17. 선고 2010다71578 전원합의체 판결.

10) 대법원 2013. 1. 17. 선고 2010다71578 전원합의체 판결.

11) 대법원 1999. 11. 9. 선고 99다46096 판결.

12) 대법원 1970. 4. 14. 선고 70다260 판결. 물론 이 경우 표제부의 건물과 신축 건물 사이에 동일성이 인정되어야 한다.

범적으로 동일하게 평가하여 같은 법리를 적용한 것이다. 또한 대상판결은 한 걸음 더 나아가 당해 보존등기뿐만 아니라 그 보존등기가 무효이면 함께 무효가 될 수밖에 없는 후속 등기들의 유효성도 인정하였다. 이러한 결론은 타당하다. 다만 이처럼 사후에 유효요건을 갖춘 등기의 유효성을 이론적으로 어떠한 법리를 통하여 인정할 것인지는 생각해 볼 문제이다.

우선 이를 무효등기 유용 법리의 범주에 포함시키는 것을 생각해 볼 수 있다. 무효등기 유용 법리는 어떤 등기가 무효이더라도 이를 새로운 등기로 유용하기로 하는 합의를 하였다면 등기상 이해관계 있는 제3자가 존재하지 않는 한 그 등기가 유효하게 된다는 법리이다.[13] 근저당권설정 등기 후 피담보채무가 소멸하여 근저당권설정등기가 무효가 되었으나 다시 채무가 발생하여 이를 유용하기로 합의하는 경우[14]가 그 대표적인 예이다. 이는 아래에서 살펴볼 실체관계에 부합하는 등기 법리가 특정 영역에서 변형되어 응용된 법리라고 평가할 수 있다.[15] 그런데 판례에 따르면 무효등기 유용을 위해서는 무효등기 유용에 관한 합의가 요구된다.[16] 또한 이러한 합의는 묵시적인 합의나 묵시적인 추인 형태로도 이루어질 수 있으나, 원인무효인 등기 사실을 알고도 장기간 이의를 한 바 없다는 사유만으로는 묵시적인 추인이 있다고 할 수 없다.[17] 그런데 이 사건에서 무효등기 유용에 관한 합의를 인정할 수 있는지는 의문스럽다. 실제로 이 사건에서 원고들은 피고회사 앞으로 마쳐진 구분소유권보존등기 및 그에 기초하여 이루어진 후속 등기가 무효라고 주장하였다. 이는 무효등기 유용에 관한 합의가 없었음을 전제로 한 주장이다. 물론 무효등기 유용에 관한 합의의 존재는 이러한 주장과 무관하게 인정될 수 있지만, 이 사건을 놓고 보면 그렇게 인정하기는 쉽지 않았다고 보인다. 그러므로 이 사건에 무효등기 유용 법리를 적용하기는 어렵다.

한편 이를 실체관계에 부합하는 등기 법리의 범주에 포함시키는 것을 생각해 볼 수 있다. 본래 실체관계에 부합하는 등기의 법리는 등기 당시 실체관계는 존재하였지만 그 실체관계를 표상하기 위한 등기 절차에 하자가 있었던 경우에 적용된

---

13) 편집대표 김용담, **주석민법 물권(1)**, 제4판(한국사법행정학회, 2010), 178면.
14) 대법원 1961. 12. 14. 선고 4293민상893 판결.
15) 김용담 편(주 13), 178–179면은 무효등기 유용의 법리를 실체관계에 부합하는 등기 법리의 한 유형으로 소개한다.
16) 대법원 2007. 1. 11. 선고 2006다50055 판결.
17) 대법원 1991. 3. 27. 선고 90다17552 판결.

다. 그런데 등기 후 신축 사건이나 이 사건의 경우 등기 당시 보존등기의 객체 자체가 존재하지 않았으므로 본래 의미의 실체관계에 부합하는 등기 법리가 직접 적용될 수는 없다. 하지만 실체관계에 부합하는 등기 법리는 법률 조항에 의하여 인정되는 것이 아니라 해석론에 의하여 인정되는 것이다. 이 법리에는 두 가지 이념이 깔려 있다.[18] 첫째, 등기에 절차적 흠이 있었더라도 현재의 실체관계를 표상하고 있다면 그 현상을 존중하자는 것이다(현상존중주의의 이념). 둘째, 기존 등기를 정정한 후 다시 절차적 유효요건을 갖추어 같은 등기를 행하는 번잡함을 피하자는 것이다(효율성의 이념). 이러한 현상존중주의와 효율성의 이념은 등기가 애초에는 실체적 유효요건조차 갖추지 못하여 무효였지만 사후적으로 그 등기에 상응하는 실체법상 사유가 갖추어진 경우에도 그대로 적용된다.[19] 그러므로 실체관계에 부합하는 등기 법리는『실체 구비－절차 결여』유형뿐만 아니라『실체의 사후적 구비』유형에도 확장 적용될 수 있다.[20] 이 법리를 이처럼 넓게 이해한다면 결국 대법원 1970. 4. 14. 선고 70다260 판결(등기 후 신축 사안)이나 대상판결(등기 후 구분성립 사안)도 실체관계에 부합하는 등기 법리가 적용된 결과라고 평가할 수 있다.[21]

---

18) 양창수 · 권영준, **권리의 변동과 구제(민법 Ⅱ)**, 제2판(박영사, 2015), 111면.

19) 양창수 · 권영준(주 18), 111－112면.

20) 김성수, "원인무효의 등기", **재판자료**, 제43집: 등기에 관한 제문제(상)(1988. 12), 489－491면.

21) 박정제, "구분건물의 물리적 구분이 완성되기 전에 구분건물소유권보존등기가 마쳐지고 그에 터 잡아 근저당권설정등기 및 소유권이전등기가 순차로 마쳐진 후 물리적 구분이 완성된 경우 위 등기들의 효력", **대법원판례해설**, 제107호 2016년 상(2016), 292면도 대상판결이 결국 실체관계에 부합하는 등기 법리가 적용된 판결이라고 해설하고 있다.

6 집합건물 증축으로 새롭게 생긴 전유부분의 대지사용권 (대법원 2017. 5. 31. 선고 2014다236809 판결)

가. 사실관계

A회사는 자기 소유인 X토지 지상에 4층 규모의 Y건물을 신축하고, 2008. 6. 27. Y건물에 관한 소유권보존등기를 마쳤다. A회사는 Y건물을 구분건물로 등록하였고, 2008. 7. 2.에는 Y건물의 각 전유부분 및 이에 관한 대지권등기도 이루어졌다. 이후 A회사는 Y건물의 5층부터 10층을 증축하였고, 2009. 3. 23.에는 5층부터 10층까지의 각 전유부분에 관하여 A회사 앞으로 소유권보존등기가 이루어졌다. 그런데 Y건물의 5층부터 10층까지의 각 전유부분에 관한 대지권등기가 이루어지지 못한 상태에서 Y건물의 1층부터 10층까지의 각 구분건물에 대한 임의경매개시결정이 내려졌다. 위 임의경매절차에서의 매각 등을 통하여, Y건물의 103호는 원고들에게, 501호, 502호, 901호, 1001호, 1002호는 각 피고들에게 그 소유권이 이전되었다. 원고들은 피고들이 대지권 없이 각 전유부분을 소유함으로써 법률상 원인 없이 대지사용으로 인한 이득을 얻고 있다고 주장하면서, 피고들에게 부당이득반환을 구하였다.

나. 원심판결과 대상판결

1심법원은 소액사건임을 이유로 판결이유 기재 없이 원고들의 청구를 기각하였고,[1] 원심법원도 원고들의 항소 및 항소심에서 추가된 원고들의 청구를 모두 기각하였다.[2] 원심판결의 이유는 다음과 같다. 집합건물의 건축자가 그 소유의 대지 위에 집합건물을 건축하고 전유부분에 관하여 건축자 명의의 소유권보존등기가 마쳐진 경우, 건축자의 대지소유권은 집합건물의 소유 및 관리에 관한 법률(이하 '집합건물법'이라고 한다) 제2조 제6호 소정의 구분소유자가 전유부분을 소유하기 위하여 건물의 대지에 대하여 가지는 권리인 대지사용권에 해당한다. 그리고 집합

1) 대구지방법원 2013. 10. 31. 선고 2012가소88038 판결.
2) 대구지방법원 2014. 11. 26. 선고 2013나303168 판결.

건물에서 구분소유자의 대지사용권은 규약으로써 달리 정하는 등의 특별한 사정이 없는 한 전유부분과 종속적 일체불가분성이 인정되어 전유부분에 대한 경매개시결정과 압류의 효력은 종물 또는 종된 권리인 대지사용권에도 미치는 것이므로(집합건물법 제20조 제1항, 제2항), 건축자의 대지소유권에 관하여 부동산등기법에 따른 구분건물의 대지권등기가 마쳐지지 않았다 하더라도 전유부분에 관한 경매절차가 진행되어 그 경매절차에서 전유부분을 매수한 매수인은 전유부분과 함께 대지사용권을 취득한다. 이 사건에서 A회사의 대지소유권은 대지사용권에 해당하고, 비록 증축된 전유부분에 관하여는 대지권등기가 마쳐지지 않았다 하더라도 경매절차에서 그 전유부분을 매수하였거나, 경매절차에서 그 전유부분을 매수한 자로부터 다시 그 전유부분을 매수한 피고들 또한 전유부분과 함께 대지사용권을 취득하였다. 그러므로 피고들은 법률상 원인 없이 대지를 사용하는 것이 아니다.

반면 대법원은 A회사의 대지소유권은 Y건물의 5층부터 10층까지의 전유부분을 소유하기 위한 대지사용권으로 볼 수 없다고 하면서, 원심판결을 파기하였다. 대상판결의 이유는 다음과 같다. 집합건물법은 제20조에서, 구분소유자의 대지사용권은 그가 가지는 전유부분의 처분에 따르고(제1항), 구분소유자는 규약 또는 공정증서로써 달리 정하지 않는 한 그가 가지는 전유부분과 분리하여 대지사용권을 처분할 수 없다(제2항, 제4항)고 규정하고 있다. 집합건물의 건축자가 그 소유인 대지 위에 집합건물을 건축하고 전유부분에 관하여 건축자 명의로 소유권보존등기를 마친 경우, 건축자의 대지소유권은 집합건물법 제2조 제6호에서 정한 구분소유자가 전유부분을 소유하기 위하여 건물의 대지에 대하여 가지는 권리인 대지사용권에 해당한다. 따라서 전유부분에 대한 대지사용권을 분리처분할 수 있도록 정한 규약이 존재한다는 등의 특별한 사정이 인정되지 않는 한 전유부분과 분리하여 대지사용권을 처분할 수 없고, 이를 위반한 대지지분의 처분행위는 효력이 없다. 그러므로 구분소유권이 이미 성립한 집합건물이 증축되어 새로운 전유부분이 생긴 경우에는, 건축자의 대지소유권은 기존 전유부분을 소유하기 위한 대지사용권으로 이미 성립하여 기존 전유부분과 일체불가분성을 가지게 되었으므로 규약 또는 공정증서로써 달리 정하는 등의 특별한 사정이 없는 한 새로운 전유부분을 위한 대지사용권이 될 수 없다. 이 사건에서 A회사의 대지소유권은 Y건물의 1층부터 4층까지의 각 전유부분을 소유하기 위한 대지사용권으로 성립하여 위 각 전유부분과 일체불가분성을 가지게 되었다. 그 후 5층부터 10층까지 증축된 구분건물에 대해 대지소유권을 부여하려면 기존 구분건물의 대지지분 중 일부에 대한 분리처분이 필수적이므로 반드시 규약 등으로 이를 정해 놓았어야 한다. 그런데 원심판결에는 그 판시와 같은 이유만으로, 증축으로 인하여 새로운 전유부분을 위한 대지사용권이 성립하였다고 보아 원고의 부당이득반환청구를 배척한 잘못이 있다.

다. 분석

구분소유자가 전유부분을 소유하기 위하여 건물의 대지에 대하여 가지는 권리를 대지사용권이라고 한다(집합건물법 제2조 제6호). 구분소유자의 대지사용권은 그가 가지는 전유부분의 처분에 따른다(집합건물법 제20조 제1항). 또한 구분소유자는 규약으로써 달리 정한 경우가 아닌 한 그가 가지는 전유부분과 분리하여 대지사용권을 처분할 수 없다(집합건물법 제20조 제2항). 이처럼 집합건물법이 전유부분과 대지사용권의 일체성을 인정하는 이유는 집합건물의 전유부분과 대지사용권이 분리되는 것을 최대한 억제하여 대지사용권이 없는 구분소유권의 발생을 방지하고, 집합건물에 관한 법률관계의 안정과 합리적 규율을 도모하기 위함이다.[3] 판례는 이러한 일체성 인정의 실효성을 높이기 위해 전유부분과 대지사용권의 일체성에 반하는 대지의 처분행위는 효력이 없다고 본다.[4]

원심판결은 증축 부분(5~10층)에 대한 구분소유권 성립과 동시에 대지사용권도 성립하였음을 전제로 판단하였다. 그러나 대상판결은 증축 부분에도 당연히 대지사용권이 성립하였다고 본 원심판결의 잘못을 지적하였다. 즉 증축 부분(5~10층)에 대지사용권이 부여되려면 기존 부분(1~4층)의 대지사용권 일부가 분리 · 이전되어야 하는데, 기존 부분의 대지사용권은 이미 기존 부분의 구분소유권과 일체성을 이루어 결합되었으므로 규약에서 달리 정하지 않는 한 분리처분이 금지된다고 보았다. 결국 증축 부분(5~10층)의 구분소유권은 대지사용권이 없는 상태로 존재하다가 피고들에게 이전되었다는 것이다.

대상판결이 적절히 지적하였듯이 기존 부분의 구분등기와 대지권등기가 모두 마쳐진 뒤에 건물이 증축된 경우 증축 부분에 대한 대지사용권이 당연히 성립한다

3) 대법원 2006. 3. 10. 선고 2004다742 판결; 대법원 2008. 9. 11. 선고 2007다45777 판결; 대법원 2013. 1. 17. 선고 2010다71578 전원합의체 판결.
4) 대법원 2000. 11. 16. 선고 98다45652, 45669 전원합의체 판결; 대법원 2010. 5. 27. 선고 2006다84171 판결; 대법원 2013. 1. 17. 선고 2010다71578 전원합의체 판결; 대법원 2013. 7. 25. 선고 2012다18038 판결 등.

고 할 수는 없다. 이미 등기까지 마쳐진 대지사용권은 기존 부분을 위한 것이기 때문이다. 따라서 일반적으로 말하면, 증축 부분에 대한 대지사용권은 기존 부분에 대한 대지사용권의 분리 · 이전을 통해 확보될 필요가 있다. 만약 규약에서 분리처분을 허용하고 있지 않다면 관리단의 결의를 통해 규약을 개정해야 하며, 이에 기초하여 기존 대지권의 일부 이전 등기도 마쳐야 한다.

그런데 이 사건에는 다음과 같은 특수한 사정이 있었다. A회사는 기존 부분과 증축 부분의 모든 구분건물에 대한 구분소유자인 동시에 그 부지의 대지권자였다. 대상판결에 따르면 A회사는 자신이 소유하던 건물 전체 중 기존 부분에 대해서만 대지사용권을 가지고 증축 부분에 대해서는 대지사용권을 가지지 못했던 셈이 된다.[5] 이는 논리적이긴 하지만 직관적으로 어색한 결론이다. 집합건물법이 전유부분과 대지사용권의 일체성을 인정하는 이유는 "대지사용권이 없는 구분소유권의 발생을 방지"하기 위함이다.[6] 그런데 대상판결은 이러한 일체성을 강조하였으나 그 결과 오히려 대지사용권이 없는 신규 구분소유권을 발생시켰다. 이러한 사태는 A회사의 의사에도 반할 가능성이 높다. 대지와 건물 모두를 지배하던 A회사가 자신의 구분건물 일부가 대지사용권도 없이 공허하게 존재하는 법률관계를 의도하지는 않았을 것이기 때문이다. 그렇다면 A회사가 의도하였을 법률관계는 무엇이었을까? 이를 설명하려면 대지사용권의 개념과 법적 성격에 대하여 잠시 살펴볼 필요가 있다.

대지사용권은 전유부분을 소유하기 위해 대지에 가지는 권리 일체를 일컫는 개념이다. 대지사용권은 반드시 소유권일 필요가 없고, 등기되어야 하는 것도 아니다.[7] 가령 기존의 대지소유자로부터 구분건물 소유를 위하여 대지의 사용허락을 받았다면 그 사용허락에 기한 권리도 대지사용권이다. 이러한 사용허락은 대지사용권의 분리처분에 해당하지 않는다. 전유부분을 임대하더라도 전유부분에 대한 구분소유권이 그대로 존재하고 있어 전유부분과 대지사용권이 분리되었다고 할

---

5) A회사가 대지와 건물을 모두 소유하고 있는 동안에는 대지사용권 자체가 문제되지 않는다고 볼 수도 있다. 그러나 구분건물이 성립하는 순간부터는 구분건물과 대지의 소유자가 누구인가를 불문하고 대지사용권의 문제가 발생한다. 이 사건에서도 A회사는 대지와 구분건물을 모두 소유하였으나 대지사용권의 존재를 전제로 한 대지권등기까지 마쳤다. 대상판결도 A회사가 대지와 1층부터 4층까지의 건물을 모두 소유하고 있는 동안에도 대지사용권이 성립하였음을 전제로 판시하였다.

6) 대법원 2006. 3. 10. 선고 2004다742 판결; 대법원 2008. 9. 11. 선고 2007다45777 판결; 대법원 2013. 1. 17. 선고 2010다71578 전원합의체 판결.

7) 대법원 2000. 11. 16. 선고 98다45652, 45669 전원합의체 판결 등.

수 없듯이, 대지의 사용허락만 한 상태에서는 대지사용권이 그대로 존재하고 있어 전유부분과 대지사용권이 분리되었다고 할 수 없기 때문이다.[8)] 등기실무에서도 대지권 등기를 그대로 둔 채 토지만을 목적으로 하는 지상권 · 지역권 · 임차권의 설정등기를 할 수 있다고 본다.[9)]

대상판결은 "증축된 구분건물에 대하여 대지사용권을 부여하기 위해서는 … 기존 구분건물의 대지지분 중 각 일부에 대한 분리처분이 필수적이라 할 것"이라고 판시하였다. 이는 아마도 증축된 구분건물에 대한 대지소유권 이전을 염두에 둔 판시였을 것이다. 그러나 앞서 보았듯이 대지소유권 이전만이 대지사용권을 확보하는 유일한 방법은 아니다. 대지소유권을 이전하지 않고도 대지사용권을 설정할 수 있기 때문이다.

오히려 대지소유자인 A회사가 스스로 건물을 증축하였다면 그는 기존 부분의 대지소유권을 증축 부분에 나누어 할당할 의사까지는 없었더라도 자신의 기존 대지소유권에 기해 증축 부분의 대지 점유를 정당화하려는 암묵적인 의사를 가졌을 것이다. 즉 A회사는 증축 부분의 소유를 위하여 스스로에게 대지의 사용허락을 하고자 하였을 가능성이 높다. 그렇다면 적어도 A회사가 대지와 건물을 모두 소유하였던 기간에는 증축 부분에 대해 위와 같은 의미의 대지사용권이 존재하였다고 볼 여지가 있다.

다만 A회사의 일반적인 의사를 떠올려 보면 이러한 자기 사용허락에 기한 대지사용권은 그 속성상 A회사가 대지와 건물 전체를 함께 소유하고 있는 동안에만 존재하는 한시적인 것이라고 보아야 한다. 가령 A회사가 증축 부분에 속한 구분건물만 제3자에게 양도한다면 제3자는 A회사가 스스로 누리던 대지사용권을 당연히 이전받는다기보다는 대지소유권자인 A회사로부터 일부 대지소유권을 이전받거나 대지사용을 위한 다른 권원을 취득해야 한다. 이는 경매절차를 통해 전유부분을

8) 진상욱, "구분소유의 성립 및 전유부분과 대지사용권의 일체성－대법원 2013. 1. 17. 선고 2010다71578 전원합의체 판결을 중심으로－", **토지법학**, 제29-1호(2013), 223면은 위와 같은 상황이 분리처분에 해당하지만, 성질상 분리처분 금지의 예외로 보아야 한다고 주장한다. 그러나 분리처분은 대지사용권과 전유부분에 관한 소유권이 각각 다른 권리자에게 속하는 상황을 가리키므로, 위와 같은 상황을 분리처분으로 볼 수 있을지 의문이다.

9) 등기선례 7-280. 참고로 대지권과 대지사용권이 완전히 같은 개념인 것은 아니다. 대지권은 절차법상 개념으로, 부동산등기법은 이를 "대지사용권(垈地使用權)으로서 건물과 분리하여 처분할 수 없는 것"으로 정의한다. 대지권과 대지사용권의 관계에 관하여는 박상호, "집합건물법의 대지사용권과 부동산등기법의 대지권에 대한 법률적 관계 재정립", **토지법학**, 제28-2호(2012), 207면 이하 및 신국미, "구분소유자의 대지사용권 개념". **집합건물법학**, 제21권(2017. 2), 75면 이하 참조.

취득한 경우에도 마찬가지이다. 결과적으로 이 사건에서 피고들은 대지사용권을 가지지 못하고, 대지사용에 따른 부당이득을 반환해야 한다. 그 점에서 대상판결의 결론에는 찬성한다.

기존 구분건물에 대한 대지권등기가 마쳐진 후 건물을 증축하는 경우는 많다. 대상판결은 이 경우의 대지사용권 관계에 대해 판시하였다는 점에서 중요한 의미를 가진다. 대상판결에 따르면 증축 부분의 소유자는 별도로 대지사용권을 취득해야 한다. 그렇지 않으면 대지 점유 및 사용에 따른 부당이득을 반환해야 한다. 향후 대지 소유자가 이 법리에 기초하여 증축 부분의 소유자에게 증축 부분의 철거를 구하는 상황이 발생할 수도 있다. 신의칙 내지 권리남용 금지 원칙을 적용하여 그러한 철거청구를 배척할 수 있을지도 고민해 볼 문제이다.

7 분묘기지권의 취득시효에 관한 관습법 인정 여부 (대법원 2017. 1. 19. 선고 2013다17292 전원합의체 판결)

가. 사실관계

A종중은 1985. 6. 14. X토지에 관하여 소유권보존등기를 마쳤다. 원고는 X토지가 자기 소유라고 주장하면서 A종중을 상대로 소유권보존등기를 말소하라는 소를 제기하여 승소하였다. 그 후 원고는 2009. 10. 20. X토지에 관하여 진정명의회복을 원인으로 한 소유권이전등기를 마쳤다. 그런데 X토지에는 A종중 시조의 분묘를 비롯하여 분묘 6기가 설치되어 있었다. A종중원인 피고들은 위 분묘들과 분묘기지를 점유하고 있었다. 원고는 피고들에게 위 분묘들을 파서 옮기고[청구취지에는 '굴이(掘移)'라고 표현하였다], 비석 등을 철거하며, 분묘가 설치된 토지 부분을 인도하라는 소를 제기하였다. 피고들은 분묘기지권을 시효취득하였다고 주장하였다.

나. 원심판결과 대상판결

1심법원은 분묘 6기 중 5기에 대해 분묘기지권의 시효취득을 인정하고 나머지 1기에 대해서만 원고의 청구를 인용하였다.[1] 원심법원도 1심법원의 판결을 유지하였다.[2] 원고는 분묘기지권의 시효취득에 관한 관습법은 더 이상 우리 법질서에 부합하지 않아 효력이 없다고 주장하며 상고하였다. 대법원은 분묘기지권의 취득시효에 관한 관습법이 효력을 유지하고 있다고 보아 원심법원의 판단을 지지하였다. 이에 대해 반대의견이 있었다.[3]

다수의견의 요지를 옮기면 다음과 같다. 대법원이 오랜 기간 동안 사회 구성원들의 법적 확신에 의하여 뒷받침되고 유효하다고 인정해 온 관습법의 효력을 사회를 지배하는 기본적 이념이나 사회질서의 변화로 인하여 전체 법질서에 부합하지

1) 춘천지방법원 원주지원 2012. 6. 29. 선고 2011가단15130 판결.

2) 춘천지방법원 2013. 1. 25. 선고 2012나3412 판결.

3) 반대의견은 대법관 김용덕, 대법관 박보영, 대법관 김소영, 대법관 권순일, 대법관 김재형에 의하여 개진되었다. 그 외에도 다수의견에 대한 대법관 김신, 대법관 조희대의 보충의견, 반대의견에 대한 대법관 김재형의 보충의견이 제시되었다.

않게 되었다는 등의 이유로 부정하게 되면, 기존의 관습법에 따라 수십 년간 형성된 과거의 법률관계에 대한 효력을 일시에 뒤흔드는 것이 되어 법적 안정성을 해할 위험이 있으므로, 관습법의 법적 규범으로서의 효력을 부정하기 위해서는 관습을 둘러싼 전체적인 법질서 체계와 함께 관습법의 효력을 인정한 대법원판례의 기초가 된 사회 구성원들의 인식 · 태도나 사회적 · 문화적 배경 등에 의미 있는 변화가 뚜렷하게 드러나야 하고, 그러한 사정이 명백하지 않다면 기존의 관습법에 대하여 법적 규범으로서의 효력을 유지할 수 없게 되었다고 단정하여서는 아니 된다. 2000. 1. 12. 법률 제6158호로 매장 및 묘지 등에 관한 법률을 전부 개정하여 2001. 1. 13.부터 시행된 구 장사 등에 관한 법률(이하 '구 장사법'이라고 한다)은 분묘 설치기간을 제한하고 토지 소유자의 승낙 없이 설치된 분묘에 대하여 토지 소유자가 이를 개장하는 경우 분묘 연고자는 토지 소유자에 대항할 수 없다는 내용의 규정들은 구 장사법 시행 후 설치된 분묘에 관해서만 적용한다고 명시하고 있어 그 시행 전 설치된 분묘에 대한 분묘기지권의 존립 근거가 그 법의 시행으로 상실되었다고 볼 수 없다.[4] 또한 화장률 증가 등과 같이 전통적인 장사방법이나 장묘문화에 대한 사회 구성원들의 의식에 일부 변화가 생겼더라도 여전히 우리 사회에 분묘기지권의 기초가 된 매장문화가 자리 잡고 있고 사설묘지의 설치가 허용되고 있으며, 분묘기지권에 관한 관습에 대하여 사회 구성원들의 법적 구속력에 대한 확신이 소멸하였다거나 그러한 관행이 본질적으로 변경되었다고 인정할 수 없다.

반대의견의 요지를 옮기면 다음과 같다. 현행 민법 시행 후 임야를 비롯한 토지의 소유권 개념 및 사유재산제도가 확립되고 토지의 경제적인 가치가 상승함에 따라 토지 소유자의 권리의식이 향상되고 보호의 필요성이 커졌으며, 또한 상대적으로 매장을 중심으로 한 장묘문화가 현저히 퇴색함에 따라, 토지 소유자의 승낙 없이 무단으로 설치된 분묘까지 취득시효에 의한 분묘기지권을 관습으로 인정하였던 사회적 · 문화적 기초는 상실되었고 이러한 관습은 전체 법질서와도 부합하지 않게 되었다. 비록 토지 소유자의 승낙이 없이 무단으로 설치한 분묘에 관하여 분묘기지권의 시효취득을 허용하는 것이 과거에 임야 등 토지의 소유권이 확립되지

---

4) 참고로 이 사건의 1심법원과 원심법원이 분묘기지권을 시효 취득하였다고 판단한 분묘 5기는 모두 구 장사법 시행일 전에 설치되었고, 그중 1기는 구 장사법 시행일 전에, 4기는 시행일 후에 분묘기지권의 취득시효가 완성되었다.

않았던 시대의 매장문화를 반영하여 인정되었던 관습이더라도, 이러한 관습은 적어도 소유권의 시효취득에 관한 대법원 1997. 8. 21. 선고 95다28625 전원합의체 판결이 이루어지고 구 장사법이 시행될 무렵에는 재산권에 관한 헌법 규정이나 소유권의 내용과 취득시효의 요건에 관한 민법 규정, 장사법의 규율 내용 등을 포함하여 전체 법질서에 부합하지 않게 되어 정당성과 합리성을 유지할 수 없게 되었다. 또한 전통적인 조상숭배사상, 분묘설치의 관행 등을 이유로 타인 소유의 토지에 소유자의 승낙 없이 분묘를 설치한 모든 경우에 분묘기지권의 시효취득을 인정해 왔으나, 장묘문화에 관한 사회 일반의 인식 변화, 장묘제도의 변경 및 토지 소유자의 권리의식 강화 등 예전과 달라진 사회현실에 비추어 볼 때, 분묘기지권 시효취득의 관습에 대한 우리 사회 구성원들이 가지고 있던 법적 확신은 상당히 쇠퇴하였고, 이러한 법적 확신의 실질적인 소멸이 장사법의 입법에 반영되었다고 볼 수 있다. 따라서 위와 같은 관습은 적어도 구 장사법이 시행될 무렵에는 법적 규범으로서의 효력이 상실되었다.

다. 분석

(1) 관습법상 분묘기지권 일반론

민법 제185조에 따르면 물권은 성문법뿐만 아니라 관습법에 의해서도 성립할 수 있다. 관습법상 분묘기지권(이하 '분묘기지권'이라고만 한다)은 관습법상 물권 중 하나로서 분묘[5]를 수호하고 제사를 모시기 위하여 필요한 범위 내에서 다른 사람의 토지를 사용할 수 있는 권리이다.[6] 조선고등법원이 1927년에 이 권리를 처음 승인하였다.[7] 해방 후에도 대법원은 분묘기지권을 인정하였다.[8] 판례에 따르면 분묘기지권은 세 가지 경우에 성립한다.[9] 첫째, 토지 소유자의 승낙을 얻어 그 토

---

5)분묘기지권으로 보호되는 분묘는 사자(死者)를 안장한 장소, 즉 매장 분묘를 의미한다. 대법원 2008. 11. 20. 선고 2007다27670 전원합의체 판결.

6) 대법원 2001. 8. 21. 선고 2001다28367 판결. 분묘기지권은 다른 사람의 토지 위에 자기 분묘를 소유하기 위한 물권이므로 지상권과 유사한 물권이다. 대법원 1982. 1. 26. 선고 81다1220 판결 등 참조.

7) 조선고등법원 1927. 3. 8. 판결; 조선고등법원 1930. 10. 24. 판결. 이는 이른바 승낙형 분묘기지권에 대한 판결들이다.

8) 초기 판결들로 대법원 1955. 5. 29. 선고 4288민상210 판결; 대법원 1959. 4. 30. 선고 4291민상182 판결 등이 있다.

9) 편집대표 곽윤직, 민법주해 Ⅵ 물권(3)(박영사, 1992), 100면(박재윤 집필부분).

지에 분묘를 설치한 경우이다(승낙형).[10] 둘째, 토지 소유자의 승낙 없이 분묘를 설치하였으나 20년간 평온·공연하게 그 분묘 기지를 점유한 경우이다(취득시효형).[11] 셋째, 자기 토지에 분묘를 설치하였으나 그 분묘기지에 관한 합의 없이 토지를 다른 사람에게 처분한 경우이다(양도형).[12]

분묘기지권이 인정된 지 90년이 흘렀다. 분묘기지권이 인정되지 않았다면 강제로 분묘를 파서 옮기는 일도 많아지고 그로 인한 갈등도 많아졌을 것이다. 조상의 분묘에 특별한 애착을 가지는 우리나라 국민들은 이러한 분쟁으로 큰 정신적 고통을 겪었을 것이다. 분묘기지권은 이러한 갈등과 고통으로 인한 사회적 비용을 줄이는 긍정적 기능을 수행하였다. 그러나 분묘기지권은 소유권 존중과 공시제도를 두 축으로 하는 근대적 소유권 제도[13]와 잘 어울리지 않는 면이 있다. 분묘기지권은 분묘의 존속과 운명을 같이하므로 사실상 존속기간 제한이 없는 것과 마찬가지다. 그 존속기간 동안 토지 소유자는 소유권을 행사하는 데에 제한을 받는다.[14] 그렇다고 지료(地料)를 받을 수도 없다.[15] 분묘기지권은 등기로 공시되지도 않아[16] 소유권을 둘러싼 법률관계의 안정성을 해친다. 그래서 분묘기지권을 인정하는 것이 옳은지에 대해 논란이 이어져 왔다.[17] 특히 분묘기지권 중 가장 빈번하게 문제되는 취득시효형 분묘기지권은 더욱 큰 논란의 불씨를 안고 있었다. 다른 사람의 토지에 무단으로 분묘를 설치한 분묘소유자를 보호하는 권리이기 때문이다.

---

10) 대법원 1962. 4. 26. 선고 4294민상1451 판결; 대법원 1967. 10. 12. 선고 67다1920 판결 등. 만약 당사자 사이에 지상권 설정 합의나 임대차 합의 등 구체적인 합의가 있으면 그에 따르면 충분하므로 관습법상 분묘기지권을 인정할 이유도 없다. 승낙형 분묘기지권은 합의의 내용이 불분명한 경우에 성립한다.

11) 대법원 1955. 9. 29. 선고 4288민상210 판결; 대법원 1957. 10. 31. 선고 4290민상539 판결; 대법원 1969. 1. 28. 선고 68다1927,1928 판결 등.

12) 대법원 1967. 10. 12. 선고 67다1920 판결. 경매로 토지 소유권이 이전된 경우도 마찬가지이다. 예컨대 대법원 1976. 10. 26. 선고 76다1359, 1360 판결은 경매로 인한 소유권 이전 상황을 전제하였다.

13) 양창수·권영준, **민법Ⅱ 권리의 변동과 구제**, 제3판(박영사, 2017), 15－16면.

14) 곽윤직 편(주 9), 104면(박재윤 집필부분).

15) 대법원 1995. 2. 28. 선고 94다37912 판결. 반면 토지 소유자에게 지료를 지급하여야 한다는 견해도 있다. 편집대표 김용담, **주석민법 물권(3)**, 제4판(한국사법행정학회, 2011), 170면(김수일 집필부분).

16) 대법원 1959. 10. 8. 선고 4291민상770 판결. 분묘기지권은 봉분(封墳)을 통해 존재를 알 수 있기는 하나 이러한 공시방법은 불완전하다. 또한 분묘는 보통 임야에 설치되는데 임야는 큰 규모로 거래되는 경우가 많다. 따라서 임야 매수인이 봉분을 발견하지 못하는 경우도 있다. 곽윤직 편(주 9), 104면(박재윤 집필부분).

17) 이에 관한 논란은 곽윤직 편(주 9), 100면(박재윤 집필부분) 참조.

구 장사법에서 취득시효형 분묘기지권의 문제만 다룬 것도 이러한 이유 때문이다. 이 권리에 대한 상반된 시선은 대상판결의 다수의견과 반대의견에도 투영되었다.

(2) 대상판결 검토

필자는 다음 이유로 다수의견에 찬성한다.[18]

첫째, 구 장사법은 법 시행 후 설치된 분묘에 대해서는 취득시효형 분묘기지권을 더 이상 허용하지 않되 법 시행 전 설치된 분묘에 대해서는 이 규정을 적용하지 않기로 하였다(제23조 제3항, 부칙 제2조). 취득시효형 분묘기지권을 성문법으로 폐지하여 장묘문화를 둘러싼 사회적 변화를 입법적으로 수용하되, 이미 설치된 분묘의 법률관계에는 개입하지 않음으로써 법적 안정성을 보호하려는 취지이다.[19] 변화를 도모하되 변화의 폭과 시기에는 선을 그어 점진적 개혁을 이루고자 한 것이다. 이처럼 취득시효형 분묘기지권은 구 장사법을 만드는 과정에서 입법적 판단 대상이 되었다. 입법을 냄비의 끓는 물, 관습법을 냄비 밖에 있는 날계란에 비유한다면, 취득시효형 분묘기지권에 관한 관습법은 입법이라는 끓는 물에 잠시나마 담근 반숙(半熟) 계란에 비유할 수 있다.

물론 이러한 관습법도 더 이상 관습법의 요건을 갖추지 못하게 되었거나 전체 법질서에 부합하지 않게 되어 정당성과 합리성을 유지하지 못한다면 법원은 그 관습법이 효력이 없다고 선언할 수 있다.[20] 구 장사법의 부칙 제2조가 이러한 법원의 권한까지 박탈하지는 않았다. 그러나 입법부가 취득시효형 분묘기지권에 대해 고민한 끝에 법 시행 후에는 이를 폐지하되 그 전에 설치된 분묘에 대해서는 그렇게 하지 않기로 결정하였다면 법원은 가급적 그 결정을 무게 있게 고려해야 한다.

---

18) 참고로 대상판결에 관한 평석은 2017. 12.까지 세 편이 출간되었는데, 모두 대상판결의 결론에 반대한다. 오시영, "관습상의 분묘기지권 인정 대법원 판례 검토-대법원 2013다17292 전원합의체 판결", **동북아법연구**, 제11권 제1호(2017. 5); 장형진 · 김미정, "시효취득에 의한 분묘기지권-대법원 2017. 1. 19. 선고 2013다17292 전원합의체 판결 비판적 고찰-", **동아법학**, 제75호(2017. 5); 진상욱, "분묘기지권의 재검토-대법원 2017.1.19. 선고 2013다17292 전원합의체 판결-", **토지법학**, 제33-1호(2017. 6).

19) 관련 입법자료에는 취득시효형 분묘기지권을 장래에 향하여 배제하려는 의도가 나타나 있다. 예컨대 "매장및묘지등에관한법률개정법률안(정부) 검토보고서"(1998. 12), 6면("…판례에 의하여 분묘기지권을 인정함에 따라 97년 말 현재 전국의 무연분묘는 전체분묘의 40%에 해당하는 약 800만기에 달하는 것으로 추정되고 있으나, 앞으로는 이러한 분묘기지권을 배제하여 불법 무연분묘를 정비할 수 있는 근거를 마련하려는 것은 필요").

20) 대법원 2006. 7. 21. 선고 2002다1178 전원합의체 판결.

이러한 결정과 다르게 선언하려면 이미 설치된 분묘에 대해서까지 취득시효형 분묘기지권을 부인해야만 할 강력한 반대 근거가 있거나, 입법부의 결정 이후에 현저한 사회 변화가 있어 그 결정을 더 이상 유지하기 어렵게 되었어야 한다. 그러한 조건이 충족되었는지는 의문스럽다. 오히려 입법부는 그 뒤 장사법을 수차례 개정하면서도 취득시효형 분묘기지권에 관한 한 기존의 입장을 유지하였다. 대법원도 법 시행 전에 설치된 분묘에 대한 취득시효형 분묘기지권을 인정하는 판결을 선고하였다.[21] 2001년 이후 현재까지 그 전에는 경험하지 못하였던 현저한 사회 변화가 있었던 것도 아니다. 요컨대 법 시행 전 설치된 분묘에 관한 취득시효형 분묘기지권에 대한 관습법의 토대가 무너졌다고 단언하기는 어려운 상황이다.

둘째, 반대의견이 지적하듯 토지 소유권 보호에 대한 인식이 강해지고, 매장을 중심으로 하는 장묘문화가 현저히 퇴색하는 등 분묘기지권이 최초로 인정된 이후 현재에 이르기까지 사회 전반적으로 많은 변화가 있었던 것은 사실이다.[22] 반대의견은 이러한 이유를 들어 취득시효형 분묘기지권의 사회적 · 문화적 기초가 상실되고 그 관습이 전체 법질서와 부합하지 않게 되었다고 판단하였다. 그런데 이 사건의 본질은 취득시효형 분묘기지권에 관습법상 물권으로서의 지위를 계속 부여할 것인가 하는 문제에만 있지 않다. 사실 취득시효형 분묘기지권은 이미 구 장사법을 통해 관습법상 물권으로서의 지위를 박탈당하였다. 세월이 흐르면 취득시효형 분묘기지권은 거의 사멸할 것이다. 오히려 이 사건의 본질은 생명력이 거의 다한 관습법의 끝자락에 매달린 유민(遺民)들, 즉 구 장사법 시행 전에 분묘를 설치한 사람들에게 어떠한 지위를 부여할 것인가 하는 문제이다. 구 장사법에 따르면 이들은 20년 이상 평온 · 공연하게 분묘기지를 점유함으로써 분묘기지권을 취득할 수 있는 지위에 있다. 이들의 숫자는 시간이 흐른다고 더 늘어나지는 않지만, 여전히 절대적으로는 적지 않은 숫자이다. 화장하는 사람들이 늘어난다고 하여 이들에 대한 법적 대우가 달라져야 할 필연적인 이유도 없다. ① 한 시대를 풍미한 관습법상 물권을 유지할 것인가의 문제와 ② 이를 입법적으로 폐지하면서 이에 대한 이해관계를 가지게 된 자들을 어디까지 보호할 것인가의 문제는 다른 차원의 문제이다.[23] 구 장사법은 ①에 관해서는 사회 변화를 고려하여 취득시효형 분묘기지

21) 대법원 2011. 11. 10. 선고 2011다63017, 63024 판결.

22) 통계청의 2013년 사회조사 결과에 따르면, 우리 국민들이 선호하는 장례방법은 매장(묘지) 14.7%, 화장 후 봉안 38.3%, 화장 후 자연장 45.3%, 기타 1.7% 순서인 것으로 나타났다. 매장(묘지)에 대한 선호도는 점점 감소하는 추세이다.

권을 입법적으로 폐지하면서도, ②에 관해서는 이들의 법적 지위에 개입하지 않기로 결정함으로써 결과적으로 이들의 이해관계를 보호하기로 하였다. 반대의견이 지적한 토지 소유권 강화 필요성이나 장묘문화의 현저한 변경은 입법 과정에서 주로 ①에 반영됨으로써 대부분 소진되었다. 반면 이 사건의 쟁점은 ②에 관한 것이다.

셋째, 반대의견의 중요 논거 중 하나는 일반 취득시효의 경우와 균형이 맞지 않는다는 것이다. 대법원 1997. 8. 21. 선고 95다28625 전원합의체 판결 이래 다른 사람의 토지를 악의로 무단 점유한 사람에게는 시효취득이 인정되지 않는다. 그런데 다른 사람의 토지에 자기 분묘를 악의로 무단 설치한 사람에게 분묘기지권을 인정해 주는 것은 법질서 전체의 관점에서 볼 때 정합성이 있다고 볼 수 없다는 것이다. 이러한 관찰 뒤에는 다른 사람의 멀쩡한 권리를 박탈하는 취득시효 제도에 대한 경계심도 숨어 있다. 그러나 일반 토지의 악의 무단 점유와 분묘기지의 악의 무단 점유를 동등하게 평가할 수는 없다. 매장을 중시하고 화장을 기피하는 유교적 장묘문화 아래에서 망인을 위한 매장 분묘 설치는 선택사항이 아니라 지상명제에 가까웠다. 분묘는 조상에 대한 제사와 추모가 이루어지는 일종의 제단(祭壇)이었고, 종중원들을 결집시키는 일종의 친목 장소였다. 그런데 좁은 국토에서 매장지를 찾기는 어려웠고, 그 때문에 무단 매장도 빈번하게 이루어졌다. 일단 설치된 매장 분묘를 강제로 파서 옮기도록 하는 처사는 사회구성원들의 분묘에 대한 정서상 결코 쉽지 않은 문제였다. 분묘기지권은 이러한 특수한 배경과 맥락 아래에서 비로소 탄생하고 생명력을 이어 왔다. 분묘기지권의 취득시효는 단순히 '지속된 사실상태의 보호'에 관한 것만은 아니다. 분묘기지권의 취득시효는 성문법에 따른 일반 재산법질서에서는 충분히 담아내기 어려운 가치를 가지는 분묘라는 특수한 대상에 대한 보호에 관한 것이다. 그 점에서 분묘기지권의 취득시효를 일반 취득시효와 같은 선상에서 비교할 수는 없다.

(3) 총평

대상판결은 무형의 관습법에 관한 문제가 가지는 복잡성과 불명확성을 일깨워 주었다. 법원이 관습법을 승인하거나 폐지하는 데에는 숱한 변수가 개입한다. 과

---

23) 그러한 점에서 이 사건은 백지상태에서 관습법의 효력을 다룬 다른 사건들(가령 여성이 종중 구성원의 자격을 가지는지에 관한 대법원 2005. 7. 21. 선고 2002다1178 전원합의체 판결)과 다르게 보아야 할 측면이 있다.

연 관습이 존재하는지, 그 관습에 대한 공동체의 법적 확신이 존재하는지를 객관적으로 가려낼 수단은 그리 많지 않다. 설령 그러한 수단이 있더라도 법원은 그 객관적 존재를 실증하기보다는 법관 개개인이 내린 규범적 판단에 따라 결론을 내리는 경향성을 가진다. 또한 조선고등법원이 관습법을 탄생시키는 역할을 주로 하였다면 대법원은 관습법을 폐지하는 역할을 주로 하여 왔다. 이 과정에서 대법원은 단순히 관습법의 요건 충족 여부만을 검토하기보다는 '전체 법질서'에 부합하는지를 새로운 잣대로 활용하여 더욱 적극적으로 관습법의 생사를 결정하여 왔다. 그런데 어떤 관습법이 전체 법질서에 부합하는지를 판단하는 것도 쉽지 않다. 전체 법질서는 이상적이고 멋진 개념이지만, 개별 성문법 조항과는 달리 고도로 관념적이어서 전체 법질서를 규정하는 주체의 가치관에 쉽게 좌우되기 때문이다. 그러므로 관습법의 존폐 문제는 논리의 문제라기보다는 관점의 문제에 가깝다. 옳고 그름의 문제라기보다는 가치판단의 문제에 가깝다. 그러므로 대상판결에 표출된 다수의견과 반대의견의 입장은 옳고 그름의 차원에서 평가하기 어려운 대법관 개개인의 근본적 가치관이 각각 투영된 결과물이다.

관습법은 얼마나 실증적이어야 하고 얼마나 규범적이어야 하는가? 법원은 관습법의 운명을 결정하는 데 어느 정도의 지분(持分)을 가지는가? 특히 입법부가 관습법에 관련된 입법을 한 경우 사법부와 입법부의 관계는 어떠해야 하는가? 관습법의 폐지는 얼마나 과감하게, 또는 얼마나 점진적으로 이루어져야 하는가? 대상판결은 일반적인 법이론 차원에서도 우리에게 여러 가지 생각할 점들을 던져 주는 판결이다.

8 피담보채권 일부를 먼저 배당받은 공동근저당권자의 우선변제권 범위
(대법원 2017. 12. 21. 선고 2013다16992 전원합의체 판결)

가. 사실관계

피고는 A회사에 대한 채권을 담보하기 위해 제1부동산 등 여러 부동산에 채권최고액 71억 5,000만 원의 1순위 공동근저당권을 설정하였다. 제1부동산은 공동근저당권 설정 당시에는 물상보증인들의 소유였으나 그 후 채무자인 A회사가 취득하였다. 그 후 A회사에 대해 회생절차가 개시되자 피고는 공동근저당권을 회생담보권으로 인정받았다. 피고는 이에 기초하여 회생절차에서 X부동산의 환가액으로부터 피담보채권의 일부인 41억 927만 2,480원을 우선변제받았다(이하 '1차 우선변제'). 그 후 피고는 공동근저당권의 또 다른 목적물인 제2부동산의 공매절차에서 다시 1순위 근저당권자로서 채권을 신고한 후 34억 7,278만 4,780원을 우선변제받았고(이하 '2차 우선변제'), 그 결과 제2부동산에 관한 2순위 근저당권자인 원고는 전혀 배당받지 못하였다.

원고는 피고가 채권최고액 71억 5,000만 원에 기초하여 1차 우선변제를 받은 뒤에도 다시 동일한 채권최고액에 기초하여 2차 우선변제를 받음으로써 법률상 원인 없이 채권최고액을 초과하는 금전 상당의 이익을 취득하고 원고에게 동액 상당의 손해를 입게 하였다고 주장하며 부당이득의 반환을 구하였다.

나. 원심판결과 대상판결

1심법원은 원고의 청구를 인용하였다.[1] 원심법원은 A회사에 대한 회생절차가 개시됨으로써 공동근저당권의 피담보채권이 모두 확정되었고, 그 목적물 중 하나인 제1부동산에 대해 채권최고액 일부에 대하여 배당을 받았다면 다른 목적물에 대한 후행 경매절차에서는 후순위 저당권자나 물상보증인 등 다른 이해관계인이 있는 한 앞서 배당받은 금액은 채권최고액에서 공제되어야 하고 그 범위 내에서만

1) 서울중앙지방법원 2012. 3. 29. 선고 2011가합112839 판결.

우선변제권을 행사할 수 있다고 판단하였다. 이에 따라 피고가 초과 배당받은 이익 상당액은 원고에게 반환되어야 한다고 보아 1심법원의 판단을 지지하고 피고의 항소를 기각하였다.2)

대법원도 전원일치 의견으로 원심법원의 판단을 지지하였다. 대상판결의 요지는 다음과 같다. 공동근저당권이 설정된 목적 부동산에 대하여 동시배당이 이루어지는 경우에 공동근저당권자는 채권최고액 범위 내에서 피담보채권을 민법 제368조 제1항에 따라 부동산별로 나누어 각 환가대금에 비례한 액수로 배당받으며, 공동근저당권의 각 목적 부동산에 대하여 채권최고액만큼 반복하여, 이른바 누적적으로 배당받지 않는다. 그렇다면 공동근저당권이 설정된 목적 부동산에 대하여 이시배당이 이루어지는 경우에도 동시배당의 경우와 마찬가지로 공동근저당권자가 공동근저당권 목적 부동산의 각 환가대금으로부터 채권최고액만큼 반복하여 배당받을 수는 없다고 해석하는 것이 민법 제368조 제1항 및 제2항의 취지에 부합한다. 그렇게 해석하지 않으면 후순위 근저당권자나 물상보증인이 예측할 수 없는 손해를 입게 된다. 따라서 공동근저당권자가 공동담보의 목적 부동산 일부에 대한 환가대금에서 우선변제받은 금액에 관하여는 공동담보의 나머지 목적 부동산에 대한 경매 등의 환가절차에서 다시 공동근저당권자로서 우선변제권을 행사할 수 없다고 보아야 하며, 공동담보의 나머지 목적 부동산에 대하여 공동근저당권자로서 행사할 수 있는 우선변제권의 범위는 피담보채권의 확정 여부와 상관없이 최초의 채권액에서 위와 같이 우선변제받은 금액을 공제한 나머지 채권최고액으로 제한된다고 해석함이 타당하다. 이러한 법리는 채권최고액을 넘는 피담보채권이 원금이 아니라 이자 · 지연손해금인 경우에도 마찬가지로 적용된다.

다. 분석

근저당권은 계속적 거래관계에서 생기는 불특정 다수의 채권을 장래의 결산기에 채권최고액의 범위 안에서 담보하는 저당권이다(민법 제357조). 따라서 근저당권자는 채권최고액의 범위에서 우선변제권을 가진다. 한편 공동저당은 동일한 채권의 담보로 여러 개의 부동산에 설정된 저당권을 말한다(민법 제368조 제1항). 공동저당은 공동근저당권의 형태로 설정될 수도 있다. 그런데 공동근저당권자가 목

2) 서울고등법원 2013. 2. 1. 선고 2012나33107 판결.

적물 일부로부터 우선변제를 받은 경우 나머지 부동산에 대한 우선변제권의 범위, 즉 채권최고액이 감축되는지에 대해서는 상반된 판결들이 있었다. 주류적인 판결들은 대상판결과 마찬가지로 채권최고액이 감축된다고 보았다.[3] 반면 채권최고액이 감축되지 않는다고 본 판결도 있었다.[4] 이러한 판례의 모순 · 저촉이 지금까지 전원합의체 판결로 정리되지 않은 이유는 알 수 없으나, 대법원은 대상판결을 통하여 주류적인 판결들이 대법원의 입장임을 명확히 하고 이에 반하는 판결을 폐기하였다.

대상판결의 입장은 민법 제368조의 입법 취지에서 출발한다.[5] 민법 제368조 제1항은 공동저당 목적물 전체 환가대금을 동시에 배당하는 이른바 동시배당의 경우, 제2항은 공동저당 목적물 일부 환가대금을 먼저 배당하는 이른바 이시배당의 경우에 대하여 각각 규정한다. 선순위 저당권자는 어느 목적물로부터도 임의로 채권 전부 또는 일부의 우선변제를 받을 수 있고, 저당권을 동시에 실행할지, 아니면 순차적으로 실행할지를 선택할 자유를 가진다. 그런데 선순위 저당권자의 선택에 따라 후순위 저당권자 등 이해관계인들의 법적 지위가 현저하게 달라지는 것은 이들의 법적 안정성과 예측 가능성을 침해할 우려가 있다. 또한 저당부동산 소유자 및 후순위 권리자가 공동저당권자와의 공모를 통해 자신의 불이익을 타인에게 전가시키려는 경우도 있을 수 있다.[6] 이는 바람직한 결과라고 할 수 없다. 따라서 민법 제368조는 동시배당인가, 이시배당인가에 따라 후순위 저당권자의 법적 지위가 달라지지 않도록 권리관계를 조정한다. 즉 동시배당의 경우에는 저당권자가 각 목적물로부터 목적물별 환가대금에 비례한 액수로 배당받도록 하고(제1항), 이시배당의 경우에는 동시배당이 실시되었더라면 후순위 저당권자가 누렸을 지위를 확보해 주기 위해 후순위 저당권자에게 선순위 저당권의 대위 행사를 허용함으로써(제2항) 이익을 조정한다.[7]

---

3) 대법원 2006. 10. 27. 선고 2005다14502 판결; 대법원 2012. 1. 12. 선고 2011다68012 판결; 대법원 2017. 9. 21. 선고 2015다50637 판결 등.

4) 대법원 2009. 12. 10. 선고 2008다72318 판결.

5) 편집대표 김용담, **주석민법 물권(4)**, 제4판(한국사법행정학회, 2011), 244－245면(김재형 집필부분)은 민법 제368조의 입법 취지를 공동저당권자의 자유, 이해관계인의 보호 두 측면에서 설명한다.

6) 김형석, "공동저당의 실행과 이해관계의 조정－민법 제368조 재론－", **서울대학교 법학**, 제57권 제4호(2016. 12), 59면.

7) 일본 민법은 우리 민법 제368조와 동일한 규정을 제392조에 두고 있다. 다만 제398조의16에서는 공동근저당의 경우 그 취지를 등기한 경우에 한하여 제392조가 적용된다고 규정하고 있고, 제398조의18에서는 이러한 등기가 없으면 공동근저당권자는 각 부동산의 대가에 대하여 각각 채권최고

이러한 민법 제368조의 이념은 일반 공동저당뿐만 아니라 공동근저당의 경우에도 적용된다. 공동근저당권 목적물 전체의 환가대금이 동시에 배당되었더라면 후순위 저당권자가 누렸을 지위는 이시배당의 경우에도 보호되어야 한다. 동시배당의 경우 공동근저당권자는 채권최고액의 범위 내에서 각 목적물로부터 목적물별 환가대금에 비례한 액수를 배당받고, 후순위 근저당권자는 나머지 액수로부터 배당받게 된다. 그런데 이시배당의 경우 선순위 근저당권자가 이미 목적물 일부로부터 피담보채권 일부의 우선변제를 받았는데도 피담보채무가 전부 변제되지 않았다는 이유로 계속 원래의 채권최고액을 기준으로 다른 목적물로부터 우선변제를 받으면 후순위 저당권자는 동시배당의 경우에 비해 배당액이 줄어들거나 배당을 받지 못하게 된다. 이는 동시배당과 이시배당의 경우 후순위 저당권자의 이익 상황을 일치시키려는 민법 제368조의 이념과 부합하지 않는다. 따라서 대상판결은 위와 같은 경우에는 우선변제받은 금액만큼 채권최고액이 감축된다고 판시하였다. 대상판결은 이와 달리 채권최고액 감축을 부정할 경우 후순위 저당권자와 물상보증인에게 다음과 같이 부당한 결과가 발생한다고 설명한다. 첫째, 후순위 저당권자에 의한 민법 제368조 제2항의 대위가 불가능하게 되거나 대위 범위가 축소될 수 있으며 공동근저당권자가 의도적으로 이시배당을 선택할 우려마저 있어 후순위 저당권자를 보호하려는 민법 제368조 제2항의 취지에 어긋난다. 둘째, 물상보증인 소유 부동산의 환가에 따른 일부 우선변제의 경우 물상보증인은 변제자대위에 의해 채무자 소유 부동산에 대해 공동근저당권을 대위 취득하나 공동근저당권자가 물상보증인에 대한 관계에서 우선변제권을 가지는데,[8] 채권최고액이 감축되지 않으면 물상보증인의 기대이익이 박탈된다. 이러한 대상판결의 결론과 이유는 모두 타당하다.

대상판결의 입장은 학설의 전개 양상에도 부합한다. 그 동안의 학설 현황을 보면, 감축 부정설[9]과 감축 긍정설[10]이 대립하였으나 감축 긍정설이 좀 더 우세한

액에 이르기까지 우선권을 행사할 수 있다고 하여 누적근저당권에 관한 규정을 두고 있다.

8) 대법원 1994. 5. 10. 선고 93다25417 판결; 대법원 2004. 6. 25. 선고 2001다2426 판결; 대법원 2011. 6. 10. 선고 2011다9013 판결 등.

9) 편집대표 곽윤직, **민법주해 Ⅶ 물권(4)**(박영사, 1992), 212면(조대현 집필부분); 김병두, "공동근저당에 있어서의 채권최고액의 감액", 민사법학, 제33호(2006), 125면 이하.

10) 김용담 편(주 5), 287면(김재형 집필부분); 양창수, "공동근저당권에 있어서 선행경매절차에서의 일부배당이 후행절차상의 우선변제권에 미치는 영향", **민법연구**, 제8권(박영사, 2005), 230면; 윤진수, "2006년도 주요 민법 관련 판례 회고", **서울대학교 법학**, 제48권 제1호(2007. 3), 417면.

양상을 보였다. 한편 감축 긍정설은 다시 목적물 전부에 대한 피담보채권이 확정됨을 전제로 감축을 긍정하는 견해[11]와 피담보채권의 확정 유무와 무관하게 감축된다는 견해[12]로 나뉘었다. 대상판결은 "피담보채권의 확정 여부와 상관없이" 채권최고액이 감축된다고 판시하였다.[13] 참고로 이 사건 상고이유 중에는 채무자에 대한 회생절차개시결정으로 인하여 공동근저당권의 목적물 전부(이 사건에서는 제2부동산)에 대한 피담보채권이 확정되는가 하는 문제도 포함되어 있었다. 그러나 대상판결은 이 문제를 정면으로 다루지 않았다. 이 문제에 대해 어떤 입장을 취하건 채권최고액이 감축된다는 결론에는 영향을 미치지 않기 때문이다.

대상판결에는 채권최고액 감축 여부에 대한 판시 사항 외에도 공동근저당권자가 채무자의 회생계획에 따라 회생담보권자로서 변제받은 것이 임의변제에 해당하는가에 대한 판시 사항이 포함되어 있다. 판례에 따르면 공동근저당권자가 채무자로부터 피담보채권의 일부를 임의변제받은 경우 그 변제액을 우선변제권이 있는 피담보채권에 우선 충당해야 하는 것은 아니므로 근저당권자는 변제충당 후 나머지 채권에 대하여 여전히 원래의 채권최고액에 따른 우선변제권을 가진다.[14] 즉 채권 일부를 임의변제받았다고 하여 채권최고액이 감축되지는 않는다. 그런데 이 사건에서는 담보권자가 담보권을 실행하여 배당받은 것이 아니라 채무자가 회생계획에 따라 변제한 것이므로, 임의변제가 이루어진 것으로 볼 여지가 있다. 만약 이러한 변제가 임의변제라면 채권최고액은 그 변제로 인하여 감축되지 않는다. 그러나 회생절차는 법원의 회생절차개시 결정에 따라(채무자 회생 및 파산에 관한 법률 제49조) 법원의 감독(동법 제39조의2)과 관리인의 관리(동법 제56조, 제74조) 아래 수행되는 절차로서, 회생계획에 규정된 바에 따르지 않은 변제는 원칙적으로 금지된다(동법 제131조). 또한 회생담보권자는 자신의 담보권을 실행하기 위한 방법으로 회생절차에 참가하여 채무를 우선변제받는다(동법 제141조). 따라서 회생담보권에

---

11) 윤진수(주 10), 417－418면.

12) 김용담 편(주 5), 287면(김재형 집필부분); 양창수 · 김형석, **민법 Ⅲ 권리의 보전과 담보**, 제2판(박영사, 2015), 460면; 양창수(주 10), 230면.

13) 참고로 대법원 2017. 9. 21. 선고 2015다50637 판결은 공동근저당권자가 목적 부동산 중 일부 부동산에 대하여 제3자가 신청한 경매절차에 소극적으로 참가하여 우선배당을 받은 경우, 해당 부동산에 관한 근저당권의 피담보채권은 매수인이 매각대금을 지급한 때에 확정되지만, 나머지 목적 부동산에 관한 근저당권의 피담보채권은 기본거래가 종료하거나 채무자나 물상보증인에 대하여 파산이 선고되는 등의 다른 확정사유가 발생하지 아니하는 한 확정되지 아니한다고 판시하였다. 공동근저당권자의 소극적 경매 참가에 관하여는 개별확정설을 취한 것이다.

14) 대법원 1981. 11. 10. 선고 80다2712 판결; 대법원 2010. 5. 13. 선고 2010다3681 판결.

기한 변제는 담보권을 소멸시킨다. 실제로 이 사건 회생계획안에도 채무자가 회생담보권에 해당하는 채무를 변제하는 경우 그에 관한 담보권 일체는 소멸하도록 되어 있었다. 그러므로 채권자가 회생담보권에 기해 회생절차 내에서 변제받는 것은 담보권을 실행하여 우선변제받는 것과 크게 다르지 않다. 따라서 회생절차에 따른 변제는 임의변제와 같게 취급할 수 없다. 대상판결도 이러한 입장을 취한 원심의 판단을 유지하였다.

9 담보신탁의 우선수익권과 그 우선수익권이 담보하는 채권의 관계
(대법원 2017. 6. 22. 선고 2014다225809 전원합의체 판결)

가. 사실관계

피고는 X토지를 사업구역으로 하는 토지구획정리사업을 목적으로 사업시행인가를 받은 토지구획정리조합이다. 피고는 2004. 9. 17. 건설회사(시행사)인 참가인 회사와 사이에 시행대행계약을 체결하였고, 참가인 회사는 2005. 3. 31. 건설회사(시공사)인 원고에게 X토지 위에 신축되는 Y아파트의 신축공사를 도급 주었다. 이후 피고는 위 사업에 필요한 자금을 조달하기 위하여 2007. 12. 26. 참가인 회사와 사이에 차용계약을 체결하면서, 그 무렵 원고 및 참가인 회사와 합의서를 작성하였다. 위 합의서의 주된 내용은 다음과 같다. ① 피고는 한국토지신탁과 사이에 X토지의 일부에 관하여 부동산담보신탁계약을 체결하고, 우선수익자를 참가인 회사로 하여 수익권증서를 발급한다. ② 참가인 회사는 수익권증서상 우선수익권에 원고를 1순위 질권자로 하는 질권을 설정하고, 원고에게 그 수익권증서를 인도한다.

피고는 위 합의서에 기초하여 2007. 12. 28. 및 2009. 1. 7.에 두 차례 한국토지신탁과 사이에 부동산담보신탁계약을 체결하였고, 한국토지신탁은 참가인 회사를 우선수익자로 하는 우선수익권증서를 발행 · 교부하였다. 위 담보신탁의 위탁자인 피고, 수탁자인 한국토지신탁 모두 수익자인 참가인 회사가 원고에게 우선수익권[1]에 관한 1순위 질권을 설정해 주는 데 동의하였다. 이후 피고가 대여금을 변제

---

1) 우선수익권은 신탁법상 용어가 아니다. 일반적으로 부동산 담보신탁계약에서 우선수익자로 지정된 채권자가 채무자의 채무불이행 시 신탁재산 매각대금에서 위탁자나 다른 채권자들에 우선하여 변제받을 권리를 일컫는 용어이다. 이는 본질상 신탁법상 수익권의 성격을 띠나, 신탁재산 매각대금으로부터의 채권 우선변제를 주된 목적으로 삼는다는 특성을 가진다. 실제 부동산담보신탁계약에서는 채권자가 우선수익자가 되면서 채무자인 위탁자가(일반)수익자가 되는 경우가 많다[양진섭, "부동산담보신탁에 관한 소고－신탁법 전면개정과 관련하여－", BFL, 제52호(2012. 3), 83－84면]. 또한 채권자가 채무자와 함께 수익자라고 지칭되는 것에 대한 심리적 저항감이 있어 우선수익자로 지칭되기를 선호하는 것도 이 용어가 신탁 실무에서 널리 사용되는 이유의 하나이다[오상민, "부동산 담보신탁에서 공동우선수익자의 공매요청권에 대한 검토", 변호사, 제45집(2014), 131면].

하지 못하고 있는 상태에서 참가인 회사의 채권자인 참가인2가 2010. 10. 11. 위 대여금에 관한 전부명령을 받았다. 위 전부명령은 그 무렵 피고 및 참가인 회사에게 각각 송달되어 2010. 11. 2. 확정되었다.

한편 피고는 2011. 10. 24. 위 토지구획정리사업에 관하여 일방적으로 환지처분 공고를 한 뒤, 그 무렵 일부 필지를 제3자에게 매각하였다. 원고는 피고에 대하여 주위적으로 자신이 위 대여금 채권의 불가분채권자라는 전제에서 그 지급을 청구하고, 제1예비적으로는 참가인 회사를 대위하여 위 대여금의 지급을 청구하며, 제2예비적으로는 원고가 위 우선수익권에 관하여 가지는 질권이 침해되었다는 이유로 손해배상을 청구하는 소를 제기하였다.

나. 원심판결과 대상판결

원심법원은 원고의 주위적 청구를 받아들인 1심판결[2]을 취소하고, 원고의 주위적 청구 및 제1, 2예비적 청구를 모두 기각하는 판결을 하였다.[3] 아래에서는 대상판결에서 핵심 쟁점으로 다루어진 제2예비적 청구를 중심으로 원심판결의 내용을 살펴본다. 부동산담보신탁은 신탁계약으로서의 성질과 비전형 담보물권의 성질을 모두 가지며, 부동산담보신탁의 수익권은 담보물권과 같이 부종성을 지닌다. 다만 부동산담보신탁의 수익권은 신탁계약으로서의 성질도 가지므로 전부명령에 따라 피담보채권이 이전된 경우 그에 수반하여 당연히 전부채권자에게 이전되는 것은 아니다. 오히려 그와 같은 경우 수익권은 수익자가 피담보채권을 상실함으로 인하여 소멸한다고 보아야 한다. 이 사건에서 참가인 회사의 우선수익권은 피담보채권에 관한 전부명령이 확정됨으로써 소멸하였고, 원고의 질권 역시 목적물의 소멸로 인하여 소멸하였다. 따라서 원고가 담보권자임을 전제로 한 원고의 제2예비적 청구는 이유 없다.

대법원은 원심판결 중 제2예비적 청구 부분을 파기하였다.[4] 다수의견의 요지는 다음과 같다. 위탁자가 금전채권을 담보하기 위하여 그 금전채권자를 우선수익자로, 위탁자를 수익자로 하여 위탁자 소유의 부동산을 신탁법에 따라 수탁자에게 이전하면서 채무불이행 시에는 신탁부동산을 처분하여 우선수익자의 채권 변제

---

2) 인천지방법원 2013. 6. 4. 선고 2012가합8991 판결.
3) 서울고등법원 2014. 8. 28. 선고 2013나46582 판결.
4) 대상판결의 주위적 청구에 대한 판단에 대해서는 대법관 조희대의 반대의견, 제2차 예비적 청구에 대한 판단에 대해서는 대법관 권순일의 반대의견이 있었다.

등에 충당하고 나머지를 위탁자에게 반환하기로 하는 내용의 담보신탁을 해 둔 경우, 특별한 사정이 없는 한 우선수익권은 경제적으로 금전채권에 대한 담보로 기능할 뿐 금전채권과는 독립한 신탁계약상의 별개의 권리가 된다. 따라서 이러한 우선수익권과 별도로 금전채권이 제3자에게 양도 또는 전부되었다고 하더라도 그러한 사정만으로 우선수익권이 금전채권에 수반하여 제3자에게 이전되는 것은 아니고, 금전채권과 우선수익권의 귀속이 달라졌다는 이유만으로 우선수익권이 소멸하는 것도 아니다. 또한 이 사건 담보신탁계약의 해석상 계약당사자들과 질권자인 원고는, 위탁자가 대출원리금을 전액 상환하지 아니할 경우 우선수익권에 대한 질권자인 원고가 이 사건 대여금채권의 귀속주체와 상관없이 우선수익권을 행사할 수 있는 것으로 약정하였다고 봄이 타당하다.[5] 따라서 참가인 회사의 우선수익권이나 이를 대상으로 한 원고의 권리질권은 소멸하였다고 볼 수 없다.

반대의견의 요지는 다음과 같다. 수익권의 구체적 내용은 특별한 사정이 없는 한 계약자유의 원칙에 따라 신탁계약에서 다양한 내용으로 정할 수 있다. 이 사건 사실관계 및 담보신탁계약의 내용에 따르면, 이 사건 우선수익권은 채무자인 피고의 채무불이행 시 수탁자에게 신탁부동산의 처분을 요청할 수 있는 권리 및 신탁부동산을 처분한 대금에서 우선수익자인 참가인 회사의 대여금채권을 피고의 수익채권에 우선하여 변제받을 수 있는 권리를 그 내용으로 한다. 그러므로 이 사건 우선수익권은 담보물권은 아니지만 신탁계약에 의하여 자신의 대여금채권에 대한 우선변제를 요구할 수 있는 권리이므로 그 대여금채권과 분리하여 우선수익권에 대해서만 질권을 설정하는 것은 원칙적으로 허용되지 않는다. 또한 구 신탁법 제55조는 "신탁행위로 정한 사유가 발생한 때 또는 신탁의 목적을 달성하였거나 달성할 수 없게 된 때에는 신탁은 종료한다."고 규정하고 있다. 이 사건 담보신탁계약에서도 신탁기간의 만료를 신탁종료 사유의 하나로 들면서, 신탁기간은 신탁계약 체결일로부터 '우선수익자의 채권 소멸 시까지'로 정하고 있다. 그러므로 이 사건 전부명령이 확정되어 우선수익자의 대여금채권이 소멸한 이상, 이 사건 담보신탁계약은 신탁기간의 만료로 인하여 종료되었을 뿐만 아니라 구 신탁법 제55조에 의한 법정종료사유도 발생하였다. 따라서 참가인 회사는 더 이상 수탁자에게 우선

5) 위 담보신탁계약의 특약사항 제13조 제2항은 위 합의서 및 추가합의서에서 정한 기한 내에 위탁자(피고)가 대출원리금을 전액 상환하지 아니할 경우 우선수익권에 관한 질권자(원고)는 신탁재산의 환가를 요청할 수 있다고 정하고 있었다.

수익권을 행사할 수 없고, 원고도 우선수익권에 대한 질권자로서의 권리를 행사할 수 없다.

다. 분석

(1) 부동산 담보신탁의 법률관계

부동산 담보신탁은 채무자(위탁자)가 채권담보를 목적으로 부동산을 신탁재산으로 삼아 설정하는 신탁이다.[6] 이러한 담보 목적 신탁이 가능한지에 관하여는 종래 논란이 있었으나, 신탁의 포괄성에 비추어 이러한 신탁의 유효성을 부정할 이유가 없다.[7]

부동산 담보신탁을 둘러싼 법률관계는 다음과 같이 전개되는 것이 일반적이다.[8] ① 위탁자는 신탁재산인 부동산의 소유권을 수탁자에게 이전한다. 수탁자는 위탁자에게 수익권증서를 교부한다. ② 위탁자는 그 수익권증서를 금융기관에 양도하고,[9] 금융기관으로부터 대출을 받는다. ③ 이후 위탁자가 피담보채무를 이행하면 신탁은 종료된다. 반대로 위탁자가 피담보채무를 불이행하면 수탁자는 신탁재산인 부동산을 처분하고, 우선수익자인 금융기관에게 그 매각대금을 지급한다. ④ 피담보채무를 변제하고 남은 부동산 매각대금은 채무자(위탁자)에게 지급된다.

부동산 담보신탁은 저당권과 유사한 경제적 기능을 수행한다. 그러나 저당권보다 설정 비용이 저렴하다.[10] 임의매각을 통해 더 신속하고 효율적으로 권리를 실행할 수 있을뿐더러 높은 매각대금을 획득하는 것도 가능하다.[11] 목적 부동산의 소유권이 수탁자에 이전·관리되므로 위탁자(채무자)의 도산으로부터 안전하고,

---

6) 최수정, "부동산담보신탁상 우선수익권의 성질과 우선수익권질권의 효력－대법원 2017. 6. 22. 선고 2014다225809 전원합의체 판결을 계기로－", **인권과 정의**, 제470호(2017. 12), 46면. 담보신탁이라는 용어는 실제로는 다양한 의미로 사용된다. 임채웅, "담보신탁의 연구", **인권과 정의**, 제378호(2008. 2), 115면; 양진섭(주 1), 74－77면.

7) 양진섭(주 1), 77－79면.

8) 이계정, "담보신탁과 분양보증신탁에 관한 연구", **사법**, 제41호(2017. 9), 100면.

9) 이처럼 수익권이 증권화되면 증권 교부만으로 수익권 유통이 가능해진다. 김동근, "신탁재산의 증권화에 관한 연구－담보신탁과 담보권신탁을 중심으로－", **원광법학**, 제30집 제1호(2014. 3), 58면.

10) 안성포, "채권금융기관에 의한 담보신탁의 활용", **증권법연구**, 제13권 제3호(2013. 1), 296－297면.

11) 이상주, "채무자와 그 외의 자가 각각 동일한 채권을 담보하기 위하여 담보신탁을 설정한 경우 신탁재산들의 처분대금에서의 채권충당의 방식(2014. 2. 27. 선고 2011다59797, 59803 판결 : 공 2014상, 691)", **대법원판례해설**, 제99호(2014), 124면.

담보물의 보존도 전문적이고 중립적으로 이루어질 수 있다.[12] 한편 양도담보나 가등기담보와 비교하면 담보목적의 신탁등기임이 신탁원부를 통하여 명확히 공시됨으로써 거래의 안전을 도모할 수 있다는 장점도 있다.[13] 이러한 장점 때문에[14] 부동산 담보신탁은 아직 우리 법에 낯선 제도임에도 불구하고 채권자와 채무자 모두에게 선호되는 담보방법이다.

(2) 피담보채권이 전부된 경우 우선수익권의 운명

대상판결의 핵심 쟁점은 우선수익권을 통해 담보하고자 하는 채권(편의상 '피담보채권'이라고 한다)이 제3자에게 전부(轉付)된 경우 우선수익권의 운명이다. 이때 우선수익권의 운명은 ① 피담보채권과 함께 제3자에게 이전되는 것, ② 우선수익자에게 그대로 남아 있는 것, ③ 피담보채권과 결별함과 동시에 소멸하는 것, 이 세 가지 갈래를 생각해 볼 수 있다. 이는 우선수익권의 부종성과 수반성(이를 합쳐서 '부수성'이라고 한다[15])을 일반적으로 인정할 것인가의 문제이기도 하다. 그리고 이 문제에 대한 답이 우선수익권에 질권을 설정한 원고의 법적 지위를 결정한다.

피담보채권과의 관계에서 우선수익권의 부수성을 인정할 수 있는 방법은 다음 세 가지가 있다. 첫 번째는 우선수익권을 담보물권의 일종으로 보는 방법이다. 담보물권은 피담보채권과의 관계에서 부수성이 인정되기 때문이다. 두 번째는 우선수익권을 피담보채권의 종된 권리로 보는 방법이다. 종된 권리는 주된 권리의 처분에 따르기 때문이다(민법 제100조 참조). 세 번째는 신탁계약에서 우선수익권의 부수성을 규정하는 방법이다. 우선수익권은 신탁계약의 산물이고, 우선수익권의 성격과 운명은 신탁계약으로 정할 수 있기 때문이다. 하나씩 살펴본다.

첫째, 우선수익권이 담보물권의 일종인가? 원심판결은 우선수익권이 비전형 담보물권의 성격도 가진다고 보았다. 경제적 관점에서 보면 우선수익권이 담보 목적으로 설정된 것은 사실이다. 그러나 어떤 권리가 경제적 관점에서 담보 기능을 수행한다고 하여 법적으로 담보물권이 되는 것은 아니다. 경제적 실질과 법적 성격은 다른 차원의 문제이기 때문이다. 가령 임대차보증금의 수수, 상계권의 행사, 소

12) 오상민(주 1), 133면.
13) 이상주(주 11), 124면.
14) 그 밖에 저당권과 비교한 부동산 담보신탁의 장점은 김동근(주 9), 38-39면 참조.
15) 담보물권에 대해서도 '부수성'이라는 개념을 사용한다. 대법원 2001. 3. 15. 선고 99다48948 전원합의체 판결 참조.

유권유보부 매매계약의 체결, 담보 목적의 채권 또는 어음 양도 등도 경제적 관점에서는 담보의 기능을 수행하나, 법적으로 담보물권이 되는 것은 아니다. 또한 담보물권은 물권의 일종이므로 물권법정주의의 적용을 받는다(민법 제185조). 그러므로 우선수익권을 담보물권으로 보려면 이를 담보물권으로 정하는 법률 또는 관습법이 있어야 한다(민법 제185조). 그런데 우선수익권을 담보물권으로 정하는 법률이나 관습법은 없으므로 우선수익권에 담보물권이라는 법적 형식을 부여할 수 없다.[16] 대법원은 대상판결 이전에도 여러 차례 이러한 취지의 판결을 선고한 바 있다.[17] 대상판결도 그와 같은 선상에서 "우선수익권은 경제적으로 금선채권에 대한 담보로 기능할 뿐 금전채권과는 독립한 신탁계약상의 별개의 권리"라고 판시하여 우선수익권이 담보물권이 아님을 밝히고 있다.[18] 물권/채권 이분법에 따르면 우선수익권은 오히려 채권에 가깝다. 따라서 별개의 원인(신탁계약)으로 발생한 독립적인 채권(우선수익권)은 얼마든지 피담보채권과 별도로 양도되거나 담보로 제공될 수 있고, 담보물권의 부수성에 관한 법리는 여기에 적용되지 않는다.

둘째, 우선수익권이 피담보채권의 종된 권리인가? 주된 권리와 종된 권리의 법리는 민법 제100조에 근거를 둔다. 민법 제100조 제1항은 다른 물건(주물)의 상용(常用)에 이바지하기 위해 그 물건에 부속된 물건을 종물이라고 규정한다. 제2항은 종물은 주물의 처분에 따른다고 규정한다. 저당권의 효력이 종물에도 미친다고 규정한 민법 제358조도 같은 사고방식에 기초한다. 민법 제100조나 제358조는 물건에 관한 규정이지만 권리 상호 간에도 유추 적용된다.[19] 가령 건물 소유권이 이전

16) 우선수익권이 회생절차에서 다른 담보물권처럼 회생담보권으로 취급되지 않는 것도 이러한 이유 때문이다. 대법원 2001. 7. 13. 선고 2001다9267 판결; 대법원 2002. 12. 26. 선고 2002다49484 판결 참조. 하지만 회생절차에서는 담보물권이 아니더라도 회생담보권으로 취급되는 경우도 있으므로, 우선수익권을 회생담보권으로 취급할 수 없는가에 대해서는 별도의 논의도 필요하다. 한편 우선수익권을 관습법상 담보물권의 일종으로 파악하여 담보 법리가 적용되어야 한다는 입장도 있다. 장현옥, "부동산담보신탁에 관한 연구", **강원법학**, 제10권(1998. 10), 527-528면; 김상용, "부동산담보신탁제도개발(不動産擔保信託開發) 필요성과 법적 문제점 검토", **경영법률**, 제5권(1992. 2), 670-672면 참조.

17) 이러한 취지의 판결 가운데 대상판결에 직접 인용된 것으로서 대법원 2013. 6. 27. 선고 2012다79847 판결(다수의견에 대한 보충의견이 인용), 대법원 2014. 2. 27. 선고 2011다59797 판결; 대법원 2016. 5. 25.자 2014마1427 결정(반대의견이 인용) 참조. 다만 이러한 판결들은 우선수익권의 법적 성격을 정면으로 다루고 있지 않으므로 종래 이 점에 대한 명확한 판례가 존재하였는지는 의문이다. 최수정(주 6), 49-52면도 같은 의문을 제기하고 있다.

18) 대상판결 이후에 선고된 대법원 2017. 9. 21. 선고 2015다52589 판결도 이 점을 반복하여 확인하고 있다.

19) 대법원 2006. 10. 26. 선고 2006다29020 판결 등은 민법 제100조 제2항이 물건 상호 간의 관계뿐

되면 대지에 관한 법정지상권[20]이나 임차권[21]도 함께 이전되며, 구분건물의 전유부분만에 대해 내려진 가압류결정의 효력은 대지권에도 미친다.[22] 채권에 대한 질권 설정의 효력은 그 지연손해금 채권에도 미친다.[23] 우선수익권이 피담보채권의 만족을 위해 설정되었다는 점에 착안하면, 이를 피담보채권의 종된 권리로 볼 여지가 있기는 하다. 그러나 법정지상권이나 임차권, 대지권이 건물의 존속에 필수적인 것과 달리, 우선수익권은 피담보채권의 존속에 필수적이지 않다. 또한 지연손해금 채권은 원본채권에 뿌리를 두고 발생하고 당사자도 같지만, 피담보채권과 우선수익권은 다른 발생 원인에 기초하여 별도로 발생하며 당사자도 다르다.[24] 요컨대 민법 제100조의 표현을 빌리자면, 우선수익권은 '상용(常用)에 이바지'하는 '부속된 물건'의 정도에 이르지는 못한다. 신탁법이 수익권 자체의 양도(제64조)와 질권 설정(제66조)을 허용하면서, 동시에 수익권의 유통성을 강화하는 태도를 취하고 있는 점도 염두에 두어야 한다(특히 수익증권 발행과 유통에 관한 제78조 내지 제86조 참조). 부동산 담보신탁의 우선수익권이 신탁법상 수익권에 해당한다는 점에는 이견이 없다. 그런데 우선수익권이 피담보채권의 족쇄에 매여 있어야 한다면 수익권의 유통성을 강화하려는 신탁법의 의지는 적어도 부동산 담보신탁의 영역에서는 무력화되고 만다. 이러한 점들을 종합하면, 주된 권리와 종된 권리에 관한 법리는 피담보채권과 우선수익권에 적용되지 않는다고 보는 것이 타당하다.

셋째, 이 사건 신탁계약의 해석에 의할 때 우선수익권은 피담보채권과 운명을 같이하는가? 이는 이 사건에서 가장 중요하고 핵심적인 질문이다. 신탁 설정은 일반적으로 위탁자와 수탁자 간의 계약을 통하여 이루어진다(신탁법 제3조 제1항 제1호).[25] 어떤 계약에 기초하여 발생한 권리의 내용은 그 계약을 해석함으로써 결정

아니라 권리 상호 간에도 '적용'된다고 하나, 물건과 권리는 엄연히 구별되므로 '유추 적용'이 된다고 보는 쪽이 더 정확하다. 편집대표 김용담, **주석민법 총칙(2)**, 제4판(한국사법행정학회, 2010), 316면(이상원 집필부분)이나 송덕수, **신민법강의**, 제10판(박영사, 2017), 448면 등도 이를 '유추 적용'이라고 본다.

20) 대법원 1996. 4. 26. 선고 95다52864 판결; 대법원 2014. 12. 24. 선고 2012다73158 판결.

21) 대법원 1993. 4. 13. 선고 92다24950 판결.

22) 대법원 2006. 10. 26. 선고 2006다29020 판결.

23) 대법원 2005. 2. 25. 선고 2003다40668 판결.

24) 우선수익권의 발생 원인은 신탁자와 수탁자를 당사자로 하는 신탁계약이다. 피담보채권의 발생 원인은 채권자(우선수익자)와 채무자(신탁자)를 당사자로 하는 원인계약이다.

25) 부동산 담보신탁의 경우에는 위탁자의 유언이나 신탁 선언만으로 채권자가 우선수익권을 확보하기 어려워, 실무상 거의 항상 신탁계약의 형태로 신탁이 설정된다고 한다. 한상곤, "부동산 담보신탁의 수익권에 관한 고찰", **경희법학**, 제49권 제1호(2014. 3), 8면.

된다. 신탁계약에 의해 발생한 우선수익권의 내용도 그 신탁계약의 해석을 통하여 결정되어야 한다. 흥미롭게도 대상판결의 다수의견과 반대의견은 같은 신탁계약을 두고 다르게 해석하였다. 다수의견은 "이 사건 담보신탁계약의 당사자들과 원고는, 위탁자가 대출원리금을 전액 상환하지 아니할 경우 우선수익권에 대한 질권자인 원고가 이 사건 대여금채권의 귀속주체와 상관없이 우선수익권을 행사할 수 있는 것으로 약정"하였다고 해석하였다. 반대의견은 이 사건 담보신탁계약이 신탁기간 만료를 신탁종료 사유의 하나로 들었다는 점, 신탁기간을 신탁계약 체결일로부터 우선수익자의 채권 소멸 시까지(단 신탁계약 체결일로부터 30년 이내)로 정하였다는 점에 주목하였다. 따라서 전부명령으로 우선수익자의 대여금채권이 소멸한 이상, 이 사건 담보신탁계약은 신탁기간 만료로 종료되었을 뿐만 아니라 구 신탁법 제55조[26]에 의한 법정종료사유도 발생하였다고 해석하였다.

필자는 이 사건 신탁계약서 전체를 보지 못하였으므로 어떤 계약 해석이 타당한지 단언할 수는 없다. 계약은 계약 전체에 비추어 해석하여야 마땅하기 때문이다.[27] 그러나 대상판결과 원심판결에 소개된 계약의 일부 내용에 비추어 보면 이 사건 신탁계약의 당사자들은 『우선수익자 = 채권자』임을 전제하고 계약을 체결하였을 가능성이 높아 보인다. 이 사건 신탁계약의 핵심 목적은 "위탁자가 부담하는 채무 내지 책임의 이행을 보장"하기 위한 것이었다(제1조). 이러한 채무 담보의 목적 때문에 당사자들은 채권자인 참가인 회사를 우선수익자로 지정하였고(제3조), 그 수익권의 범위도 우선수익자와 그 채무자 간 여신거래로 발생하여 증감 변동하는 원리금 및 지연손해금 등으로 제한하였다(제7조 제1항). 또한 신탁기간도 "우선수익자의 채권 소멸 시까지"로 정하면서(제2조), 신탁기간이 만료되면 신탁도 종료되는 것으로 하였다(제5조). 우선수익자는 신탁기간 중 우선수익권에 대한 처분행위를 할 수 없도록 정하였다(제7조 제5항). 우선수익자와 채권자의 분리를 막고자 하였던 것이다. 이러한 일련의 조항들로부터 간취되는 당사자의 의사는, 참가인 회사는 위탁자의 채권자로서 우선수익권을 가지고, 오로지 채권 담보의 범위 내에

26) 구 신탁법 제55조는 "신탁행위로 정한 사유가 발생한 때 또는 신탁의 목적을 달성하였거나 달성할 수 없게 된 때에는 신탁은 종료한다."라고 규정하였다.

27) 예컨대 UNIDROIT의 국제상사계약원칙(Principles of International Commercial Contract, PICC로 약칭) 제4.4조는 『계약 또는 진술 전체와의 연관(Reference to contract or statement as a whole』이라는 표제 아래 "조항과 표현들은 그들이 들어 있는 계약 전체 또는 진술 전체에 비추어 해석되어야 한다."라고 규정한다.

서 채권 회수의 목적으로 우선수익권을 보유 · 행사하도록 하려는 것이다. 바꾸어 말하면, 이 사건 신탁계약의 당사자들은 우선수익자가 더 이상 채권자가 아니게 되면 그의 우선수익권도 설 자리를 잃는 것으로 의도하였다고 보인다.

다수의견은 위탁자가 대출원리금을 전액 상환하지 않을 경우 우선수익권에 관한 질권자(원고)가 신탁재산의 환가를 요청할 수 있다는 조항(제13조 제2항), 신탁재산 처분 시 처분대금은 합의에 따라 배당하고, 질권자는 입금이 완료되면 신탁해지에 동의하기로 한다는 조항(제7조 제5, 6항) 등을 근거로 이 사건 신탁계약의 당사자 및 원고가 우선수이권을 "이 사건 대여금채권의 귀속주체와 상관없이" 행사할 수 있는 독립적인 권리로 규정하였다고 보았다. 그러나 이러한 조항들로부터 바로 위와 같은 해석이 도출될 수 있는지는 의문이다. 이러한 조항들은 우선수익권에 대한 질권의 실효성을 높이기 위한 조항들일 뿐이다. 또한 다수의견의 해석에 따르면 채무자는 전부채권자에게 전부금을 지급할 채무를, 우선수익자에게는 피담보채권의 범위 내에서 담보목적물의 매각대금을 지급할 채무를 각각 부담한다. 하지만 이는 신탁계약 당사자들이 당초 생각했던 법률관계와 부합하지 않고, 채무자가 자신과 무관한 사정으로 인해 이중변제의 위험을 부담하게 되어 부당한 결론이다.[28]

한편 다수의견에 대한 보충의견[29]은 채권이 전부된 이후에도 여전히 채무자는 (전부채권자에 대한) 채무를 부담하고 있다는 점을 지적하면서 신탁계약 목적 달성이 불가능하게 되었다거나 신탁기간이 만료되었다고 할 수 없다고 하였다. 비록 채권이 제3자에게 이전되었으나 채권 그 자체는 엄연히 존재하고 있다는 점을 염두에 둔 판시이다. 그러나 이 사건 신탁계약에서 신탁기간을 "우선수익자"의 채권 소멸 시까지로 정한 것은 사실이고, 위 전부명령의 확정으로 채권 자체가 절대적으로 소멸하지는 않았지만 "우선수익자의 채권"이 소멸하게 된 것도 사실이다. 이러한 사태에 이르게 되면 우선수익자의 채권을 담보하기 위해 설정된 담보신탁이 목적을 달성할 수 없게 되었다고 볼 여지도 충분하다.[30] 그러므로 우선수익자로 지정된 참가인 회사는 더 이상 수탁자에게 우선수익권을 행사할 수 없고 우선수익

28) 궁극적으로는 부당이득법의 틀로 이러한 부당함이 해결될 수는 있겠으나 왜 부당이득이 되는지, 또한 누구와 누구 사이의 부당이득이 되는지가 불명확할 뿐만 아니라, 굳이 이러한 복잡한 사후적 정산관계를 거치도록 하는 해석을 할 필요가 없다.
29) 대법관 김신에 의하여 개진되었다.
30) 최수정(주 6), 53–54면도 같은 취지로 설명한다.

권에 대한 질권자인 원고도 질권자로서의 권리를 행사할 수 없게 되었다고 본 반대의견에 찬성한다.

이러한 결론은 우선수익권을 행사할 이유가 없게 된 우선수익자나 애당초 우선수익권이 아닌 채권의 가치만 이전받고자 하였던 전부채권자에게 부당하지 않다. 질권자인 원고에게는 이러한 결론이 얼핏 부당한 것처럼 보일 수 있으나, 그 역시 『우선수익자＝채권자』임을 전제로 한 사건 신탁계약에 참여한 이상 우선수익자가 채권자가 아니게 될 경우의 위험을 부담하였다고 볼 수 있다. 또한 원고는 우선수익권과 피담보채권 모두에 질권을 설정하거나, 피담보채권이 전부되더라도 우선수익권을 행사할 수 있다는 조항을 포함시킴으로써 이러한 위험을 회피할 수 있었을 것이다. 다만 이 사건에 대한 필자의 견해가 우선수익권과 피담보채권의 분리 가능성에 대한 일반론을 배척하려는 것은 아니다. 위 결론은 어디까지나 이 사건 신탁계약의 해석에 기초한 것이기 때문이다.

(3) 대상판결이 말하지 않은 것

대상판결은 부동산 담보신탁의 피담보채권이 우선수익권과 별도로 제3자에게 이전되었더라도 우선수익권이 함께 이전하거나 소멸하는 것이 아니라는 일반론을 밝혔다. 그런데 더욱 궁금증을 자아내는 것은 이처럼 양자가 결별한 이후의 법률관계이다. 양자의 결별은 다양한 양상으로 나타날 수 있다. 우선수익권과 피담보채권 중 어느 것이 이전되는지, 그 이전의 모습은 양도인지 전부인지, 양도인 경우 양도금지약정이 존재하는지, 이전인지 아니면 담보제공에 불과한지 등에 따라 여러 가지 경우의 수가 생길 수 있다. 그리고 그 각각의 경우 우선수익권자와 채권자는 각각 어떤 지위를 가지는지, 채무자의 이중변제 위험은 어떻게 해결될 수 있는지 등 복잡한 문제들이 제기된다. 대상판결은 이러한 문제들에 대해 말하지 않았다. 이 사건 해결에 꼭 필요하지 않았기 때문이다. 그러나 대상판결 이후 담보신탁의 법률관계에 대한 거래계의 예측 가능성이 높아지려면 향후 이 문제들에 대한 검토가 필요하다. 그 검토 과정에서는 '경제적으로는 연결되어 있으나 법률적으로는 독립되어 있는 권리들'에 대한 법리가 요긴하게 참조될 수 있다. 예컨대 원인채권을 담보하기 위해 어음이 발행된 경우 원인채권과 어음채권의 관계,[31] 원인관계

31) 대법원 2003. 1. 10. 선고 2002다46508 판결; 대법원 2012. 11. 15. 선고 2012다60015 판결 등 참조.

가 있으나 추상성과 무인성으로 인해 원인관계와 단절되는 독립적 은행보증의 법률관계,[32] 나아가 토지채무(Grundschuld)와 같은 독일의 비부종담보의 법률관계[33]는 시사점을 줄 수 있다. 또한 담보신탁 당사자들은 우선수익권과 피담보채권의 분리를 막기 위한 계약 조항을 넣을 수도 있다. 가령 둘 중 하나를 양도하는 것을 금지하고 그 금지를 위반하면 신탁을 종료한다고 규정하거나, 위탁자가 수익자 변경권을 가지는 것으로 규정하는 방법을 생각할 수 있다.

---

32) 대법원 1994. 12. 9. 선고 93다43873 판결; 대법원 2014. 8. 26. 선고 2013다53700 판결 등.

33) 이에 관한 논문으로 박종찬, “독일 토지채무(Grundschuld)에 관한 연구”, **강원법학**, 제12권(2000. 12); 서봉석, “독일의 담보용 토지채무권(Sicherungsgrundschuld)과 우리나라 저당권 관련 자산의 유동화에 관한 법리적 고찰”, **경영법률**, 제18권 제1호(2007. 7) 참조.

10 양도담보, 부합, 부당이득 (대법원 2016. 4. 28. 선고 2012다19659 판결)

가. 사실관계

A조선과 B해운은 선박 2척에 관한 선박건조계약을 체결하였다. A조선은 B해운으로부터 선수금을 지급받았는데, A조선이 선수금을 반환해야 할 경우에 대비하여 피고가 A조선을 위해 지급보증을 하였다. 한편 A조선의 피고에 대한 구상금채무를 담보하기 위해 A조선은 피고에게 A조선 사업장 내에 있는 X선박과 Y선박 및 원자재를 목적물로 하여 양도담보계약을 체결하고 점유개정 방법으로 점유를 이전하였다.

이와 별도로 A조선은 원고와 사이에 수입신용장 발행 등을 내용으로 하는 외국환거래약정을 체결하였다. 이 약정에 따르면 A조선은 원고에게 부담하는 수입대금채무 등을 담보하기 위하여 관련 거래에 수반하는 물품 및 관련 서류를 양도하기로 되어 있었다. 그에 따라 A조선은 원고와 사이에 A조선이 수입한 카고펌프 4기를 목적물로 하는 양도담보계약을 체결하고 이어 원고에게 그 선하증권을 양도하였다. 그런데 그 후 위 카고펌프 4기가 A조선 사업장 내로 반입되어, 그중 2기는 X선박에, 나머지 2기는 Y선박에 각각 부착되었다.

원고는 자신이 위 카고펌프 4기의 양도담보권자인데 각 카고펌프가 선박에 부합됨으로써 양도담보권을 상실하는 손해를 입고 피고가 각 카고펌프 가격 상당의 이익을 얻었다고 주장하면서, 피고에게 민법 제261조에 따른 부당이득반환을 구하는 소를 제기하였다.

나. 원심판결과 대상판결

1심법원은 집합물양도담보 법리에 따라 각 카고펌프가 소급하여 피고의 양도담보 대상이 됨으로써 원고가 더 이상 양도담보권자가 아니게 되었다고 보아, 양도담보권자임을 전제로 한 원고의 청구를 기각하였다.[1] 원고는 이에 항소하

1) 서울중앙지방법원 2011. 5. 12. 선고 2010가합14433 판결.

였다.

원심법원은 1심판결을 취소하고 원고의 청구를 인용하였다.[2] 원심판결은 이 사건 각 카고펌프가 피고의 양도담보 대상이 될 수 있는 것은 각 카고펌프가 피고의 양도담보 대상인 이 사건 각 선박에 부합한 때인데, 그 이전에 이미 원고가 선하증권 양도를 받음으로써 각 카고펌프에 관한 양도담보권을 취득하였다고 보았다. 한편 위 부합으로 피고가 각 카고펌프 상당의 이익을 취득하고 원고가 이에 관한 양도담보권을 상실하였으므로 피고는 원고에게 민법 제261조에 따라 부당이득을 반환할 의무가 있다고 판단하였다.

대법원은 다음과 같은 이유로 피고가 위 카고펌프 4기에 관한 양도담보권을 취득하지 못하였다고 판단하였다. 집합물에 관한 양도담보설정계약을 체결한 이후 양도담보설정자가 집합물을 이루는 개개의 물건을 새로이 반입한 경우, 그 양도담보권의 효력은 별도의 양도담보설정계약이나 점유개정의 표시 없이도 새로이 반입된 물건에 대하여 미치지만, 제3자 소유물에 대해서는 그 효력이 미치지 않는다. 그런데 각 카고펌프는 반입 당시 이미 양도담보권자인 원고의 소유였으므로 반입 후에도 피고의 양도담보 대상이 되지 않는다.

그러나 대법원은 피고는 부당이득반환의무를 지는 수익자가 아니라고 보았다. 그 이유는 다음과 같다. 민법 제261조는 '부당이득에 관한 규정에 의하여 보상을 청구할 수 있다'고 규정하는데, 이는 법률요건과 법률효과 공히 부당이득에 관한 규정에 따른다는 의미이다. 한편 부당이득반환청구의 법률요건 가운데 하나인 '이득'은 '실질적인 이익'을 의미한다. 그런데 양도담보권의 목적인 동산에 다른 동산이 부합되어 부합된 동산에 관한 권리자가 그 권리를 상실하는 손해를 입은 경우, 주된 동산의 가치가 증가함에 따른 실질적 이익은 주된 동산에 관한 양도담보설정자에게 귀속한다. 동산 양도담보에서 양도담보권자가 담보목적물의 소유권을 취득하는 것은 그 담보목적물을 환가하여 우선변제를 받기 위한 것에 지나지 않기 때문이다. 따라서 원고는 피고가 아닌 A조선을 상대로 민법 제261조에 따른 보상을 청구하였어야 한다.

2) 서울고등법원 2012. 1. 19. 선고 2011나47031 판결.

다. 분석

(1) 나중에 반입된 제3자 소유물에 대한 집합양도담보의 효력

집합양도담보는 동산 또는 채권의 집합체를 일괄하여 목적물로 삼는 형태의 양도담보이다. 법률적으로는 복수이지만 경제적으로는 일체로 취급되는 동산 또는 채권의 집합체를 하나의 목적물처럼 취급하여 담보를 설정하는 것은 거래에 유용하다. 따라서 판례와 학설은 이러한 집합체에 대한 담보설정의 가능성을 허용하여 왔다.[3]

판례에 따르면 집합양도담보의 목적물은 증감 변동할 수 있고, 양도담보설정계약 이후 반입된 개개의 물건에 대해서도 자동적으로 양도담보의 효력이 미친다.[4] 그때마다 별도의 양도담보권설정계약을 맺거나 점유개정의 표시를 할 필요도 없다.[5] 그러나 사후에 반입된 모든 물건에 언제나 양도담보의 효력이 미치는 것은 아니다. 대법원 2004. 11. 12. 선고 2004다22858 판결은 돈사 내 돼지들이 집합양도담보 대상이 되었는데 그 후 제3자가 양도담보설정자로부터 돈사를 인수한 경우 양수인이 별도 자금을 투입하여 반입한 돼지에게는 양도담보의 효력이 미치지 않는다고 판시하였다.[6] 이 판결에서는 양도담보설정자가 아닌 제3자가 반입주체였지만, 논리적으로는 양도담보설정자가 제3자 소유물을 반입한 경우라고 다르게 볼 이유가 없다.[7] 대상판결은 양도담보설정자가 양도담보권설정계약에서 정한 종류 · 수량에 포함되는 물건을 그 계약에서 정한 장소에 반입하더라도 그 물건이 제3자의 소유라면 담보목적인 집합물의 구성부분이 될 수 없어 양도담보권의 효력이 미치지 않는다는 점을 정면으로 판시하였다.[8]

---

3) 이러한 집합양도담보의 법적 성격에 대해서는 크게 집합물 이론과 분석론이 대립하고 있다. 이에 대해서는 신봉근, "유동집합동산의 양도담보에 대한 연구", 전북대학교 박사학위논문(2004), 38면 이하 및 편집대표 김용담, **주석민법 물권(4)**, 제4판(한국사법행정학회, 2010), 520면 이하(오영준 집필부분) 참조.

4) 대법원 1990. 12. 26. 선고 88다카20224 판결 등 다수.

5) 대법원 1990. 12. 26. 선고 88다카20224 판결 등 다수.

6) 동시에 이 판결은 담보목적물의 천연과실(모돈이 출산한 새끼돼지)에 대하여 양도담보권의 효력이 미침을 명확히 한 것으로 평가된다. 김용담 편(주 3), 543면.

7) 양창수 · 김형석, **권리의 보전과 담보(민법 Ⅲ)**, 제2판(박영사, 2015), 511면.

8) 양도담보권자가 그 물건을 선의취득할 가능성은 남아 있다. 그러나 점유개정만으로는 선의취득이 성립하지 않으므로(대법원 1964. 5. 5. 선고 63다775 판결 등 확고한 판례의 태도) 여기에 양도담보의 효력이 미치지 못한다는 결론에는 변함이 없다.

(2) 양도담보 목적물의 가치 증가분에 대한 부당이득반환의무자

대상판결에서 더욱 주목할 쟁점은 양도담보 목적물에 제3자 소유물이 부합되어 그 목적물의 가치가 증가한 경우 양도담보권자와 양도담보설정자 중 누가 민법 제261조에 따른 부당이득반환의무자인가 하는 점이다.

민법 제261조는 부합 등 첨부로 인하여 손해를 받은 자는 부당이득에 관한 규정에 의하여 보상을 청구할 수 있다고 규정한다. 동산이 다른 동산에 부합되면 주된 동산의 소유자는 법률 규정(민법 제257조)에 근거하여 그 합성물의 소유권을 취득하므로, 부합은 '법률상 원인'이 된다고 볼 여지가 있다. 그러나 부합은 소유권 귀속에 관한 원인일 뿐 경제적 가치 이동을 종국적으로 정당화하는 원인은 아니다. 따라서 주된 동산의 소유자와 종된 동산의 소유자 사이에 부합으로 인하여 발생한 경제적 가치는 여전히 재조정되어야 한다.[9] 민법 제261조는 이를 부당이득과 같이 취급하여 그 경제적 가치의 반환을 요구한다. 이 범위 내에서 보상청구권은 부당이득반환청구권의 실질을 가진다.[10]

이와 관련하여 대상판결은 부당이득에서의 이득은 "실질적인 이익"을 의미한다고 전제하였다. 이른바 "실질적인 이익" 개념은 임대차에 관한 부당이득 사건에서 임차인이 법률상 원인 없이 임대차 목적물을 점유하였더라도 이를 사용·수익하지 않았다면 반환할 이익도 없다는 판시로부터 비롯되었다.[11] 이러한 개념은 예금채권과 관련된 부당이득 사건에도 확장 적용되었다.[12] 대상판결에서는 이를 부당이득의 일반론으로 판시하기에 이르렀다. 이러한 법리가 적절한지는 의문이다. 부당이득에서의 이익 개념은 이미 규범적이고 실질적인 평가를 요하는 것이어서 굳이 이익이 실질적이어야 한다는 점을 부가할 필요는 없기 때문이다.[13] 또한 임대

9) 이 점에서 편집대표 김용담, **주석민법 물권(1)**, 제4판(한국사법행정학회, 2010), 870면(김진우 집필부분)은 첨부가 제741조의 '법률상의 원인'에 해당하지 않는다고 본다. 편집대표 곽윤직, **민법주해(Ⅴ) 물권(2)**(박영사, 1992), 509면(권오곤 집필부분); 안병하, "부합과 부당이득-대법원 2009. 9. 24. 선고 2009다15602 판결에 대한 짧은 소견-", **연세대학교 법학연구**, 제25권 제1호(2015), 164면도 같은 취지이다.

10) 양창수 · 권영준, **권리의 변동과 구제(민법 Ⅱ)**, 제2판(박영사, 2015), 286면.

11) 대법원 1963. 7. 11. 선고 63다235 판결; 대법원 1979. 3. 13. 선고 78다2500, 2501 판결; 대법원 1992. 4. 14. 선고 91다45202, 45219 판결; 대법원 2001. 2. 9. 선고 2000다61398 판결; 대법원 2003. 4. 11. 선고 2002다59481 판결 등.

12) 대법원 2003. 6. 13. 선고 2003다8862 판결; 대법원 2011. 9. 8. 선고 2010다37325, 37332 판결.

13) 양창수, "임대차종료 후 임차인의 목적물 계속점유와 부당이득", **민법연구**, 제2권, 1986, 336면.

차의 경우에 국한하여 보더라도 실제 목적물을 사용·수익하지 않으면서 그 사용·수익 가능성을 보유하는 것 그 자체를 이익으로 볼 수도 있다.[14] 다만 대상판결이 "실질적인 이익" 개념을 굳이 판시한 이유는 이익 여부를 형식적인 잣대가 아닌 실질적인 잣대로 파악해야 한다는 점을 강조하기 위한 것이라고 생각된다. 부당이득 제도는 계약이나 사무관리 등 다른 법 도구들로 해결되지 않은 재산조정 문제를 종국적으로 해결하는 법 제도이다.[15] 이 지점에 이르게 되면 누구에게 재산적 가치가 종국적으로 귀속되어야 하는가 하는 실질적이고 형평에 맞는 종국적 판단이 요구되고, 이는 법 형식에만 좌우될 문제가 아니다. 대상판결이 "실질적인 이익"을 먼저 언급한 것은 이러한 생각을 나타낸 것이라고 선해할 수 있다.

한편 대상판결은 양도담보에 동원되는 "소유권 이전"이라는 형식이 아니라 양도담보가 추구하는 "담보"라는 실질에 주목하였다.[16] 그 결과 양도담보권자가 아니라 양도담보설정자가 양도담보 목적물 가치 증가분에 대한 종국적 이익 귀속 주체라고 보았다. 이 점은 양도담보의 법률관계를 어떻게 파악할 것인지, 형식과 실질 중 어느 쪽에 더 주목할 것인지에 따라 판단이 달라질 수 있는 난이한 문제이다. 대상판결이 선고된 후 나온 평석들은 대체로 대상판결의 입장에 대해 비판적이다.[17] 그러나 필자는 다음 이유로 대상판결의 결론에 찬성한다.

법 형식은 일반적으로 실질을 담아낸다. 그러나 법 형식이 언제나 복잡다기한 실질을 적시에 그대로 반영할 수는 없다. 따라서 형식과 실질 사이에 간극이 있을 수 있음을 겸허히 인정하고 그 기초 위에서 관련 법리를 풀어 나가야 한다. 양도담보가 그러한 예이다. 양도담보는 소유권 이전의 형식을 취한다. 그러나 이처럼 단순한 형식은 양도담보를 둘러싼 복잡한 이익 상황을 완벽하게 반영하지는 못한

또한 이계정, "송금된 금원에 대한 예금 명의인의 부당이득반환의무 유무의 판단기준－부당이득에 있어서 이득의 개념을 중심으로－", **민사판례연구**, 제35권(박영사, 2013), 571면 이하; 오대석, "제3채무자가 질권자에게 질권의 피담보채권액을 초과하여 지급하고 질권자가 초과 지급된 금액을 질권설정자에게 반환한 경우 부당이득반환의무자", **민사판례연구**, 제39권(박영사, 2017), 671－723면도 실질적 이익 개념에 대해 상세하게 비판하고 있다.

14) 양창수(주 13), 342－345면.

15) 양창수·김형석(주 7), 472－473면.

16) 이원석, "집합물 양도담보와 타인 소유 물건의 반입", **대법원판례해설**, 제107호 2016년 상(2016), 112면.

17) 이진기, "부합과 양도담보권의 효력－대법원 2016. 4. 28. 선고 2012다19659 판결－", **법조**, 통권 제718호 별책, 최신판례분석(2016. 8); 손호영, "서로 다른 동산양도담보권의 각 담보목적물이 부합된 경우 부당이득반환 의무자", **저스티스**, 제157호(2016. 12). 반면 권창영, "양도담보 목적물이 선박에 부합된 경우 보상의무자", **해양한국**, 제514호(2016. 7)는 대상판결에 찬성하는 취지로 보인다.

다. 따라서 양도담보권자와 일반적인 소유자는 법 형식에 따르면 동일한 소유자처럼 보이지만 법적으로나 경제적으로 늘 같은 취급을 받는 것은 아니다. 예컨대 양도담보권자는 선의취득이 성립하지 않는 한 이중양수인에게 소유자임을 주장할 수 있고, 소유권에 기한 방해배제청구권을 행사할 수 있으며, 목적물을 유효하게 처분할 수 있고, 일반채권자들의 강제집행에 대해 제3자 이의의 소를 제기할 수 있다.[18] 이 점에서 양도담보권자는 일반적인 소유권자와 같은 취급을 받는다. 그러나 양도담보권자는 파산절차나 회생절차에서 담보권자로 취급되고,[19] 담보권자처럼 물상대위권을 행사할 수 있고,[20] 양도담보설정자가 채무를 이행하지 않을 경우 귀속정산 또는 처분정산의 방법으로 담보목적물을 환가하여 변제에 충당할 수 있지만 잉여 금액은 양도담보설정자에게 반환하여야 한다.[21] 또한 양도담보 목적물은 대외적으로 양도담보권자의 소유물인데도 양도담보권자는 마치 채권자나 담보권자처럼 집행증서에 기하여 강제집행하거나 타인의 압류절차에 이중압류 방식으로 참가할 수 있다.[22] 이 점에서 양도담보권자는 일반적인 소유자와 다른 취급을 받는다. 이러한 일련의 법리들은 이미 양도담보권자가 소유권자와 동일하지 않다는 점을 반영하고 있는 것이다. 실질을 중시하는 부당이득법의 영역에서 이처럼 엄연한 차이점을 무시한 채 양도담보권자와 일반 소유자를 동일하게 취급하는 것은 타당하지 않다. 따라서 "소유물의 가치가 증가하면 소유자가 이익을 얻는다."는 단순한 논리에만 기초하여 대상판결을 비판할 수는 없다. 법 형식상 동일한 소유자라고 하여 모두 실질적으로 동일한 법적 지위에 있는 것은 아니기 때문이다.

좀 더 구체적으로 보자. 양도담보권자는 소유권을 이전받지만 실질적으로는 피담보채권의 범위 내에서만 교환가치를 지배한다. 따라서 채권을 만족 받으면 담보목적물을 양도담보설정자에게 돌려주어야 하고, 채권을 만족 받지 못하여 담보 목적물을 환가하는 경우에도 피담보채권을 만족 받고 남은 돈을 양도담보설정자에게 돌려주어야 한다. 양도담보권자가 가지는 소유자로서의 지위도 결국 이러한 목적을 달성하기 위한 수단적 의미를 가진다. 그렇다면 양도담보권자가 대외적으로

18) 대법원 1971. 3. 23. 선고 71다225 판결; 대법원 1994. 8. 26. 선고 93다44739 판결.
19) 「채무자 회생 및 파산에 관한 법률」 제141조, 제411조, 대법원 2010. 1. 14. 선고 2006다17201 판결 참조.
20) 대법원 2009. 11. 26. 선고 2006다37106 판결.
21) 대법원 2000. 6. 23. 선고 99다65066 판결.
22) 대법원 1994. 5. 13. 선고 93다21910 판결; 대법원 1999. 9. 7. 선고 98다47283 판결; 대법원 2001. 2. 18. 선고 2004다37430 판결; 대법원 2004. 12. 24. 선고 2004다45943 판결 등.

가지는 소유권의 실질도 이러한 의미를 음미하여 파악해야 한다.[23] 또한 담보 목적물의 가치가 증가하였다고 양도담보권자의 채권이 증가하는 것은 아니다.[24] 물론 양도담보 목적물의 가치가 피담보채권액에 미치지 못한다면 양도담보권자는 그 가치 증가분만큼 우선하여 채권을 만족 받는 혜택을 입게 된다.[25] 그러므로 이 경우에는 양도담보권자가 수익자라고 볼 여지도 있다. 하지만 양도담보설정자는 채무를 이행하면 증가된 가치를 포함한 담보 목적물을 돌려받게 되는 지위를, 채무를 불이행하여 정산이 이루어지면 증가된 가치를 포함한 만큼 채무변제가 이루어져 그 부분에 상응하는 채무를 면하거나 그 부분만큼 돌려받게 되는 지위를 가지게 된다.[26] 이는 양도담보권자의 경우와 달리 어떤 경우이건 받게 되는 혜택이다. 그러므로 담보목적물의 가치 증가로 양도담보권자와 양도담보설정자가 모두 혜택을 입게 되더라도 부당이득의 수익자를 법적으로 결정해야 한다면 양도담보설정자 쪽이 되어야 한다.

또한 「동산 · 채권 등의 담보에 관한 법률」의 시행에 따라 동산양도담보권자는 이제 기존 양도담보를 이용할 수도 있고, 그 양도담보계약에 기초하여 등기를 함으로써 동산채권담보 제도를 이용할 수도 있다. 이처럼 동일한 양도담보계약을 체결한 뒤 담보등기를 하였는지 여부에 따라 부당이득의 수익자가 달라진다는 것도 부자연스럽다. 한편 양도담보설정자를 수익자로 보더라도 부당이득반환청구권자에게 불리해지지도 않는다. 어차피 부동산 양도담보는 「가등기담보 등에 관한 법률」이 적용되는 범위 내에서 담보권으로 취급되므로 양도담보설정자가 소유자로서 부당이득반환청구의 상대방이 된다. 동산 양도담보의 경우에는 담보등기가 이루어지지 않는 한 점유가 공시방법이 될 수밖에 없으나, 점유개정 방식으로 인도가 이루어지는 것이 보통이므로 양도담보 목적물은 양도담보설정자의 지배 영역

23) 과거 판례 중에는 양도담보설정자가 담보목적물에 대하여 가지는 권리를 '실질적 소유권'이라고 표현한 것이 있다. 이러한 판시에도 양도담보의 실질을 중시하는 시각이 반영되어 있다고 할 수 있다. 대법원 1976. 2. 24. 선고 75다1608 판결; 대법원 1988. 4. 25. 선고 87다카2696,2697 판결.

24) 이원석, "집합물 양도담보와 타인 소유 물건의 반입", 대법원판례해설, 제107호 2016년 상(2016), 113면.

25) 다만 부합으로 인하여 가치가 증가하지 않아 채권을 완전히 만족 받지 못한 경우에도 양도담보권자는 여전히 잔존 채권을 보유하고 있고, 채무자의 일반 재산 또는 다른 담보 목적물을 통하여 채권을 만족 받을 가능성을 보유하고 있다.

26) 이를 장래 부당이득반환의 문제로만 볼 것은 아니다. 왜냐하면 이러한 지위 내지 권리는 현재의 것이기 때문이다. 설령 이를 장래 부당이득반환의 문제로 보더라도 미리 청구할 필요성이 있다면 현재 그 부당이득의 반환을 구할 수도 있다(민사소송법 제20조 참조).

아래 머물게 된다. 그러므로 부당이득반환을 청구하는 주체로서는 오히려 양도담보설정자를 수익자로 하는 쪽이 더 편리하다.[27]

한편 판례는 그동안 동산 양도담보의 법적 성질에 대해 신탁적 양도설을 취하여 왔는데,[28] 대상판결에 이르러서는 담보권설로 돌아선 것이 아닌가 하는 의문을 가질 수도 있다.[29] 그러나 대상판결이 그동안 판례가 취하여 온 신탁적 양도설과 양립할 수 없는 것도 아니다. 양도담보 당사자들 사이에 양도담보의 목적을 달성하기 위해 소유권을 이전하기로 한 합의가 있었고 이에 기하여 소유권을 이전하였음을 부인할 수는 없다. 신탁적 양도설은 이를 있는 그대로 존중하는 입장 그 이상도 그 이하도 아니다. 그러나 신탁적 양도설이 누가 부당이득법의 영역에서 담보 목적물의 가치 증가분을 종국적으로 향유하는가에 대해서까지 설명할 수 있는 것은 아니다. 이는 부당이득법의 법리에 따라 해결할 문제이다. 그것이 대상판결의 태도이기도 하다.

---

27) 윤진수, "부당이득법의 경제적 분석", **서울대학교 법학**, 제55권 제3호(2014), 154면은 부당이득의 발생으로 인한 위험을 쉽게 부담할 수 있는 자가 부당이득반환의무를 지는 것이 경제적으로 효율적이라고 설명한다.

28) 다만 판례는 양도담보의 대내적 효력에 관하여 양도담보설정자에게 실질적 소유권(대법원 1970. 2. 24. 선고 69다2073 판결; 대법원 1979. 2. 13. 선고 78다2412 판결)이나 대내적 소유권(대법원 2004. 10. 28. 선고 2003다30463 판결; 대법원 2004. 12. 24. 선고 2004다45943 판결)이 유보되어 있다고 하여 소유권의 관계적 귀속을 인정하는 듯한 태도를 보인다. 이는 소유권 자체는 온전히 양도담보권자에게 넘어간다고 보는 신탁적 양도설과는 다소 거리가 있는 것이다. 이에 대한 정밀한 분석으로는 이소은, "양도담보와 대내적 소유권 개념에 대한 고찰", **민사법학**, 제76호(2016. 9) 참조.

29) 이진기(주 17), 540－542면은 대상판결이 사실상 담보권설의 입장을 채용한 것이라고 평가하면서, "담보권설정자에 대한 실질적 이익의 귀속관계를 말끔히 정리하려면 전원합의체 판결로써 [동산]양도담보권의 본질이 신탁적 소유권이전이 아니라 담보물권이라고 선언하여야만 할 것"이라고 한다.

11 양도담보 목적물이 타인의 토지 위에 설치되어 있는 경우 토지 차임 상당 부당이득반환의무자 (대법원 2018. 5. 30. 선고 2018다201429 판결)

가. 사실관계

A와 피고는 X토지에 수조식 육상종묘배양장 시설을 설치하고 치어양식판매업체인 Y수산을 공동으로 운영하고 있었다. A와 피고가 동업을 시작할 당시 X토지는 B와 C가 각각 1/2지분씩 공유하고 있었고, 피고는 B로부터 X토지를 임차하였다. 이후 A와 피고의 동업관계는 둘 사이의 분쟁으로 종료되었고, 피고와 B 사이의 임대차계약도 기간 만료로 종료되었다. 그로부터 얼마 지나지 않아 X토지는 A의 처제인 원고의 소유가 되었다. 원고는 피고를 상대로 X토지에 있는 위 시설물을 철거하라고 통지하였다. 이어 A는 피고를 상대로 위 시설물에 대한 소유권 확인을 구하는 소를 제기하였고, 피고는 A를 상대로 대여금, 동업정산금 등의 지급과 위 시설물에 대한 소유권 확인을 구하는 반소를 제기하였다. A와 피고 사이의 소송은 2015. 3. 말경 조정으로 끝을 맺게 되었는데, 그에 따르면 피고가 A로부터 대여금 및 동업정산금을 지급받을 때까지 양도담보 형식으로 위 시설물의 소유권을 보유하고, A는 같은 기간 동안 위 시설물을 점유 · 관리 · 수익하며, A가 피고에게 대여금 및 동업정산금을 모두 지급한 때 A가 위 시설물의 소유권을 취득하는 것으로 되어 있었다. 이후 원고는 피고를 상대로 토지 차임 내지 차임 상당 부당이득반환을 구하는 소를 제기하였다.

나. 원심판결과 대상판결

1심법원은 원고가 X토지에 관한 임대차계약의 임대인 지위를 승계하였다고 보아, 원고의 차임 청구를 전부 인용하였다.[1] 원심법원은 피고와 B 사이의 임대차계약이 이미 기간 만료로 종료되었다는 점을 지적하면서도, 피고가 위 시설물의 소유자로서 X토지를 점유하고 있으므로 피고는 원고에게 원고의 선택적 청구에 따

1) 수원지방법원 안산지원 2016. 12. 7. 선고 2016가단16887 판결.

라 차임 상당 부당이득을 반환하여야 한다고 판단하였다.[2]

대법원은 원심판결 중 위 조정 성립 이후의 부당이득반환청구에 관한 피고 패소 부분을 파기환송하였다. 요지는 다음과 같다. 양도담보설정자가 채권을 담보하기 위하여 그 소유의 동산을 채권자에게 양도한 경우 담보목적물을 누가 사용·수익할 수 있는지는 당사자의 합의로 정할 수 있지만 반대의 특약이 없는 한 양도담보설정자가 동산에 대한 사용·수익권을 가진다. 따라서 그 동산이 일정한 토지 위에 설치되어 있어 토지의 점유·사용이 문제 된 경우에는 특별한 사정이 없는 한 양도담보설정자가 토지를 점유·사용하고 있는 것으로 보아야 한다. 이 사건에서는 A가 자신의 채무를 담보하기 위해서 시설물을 피고에게 양도하면서 양도담보 기간 동안 시설물에 대한 사용·수익권을 갖고 있었던 이상, 양도담보설정자인 A가 시설물이 설치된 토지를 점유·사용하고 있다고 보아야 하고, 채권자인 피고가 토지를 점유·사용하고 있다고 볼 수 없다. 따라서 피고가 조정 성립 이후에도 시설물의 소유자로서 부지로 사용되는 토지를 점유·사용하고 있음을 전제로 피고에게 차임 상당의 부당이득반환의무가 있다고 본 원심판단에는 법리오해 등의 잘못이 있다.

다. 분석

이 사건은 토지 소유자가 토지 차임 상당의 부당이득을 구하는 사건이다. 타인 소유 토지 위에 권원 없이 건물을 소유하고 있는 자는 그 자체로서 특별한 사정이 없는 한 법률상 원인 없이 타인의 재산으로 토지의 차임에 상당하는 이익을 얻고 그로 인하여 타인에게 동액 상당의 손해를 주고 있다고 보아야 한다.[3] 이러한 법리는 건물 이외의 공작물에도 적용된다.[4] 이 사건에서는 건물 이외의 공작물로서의 시설물(동산)이 문제 되었다.[5] 그런데 이 시설물은 양도담보 목적물이었다. 그러므로 위와 같은 일반적인 부당이득 반환 법리에 동산 양도담보에 관한 법리를 반영할 필요가 있다.

2) 수원지방법원 2017. 12. 7. 선고 2016나78042 판결.
3) 대법원 1962. 5. 31. 선고 62다80 판결; 대법원 1998. 5. 8. 선고 98다2389 판결.
4) 대법원 2007. 8. 23. 선고 2007다21856, 21863 판결; 대법원 2014. 7. 24. 선고 2011두10348 판결.
5) 원심법원은 이 시설물(수조식 육상종묘배양장 시설)을 부동산으로 보았으나, 대법원은 이를 동산으로 보았다.

대법원은 (약한 의미의) 동산 양도담보[6]에 관하여 “채권자와 채무자 사이의 대내적 관계에서 채무자는 의연히 소유권을 보유하나 대외적인 관계에 있어서 채무자는 동산의 소유권을 이미 채권자에게 양도한 무권리자가 되는 것”이라고 하여 소유권을 관계적으로 귀속시킨다.[7] 즉 양도담보설정자는 대내적 소유권을, 양도담보권자는 대외적 소유권을 가진다.[8] 한편 양도담보 목적물을 누가 사용 · 수익할 수 있는가는 당사자의 합의로 정할 수 있지만, 반대 특약이 없는 한 양도담보설정자가 그 동산에 대한 사용 · 수익권을 가진다.[9] 그런데 이 사건처럼 타인의 토지 위에 양도담보 목적물인 동산이 권원 없이 설치되어 있는 경우 양도담보권자와 양도담보설정자 중 누가 부당이득반환의무를 부담하는지가 문제된다. 양도담보권자가 시설물의 대외적 소유자임을 강조하면 양도담보권자가 부당이득반환의무자가 된다. 양도담보설정자가 시설물의 대내적 소유자이자 시설물의 사용 · 수익자임을 강조하면 양도담보설정자가 부당이득반환의무자가 된다.

부당이득법은 형식적 · 일반적으로는 정당하더라도 실질적 · 상대적으로는 부당한 재산 이동으로부터 발생하는 모순을 정정하는 형평적 구제수단의 특성을 지닌다.[10] 물론 형평 또는 공평이라는 이름만으로 부당이득 사안을 획일적으로 설명하는 데에는 한계가 있다. 따라서 부당이득의 문제를 유형화하여 유형별로 구체적인 기준을 축적해 나갈 필요성이 있고, 대법원도 이른바 유형설의 입장에 따라 침해부당이득과 급부부당이득을 명시적으로 구별한 바 있다.[11] 다만 이러한 유형화의

---

6) 강학상 양도담보는 양도담보권자에게 소유권이 대내적, 대외적으로 모두 이전되는 강한 의미의 양도담보와, 양도담보권자에게 소유권이 대외적으로만 이전되는 약한 의미의 양도담보로 구분된다. 판례는 약한 의미의 양도담보를 양도담보의 원칙적 모습으로 파악한다. 대법원 1962. 12. 27. 선고 62다724 판결. 강한 의미의 양도담보는 대내외 이전형, 약한 의미의 양도담보는 외부적 이전형이라고 하기도 한다. 곽윤직 · 김재형, **물권법**, 제8판(전면개정)(박영사, 2015). 569면.

7) 대법원 2004. 10. 28. 선고 2003다30463 판결; 대법원 2004. 12. 24. 선고 2004다45943 판결. 곽윤직 · 김재형(주 6), 571면에서는 이러한 소유권의 관계적 귀속이 물권법정주의에 반한다고 비판한다.

8) 양도담보 설정자의 대내적 소유권을 실질적 소유권이라고도 표현한다. 대법원 1970. 2. 24. 선고 69다2073 판결; 대법원 1979. 2. 13. 선고 78다2412 판결. 하지만 이러한 대내적 소유권이 무엇을 의미하는지는 명확하지 않다. 이 문제에 관하여는 이소은, “양도담보와 대내적 소유권 개념에 대한 고찰－대법원 2015. 3. 12. 선고 2014다21410 판결을 중심으로－”, **민사법학**, 제76호(2016. 9) 참조.

9) 대법원 1988. 11. 22. 선고 87다카2555 판결; 대법원 2001. 12. 11. 선고 2001다40213 판결; 대법원 2008. 2. 28. 선고 2007다37394, 37400 판결; 대법원 2009. 11. 26. 선고 2006다37106 판결.

10) 곽윤직, **채권각론**, 제6판(박영사, 2003), 345－346면 참조.

11) 대법원 2008. 9. 11. 선고 2006다46278 판결.

노력도 결국은 각 유형별로 이익 상황을 좀 더 실질적으로 조정하기 위한 노력으로 이해할 수 있다. 따라서 부당이득법은 형식과 실질 중 실질에 더 친하다. 판례는 타인 소유의 토지나 건물을 권원 없이 이용한 사안 유형을 중심으로 '실질적 이익'에 관한 법리를 발전시켜 왔다.[12] 앞서 설명한 부당이득법의 속성에 비추어 보면, 이는 새로운 법리라기보다는 이익 여부를 형식적인 잣대가 아닌 실질적인 잣대로 파악해야 한다는 점을 강조하기 위한 것이라고 생각된다.

양도담보권자가 시설물에 관하여 가지는 대외적 소유권은 담보라는 실질적 목적을 달성하기 위해 동원된 법률관계의 '형식'에 해당한다. 누가 소유권을 가지는지를 따질 때에는 법률관계의 형식이 그 판단의 중요 기반이 되어야 한다. 권리의 형식적 귀속에 기초한 예측 가능성과 법적 안정성이 중요하기 때문이다. 반면 누가 부당이득반환의무자인가를 따질 때에는 법률관계의 실질이 판단의 중요한 기반이 되어야 한다. 부당이득법은 법 형식만으로는 완전히 해결될 수 없는 재산관계의 세세한 조정을 최종적 · 실질적 관점에서 행하는 법이기 때문이다. 만약 부당이득의 문제가 언제나 소유권과 같은 권리의 형식적 귀속과 일치해야 한다면 부당이득법의 존재 가치는 희석되고 말 것이다.[13] 대법원은 양도담보권의 목적인 동산에 다른 동산이 부합된 경우 그 부합으로 인한 부당이득은 양도담보권자가 아니라 양도담보설정자가 반환해야 한다고 판시한 바 있는데,[14] 이 역시 부당이득법의 실질성과 관련된다. 이 사건에서도 양도담보설정자가 시설물의 대내적 소유자 겸 사용 · 수익자로서 시설물의 부지 이용으로부터 실질적인 이익을 얻었다면 그가 부당이득반환의무를 부담하는 것이 맞다.

그런데 이 경우에도 시설물 부지 점유자는 그 시설물의 대외적 소유자인 양도담보권자로 보아야 한다.[15] 그 결과 대외적 소유자인 양도담보권자가 제3자에게

---

12) 대법원 1990. 12. 21. 선고 90다카24076 판결; 대법원 1993. 11. 23. 선고 92다38980 판결; 대법원 1995. 7. 25. 선고 95다14664, 14671 판결 외 다수. 또한 계좌명의인이 송금된 돈을 사실상 지배할 수 있는 상태에 이르지 못하였다면 실질적인 이득이 없으므로 그에 대한 부당이득반환청구가 인정될 수 없다고 본 대법원 2011. 9. 8. 선고 2010다37325, 37332 판결도 참조.

13) 양도담보권자는 실체법적으로는 대외적 소유자이지만 도산절차에서는 소유자가 아니라 담보권자로 취급된다(「채무자 회생 및 파산에 관한 법률」 제141조, 제411조, 대법원 2010. 1. 14. 선고 2006다17201 판결 참조). 이는 양도담보권자의 지위가 각각의 장면에서 법률관계의 실질에 따라 다르게 평가될 수 있음을 보여 준다.

14) 대법원 2016. 4. 28. 선고 2012다19659 판결.

15) 건물 부지 점유자는 건물 소유자이다. 대법원 1962. 5. 31. 선고 62다80 판결; 대법원 1995. 11. 14. 선고 95다23200 판결; 대법원 1998. 5. 8. 선고 98다2389 판결; 대법원 2003. 11. 13. 선고

양도담보 목적물을 처분할 때에도 점유를 이전해 주어야 하는 주체는 양도담보설정자가 아니라 처분주체인 양도담보권자이다. 이렇게 새기면, 토지 소유자 입장에서는 시설물 철거 및 부지 인도소송은 양도담보권자를 상대로, 토지 차임에 상응하는 부당이득반환소송은 양도담보설정자를 상대로 제기해야 하는 불편함이 생긴다. 하지만 점유와 수익을 개념상 구별하는 이상 요건을 달리하는 두 소송 유형의 피고가 달라지는 것은 그리 이상한 일이 아니다. 누가 토지로부터 수익하였는지는 누가 토지를 점유하는가의 문제와 분리하여 살펴보아야 한다.[16] 그리고 토지로부터 수익하였다고 판단된 자가 부당이득반환의 상대방이 되는 것이 맞다.

대상판결은 타인의 토지 위에 있는 양도담보 목적 동산에 관한 부당이득반환의 무자는 원칙적으로 양도담보설정자임을 밝혔다. 부당이득법의 실질성이나 동산 양도담보 법률관계의 법리에 비추어 볼 때 대상판결은 기본적으로 타당하다. 다만 양도담보 목적물인 동산의 부지 점유자는 대외적 소유자인 양도담보권자로 보아야 한다.

2002다57935 판결 등의 취지는 타인 토지 위에 부동산 아닌 공작물을 소유하는 경우에도 적용될 수 있다. 건물 양도담보권자도 가등기담보법의 적용을 받는 경우가 아니라면 대외적으로 건물 소유자이므로 건물 부지 점유자이다. 대법원 1967. 9. 19. 선고 67다1401 판결. 대법원 1986. 7. 8. 선고 84누763 판결; 대법원 1991. 6. 25. 선고 91다10329 판결. 또한 양창수, "건물의 소유와 부지 점유", **민법연구**, 제5권(박영사, 1999), 388면. 이러한 건물 부지 점유 법리는 가등기공작물 부지에도 적용된다고 볼 수 있다.

16) 예컨대 지역권자는 타인의 토지를 점유하지 않지만 그 토지를 사용 · 수익한다. 또한 물건의 점유와 사용을 구별한 대법원 2012. 1. 27. 선고 2011다74949 판결도 참조.

제 3 장

채권편(총칙) 분야

1 강제이행청구와 이행불능 (대법원 2016. 5. 12. 선고 2016다200729 판결)

가. 사실관계

원고(경상남도 의령군)는 장학사업 등을 목적으로 하는 공익법인인 피고와 사이에 의령교육관광시설 구축사업 시행을 위하여 업무협약을 체결하였다. 위 업무협약에 따르면 원고는 위 사업을 위한 부지의 용도변경 등에 협조하고, 피고는 사업부지를 매입 · 확보하며, 피고는 위 사업이 완료된 때에 조성된 시설 및 건축물을 원고에게 무상으로 기부채납하기로 되어 있었다. 위 사업부지는 W토지, X토지, Y토지, Z토지 4필지였는데, 협약 당시 W토지와 X토지는 피고의 이사인 A의 소유였다. A는 협약 체결 이후 Y토지와 Z토지에 관해서도 소유권이전등기를 마쳤다. 한편 경상남도지사는 위 사업 부지를 농림지역에서 계획관리지역으로 변경하는 의령군 관리계획을 결정 · 고시하였다. 이후 A는 자기 소유인 위 사업부지 지상에 문화 및 집회시설의 건축허가를 받고, U건물을 신축한 뒤, U건물에 관하여도 자신 앞으로 소유권보존등기를 마쳤다. 원고는 위 기부채납약정에 따라 피고를 상대로 사업부지와 U건물에 관하여 증여를 원인으로 한 소유권이전등기절차의 이행을 구하는 소를 제기하였다.

나. 원심판결과 대상판결

1심법원은 원고의 청구를 인용하였다.[1] 피고는 이에 항소하였다. 원심법원은 1심판결을 취소하고 원고의 청구를 기각하였다.[2] 다음과 같은 근거에서 원심법원은 피고의 원고에 대한 소유권이전등기 의무가 이행불능이 되었다고 판단하였다. 첫째, A는 사업부지와 U건물을 피고에게 매각하거나 기부할 의사가 없음이 분명하고, 달리 A에게 매각이나 기부를 강제할 수단도 없다. 둘째, 피고가 A로부터 사업부지와 U건물을 양수하여 이를 다시 원고에게 기부채납하는 것은 기본재산의 처분으로서 주무

1) 창원지방법원 마산지원 2015. 7. 2. 선고 2015가단100887 판결.
2) 부산고등법원 2015. 12. 17. 선고 2015나22024 판결.

관청의 허가를 받아야 하는데, 피고의 주무관청인 서울특별시 교육청은 위와 같은 기부채납 행위가 「공익법인의 설립 · 운영에 관한 법률」(이하 '공익법인법'이라 한다)과 같은 법 시행령에 위배되어 허용될 수 없다는 입장을 밝힌 바 있다.

반면 대법원은 피고의 원고에 대한 소유권이전등기 의무가 이행불능이 되었다고 단정하기는 어렵다고 하여, 원심판결을 파기하였다. 판결 요지는 다음과 같다.

채무의 이행불능이란 채무가 단순히 절대적 · 물리적으로 불능인 경우가 아니라, 사회생활의 경험법칙 또는 거래상의 관념에 비추어 채권자가 채무자의 이행 실현을 기대할 수 없는 경우를 말한다. 이와 같이 어떤 채무가 사회통념상 이행불능이라고 보기 위해서는 이행의 실현을 기대할 수 없는 객관적 사정이 충분히 인정되어야 한다. 특히 계약은 어디까지나 그 내용대로 지켜져야 하는 것이 원칙이므로, 채권자가 굳이 채무의 본래 내용대로의 이행을 구하는 경우에는 쉽사리 그 채무가 이행불능이 되었다고 보아서는 안 된다. 민법은 타인의 권리의 매매를 인정하고 있고, 마찬가지로 타인의 권리의 증여도 가능하다. 이때 채무자는 그 권리를 취득하여 채권자에게 이전하여야 하고, 이와 같은 사정은 증여계약 당시부터 예정되어 있는 것이다. 그러므로 증여의 대상인 권리가 타인에게 귀속되어 있다는 이유만으로 증여의무가 불능이 되었다고 볼 수는 없다. 요컨대 이 사건에서 A가 사업부지와 U건물을 피고에게 매각하거나 기부할 의사가 없다고 하여 피고의 원고에 대한 소유권이전등기의무가 사회통념상 이행불능이 되었다고 단정하기는 어렵다. 피고로서는 A를 상대로 소유권이전을 요구하는 등 적극적으로 자신의 의무를 이행하기 위하여 노력하였어야 하는데, 피고가 그러한 노력을 기울인 것으로 보이지 않는다. 또한 주무관청의 회신 내용은 단지 원론적인 입장을 밝힌 것에 불과하여, 피고가 A로부터 사업부지와 U건물을 양수하여 원고에게 기부채납하는 것이 공익법인법 및 같은 법 시행령의 규정에 비추어 불가능하다고 단정하기도 어렵다.

다. 분석

이행불능은 종국적 불능을 의미한다.[3] 따라서 타인 물건의 매매처럼 당장 채무자가 목적물의 소유권을 이전할 수는 없지만 장차 그 소유권을 취득하여 이전할

---

3) 편집대표 곽윤직, **민법주해(IX) 채권(2)**(박영사, 1992), 242면(양창수 집필부분); 편집대표 김용담, **주석민법 채권총칙(1)**, 제4판(한국사법행정학회, 2010), 684면(김상중 집필부분); 양창수 · 김재형, **계약법(민법 I)**, 제2판(박영사, 2015), 373면.

가능성이 있다면 이행불능에 해당하지 않는다. 또한 이행불능은 규범적 개념이다.[4] 따라서 이행불능의 개념에는 물리적 불능뿐만 아니라 규범적 불능도 포함된다.[5] 타인 물건의 매매가 일시적 불능인지 종국적 불능인지도 규범적으로 판단되어야 한다. 매도인이 타인 물건을 취득할 가능성이 있다면 그 물건이 현재 타인의 소유라고 하여 매도인의 채무가 이행불능이라고 평가할 수는 없다.[6] 이는 이중매매의 경우도 마찬가지이다. 매도인이 타인에게 이미 소유권을 이전하여 준 경우에는 그 소유권을 회복하여 채무를 이행할 가능성이 있는지를 규범적으로 판단할 것이 요구된다. 대법원은 부동산 이중매매 사안에서 등기회복 가능성이 희박한 경우에는 이행불능이라고 보면서도,[7] 처[8] 또는 아들[9] 앞으로 소유권이전등기가 되었거나, 아들이 경락받아 소유권을 취득한 경우[10]에는 등기회복 가능성이 있다고 보아 이행불능이 아니라고 판단하였다. 즉 대법원은 현재 소유권을 가지고 있는 자가 채무자와 가족관계 등 밀접한 관계에 있는 경우에는 그 소유권을 회복할 가능성이 있다고 보아 쉽게 이행불능을 인정하지 않는 경향이 있다.

대상판결도 A가 피고의 설립자의 장남이자 피고의 이사였고, 심지어 Y토지와 Z토지를 취득하고 건축신고를 할 당시에는 피고의 대표권 있는 이사였다는 점에 주목하였다. 이러한 피고와 A 사이의 밀접한 관계를 고려하면 피고가 A로부터 소유권을 이전받아 채무를 이행하는 것이 불가능하다고 단정하기는 어렵다. 또한 이론적으로 전보배상은 채무이행에 갈음하는 것이지만 실제로는 채무이행 그 자체가 중요한 의미를 가지므로 전보배상이 채무이행의 가치에 미치지 못하는 경우도 있다. 사실관계만으로는 분명하지 않지만 원고가 지방자치단체이고 교육관광시설 구축 사업을 위해 부지가 필요했던 점을 고려하면 이 사건에서도 본래의 채무이행이 중요한 의미를 가졌을 가능성이 크다. 이러한 점들을 고려하면 대상판결의 결론은 타당하다.

그런데 필자가 대상판결에서 흥미롭게 생각하는 부분은 이행불능의 주장 내용과 이행불능 판단의 엄격성에 관한 판시이다. 대법원은 "채권자가 굳이 채무의 본

---

4) 곽윤직 편(주 3), 242면.
5) 대법원 1995. 2. 28. 선고 94다42020 판결 등.
6) 김용담 편(주 3), 685면.
7) 예컨대 대법원 2005. 9. 15. 선고 2005다29474 판결.
8) 대법원 1991. 7. 26. 선고 91다8104 판결.
9) 대법원 1995. 10. 13. 선고 95다25497 판결.
10) 대법원 1994. 12. 22. 선고 94다40789 판결.

래 내용대로의 이행을 구하고 있는 경우에는 쉽사리 채무의 이행이 불능으로 되었다고 보아서는 아니 된다."라고 하였다. 바꾸어 말하면, 채권자가 강제이행과 손해배상 중 무엇을 구하는지에 따라 이행불능 판단의 엄격함이 달라질 수 있다는 이야기이다. 이러한 이행불능에 관한 이중적 판단은 법 이론적으로 논리적이지 못하다는 비판을 받을지도 모른다. 여기에서 리처드 포즈너(Richard Posner) 판사의 말을 떠올려 보자. "우리는 이론에 대해 실용적이 되어야 한다. 이론은 궁극적 진실의 반영이라기보다는 도구이고, 그 도구의 기준은 효용에 있다(We should be pragmatic about theory. It is a tool, rather than a glimpse of ultimate truth, and the criterion of a tool is its utility)."[11] 채권법이 추구하는 효용은 채무가 그 본래 내용에 좇아 이행되도록 하는 것, 바꾸어 말하면 채권이 그 내용에 좇아 만족되도록 하는 것이다. 법원의 판단도 가급적 이를 촉진하는 방향으로 이루어져야 한다. 채무이행에 갈음한 전보배상은 보충적 도구에 불과하다. 따라서 그 수혜자인 채권자가 처음부터 전보배상을 원하는 경우와 달리, 스스로 불능으로 인한 불이익의 가능성을 감수하면서 본래의 채무이행을 원한다면 법원이 이를 손쉽게 배척할 것이 아니다.

이에 대해서는 이행불능 판단의 객관성을 해친다는 반론도 가능할 것이다. 그러나 이행불능 판단은 궁극적으로 규범적 판단이기도 하다.[12] 더구나 법원이 이행불능을 인정하게 되면 채권자는 더 이상 본래 내용대로의 이행을 청구할 수 없고, 전보배상, 계약 해제 등의 법적 도구를 통하여 자신의 이익을 도모할 수밖에 없다. 그러므로 이행불능 판단을 할 때에는 채권자와 채무자를 원래 계약에 따른 채권관계에 머물도록 할 것인지, 혹은 여기에서 벗어나 방향전환을 하도록 할 것인지, 그 중 어떠한 쪽이 채무불이행 사태에 직면한 채권자를 위하는 것인지를 규범적으로 평가하여야 한다.[13] 이러한 원리가 이행불능 판단에 반영되는 것은 자연스럽고 타당하다.

---

11) Richard A. Posner, "The New Instrumental Economics Meets Law and Economics", *J. Inst. & Theoret. Econ.* 73 (1993), p. 77.

12) 곽윤직 편(주 3), 260면은 법원이 '사실적 불능'의 판단기준으로 삼고 있는 "사회생활에 있어서의 경험법칙 또는 거래상의 관념에 비추어 볼 때 채권자가 채무자의 이행의 실현을 기대할 수 없는 경우"란 사실상 법관에 대한 백지위임과 다르지 않고, 법원이 사실상 불능의 경우에는 특히 신축성 있는 판단을 해 왔다고 한다.

13) 양창수 · 김재형(주 3), 374면.

2 사고로 인한 자동차 가격 하락 손해가 통상손해인지 여부 (대법원 2017. 5. 17. 선고 2016다248806 판결)

가. 사실관계

원고는 전세여객 자동차 운송사업, 국내여행 알선업 등을 목적으로 하는 회사로, 영업용 대형 승합차인 A차량을 소유하고 있었다. 피고는 B차량의 운전자이고, 피고회사는 B차량에 관하여 대물배상한도 1억 원의 자동차보험계약을 체결한 보험자이다. 피고는 2014. 7. 20. B차량을 운전하던 중 중앙선을 넘어 맞은편의 A차량과 충돌하는 사고를 일으켰다. 위 사고는 피고의 과실로 발생한 것으로 인정되었고, 그에 따라 피고회사는 위 사고와 관련한 대물 손해배상으로 8,000만 원가량을 지출하였다. 원고는 피고회사 및 피고를 상대로 (ⅰ) 사고 당일 및 A차량 수리기간 동안의 대차료, (ⅱ) 사고 당일 영업 손해, (ⅲ) A차량의 가격 하락으로 인한 손해 각각의 배상을 청구하는 소를 제기하였다.

나. 원심판결과 대상판결

1심법원은 원고가 주장한 손해배상액을 모두 받아들이지는 않았으나, 원고에게 위 (ⅰ) 내지 (ⅲ)의 손해가 발생하였다는 점에 관하여는 원고의 주장을 받아들였다.[1] 원심법원은 위 (ⅰ)과 (ⅱ)에 관하여는 1심법원의 판단을 지지하였으나, (ⅲ)에 관하여는 다음 이유로 1심법원과 다르게 판단하였다.[2] 불법행위로 인하여 물건이 훼손된 경우 수리가 가능하면 그 수리비가 통상손해이고, 그 수리비 이외에 교환가치의 하락으로 인한 손해는 특별손해이다. 이 사건에서 원고는 83일 동안 A차량을 수리하였고, A차량은 수리 후 정상 사용이 가능하게 되었다. 원고는 A차량을 수리하면 주요 골격 및 패널 용접으로 인한 노치효과 등으로 인하여 차량의 기계적 · 물리적 성질이 변화되고, 인장강도, 항복점, 피로강도 등의 저하로 원상회복이 불가능하다고 주장하나, A차량을 정상적으로 사용할 수 있게 된 이상 A차량에

1) 창원지방법원 마산지원 2015. 11. 12. 선고 2014가단16893 판결.
2) 창원지방법원 2016. 8. 24. 선고 2015나36710 판결.

수리가 불가능한 부분이 있거나 당연히 그 교환가치가 감소한다고 볼 수는 없다.

반면 대법원은 위 (iii)에 관하여 다음 이유로 원심판결을 파기환송하였다. 불법행위로 인하여 물건이 훼손되었을 때 통상의 손해액은 수리가 가능한 경우에는 그 수리비, 수리가 불가능한 경우에는 교환가치의 감소액이 되고, 수리를 한 후에도 일부 수리가 불가능한 부분이 남아 있는 경우에는 수리비 외에 수리 불능으로 인한 교환가치의 감소액도 통상의 손해에 해당한다. 한편 자동차의 주요 골격 부위가 파손되는 등의 사유로 중대한 손상이 있는 사고가 발생한 경우에는, 기술적으로 가능한 수리를 마치더라도 특별한 사정이 없는 한 원상회복이 안 되는 수리 불가능한 부분이 남는다고 보는 것이 경험칙에 부합하고, 그로 인한 자동차 가격 하락의 손해는 통상의 손해에 해당한다고 보아야 한다. 이 경우 그처럼 잠재적 장애가 남는 정도의 중대한 손상이 있는 사고에 해당하는지 여부는 사고의 경위 및 정도, 파손 부위 및 경중, 수리방법, 자동차의 연식 및 주행거리, 사고 당시 자동차 가액에서 수리비가 차지하는 비율, 중고자동차 성능 · 상태점검기록부에 사고 이력으로 기재할 대상이 되는 정도의 수리가 있었는지 여부 등의 사정을 종합적으로 고려하여, 사회일반의 거래관념과 경험칙에 따라 객관적 · 합리적으로 판단하여야 하고, 이는 중대한 손상이라고 주장하는 당사자가 주장 · 증명하여야 한다. 이 사건에서 A차량은 이 사건 사고로 물리적 · 기술적인 수리는 가능할지 몰라도 완벽하게 원상복구를 하는 것이 불가능할 정도로 중대한 손상을 입었다고 볼 여지가 있다.

다. 분석

대상판결에서는 자동차 사고로 인한 수리비 외의 자동차 가격 하락 손해가 통상손해인지가 문제되었다. 통상손해는 채무불이행 또는 불법행위가 있으면 통상 발생하리라 생각되는 손해이다.3) 그 외의 모든 손해는 특별손해이다. 통상손해와 특별손해는 민법 제393조에 규정된 개념이다. 민법 제393조의 내용을 요약하면, ① 통상손해는 언제나 배상되어야 하고, ② 특별손해는 채무자가 예견할 수 있는 경우에만 배상되어야 한다는 것이다. 민법 제393조는 민법 제763조에 의해 불법행위로 인한 손해배상에도 준용된다. 통상손해와 특별손해는 채무불이행 또는 불법행위로 인한 손해배상 범위를 판가름하는 중요한 도구 개념이다.

---

3) 편집대표 곽윤직, 민법주해 IX 채권 (2)(박영사, 1995), 477면(지원림 집필부분).

판례는 물건이 훼손된 경우 수리가 가능하면 수리비 상당액, 수리가 불가능하면 교환가치 감소분이 통상손해라고 판시하여 왔다.[4] 사고로 자동차가 훼손된 경우에도 같은 법리를 적용하여 왔다. 자동차의 수리가 가능하면 수리비 상당액이 통상손해이므로, 수리비 외의 가격 하락 손해는 특별손해로 보았다.[5] 가격 하락 손해를 특별손해로 본 판결 중에는 예견 가능성을 인정한 것도 있었고,[6] 부정한 것도 있었다.[7] 반면 자동차의 수리가 불가능한 부분이 있으면 그 교환가치 감소분에 해당하는 가격 하락 손해를 통상손해로 보았다.[8] 하급심 판례도 대체로 비슷한 양상으로 전개되었다.[9] 결국 수리 가능 여부가 자동차 가격 하락 손해의 성격을 판단하는 중요한 기준이었다.

이러한 기준의 배후에는 다음과 같은 손해배상법의 원리가 있다. 손해배상법의 목표는 피해자가 처한 상황을 손해가 발생하기 이전 상태로 회복시키는 것이다.[10] 물건이 훼손된 경우에는 이로 인해 침해된 가치에 상응하는 손해배상을 하여야 한다. 물건을 훼손하면 물건 자체의 가치가 침해되리라는 것은 통상 예견할 수 있으므로 물건 자체의 가치 감소분은 통상손해에 해당한다. 물건 자체의 침해 가치를 회복하는 직접적인 방법은 물건을 수리하여 원래 상태로 돌려놓는 것이다. 이때 소요되는 수리비는 원래 상태로 회복되어야 할 가치 감소분을 표상한다. 따라서 이때에는 수리비가 통상손해로서 배상되어야 한다. 그런데 수리만으로 물건 자체의 침해 가치를 온전히 회복시킬 수 없는 경우도 있다. 이 경우 회복이 불가능한 가치를 객관적으로 산정하여 배상해야 하는데, 교환가치 감소분이 그 산정 수치에 해당한다. 따라서 이때에는 교환가치 감소분이 통상손해로서 배상되어야 한다.[11] 결국 종국적으로 중요한 것은 수리 가능 여부가 아니라 물건의 가치 감소 회복 여부이다. 수리 가능 여부는 이러한 가치 감소분의 회복 가능성을 측정하기 위한 도구적 개념일 뿐이다. 그러므로 일단 물리적 · 기술적으로 수리가 완성되어 물건이

---

4) 대법원 1992. 2. 11. 선고 91다28719 판결 등 다수.
5) 대법원 1982. 6. 22. 선고 81다8판결; 대법원 1992. 3. 10. 선고 91다42883 판결 등.
6) 예컨대 대법원 1992. 3. 10. 선고 91다42883 판결.
7) 예컨대 대법원 1982. 6. 22. 선고 81다8판결.
8) 대법원 1992. 2. 11. 선고 91다28719 판결; 대법원 2001. 11. 13. 선고 2001다52889 판결.
9) 정영하, "자동차 사고로 인한 가치하락 손해", **재판실무연구(광주지방법원)**(2014. 1), 37–39면 참조.
10) 곽윤직 편(주 3), 450면(지원림 집필부분); 양창수 · 김재형, **민법 I 계약법**, 제2판(박영사, 2015), 442면.
11) 교환가치 감소분 상당의 손해배상은 물건 소유자가 당장 그 물건을 매매할지, 아니면 당분간 그 물건을 보유할지와는 무관하게 이루어져야 한다.

정상적으로 사용됨으로써 사용가치 감소는 없더라도 물건의 교환가치 감소분이 여전히 존재하면 그 부분은 규범적으로 수리가 불가능한 것과 마찬가지로 취급해야 한다. 즉 그 교환가치 감소분이 통상손해로 배상되어야 한다.

이처럼 기술적 수리 가능성과 규범적 수리 가능성을 구별하는 태도는 새로운 것이 아니다. 대법원은 종래에도 기술적 수리와 경제적 수리의 개념을 구별하면서 기술적으로는 수리가 가능하나 경제적으로는 수리가 불가능한 경우에는 수리비가 아닌 교환가치 감소액이 통상손해에 해당한다고 보았다.[12] 또한 대법원은 "물리적 · 기술적인 수리"는 가능하나 "완벽한 원상복구의 수리"는 불가능한 경우에도 가격하락으로 인한 손해가 통상손해라고 보았다.[13] 이러한 판결들은 서로 다른 표현을 사용하긴 했지만 결국 기술적 수리 가능성보다 규범적 수리 가능성, 즉 수리를 통한 가치 감소분의 회복 가능성을 더욱 본질적인 문제로 파악하였다는 공통점을 가진다. 그 연장선상에서 대상판결도 "기술적으로 가능한 수리를 마치더라도 특별한 사정이 없는 한 원상회복이 안 되는 수리 불가능한 부분이 남는다고 보는 것이 경험칙에 부합"한다고 보아 수리 불가능한 부분에 대응하는 교환가치 감소분인 가격 하락 손해를 통상손해로 보았다.[14] 결국 대상판결은 기존 판례에서 벗어난 것이 아니라, 기존 판례의 배후에 있던 원리에 충실하게 따른 것이다.

한편 이러한 대상판결의 태도는 수리를 마친 후에도 가치 감소분이 객관적으로 존재하는 사안 유형을 전제하는 것이다.[15] 대상판결은 자동차 가격 하락이 그 가치 감소분을 표상한다고 보았다. 그런데 이에 대해서는 가격 하락이 자동차의 객관적 가치 감소 때문이라기보다는 사고 차량을 꺼림칙하게 여기는 일반인들의 불안함 때문에 발생한 것은 아닐까 하는 의문이 들 수 있다. 중고차 시장에서의 가격 하락이 곧 자동차의 객관적 가치 감소를 의미하지는 않는다는 의문이기도 하다. 이러한 의문은 시장 가격이 그 자동차의 가치를 객관적으로 반영하는가 하는 어려운 문제로 귀결된다. 그런데 중고차 거래량이나 거래 시스템을 보면, 우리나

12) 대법원 1990. 8. 14. 선고 90다카7569 판결.
13) 대법원 1992. 2. 11. 선고 91다28719 판결.
14) 독일에서도 사고로 인한 가치감소를 기술적 가치감소(technischer Minderwert)와 상업적 가치감소(merkantiler Minderwert)로 구별하면서, 기술적으로 수리가 완료되었으나 숨은 하자가 있을지도 모른다는 대중의 의심 때문에 가격이 하락한 경우에는 상업적 가치감소에 해당하여 배상 대상에 포함된다고 한다. Burmann/Heß/Hühnermann/Jahnke/Janker, *Straßenverkehrsrecht,* 24. Auflage (2016), Rn. 111; BGH NJW 2005, 277.
15) 단순한 불쾌감과 같은 주관적 가치 감소분은 여기에 해당되지 않는다.

라 중고차 시장은 자동차의 가치를 객관적으로 반영할 정도로 공고하게 형성되어 있다.16) 그러한 시장에서의 가격은 시장에서 거래되는 물품의 교환가치를 측정하는 유일하고 완벽한 기준은 아닐지 몰라도 손해가 발생하였음을 보여 주는 가장 중요한 기준이다. 또한 자동차관리법령에 따르면 자동차매매업자가 매수인에게 발급하는 중고자동차 성능 · 상태점검기록부에는 사고 유무를 표시하고 중대 사고의 경우에는 그 수리 부위 등도 반드시 표시하여야 한다(자동차관리법 제58조 제1항, 동법 시행규칙 제120조 제1항, 별지 제82호 서식). 실제로도 사고 차량은 중고차 시장에서 통상 더 낮은 가격으로 거래된다.17) 이러한 법령과 거래 현실을 고려하여 보험약관에도 자동차 시세 하락 손해배상에 대한 규정이 포함되어 있다.

대상판결은 한 걸음 더 나아가 사고 후 모든 가격 하락을 통상손해로 본 것이 아니라, "자동차의 주요 골격 부위가 파손되는 등의 사유로 중대한 손상이 있는 사고가 발생한 경우"의 가격 하락만을 통상손해로 보았다. 통상손해는 "A라는 채무불이행 또는 불법행위가 있으면 통상 B라는 손해가 발생한다."는 명제가 충족될 때 인정된다. A의 범위를 어떻게 설정하는가에 따라 B라는 손해의 통상성 판단이 영향을 받는다. 예컨대 A를 "자동차 사고를 야기하는 행위"로만 규정하면 "자동차 가격 하락"이라는 손해는 특별손해가 될 가능성이 높다. 자동차 사고가 있다고 해서 늘 자동차가 파손되는 것도 아니고, 자동차가 파손된 경우에도 그 파손 부위와 정도가 사고별로 다양하므로 수리 완료 후에도 일반적으로 가격 하락 손해가 남는다고 말하기는 어렵기 때문이다. 하지만 대상판결처럼 A를 "자동차의 주요 골격 부위가 파손되는 등의 사유로 중대한 손상이 수반되는 자동차 사고를 야기하는 행위"로 좁히면 "자동차 가격 하락"이라는 손해는 통상손해가 될 가능성이 높다. 사고의 중대성이 높아질수록 수리의 가능성은 낮아지고 이에 비례하여 교환가치 감소분의 잔존 가능성도 높아지기 때문이다. 또한 통상손해와 특별손해를 구별하는 이유는 마땅히 가해자의 몫으로 귀속시켜야 할 손해와 피해자가 일정 부분의 위험을 떠안아야 할 손해를 구별해야 하기 때문이다. 그래서 가해자가 예견하기 어려

---

16) 2016년 국내 중고차 거래량은 총 3,075,650건이다. 한국자동차매매사업조합연합회 제공 통계 참조(http://www.kuca.kr/board/view.html?uid=553&page=&code=sum&searchkey=&keyfield=&id=).

17) 손현기, "자동차 격락손해에 대한 고찰", **손해사정연구**, 제7권 제2호(2015. 8), 138면에 따르면 중고차 시장에서 일반 수리 차량은 보통 10~20% 정도, 엔진 부위 수리 차량은 30% 정도 떨어진 가격으로 거래된다고 한다.

운 당사자의 개별적 · 구체적 사정에 따른 손해를 특별손해로 분류하는 것이다. 그런데 사고의 중대성은 가해자의 영역에 속한 것이므로 이를 A의 영역으로 편입시켜 판단할 필요가 있다. 이러한 대상판결의 태도는 통상손해 판단의 틀을 좀 더 세분화하려는 시도로 이해될 수 있다.[18] 이는 마치 의료과실을 판단할 때 "통상의 의사"를 기준으로 하면서도,[19] 실제로는 전문의인지, 일반의인지 또한 일반적인 진료상황인지, 야간응급의료상황인지에 따라 세부적인 주의의무 판단을 달리하는 것과 마찬가지이다.[20]

대상판결은 기존 판례의 이론적 틀을 벗어나지 않은 가운데 거래 현실을 반영하여 온당한 결론에 이르렀다. 또한 가격 하락 손해가 과연 통상손해인가에 대한 의심의 시선에 대응하여 법리의 적용 범위를 적절하게 제한하였다.

---

18) 편집대표 김용담, **주석민법 채권총칙** (1), 제4판(한국사법행정학회, 2013), 834면(이기택 집필부분)은 구체적인 사안에서 통상손해와 특별손해의 경계를 설정하는 것은 판례의 축적에 의해서만 해결될 수 있다고 한다.
19) 예컨대 대법원 1998. 7. 24. 선고 98다12270 판결.
20) 대법원 1999. 11. 23. 선고 98다21403 판결.

3 담합사건에서 법원의 재량에 따른 손해배상액 인정 요건 (대법원 2016. 11. 10. 선고 2014다81511 판결)

가. 사실관계

피고들은 원유를 정제 · 가공하여 경유 등의 석유제품을 제조 · 판매하는 회사로, 「독점규제 및 공정거래에 관한 법률」(이하 '공정거래법'이라 한다)상 사업자이다. 공정거래위원회는 피고들이 2004년 4월을 전후하여 경유제품 가격을 높은 수준으로 유지하기로 합의하고 그 합의를 실행하였다고 인정하여, 피고들에게 시정명령 및 과징금 납부명령 등을 하였다. 피고들은 이에 공정거래위원회를 상대로 시정명령 및 과징금 납부명령 취소를 구하는 행정소송을 각각 제기하였으나, 법원은 대부분의 사건에서 피고들의 청구를 받아들이지 않았다. 한편 원고들은 피고들이 주유소 등에 공급한 유류를 화물트럭, 덤프트럭, 레미콘 등에 주유할 목적으로 구입한 소비자들이다. 원고들은 피고들의 담합행위로 인하여 경유를 높은 가격에 구입하는 손해를 입었다고 주장하며, 피고들을 상대로 손해배상을 청구하는 소를 제기하였다.

나. 원심판결과 대상판결

1심법원은 손해 발생 사실을 인정하기 어렵다거나 손해액이 충분히 증명되지 않았다고 하여 원고들의 청구를 모두 기각하였다.[1] 원고들은 이에 항소하였다. 원심법원도 1심법원과 마찬가지로 손해 발생 사실을 인정하기 어렵다거나 손해액이 충분히 증명되지 않았고, 이 사건이 공정거래법 제57조에서 정한 '손해가 발생한 것은 인정되나 그 손해액을 입증하기 위하여 필요한 사실을 입증하는 것이 해당 사실의 성질상 극히 곤란한 경우'에 해당한다고 볼 수 없다고 하여 원고들의 항소를 기각하였다.[2]

반면 대법원은 이 사건에 공정거래법 제57조가 적용될 수 있다고 보아, 원심판

---

1) 서울중앙지방법원 2012. 11. 9. 선고 2007가합114265 판결.
2) 서울고등법원 2014. 10. 24. 선고 2012나99336 판결.

결을 파기하였다. 대법원은 우선 손해 발생 사실이 인정되는 원고들과 그렇지 않은 원고들을 나누어, 후자의 청구를 배척한 원심 판단을 지지하였다. 다음으로 전자의 경우에는 공정거래법 제57조의 적용이 필요하다고 보고, 다음과 같이 판단하였다. 원고별 경유 구매량은 유류보조금 자료를 통해서만 알 수 있는데, 위 자료는 1심 심리가 시작되기도 전에 대부분 폐기된 것으로 보인다. 그러므로 이 사건에서 원고별 경유 구매량은 그 증명이 극히 곤란하다고 볼 수 있다. 그리고 원고들이 주장하는 원고별 경유 구매량 산정방법[3]은 합리성과 객관성을 갖춘 것으로 판단된다. 한편 가상 경쟁가격이나 초과가격은 그 성질상 증명이 극히 곤란하다고 볼 수 있다. 그런데 원고들이 주장하는 가상 경쟁가격이나 초과가격은 합리성과 객관성을 갖추지 못한 것으로 보인다. 그렇다면 원심법원으로서는 공정거래법 제57조에 따라 상당한 가상 경쟁가격 및 초과가격을 산정하기 위한 심리를 하였어야 한다. 나아가 원고들에게 적극적으로 석명권을 행사하고 직권으로라도 상당한 가상 경쟁가격 및 초과가격을 심리 · 판단하였어야 한다.

다. 분석

공정거래법 제57조는 공정거래법 위반으로 인하여 손해가 발생한 것은 인정되나 그 손해액을 증명하기 위하여 필요한 사실을 증명하는 것이 해당 사실의 성질상 극히 곤란한 경우에는, 법원은 변론 전체의 취지와 증거조사의 결과에 기초하여 상당한 손해액을 인정할 수 있다고 규정한다. 이 조항은 손해가 발생하였으나 손해액 인정이 어렵다는 이유로 손해배상을 받지 못하는 부당함을 완화하기 위하여 2004. 12. 31. 법률 제7315호로 전문 개정된 공정거래법에 의해 도입된 조항이다.[4] 그러나 이 조항은 실제 재판실무에서는 그다지 자주 활용되지 않았다. 이와 유사한 조항들은 이미 다른 특별법에도 존재하고 있었는데,[5] 2016. 3. 29. 법률

---

3) 원고들은 과세정보 자료에 나타난 원고별 2004년 전반기 경유 매입금액으로부터 1일 평균 경유 매입금액을 구한 다음, 그 금액에 담합기간의 일수를 곱하여 담합기간 동안의 원고별 경유 매입금액을 구하였다. 원고들은 이렇게 산출된 원고별 경유 매입금액을 담합기간 동안의 경유 평균가격으로 나누어 담합기간 동안의 원고별 경유 구매량을 계산하였다.

4) 이 조항은 일단 손해 발생이 인정되었음을 전제로 적용되는 조항이다. 따라서 이 조항이 위법행위와 손해 사이의 인과관계에 대한 증명책임까지 완화하는 것은 아니다. 권오승 · 서정, **독점규제법 이론과 실무**(법문사, 2016), 695면. 또한 서울중앙지방법원 2009. 6. 11. 선고 2007가합90505 판결은 위 조항이 인과관계에 대한 증명책임을 완화하는 취지로 해석될 수 없음을 분명히 하였다.

5) 언론중재 및 피해구제 등에 관한 법률 제30조, 디자인보호법 제64조, 부정경쟁방지 및 영업비밀보호에 관한 법률 제14조의2, 상표법 제67조의2, 장애인차별금지 및 권리구제 등에 관한 법률 제46

제14103호로 일부 개정된 민사소송법 제202조의2에는 같은 취지의 조항이 신설되었다.[6] 이로써 법원의 손해액 인정 제도는 손해배상 일반으로 확장되기에 이르렀다. 이는 향후 손해배상 실무에 지대한 영향을 미칠 수 있는 변화이다. 대상판결은 단지 공정거래 사건뿐만 아니라 일반 민사사건에서 이러한 변화가 어떻게 적용되어야 하는지에 대한 유용한 참고가 될 수 있다.

대상판결을 이해하기 위해서는 가격담합사건과 손해배상액 산정에 대한 일반론을 이해할 필요가 있다. 가격담합으로 인한 손해배상청구사건에는 가격담합행위 인정과 가격담합행위로 인한 손해배상 판단이라는 두 가지 중요한 쟁점이 있다. 가격담합행위는 공정거래위원회의 조사와 심결로 밝혀지는 경우가 많기 때문에[7] 손해배상소송에서는 손해배상책임 여부와 손해배상액 산정이 치열한 공방의 대상이 된다. 가격담합사건의 손해배상액 산정은 차액설의 취지에 따라 가상경쟁가격과 실제 가격의 차액을 산정하여 이루어진다. 그런데 담합이 없었더라면 존재하였을 가상경쟁가격을 산정하는 것은 매우 어려운 일이다. 가상경쟁가격을 산정하기 위해 ① 담합이 존재하지 않는 시장을 표준시장으로 삼아 그 표준시장의 가격과 담합이 존재하는 시장가격을 비교하여 손해액을 산정하는 표준시장 비교방법(yardstick method), ② 담합이 일어난 시장을 담합이 없었던 시기와 담합이 있었던 시기로 나누어 그 가격을 비교하여 손해액을 산정하는 전후 비교방법(before & after method), ③ 표준시장 비교방법과 전후 비교방법을 종합한 이중차분법(difference in difference method) 등이 활용된다. 이러한 전후 비교 또는 시장 간 비교에서는 가격

조, 저작권법 제126조, 특허법 제128조, 콘텐츠산업 진흥법 제38조 제3항, 증권관련 집단소송법 제34조, 표시 · 광고의 공정화에 관한 법률 제11조 등에서 유사한 취지의 규정들을 두고 있다.

6) 외국에도 이러한 제도가 존재한다. 가령 독일 민사소송법 제287조 제1항은 "손해의 성립 여부와 그 손해 또는 배상할 이익의 범위에 관하여 당사자들 사이에 다툼이 있는 경우에, 법관은 제반 사정을 참작하여 자유로운 심증에 따라 이를 판단한다. 신청된 증거조사 또는 직권에 의한 감정인의 감정을 명할 것인지 여부와 그 범위는 법원의 재량에 따른다. 법원은 손해 또는 이익에 관하여 증거제출자를 심문할 수 있다."라고 규정하고 있어 손해액은 물론이고 손해의 발생 여부에 대해서도 법관이 자유로운 심증에 따라 판단할 수 있도록 한다. 스위스 채무법 제42조 제2항도 "수액으로 증명할 수 없는 손해는 사물의 통상의 경과와 피해자가 취한 조치를 참작하여 법관이 재량으로 평가한다."라고 규정하여 유사한 태도를 취한다. 일본 민사소송법 제248조 역시 "손해액의 인정"이라는 표제 아래 "손해가 발생한 것이 인정되는 경우에 있어서 손해의 성질상 그 액수를 입증하는 것이 극히 곤란한 경우에는 법원은 구두변론의 전 취지 및 증거조사의 결과에 기초하여 상당한 손해액을 인정할 수 있다."라고 규정한다.

7) 판례는 공정거래위원회의 시정조치가 확정된 것만으로 불공정거래행위의 위법성이 인정되는 것은 아니지만, 시정조치에서 공정거래위원회가 인정한 사실은 사실상 추정을 받는다고 한다. 대법원 1990. 4. 10. 선고 89다카29075 판결.

에 영향을 미친 다른 경제적 요인을 배제하여야 더 정밀한 차액을 산정할 수 있다. 이 과정에서 계량경제학적 방법에 의거하여 한 개 또는 그 이상의 설명변수들로부터 특정한 종속변수의 값을 예측하는 회귀분석방법(regression analysis) 등이 자주 활용된다.[8)]

그러나 이러한 방법들을 동원하더라도 확실한 손해액을 산정하는 것은 여전히 어려운 일이다.[9)] 여기에서 손해액 증명 정도를 얼마나 높게 요구할 것인가가 중요한 문제로 등장한다. 그런데 대법원은 손해배상 사건 일반에 관하여 종래부터 이 문턱이 너무 높지 않도록 하여 실질적인 권리 구제를 도모하기 위한 노력을 기울여 왔다. 우선 대법원은 손해 발생 사실은 인정되지만 손해액이 충분히 증명되지 않은 경우 원고의 청구를 기각하고 말 것이 아니라 적극적으로 석명권을 행사하고, 필요한 경우에는 직권으로 손해액을 판단하여야 한다고 판시하였다.[10)] 또한 대법원은 채무불이행으로 인한 손해배상사건에서 구체적 손해 증명이 사안의 성질상 곤란한 경우 법원이 관련 간접사실들을 종합하여 손해액을 판단할 수 있다고 판시하였고,[11)] 불법행위의 경우에도 이 법리를 적용하였다.[12)] 이러한 흐름의 배후에는 일단 손해 발생 사실이 인정되면 손해액 산정에 관한 위험은 피해자가 아닌 가해자가 부담하도록 해야 한다는 생각이 깔려 있다.

공정거래법 제57조는 이러한 큰 흐름 속에서 이해하여야 하고, 지금보다 더 큰 주목을 받아야 한다. 이 점에서 "손해액에 대한 입증이 없더라도 제반 사정을 고려하여 법원이 합리적이라고 판단되는 금액의 손해를 인정할 수 있다는 것은 매우 의미 있는 입법임에도 아직까지 그 활용례를 찾기가 어렵다."고 지적하면서 이러한 손해액 인정 제도를 활성화시킬 필요가 있다고 주장하는 견해[13)]나 "손해의 공

8) 대법원 2011. 7. 28. 선고 2010다18850 판결; 대법원 2012. 11. 29. 선고 2010다93790 판결; 대법원 2014. 9. 4. 선고 2013다215843 판결.

9) 권오승 · 서정(주 4), 693면은 손해배상 사건의 원고가 담합행위의 내용을 상세히 파악하기 어렵고, 산업 및 시장에 대한 이해가 부족하며, 특히 원고가 개인 소비자인 경우 고액의 소송비용을 부담하기 어렵다는 점에서 손해액 증명책임이 경감될 필요가 있다고 한다.

10) 대법원 1967. 9. 5. 선고 67다1295 판결; 대법원 1967. 9. 26. 선고 67다1024 판결; 대법원 1986. 8. 19. 선고 84다카503,504 판결; 대법원 1987. 12. 22. 선고 85다카2453 판결; 대법원 2011. 7. 14. 선고 2010다103451 판결 등 다수.

11) 대법원 2004. 6. 24. 선고 2002다6951, 6968 판결.

12) 대법원 2007. 11. 29. 선고 2006다3561 판결; 대법원 2009. 9. 10. 선고 2006다64627 판결; 대법원 2014. 7. 10. 선고 2013다65710 판결.

13) 강명수, "공정거래법 위반과 사적 집행－손해배상청구를 중심으로－", **법과 정책**, 제19집 제2호 (2013. 8), 35면.

평 타당한 분담이라는 손해배상법의 이념과 당해 사안에서의 피해자 구제의 필요성 등을 고려하여 이를 적극적으로 활용하는 것이 입법취지에 부합할 것"이라는 견해[14] 는 경청할 가치가 있다.[15] 요컨대 공정거래법 제57조는 재조명이 필요한 규정이다.

대상판결은 이러한 공정거래법 제57조의 중요성에 주목하여 이를 적용한 최초의 대법원 판결이다. 그동안 담합으로 인한 손해배상청구 사건에서 손해액을 증명하려면 계량경제학적 방법에 의존해야 한다는 분위기도 없지 않았다. 이는 절차와 비용 측면에서 상당한 부담이었다. 특히 담합 피해자가 개인인 경우에는 손해배상청구에 걸림돌이 될 수 있었다.[16] EU의 「반독점 손해배상소송에 관한 지침(Directive on Antitrust Damages Actions)」 제17조가 "손해의 산정(Quantification of harm)"이라는 표제 아래 제1항에서 "회원국들은 손해액 산정에 요구되는 증명부담과 기준이 손해배상청구권의 행사를 사실상 불가능하게 하거나 현저히 곤란하게 만들지 않도록 하여야 한다."라고 한 것도 바로 이러한 우려를 염두에 둔 것이다. 계량경제학적 방법이 적용된다고 하여 바로 확실한 손해액이 산정되는 것도 아니다. 같은 사건에 대해 원고 측 전문가는 약 1,564억 원, 피고 측 전문가는 약 302억 원, 법원이 선임한 감정인은 약 1,120억 원의 손해액 산정결과를 제시하였던 군납유류 가격담합사건 1심재판은 계량경제학적 방법마저도 궁극적으로는 법원의 규범적 평가에 복속하지 않을 수 없다는 점을 생생하게 보여 주었다.[17] 이러한 상황에서 대상판결은 공정거래법 제57조를 통해 손해액 인정의 규범성을 다시 일깨워 주었다.[18]

다만 이러한 법원의 손해액 인정에도 한계가 없을 수 없다. 이미 대법원은 이러한 손해액 인정이 법관에게 자유재량을 부여한 것이 아니므로 간접 사실들의 탐색

---

14) 손봉현, "공정거래법상 손해액 인정제도", **비교사법**, 제21권 제3호(2014. 6), 1103면.

15) 권영준, "공정거래법상 가격담합사건에 있어서 손해배상액 산정", **경제규제와 법**, 제7권 제2호(2014. 11), 204면.

16) 권영준(주 15), 204면.

17) 이 사건에 대한 1심판결은 서울중앙지방법원 2007. 1. 23. 선고 2001가합10682 판결이고, 상고심 판결은 대법원 2011. 7. 28. 선고 2010다18850 판결이다.

18) 이와 관련하여 권오승 · 서정(주 4), 692면은 경제분석의 설계, 적용, 검정 세 단계에서 법원의 역할이 정립될 필요가 있다고 지적한다. 그 밖에 경제학적 논증이 동원되는 사건에서 법관과 경제전문가의 역할에 관하여는 조홍식, "경제학적 논증의 법적 지위", **서울대학교 법학**, 제48권 제4호(2007), 136면 이하; 홍대식, "카르텔로 인한 손해액의 산정－이론과 실제", **비교사법**, 제14권 제3호(하)(2007), 1131－1132면 참조.

을 위해 최선의 노력을 다하고, 이를 합리적으로 평가하여 객관적으로 수긍할 수 있는 손해액을 산정해야 한다는 점을 지적한 바 있다.[19] 물론 간접 사실들을 평가하여 손해액을 인정하는 과정에서 법원의 재량이 전혀 개입하지 않을 수는 없다. 대법원이 "자유재량"을 부정하였다고 하여 "합리적 재량"의 여지까지 부정한 것은 아닐 것이다. 그렇다면 어떤 손해액 인정이 합리적 재량에 의한 것일까? 법원의 손해액 인정이 자의적으로 흐르지 않으려면 검증가능성이 확보되어야 한다. 검증가능성을 확보하려면 법원이 어떤 근거로 결론에 이르렀는지를 드러내야 한다. 이를 드러내려면 간접사실들을 탐색하기 위한 최선의 노력이 선행되어야 한다. 대상판결은 이와 관련하여 어떤 노력이 이루어져야 하는지에 대해 상세한 가이드라인을 제시하였다. 가령 상당한 가상경쟁가격의 판단을 위해 반드시 계량경제학적 방법을 사용해야 하는 것은 아니고 "유사사건에서 인정된 손해액의 규모, 사업자가 위반행위로 취득한 이익의 규모 등을 고려하여 산정하는 방법, 담합기간 중에 담합에 가담하지 않은 정유사들의 공급가격과 담합 피고들의 공급가격을 비교하여 산정하는 방법, 국내 경유 소매가격이 MOPS 가격에 연동된다면 원고 측 보고서의 산정 결과에 일정한 조정을 하는 방법" 등을 고려할 수 있다고 판시하였다. 이러한 가이드라인은 향후 공정거래법상 손해액 인정에 요긴하게 활용될 것이다.

19) 대법원 2009. 9. 10. 선고 2006다64627 판결; 대법원 2011. 5. 13. 선고 2010다58728 판결; 대법원 2014. 7. 10. 선고 2013다65710 판결.

4 위약벌과 손해배상액 예정의 구별 (대법원 2016. 7. 14. 선고 2012다65973 판결)

가. 사실관계

피고 산업은행과 피고 자산관리공사는 대상회사(대우조선해양 주식회사) 발행주식 총수의 과반수가 넘는 주식을 보유하고 있었다. 피고들은 대상회사의 주식을 공동매각하고자 관련 절차를 진행하였고, 원고는 컨소시엄을 구성하여 그 절차에 응하였다. 이후 원고가 구성한 컨소시엄이 우선협상대상자로 선정되어, 컨소시엄을 대리하는 원고와 피고들을 대리하는 피고 산업은행 사이에 양해각서가 체결되었다. 위 양해각서에 따르면 ① 매수인들은 매매대금 5% 상당인 3,150여억 원의 이행보증금을 납부하고, ② 매수인은 대상회사 및 그 계열회사에 대한 확인실사를 할 수 있으나 확인실사가 이루어지지 않는 경우에도 일정 기한까지 최종계약을 체결하여야 하며, ③ 거래종결시한으로 정한 날까지 매수인들에게 책임 없는 사유로 확인실사나 가격조정절차가 완료되지 않으면 매수인들은 최종계약을 해제하고 계약금 원금 및 이자 전액을 돌려받을 수 있지만, ④ 매수인들이 양해각서의 내용과 상반된 주장을 하는 등 정당한 이유 없이 최종계약을 체결하지 않아 양해각서가 해제되는 경우에는 이행보증금 및 그 발생이자는 위약벌로 매도인들에게 귀속된다는 점 등이 규정되어 있었다.

그런데 대상회사의 노조가 강경한 입장을 취하며 원고 측의 확인실사를 저지하였고, 원고 측은 최종계약체결일까지 확인실사를 개시하지 못하였다. 이후 피고 산업은행은 원고 측에 최종계약 초안을 제공하였다. 그러자 원고 측은 피고 산업은행에 확인실사 후 최종계약 체결, 매매대금지급조건 완화 등을 요청하였는데, 이는 양해각서의 내용과는 양립될 수 없는 것이었다. 피고 산업은행은 원고에게 위 ④에 따라 양해각서를 해제하고 원고 측이 납부한 이행보증금 및 이에 대한 이자를 위약벌로 몰취한다는 취지의 통지를 하였다. 그로부터 얼마 지나지 않아 원고 측은 피고 산업은행에게 원고 측의 귀책사유 없이 확인실사가 이루어지지 않았으므로 양해각서를 해제한다는 취지의 통지를 하면서 피고들에게 이행보증금의 반환을 구하는 소를 제기하였다.

나. 원심판결과 대상판결

1심법원은 원고의 청구를 기각하였다.[1] 원고는 이에 항소하였다. 원심법원은 원고의 항소를 기각하였다.[2] 원고는 원심에서 다음과 같은 두 가지 주장을 하였다. 첫째, 원고 측이 거래조건 변경을 요구한 것이나 최종계약을 체결하지 않은 것에는 정당한 이유가 있었으므로 위 ④에 따른 이행보증금 몰취 요건이 충족되지 않았다. 둘째, 원고 측이 피고에게 지급한 이행보증금은 위약벌이 아니라 손해배상액의 예정이므로 적정한 수준으로 감액되어야 한다. 위 이행보증금이 위약벌이라고 하더라도 이처럼 현저히 공정성을 잃은 위약벌 조항은 공서양속에 반하므로 그 전부 또는 일부가 무효이다. 그러나 원심법원은 원고의 최종계약 체결 거절에 정당한 이유가 있다고 볼 수 없고, 위 이행보증금은 위약벌로서 공서양속에 반하지 않으므로 감액할 수 없다고 보아 두 가지 주장을 모두 배척하였다.

대법원은 원고의 첫 번째 주장에 대한 원심법원의 판단을 지지하면서도, 원고의 두 번째 주장에 대해서는 원심법원의 판단을 수긍하기 어렵다고 하여 원심판결을 파기하였다. 대법원은 위약금 약정이 위약벌 약정인지 아니면 손해배상액 예정인지는 구체적 사건에서 개별적으로 결정할 의사해석의 문제라고 전제하였다. 그리고 대법원은 이행보증금 몰취 조항을 다른 조항들과 함께 살펴보면 매수인들의 귀책사유로 양해각서가 해제됨으로써 발생하게 될 모든 금전적인 문제를 오로지 이행보증금의 몰취로 해결하고 기타의 손해배상이나 원상회복청구는 명시적으로 배제하여 매도인들에게 손해가 발생하더라도 매도인들은 이에 대한 손해배상청구를 할 수 없도록 한 것으로 보이는 점, 당사자들이 진정으로 의도하였던 바는 이행보증금을 통하여 최종계약 체결을 강제하는 한편 향후 발생할 수 있는 손해배상의 문제도 함께 해결하고자 하였던 것으로 보이는 점 등 여러 사유를 들어 위 이행보증금은 손해배상액의 예정으로서의 성질을 가진다고 판단하였다. 한편 대법원은 이 사건 양해각서에 매수인인 원고에게 불리한 규정들이 포함되어 있고, 원고가 막대한 이행보증금을 지급하고도 확인실사의 기회를 전혀 가지지 못하였으며, 최

1) 서울중앙지방법원 2011. 2. 10. 선고 2009가합123242 판결.
2) 서울고등법원 2012. 6. 14. 선고 2011나26010 판결.

종계약 체결 무산으로 피고들이 입은 손해가 신뢰이익 상당의 손해에 한정되는 점 등을 종합하여 볼 때 3,150여억 원에 이르는 이행보증금 전액을 몰취하는 것은 부당하게 과다하다고 보았다.

다. 분석[3]

대상판결은 위약벌 약정과 손해배상액 예정의 구별에 대해 중요한 판단기준을 제시하였다.

대상판결이 지적하였듯이 어떤 합의가 위약벌 약정인지, 또는 손해배상액 예정인지는 계약 해석의 문제이다. 계약 해석의 궁극적인 목적은 당사자의 의사를 확정하는 데에 있다. 이때 당사자의 '의사'는 일정한 법률효과의 발생을 원하는 의사, 즉 '효과의사'이다.[4] 결국 당사자의 의사를 해석하는 것은 곧 당사자의 효과의사를 해석하는 것이고, 당사자의 효과의사를 해석하는 것은 곧 당사자가 원하는 법률효과를 밝히는 것이다. 당사자의 의사가 지향하는 법률효과는 당사자가 어떤 용어나 표현을 사용하였는지에 좌우되지 않는다. 따라서 위약벌과 손해배상액 예정의 구별에서도 당사자가 어떤 표현을 썼는지는 결정적인 기준이 될 수 없다.

합의 당시 미리 정한 금액을 계약 위반 시 채권자에게 지급하여야 한다는 점에서 손해배상액 예정과 위약벌은 그 법률효과가 같다. 그러나 별도의 손해배상청구 허용 여부에 이르면 둘의 법률효과가 달라진다. 손해배상액 예정은 손해배상 문제에 대한 사전 규율이므로 채권자는 원칙적으로 채무자에게 이와 별도로 손해배상을 청구하지 못한다. 반면 위약벌은 손해배상과 무관한 사적 제재이므로 채권자는 채무자에게 이와 별도로 손해배상을 청구할 수 있다. 이는 당사자의 효과의사 차이에 따른 결과이다.[5]

---

3) 이하 내용은 주로 권영준, "위약벌과 손해배상액 예정－직권감액 규정의 유추 적용 문제를 중심으로－", **저스티스**, 통권 제155호(2016. 8), 204－208면에 의거한 것이다.

4) 곽윤직 · 김재형, **민법총칙**, 제9판(박영사, 2013), 257면; 지원림, **민법강의**, 제14판(홍문사, 2015), 213면 참조.

5) 이처럼 별도의 손해배상청구 허용 여부를 양자의 구별기준으로 드는 문헌으로 김형배, **채권총론**, 제2판(박영사, 1998), 289면; 이은영, **채권총론**, 제3판(박영사, 2006), 362면; 지원림(주 4), 1084면; 손지열, "손해배상액산정 약관조항에 대한 내용통제", **민사판례연구**, 제18권(박영사, 1996), 10면; 홍승면, "손해배상액의 예정과 위약벌의 구별방법", **민사판례연구**, 제24권(박영사, 2002), 159－160면; 김재형, "「손해배상액의 예정」에서 「위약금 약정」으로", **비교사법**, 제21권 제2호(2014. 5), 630면.

한편 위약금 약정의 당사자가 손해전보 기능에 초점을 맞추었다면 그 위약금은 손해배상액 예정이고, 이행강제 기능에 초점을 맞추었다면 그 위약금은 위약벌이라고 설명하기도 한다.[6] 그러나 계약 해석의 대상은 그 계약에 내재한 당사자의 효과의사이지 그 계약이 수행하는 사실상 기능이 아니므로 위약금의 기능으로 양자를 구별하는 데에는 한계가 있다. 또한 손해배상액 예정에도 이행강제 기능이 있고,[7] 위약벌에도 사실상 손해전보 기능이 있어[8] 이는 불분명하고 상대적인 기준에 불과하다. 결국 양자의 성질 결정은 별도의 손해배상청구를 허용하는지를 기준으로 삼아야 한다.

대상판결의 사안으로 돌아와 보자. 이 사건 양해각서 제12조 제2항에는 "매수인의 귀책사유로 이 사건 양해각서가 해제되는 경우 매수인들이 기납부한 이행보증금 및 그 발생이자는 위약벌로 매도인들에게 귀속된다."라고 규정되어 있었다. 이 조항만 보면 이행보증금은 위약벌에 해당할 가능성이 크다. 그러나 제11조에는 "본 양해각서가 해제되는 경우, 매도인들이나 매수인들은 본 양해각서에서 규정한 권리의 행사 이외에는 본건 거래와 관련하여 상대방 당사자(또는 그의 임 · 직원, 자문사 등을 포함함)에게 어떠한 손해, 손실 또는 비용에 대한 배상이나 보전 기타 여하한 사유를 원인으로 한 청구도 하지 아니한다."라고 규정되어 있었고, 제12조 제4항에는 "매도인들과 매수인들은 본 양해각서가 해제될 경우, 본조 제2항, 제3항에 규정된 구제수단만이 유일한 구제수단이며, 기타의 손해배상이나 원상회복 등 일체의 다른 권리를 주장할 수 없음을 확인한다."라고 규정되어 있었다. 이 조항들을 종합하여 보면 결국 당사자들은 이행보증금 몰취로써 이행강제와 손해전보의 목적을 모두 달성하고 이와 별도로 손해배상을 문제 삼지는 않으려고 하였던 것으로 보인다. 이처럼 별도의 손해배상청구 허용 여부에 따라 위약벌 약정과 손해배상액 예정을 구별하면서 당사자가 양해각서에 기재한 표현에 얽매이지 않은

---

6) 편집대표 곽윤직, **민법주해(Ⅸ) 채권(2)**(박영사, 1992), 674면에서는 이를 "종전"의 학설과 판례의 태도로 소개한다. 또한 대법원 2010. 12. 23. 선고 2010다56654 판결은 "위약벌의 약정은 채무의 이행을 확보하기 위하여 정해지는 것으로서 손해배상액의 예정과는 그 내용이 다르므로…."라고 판시하여 이와 유사한 이해를 보이고 있다.

7) 대법원 1991. 3. 27. 선고 90다14478 판결 등 다수.

8) 임건면, "손해배상액의 예정과 위약벌에 관한 비교법적 고찰", **경암 홍천용교수 화갑기념논문집**(마산 : 21세기국제정경연구원, 1997), 384면 참조. 실제로도 보증금 형태로 미리 납부받은 위약벌의 몰취는 손해전보의 불확실성과 위험을 제거하고 손쉽게 손해전보를 받을 수 있는 유용한 수단으로서, 이로써 사실상 손해전보에 갈음하는 경우가 많다.

대상판결의 태도는 타당하다. 위약벌의 감액 문턱이 손해배상액 예정의 감액 문턱보다 높은 현실에서 양자를 형식적인 표현에 따라 구별한다면 협상력에서 우위에 있는 당사자는 표현을 달리함으로써 자신에게 유리한 법적 취급을 받으려는 기회주의적인 행동을 할 것이다. 이러한 표현의 불공정한 지배가 법률관계의 공정성을 해쳐서는 안 된다.

5 위약벌에 대한 손해배상액 감액 규정 유추 적용 (대법원 2016. 1. 28. 선고 2015다239324 판결)

가. 사실관계

건설회사인 원고는 X토지의 소유자인 피고와 사이에 X토지 지상에 관광단지 전문상가를 개발하기로 하는 사업 시행에 관한 약정을 체결하였다. 위 사업 약정은 피고가 X토지에 존재하는 법적 · 물리적 제반 제한 사항을 말소 및 제거하여야 한다고 규정하고 있었다. 당시 X토지에는 근저당권이 설정되어 있었는데, 피고는 위 사업 약정에 따라 근저당권의 피담보채무를 변제하고 근저당권을 말소해야만 했다. 이를 위하여 피고는 복수의 금융기관들로부터 대출을 받아 자금을 마련하기로 하였다. 그러나 피고는 대출약정에서 정한 선행조건을 이행하지 않았고, 결국 대출이 무산되면서 개발사업 시행 또한 무산되었다. 원고는 '상대방의 귀책사유로 인하여 본 계약이 해제 또는 해지되는 경우 위반한 당사자는 다른 당사자에게 손해배상과 별도로 위약벌로 500,000,000원을 지급하기로 한다'고 정한 사업약정 조항에 근거하여 피고를 상대로 위약벌 지급을 구하는 소송을 제기하고, 그 소장 송달로써 해제의 의사표시를 하였다.

나. 원심판결과 대상판결

1심법원은 원고의 청구를 인용하였다.[1] 피고는 이에 항소하면서, 위와 같은 위약벌 약정은 공서양속에 반하여 전부 또는 일부가 무효라고 주장하였다. 원심법원은 피고의 항소를 기각하였다.[2] 대법원은 원심법원의 판단을 지지하면서, 다음과 같이 판시하였다. 위약벌의 약정은 채무의 이행을 확보하기 위하여 정하는 것으로서 손해배상의 예정과 다르므로 손해배상의 예정에 관한 민법 제398조 제2항을 유추 적용하여 그 액을 감액할 수 없고, 다만 의무의 강제로 얻는 채권자의 이익에 비하여 약정된 벌이 과도하게 무거울 때에는 일부 또는 전부가 공서양속에 반

1) 서울중앙지방법원 2014. 10. 29. 선고 2014가합535563 판결.
2) 서울고등법원 2015. 9. 17. 선고 2014나2044909 판결.

하여 무효로 된다. 그런데 당사자가 약정한 위약벌의 액수가 과다하다는 이유로 법원이 계약의 구체적 내용에 개입하여 약정의 전부 또는 일부를 무효로 하는 것은 사적 자치의 원칙에 대한 중대한 제약이 될 수 있고, 스스로가 한 약정을 이행하지 않겠다며 계약의 구속력에서 이탈하고자 하는 당사자를 보호하는 결과가 될 수 있으므로, 가급적 자제하여야 한다. 그러므로 위약벌 약정이 공서양속에 반하는지를 판단할 때에도 당사자 일방이 독점적 지위 내지 우월한 지위를 이용하여 체결한 것인지 등 당사자의 지위, 계약의 체결 경위와 내용, 위약벌 약정을 하게 된 동기와 경위, 계약 위반 과정 등을 고려하는 등 신중을 기하여야 하고, 단순히 위약벌 액수가 많다는 이유만으로 섣불리 무효라고 판단해서는 안 된다.

다. 분석[3)]

판례에 따르면 위약벌에는 손해배상액 감액에 관한 민법 제398조 제2항이 유추적용될 수 없고, 공서양속에 관한 민법 제103조가 적용될 수 있을 뿐이다.[4)] 이러한 대법원의 입장은 위약벌 약정을 손해배상액 예정보다 다른 일반적인 계약과 더 유사하게 취급하려는 것으로 이해할 수 있다. 이러한 입장은 최근 위약벌 약정에 관하여 사적 자치를 강조하는 일련의 판결들을 통해 더욱 명시적으로 표현되었다. 대법원 2015. 12. 10. 선고 2014다14511 판결은 "위약벌 약정과 같은 사적 자치의 영역을 일반조항인 공서양속을 통하여 제한적으로 해석할 때에는 계약의 체결 경위와 내용을 종합적으로 검토하는 등 매우 신중을 기하여야 한다."라고 판시하였다.[5)] 곧이어 선고된 대상판결에서도 이와 유사한 취지로 판시하면서 위약벌 무효 판단과 손해배상 예정액 감액의 문턱이 다르다는 점을 재확인하였다. 요컨대 손해배상액 예정에 대해서는 법원이 "적당히" 감액할 수 있지만(민법 제398조 제2항 참조), 위약벌 약정에 대해서는 섣불리 공서양속을 끌어들여 전부 또는 일부를 무효로 하여서는 안 된다는 것이다.

결론부터 말하자면, 직권감액 규정의 유추 적용을 부정하는 한편 위약벌 약정의

3) 이하 내용은 주로 권영준, "위약벌과 손해배상액 예정－직권감액 규정의 유추 적용 문제를 중심으로－", **저스티스**, 통권 제155호(2016. 8)의 관련 내용에 의거한 것이다.

4) 위약벌의 감액을 부정한 최초의 대법원 판결은 대법원 1968. 6. 4. 선고 68다491 판결로 보인다. 한편 민법 제398조 제2항의 유추 적용을 부정하고 민법 제103조의 적용 가능성을 제시한 최초의 대법원 판결은 대법원 1993. 3. 23. 선고 92다46905 판결로 보인다.

5) 다만 이러한 일반론에도 불구하고 대법원은 해당 사안에서 문제된 위약벌 약정의 일부 무효를 인정하는 취지로 원심판결을 파기환송하였다.

무효 판단에 대해 더욱 엄격한 잣대를 적용하는 대법원의 태도는 재고되어야 한다. 위약벌 약정은 손해배상액 예정과 마찬가지로 위약금 약정의 일종이다. 위약금 약정을 일반적인 계약과 달리 취급하여 위약금의 감액을 허용하는 것은 이미 우리 민법 제정 당시의 세계적 흐름이었고, 손해배상 예정액의 직권 감액을 허용하는 민법 제398조 제2항은 이러한 흐름을 반영한 조항이다.[6] 다수의 대륙법계 국가들은 입법[7] 또는 해석론[8]으로 위약벌 약정과 손해배상액 예정을 가리지 않고 직권 감액을 허용한다. 이러한 경향은 각종 국제규범들을 통하여 더욱 뚜렷하게 나타나고 있다.[9] 또한 다수의 영미법계 국가들은 손해배상액 예정(liquidated damages)이 아닌 위약벌(penalty)은 아예 강제할 수 없는 것으로 본다.[10] 위약벌을 공서양속 조항으로 규율하는 나라는 일본 정도를 들 수 있고 우리나라 판례도 일본의 영향을 받았을 것으로 추측된다. 그러나 일본 민법 제420조는 특이하게도 손해배상 예정액의 증감 자체를 금지하고 있어, 일본에서는 위약벌은 물론 위약금 일반에 대하여 감액을 논하기 어렵다는 점을 떠올릴 필요가 있다.[11]

위약금 감액의 필요성과 정당성은 계약공정의 원리와 합리적 손해배상의 원리

6) 민의원 법제사법위원회 민법안심의소위원회 편, **민법안심의록 상권: 총칙편 · 물권편 · 채권편**(법무부, 1957), 117, 118면에 따르면 당시 입법자의 관심은 손해배상액 예정의 증감을 명문으로 부정한 의용 민법 제420조 제1항의 입법 태도를 뒤엎고 감액을 허용하는 데에 있었다. 한편 위약벌에 대한 논의는 찾아볼 수 없다. 이는 적어도 입법자가 손해배상액 예정과 위약벌을 구별하여 후자의 감액을 부정하려는 의도를 가지지는 않았음을 보여 준다.

7) 프랑스 민법 제1152조 제2항; 독일 민법 제343조; 오스트리아 민법 제1336조 제2항; 네덜란드 민법 제6:94조; 이탈리아 민법 제1384조; 체코 상법 제301조 등.

8) 이탈리아는 해석론으로 'clausola penale'(위약벌)와 'liquidazione convenzionale del danno'(손해배상액 예정)에 대한 감액을 인정한다. J. Frank McKenna, "Liquidated Damages and Penalty Clauses: A Civil Law versus Common Law Comparison", *The Critical Path,* ReedSmith, Spring(2008)에서 재인용.

9) 유럽계약법원칙(Principles of European Contract Law) 제9:509조; 공통참조기준초안(Draft Common Frame of Reference) Ⅲ권 제3:712조; 국제상사계약원칙(Principles of International Commercial Contract) 제7.4.13조.

10) 미국 통일상법전(Uniform Commercial Code) 제2-718조 제1항, 계약법 제2차 리스테이트먼트(Restatement(Second) of Contracts) 제356조 참조. 이는 손해배상액 예정과 위약벌을 사전적 기준에 의하여 준별하기보다는, 결과적으로 실제 손해 전보에 합리적으로 필요한 범위를 넘어서서 부과되는 위약금은 위약벌이라고 이름 붙여 이를 불허하려는 태도이다. 호주, 캐나다, 아일랜드 등 다른 영미법계 국가들도 같은 태도를 취한다. 다만 영국의 경우 최근 합리적 범위 내의 위약벌은 강제할 수 있다는 쪽으로 판례를 변경하였다. Cavendish Square Holding BV v Talal El Makdessi; ParkingEye Limited v Beavis 〔2015〕 UKSC 67(병합 사건임).

11) 이동신, "손해배상액의 예정과 위약벌에 관한 판례 연구", **민사재판의 제문제**, 제11권(2002), 301면은 우리 민법이 일본 민법과 달리 위약벌의 감액을 부정하는 규정을 두고 있지 않으므로, 감액을 부정할 이유가 없다고 지적한다.

에 따른 것이다. 그런데 이러한 원리는 손해배상액 예정과 위약벌에서 달라질 이유가 없고, 오히려 위약벌에서 더욱 강하게 나타난다. 또한 민사법 내에서는 유추 적용이 이미 광범위하게 행해지고 있어 위약벌에 대해서만 유추 적용을 꺼릴 필요가 없다. 요컨대 위약벌 약정은 일반적인 계약보다는 손해배상액 예정에 더욱 가깝게 취급되어야 한다. 이러한 결론에는 여러 장점이 있다. 상위 원리의 일관된 적용을 통해 법의 정합성을 증진시키고, 부당하게 과도한 위약벌 감액의 길을 열어줌으로써 구체적 타당성을 제고한다. 손쉽게 일반조항에 기대기보다는 개별조항에 의한 규율을 먼저 모색함으로써 개별은 일반에 앞서야 한다는 원리에 부합한다. 같은 것을 같게 다룸으로써 법의 적용에 있어서 헌법상 평등의 요청을 만족시킨다. 위약벌과 손해배상액 예정의 법적 취급이 달라짐으로써 양자를 애써 구별해야 하는 실무상 부담도 덜 수 있다.[12] 그러한 점에서 위약벌과 손해배상액 예정의 엄격한 구별에 기초하여 전자에 대해서만 유독 사적 자치의 원칙을 강조함으로써 위약벌 감액의 문턱을 더욱 높이는 태도는 재고할 필요가 있다.

물론 사적 자치 원칙의 관점에서는 당사자가 약정한 위약벌을 법원이 감액하는 것이 불편하게 느껴질 수 있다. 그러나 역사적으로나 비교법적으로 위약벌의 감액을 정당화하는 근거는 일반 계약보다 위약벌 약정에서 불공정성이 두드러지기 쉽다는 점에 있다. 또한 계약상 권리 또는 의무의 영역(권리 영역)과 권리침해 또는 의무위반에 따른 책임에 관한 영역(책임 영역)에서 사적 자치 원칙의 강도는 달라질 수 있는데, 위약벌 약정은 책임 영역, 나아가 사적 제재의 영역에 속하므로 그만큼 사적 자치 원칙이 뒤로 물러설 수 있다.[13]

---

12) 앞서 소개한 대법원 2016. 7. 14. 선고 2012다65973 판결은 위약벌과 손해배상액 예정을 구분하는 기준을 제시하였다. 그러나 그 기준을 적용하더라도 구체적인 사안에서 위약벌과 손해배상액 예정을 구분하는 작업이 반드시 쉬운 일은 아닐 것이다.

13) 대법원 2010. 9. 30. 2010다50922 판결은 제재 내지 처벌은 사법에서 일반적으로 추구하는 목적이 아니므로 이를 사법관계에 수용할 때에는 좀 더 신중해야 한다고 판시한다.

6 보증채무 부종성의 예외 인정 여부 (대법원 2018. 5. 15. 선고 2016다211620 판결)

가. 사실관계

피고는 상가건물 신축 분양사업을 시행하기 위하여, A은행과 대출업무약정을 체결하는 한편, 수분양자들이 A은행으로부터 중도금 대출을 받을 경우 자신이 그 대출채무를 연대보증하기로 하였다. 그에 따라 A은행은 복수의 수분양자들에게 중도금 대출을 해 주었고, 피고는 그 대출채무를 연대보증하였다. 이후 피고와 A은행은 주채무자인 수분양자들의 개별 동의가 없어도 피고가 A은행에게 곧바로 위 중도금 대출 만기 연장을 요청하되, 그로 인하여 발생할 수 있는 문제는 피고가 모두 책임지기로 협의하였다. A은행은 실제로 약 4년에 걸쳐 피고의 요청만으로 중도금 대출 만기를 연장해 왔다. 한편 피고는 일부 수분양자들과 체결하였던 분양계약을 합의해제하게 되었는데, 이때 피고와 그 수분양자들은 피고가 해당 수분양자들의 대출금을 상환하기로 약정하였다. 피고는 A은행에 분양계약 합의해제 사실을 통보하였다.

원래 피고와 A은행이 체결한 대출업무약정에는 분양계약이 해제될 경우 피고가 수분양자들에게 반환하여야 할 분양대금을 A은행에 대한 대출채무에 우선 충당하기로 되어 있었다. 그러나 피고는 분양계약 해제 후에도 대출금을 상환하지 않은 채 계속하여 A은행에 만기 연장을 요청하며 그 이자만을 지급해 왔다. A은행은 대출채무의 주채무자에게는 시효중단 등의 조치를 취하지 않았다. 이후 A은행은 파산하였고, A은행의 파산관재인인 원고는 위 대출채무의 시효가 완성된 후 주채무자들과 피고를 상대로 주채무 및 보증채무 이행을 구하는 소를 제기하였다.

나. 원심판결과 대상판결

1심에서 주채무자들과 피고는 모두 소멸시효 항변을 하였다. 1심법원은 주채무자들의 소멸시효 항변은 받아들였으나, 피고의 소멸시효 항변은 받아들이지 않았다.[1] 피고가 한 행동에 기초하여, 피고가 주채무 시효소멸과 상관없이 보증채무를 이행하겠다는 의사를 표시하였다고 판단하였기 때문이다. 원심법원도 1심판결을 그대로 유지하였다.[2] 그런데 대법원은 다음과 같은 이유를 들어 원심판결을 파기하였다.

주채무에 대한 소멸시효가 완성되면 보증채무의 부종성에 따라 보증채무도 소멸되는 것이 원칙이다. 다만 보증채무의 부종성을 부정하여야 할 특별한 사정이 있는 경우에는 예외적으로 보증인이 주채무의 시효소멸을 이유로 보증채무의 소멸을 주장할 수 없다. 그런데 이와 같이 특별한 사정을 인정하여 보증채무의 본질적인 속성에 해당하는 부종성을 부정하려면, 보증인이 주채무의 시효소멸에도 불구하고 보증채무를 이행하겠다는 의사를 표시하거나 채권자와 그러한 내용의 약정을 하였어야 한다. 단지 보증인이 주채무의 시효소멸에 원인을 제공하였다는 것만으로는 보증채무의 부종성을 부정할 수 없다.

이 사건에서 피고가 A은행에 만기 연장으로 인한 모든 책임을 부담하겠다고 한 것을 '주채무의 시효소멸 등과 상관없이 보증채무를 이행하겠다'는 의사표시로 볼 수는 없다. 또한 피고가 수분양자들과 사이에 분양계약을 합의해제하면서 대출금 상환에 관한 약정을 한 것은 주채무자인 수분양자들에 대한 의사표시이지, 채권자인 A은행에 대한 의사표시로 볼 수 없다. 피고가 계속하여 A은행에 만기 연장을 요청하며 이자를 지급함으로써 A은행이 주채무자에 대하여 시효중단 등의 조치를 취하지 않은 데 원인을 제공하였다고 하더라도, 이러한 사정만으로는 보증채무의 부종성을 부정할 수 없다.[3]

다. 분석

(1) 부종성-원칙과 예외

부종성, 즉 '주채무에 종속하는 성질'은 보증채무의 당연한 성질이라고 설명된다.[4] 보증채무는 주채무의 존재를 전제로 성립하고, 주채무자에 대한 채권이 이전되면 반대의 특약이 없는 한 보증채권도 함께 이전된다. 보증인은 주채무의 목적

---

1) 서울중앙지방법원 2015. 3. 10. 선고 2014가단5218651 판결.
2) 서울중앙지방법원 2016. 1. 20. 선고 2015나22426 판결.
3) 대상판결의 환송 후 판결인 서울지방법원 2018. 9. 19. 선고 2018나29497 판결은 원고와 피고 사이의 제1심판결을 취소하고 원고의 피고에 대한 청구를 기각하였다.
4) 편집대표 곽윤직, 민법주해 X 채권(3)(박영사, 1995), 172면(박병대 집필부분); 송덕수, 신민법강의, 제11판(박영사, 2018), 888면.

이나 형태보다 중한 부담을 지지 않고(민법 제430조), 주채무자의 권리를 원용할 수 있다(민법 제433조 내지 제435조). 보증채무는 주채무가 소멸하면 함께 소멸한다.

한편 보증계약도 계약의 일종이므로, 보증계약의 당사자는 계약으로 부종성을 완화할 수 있다.[5] 보증채무의 부종성을 포함하여 보증계약에 관한 민법의 규정들은 임의규정이기 때문이다. 계약을 통하여 보증채무의 부종성을 배제할 수도 있다. 손해담보계약이나 독립적 은행보증이 그 예이다.[6] 법률에 따라 부종성이 배제되거나 완화되는 경우도 있다. 채무자의 면책이 보증인의 변제책임에 영향을 미치지 않는다고 정하는 「채무자 회생 및 파산에 관한 법률」 제567조가 그 예이다.[7]

(2) 소멸시효와 보증채무의 부종성

소멸에 관한 보증채무의 부종성은 소멸시효의 맥락에서도 나타난다. 주채무가 시효로 소멸하면 보증채무도 함께 소멸한다. 반면 보증채무에 대한 소멸시효가 중단되어도 주채무에 대한 소멸시효가 중단되지는 않는다. 주채무가 보증채무의 시효중단에도 불구하고 시효로 소멸하면 보증채무도 주채무의 시효소멸을 이유로 함께 소멸한다.[8] 한편 주채무자가 주채무 시효소멸 후 시효이익을 포기하더라도 보증인은 주채무에 관한 시효이익을 원용할 수 있다.[9] 보증인이 주채무자의 일방적 행위 때문에 불이익한 지위로 내몰려서는 안 되기 때문이다.

한편 보증인이 시효이익을 포기하거나 채무를 승인한 뒤에 다시 주채무에 관한 시효이익을 원용할 수 있는지에 대한 학설은 분분하다. 보증채무에 관한 시효이익을 포기하거나 보증채무를 승인할 때 보증인의 의사는 주채무가 존속하는 한 보증채무를 계속 부담하겠다는 뜻으로 해석하여야 하므로 시효이익 포기나 채무 승인에도 불구하고 여전히 주채무에 관한 시효이익을 원용할 수 있다는 견해,[10] 반대

---

5) 곽윤직 편(주 4), 175면(박병대 집필부분).

6) 이처럼 부종성이 배제된 보증채무는 더 이상 민법이 전제하는 전형적인 모습의 보증채무가 아니게 된다. 가령 독립적 은행보증에 대한 대법원 2014. 8. 26. 선고 2013다53700 판결 참조. 독립적 은행보증의 '독립성'에 관하여는 윤진수, "독립적 은행보증의 경제적 합리성과 권리남용의 법리", **법조**, 제63권 제5호(2014. 5), 8－10면 참조.

7) 대법원 2009. 6. 23. 선고 2009다13156 판결. 한편 같은 취지의 구 개인채무자회생법 제84조 제3항이 평등의 원칙이나 재산권 보장원칙에 위반되지 않는다고 한 헌재 2008. 10. 30. 2007헌마206 도 참조.

8) 대법원 2002. 5. 14. 선고 2000다62476 판결; 대법원 2012. 1. 12. 선고 2011다78606 판결.

9) 곽윤직 편(주 4), 176면(박병대 집필부분).

10) 곽윤직 편(주 4), 178－179면(박병대 집필부분).

로 보증인의 의사는 주채무에 관한 시효이익을 함께 포기하는 것이므로 더 이상 주채무에 관한 시효이익을 원용할 수 없다는 견해[11]가 있다. 하지만 이들은 보증인의 시효이익 포기나 채무 승인을 주채무에 관한 시효원용권 포기로도 해석할 수 있는지의 의사 해석 문제로 접근한다는 공통점을 가진다.[12]

대상판결에서 인용된 대법원 2012. 7. 12. 선고 2010다51192 판결도 이러한 의사적 접근 방식을 취하였다.[13] 이 판결의 사안은 다음과 같다. 채권자는 주채무가 시효소멸한 상태에서 연대보증인의 부동산에 대한 강제경매절차를 진행하여 배당금을 수령하였는데, 연대보증인이 그 과정에서 아무런 이의를 제기하지 않았다. 이와 관련하여 연대보증인이 주채무의 시효소멸에 따른 이익을 포기하였는지가 다투어졌다. 대법원은 "주채무의 시효소멸에도 불구하고 보증채무를 이행하겠다는 의사를 표시한 경우 등과 같이 부종성을 부정하여야 할 다른 특별한 사정"이 없는 한 보증인은 여전히 주채무의 시효소멸을 이유로 보증채무의 소멸을 주장할 수 있다고 하였다. 다만 해당 사안에 관하여 대법원은, 연대보증인이 아무런 이의를 제기하지 않았다는 점만으로 "주채무의 시효소멸에도 불구하고 보증채무를 이행하겠다는 의사를 표시"한 것으로 볼 수 없다고 판단하였다.

(3) 대상판결에 대한 검토

대상판결은 대법원 2012. 7. 12. 선고 2010다51192 판결이 제시한 법리의 바탕 위에서, 보증채무의 부종성이 부정될 수 있는 "특별한 사정"을 좀 더 구체적으로 제시하였다. 시효완성 전에 소멸상 부종성을 배제하기 위해서는 보증인이 ① 주채무의 시효소멸에도 불구하고 보증채무를 이행하겠다는 의사를 표시하였거나, ② 채권자와 그러한 내용의 약정을 하였어야 한다고 본 판시 부분이 그것이다.[14] 그중 ②방법은 어렵지 않게 이해할 수 있다. 보증계약의 당사자가 계약을 통하여 부종성을 배제하거나 완화하는 것은 충분히 가능하기 때문이다. 반면 ①방법에 관하여는 주채무의 시효소멸에도 불구하고 보증채무를 이행하겠다는 의사표시의 법적

---

11) 김증한 · 김학동, **채권총론**, 제6판(박영사, 1998), 260면.

12) 곽윤직 편(주 4), 177–179면(박병대 집필부분); 편집대표 김용담, **주석민법 채권총칙(3)**, 제4판(한국사법행정학회, 2014), 96–97면(박영복 집필부분).

13) 김용담 편(주 12), 제4판(한국사법행정학회, 2014), 97면(박영복 집필부분).

14) 회사정리절차 관련 사건에 관한 것이기는 하지만 대법원 2007. 3. 30. 선고 2006다83130 판결에서 이와 유사한 법리가 판시된 바 있다.

성질이 무엇인가, 그러한 의사표시만으로 보증채무의 부종성을 배제할 수 있는가 하는 의문이 생긴다.

이를 시효이익 포기의 의사표시라고는 볼 수 없다. 시효이익은 미리 포기하지 못하기 때문이다(민법 제184조 제1항). 이를 보증인의 주채무 시효소멸 원용권 포기라고 달리 표현하더라도 결론이 달라지지 않는다. 시효이익을 사전에 포기하지 못하도록 하는 것은 일반적으로 약자인 채무자를 보호하기 위한 취지이다.[15] 이러한 취지는 보증인이 주채무 시효소멸 원용권을 사전포기하는 경우에도 마찬가지로 적용되어야 한다. 이러한 포기도 실질적으로는 시효이익 포기의 속성을 지니기 때문이다. 이 점에서 시효소멸 후 포기가 문제되었던 대법원 2012. 7. 12. 선고 2011다51192 판결과 대상판결의 사안은 구별되어야 한다.

그렇다면 보증인의 일방적 의사표시에 의하여 보증채무의 소멸상 부종성을 배제하는 ①방법을 어떻게 이해해야 하는가? 이는 신의칙의 내용인 선행행위에 모순되는 행위 금지(venire contra factum proprium)의 차원에서 생각해 볼 수 있다.[16] 즉 보증인이 주채무의 시효 소멸에도 불구하고 자신의 보증채무를 이행하겠다고 하여 상대방에게 신뢰를 부여한 뒤, 막상 이를 믿고 주채무에 관하여 시효중단조치를 취하지 않은 상대방에게 주채무의 시효소멸을 주장하는 행위는 선행행위에 모순되는 행위로서 허용되지 않는다고 보는 것이다. 우리나라에서 이러한 법리에 기초하여 보증인의 시효이익 원용을 부정한 판결례나 학설상 논의는 찾아보기 어려우나, 외국에서는 이러한 논의가 발견되고 있다.[17] 또한 판례는 신의칙상 시효소멸 주장을 제한하는 법리를 발전시켜 왔는데,[18] 이러한 법리는 보증인의 주채무

---

15) 편집대표 김용담, **주석민법 총칙(3)**, 제4판(한국사법행정학회, 2010), 665면(최성준 집필부분).

16) 노재호, "소멸시효의 원용－원용권자의 범위와 원용권자 상호간의 관계를 중심으로－", **사법논집**, 제52집(2011), 312－313면은 보증인이나 물상보증인 등이 주채무자의 의무를 승인한 뒤 소멸시효가 완성되자 종전의 입장을 바꾸어 시효원용권을 행사하는 경우에 신의칙 위반이 문제될 수 있다고 한다.

17) 예컨대 보증인에게 금반언의 법리를 적용한 영국 판결로 Actionstrength Ltd v International Glass Engineering SpA [2003] 2 AC 541; Bank of Scotland v Wright and another [1991] BCLC 244. 또한 김기창, "보증채무의 부종성과 독립성－영국법과의 비교를 중심으로－", **민사법학**, 제29호(2005. 9), 77면은 보증인이 주채무자에 대한 제소기간이 도과하였음을 이유로 면책을 주장할 수 없다는 영국의 판례 법리를 소개한다.

18) 대법원은 ① 채무자가 시효완성 전에 채권자의 권리 행사나 시효중단을 불가능 또는 현저히 곤란하게 하거나 그러한 조치가 불필요하다고 믿게 하는 행동을 하였거나, ② 객관적으로 채권자가 권리를 행사할 수 없는 장애사유가 있었거나, ③ 일단 시효완성 후에 채무자가 시효를 원용하지 아니할 것 같은 태도를 보여 권리자로 하여금 그와 같이 신뢰하게 하였거나, ④ 채권자보호의 필요성이 크고 같은 조건의 다른 채권자가 채무의 변제를 수령하는 등의 사정이 있어 채무이행의

시효소멸 원용에도 확장 적용될 수 있다.

한편 ②방법에 관해서도 생각해 볼 점이 있다. 이처럼 약정을 통해 소멸상 부종성이 배제된 보증인의 채무를 여전히 보증채무라고 부를 수 있는가? 민법상 보증채무는 개념상 주채무의 존속을 전제하는 것이고, 부종성은 이러한 보증채무의 본질을 담아낸 개념이다. 독립적 은행보증에 관한 한 대법원 판결이 적절히 지적하듯이,[19] 부종성이 배제된 보증채무는 엄밀히 말하면 더 이상 민법이 상정하는 보증채무라고 보기 어렵다. 결국 보증인이 주채무의 소멸에도 불구하고 채권자에게 채무를 이행하겠다고 약정을 체결함으로써 보증채무는 새로운 법적 성격을 가진 채무로 변환된다고 보아야 한다. 이렇게 변환된 새로운 채무의 법적 성격이 무엇인지는 약정의 성격과 내용에 따라 달라진다. 그 약정은 사안에 따라 준소비대차나 경개, 채무인수, 이행인수 등 다양한 방식으로 존재할 수 있을 것이다.[20] 요컨대 위와 같은 약정은 보증채무를 그대로 두면서 그 부종성을 배제하는 방법이라기보다는 부종성을 본질적 속성으로 하는 보증채무를 다른 유형의 채무로 변환시키는 방법이라고 보는 것이 더욱 정확하다.

한편 위의 ①방법과 ②방법 중 어느 것에 의하더라도, 보증채무의 부종성 배제는 신중하고 엄격하게 이루어져야 한다. 법률관계의 당사자가 자신에게 유리한 상황을 굳이 받아들이지 않고 오히려 불이익을 선택하는 것은 이례적이기 때문이다. 대상판결이 부종성 배제의 일반론을 제시하면서도 해당 사건에 나타난 사정만으로 부종성이 배제되지 않는다는 결론을 내린 것은 그 점에서 타당하다.

대상판결에서 직접 다루지는 않았지만, 대상판결의 연장선상에서 생각할 점들이 있다. 보증채무의 부종성이 부정되어 보증인이 채권자에게 보증채무를 이행해야 한다면, 그 후 보증인은 주채무자에게 구상할 수 있는가? 이 문제를 다룬 대법원 판결은 아직 발견되지 않는다.[21] ②방법에 따라 보증인이 채권자와의 새로운 약

거절을 인정함이 현저히 부당하거나 불공평하게 되는 등의 특별한 사정이 있는 경우에 한하여 채무자의 소멸시효 항변이 신의성실의 원칙에 반하는 권리남용으로서 허용될 수 없다고 판시하여 왔다. 대법원 1994. 12. 9. 선고 93다27604 판결; 대법원 1997. 12. 12. 선고 95다29895 판결 등 다수.

19) 대법원 2014. 8. 26. 선고 2013다53700 판결.

20) 곽윤직 편(주 4), 179면(박병대 집필부분)도 굳이 주채무 없는 보증채무를 인정하기보다는 손해담보계약 내지 준소비대차계약을 인정하는 등의 방법이 법이론상 일관성이 있다고 지적한다.

21) 국가배상책임의 소멸시효가 완성되었으나 국가의 소멸시효 항변이 신의칙에 반하여 국가가 결국 피해자에 대한 배상책임을 이행한 경우 국가가 공무원에게 구상권을 행사할 수 있는지를 다룬 판결(대법원 2016. 6. 10. 선고 2015다217843 판결)이 있기는 하나, 위 판결의 법리가 보증인과 주

정에 기초하여 기존의 보증채무와 같은 내용의 채무를 부담하게 되었다면, 보증인과 주채무자 사이의 구상 문제는 아예 발생하지 않는다. 이처럼 새롭게 발생한 약정상 채무에 관하여 주채무자에게 구상의 부담을 지울 근거가 희박하기 때문이다. 한편 ①방법에 따라 주채무가 시효로 소멸하였는데 보증인이 그 시효이익을 원용할 수 없게 된 경우에도, 보증인이 주채무자에게 구상권을 행사할 수는 없으리라고 생각된다.[22] 보증인이 보증채무를 이행하지 않아도 되는 상황에서 굳이 스스로 채무를 이행하기로 하였다면 그 이행 부담은 자신이 궁극적으로 떠안아야 하고 주채무자에게 이를 전가하는 것은 부당하기 때문이다.

채무자에 대하여도 적용될 수 있는지는 분명하지 않다.

22) 김형배, **채권총론**(박영사, 1991), 564면은 주채무가 시효로 소멸한 뒤 보증인이 시효이익을 포기하고 그 채무를 변제하는 것은 비채변제로서, 보증인이 주채무자에게 구상권을 행사할 수 없다고 설명한다.

7 금액이 다른 채무가 서로 부진정연대관계에 있을 때 다액채무자가 일부 변제를 하는 경우의 법률관계 (대법원 2018. 3. 22. 선고 2012다74236 전원합의체 판결)

가. 사실관계

소외 1(1심 원고였으나 1심 중 원고승계참가인에게 채권을 양도하고 소송탈퇴, 편의상 이하 '원고'라고 한다)은 개업공인중개사인 피고의 중개로 이 사건 아파트를 소외 2에게 임대하기로 하는 임대차계약을 체결하였다. 원고는 소외 2로부터 임대차보증금 잔금을 수령할 권한을 피고의 중개보조원인 소외 3에게 위임하였다. 이에 따라 소외 3은 소외 2로부터 임대차보증금 잔금 198,000,000원을 수령하였다. 한편 소외 3은 원고로부터 위 임대차보증금 잔금으로 자신의 대출금을 변제해 달라는 부탁을 받고, 대출금상환수수료로 5,406,000원을 지급받았다. 그러나 소외 3은 위 임대차보증금 잔금과 대출금상환수수료를 횡령하였다. 그 후 소외 3은 원고에게 임대차보증금 잔금 중 97,22,343원을 변제하였다. 원고는 개업공인중개사인 피고를 상대로 손해배상책임을 묻는 소송을 제기하였다.

나. 원심판결과 대상판결

1심법원은, 소외 3은 자신의 불법행위로 인하여 원고가 입은 전체 손해액 218,432,332원(임대차보증금 잔금 198,000,000원, 대출금상환수수료 5,406,000원 및 제때에 대출금이 변제되지 않음으로써 그 후 원고가 추가로 지출한 대출금 이자 15,026,332원을 합한 금액)에 대하여 손해배상책임이 있고, 피고는 공인중개사법 제30조 제1항에 따라 소외 3의 불법행위로 인한 손해배상책임을 부담한다고 인정하였다. 다만 원고 측에게도 과실이 있으므로, 피고는 과실상계에 의하여 그중 50%인 109,216,166원에 대하여만 손해배상책임을 부담한다고 하였다.[1] 나아가 소외 3이 변제한 97,222,343원은 소외 3이 단독으로 채무를 부담하는 부분에서 변제된다고 보아, 피고의 손해배상책임은 소멸하지 아니하였다고 판단하였다. 즉 1심판결은

---

1) 서울중앙지방법원 2011. 11. 15. 선고 2010가합36624 판결.

외측설에 따랐다.

그러나 원심법원은 이와 달리, 소외 3이 변제한 97,222,343원 중 피고의 과실비율에 상응하는 48,611,171원(=97,222,343원×0.5)은 피고가 배상하여야 할 손해액의 일부로 변제된 것이라고 보았다. 그리고 피고의 손해배상책임은 그 범위에서 소멸하였다고 판단하였다.[2] 즉 원심판결은 과실비율설에 따랐다.

대법원은 원심법원이 따른 이른바 '과실비율설'의 문제점을 지적하면서, 원심판결을 파기환송하였다. 그리고 '과실비율설'을 따른 기존의 사용자책임, 공동불법행위책임 관련 판결들[3]을 변경하였다. 대상판결의 요지는 다음과 같다.

금액이 다른 채무가 서로 부진정연대관계에 있을 때 다액채무자가 일부 변제를 하는 경우, 당사자의 의사와 채무 전액의 지급을 확실히 확보하려는 부진정연대채무 제도의 취지에 비추어 볼 때 다액채무자가 단독으로 채무를 부담하는 부분이 먼저 소멸한다고 보아야 한다. 이러한 법리는 사용자의 손해배상액이 피해자의 과실을 참작하여 과실상계를 한 결과 타인에게 직접 손해를 가한 피용자 자신의 손해배상액과 달라졌는데 다액채무자인 피용자가 손해배상액의 일부를 변제한 경우, 공동불법행위자들의 피해자에 대한 과실비율이 달라 손해배상액이 달라졌는데 다액채무자인 공동불법행위자가 손해배상액의 일부를 변제한 경우에 모두 적용된다. 중개보조원을 고용한 개업공인중개사의 공인중개사법 제30조 제1항에 따른 손해배상액이 과실상계를 한 결과 거래 당사자에게 직접 손해를 가한 중개보조원 자신의 손해배상액과 달라졌는데 다액채무자인 중개보조원이 손해배상액의 일부를 변제한 경우에도 마찬가지이다.

종래 대법원은 사용자책임과 공동불법행위책임이 문제되는 사안에서 이른바 '과실비율설'에 입각하여, 금액이 다른 채무가 서로 부진정연대관계에 있을 때 다액채무자가 일부 변제를 하는 경우 다액채무자가 단독으로 채무를 부담하는 부분부터 먼저 소멸하는 것이 아니라 소액채무자와 공동으로 채무를 부담하는 부분도 소액채무자의 과실비율에 상응하는 만큼 소멸한다고 판단하였다. 그러나 과실비율설

---

2) 서울고등법원 2012. 7. 5. 선고 2011나99728 판결.

3) 대법원 1994. 2. 22. 선고 93다53696 판결; 대법원 1994. 8. 9. 선고 94다10931 판결; 대법원 1995. 3. 10. 선고 94다5731 판결; 대법원 1995. 5. 12. 선고 94다6246 판결; 대법원 1995. 7. 14. 선고 94다19600 판결; 대법원 1998. 7. 24. 선고 97다55706 판결; 대법원 1999. 2. 12. 선고 98다55154 판결; 대법원 2001. 11. 13. 선고 2001다12362 판결; 대법원 2004. 3. 26. 선고 2003다34045 판결; 대법원 2005. 4. 29. 선고 2005다11893 판결; 대법원 2012. 6. 28. 선고 2010다73765 판결; 대법원 2012. 9. 13. 선고 2012다26947 판결 등.

에 따르면 과실상계를 중복 적용하는 부당한 결과에 이를 뿐만 아니라, 다액채무자의 무자력에 대한 위험의 일부를 채권자인 피해자에게 전가하게 되는 문제가 있다. 이는 채권자의 지위를 강화하기 위한 부진정연대채무의 취지에 반한다. 당사자의 의사라는 측면에서 보더라도, 피해자와 다액채무자 모두 단독 부담부분이 소멸되기를 원하는 것이 보통이다. 그러므로 '과실비율설'에 따른 판례들을 변경하기로 한다.

다. 분석

(1) 학설과 기존 판례의 태도

대상판결은 금액이 다른 채무가 서로 부진정연대관계에 있을 때 다액채무자가 일부 변제를 한 경우, 그 변제의 효과가 다액채무자가 단독으로 채무를 부담하는 부분(이하 '단독 부분'이라고 한다)과 다액채무자 · 소액채무자가 공동으로 채무를 부담하는 부분(이하 '공동 부분'이라고 한다) 중 어느 부분에 미치는가 하는 문제를 다루었다. 개별적 과실상계[4]나 개별적 책임제한,[5] 일부 채무자에 대한 소멸시효 완성이나 권리포기나 채무면제,[6] 개별적 소 제기로 인한 배상액 차이[7] 등으로 부진정연대관계에서 채무자들의 채무액이 달라질 수 있다. 소액채무자의 채무액에 해당하는 부분에 대해서는 다액채무자와 소액채무자가 부진정연대채무를 부담하고, 소액채무자의 채무액을 초과하는 부분에 대해서는 다액채무자가 단독으로 채무를 부담한다. 이때 다액채무자가 일부 변제를 한 경우, 단독 부분 또는 공동 부분 중 어디에서 얼마만큼 채무가 소멸한다고 볼 것인지가 문제된다.

종래 이 문제에 대해서는 내측설, 외측설, 과실비율설, 안분설이 대립하였다. 내측설은 다액채무자가 변제한 금액이 공동 부분부터 소멸시킨다는 입장이다.[8] 외

---

4) 공동불법행위자 중 피해자의 부주의를 이용한 고의의 불법행위자에게는 과실상계가 허용되지 않는다고 한 대법원 1995. 11. 14. 선고 95다30352 판결; 대법원 2005. 10. 7. 선고 2005다32197 판결, 공동불법행위자에 대한 개별적 과실상계를 허용한 대법원 2018. 2. 13. 선고 2015다242429 판결 참조. 한편 이 사건에 직접 적용되는 판결로는, 중개보조원이 고의로 불법행위를 한 경우에도 중개업자는 과실상계 주장을 할 수 있다고 한 대법원 2011. 7. 14. 선고 2011다21143 판결.

5) 대법원 2004. 12. 10. 선고 2002다60467, 60474 판결; 대법원 2005. 10. 28. 선고 2003다69638 판결 등.

6) 대법원 1997. 12. 12. 선고 96다50896 판결; 대법원 1997. 12. 23. 선고 97다42830 판결.

7) 대법원 2001. 2. 9. 선고 2000다60227 판결.

8) 김상용, "사용자 및 피용자의 책임과 과실상계", 법률신문, 제2517호(1996), 15면.

측설은 다액채무자가 변제한 금액이 단독 부분부터 소멸시킨다는 입장이다.[9] 과실비율설은 다액채무자가 변제한 금액이 공동 부분 중 다액채무자에 대한 소액채무자의 과실비율에 해당하는 부분부터 소멸시키고, 남는 금액이 있으면 단독 부분을 소멸시킨다는 입장이다.[10] 안분설은 다액채무자가 변제한 금액이 공동 부담 부분과 단독 부담 부분의 채무액 비율에 따라 안분하여 소멸시킨다는 입장이다.[11] 이는 법정변제충당에 관한 민법 제477조 제4호를 유추 적용한 결과이다. 채권자 입장에서는 공동 부분, 즉 부진정연대부분이 많이 남아 있을수록 채권을 만족 받을 가능성이 높아지므로, 단독 부분부터 소멸시키는 외측설이 채권자에게 가장 유리하다.

판례는 대체로 사용자책임[12]과 공동불법행위책임[13]으로 인한 부진정연대관계에는 과실비율설을 취하였으나, 그 외의 부진정연대관계[14]에는 외측설을 취하는 경향을 보였다.[15] 판례가 왜 이러한 이원적 입장을 취해 왔는지는 분명하지 않으

---

9) 김동옥, "피용자 본인이 손해액의 일부를 변제한 경우 사용자의 손해배상채무의 소멸범위", **판례연구(부산판례연구회)**, 제11집(2000), 373면; 손철우, "다액의 채무를 부담하는 부진정연대채무자가 일부 변제한 경우 그 변제의 효력", **민사판례연구**, 제25권(박영사, 2003), 109면; 서종희, "부진정연대채무에서 다액채무자의 일부변제의 효과－외측설에 의한 일원화된 해결방법의 모색", **저스티스**, 통권 제136호(2013. 6), 90－91면; 김성식, "부진정연대채무의 일부변제 등에 관한 법리의 검토", **저스티스**, 통권 제138호(2013. 10), 57면; 배성호, "부진정연대채무자 중 일인의 일부변제의 효과", **동아법학**, 제67호(2015. 5), 294면; 이준민, "부진정연대채무에서의 일부 변제시 채무 소멸에 관한 통일적 기준의 제시－대법원 2018. 3. 22. 선고 2012다74236 전원합의체 판결을 중심으로－", **법학논총**(전남대학교), 제38권 제2호(2018. 5), 78면.

10) 박재윤, "피용자 본인이 손해의 일부를 변제한 경우 사용자의 손해배상의 범위", **재판의 한 길 : 김용준 헌법재판소장 화갑기념 논문집**(박영사, 1994), 434면; 김봉수, "부진정연대채무에 있어서 다액채무자의 일부 변제에 의한 소액 채무자의 면책 범위", **아주법학**, 제8권 제4호(2015), 247－252면. 여기에서 "다액채무자에 대한 소액채무자의 과실비율"은 다액채무자의 과실비율을 100%로 보았을 때 이에 대응하는 소액채무자의 과실비율을 말한다. 고유강, "부진정연대채무자들 중 다액채무자가 한 일부변제의 효과", **민사판례연구**, 제41권(박영사, 2019), 439－440면.

11) 제철웅, "부진정연대채무 및 일부보증에서 채무자의 일부변제와 변제충당", **법조**, 제55권 제6호(2006), 75면 이하; 김교창, "부진정연대채무자 중 1인의 일부변제", **판례연구**(서울지방변호사회), 제14집(2001), 243－245면.

12) 계약채무와 불법행위채무가 부진정연대관계를 이루는 사안 유형에 관한 대법원 1994. 2. 22. 선고 93다53696 판결; 대법원 1994. 8. 9. 선고 94다10931 판결; 대법원 1999. 2. 12. 선고 98다55154 판결; 대법원 2012. 6. 28. 선고 2010다73765 판결.

13) 대법원 1995. 3. 10. 선고 94다5731 판결; 대법원 2016. 12. 15. 선고 2016다230553 판결.

14) 대법원 1999. 11. 23. 선고 99다50521 판결; 대법원 2000. 3. 14. 선고 99다67376 판결; 대법원 2007. 10. 25. 선고 2007다49748 판결; 대법원 2010. 2. 25. 선고 2009다87621 판결.

15) 그러나 과실비율설과 외측설 중 어떤 사건 유형에 무엇을 적용해야 하는지에 대한 불명확성은 여전히 존재하고 이로 인해 실무상 혼란이 남아 있었다. 김봉수(주 10), 250－252면. 대상판결 역시 판결이유에서 이러한 불명확성을 자인하고 있다.

나, 부진정연대채무자의 채무가 동질적이고 상호 간에 구상권이 인정되는 경우는 과실비율설을, 그렇지 않은 경우는 외측설을 취하는 것으로 이해되었다.[16] 한편 이 사건에서 피고가 부담하는 손해배상책임은 사용자책임에 관한 민법 제756조가 아니라 구 「공인중개사의 업무 및 부동산거래신고에 관한 법률」(2014. 1. 28. 법률 제12374호로 공인중개사법으로 명칭이 개정되기 전의 법) 제15조 제2항,[17] 제30조 제1항[18]에 따른 것이다. 종래 기준에 따르면 이 사건에는 1심법원처럼 외측설을 적용해야 할 것처럼 보인다. 그런데 중개업자가 자신의 피용자인 중개보조원의 업무상 행위로 손해배상책임을 지는 것은 사용자책임과 유사한 구조를 띤다. 이러한 사용자책임과의 유사성에 착안하면 이 사건에는 과실비율설을 적용해야 한다고 말할 수도 있다. 1심법원과 원심법원이 각기 다른 기준을 적용한 것에서도 알 수 있듯이, 기존 판례의 이원적 입장에는 어떤 사안에 어떤 입장을 취할 것인지가 불명확하다는 단점이 있었다. 대상판결은 모든 부진정연대관계에 관하여 외측설을 적용하는 것으로 판례를 통일하면서, 이 사건에 외측설을 적용하였다.

(2) 대상판결 검토

대상판결은 결국 다액채무자의 무자력 위험을 누가 부담할 것인가의 문제를 다루는 것이다. 외측설에 따르면 다액채무자의 무자력 위험은 소액채무자가 부담한다. 왜냐하면 다액채무자가 일부 변제한 뒤 무자력이 되더라도 채권자는 소액채무자로부터 그가 부담하는 채무 전액을 받을 수 있기 때문이다. 과실비율설에 따르면 채권자도 다액채무자의 무자력 위험을 분담한다. 왜냐하면 다액채무자의 일부 변제로 소액채무자가 공동 부담하는 부분도 과실비율에 따라 일부 소멸하게 되고, 그 후 다액채무자가 무자력이 되면 채권자는 소액채무자로부터 그가 부담하는 채무 전액을 받을 수 없기 때문이다. 따라서 과실비율설은 채권자와 채무자 간 손해의 공평한 분담이라는 과실상계 제도의 본래 취지[19]를 확장하여, 채권자와 소액채

---

16) 손철우(주 9), 100−101면; 김성식(주 9), 51면; 서종희(주 9), 82면.

17) 이 항은 "소속공인중개사 또는 중개보조원의 업무상 행위는 그를 고용한 중개업자의 행위로 본다."라고 규정하였다.

18) 이 항은 "중개업자는 중개행위를 함에 있어서 고의 또는 과실로 인하여 거래당사자에게 재산상의 손해를 발생하게 한 때에는 그 손해를 배상할 책임이 있다."라고 규정하였다.

19) 판례는 과실상계에 관하여 "공평 또는 신의칙의 견지에서 손해배상액을 정하는 데 피해자의 과실을 참작하는 것"이라고 설명한다. 대법원 1998. 9. 4. 선고 96다6240 판결; 대법원 2000. 6. 9. 선고 98다54397 판결; 대법원 2018. 2. 13. 선고 2015다242429 판결 외 다수.

무자 사이에 다액채무자의 무자력 위험도 분담시킨다.

과실비율은 법원이 과실상계를 통하여 가해자(또는 채무자)와 피해자(또는 채권자) 사이에 책임을 공평하게 분담시키고자 할 때 활용되는 비율이다. 이렇게 해서 채권자와 채무자 사이의 책임 분담이 정해지면, 과실비율은 본래의 역할을 다하게 된다. 그런데 과실비율설은 과실비율의 본래 역할을 넘어서서, 과실비율을 재활용한다. 그 결과 특정 채무자의 무자력 위험이 그 과실비율만큼 채권자에게 전가된다. 하지만 다액채무자의 무자력 위험은 소액채무자와 다액채무자의 내부 구상관계에서 문제되는데, 채권자와의 외부 책임관계에서 적용되는 과실상계가 이러한 내부 구상관계에도 적용되는 것은 타당하지 않다. 대상판결은 이러한 과실상계의 중복 적용 문제를 들어 과실비율설을 비판하였다. 또한 채권자를 두텁게 보호하려는 부진정연대채무의 취지에 비추어 볼 때에도 과실비율설에는 문제가 있다. 과실비율설은 부진정연대채무의 담보력을 약화시키는 결과를 가져오기 때문이다. 대상판결은 "다액채무자의 무자력에 대한 위험의 일부를 채권자인 피해자에게 전가한다면 이는 채권자의 지위를 약화시키는 것으로 부진정연대채무의 성질에 반"한다고 하여 이 점을 적절히 지적하였다.

그 외에도 대상판결은 당사자의 의사, 변제 선후에 따라 결과가 달라지는 문제점, 외측설과 과실비율설의 적용 범위의 불명확성, 일부보증이나 연대채무 관련 법리와의 일관성, 사용자책임의 제도적 취지 등을 들어 과실비율설을 비판하였다. 하지만 이러한 추가 근거들은 다소 부수적인 것이고, 과실비율설에 대한 비판의 핵심은 앞서 설명한 '과실상계의 사정거리론'과 '부진정연대채무의 취지론'에 있다. 대상판결이 상세하게 논증하였듯이 과실비율설에는 여러 가지 문제가 있으므로 이를 폐기하는 것이 옳다.

물론 과실비율설이 타당하지 않다고 하여 외측설이 타당하다는 결론이 당연히 도출되지는 않는다. 따라서 외측설로 일원화하려면 외측설의 타당성을 별도로 살펴보아야 한다. 다액채무자의 일부변제 문제를 직접 규율하는 법 규정은 없다. 따라서 외측설도 법 규정에 기하여 직접 정당화되지는 않는다. 이러한 상황에서도 가급적 법 규정에 기초하여 이러한 일부변제의 효과를 끌어내려고 했던 것이 안분설이다. 안분설은 법정변제충당에 관한 민법 제477조를 유추 적용하여 문제를 해결하고자 하였다. 이처럼 어떤 법적 효과를 근거지우기 위한 법 규정을 모색하는 시도는 일단 바람직하다. 다만 대법관 김재형의 보충의견에서 설명하듯이 민법 제

477조는 채무자가 채권자에게 수 개의 채무를 부담하는 경우에 채무자의 변제이익을 기준으로 충당관계를 정하는 조항이므로, 다수 채무자가 채권자에게 각각 단일 채무를 부담하는 관계에서 채권자의 채권 만족을 확보하기 위한 부진정연대채무에는 유추 적용되기 어렵다.[20] 또한 유추 적용의 결과가 부진정연대채무 제도의 목적에 오히려 반한다면, 비록 사안 유형 사이에 유사성이 있더라도 유추 적용의 정당성을 인정할 수 없다.

결국 이 문제에 직접 적용하거나 유추 적용할 개별 법 조항이 있다면 법 체계 전체에 깔린 법 정신을 살펴보아 그 법 정신에 부합하는 해석론을 취해야 한다. 외측설의 정당성도 특정한 법 규정이 아니라 부진정연대채무를 둘러싼 법 정신으로부터 획득될 수 있다. 부진정연대채무는 수인의 채무자가 동일한 채무에 대해 각자 독립하여 이행할 의무를 부담하는 점에서 연대채무와 같지만, 1인의 채무자에 대한 사유가 다른 채무자에게 미치는 효력, 즉 절대적 효력의 범위가 좁은 채무로서 해석론상 인정되는 개념이다. 그리고 부진정연대채무 개념을 인정하는 주된 근거는 그 개념을 통해 채권자를 두텁게 보호할 수 있기 때문이다.[21] 절대적 효력의 범위를 좁히는 것은 결과적으로 특정 채무자의 무자력으로 인한 위험을 감소시키고 채권자가 그 채권을 만족 받을 수 있는 가능성을 높인다.[22] 한편 이 사건과 같은 일부변제 상황은 모두를 만족시킬 수 없는 한정된 재원(財源)을 누구를 위해 먼저 사용할 것인가의 질문을 던진다. 이때 채권자 보호의 법 정신을 가장 잘 구현할 수 있는 것이 외측설이다. 이러한 외측설적 입장은 일부보증,[23] 일부청구,[24] 채무액이 다른 연대채무[25] 등에 관한 우리 판례 전반에 걸쳐서 일관되게 나타나고 있다.

외측설은 변제주체인 다액채무자와 변제수령자인 채권자의 의사에도 부합한다.

---

20) 물론 어떤 법 규정이 적용되는 사안 유형과 유추 적용이 문제 되는 사안 유형 사이에 차이점이 있다고 하여 언제나 유추 적용의 가능성이 배제되는 것은 아니다. 두 사안 사이의 차이점이 사소한 것에 불과하여 그 법 규정 배후의 상위 원리가 후자에 적용될 수 있다면 법 규정의 유추 적용이 가능하다. 권영준, "위약벌과 손해배상액 예정－직권감액 규정의 유추 적용 문제를 중심으로－", **저스티스**, 통권 제155호(2016. 8), 219면.

21) 임건면, "부진정연대채무에 관련된 몇 가지 문제점과 유형화 시도", **성균관법학**, 제29권 제1호(2017. 3), 215면.

22) 편집대표 곽윤직, **민법주해 X 채권(3)**(박영사, 1995), 81면(차한성 집필부분).

23) 대법원 1985. 3. 12. 선고 84다카1261 판결.

24) 대법원 1976. 6. 22. 선고 75다819 판결; 대법원 2008. 12. 24. 선고 2008다51649 판결.

25) 대법원 2013. 3. 14. 선고 2012다85281 판결.

채권자에게는 물론, 다액채무자에게도 공동 부담 부분이 줄어들지 않는 것이 유리하다. 다액채무자보다 소액채무자에게 자력이 넉넉한 경우에는 채권자가 소액채무자에게 먼저 이행을 청구할 가능성이 높으므로, 다액채무자 입장에서 외측설의 이점이 더욱 커질 수 있다.[26] 물론 소액채무자는 일반적으로 외측설보다 과실비율설을 선호할 것이다.[27] 그러나 적어도 변제의 법적 효과를 결정하기 위해 우선적으로 고려되어야 하는 의사는 변제를 한 다액채무자와 변제를 받은 채권자의 의사이다. 따라서 당사자의 의사라는 측면에서도 외측설은 지지될 수 있다. 이러한 점들을 종합해 보면 대상판결의 태도는 타당하다.[28]

26) 고유강(주 10), 451－452면.

27) 소액채무자 입장에서는 공동 부분이 줄어드는 것이 유리하므로, 학설 가운데 소액채무자에게 가장 유리한 것은 내측설이다.

28) 대상판결은 1심 재판장이었던 김소영 대법관을 제외한 12인 대법관 전원일치의견으로 선고되었다. 대상판결 선고 이후 나온 판례평석도 모두 대상판결의 취지에 찬성한다. 이준민(주 9); 김현진, "금액이 다른 부진정연대관계에서 다액채무자의 일부변제의 효력－대법원 2018. 3. 22. 선고 전원합의체 판결에 대한 평석－", **법학연구**(인하대학교), 제21집 제3호(2018. 9); 고유강(주 10); 정다영, "부진정연대채무에서 다액채무자의 일부변제－대법원 2018. 3. 22. 선고 2012다74236 전원합의체 판결에 대한 검토 및 부진정연대채무의 개념에 대한 고찰 -", **저스티스**, 통권 제169호(2018. 12); 이진관, "금액이 다른 채무가 서로 부진정연대관계에 있을 때 다액채무자가 일부 변제를 하는 경우, 변제로 먼저 소멸하는 부분(＝다액채무자가 단독으로 채무를 부담하는 부분)", **대법원판례해설**, 제115호(법원도서관, 2018).

8 체육필수시설 인수인의 권리 · 의무 승계 범위 (대법원 2018. 10. 18. 선고 2016다220143 전원합의체 판결)

가. 사실관계

A회사는 X토지에 A골프장을 건설하여 운영하면서 B은행을 비롯한 금융기관들로부터 대출을 받았다. A회사는 그 대출채무를 담보하기 위하여 수탁자인 B은행과 사이에 위 금융기관들을 우선수익자로 하여 X토지 및 A골프장 건물들에 관한 담보신탁계약을 체결하고, B은행 앞으로 소유권이전등기를 마쳐 주었다.

이후 A회사가 대출채무를 이행하지 않자 B은행은 X토지 및 A골프장 건물들에 관한 공매절차를 진행하였다. 그 공매절차에서 C가 낙찰자로 선정되었으나, C가 매매계약을 제대로 이행하지 않아 B은행은 수의계약 방식으로 피고회사와 다시 매매계약을 체결하였다. 피고회사는 X토지 및 A골프장 건물들에 관하여 소유권이전등기를 마친 뒤, 피고신탁회사와 사이에 피고 3을 우선수익자로 하여 X토지 및 A골프장 건물들에 관한 담보신탁계약을 체결하였다. X토지 및 A골프장 건물들에 관하여는 피고신탁회사 앞으로 소유권이전등기가 이루어졌다.

A골프장의 회원인 원고들은 피고회사를 상대로 입회금반환을 구하고, 그 입회금반환채권을 피보전채권으로 하여 피고신탁회사 및 피고 3에 대하여 사해행위 취소 및 원상회복을 구하는 소송을 제기하였다.

나. 원심판결과 대상판결

1심법원은 피고회사가 A회사의 원고들에 대한 입회금반환채무를 승계하지 않는다고 보아, 원고들의 청구를 모두 받아들이지 않았다.[1] 원심법원도 1심법원과 같은 입장을 취하면서 원고들의 항소를 모두 기각하였다.[2] 그러나 대법원은 피고회사가 입회금반환채무를 승계한다고 보아 원심판결을 파기환송하였다. 이에 대해서는 반대의견이 있었다.

---

1) 대구지방법원 김천지원 2015. 6. 16. 선고 2014가합1556 판결.
2) 대구고등법원 2016. 4. 21. 선고 2015나22107 판결.

다수의견의 요지는 다음과 같다.[3] 「체육시설의 설치 및 이용에 관한 법률」(이하 '체육시설법'이라고 한다) 제27조 제1항은 "체육시설업자가 사망하거나 그 영업을 양도한 때 또는 법인인 체육시설업자가 합병한 때에는 그 상속인, 영업을 양수한 자 또는 합병 후 존속하는 법인이나 합병에 따라 설립되는 법인은 그 체육시설업의 등록 또는 신고에 따른 권리 · 의무(제17조에 따라 회원을 모집한 경우에는 그 체육시설업자와 회원 간에 약정한 사항을 포함한다)를 승계한다."라고 정하고 있다. 그리고 같은 조 제2항은 "다음 각호의 어느 하나에 해당하는 절차에 따라 문화체육관광부령으로 정하는 체육시설업의 시설 기준에 따른 필수시설을 인수한 자에게는 제1항을 준용한다."라고 정하면서, 제1호로 "민사집행법에 따른 경매", 제2호로 "채무자 회생 및 파산에 관한 법률(이하 '채무자회생법'이라고 한다)에 의한 환가", 제3호로 "국세징수법 · 관세법 또는 지방세징수법에 따른 압류 재산의 매각"을 열거하고 그 다음 항목인 제4호에서 "그 밖에 제1호부터 제3호까지의 규정에 준하는 절차"를 명시하고 있다. 이처럼 체육시설법 제27조 제1항은 상속과 합병 외에 영업양도의 경우에도 체육시설업의 등록 또는 신고에 따른 권리 · 의무를 승계한다고 정하고, 제2항은 경매를 비롯하여 이와 유사한 절차로 체육시설업의 시설 기준에 따른 필수시설(이하 '체육필수시설'이라고 한다)을 인수한 자에 대해서도 제1항을 준용하고 있다. 위와 같은 방법으로 체육시설업자의 영업이나 체육필수시설이 타인에게 이전된 경우 영업양수인 또는 체육필수시설의 인수인 등은 체육시설업과 관련하여 형성된 공법상의 권리 · 의무뿐만 아니라 체육시설업자와 회원 간의 사법상 약정에 따른 권리 · 의무도 승계한다. 한편 체육시설업자가 담보 목적으로 체육필수시설을 신탁법에 따라 담보신탁을 하였다가 채무를 갚지 못하여 체육필수시설이 공개경쟁입찰방식에 의한 매각(이하 '공매'라고 한다) 절차에 따라 처분되거나 공매 절차에서 정해진 공매 조건에 따라 수의계약으로 처분되는 경우가 있다. 이와 같이 체육필수시설에 관한 담보신탁계약이 체결된 다음 그 계약에서 정한 공매나 수의계약으로 체육필수시설이 일괄하여 이전되는 경우에도 체육시설법 제27조의 문언과 체계, 입법 연혁과 그 목적, 담보신탁의 실질적인 기능 등에 비추어 체육필수시설의 인수인은 체육시설업자와 회원 간에 약정한 사항을 포함하여 그 체육시설업의 등록 또는 신고에 따른 권리 · 의무를 승계한다

3) 다수의견에 대하여는 대법관 김소영, 대법관 김재형의 보충의견, 대법관 조재연의 보충의견이 각각 개진되었다.

고 보아야 한다.

반대의견의 요지는 다음과 같다.[4] 담보신탁계약에서 정한 공개경쟁입찰방식이나 수의계약 방식에 의한 매매(이하 '담보신탁을 근거로 한 매매'라고 한다)에 따라 체육필수시설을 인수한 자는 그 체육시설업의 등록 또는 신고에 따른 권리 · 의무를 승계하지 않고, 이와 같은 매매 절차는 체육시설법 제27조 제2항 제4호에서 정하는 "그 밖에 제1호부터 제3호까지의 규정에 준하는 절차"에도 해당하지 않는다고 보아야 한다. 담보신탁을 근거로 한 매매는 그 법적 성격이 체육시설법 제27조 제1항에서 규정하는 영업양도나 합병과 전혀 다르다. 또한 체육시설법 제27조 제2항 제1호 내지 제3호에서 규정하는 민사집행법에 따른 경매 절차 등과도 그 시행 주체, 절차, 매매대금의 배분 방식 등에서 성격을 달리한다. 채무자의 재산이 어떤 사유로 제3자에게 처분되는 경우, 채무자가 그 재산과 관련하여 부담하던 의무는 그 재산의 소유권을 취득한 제3자에게 승계되지 않는 것이 일반적인 법 원칙이다. 체육시설법 제27조가 체육시설업자의 의무를 승계하는 근거 규정을 둔 것은 이와 같은 법 원칙에 대한 예외를 정한 것이므로, 그 예외 규정의 해석이 명확하지 않은 경우에는 일반적인 법 원칙으로 돌아가야 하는 것이지 예외 규정을 확장해석해서는 아니 된다. 체육시설법 제27조 제2항 제4호는 같은 항 제1호부터 제3호까지 정한 절차와 본질적으로 유사한 절차를 염두에 둔 규정이므로, 적어도 그 절차 자체에 관하여 법률에 구체적 규정을 두고 있고, 법원, 공적 기관 또는 공적 수탁자가 그 절차를 주관하는 등의 공통점을 갖추었을 때 적용된다고 보는 것이 문리해석상으로도 자연스럽다.

다. 분석

(1) 골프장 인수와 입회금반환채무의 승계 문제

체육시설법은 "체육시설의 설치 · 이용을 장려하고, 체육시설업을 건전하게 발전시켜 국민의 건강 증진과 여가 선용(善用)에 이바지하는 것을 목적"으로 하는 법률이다(제1조). 체육시설업자는 회원[5]을 모집할 수 있고(제17조), 이들의 권익을

4) 반대의견은 대법관 조희대, 대법관 권순일, 대법관 이기택, 대법관 민유숙, 대법관 이동원에 의해 개진되었다.

5) 회원은 체육시설업자의 시설을 일반이용자보다 우선적으로 이용하거나 유리한 조건으로 이용하기로 체육시설업자(제12조에 따른 사업계획 승인을 받은 자를 포함한다)와 약정한 자를 말한다(제2

보호해야 한다(제18조). 체육시설업자의 사망, 영업양도, 합병 시에는 상속인, 양수인, 합병 후 존속 또는 설립하는 법인은 체육시설업의 등록 또는 신고에 따른 권리·의무(체육시설업자와 회원 간에 약정한 사항 포함)를 승계한다(제27조 제1항). 이러한 승계조항은 민사집행법상 경매(제1호), 도산법상 환가(제2호), 세법상 압류재산 매각(제3호), 그 밖에 이에 준하는 절차(제4호)에 따라 체육필수시설을 인수한 자에게도 준용된다(제27조 제2항).

골프장은 체육시설의 일종으로서, 회원제 골프장과 대중 골프장으로 나누어진다(제10조 제1항 제1호, 시행령 제7조 제1항). 회원제 골프장은 사단법인형, 주주형, 예탁형 등 다양한 형태로 존재한다.[6] 그중 대다수를 차지하는 유형은 예탁형 회원제 골프장이다. 골프장 운영자와 회원이 입회계약을 체결하고, 회원이 골프장 운영자에게 입회금을 예탁한 뒤 골프장을 이용하는 형태이다.[7] 회원은 입회계약이 종료되면 골프장 운영자에게 입회금 반환을 청구할 수 있다. 또한 회원은 체육시설법 제27조 제1, 2항에 따른 승계인에게도 이러한 입회금반환청구권을 행사할 수 있다. 경매, 환가, 압류재산 매각과 같이 제27조 제2항에 명시된 사유로 골프장의 필수시설[8]을 인수한 경우에는 그 승계인이 입회금반환채무도 인수한다고 보는 데 별 문제가 없다. 반면 '담보신탁을 근거로 한 매매'가 이에 준하는 절차(제27조 제2항 제3호)에 해당하는지는 명확하지 않다.

문제의 배경을 좀 더 살펴본다. 골프장을 운영하려면 막대한 자금이 필요하고, 입회비만으로는 그 자금을 충당할 수 없다. 그래서 골프장 운영자는 외부 자금을 조달하게 되는데, 이를 위해서는 담보가 필요하다. 이때 주로 담보로 제공되는 것이 골프장 부지와 시설 등 부동산이다. 골프장 운영자는 골프장 부지와 시설 등에 저당권을 설정하거나 담보신탁을 설정하여 담보를 제공한다. 그중 담보신탁은 설정 비용이 저렴하고,[9] 매각 절차가 효율적이며,[10] 채권자 입장에서는 도산격리 효

조 제4호).

6) 최인석, "골프회원권의 법적 성질 및 회원권 취득 이후에 추가입회금 납입 의무를 정한 회원관리규정의 유효 여부", **판례연구**(부산판례연구회), 제16집(2005. 2), 5면; 이승섭, "골프장시설에 관한 담보신탁과 골프장 회원의 권리 보호", **법학연구**(충남대학교), 제28권 제4호(2017. 11), 138면.

7) 이승섭(주 6), 138면.

8) 체육시설의 설치·이용에 관한 법률 시행규칙(문화체육관광부령 제309호, 2017. 11. 6. 일부 개정) 별표 4에 따르면, 골프장업의 필수시설은 운동시설(골프코스)과 관리시설(골프코스 주변)이다.

9) 안성포, "채권금융기관에 의한 담보신탁의 활용", **증권법연구**, 제13권 제3호(2013. 1), 296－297면.

10) 이상주, "채무자와 그 외의 자가 각각 동일한 채권을 담보하기 위하여 담보신탁을 설정한 경우 신탁재산들의 처분대금에서의 채권충당의 방식(2014. 2. 27. 선고 2011다59797, 59803 판결: 공

과를 누리는 장점도 있어,[11] 담보수단으로 상당히 선호된다.[12] 담보신탁 설정 후 채무자가 채무를 이행하지 않으면 수탁자는 신탁계약에서 정한 바에 따라 담보 부동산을 매각하고, 우선수익자(채권자)에게 매각대금을 우선적으로 교부하여 변제에 충당하게 한다.

한편 예탁형 회원제 골프장은 2000년 이후 급속하게 증가하였으나, 2008년 금융위기 이후 회원권 가치가 급락하면서 경영난에 처하게 되었다.[13] 회원제 골프장의 도산이 이어지면서 입회금을 제대로 돌려받지 못하는 회원들의 피해도 속출하였다.[14] 그와 맞물려 담보신탁이 실행되면서 체육필수시설인 골프장 부지와 시설이 제3자에게 인수되는 일도 잦았는데, 이때 인수인이 골프장 회원들의 입회금반환채무를 승계하는지가 문제되었다.

골프장 회원들의 입장에서는 인수인에게 입회금반환채무가 승계되어야 입회금을 돌려받을 가능성이 높아진다. 하지만 인수인의 입장에서는 입회금반환채무를 승계하는 것은 큰 부담이다. 이러한 부담이 커질수록 골프장 부지와 시설을 인수할 유인(誘因)이 줄어들어, 골프장 매각도 어려워진다. 이 문제에 대해서는 승계긍정설[15]과 승계부정설[16]이 대립하여 왔다. 법제처는 회원권익 보호에 초점을 맞추어, 승계긍정설에 입각한 유권해석을 한 바 있다.[17] 종래 대법원은 체육시설의 일종인 휘트니스 클럽 시설을 부동산 신탁에 기한 공매로 취득한 양수인이 휘트니스 클럽 회원계약에 따른 채무를 승계하지 않는다고 본 바 있으나,[18] 대상판결에서는 승계긍정설의 입장을 채택하였다.

2014상, 691)", **대법원판례해설**, 제99호(법원도서관, 2014), 124면.

11) 대법원은 담보신탁의 도산격리효과를 인정한다. 대법원 2001. 7. 13. 선고 2001다9267 판결; 대법원 2003. 5. 30. 선고 2003다18685 판결; 대법원 2017. 11. 23. 선고 2015다47327 판결. 이에 대한 비판론으로는 윤진수, "담보신탁의 도산절연론 비판", **비교사법**, 제25권 제2호(2018. 5) 참조.

12) 박종수, "신탁재산의 공매와 체육시설업의 승계 – 대법원 2012. 4. 26. 선고 2012다4817 판결을 중심으로 –", **법조**, 통권 704호(2015. 5), 253면에 따르면 2014년 기준으로 전국 230개 회원제 골프장 중 31.7%에 상당하는 73개 골프장이 자금조달수단으로 담보신탁을 활용하였다고 한다.

13) 이석희 · 임재만, "회원제 골프장 도산과 회원 권리 보호", **부동산연구**, 제27집 제2호(2017. 6), 60면.

14) 이석희 · 임재만(주 13), 60면.

15) 박종수(주 12); 이상규, "체육시설의 신탁공매에 따른 소유권 이전과 체육시설업자의 권리 · 의무의 승계 여부", **건설법무**, 제2권(2016).

16) 임정식, "체육시설법상의 영업양도와 회원권 승계에 관한 재고찰", **연세법학**, 제22호(2013).

17) 법제처 2010. 12. 30. 유권해석(안건번호 10 – 0419).

18) 대법원 2012. 4. 26. 선고 2012다4817 판결. 다만 이 판결에서는 체육시설업자가 담보신탁계약의 위탁자가 아니었다는 차이가 있다.

(2) 체육시설법 제27조 제2항 제4호의 해석

이 문제는 결국 체육시설법 제27조 제2항 제4호의 해석 문제이다. 법률 해석에 관하여는 문리해석, 역사적 해석, 체계적 해석, 목적적 해석의 4가지 해석방법이 제시되고 있다.[19] 문리해석은 법률의 문언에 기초한 해석이다. 역사적 해석은 입법자의 의사에 기초한 해석이다. 체계적 해석은 다른 조항 또는 다른 법률과의 체계적 연관성을 고려한 해석이다. 목적적 해석은 법률이 추구하는 목적에 기초한 해석이다. 문리해석이 문언이라는 형식(form)을 중시하는 해석방법이라면, 그 외의 해석방법들, 즉 비문리해석은 상대적으로 실질(substance)을 중시한다. 대상판결에서는 문리해석, 역사적 해석, 목적적 해석이 주로 논의되었다. 이러한 해석방법 사이의 우열관계를 한 마디로 말할 수는 없다. 그러나 문리해석에서 시작하여 다른 해석방법을 순차로 참고하는 것이 일반적인 접근 방식이다.[20]

대상판결에 나타난 문리해석을 먼저 살펴보자. 다수의견과 반대의견은 "그 밖에 제1호부터 제3호까지의 규정에 준하는 절차"라는 같은 문언을 놓고도 다른 해석을 펼쳤다. 위와 같은 문언의 핵심은 "준(準)하다."이다. "준(準)하다."는 "어떤 본보기에 비추어 그대로 좇다."라는 의미이다.[21] 이러한 의미를 고려하면 "제1호부터 제3호까지의 규정에 준하는 절차"는 "제1호부터 제3호까지의 규정"에 따른 절차와 유사한 절차라야 한다. 그러나 어느 정도의 어떤 유사성이 있어야 "제1호부터 제3호까지의 규정에 준하는 절차"로 볼 수 있을지는 분명하지 않다. 그러므로 비문리적 해석방법의 힘을 빌릴 수밖에 없다.

대상판결에 나타난 역사적 해석을 살펴보자. 다수의견은 "체육필수시설이 영업양도, 경매나 이와 유사한 방식으로 이전되는 때에는 체육시설의 회원을 보호하기 위하여 회원에 대한 권리 · 의무의 승계를 인정하고자 하였던 것"이 입법자의 의사라고 보았다. 반면, 반대의견은 "입법 과정에서 논의가 있었다 하더라도 법률 조항으로 규정하지 않았다면, 그 논의의 타당성 유무에도 불구하고 결국 법률조항으로 규정하지 않은 영역의 문제는 법률의 적용 대상에서 배제한다는 입법자의 의사

---

19) 편집대표 김용담, **주석민법 물권(1)**, 제4판(한국사법행정학회, 2010), 86면(윤진수 집필부분).

20) 김용담 편(주 19), 86면(윤진수 집필부분); 김영환, "형법해석의 한계 – 허용된 해석과 금지된 유추와의 상관관계", 신동운 외, **법률해석의 한계**(법문사, 2000), 33면. 대법원도 마찬가지 입장을 취한다. 대법원 2009. 4. 23. 선고 2006다81035 판결; 대법원 2010. 12. 23. 선고 2010다81254 판결.

21) 국립국어원(http://www.korean.go.kr) 표준국어대사전 참조.

가 표현된 것"이라고 보았다. 상속, 영업양도, 합병으로 인한 승계 조항에 더하여 경매, 환가, 압류재산 매각 및 이에 준하는 절차로 인한 승계 조항이 추가된 것은 체육시설법이 2003. 5. 29. 법률 제6907호로 개정될 때였다.[22] 당시 개정 법률안의 제안 이유에 따르면, 이러한 개정의 목적은 "체육시설 회원 등의 권익을 보호하려는 것"이었다.[23] 한편 소관위원회인 문화관광위원회 단계의 검토보고서나 심사보고서, 본회의의 회의록에는 "이에 준하는 절차"가 무엇인지에 관하여 논의된 흔적이 없다. 또한 담보신탁을 근거로 한 매매가 이에 포함되는지에 관하여 논의된 흔적도 없다. 결국 입법자료에 의거하여 객관적으로 확인 가능한 입법자의 의사는 "회원 등의 권익을 보호"하려는 것이다. 특히 "이에 준하는 절차"를 굳이 추가한 입법자의 의사는, 채무승계의 범위를 좀 더 신축적이고 유연하게 파악하여 가급적 회원의 권익을 더 강하게 보호하려는 것이었을 가능성이 크다.

대상판결에 나타난 목적적 해석을 살펴보자. 다수의견과 반대의견은 모두 체육시설업 발전이라는 목적에 이바지하는 해석을 시도하였다. 다수의견은 회원의 권익이 충실히 보호되어야 체육시설업 발전이라는 체육시설법의 목적이 달성될 수 있다는 입장을 취하였다. 이를 위해 다수의견은 "이에 준하는 절차"를 가능한 한 넓게 해석하여 체육필수시설 인수인의 의무승계 범위를 넓히고 이를 통해 회원의 권익을 좀 더 보호하고자 하였다. 반대의견은 체육시설에 관한 거래의 안전을 보호하여야 체육시설업이 발전할 수 있다는 측면을 강조하였다. 체육시설의 인수인이 회원에 대한 기존 체육시설업자의 의무를 과도하게 떠안아야 한다면 대부분의 잠재적 인수인은 그 체육시설을 인수하려고 하지 않을 것이고, 이는 체육시설의 원활한 운영 또는 체육시설의 갱생을 오히려 가로막는다는 것이다. 이를 위해 반대의견은 "이에 준하는 절차"를 좁게 해석하여 거래의 안전을 제고하고자 하였다.

그런데 위와 같은 문리해석, 역사적 해석, 목적적 해석은 모두 해석의 방향성을 제시할 뿐 "이에 준하는 절차"의 해석에 관한 결정적 기준을 제시하지 못한다. 그에 따라 다수의견과 반대의견은 담보신탁을 근거로 한 매매의 성격을 규명하고 이를 경매와 비교하고자 하였다. 다수의견은 경매도 매매의 일종임을 강조하는 한편,[24] 담보신탁을 근거로 한 매매의 강제성과 비자발성도 강조하여 양자의 유사성

---

22) 해당 내용은 위 개정 법률 제30조 제2항에 신설되었다.

23) 해당 개정법률의 입법자료는 국회 의안정보시스템(http://likms.assembly.go.kr/bill)을 이용하여 검색하였다.

24) 대법원 1991. 10. 11. 선고 91다21640 판결; 대법원 2012. 11. 15. 선고 2012다69197 판결.

을 부각시켰다. 반대의견은 담보신탁을 근거로 한 매매가 영업양도, 합병, 민사집행법에 따른 경매 등과 성격이 다르다는 점을 강조하였다. 특히 담보신탁을 근거로 한 매매는 경매와 달리 법률에서 정하는 절차에 따른 것이 아니고, 법원과 같은 공적 기관의 관여 아래 이루어지지도 않는다는 점을 강조하였다.

이처럼 담보신탁을 근거로 한 매매는 경매 등과 비슷하기도 하고 다르기도 하다. 어느 측면을 강조하는지에 따라 담보신탁을 근거로 한 매매를 "이에 준하는 절차"로 볼 것인지가 달라진다. 그러므로 담보신탁을 근거로 한 매매가 가지는 여러 특징들을 같은 선상에 올려놓은 뒤 한쪽에서는 그중 경매 등과 비슷한 특징을, 다른 한쪽에서는 그중 경매 등과 다른 특징을 들어 상호 논박하는 것으로는 결론을 내리기 어렵다. 오히려 앞서 살펴본 체육시설법의 입법 경위나 입법 목적에 비추어 제27조 제2항 제1호 내지 제3호에 규정된 절차들을 관통하는 핵심적이고도 공통적인 중요 특징을 도출한 뒤, 담보신탁에 따른 매각이 그러한 특징을 공유하는지 살펴보아야 한다. 즉 특징들을 동일선상에 나열하는 것이 아니라 그 특징들을 중요한 순서에 따라 순위를 매기는 작업이 필요하다.

필자가 볼 때 제27조 제1항에 규정된 상속, 영업양도, 합병의 핵심 특징이 '체육시설 운영자의 포괄적 지위 이전'에 있다면, 이 사건에서 문제되는 제27조 제2항 제1호 내지 제3호에 규정된 절차의 핵심 특징은 '체육시설 운영자의 경제적 어려움에 따른 강제적 시설 이전'에 있다. 여기에서의 '강제적 시설 이전'은 '채무자의 의사와 무관하게 일어나는 시설 이전'을 뜻한다. 민사집행법상 경매(제1호), 도산법상 환가(제2호), 세법상 압류재산 매각(제3호)이 모두 그 특징을 공유한다. 체육시설 운영자가 채무불이행이나 도산, 조세체납과 같은 경제적 어려움에 처하면 체육시설 회원의 지위에도 먹구름이 드리운다. 그만큼 회원들의 권익 보호 필요성이 높아진다. 제27조 제2항은 이러한 어려움으로 인한 위험이 현실화되어 채무자의 의사와 무관하게 체육시설이 제3자에게 넘어갈 때 체육시설 회원에 대한 권리의무도 함께 넘어가도록 하여 회원 권익 보호도 현실화하는 조항이다.

다수의견에 대한 대법관 조재연의 보충의견이 이 점을 잘 설명하고 있다. 즉 "이에 준하는 절차"에 관한 제4호는 "절차의 기능적 측면에 방점을 두어 '채무자의 의사에 불구하고 체육필수시설의 이전이 일어나는 환가절차'를 의미하는 것"으로 새겨야 한다. 이러한 핵심에 집중하면, 그 외에 다른 여러 특징들(가령 매각에 따라 제한물권이 소멸하는지, 매각 방식이 공매인지 수의계약인지, 매각이 법률의 규정에 의한 것인지 법률행위에 의한 것인지, 법원 등 공적 기관이 매각에 얼마나 관여하는지 등)은 그리 중요하지 않다. 그렇게 본다면 담보신탁을 근거로 한 매매는 이러한 핵심 특징을 공유하고 있으므로, "이에 준하는 절차"에 포함된다고 평가할 수 있다. 따라서 대상판결에 찬성한다.

대상판결과 같이 해석하면 담보신탁의 우선수익자가 결과적으로 불리한 지위에 놓이게 되는 것은 사실이다. 그러나 경제적 · 실질적으로 볼 때 담보신탁의 우선수익자는 담보권자와 유사하므로, 저당권자 등 다른 담보권자보다 꼭 유리하게 취급해 주어야 하는 것은 아니다. 또한 골프장 시설은 우선수익자 등 투자자나 대출자의 자금뿐만 아니라 회원들의 입회금도 재원으로 삼아 건축 · 관리되는 경우가 많다.[25] 그런데 회원들 입장에서는 골프장 운영자가 어떤 방식으로 자금을 조달했는가에 따라 입회금반환채권 보호 여부가 달라지는 것도 가혹하다. 결국 담보신탁의 우선수익자가 느낄 수 있는 불리함 내지 억울함은 그동안 체육시설법상 담보신탁을 근거로 한 매매를 어떻게 취급할 것인가에 관하여 만연히 자신에게 유리한 해석을 취하고 행동한 결과이다.[26] 대상판결과 같이 해석할 때 거래의 안전이 심각하게 저해되는 것도 아니다. 체육필수시설을 인수하려는 자는 정보공개나 실사의 방법으로 회원 관련 정보를 확인한 뒤 손익을 미리 계산하여 인수가격을 정할 수 있다. 또한 대법원은 체육시설법에 따라 보호받는 회원의 범위를 엄격하게 해석하고 있으므로 이 점에서도 거래의 안전 침해 우려가 크지 않다.[27] 대상판결에 찬성한다.[28]

(3) 기타 생각할 점

결과적으로 이 사건에서 골프장 회원의 입회금반환채권은 강력한 보호를 받게 되었다. 어떤 의미에서 이들은 임차인보다도 더 강한 보호를 받는다. 이들은 저당

25) 조건주, "골프장 부동산 공매에서 회원 계약 승계 인정 여부", 법률신문 2018. 11. 5.자 판례평석.

26) 앞서 설명하였듯이 법제처는 2010년에 이미 대상판결과 같은 유권해석을 내린 바 있다. 법제처 2010. 12. 30. 유권해석(안건번호 10-0419).

27) 대법원은 여기에서의 회원은 법령이 정한 소정의 절차에 따라 유효하게 회원의 자격을 취득한 자를 의미하고, 단순히 담보 목적으로 회원권을 받은 자는 여기에 해당하지 않는다고 한다. 대법원 1999. 10. 22. 선고 99다20513 판결; 대법원 2009. 7. 9. 선고 2007다52621 판결; 대법원 2009. 7. 6. 선고 2008다49844 판결.

28) 이러한 대상판결의 법리는 체육시설이 영업부진으로 사실상 폐업하여 영업이 사실상 형해화되어 있는 경우에도 적용된다. 이 경우 회원들의 이용권익은 더 이상 존재하지 않지만 회수권익, 즉 입회보증금을 회수받아야 할 권익은 여전히 존재하고, 그 권익은 대상판결의 법리로 보호받을 필요성이 있기 때문이다.

권이나 압류 이후에 채권을 취득한 경우에도 대항력을 취득할 수 있다. 또한 인수인에 대하여 청구할 수 있는 입회금반환채권의 액수에 상한선이 설정되어 있지도 않다. 다만 임차인은 임대인의 의사에 기하여 임대차 목적물이 이전되는 경우까지도 보호받으므로 그 점에서는 임차인이 더 강한 보호를 받는다. 어쨌든 골프장 회원의 입회금반환채권은 일정한 임차인의 임차보증금반환채권과 비슷한 정도로 보호를 받는다고 평가된다.

입법론의 차원에서 보자면 체육시설 회원에게 이처럼 우월한 지위를 부여하는 것이 타당한가 하는 의문을 제기할 수 있다. 분쟁 대상이 되는 대부분의 체육시설이 회원제 골프장임을 생각하면, 체육시설법 제27조를 통해 보호되는 대상은 대부분 골프장 회원들이다. 골프장 회원의 입회금반환채권을 강력하게 보호하는 것은 일단 회원 권익 보호에는 유리하지만, 그만큼 골프장 운영자나 골프장 시설에 대한 이해관계인에게는 부담으로 작용한다. 그 결과 골프장 시설의 가치가 떨어지고 자금 조달이나 매각도 어려워질 수 있다.

더구나 골프장 회원이 주택임대차나 상가건물임대차의 임차인처럼 일반적으로 경제적 약자의 지위에 있다고 보기도 어렵다. 이 점에서 골프장 시설에 대한 이해관계인의 이익보다 골프장 회원의 이익을 우선적으로 고려하는 체육시설법의 태도에는 의문을 품게 된다. 주관적 관찰임을 밝히고 있으나, "입법주체들이 골프장 회원권을 가지고 있는 경우가 많거나 최소한 그에 감정이입을 쉽게 할 수 있을 정도로 동질적인 집단에 속해 있었기 때문"이라는 지적도 있다.[29)]

그런데 헌법재판소는 구 체육시설법(2003. 5. 29. 법률 제6907호로 개정되기 전의 것) 제30조 제3항 중 제1항의 영업양도 시 그 양수인이 체육시설업자와 회원 간에 약정한 사항을 승계한다는 내용을 준용하는 부분이 합헌이라고 판단하였다.[30)] 회원 권익 보호라는 목적의 정당성과 그 수단의 적절성이 인정되고, 체육시설업의 양수인이나 경락인, 근저당권자는 실사나 정보공개청구를 통하여 회원모집상황, 입회금반환채무의 규모 등 필요한 정보를 확인할 수 있어 피해의 최소성도 인정되며, 법익의 균형성도 갖추었다고 인정되므로 양수인 등의 재산권이나 평등권을 침해하지 않는다는 것이다. 이러한 취지는 체육시설법 제27조에도 대체로 적용될 수

29) 천경훈, "골프장 부지의 양도와 회원권 승계－대법원 2006. 11. 23. 선고 2005다5379 판결을 중심으로－", **민사재판의 제문제**, 제22권(사법발전재단, 2013), 226면, 각주 39.
30) 헌재 2010. 7. 29. 2009헌바197.

있다. 물론 입법적으로 이를 개선할 여지가 없는 것은 아니다.[31] 그러나 이 법률이 합헌적 법률임을 전제하는 이상, 해석론이 입법론에 지나치게 좌우되는 것은 바람직하지 않다. 아울러 체육시설 일반을 향해야 할 법률 해석(당위)이 분쟁 대상인 체육시설이 대부분 골프장이라는 사정(현실)에 지나치게 좌우되는 것도 바람직하지 않다.

대상판결이 담보신탁의 법리에 대해 지니는 시사점도 있다. 다수의견에 따르면 골프장 운영자가 도산할 경우 그 도산 효과로부터 격리되어야 할 담보신탁의 수익자가 결과적으로 그 도산으로 인한 부담(즉 입회금반환채무 승계)을 떠안게 된다. 이러한 다수의견의 입장은 담보신탁의 물적 담보로서의 실질을 강조하면서 담보신탁의 법 형식에 기초한 도산격리 효과를 일부 제한한 것으로도 볼 수 있다. 그리고 이렇게 본다면 다수의견의 결론이 담보신탁의 도산격리 효과를 긍정해 온 기존의 판례[32] 입장을 일부 변경한 것이 아닌가 하는 의문이 들 수 있다. 하지만 엄밀히 말하면 이러한 결론은 담보신탁 법리 자체를 변경한 결과라기보다는 체육필수시설의 인수라는 특정한 상황에 체육시설법의 특칙을 적용한 결과일 뿐이다. 따라서 다수의견의 결론과 담보신탁의 도산격리 효과에 관한 기존 법리는 양립 가능하다. 하지만 대상판결이 담보신탁의 도산격리효과나 담보신탁의 본질에 대해 고민할 계기를 선사한 것임에는 틀림없다.

---

31) 이승섭(주 6), 169면에서는 보호 금액을 제한하거나 채무의 일부 지분만 승계하게 하는 방안도 언급하고 있다. 또한 조건주(주 25)에서는 체육시설법 제27조 제2항 제4호와 같은 포괄적 규정을 삭제하고 제1호 내지 제3호처럼 구체적으로 열거하는 입법 형식을 취할 필요성을 제기하고 있다.

32) 대법원 2002. 12. 26. 선고 2002다49484 판결; 대법원 2001. 7. 13. 선고 2001다9267 판결; 대법원 2017. 11. 23. 선고 2015다47327 판결.

9 사해행위 취소로 원상회복된 부동산 소유권의 법률관계 (대법원 2017. 3. 9. 선고 2015다217980 판결)

가. 사실관계

A회사는 2006. 2. 17. B법인이 원고에게 부담하는 투자금반환 및 수익금분배 약정에 따른 약정금채무를 연대보증하였다. 한편 A회사는 2008. 2. 14. 자신이 소유하던 X토지를 C회사에 매도하고, 2008. 2. 22. C회사 앞으로 소유권이전등기를 마쳐 주었다. A회사의 채권자들은 C회사를 상대로 위 매매계약이 사해행위라고 주장하면서 사해행위 취소소송을 제기하였다. 법원은 그들의 주장을 받아들여 위 매매계약을 취소하고 소유권이전등기를 말소하라는 내용의 판결을 선고하였고, 그 판결은 2009. 10. 9. 그대로 확정되었다.

위 판결에 따라 2010. 7. 28. C회사 명의의 소유권이전등기가 말소되고 X토지가 A회사 앞으로 회복되었다. 그러자 A회사는 같은 날 피고 3 앞으로 소유권이전등기를 마쳐 주었고, 피고 3은 D회사 앞으로 소유권이전청구권가등기를 마쳐 주었다. 이후 위 가등기는 피고2에게 이전되어 피고 2가 2012. 2. 24. 가등기에 기한 본등기를 마쳤고, 피고 2는 2012. 7. 5. 다시 피고 1 앞으로 소유권이전등기를 마쳐 주었다. 원고는 피고들 명의의 등기는 모두 원인무효라고 주장하면서, A회사의 채권자로서 A회사를 대위하여 피고들 명의의 등기 말소를 구하거나 선택적으로 사해행위 취소 및 원상회복의 이익을 주장할 수 있는 일반채권자로서 직접 피고들 명의의 등기 말소를 구하는 소를 제기하였다.

나. 원심판결과 대상판결

원심법원은 1심판결의 결론을 지지하면서, 원고의 항소를 기각하였다.[1] 원심법원이 인용한 1심판결의 내용은 다음과 같다.[2] 사해행위 취소 및 원상회복에 관한 판결이 확정되어 수익자(C회사) 명의의 소유권이전등기가 말소되고 채무자(A회사)

1) 광주고등법원 2015. 5. 13. 선고 2014나910 판결.
2) 제주지방법원 2014. 9. 18. 선고 2014가합5223 판결.

앞으로 소유권이 회복되었더라도, X토지의 소유자는 여전히 C회사이다. A회사는 피고들을 상대로 피고들 명의의 등기 말소를 구할 권리가 없으므로, A회사를 대위하여 등기말소를 구하는 원고의 청구는 이유 없다. 또한 원인무효 등기에 대한 말소등기청구권은 소유권에 기한 방해배제청구권의 성격을 가지는데, 원고는 X토지의 소유자가 아니라 X토지에 관한 강제집행절차에 참여할 수 있는 일반채권자에 불과하다. 이처럼 원고는 피고들에 대하여 말소등기청구권을 직접 행사할 수 없으므로, 직접 등기말소를 구하는 원고의 청구 역시 이유 없다.

대법원은 다음과 같은 이유로 원심판결을 파기하였다. 사해행위 취소는 채권자와 수익자의 관계에서 상대적으로 채무자와 수익자 사이의 법률행위를 무효로 하는 것에 그치고, 채무자와 수익자 사이의 법률관계에는 영향을 미치지 않는다. 그러므로 채무자와 수익자 사이의 부동산 매매계약이 사해행위로 취소되고 그에 따른 원상회복으로 채무자의 등기 명의가 회복되더라도, 그 부동산은 취소채권자나 민법 제407조에 따라 사해행위 취소와 원상회복의 효력을 받는 채권자와 수익자 사이에서 채무자의 책임재산으로 취급될 뿐 채무자가 그 부동산의 소유자가 되는 것은 아니다. 따라서 채무자가 위와 같이 등기 명의를 회복한 뒤 그 부동산을 제3자에게 처분하더라도 이는 무권리자의 처분에 불과하여 아무런 효력도 가지지 못한다. 그러므로 채무자로부터 제3자 앞으로 마쳐진 소유권이전등기나 이에 기초하여 이루어진 소유권이전등기 등은 모두 원인무효의 등기로서 말소되어야 한다. 이 경우 취소채권자나 민법 제407조에 따라 사해행위 취소와 원상회복의 효력을 받는 채권자는 채무자의 책임재산으로 취급되는 그 부동산에 대한 강제집행을 위하여 위와 같은 원인무효 등기의 명의인들을 상대로 직접 등기 말소를 청구할 수 있다.

다. 분석

(1) 상대적 무효설의 문제

대상판결은 사해행위 취소의 상대적 효력에 관한 판시 사항을 담고 있다. 그 내용을 풀어쓰면 다음과 같다. 판례에 따르면 사해행위 취소의 효력은 상대적이다(상대적 무효설).[3] 따라서 채무자와 수익자 사이의 부동산매매계약이 사해행위로

---

3) 대법원 1988. 2. 23. 선고 87다카1989 판결; 대법원 2000. 12. 8. 선고 98두11458 판결; 대법원

취소되더라도 그 계약이 무효가 되는 것은 아니고 취소채권자와 수익자의 관계에서만 무효로 취급될 뿐이다. 그런데 수익자 명의의 소유권이전등기가 사해행위 취소에 따른 원상회복을 위해 말소되면 등기기록상으로는 채무자에게 소유권이 회복된 것 같은 외관이 생긴다. 하지만 상대적 무효설에 따르면 채무자와 수익자 사이의 부동산매매계약과 이에 기한 소유권이전등기는 여전히 유효하다. 그러므로 채무자는 실제 소유권을 회복한 것이 아니라 채권자들의 강제집행이 가능하도록 등기를 돌려받은 것에 불과하다. 이처럼 채무자는 여전히 무권리자이므로 제3자에게 부동산을 처분하지 못하고, 그러한 처분은 무효이다. 제3자가 등기를 믿고 거래하였다고 그 처분이 유효하게 되지 않는다. 우리나라에서는 등기의 공신력이 인정되지 않기 때문이다. 그러므로 채무자로부터 제3자 앞으로 이루어진 소유권이전등기나 그에 기초한 후속 등기는 원인 무효의 등기로서 말소되어야 한다.

이러한 일련의 논리는 상대적 무효설에 기초한 것이다. 상대적 무효설은 민법학 전체에서 가장 이해하기 어려운 이론 중 하나이다. 우선 상대적 무효설은 권리의 상대적 귀속을 야기한다. 한 사람에 대해서는 A의 권리인 것이, 다른 사람에 대해서는 B의 권리로 다루어지는 것이다. 이러한 권리의 상대적 귀속은 늘 복잡한 법률문제를 수반한다. 또한 상대적 무효설은 민법의 조항에서 곧바로 도출되는 이론이 아니다.[4] 상대적 무효설은 법관이나 법학자의 사고 안에서 설계되고 구현된다. 그러나 상대적 무효설에 대한 이들의 이해나 생각에는 조금씩 차이가 있다. 다양한 분쟁 상황을 아우르는 성문법 규정이 없는 상태에서, 파편적 판례 축적을 통해 상대적 무효설은 복잡하게 전개되어 왔다. 상대적 무효설과 민법 제407조와의 관계 설정도 쉽지 않다.[5] 민법 제407조는 모든 채권자에게 사해행위 취소의 효력이 미친다고 규정한다. 그런데 상대적 무효설은 사해행위 취소의 효력을 취소채권자와 수익자 사이의 관계에서만 부정함으로써 사해행위 취소에 따른 파급효과를 최소화하고 관련자들의 이해관계를 조정하기 위해 고안된 이론이다.[6] 그러므로 상

2002. 5. 10.자 2002마1156 결정; 대법원 2005. 11. 10. 선고 2004다49532 판결 등 다수. 상대적 효력설이라고도 한다.

4) 김재형, "채권자취소권의 본질과 효과에 관한 연구", **인권과 정의**, 제329호(2004), 192면.

5) 일본에서도 상대적 무효설과 민법 제425조(우리 민법 제407조에 해당) 사이의 관계가 문제되어 왔다. 윤태영, "채권자취소권의 '상대적 무효설'에 대한 입법사적 관점에서의 비판적 고찰",. **전남대학교 법학논총**, 제36권 제2호(2016. 6), 62면. 다만 일본에서는 뒤에서 보는 것과 같이 이러한 문제가 입법적으로 해결되었다.

6) 판례는 상대적 무효설이 "사해행위 취소채권자와 수익자 그리고 제3자의 이익을 조정하기 위한

대적 무효설은 민법 제407조와 긴장관계에 서게 된다.[7] 이러한 미묘함과 복잡함 때문에 숱하게 다양한 사안 유형에서 상대적 무효설을 일관되게 관철하기란 매우 어려운 일이다.[8]

특히 우리나라는 사해행위에 기하여 수익자 명의로 등기가 이루어진 경우 사해행위 취소에 따른 원상회복방법으로 수익자 명의의 등기를 말소함으로써 채무자 앞으로 등기 명의를 회복시킨다.[9] 이처럼 상대적 무효설과 등기명의의 회복이 결합하면 더욱 어려운 문제가 발생한다. 채무자는 부동산 소유자가 아니면서도 등기 기록상으로는 마치 부동산 소유자인 것처럼 공시된다. 그 부동산은 채무자의 소유가 아니면서도 민사집행절차에서 채무자의 책임재산처럼 취급되고 채무자에 대한 집행권원에 기한 집행에 복속하게 된다. 이는 실체관계와 등기관계, 실체관계와 집행관계에서의 소유자가 달라지는 것과 별로 다르지 않다. 또한 수익자 명의의 등기 말소는 채권자와의 관계에서만 효력을 가지는 상대적 말소가 되어 버린다. 이러한 소유권의 분열 혹은 상대적 말소의 개념은 우리 실체법이나 등기 제도와

것"이라고 설명한다. 대법원 2005. 11. 10. 선고 2004다49532 판결; 대법원 2009. 6. 11. 선고 2008다7109 판결.

7) 상대적 무효설은 원래 사해행위 취소의 효력에 관하여 민법 제407조와 같은 규정이 존재하지 않아 우선주의적 해석이 가능한 법제(독일, 프랑스 등)에서 통용되는 이론이다. 양형우, "사해행위취소로 원상회복된 부동산 처분행위의 효력 – 대법원 2017. 3. 9. 선고 2015다217980 판결 –", **홍익법학**, 제18권 제3호(2017. 9), 35면. 한편 편집대표 곽윤직, **민법주해 Ⅸ 채권 (2)**(박영사, 1995), 852면(김능환 집필부분)은 상대적 무효설을 취하면서도 제407조를 의미있게 해석할 수 있다고 하면서, 제407조는 사해행위 취소의 결과 채무자 앞으로 복귀하는 재산은 모든 채권자의 공동담보가 되고, 취소채권자가 다른 채권자에 우선하지 않는다는 것을 선언하는 규정이라고 한다.

8) 대법원 2007. 7. 26. 선고 2007다23081 판결은 상대적 무효설의 한계를 보여 주는 하나의 예이다. 이 판결에서는 선순위 담보권 설정이 사해행위로 인정된 경우 후순위 담보권 설정행위가 사해행위에 해당하는지를 판단할 때 선순위 담보권의 피담보채무액을 당해 부동산에 설정된 담보권의 피담보채무액에 포함시킬 것인지가 문제되었다. 후순위 담보권 설정 당시에는 이미 부동산 시가를 초과하는 피담보채권에 기한 선순위 담보권이 설정되어 있었다. 그러므로 그 부동산은 공동담보 책임재산이 아니어서 후순위 담보권 설정행위는 사해행위로 볼 여지가 없었다. 그런데 그 후 선순위 담보권 설정행위가 사해행위로 취소되었다. 상대적 무효설을 관철시키면 이러한 사해행위 취소의 효력은 후순위 담보권자에게 미치지 않아야 한다. 그러나 대법원은 선순위 담보권 설정행위가 취소되는 경우에는 그 선순위 담보권의 피담보채무액을 당해 부동산에 설정된 담보권의 피담보채무액에 포함시켜서는 안 된다고 보아 결과적으로 후순위 담보권 설정의 사해행위성을 인정하였다. 상대적 무효설의 복잡함을 보여 주는 판결이다.

9) 이는 채무자 명의의 소유권등기가 있어야만 그 부동산에 대한 강제집행이 가능하기 때문이라고 설명된다. 곽윤직 편(주 7), 843면(김능환 집필부분); 양창수 · 김형석, **민법Ⅲ 권리의 보전과 담보**, 제2판(박영사, 2015), 215–216면. 참고로 독일법이나 프랑스법에서는 등기 명의를 수익자에게 남겨 둔 채 취소채권자의 강제집행을 수인할 의무만 부담시킨다. 이러한 법제 아래에서는 등기와 실체의 분리 현상이 발생하지 않는다.

어울리지 않거나 부합할 수 없는 것이다. 원상회복만 이루어지고 강제집행은 하지 않는 상태가 오래 지속되면 불편한 관계도 오래 지속된다. 그동안 채무자와 수익자의 손발은 묶이고 그 부동산을 둘러싼 법률관계는 애매한 상태로 방치된다. 이는 바람직한 사태가 아니다. 만약 독일처럼 수익자에게 등기 명의를 놓아둔 채로 취소채권자의 강제집행을 허용하고 수익자는 이를 감수하도록 한다면 이와 같은 문제는 발생하지 않는다. 이러한 법제 아래에서는 '사해행위를 취소하더라도 채무자와 수익자의 행위의 유효성은 영향을 받지 않는다'는 상대적 무효설이 자연스럽게 받아들여질 수 있다. 그러나 우리나라처럼 채무자에게 등기 명의를 회복시켜 강제집행을 하는 법제 아래에서는 등기제도 및 강제집행제도와 상대적 무효설의 충돌을 피할 수 없다.[10]

이러한 상황에서는 채무자로부터 부동산을 취득한 제3자의 지위가 애매해진다. 상대적 무효설을 끝까지 관철시키면 제3자는 보호될 수 없으나, 외관을 신뢰한 선의의 제3자를 보호할 필요성도 부인할 수 없다. 제3자가 등기기록을 잘 살펴보면 말소등기의 원인이 사해행위취소 확정판결임을 알 수 있으므로 그를 보호할 가치가 크지 않다고 반론할 수도 있다.[11] 그러나 일반인이 등기기록을 통하여 현재의 권리관계 외에 그 권리관계에 이르게 된 경위까지 살필 것을 기대하기는 어렵다. 또한 일반인이 상대적 무효설의 존재와 내용을 충분히 이해하여 채무자가 소유자로 되어 있지만 법률적으로는 그것이 수익자의 소유라는 것을 인식하리라 기대하기도 어렵다. 이러한 법률관계는 필자를 비롯한 법률가들에게도 쉽게 이해할 수 있는 대상이 아니기 때문이다. 또한 채무자에게 등기 명의가 복귀된 후 수익자가 채무자에게 지급한 급여를 반환받고 매매계약을 해제하는 경우도 충분히 있을 수 있다. 이러한 경우에는 제3자가 유효하게 소유권을 취득할 가능성이 열려 있다. 그러나 이러한 변수까지 조사하고 고려하게 하기보다는 선의의 제3자를 보호하는 쪽이 물권변동에 관한 형식주의나 등기 제도의 취지에 더 부합하는지도 모른다.

그렇게 보면 채무자에게 원상회복된 부동산의 처분 행위 효력을 꼭 부인해야 하는가 하는 합리적 의문도 생겨난다. 담보 설정이나 처분금지가처분 등으로 확보될 수 있었던 책임재산이 일탈됨으로써 발생하는 위험은 이와 무관한 제3자에게

10) 이 문제에 대해서 전원열, "채권자취소권의 효력론 비판 및 개선방안", **저스티스**, 통권 제163호(2017. 12), 213－222면에서 상세하게 다루고 있다.

11) 정차영, "채권자취소권 행사의 효과에 관한 연구－대법원 2017. 3. 9. 선고 2015다217980 판결－", **법조**, 통권 제623호(2017. 6), 740면은 실제로 이 점을 지적하고 있다.

지우기보다는 채권자와 채무자의 관계 내부에서 해결되어야 한다는 점에서도 그러하다. 이와 관련하여 대법원 1990. 10. 30. 선고 89다카35421 판결은 수익자의 채권자가 수익자 명의의 부동산에 가압류를 한 상태에서 그 부동산이 사해행위 취소로 채무자에게 원상회복되었다가 다시 제3자에게 처분된 경우 제3자는 "가압류의 부담이 있는 소유권을 취득"한다고 판시하였다. 적어도 표현상으로는 제3자가 소유권을 취득하였다고 본 것이다.[12] 그러나 대상판결은 제3자의 선의 유무를 불문하고 이러한 제3자 보호의 길을 봉쇄하였다.[13]

(2) 제3자 명의의 소유권이전등기 말소방법

대상판결은 제3자 앞으로 이루어진 원인무효의 소유권이전등기 말소방법에 관한 판시 사항을 담고 있다. 이 사건에서 원고는 ① 채무자의 말소청구권을 대위하는 청구와 ② 채무자를 대위하지 않는 직접 말소청구를 선택적으로 하였다. 1심법원부터 대법원에 이르기까지 ①의 청구는 채무자에게 말소청구권이 없다는 이유로 받아들여지지 않았다. 상대적 무효설에 따르면 채무자는 제3자와의 관계에서 소유자도 아니고 채무자와 제3자 사이의 부동산매매계약이 무효가 되는 것도 아니기 때문이다. 한편 1심법원과 원심법원은 채권자인 원고에게도 직접 말소를 구할 청구권이 없다는 이유로 ②의 청구를 받아들이지 않았으나, 대법원은 이를 받아들였다. 대법원은 "취소채권자나 민법 제407조에 따라 사해행위 취소와 원상회복의 효력을 받는 채권자는 채무자의 책임재산으로 취급되는 부동산에 대한 강제집행을 위하여 원인무효 등기의 명의인을 상대로 등기의 말소를 청구할 수 있다." 라고 판시할 뿐 그 말소청구권의 발생 근거와 성격이 무엇인지에 대해서는 아무런 설명을 하고 있지 않다.

위와 같은 판시는 지금까지의 판례에서 찾아볼 수 없던 새로운 내용이다. 어느 한쪽이 권리를 가지게 되면 다른 누군가는 그 대가를 치러야 한다. 어느 한쪽에 권리를 부여하려면 그 권리를 둘러싼 이해관계자들의 합의(계약) 또는 그에 관한 사회적이고 공적인 합의(법률)가 있어야 한다. 그렇다면 취소채권자가 제3자를 상

---

12) 이 판결에 대한 비판으로는 오영준, "사해행위취소의 효력이 미치는 채권자의 범위", **민사판례연구**, 제26권(박영사, 2004), 168면; 김창희, "사해행위취소판결의 효력이 미치는 범위－수익자의 고유채권자에 대한 효력을 중심으로－", **법조**, 통권 제679호(2013), 55면.

13) 정차영(주 11)은 대상판결의 태도에 찬성하면서도 기존 판례의 입장을 변경한 것이므로 전원합의체 판결로 판시하였어야 할 사안이라고 한다.

대로 직접 등기말소를 청구할 수 있는 권리는 둘 중 어디에 근거한 것인가? 취소채권자와 제3자 사이에는 일반적으로 계약관계가 존재하지 않을 것이므로 계약에서 그 근거를 찾을 수는 없다. 그렇다면 법률 어디에선가 그 권리를 뒷받침할 실마리를 찾아야 한다. 타인의 등기 말소를 구할 때의 전형적인 권원은 소유권을 비롯한 물권이다. 그러나 취소채권자는 해당 부동산에 관한 소유권 등 물권을 가지지 않으므로 물권적 청구권으로서의 등기말소 청구권도 행사할 수 없다. 한편 취소채권자는 채무자에 대해 채권을 가지고 있고, 그 채권은 책임재산에 대한 강제집행을 통하여 실현된다. 채무자의 책임재산이 제3자에게 일탈됨으로써 채권자는 원상회복된 책임재산에 대해 강제집행을 할 수 있는 법적 지위 내지 이익을 침해당하게 된다. 이는 채권침해의 일종이다. 그러므로 채권자의 제3자에 대한 등기말소청구권은 이러한 채권침해에 대한 방해배제청구권이라고 생각할 수도 있다.

그러나 그동안의 판례에 따르면 채권침해가 있다고 하여 그로부터 방해배제청구권이 당연히 생긴다고 보기 어렵다. 전통적 이해에 따르면 방해배제청구권은 물권과 같은 지배권에만 인정되어 왔다. 초기의 판례 가운데 채권침해에 대한 방해배제청구권을 인정한 것이 있기는 하다.[14] 이 판결에서 대법원은 "정당한 이유 없는 제3자의 행위로 인하여 채무의 이행이 방해될 우려가 있을 때에는 그 제3자에 대하여 방해행위의 배제를 청구할 수 있다."라고 판시하였다. 그러나 그 후 채권은 대세적 효력이 없으므로 그 권리를 사실상 침해하였다는 사정만으로 방해배제청구를 할 수 없다는 취지의 판결이 선고되었고,[15] 이러한 태도는 현재까지 유지되어 왔다.

또한 방해배제청구권을 인정하려면 그 방해가 법질서에 반하는 상태, 즉 위법한 상태여야 한다. 소유권과 같은 물권이 침해되면 특별한 사정이 없는 한 그 침해는 위법하다고 볼 수 있다.[16] 그러나 채권침해는 그렇게 볼 수 없다. 거래의 자유와 경쟁의 촉진이라는 관점에서 볼 때 물권과 채권에 동일한 무게를 부여할 수는 없기 때문이다.[17] 대법원도 채무자가 채권자와 선행계약을 체결한 이후 다시 이에 반하여 제3자와 후행계약을 체결하는 유형의 채권침해에 대해 "제3자가 채무자와

---

14) 대법원 1953. 2. 21. 선고 4285민상129 판결(현행 민법 시행 전 판결이다).
15) 대법원 2001. 5. 8. 선고 99다38699 판결.
16) 양창수 · 권영준, 민법Ⅱ **권리의 변동과 구제**, 제3판(박영사, 2017), 615면.
17) 따라서 채권침해가 문제 된 사안에서는 채권의 보전과 실현이라는 이익과 자유로운 경쟁의 보장이라는 이익을 비교형량하여 위법성을 판단하게 된다. 양창수 · 권영준(주 16), 616면.

적극 공모하였다거나 또는 제3자가 기망·협박 등 사회상규에 반하는 수단을 사용하거나 채권자를 해할 의사로 채무자와 계약을 체결하였다는 등의 특별한 사정이 있는 경우에 한하여 제3자의 고의·과실 및 위법성을 인정하여야 한다."는 태도를 취하였다.[18]

한편 위와 같은 제3자의 행위를 불법행위로 보아 불법행위에 기한 방해배제청구권의 일환으로 등기말소청구권을 인정하는 방법도 생각해 볼 수 있다. 불법행위에 대한 금지청구권을 인정할 여지를 남긴 대법원 결정이 있다.[19] 이에 따르면 민법상 불법행위에 해당하는 부정경쟁행위가 있는 경우 금전배상만으로는 피해자 구제의 실효성을 기대하기 어렵고 그 금지로 인하여 보호되는 피해자의 이익과 그로 인한 가해자의 불이익을 비교·교량할 때 피해자의 이익이 더 큰 경우에는 그 행위의 금지 또는 예방을 청구할 수 있다. 그러나 이 결정은 부정경쟁행위에 관한 것이므로 이 결정을 통하여 모든 불법행위에 대해 금지청구권이 인정되었다고 보기는 어렵다. 설령 이 결정이 불법행위에 대한 금지청구권의 길을 열어 놓은 것이라고 보더라도 채권침해가 불법행위로 인정되려면 넘어야 할 장벽이 있다. 제3자의 행위가 채권을 침해하는 것으로서 불법행위에 해당한다고 할 수 있으려면, ① 그 제3자가 채권자를 해한다는 사정을 알면서도 법규를 위반하거나 선량한 풍속 기타 사회질서를 위반하는 등 위법한 행위를 함으로써 채권자의 이익을 침해하였음이 인정되어야 하고, ② 이때 그 행위가 위법한 것인지 여부는 침해되는 채권의 내용, 침해행위의 태양, 침해자의 고의 내지 해의의 유무 등을 참작하여 구체적·개별적으로 판단하되, 거래자유 보장의 필요성, 경제·사회정책적 요인을 포함한 공공의 이익, 당사자 사이의 이익균형 등을 종합적으로 고려하여 판단하여야 하기 때문이다.[20] 그런데 대상판결에서는 이러한 종합적 고려의 흔적을 찾아볼 수 없다.

결국 대상판결이 어떤 근거에서 이러한 말소청구권을 인정하였는지는 불명확하다. 취소채권자에게는 말소를 구할 계약상·법률상 권리가 없었고, 채권침해나 불법행위에 기한 방해배제청구권을 인정할 수 있는 사안인지도 불분명하기 때문이다. 특히 제3자가 선의인 경우에는 더욱 더 채권침해나 불법행위에 기한 방해배제청구권을 인정하기 어려워진다. 대상판결에는 ① 원인무효의 등기는 말소되어야

18) 대법원 1997. 6. 10. 선고 95다28120 판결; 대법원 2001. 5. 8. 선고 99다38699 판결.
19) 대법원 2010. 8. 25.자 2008마1541 결정.
20) 대법원 2007. 9. 21. 선고 2006다9446 판결; 대법원 2009. 10. 29. 선고 2008다82582 판결; 대법원 2012. 9. 13. 선고 2010다77538 판결.

마땅하고, ② 이를 말소하기 위한 대위청구가 불가능한 이상, ③ 원인무효 등기를 방치하기보다는 채권자에게 직접 말소청구권을 인정하는 해석론이 타당하다는 생각이 깔려 있다. 이러한 생각에는 수긍할 부분이 있다. 그러나 법 형성에 가까운 이러한 해석론의 근거를 제시하지 않은 데에는 아쉬움을 느낀다.

(3) 총평

대상판결은 상대적 무효설이 빚어낸 난맥상을 과감한 법리로 돌파하였다. 그러나 대상판결은 역설적으로 상대적 무효설의 한계를 여실히 보여 주기도 하였다. 상대적 무효설을 비롯하여 채권자취소권을 둘러싼 법리의 난맥상은 이제 민법의 두 개 조항과 이에 관한 판례의 축적만으로는 해결할 수 없는 상태에 이르렀다. 근본적인 해결방법은 법을 고치는 것이다.[21] 법을 고치려는 시도가 없었던 것은 아니다. 법무부는 2009년 2월 4일 민법개정위원회를 설치하여 2014년 2월까지 민법 재산편 전면개정작업을 진행하였는데, 그중에는 채권자취소권에 관한 개정 부분도 포함되어 있었다.[22] 개정 논의 과정에서는 상대적 무효설을 입법적으로 폐지하려는 논의가 있었으나 의견 일치에 이르지 못하여 개정 시안에는 포함되지 못하였다.[23] 그러나 법무부 민법개정시안은 국회의 무관심이 예상되는 가운데 심의 및 통과 가능성에 기초하여 제출 시기를 엿보다가 결국 대부분 국회에 제출되지도 못하였다.[24]

반면 일본에서는 2017년 6월 2일에 법률 제44호로 공포된 『민법의 일부를 개정

21) 전원열(주 10), 242면.

22) 이에 대한 소개로 윤진수 · 권영준, "채권자취소권에 관한 민법 개정안 연구", 민사법학, 제66호(2014. 3); 김재형, 채권자취소권에 관한 민법개정안－개정안에 관한 기본구상과 민법개정위원회의 논의 과정을 중심으로, 민사법학, 제68호(2014. 9) 등 참조.

23) 법무부 민법개정위원회 실무위원회는 채권자취소판결의 효력이 채무자에게도 미치는 방안을 제안하였으나 위원장단 회의에서 받아들여지지 않았다. 윤진수 · 권영준(주 22), 521－522면. 참고로 윤진수 교수는 실무위원장, 필자는 실무위원이었다.

24) 법무부 민법 개정안 중 성년후견제도에 관한 부분은 장애인단체 등의 적극적인 관심으로 인하여 국회의원들의 시선을 붙잡는 데에 성공하였고 결국 국회를 통과하여 2013년 7월 1일부터 시행되고 있다. 반면 법인과 시효제도에 관한 부분은 2011년 6월 22일 제18대 국회에 제출되었으나, 제18대 국회의 임기만료로 폐기되었다. 제19대 국회가 열린 후 정부는 2013년 7월 17일 유치권에 관한 개정안, 2014년 3월 25일 보증계약과 여행계약에 관한 개정안을 제출하였고, 2014년 10월 24일 법인에 관한 개정안을 다시 제출하였다. 그중 유치권과 법인에 관한 각 개정안은 법제사법위원회에서 본격적인 심의가 진행되지 않은 채 머물러 있다. 다행스럽게 보증계약과 여행계약에 관한 민법 개정안은 소비자 보호라는 측면에서 관심을 모은 가운데 국회를 통과하여 2015년 2월 3일 공포되었고, 2016년 2월 4일부터 시행되고 있다.

하는 법률안』에 의하여 민법이 개정되었다.[25] 일본 개정 민법은 2017년 12월 20일 정령(政令) 제309호로 공포된 『민법의 일부를 개정하는 법률의 시행기일을 정하는 정령』에 의해 2020년 4월 1일부터 시행된다.[26] 그중 사해행위 취소 제도에 관한 부분은 주목할 만하다. 일본 개정 민법은 사해행위 취소에 관하여 3개 조항(제424조 내지 제426조)만 두었던 개정 전 민법과 달리 자세한 규정을 두고 있다.[27] 그중 채권자취소권의 효력에 관해서는 "사해행위취소청구를 인용하는 확정판결은 채무자 및 전체 채권자에 대하여 효력이 있다."고 규정하여 상대적 무효설을 입법적으로 폐기하고(제425조),[28] 취소에 따른 원상회복을 둘러싼 법률관계(수익자는 채무자에게 자신의 반대급부 또는 그 가액 반환을 청구할 수 있고, 수익자가 동시에 채권자이고 대물변제 등 취소 대상 행위로 채권이 소멸하였다면 취소로 인한 원상회복 후에는 그 채권이 다시 부활한다는 등)에 대해 규정하고 있다(제425조의 2 내지 4). 이러한 법제 아래에서 채무자에게 원상회복된 부동산을 취득한 제3자는 보호받게 될 것이

---

25) 일본 민법(채권관계)의 전면개정은 동경대 법대 민법 교수이던 우치다(内田貴) 교수를 중심으로 2006년 10월에 발족한 "민법(채권법) 개정검토위원회"의 검토 결과가 2009년 3월 『채권법개정의 기본방침』으로 공간되면서 본격적으로 시작되었다. 2009년 10월 일본 법무성 법제심의회에 민법(채권관계) 부회가 설치되었다. 그 후 ① 『민법(채권관계)의 개정에 관한 중간적인 논점정리』 공표(2011. 4. 12), ② 『민법(채권관계)의 개정에 관한 중간시안』 공표(2013. 2. 26), ③ 『민법(채권관계)의 개정에 관한 요강가안』 마련(2014. 8. 26), ④ 법제심의회의 요강안 승인(2015. 2. 1), 및 법무성의 요강안 채택(2015. 2. 24), ⑤ 법무부가 이에 기초하여 『민법의 일부를 개정하는 법률안』을 작성하여 국회에 제출(2015. 3. 31), ⑥ 국회 통과(2017. 4. 14. 중의원 본회의, 2017. 5. 26. 참의원 본회의) 및 공포(2017. 6. 2.)의 과정을 거쳤다. 이상 서희석, "일본 민법(채권법) 개정조문 시역(試譯)", **민사법학**, 제79호(2017. 6), 123-124면 참조. 일본 민법 개정 법률 전문은 http://www.moj.go.jp/content/001226886.pdf 참조.

26) http://kanpou.npb.go.jp/20171220/20171220h07168/20171220h071680002f.html(2017. 12. 20.자 관보(官報) 제7168호) 참조. 다만 일부 규정들은 2018년 4월 1일 또는 2020년 3월 1일부터 각각 시행된다.

27) 조문의 표제만 열거하면 다음과 같다. 제424조(사해행위취소청구), 제424조의2(상당한 대가를 얻고 한 재산의 처분행위의 특칙), 제424조의3(특정의 채권자에 대한 담보제공 등의 특칙), 제424조의4(과대한 대물변제 등의 특칙), 제424조의5(전득자에 대한 사해행위취소청구), 제424조의6(재산의 반환 또는 가액의 상환 청구), 제424조의7(피고 및 소송고지), 제424조의8(사해행위의 취소의 범위), 제424조의9(채권자에의 지급 또는 인도), 제425조(인용판결의 효력이 미치는 자의 범위), 제425조의2(채무자가 받은 반대급부에 관한 수익자의 권리), 제425조의3(수익자의 채권의 회복), 제425조의4(사해행위취소청구를 받은 전득자의 권리), 제426조(사해행위취소권의 기간의 제한). 이상 서희석(주 25), 152-158면 참조.

28) 다만 이러한 개정이 절대적 효력설을 채택하여 채무자 외에 사해행위 취소소송의 피고가 되지 않은 수익자 및 전득자에 대하여도 사해행위 취소의 효력이 미친다고 보는 것은 아니다. 이순동, "사해행위취소권에 관한 일본 민법 개정안의 연구-우리 채권자취소권 규정의 개정방향을 탐구하며", **법조**, 제65권 제1호(2017. 2), 244면.

고, 이러한 부동산의 임의 처분을 막고자 하는 채권자는 가처분 제도를 활용하면 될 것이다.

당장 법을 고치기도 어렵고 상대적 무효설에 관한 판례의 전면적 폐기를 기대하기도 어려운 현실에서 대상판결과 같은 사안은 어떻게 해결하는 것이 옳을까? 아직 필자는 이에 대해 확실하게 정리된 생각을 가지고 있지는 않다. 다만 다음 두 가지 해석론은 논의해 볼 만하다.

하나는 악의의 수익자에 대해서만 사해행위 취소를 인정하는 민법 제406조를 유추 적용하는 해석론이다. 최초의 사해행위이건 원상회복 후 처분행위이건 채권자의 책임재산 확보에 방해가 되므로 그 효력이 부인되어야 한다는 점에서는 다름이 없다. 또한 채권자는 원래 채무자와 악의의 수익자 사이에 이루어진 사해행위만 취소하고 부동산을 채무자 앞으로 돌려놓을 수 있다. 그런데 대상판결에 따르면, 일단 사해행위 취소가 이루어진 후에는 채권자가 제3자의 선 · 악의를 불문하고 언제나 부동산을 채무자 앞으로 돌려놓을 권한을 가지게 된다. 사해행위 취소 전후에 이처럼 채권자의 권한이 큰 폭으로 달라지는 것은 석연치 않을뿐더러, 거래의 안전을 해친다. 물론 원상회복 후 처분행위가 늘 사해행위의 요건을 충족하는 것은 아니다. 그러나 거래의 안전을 해치지 않는 범위에서 채무자의 책임재산을 확보한다는 사해행위 취소 제도의 큰 그림을 생각해 보면, 책임재산의 1차 일탈행위인 사해행위 후에 이루어진 책임재산의 2차 일탈행위도 사해행위 취소의 경우와 유사하게 취급하여 악의의 제3자에 대해서는 그 원상회복으로서의 말소청구권을 인정할 여지가 있다.

한편 대상판결과 같이 제3자의 선 · 악의를 불문하고 제3자 명의의 등기를 말소할 수 있다는 입장에 선다면, 채권자가 채무자를 대위하여 말소청구할 수 있도록 하는 해석론도 생각해 볼 수 있다.[29] 실제로 이 사건에서는 채권자대위권에 기한 말소청구도 행하여졌는데, 1심법원과 원심법원에서 모두 배척되었다. 상대적 무효설에 따르면 채무자는 부동산의 소유자가 아니므로 제3자를 상대로 말소를 구할 권리가 없다는 이유 때문이었다. 대상판결에서는 채권자의 직접 말소청구권이 인정되었으므로 말소청구권의 대위 행사 가부(可否)는 다루어지지 않았다. 그런데 상대적 무효설은 사해행위 취소 제도의 이념을 실현하기 위해 고안된 법적 장치이

29) 양형우(주 7), 51－52면 참조.

다. 만약 상대적 무효설의 적용이 사해행위 취소 제도의 이념이 실현되는 것을 저해한다면, 그 범위에서 상대적 무효설은 적절히 변형되어야 한다. 이렇게 보면 상대적 무효설을 취하면서도 말소청구권의 대위 행사를 허용할 여지가 있다. 상대적 무효설은 채권자와 수익자의 관계에서 부동산을 채무자의 책임재산처럼 취급하려는 이론이다. 한편 위에서 보았듯이 사해행위 취소 이후에 그 부동산을 취득한 제3자는 사해행위의 수익자와 유사한 지위에 있다. 그렇다면 채무자는 제3자에게 부동산이 자신의 것이라고 주장할 수 없더라도, 채권자는 제3자에게 부동산이 채무자의 것이라고 주장할 수 있다. 채권자대위권 행사의 방법으로 이러한 주장을 관철시키는 것 역시 허용될 수 있다. 이는 마치 공서양속에 위반한 이중매매의 경우 매도인은 불법원인급여 법리(민법 제746조) 때문에 등기를 넘겨받은 제2매수인에게 등기의 말소를 구할 수 없지만 제1매수인은 매도인을 대위하여 제2매수인에게 등기의 말소를 구할 수 있는 것과 같다.[30]

30) 양형우(주 7), 52면.

제 4 장

채권편(각칙) 분야

1 계약이 성립하지 않은 경우의 계약체결상 과실책임 (대법원 2017. 11. 14. 선고 2015다10929 판결)

가. 사실관계

원고(반소피고, 이하 '원고'라고만 함)들은 2013. 4.경 인터넷 중고차 매매사이트에 원고들이 각각 1/2 지분을 소유하였던 X자동차를 매매대금 3,100만 원으로 하여 매물로 등록하였다. 원고 1은 2013. 6. 11. 자신의 이름을 'A'라고 밝힌 성명불상자로부터 전화를 받았다. 성명불상자는 원고 1에게 X자동차를 매수하겠다는 의사를 밝히면서, 매매대금 3,100만 원은 자신의 지인인 중고차 매매상과 자신이 나누어 부담하겠다고 하였다. 한편 Y자동차 매매상사를 운영하는 피고(반소원고, 이하 '피고'라고만 함)는 2013. 6. 10. 자신의 이름을 '김부장'이라고 밝힌 성명불상자로부터 전화를 받았다. 성명불상자는 피고에게 X자동차를 매매대금 2,600만 원에 매도하겠다는 의사를 밝혔다. 이어 위 성명불상자는 2013. 6. 11. 다시 피고에게 전화를 걸어, 원고들이 X자동차를 주차해 둔 장소를 알려 주었다.

Y자동차 매매상사 직원인 B는 원고 1을 찾아가서 X자동차를 확인한 다음, 원고 1에게 X자동차를 매수하겠다고 하였다. 그에 따라 Y자동차 매매상사와 원고 1(X자동차의 1/2 공유자이자 다른 공유자인 원고 2의 대리인)은 매매계약을 체결하게 되었다. B는 위 성명불상자와 다시 통화를 하였고, 위 성명불상자가 지정한 C의 계좌로 원고 1의 동의를 받아 2,600만 원을 송금하였다. 이어 원고 1은 B에게 자동차등록증, 인감증명서 등 차량 이전등록에 필요한 서류를 교부하였다. 매매대금 지급이 모두 끝났다고 생각한 B는 원고 1에게 자동차 열쇠를 달라고 하였으나, 원고 1은 위 2,600만 원에 성명불상자가 부담할 500만 원을 합한 매매대금을 받기 전까지는 열쇠를 줄 수 없다고 하였다. 원고 1과 B는 곧 자신들이 사기를 당하였음을 알아차리고 경찰서에 진정을 하였다. 그러나 경찰 조사결과 위 C의 계좌는 대포계좌였고, 송금된 2,600만 원은 이미 인출된 상태였다. 이후 피고는 X자동차에 관하여 소유권이전등록을 하였다.

원고들은 피고를 상대로 위 소유권이전등록 말소를 구하는 소를 제기하였다. 피고는 반소를 제기하여, 주위적으로는 원고 1과 피고 사이의 매매계약이 유효하게 성립하였다는 전제에서 X자동차의 인도를, 예비적으로는 위 매매계약이 유효하게 성립하지 않았다는 전제에서 매매대금 2,600만 원 상당의 손해배상을 구하였다.

나. 원심판결과 대상판결

1심법원은 원고들의 본소 청구를 인용하고, 피고의 주위적 반소 청구를 기각하였으며, 예비적 반소 청구는 일부 인용하였다.[1] 원심법원은 원고들의 항소를 기각하면서, 피고의 예비적 청구에 관한 1심판결을 인용하여 다음과 같이 판단하였다.[2] 원고들과 피고가 체결한 이 사건 매매계약은 매매대금에 관한 의사의 불합치로 유효하게 성립되지 않았다. 원고들은 이 사건 매매계약 체결 당시 이 사건 매매계약이 성립될 수 없다는 사실을 부주의로 알지 못하였다. 따라서 민법 제535조를 유추 적용하여, 원고들은 위와 같은 자신들의 계약체결상의 과실로 인해 피고가 입은 손해를 배상할 의무가 있다.

대법원은 다음 이유로 원심판결을 파기하였다. 계약이 의사의 불합치로 성립하지 아니한 경우 그로 인하여 손해를 입은 당사자가 상대방에게 부당이득반환청구 또는 불법행위로 인한 손해배상청구를 할 수 있는지는 별론으로 하고, 상대방이 계약이 성립되지 아니할 수 있다는 것을 알았거나 알 수 있었음을 이유로 민법 제535조를 유추 적용하여 계약체결상 과실로 인한 손해배상청구를 할 수는 없다. 그러므로 원고들이 피고에 대하여 계약체결상 과실로 인한 손해배상책임을 부담한다고 볼 수는 없다. 다만 원고들이 계약체결 과정에서 요구되는 주의의무를 다하지 않음으로써 성명불상자의 불법행위를 방조한 것으로 볼 여지가 있으므로 이에 관하여 심리할 필요가 있다.

다. 분석

민법 제535조는 "계약체결상의 과실"이라는 표제 아래 "목적이 불능한 계약을 체결할 때에 그 불능을 알았거나 알 수 있었을 자는 상대방이 그 계약의 유효를 믿었음으로 인하여 받은 손해를 배상하여야 한다."라고 규정한다.[3] 여기에서의

---

1) 서울남부지방법원 2014. 8. 8. 선고 2013가단44458, 61835 판결. 원고들의 손해배상책임을 인정하되 피고의 과실을 참작하여 원고들의 책임을 손해액의 60%로 제한하였다.
2) 서울남부지방법원 2015. 1. 15. 선고 2014나9217, 9224 판결.
3) 이 조항은 의용민법에는 없던 조항이다.

'불능'은 원시적 · 객관적 불능을 의미한다.[4] 우리 민법은 계약 성립 이전 단계에 대한 일반적인 규율은 제공하지 않는데, 민법 제535조는 이 단계의 법률관계에 관하여 다루는 점에서 의미 있다. 문제는 이 조항이 현실적으로는 거의 문제되지 않는 원시적 불능에 국한하여 규정하고 있다는 데에 있다. 계약교섭을 개시한 후 계약체결에 이르기까지 존재하는 수많은 문제들에 대한 계약법적 규율이 방기(放棄)되어 있는 셈이다.

이러한 문제의식 아래 다수설은 원시적 불능에 관한 민법 제535조를 원시적 불능 외에도 계약의 교섭 내지 준비 단계 또는 체결 과정에서 발생하는 법적 문제 일반에 확장하여 적용하고자 한다.[5] 이에 따르면 원시적 불능은 이러한 법적 문제의 예시에 불과하고, 그 외에 계약교섭의 부당 파기, 계약의 불성립이나 무효, 취소, 설명의무 위반 등의 문제도 민법 제535조의 규율로 해결될 수 있다. 이러한 다수설은 불법행위의 규율 범위가 충분히 포괄적이지 못하여 계약책임의 외연을 넓힐 필요가 있었던 독일 이론의 영향을 강하게 받은 것이다.[6] 그런데 이에 대해서는 포괄적 불법행위법을 가지고 있는 우리나라에서는 독일처럼 계약체결상 과실책임의 범위를 획일적으로 확장할 필요가 없다는 비판이 제기되어 왔다.[7]

대법원도 다수설이 계약체결상 과실책임의 유형으로 파악하는 행위 유형에 대

4) 편집대표 곽윤직, **민법주해 XIII 채권(5)**(박영사, 1997), 236－237면(최흥섭 집필부분); 양창수 · 김재형, **민법 I 계약법**, 제2판(박영사, 2015), 65면.

5) 대표적으로 곽윤직, **채권각론**, 제6판((박영사, 2003), 57－58면; 김상용, **채권각론**, 개정판(법문사, 2003), 72면; 박재영, "민법 제535조의 계약체결상 과실책임", **민사판례연구**, 제35권(박영사, 2013), 408－409면; 김세준, "계약체결상의 과실책임과 사기로 인한 취소", **경상대학교 법학연구**, 제23권 제3호(2015. 7), 70면 참조. 다수설은 (i) 계약체결 및 이행 과정에서 계약 외의 법익이 침해된 경우, (ii) 계약교섭이 결렬된 경우, (iii) 계약이 체결되었지만 장애사유가 있어 계약이 유효하게 성립되지 않은 경우, (iv) 계약이 유효하게 체결되었지만 당사자가 설명의무를 위반한 경우, (v) 계약이 유효하게 체결되었지만 그 교섭 및 체결 과정에서 당사자가 아닌 제3자의 귀책사유로 상대방이 손해를 입은 경우에 모두 계약체결상 과실책임을 인정할 수 있다고 보았다. 곽윤직 편(주, 4) 255면 이하(최흥섭 집필부분) 참조.

6) 양창수 · 김재형(주 4), 70－72면. 한편 개정 전 독일 민법 제306조에서는 우리 민법 제535조와 같이 원시적 불능에 의한 계약무효와 계약체결상 과실책임에 대해 규정하고 있었는데, 2002년 개정된 독일 민법 제311조의a 제1항은 원시적 불능은 계약의 무효사유가 아님을 밝히는 한편, 제311조 제2항은 계약교섭의 개시에 의하여도 계약상 채권관계가 성립한다고 규정함으로써 계약체결 과정에서 발생하는 손해배상책임이 계약책임임을 분명히 하고 있다.

7) 양창수, "계약체결상의 과실", **민법연구**, 제1권(박영사, 1991), 381면 이하; 최흥섭, "계약이전단계에서의 책임(소위 계약체결상의 과실책임)과 민법 제535조의 의미－특히 독일판례를 중심으로 한 비교법적 고찰", **한국민사법학의 현대적 전개, 연람 배경숙 교수 화갑기념논문집**(박영사, 1991), 576면 이하; 양창수 · 김재형(주 4), 69－72면.

한 계약책임을 부정함으로써 계약체결상 과실책임 확장론을 받아들이지 않았다. 가령 매매계약의 일부가 무효인 경우,[8] 일방 당사자가 계약교섭을 부당하게 파기한 경우,[9] 부동산 교환계약이 후발적 사유로 무효가 된 경우,[10] 착오를 이유로 의사표시를 취소한 경우[11]에 대법원은 민법 제535조를 적용하거나 유추 적용하지 않았다. 대상판결도 계약이 의사의 불합치로 성립되지 않은 경우에도 부당이득반환청구 또는 불법행위로 인한 손해배상청구를 할 수는 있어도 민법 제535조를 유추 적용할 수는 없다고 보았다. 지금까지의 판례의 흐름과 일맥상통하는 판결이다. 물론 다수설에도 공감할 바가 있다. 우리 민법은 어느 한 순간 계약이 성립한다는 단절적 관점에 기초하지만, 실제 계약 체결은 동적 프로세스로 파악되어야 하는 경우가 적지 않다.[12] 마치 태아가 서서히 성장하여 사람이 되듯이 이러한 계약 역시 서서히 계약의 모습을 갖추어 나가다가 계약서의 서명 날인이 이루어지면서 계약으로 성립한다. 그렇다면 태아도 일정한 범위 내에서 사람처럼 취급되듯이, 계약체결 전 단계의 법적 문제도 일정한 범위 내에서 계약관계의 문제로 취급될 수도 있다. 또한 결과적으로 이러한 논의가 독일법의 논의와 가깝다는 이유만으로 타당성이 부정되어야 하는 것도 아니다.

그러나 계약체결상 과실책임의 확장은 이론적 타당성의 문제라기보다는 현실적 필요성의 문제이다. 궁극적으로 중요한 것은 계약체결상 과실책임을 동원하여야만 타당한 권리구제가 비로소 가능하게 되는가 하는 문제이다. 그러나 지금까지의 판례가 보여 주었듯이 계약체결상 과실책임을 일률적으로 확장하지 않더라도 불법행위법이나 부당이득법으로 개별 문제를 해결하는 데에 큰 지장이 없다. 유추 적용은 법에 내재하는 일반원리로 복귀하여 법의 흠결 문제를 해결하려는 시도인데,[13] 이 점에서 과연 법의 흠결이 존재하는지 의문이 든다. 또한 민법 제535조는 명시적으로 원시적 불능에 국한하여 규정하고 있고, 이를 확장하여 적용해야 한다

---

8) 대법원 2002. 4. 9. 선고 99다47396 판결.
9) 대법원 2001. 6. 15. 선고 99다40418 판결; 대법원 2003. 4. 11. 선고 2001다53059 판결; 대법원 2004. 5. 28. 선고 2002다32301 판결. 위 판결들에서는 민법 제535조 적용 여부가 직접적으로 다루어지지 않았으나, 계약교섭을 부당하게 파기한 당사자에게 불법행위책임이 인정되었다.
10) 대법원 1974. 6. 11. 선고 73다1975 판결.
11) 대법원 1997. 8. 22. 선고 97다13023 판결.
12) 권영준, "계약관계에 있어서 신뢰보호", **서울대학교 법학**, 제52권 제4호(2011. 12), 226면.
13) 권영준, "위약벌과 손해배상액 예정－직권감액 규정의 유추 적용 문제를 중심으로－", **저스티스**, 통권 제155호(2016. 8), 217면.

는 공감대가 공고하게 형성되어 있지도 않다. 2014년 법무부 민법 개정시안 제535조는 새로운 내용을 담고 있으나,[14] 계약체결상 과실책임을 확장하려는 논의는 거의 이루어지지 않았다. 결국 민법 제535조의 유추 적용이 이론적으로 꼭 부당하다고는 할 수 없으나, 현실적으로 꼭 필요한 것이라고 말하기도 어렵다. 따라서 대상판결의 태도에 찬성한다.

이러한 태도에 따르면 피고는 원고들에게 부당이득이나 불법행위의 차원에서 구제를 받을 가능성이 있을 뿐이다. 우선 피고가 원고들에게 2,600만 원의 부당이득 반환을 구할 수 있는지 문제 된다. 피고가 원고들이 아닌 C에게 2,600만 원을 지급하였으나 C로부터 이를 돌려받지 못하게 된 것은 사실이다. 그런데 피고는 원고들의 동의 아래 제3자인 C에게 대금을 입금하였다. 이는 대금 수령권자인 원고들의 지시에 따른 것이라고도 볼 수 있으므로 피고가 제3자인 C에게 입금한 것은 목적적 관점에서는 원고들에 대한 매매대금 채무의 이행으로 평가될 수 있다. 한편 판례에 따르면 계약상 금전채무를 지는 당사자가 상대방의 지시에 따라 제3자에게 직접 금전을 지급하였는데 그 계약이 무효였다면, 채무자는 제3자가 아니라 상대방에게 부당이득 반환을 청구하여야 한다.[15] 이 사건에서도 피고는 일단 원고들에게 매매대금에 상응하는 부당이득 반환을 요구할 수는 있다. 다만 원고들은 ① 자신들이 선의의 수익자로서 현존이익을 반환할 의무만 부담할 뿐인데 자신들에게는 현존이익이 없다고 주장하거나(민법 제748조 제1항 참조), ② 그렇지 않더라도 자신들은 '실질적' 이익을 취득한 바 없다고 주장할 수 있을 것이다. 한편 피고는 원고들에게 불법행위로 인한 손해배상청구를 할 수 있다. 이 사건에서 직접적인 불법행위를 한 자는 성명불상자이다. 그러나 원고들도 자신들의 차량을 판매하면서 자신들이 아닌 제3자의 계좌로 매매대금을 지급하는 비정상적인 상황을 방치하고 허용하였다. 또한 제3자의 계좌는 원고들을 접촉한 성명불상자 명의의 계좌도 아니었으므로 원고들은 더욱 의심을 품고 C가 누구인지 확인하였어야 했다. 그런데도 원고들은 이러한 확인도 제대로 하지 않은 채 피고로 하여금 C의 계좌로 송금하도록 동의 내지 지시함으로써 피고의 대리인인 B로 하여금 이 송금이

14) 2014년 민법 개정안 제535조는 제1항에서 원시적 불능이 계약의 효력에 영향을 미치지 않는다는 점, 제2항에서 선의의 채권자는 악의 또는 과실이 있는 채무자에게 손해배상을 청구할 수 있다는 점을 규정한다. 그러나 논의 과정에서 다수설처럼 계약체결상 과실책임의 적용 범위를 원시적 불능 이외의 경우로도 넓히자는 논의는 이루어지지 않았다.

15) 대법원 2010. 3. 11. 선고 2009다98706 판결.

매매대금의 지급방법으로 유효하다는 그릇된 신뢰를 형성하는 데 기여하였다. 따라서 원고들은 성명불상자의 사기 행각에 넘어간 피해자이긴 하지만, 동시에 성명불상자의 불법행위에 대한 방조자이기도 하다. 과실에 의한 불법행위 방조를 인정하는 우리 판례[16] 아래에서는 원고들은 피고에 대한 관계에서 공동불법행위자로서의 책임을 부담할 수 있다.

16) 대법원 1998. 12. 23. 선고 98다31264 판결 등 다수.

2 사정변경으로 인한 계약 해지 요건 (대법원 2017. 6. 12. 선고 2016다249557 판결)

가. 사실관계

피고는 1988년부터 A호텔 건물에서 사우나, 체력단련장, 수영장 등의 시설을 구비한 A휘트니스클럽을 운영하였다. 원고들은 피고와 직접 시설이용계약을 체결하거나, 피고와 시설이용계약을 체결한 회원으로부터 A휘트니스클럽 회원권을 양수하여 위 시설이용계약의 당사자가 되었다. 원고들은 위 시설이용계약에 따라 피고에게 연회비를 납부하며 A휘트니스클럽을 이용해 왔는데, 피고는 2013. 9. 중순경 원고들에게 "2013. 9. 30.자로 A휘트니스클럽 운영을 중단하므로 납입한 보증금을 반환받아 가라"고 통보 및 공고를 한 뒤, 2013. 9. 30. A휘트니스클럽 운영을 중단하였다.

원고들은 피고가 A휘트니스클럽 운영을 일방적으로 중단함으로써 위 시설이용계약상 채무를 불이행하였다고 주장하면서, 피고에 대하여 그 당시 A휘트니스클럽 회원권의 가치 상당액에서 원고들의 입회비 및 보증금을 공제한 금액 상당의 손해배상을 구하는 소를 제기하였다. 피고는 여러 가지 항변을 하였는데 그중에는 사정변경에 의한 계약해지 항변도 있었다. 즉 A휘트니스클럽을 운영하는 과정에서 적자가 누적되어 경영에 심각한 지장이 발생하였고 시설 노후로 A휘트니스클럽 개·보수에 막대한 비용이 필요하게 되었으므로 2013. 9. 중순경 이루어진 통지가 사정변경에 의한 계약해지권 행사로서 유효하다는 항변이었다.

나. 원심판결과 대상판결

원심법원은 피고의 항변을 배척하고 원고들의 손해배상청구를 일부 인용한 1심법원의 결론을 지지하였다.[1] 원심판결이 인용한 1심판결의 이유는 다음과 같다.

---

1) 서울고등법원 2016. 8. 18. 선고 2015나2060762 판결. 참고로 이 사건의 1심판결(서울중앙지방법원 2015. 9. 10. 선고 2013가합551650 판결)은 원고들이 A휘트니스클럽을 계속 이용하였다면 피고에게 매년 연회비를 납부하였을 것이고 피고의 재정 적자에 비추어 연회비 인상이 불가피하다는 점을 들어, 원고들이 주장한 손해액의 50%로 손해배상액을 정하였다.

사정변경을 이유로 한 계약해지는 계약 성립 당시 당사자가 예견할 수 없었던 현저한 사정의 변경이 발생하였고 그러한 사정의 변경이 해지권을 취득하는 당사자에게 책임 없는 사유로 생긴 것으로서, 계약 내용대로의 구속력을 인정한다면 신의칙에 현저히 반하는 결과가 생기는 경우에 계약준수 원칙의 예외로서 인정된다. 그리고 여기서 말하는 '변경된 사정'은 계약의 기초가 되었던 객관적인 사정을 가리킨다. 그러므로 계약의 성립에 기초가 되지 않았던 사정이 이후 변경되어 일방 당사자가 계약 당시 의도한 계약 목적을 달성할 수 없게 됨으로써 손해를 입게 되었다고 하더라도, 특별한 사정이 없는 한 그 계약 내용의 효력을 그대로 유지하는 것이 신의칙에 반한다고 볼 수는 없다. 그런데 이 사건에서 피고가 주장하는 사정은 예견할 수 있었던 사정인데다가 계약 성립의 기초가 되었던 객관적 사정이라고 볼 수 없다. 또한 피고는 클럽을 운영할 재정적 능력이 충분하였고, 재정적 어려움이 있다면 연회비 인상 등의 조치를 취할 수 있었는데도 그렇게 하지 않고 일방적으로 클럽 운영 중단 통보를 하였는데, 이러한 점에 비추어 보아도 이 사건 계약 내용대로 구속력을 인정하는 것이 신의칙에 현저히 반한다고 보기 어렵다. 따라서 피고에게 사정변경에 의한 계약해지권이 발생하였다고 볼 수 없다.

대법원은 원심판결의 결론을 지지하면서, 피고의 상고를 기각하였다. 대법원이 피고의 항변을 받아들이지 않은 이유는 제1심판결 및 원심판결과 크게 다르지 않다. 다만 사정변경으로 인한 계약해지에 관한 설시 부분은 기존 판례와 다소 차이가 나는 내용을 담고 있다. 이를 그대로 옮기면 다음과 같다. 계약 성립에 기초가 된 사정이 현저히 변경되고 당사자가 계약의 성립 당시 이를 예견할 수 없었으며, 그로 인하여 계약을 그대로 유지하는 것이 당사자의 이해에 중대한 불균형을 초래하거나 계약을 체결한 목적을 달성할 수 없는 경우에는 계약준수 원칙의 예외로서 사정변경을 이유로 계약을 해제하거나 해지할 수 있다. 여기에서 말하는 사정이란 당사자들에게 계약 성립의 기초가 된 사정을 가리키고, 당사자들이 계약의 기초로 삼지 않은 사정이나 어느 일방 당사자가 변경에 따른 불이익이나 위험을 떠안기로 한 사정은 포함되지 않는다. 경제상황 등의 변동으로 당사자에게 손해가 생기더라도 합리적인 사람의 입장에서 사정변경을 예견할 수 있었다면 사정변경을 이유로 계약을 해제할 수 없다. 특히 계속적 계약에서는 계약의 체결 시와 이행 시 사이에 간극이 크기 때문에 당사자들이 예상할 수 없었던 사정변경이 발생할 가능성이 높지만, 이러한 경우에도 위 계약을 해지하려면 경제적 상황의 변화로 당사자에게 불이익이 발생했다는 것만으로는 부족하고 위에서 본 요건을 충족하여야 한다.

다. 분석

대상판결은 얼핏 보면 사정변경 원칙과 관련하여 그동안 선고되었던 일련의 판결들과 비슷한 내용을 담고 있다. 그러나 대상판결 이유를 세심하게 살펴보면 이론적으로 주목할 만한 차이점도 있다.

사정변경 원칙에 관한 리딩 케이스는 대법원 2007. 3. 29. 선고 2004다31302 판결이다. 이 판결은 사정변경에 따른 계약해제의 요건을 체계적으로 제시하였다. 이 판결에 따르면 "사정변경으로 인한 계약해제는, 계약 성립 당시 당사자가 예견할 수 없었던 현저한 사정의 변경이 발생하였고, 그러한 사정의 변경이 해제권을 취득하는 당사자에게 책임 없는 사유로 생긴 것으로서, 계약 내용대로의 구속력을 인정한다면 신의칙에 현저히 반하는 결과가 생기는 경우에 계약준수 원칙의 예외로서 인정되는 것"이다. 그 후 대법원은 사정변경 원칙에 관하여 동일한 판시를 반복하였다.[2] 이에 따르면 사정변경 원칙의 요건은 ① 현저한 사정변경, ② 예견불가능성, ③ 해제 주장 당사자의 귀책사유 부존재, ④ 신의칙에 현저히 반하는 결과이다. 그런데 대상판결은 그중 ③요건을 언급하지 않았다. 또한 ④요건에서는 신의칙을 언급하지 않은 채 "당사자의 이해에 중대한 불균형을 초래"하거나 "계약을 체결한 목적을 달성할 수 없는 경우"라는 두 가지 구체적 유형을 제시하였다. 대상판결은 사정변경 원칙과 계속적 계약의 관계도 언급하였다. 대법원은 계속적 계약관계에도 사정변경 원칙이 적용된다는 언급을 한 적이 있다.[3] 대상판결은 한 걸음 더 나아가서 계속적 계약관계에서 사정변경이 발생할 가능성이 높다는 점을 언급하였다.

(1) **사정변경에 따른 계약해제의 요건 설정**

우선 ③요건, 즉 귀책사유 요건을 언급하지 않은 것은 의미 있는 이론적 변화이다. 판례와 다수설은 이 요건을 반복하여 제시하여 왔는데,[4] 이는 아마도 자

---

2) 대법원 2011. 6. 24. 선고 2008다44368 판결.

3) 대법원 2013. 9. 26. 선고 2012다13637 전원합의체 판결; 대법원 2013. 9. 26. 선고 2013다26746 전원합의체 판결.

4) 학설 현황에 대해서는 편집대표 곽윤직, **민법주해 XIII 채권 (6)**(박영사, 1997), 250-258면(김용덕

신의 귀책사유로 발생한 위험을 타인에게 전가할 수 없다는 생각 때문이었을 것이다.

사정변경 원칙은 위험배분을 위한 법적 장치의 하나이다.[5] 대부분의 위험은 계약을 통하여 명시적으로 또는 묵시적으로 당사자들 사이에 자율적으로 배분된다. 사정변경 원칙은 당사자가 계약으로 미처 배분하지 못한 위험에만 후견적으로 적용된다. 그러므로 사정변경 원칙이 적용되는지를 살피려면 우선 그 적용 대상인 위험이 계약으로 배분되지 못한 위험인지를 살펴야 한다. 그런데 일방의 귀책사유로 발생하는 위험은 묵시적으로나마 당사자들 사이에 계약을 통하여 배분되는 것이 일반적이다. 합리적인 계약당사자라면, 일방 당사자의 귀책사유로 위험이 발생한 경우 그로 인한 불이익은 그가 스스로 떠안아야 한다고 전제할 것이기 때문이다. 그러므로 이러한 위험은 애당초 사정변경 원칙의 적용 대상이 아니다.[6]

또한 예견할 수 없었던 현저한 사정변경이 당사자의 귀책사유로 발생하였다고 말할 수 있는 경우는 생각하기 어렵다. 바꾸어 말하면, 현저한 사정변경(①요건) 또는 예견 불가능성(②요건)으로도 일방 당사자가 자신의 귀책사유로 발생한 위험을 계약상대방에게 전가하는 것을 막을 수 있다. 귀책사유 요건이 굳이 필요하지 않다는 말이다. 전형적인 사정변경인 전쟁이나 천재지변, 경제사정 격변 등의 사태에 대하여 당사자의 귀책사유를 논하는 것은 자연스럽지도 않다. 이렇게 생각하면 귀책사유 요건이 과연 독자적 의미를 가지는가 하는 의문에 이르게 된다.[7] 비교법적으로 보더라도 독일 민법 제313조, 유럽계약법원칙(PECL) 제6:111조, 유럽연합의 공통참조기준초안(DCFR) Ⅲ.－1:110조 등 사정변경 원칙에 대해 규정한 주요 국가의 민법이나 국제모델법은 귀책사유를 요건으로 삼고 있지 않다. 우리나라 법무부 민법개정위원회의 2004년 민법 개정안[8] 제544조의4[9]와 2014년 민법

집필부분) 참조.

5) 이러한 관점에서 사정변경 원칙을 분석한 글로 권영준, "위험배분의 관점에서 본 사정변경의 원칙", **민사법학**, 제51권(2010. 12), 203－262면 참조. 행위기초론을 명문화한 독일 민법 제313조 제1항은 특히 계약상 또는 법률상 위험배분을 고려하도록 명한다. 대법원 2012. 1. 27. 선고 2010다85881 판결("그와 같은 위험은 통상적으로 거래상 매수인이 부담하는 것으로 보이며…")도 참조.

6) 오히려 이러한 경우에는 보충적 해석을 통한 위험배분이 이루어질 여지가 있다. 편집대표 김용담, **주석민법 총칙**(1), 제4판(한국사법행정학회, 2010), 184면(백태승 집필부분); 지원림, **민법강의**, 제15판(홍문사, 2017), 1355면.

7) 필자도 과거에 이 점을 지적한 바 있다. 권영준(주 5), 238면.

8) 법무부는 1999년 2월 민법개정특별분과위원회를 구성하여 5년 4개월 간의 작업을 거친 끝에 2004년 6월에 민법 재산편 전면개정안을 마련한 바 있다. 이 개정안은 같은 해 10월 21일 국회에 제출되

개정시안[10] 제538조의2[11])은 모두 사정변경 원칙을 명문화한 것인데, 그 어디에도 귀책사유는 언급되어 있지 않다. 지금까지 설명한 것에 기초하여 보면 대상판결이 사정변경 원칙의 적용요건의 하나로 귀책사유를 언급하지 않은 것은 충분히 이해할 수 있다.

④요건에서 신의칙을 언급하는 대신 사정변경 원칙이 적용되는 두 가지 유형을 제시한 것도 의미 있는 변화이다. 종래 판례는 그 기준의 하나로 "신의칙에 현저히 반하는 결과"를 제시하였다. 그런데 사정변경 원칙의 요건에 관한 명문 규정을 두고 있지 않은 현행 민법의 해석상 사정변경 원칙은 민법 제2조를 실정법적 근거로 할 수밖에 없다.[12] 이처럼 사정변경 원칙이 곧 신의칙의 발현임을 생각하면, 그 세부적인 판단기준으로 다시 신의칙을 이야기하는 것은 의미가 크지 않다. 그러한 점에서 대상판결이 신의칙에 대한 언급을 피하고 그 대신 사정변경 원칙이 적용되는 두 가지 유형으로 "계약을 그대로 유지하는 것이 당사자의 이해에 중대한 불균형을 초래하거나 계약을 체결한 목적을 달성할 수 없는 경우"를 제시한 것은 충분히 이해할 수 있다. 참고로 이 두 가지 유형을 제시한 것을 포함하여 대상판결의 판시 내용은 2014년 민법 개정시안 제538조의2와 거의 동일하다는 점도 밝혀 둔다.

(2) 계속적 계약과 사정변경 원칙

대상판결이 "계속적 계약에서는 계약의 체결 시와 이행 시 사이에 간극이 크기 때문에 당사자들이 예상할 수 없었던 사정변경이 발생할 가능성이 높"다고 지적한

었으나 국회의 임기 만료로 폐기되었다.

9) 민법 개정안 제544조의4는 "사정변경과 해제, 해지"라는 표제 아래 "당사자가 계약 당시 예견할 수 없었던 현저한 사정변경으로 인하여 계약을 유지하는 것이 명백히 부당한 때에는 그 당사자는 변경된 사정에 따른 계약의 수정을 요구할 수 있고 상당한 기간 내에 계약의 수정에 관한 합의가 이루어지지 아니한 때에는 계약을 해제 또는 해지할 수 있다."라고 규정한다.

10) 법무부는 2009. 2. 4. 민법개정위원회를 설치하여 5년간의 작업을 거친 끝에 2014년 민법 개정시안을 마련하였다. 2014년 민법 개정시안 가운데 계약의 해제 · 해지, 사정변경에 관한 부분은 아직 국회에 제출되지 못하였다. 개정시안의 작성과정에 관하여는 김재형, "계약의 해제 · 해지, 위험부담, 사정변경에 관한 민법개정안", **서울대학교 법학**, 제55권 제4호(2014. 12), 49면 이하 참조.

11) 민법 개정시안 제538조의2는 "사정변경"이라는 표제 아래 "계약성립의 기초가 된 사정이 현저히 변경되고 당사자가 계약의 성립 당시 이를 예견할 수 없었으며, 그로 인하여 계약을 그대로 유지하는 것이 당사자의 이해에 중대한 불균형을 초래하거나 계약을 체결한 목적을 달성할 수 없는 때에는 당사자는 계약의 수정을 청구하거나 계약을 해제 또는 해지할 수 있다."라고 규정한다.

12) 편집대표 곽윤직, **민법주해 I 총칙**(1)(박영사, 1992), 147면(양창수 집필부분).

것도 주목할 만하다. 일시적 계약과 계속적 계약이 사정변경 원칙의 맥락에서 다르게 취급되어야 한다는 것이다.[13] 계약은 단일한 개념이지만 그 개념이 포섭하는 계약 유형들은 다양하고 이질적이다. 계약법은 모든 물건을 같은 모양과 크기로 구겨 넣는 딱딱한 사각형 포장 박스가 아니라 가급적 각 물건이 본래 형상을 유지할 수 있는 부드러운 포장지가 되어야 한다. 그러한 점에서 계약 체결 당시에 계약 내용이 구체적으로 확정되고 특별한 사정이 없는 한 그 내용이 변경되지 않으며 이행 시와의 시간적 간극도 좁은 일시적 계약과, 계약 체결 후 계약 내용이 구체화되거나 상황 변화에 따라 계약 내용이 변경될 수 있으며 이행 시와의 시간적 간극도 넓은 계속적 계약은 결코 계약법상 같은 취급을 받을 수 없다. 특히 계속적 계약관계는 시간 경과 및 이에 따른 상황 변화라는 변수에 큰 영향을 받는 동태적 계약관계이므로 사정변경 원칙의 적용 가능성이 더 높아진다. 물론 사정변경 원칙은 '원칙'이라는 이름과 달리 극히 예외적인 경우에만 적용되고, 계속적 계약이라고 해서 크게 다르지는 않다. 그러나 실제로 위와 같은 판시가 향후 재판실무에 미칠 영향의 크기와 관계없이 계속적 계약과 사정변경 원칙의 상호관계를 지적한 것은 이론적으로 음미할 바가 크다.

---

13) 사정변경 원칙에 기한 계약 해제를 일반적으로 인정하지 않았던 시기에도 대법원은 계속적 계약관계에서 사정변경에 기한 해지를 몇 차례 인정하였다. 대법원 1990. 2. 27. 선고 89다카1381 판결; 대법원 1996. 10. 29. 선고 95다17533 판결; 대법원 1998. 12. 22. 선고 98다34911 판결 등. 다만 이는 본래적 의미의 사정변경 원칙을 적용한 결과라기보다는 계약 해석 내지 신의칙을 적용한 결과라고 생각된다.

3 국가계약법령상 물가변동에 따른 계약금액 조정 규정의 적용을 배제하는 합의의 효력
(대법원 2017. 12. 21. 선고 2012다74076 전원합의체 판결)

가. 사실관계

원고들은 피고(한국토지주택공사)로부터 시설공사를 도급받으면서 '원고들이 국외업체로부터 공급받는 부분에 관한 계약금액 고정특약'에 합의하였다. 이후 원고들은 국외업체로부터 가스 · 스팀터빈을 매수하면서 매매대금을 스웨덴화(크로나), 일본화(엔)로 지급하였다. 그런데 2008년 금융위기로 환율이 상승하였고, 이에 원고들은 피고에게 계약금액 조정을 요청하였다. 피고는 계약금액 고정특약을 이유로 원고들의 요청을 거절하였다. 그러자 원고들은 위 특약이 물가변동에 따라 계약금액을 조정하도록 한 구 국가를 당사자로 하는 계약에 관한 법률(2012. 12. 18. 법률 제11547호로 개정되기 전의 것, 이하 '국가계약법'이라 한다) 제19조, 국가계약법 시행령(2008. 2. 29. 대통령령 제20720호로 개정되기 전의 것) 제64조 제1항 전문 등의 규정에 위반하거나, 계약자(원고들을 지칭함)의 계약상 이익을 부당하게 제한하는 공사계약특수조건은 무효라고 정한 공사계약일반조건에 반하여 무효라는 점 등을 들어 피고에게 부당이득금의 반환을 구하였다.

나. 원심판결과 대상판결

원심법원은, 위 규정은 국가 등이 사인과의 계약관계를 공정하고 합리적 · 효율적으로 처리할 수 있도록 계약담당자 등이 지켜야 할 사항을 정한 것에 지나지 않는다고 보았다.[1] 따라서 국가 등은 계약상대자[2]와 위 규정의 적용을 배제하기로 합의할 수 있고, 이 사건 도급계약의 체결경위, 국가계약법에서 정한 계약금액 조정조항의 적용제한 정도 등에 비추어 볼 때 위 특약이 원고들의 이익을 부당하게 제한하는 것으로 볼 수 없다고 판단하였다. 이러한 근거에서 원심법원은 위 특약

1) 서울고등법원 2012. 7. 1. 선고 2011나75203 판결.
2) 국가계약법은 국가 등과 계약을 체결하는 상대방을 '계약상대자'라고 일컫는다(국가계약법 제2조).

이 무효가 아니라고 보아, 1심판결[3]과 마찬가지로 원고들의 부당이득반환청구를 받아들이지 않았다.

대법원은 다음과 같은 이유로 원심법원의 판단을 지지하였다.

국가를 당사자로 하는 계약이나 공공기관의 운영에 관한 법률의 적용 대상인 공기업이 일방 당사자가 되는 계약(이하 편의상 '공공계약'이라 한다)은 국가 또는 공기업('국가 등')이 사경제의 주체로서 상대방과 대등한 지위에서 체결하는 사법(私法)상 계약으로, 사인 간의 계약과 다를 바가 없다. 그러므로 법령에 특별한 정함이 있는 경우를 제외하고는 사적 자치와 계약자유의 원칙을 비롯한 사법의 원리가 공공계약에도 마찬가지로 적용된다.

한편 국가계약법상 물가의 변동으로 인한 계약금액 조정 규정은 계약상대자가 계약 당시에 예측하지 못한 물가의 변동으로 계약이행을 포기하거나 그 내용에 따른 의무를 제대로 이행하지 못하여 공공계약의 목적 달성이 좌절되는 것을 막기 위하여 마련된 것이다. 이와 더불어 세금을 재원으로 하는 공공계약의 특성상, 계약체결 후 일정 기간이 지난 시점에서 계약금액을 구성하는 각종 품목 또는 비목의 가격이 급격하게 상승하거나 하락한 경우 계약담당자 등이 계약금액을 조정하여 예산 낭비를 방지하고 계약상대자에게 부당하게 이익이나 불이익을 주지 않으려는 뜻도 있다. 따라서 계약담당자 등은 위 규정의 취지에 배치되지 않는 한 개별 계약의 구체적 특성, 계약이행에 필요한 물품의 가격 추이 및 수급 상황, 환율 변동의 위험성, 정책적 필요성, 경제적 변동에 따른 위험의 합리적 분배 등을 고려하여 계약상대자와 물가변동에 따른 계약금액 조정 조항의 적용을 배제하는 합의를 할 수 있다고 보아야 한다.

위와 같은 공공계약의 성격, 국가계약법령상 물가변동으로 인한 계약금액 조정 규정의 내용과 입법 취지 등을 고려할 때, 위 규정은 국가 등이 사인과의 계약관계를 공정하고 합리적 · 효율적으로 처리할 수 있도록 계약담당자 등이 지켜야 할 사항을 규정한 것에 그친다. 국가 등이 계약상대자와의 합의에 기초하여 계약당사자 사이에만 효력이 있는 특수조건 등을 부가하는 것을 위 규정이 금지하거나 제한한다고 볼 수 없다. 사적 자치와 계약자유의 원칙상 그러한 계약 내용이나 조치의 효력은 함부로 부인할 것이 아니다. 다만 국가계약법 시행령 제4조는 "계약담

---

3) 서울중앙지방법원 2011. 8. 25. 선고 2010가합105698 판결.

당공무원은 계약을 체결함에 있어서 국가계약법령 및 관계 법령에 규정된 계약상대자의 계약상 이익을 부당하게 제한하는 특약 또는 조건을 정하여서는 아니 된다."라고 규정하고 있으므로, 공공계약에서 계약상대자의 계약상 이익을 부당하게 제한하는 특약은 효력이 없다고 할 것이다.

이에 대해서는 반대의견이 있었다.[4] 반대의견의 요지는 다음과 같다. 다수의견은 국가가 스스로 따르겠다고 제정한 법령에 명백히 위반되는 계약을 체결한 경우 그 계약이 유효하다고 하나, 그와 같이 볼 근거를 찾을 수 없다. 법률행위의 양쪽 당사자를 규율하는 법령을 위반하여 법률행위를 한 경우에는 특별히 예외적인 사정이 없는 한 그 법률행위를 무효로 보아야 한다. 한쪽 당사자를 규율하는 법령을 위반한 경우에는 거래의 안전과 상대방의 보호를 고려하여 그 법률행위의 효력을 판단하여야 하는데, 그 법령의 주된 목적이 상대방을 보호하기 위한 것이라면 이를 위반하는 법률행위는 원칙적으로 무효로 보아야 한다. 한편으로 법률에서 일정한 의무를 부과하거나 일정한 행위를 금지하고 있는데도 다른 한편으로 이를 위반한 법률행위를 유효라고 한다면 이는 법질서의 자기모순에 지나지 않는다. 이러한 현상은 원칙적으로 억제되어야 한다. 한편 국가계약법령은 물가변동이나 환율변동에 따른 계약금액 조정의 요건과 효과에 관하여 명확한 규정을 두고 있다. 이러한 규정은 공공계약에 대하여 사적 자치와 계약 자유의 원칙을 제한하는 것으로서 강행규정 또는 효력규정에 해당한다. 따라서 이를 배제하는 약정은 효력이 없다. 이러한 결론은 법 규정의 문언에 명백히 드러나 있을 뿐만 아니라, 공공계약과 국가계약법의 성격, 입법경위에서 알 수 있는 입법자의 의사, 법 규정의 체계와 목적 등에 비추어서도 뒷받침된다. 요컨대 이 사건 계약금액 고정특약은 강행규정에 위반하여 체결되었으므로 그 효력이 부정되어야 한다.

다. 분석

계약법의 핵심적인 이론 축(軸)은 자율과 후견이다.[5] 두 가지 가치는 개인과 공동체를 표상한다.[6] 그중 계약법의 기본 가치는 개인의 자율이다. 사적 자치와 계

4) 반대의견은 대법관 고영한, 대법관 김재형에 의해 개진되었다.
5) 권영준, "계약법의 사상적 기초와 그 시사점－자율과 후견의 관점에서－", **저스티스**, 통권 제124호(2011. 6), 170면.
6) 권영준, "민법학, 개인과 공동체, 그리고 법원", **비교사법**, 제22권 제4호(2015. 11), 1418면.

약자유의 원칙[7]이 계약법의 지배 원리로 자리 잡고 있는 이유도 여기에 있다.[8]

한편 사적 자치와 계약자유의 원칙은 당사자가 자신의 이익 상황을 스스로 잘 이해하고 있고, 시장에서 공정한 경쟁을 통하여 자신의 이익에 관한 결정을 실현시킬 수 있다는 전제 위에 서 있다.[9] 이러한 전제가 흔들리는 영역에서 후견이 들어선다.[10] 두 가지 가치는 계약법 내에서 공존하며 상호작용한다. 이 긴장감 넘치는 상호작용을 통해 계약법의 지형(地形)이 형성되어 간다. 그 결과 계약법의 많은 쟁점들은 자율의 이념에서 출발하되 후견이 얼마나 정당하게 관여할 수 있는가의 물음으로 돌아간다.

이 사건에서는 공공계약[11]에 관한 국가계약법령상 계약금액 조정조항을 놓고 자율과 후견의 이념이 충돌하였다. 국가계약법 제19조는 "각 중앙관서의 장 또는 계약담당공무원은 공사 · 제조 · 용역 기타 국고의 부담이 되는 계약을 체결한 다음 물가의 변동, 설계변경 기타 계약내용의 변경으로 인하여 계약금액을 조정할 필요가 있을 때에는 대통령령이 정하는 바에 의하여 그 계약금액을 조정한다."라고 규정한다. 동법 시행령 제64조, 시행규칙 제74조는 물가변동으로 인한 계약금액 조정의 요건과 기준, 조정금액 산출방식 등을 상세하게 규정한다. 그런데 이 사건에서 계약당사자들은 국외업체 공급분에 대한 계약금액 조정은 하지 않기로 합의하였다. 이러한 계약금액 고정특약은 국가계약법령의 물가변동을 원인으로 한 계약금액 조정조항을 배제하는 합의이다.[12] 이 특약이 유효한지 살피려면 위 계약금액 조정조항이 강행규정인지 살펴야 한다. 즉 이 조항이 적용되는 영역이 자율과 후견 중 어느 가치가 더 지배적인 영역인지를 살펴야 한다. 다수의견과 반대의

---

7) 헌법재판소는 계약자유의 원칙이 헌법상의 행복추구권에 함축된 일반적 행동자유권으로부터 파생된다고 보고 있다. 헌재 1991. 6. 3. 89헌마204.

8) 양창수 · 김재형, **민법 I 계약법**, 제2판(박영사, 2015), 13면.

9) 양창수 · 김재형(주 8), 14－15면.

10) 송덕수, **신민법강의**, 제10판(박영사, 2017), 1251면은 당사자의 자기결정이 상대방의 우월적 지위로 인하여 위협받을 때 계약자유의 원칙은 한계를 드러낸다고 한다.

11) 행정조달계약이라고도 한다. 박정훈, "행정조달계약의 법적 성격", **민사판례연구**, 제25권(박영사, 2003); 계승균, "행정조달계약법상 수의계약제도", **법제연구**, 제28호(2005. 6); 전현철, "행정조달계약에 있어서 공익(公益)을 위한 계약의 변경 및 해지에 관한 연구", **중앙대학교 법학논문집**, 제41집 제1호(2017). '공공계약(public contract)'이라는 용어는 주로 영미에서 쓰인다고 한다. 김대인, **행정계약법의 이해**(경인문화사, 2007), 30－32면.

12) 국가계약법상 계약금액 조정사유는 물가변동, 설계변경, 기타 계약내용의 변경 세 가지이다. 그중 물가변동으로 인한 계약금액 조정이 가장 빈번하게 문제된다. 계승균, "정부계약법상 계약상대자의 이행을 돕기 위한 제도에 관한 일 고찰", **동아법학**, 제52호(2011. 8), 673면.

견은 이를 살피는 과정에서 다음 질문들에 대해 답변하였다. 그리고 그 답변들이 분기점이 되어 서로 다른 결론에 이르렀다.

(1) 공공계약의 법적 성격

공공계약의 법적 성격은 무엇인가? 다수의견은 공공계약이 "국가 등이 사경제의 주체로서 상대방과 대등한 지위에서 체결하는 사법(私法)상의 계약으로서 본질적인 내용은 사인 간의 계약과 다를 바가 없다."라는 점을 강조하였다. 기존 판례에서 누누이 강조되어 오던 점이다.[13] 반대의견은 "공공계약 자체는 사법의 영역에 속하고 그 성립, 이행과 소멸에 관해서는 원칙적으로 사법 규정이 적용된다."는 점을 부정하지는 않았으나, "공공계약이 사인 간의 계약과 실질적으로 동일하다거나 공공계약에서 국가 등이 사인과 동일한 지위에 서 있다고 할 수는 없다."는 점을 강조하였다.

계약은 "둘 이상 당사자의 합치하는 의사표시를 요소로 하는 법률행위"로 정의된다.[14] 이처럼 계약은 단일한 개념으로 정의되지만, 현실 세계의 계약은 매우 다양한 모습으로 나타난다. 따라서 계약법의 기본 원리를 저버리지 않으면서도 계약의 다양성과 특수성에 부응하는 세밀한 접근도 필요하다. 그 점에서 공공계약을 단순히 '사인 간의 계약'으로만 바라보는 시각은 공공계약의 특수성을 충분히 포착해내지 못한다. 공공계약은 직·간접적으로 공익을 실현한다.[15] 공공계약의 재원은 대부분 세금으로 충당된다. 공공계약의 한쪽 당사자는 권력주체인 국가 등이다. 물론 국가 등이 공공계약을 체결할 때에는 권력주체가 아니라 사경제의 주체이다. 그러나 권력주체의 잔영(殘影)이 여기에 영향을 미치지 않으리라는 보장이 없다.[16] 비유하자면 직장 바깥에서 공정하고 대등하게 펼쳐져야 마땅한 상사와 부하 사이의 테니스 경기에 직장에서의 위계질서가 은연중에 영향을 미치는 것과 비슷하다. 국가계약법 제5조 제1항이 "서로 대등한 입장에서 당사자의 합의에 따라 계약을 체결하여야" 한다는 당연한 당위를 규정한 것은 역설적으로 현실이 이러한

---

13) 대법원 2001. 12. 11. 선고 2001다33604 판결 등 다수.
14) 양창수 · 김재형(주 8), 3면; 지원림, **민법강의**, 제15판(홍문사, 2017), 1261면.
15) 로앤비 온주, 국가를 당사자로 하는 계약에 관한 법률 제5조(정원 · 류남욱 집필부분) 참조.
16) 전현철, "정부조달계약에 있어서 행정적 분쟁해결절차의 활성화를 위한 연구", **한양대학교 법학논총**, 제32권 제4호(2015. 12), 102면도 조달계약에서 국가 등은 고객으로서의 지위와 정치적 존재(political entity)로서의 지위를 가진다고 본다.

당위를 배반할 가능성이 크다는 점을 나타낸다.[17] 그러므로 공공계약의 체결 과정에서는 계약상대자를 후견적으로 배려하고 보호할 필요성도 있다.[18] 한편 그러한 보호가 지나쳐서 오히려 국가 등이 대변하는 공익이 저해되지 않도록 균형을 잡을 필요성도 있다. 결국 공공계약이 '사인 간의 계약'이라고 하더라도, 이러한 계약에 드리워진 후견의 그림자 또는 공법적 사고의 영향력은 순수한 사인 간의 계약보다는 좀 더 진하다.

따라서 『공공계약=사인 간의 계약』이라는 지나치게 단순화된 등식에 기초하여 공공계약의 특수성을 도외시해서는 안 된다. 공공계약을 사인 간 계약과 같이 취급하는 이론은 독일법의 전통적인 입장, 즉 공·사법 구별에 관한 권력설(Subordinationstheorie)과 국고이론(Fiskustheorie)의 강한 영향을 받았다.[19] 독일의 이론은 원래 국가작용 중 비권력적 부분을 사법의 영역으로 분리하여 통상의 민사재판권에 복종시킴으로써 군주의 우월적 지위를 경감시키려는 노력의 일환으로 탄생한 것이다.[20] 그러나 독일에서도 이제는 공공계약을 '순수한 사법'의 영역으로 남기려는 이론은 흔적을 찾을 수 없고, 이를 이른바 '행정사법'의 영역으로 보아 다양한 공법적 구속 아래 두려는 것이 통설적 입장이다.[21] 다수의견과 반대의견은 모두 이러한 공공계약의 특수성을 나름대로 염두에 두었을 것이다. 그러나 『공공계약=사인 간의 계약』의 도식을 대하는 태도에서는 미묘한 차이가 발견된다. 이러한 차이는 뒤에 이어지는 쟁점에 대한 판단에도 영향을 미쳤다.

(2) 계약금액 조정조항의 법적 성격과 위상

계약금액 조정조항의 법적 성격은 무엇인가? 계약금액 조정조항은 "사인 간의 계약"을 규율하는 민법에는 없는 조항이다. 민법의 일반 원리에 따르면, 당사자 간 합의로 계약금액을 조정할 수는 있지만 일방 당사자가 그의 의사로 계약금액을 조

---

17) 로앤비 온주, 국가를 당사자로 하는 계약에 관한 법률 제5조(정원 · 류남욱 집필부분)도 공공계약에서 계약자유의 원칙은 일반 사인 간에 적용되는 계약자유의 원칙과 다소 차이가 있다고 지적한다.

18) 박정훈(주 11), 618면은 "…실질적인 관점에서 보면 행정조달계약에 있어 국가는 결코 사인과 동일한 입장일 수 없다. 그럼에도 국가가 사인과 동일한 지위에 선다고 하는 것은 계약자유 등 사적 자치를 빙자하여 법치주의를 회피하고 행정관료의 전횡을 정당화하고자 하는 허구적 논리에 지나지 않는다고 해도 과언이 아니다."라고 지적한다.

19) 박정훈(주 11), 568면; 김대인(주 11), 71면.

20) 박정훈(주 11), 570면.

21) 박정훈(주 11), 589면 참조.

정할 수는 없다. 또한 계약금액 조정조항은 민법상 사정변경 원칙과도 거리가 있다.[22] 사정변경 원칙은 예견할 수 없는 현저한 사정변경을 요구하는데, 물가변동은 예견할 수 없는 현저한 사정변경이 아니기 때문이다. 그런데도 계약금액 조정이 인정되는 이유는 무엇일까? 계약금액은 계약상대자의 이행에 대한 대가이다. 대가가 과다하면 국민의 혈세가 낭비되고, 대가가 과소하면 부실이행이 되거나 계약상대자의 이익이 침해된다. 이러한 취지에서 인정되는 계약금액 조정조항은 "사인 간의 계약"의 보편성이 아니라 공공계약의 특수성에서 비롯된 것이다.

한편 다수의견은 이 조항이 "국가 등이 사인과의 계약관계를 공정하고 합리적 · 효율적으로 처리할 수 있도록 계약담당자 등이 지켜야 할 사항을 규정한 데에 그칠 뿐이고, 국가 등이 계약상대자와의 합의에 기초하여 계약당사자 사이에만 효력이 있는 특수조건 등을 부가하는 것을 금지하거나 제한하는 것이라고 할 수 없"다고 보았다. 계약금액 조정조항이 계약상대자를 보호하는 규범이라기보다는 계약담당자 등이 업무를 처리할 때 따라야 할 내부 지침에 가깝다고 본 것이다. 반대의견은 이 조항이 "공공계약에서 국가와 그 계약상대방의 거래상 지위의 차이와 그 남용 가능성을 고려한 것으로, 민사법 원리를 일부 수정하여 계약상대방의 이익을 보호하고 공무원의 재량을 통제하여 계약의 이행과 실현 과정에서 공공성을 유지 · 확보하기 위한 규정"으로서 "이러한 규정을 단순히 이른바 행정기관의 내부적 규율이나 예산 관련 규정이라고는 볼 수 없다."고 보았다. 계약금액 조정조항이 계약상대자를 보호하기 위한 규범으로서 대외적 효력을 가진다고 본 것이다.

이러한 의견 차이는 계약상대자 보호라는 목적 아래에서 계약금액 조정조항이 차지하는 위상의 차이로 이어졌다. 계약금액 조정조항의 계약상대자 보호 기능을 강조하지 않는 다수의견의 이론 구도 아래에서는 국가계약법 시행령 제4조가 계약상대자를 보호하는 주된 수단이다. 국가계약법 시행령 제4조는 계약상대자의 계약상 이익을 부당하게 제한하는 특약 또는 조건을 금지하는 조항이다. 다만 다수의견은 특약이 이 조항에 위반하여 무효라고 하려면 "그 특약이 계약상대자에게 다소 불이익하다는 점만으로는 부족하고, 국가 등이 계약상대자의 정당한 이익과 합리적인 기대에 반하여 형평에 어긋나는 특약을 함으로써 계약상대자에게 부당하게 불이익을 주었다는 점이 인정되어야" 한다고 보았다. 계약금액 조정조항의

---

22) 대법원 2014. 11. 13. 선고 2009다91811 판결.

계약상대자 보호 기능을 강조하는 반대의견의 이론 구도 아래에서는 적어도 계약금액 조정에 관한 한 국가계약법 제19조가 계약상대자를 보호하는 주된 수단이 된다.

이러한 조항의 역할 분담은 매우 흥미로운 논쟁 거리를 제공한다. 반대의견은 자율의 이념이 계약금액 조정조항이라는 장벽을 넘어오지 못하도록 제한하였으나, 다수의견은 이 장벽을 허물어뜨려 자율의 영역을 확대하되 부당특약 금지조항이라는 경찰관의 개별 검문을 통해 부당계약을 무력화하고자 하였다. 반대의견은 계약상대자의 이익을 일반적으로 보호하고자 하였으나, 다수의견은 계약상대자의 이익을 선별적으로 보호하고자 하였다. '확대된 자율, 선별적 후견'으로 요약될 수 있는 다수의견의 논지는 설득력 있고 매력적이다. 자율이 확대되면 계약상대자가 얻을 수 있는 이익도 있다. 계약상대자가 물가변동의 위험을 회피하고 예측 가능한 이익을 얻기 위해 스스로 계약금액 고정특약을 선호하는 경우도 있기 때문이다. 또한 계약금액 조정조항은 계약상대자뿐만 아니라 국가 등도 감액 요청을 할 수 있도록 허용하므로 계약금액 조정이 언제나 계약상대자에게 유리한 것도 아니다. 결국 다수의견은 계약상대자의 자율을 넓혀 주되 부당특약으로부터 보호받는 안전망(safety net)도 제공하는 방법으로 계약상대자의 이익을 보호하고자 하였다.23)

필자는 당사자의 자율을 확대하고 선별적으로 후견적 개입을 허용하는 다수의견의 태도에 대체로 공감하지만, 다음과 같은 의문도 가지고 있다. 법은 추상적이고 일반적인 규범이다. 어떤 법 조항이 강행규정인지도 일반적인 관점에서 판단되어야 한다. 그 법 조항을 강행규정으로 보거나 보지 않을 때 발생하는 장단점을 형량하고, 어느 쪽이 '일반적으로' 타당한지를 결정해야 한다. 다수의견이 지적하듯 계약금액 조정조항을 임의규정으로 봄으로써 타당한 결론에 이를 수 있는 개별 사안도 분명히 있다. 그러나 과연 이러한 방식의 해결이 '일반적으로' 타당한 방향인지에 대해서는 의문이 남는다.

이론적으로 계약금액 조정조항은 오로지 계약상대자의 이익만을 보호하기 위한 조항이 아니다. 그러나 현실적으로 계약금액 조정조항은 계약상대자의 이익을 보호하는 기능을 주로 수행한다. 공공계약의 내용 중에서 계약상대자에게 가장 중요

23) 다수의견에 대한 대법관 김창석의 보충의견은 이 점을 다음과 같이 표현한다. "개별적 · 구체적인 사안에서 계약상대자의 보호와 계약정의의 실현에 대한 요청은 반대의견과 같은 위헌적인 해석을 따르지 아니하더라도, 다수의견에서 살펴본 것처럼 … 국가계약법 시행령 제4조에 관한 대법원의 해석에 근거하여 통제를 하여도 충분히 충족될 수 있다."

한 의미를 가지는 것은 계약금액이다. 계약상대자는 계약금액으로 대변되는 경제적 이익을 얻기 위해 계약을 체결할 것이기 때문이다. 그러므로 계약금액 조정은 계약상대자의 이익 상황과 직결된다.[24] 또한 물가는 대체로 하락하기보다는 상승하여 왔다. 계약금액 조정조항은 이러한 물가변동으로 인한 위험을 계약상대자에게 전가하는 것을 막는다는 점에서 계약상대자의 이익을 보호하는 성격을 가진다. 실제로 계약금액 조정은 감액보다는 주로 증액의 형태로 이루어져 왔다. 반대의견이 밝혔듯이, 계약금액 조정조항을 처음 규정한 구 예산회계법의 입법 자료에 기재된 제안이유에 따르면 이 조항은 "중소업자와 계약상대방을 보호하기 위하여" 도입되었다. 이러한 보호를 의무화하기 위해 처음에는 "당초의 계약금액을 조정하여 지급할 수 있다."라고 하여 재량적 규정 형태로 되어 있던 것이 "당초의 계약금액에서 조정한다."로 변경되었다.[25] 이러한 입법 취지에 비추어서도, 계약금액 조정조항은 단순히 계약담당자 등이 업무를 처리할 때 따라야 할 지침을 넘어서 계약상대자의 이익도 보호하는 조항이라고 보아야 한다.

물론 이념적으로 계약상대자는 국가 등과 "서로 대등한 입장에서" 계약을 체결해야 한다. 계약상대자는 이러한 계약금액 조정이 자신에게 불리하다고 생각하면 계약금액 고정특약을 체결하고, 유리하다고 생각하면 이러한 특약 체결을 거부할 수 있다. 그러나 현실적으로는 계약상대자가 국가 등과 언제나 "서로 대등한 입장에서" 협상할 수 있는 것은 아니다. 만약 계약담당 공무원이 계약금액 고정특약을 체결하기를 원하면 계약상대자가 이를 원하지 않을 때에도 그 공무원의 생각이 관철될 가능성이 크다. 특히 이러한 고정특약을 입찰공고의 내용에 포함시키는 경우에는 더욱 그러하다. 그런데 계약담당 공무원에게는 계약금액 고정특약을 체결할 유인이 더 크다.[26] 그것이 훨씬 단순하고 간편하며 예측 가능할 뿐만 아니라 자신의 일을 줄이고 더 나아가 추가 지출될 예산을 절감하는 효과도 있기 때문이다. 이러한 현실을 감안하여 조정기피사례를 방지해 달라고 한 업계의 건의를 반영하

---

24) 그 점에서 계약의 목적에 직결되는 실체의 문제를 다루는 계약금액 조정조항은 계약 체결 절차의 문제를 다루는 입찰절차 관련 조항과는 구별되어야 한다. 입찰절차 관련 조항이 국가의 내부규정에 불과하다고 본 대법원 1996. 4. 26. 선고 95다11436 판결; 대법원 2001. 12. 11. 선고 2001다33604 판결 등 참조.

25) 1983. 3. 28. 대통령령 제11081호로 개정된 예산회계법 시행령 제95조의2.

26) 한편 계약상대자에게는 이러한 고정특약을 체결할 유인이 상대적으로 적다. 계약상대자로서는 계약금액 고정특약 외에 파생상품이나 보험상품 등 환율을 포함한 물가변동 위험을 헤지(hedge)할 수 있는 다른 방법들을 선호할 가능성도 있다.

여 계약조정을 의무화하였고,[27] 기획재정부와 조달청 등 공공계약 관련 주요 국가기관들도 유권해석을 통해 계약금액 조정조항이 강행규정이라고 선언함으로써 이러한 현실의 위험에 대처하여 왔던 것이다.[28]

이념적으로는 다수의견과 같이 국가계약법 시행령 제4조에 계약상대자의 보호를 맡길 수도 있다. 그러나 현실적으로는 대상판결의 새로운 규칙 아래 쏟아질지도 모를 계약금액 고정특약의 장대비 아래에서 계약상대자가 국가계약법 시행령 제4조의 우산만으로 충분히 보호될 수 있는지는 의문이다. 우선 대법원은 이 조항이 적용되기 위해서는 대상특약이 계약상대자에게 다소 불이익하다는 점만으로는 부족하고 형평에 어긋나는 정도에 이르러야 한다고 판시하여 왔다.[29] 부당특약의 허들(hurdle)을 상당히 높게 설정해 온 셈이다. 실제로 대상판결에서도 계약금액 고정특약은 이러한 부당특약에 해당하지 않는다고 평가되었다. 이론적으로 볼 때에도 계약금액 고정특약은 부당특약으로 평가되기 쉽지 않다. 이 특약을 체결할 시점에는 이 특약이 누구에게 유리하게 작용할지 알 수 없기 때문이다. 그러므로 계약금액 고정특약은 속성상 국가계약법 시행령 제4조로 제어되기 어렵다. 즉 국가계약법 제19조에서 다루는 일반적 강행성의 문제는 국가계약법 시행령 제4조에서 다루는 개별적 부당성의 문제와는 차원이 다르다. 설령 국가계약법 시행령 제4조에 따른 제어가 가능하다고 하더라도, 일단 계약금액 고정특약을 널리 허용한 뒤 소송 등으로 그 부당성을 다투게 하여 선별적으로 구제하는 방식은 실효성도 의심스러울 뿐만 아니라 너무 많은 사회적 비용이 소요된다는 문제점을 지닌다. 결과적으로 공정성은 확보하게 될지 몰라도 효율성은 희생되는 것이다.

(3) 총평

대상판결에 담긴 다수의견과 반대의견은 공공계약을 배경삼아 치열한 논전(論戰)을 벌였다. 다수의견과 반대의견에는 논리적으로 견고하고 이론적으로 설득력 있는 논거들이 각각 담겨 있다. 이러한 논거들은 공공계약의 영역에서 자율과

---

27) 조희태, "물가변동과 계약금액 조정", **국방과 기술**, 제442호(2015. 12), 101면.

28) 기획재정부 유권해석(2007. 6. 19. 회제41301-622, 2007. 61301-131)과 같은 취지의 조달청 유권해석에 대해서는 반대의견 참조. 학설상으로도 강행규정설이 통설이었던 것으로 보인다. 계승균, "정부계약법상 계약금액조정제도", **경영법률**, 제16권 제2호(2006. 1), 654면 참조.

29) 대법원 2012. 12. 27. 선고 2012다15695 판결; 대법원 2015. 10. 15. 선고 2015다206270, 206287 판결 등.

후견의 역학관계에 대한 대법관들의 생각을 반영한다. 공공계약의 실태에 관한 실증적인 근거가 충분히 확보되지 않은 현재 상황에서 어느 한쪽의 절대적 우위를 쉽게 말할 수는 없다. 다만 필자는 공공계약의 특수성, 계약금액 조정조항의 도입 취지와 현실적인 기능, 부당특약 금지에 관한 국가계약법 시행령 제4조의 실효성 등을 고려할 때 계약금액 조정조항을 강행규정으로 본 반대의견이 일반적으로는 더 입법취지에 부합하고 사회적으로도 더 타당한 결과를 가져오리라고 생각한다.

4 재해사망보험약관의 해석 (대법원 2016. 5. 12. 선고 2015다243347 판결)

가. 사실관계

A는 보험회사인 피고와 사이에 피보험자를 A로, 사망 시 수익자를 A의 상속인으로 하는 생명보험계약(주계약)을 체결하면서, 별도로 추가보험료를 납입하고 재해사망특약에도 함께 가입하였다. 재해사망특약 약관 제9조에는 피보험자가 보험기간 중 재해 분류표에서 정하는 재해를 직접적인 원인으로 사망하거나 장해분류표 중 제1급의 장해상태가 되었을 때에는 추가로 5,000만 원의 재해사망보험금을 지급하는 것으로 규정되어 있었다. 그리고 재해 분류표에는 "재해라 함은 우발적인 외래의 사고(괄호 안의 설명은 생략함)로서 다음 분류표에 따른 사고를 말한다." 라는 설명과 함께, 제1호부터 제32호까지 재해의 유형이 열거되어 있었다. 여기에 자살은 포함되어 있지 않았다. 한편 재해사망특약 약관 제11조 제1항에는 "회사는 다음 중 어느 한 가지의 경우에 의하여 보험금 지급사유가 발생한 때에는 보험금을 드리지 아니하거나 보험료의 납입을 면제하지 아니함과 동시에 이 계약을 해지할 수 있습니다."라고 규정되어 있었다. 위 조항 제1호 본문은 "피보험자가 고의로 자신을 해친 경우"를 보험금을 지급하지 않는다고 규정하고, 제1호 단서는 "그러나 피보험자가 정신질환상태에서 자신을 해친 경우와 계약의 책임개시일부터 2년이 경과된 후에 자살하거나 자신을 해침으로써 장해등급분류표 중 제1급의 장해상태가 되었을 경우에는 그러하지 아니합니다."라고 규정하였다. 이러한 내용은 주계약 약관 제23조 제1항에도 동일하게 규정되어 있었다.

A는 계약 책임개시일로부터 2년이 지난 시점에 고의에 의한 자살로 보이는 화물열차 사고로 사망하였다. A의 부모인 원고들은 피고에게 주계약에 따른 보험금과 재해사망특약에 따른 보험금을 모두 청구하였으나, 피고는 원고들에게 주계약에 따른 보험금만을 지급하였다. 원고들은 피고를 상대로 재해사망특약에 따른 보험금 지급을 청구하는 소를 제기하였다.

나. 원심판결과 대상판결

1심법원은 원고들의 청구를 인용하였다.[1] 피고는 이에 항소하였다. 원심법원은 제1심판결을 취소하고 원고들의 청구를 기각하였다.[2] 원심판결의 요지는 다음과 같다. A가 가입한 재해사망특약은 재해를 직접적인 원인으로 한 사망을 보험사고로 규정하고 있다. A는 자살로 사망하였으므로 위 화물열차 사고는 우발적인 외래의 사고가 아니며, 재해 분류표 분류항목 중 어느 것에도 해당하지 않는다. 그러므로 A의 사망은 위 재해사망특약이 보장하는 보험사고에 해당하지 않고, 원고들은 위 재해사망특약에 따른 보험금을 청구할 수 없다. 다만 위 재해사망특약 제11조 제1항 제1호 단서를 보면, 원래 고의에 의한 자살 또는 자해행위는 위 재해사망특약이 정한 보험사고에 해당하지 않지만 예외적으로 계약의 책임개시일로부터 2년이 경과된 후에 자살한 경우에는 특별히 보험사고에 포함시켜 보험금 지급사유로 본다는 취지로 해석될 여지가 있다. 그러나 평균적인 고객이라면 재해사망특약이 재해를 원인으로 사망한 경우를 보험사고로 한정하여 보험금을 별도로 지급하겠다는 취지임을 분명하게 이해할 수 있다. 위 제11조 제1항 제1호 단서는 피고가 개별 보험상품에 관한 약관을 제정하면서 생명보험 표준약관의 내용을 부주의하게 그대로 사용하는 바람에 재해사망특약과는 맞지 않는 내용이 재해사망특약에 들어가게 된 것이다. 단지 이를 이유로 재해사망특약상 보험사고의 범위를 확장하는 것은 보험계약자 등에게 당초 재해사망특약 체결 시에 기대하지 않았던 이익을 주게 되는 반면, 재해사망특약에 가입한 보험단체 전체의 이익을 해하고 보험자에게 예상하지 못한 부담을 지우는 결과가 된다. 요컨대 위 제11조 제1항 제1호 단서는 잘못된 표시에 불과하고, 「약관의 규제에 관한 법률」(이하 '약관규제법'이라 한다) 제5조 제2항에서 정하고 있는 작성자 불이익의 원칙은 적용될 여지가 없다.

대법원은 원심법원의 약관 해석에 잘못이 있다고 하여 원심판결을 파기하였다. 대법원 판결의 요지는 다음과 같다. 재해사망특약 약관 제11조 제1항 제1호를 같은 약관 제9조에서 정한 보험금 지급사유가 발생한 경우에만 적용되는 면책 및 면책제한조항으로 해석한다면, 제11조 제1항 제1호는 처음부터 적용될 여지가 없는

---

1) 서울중앙지방법원 2014. 12. 18. 선고 2014가단37628 판결.
2) 서울중앙지방법원 2015. 10. 7. 선고 2015나14876 판결.

무의미한 조항이 되어 버리는 문제가 있다. 또한 상법의 관련 규정들은 고의에 의한 자살 또는 자해행위의 경우 보험자가 면책될 수 있는 것으로 규정하고 있다. 그러므로 위 제11조 제1항 제1호 본문의 면책사유는 별다른 의미를 가지지 못하고, 단서의 면책제한사유만이 당사자 간 합의로서 의미를 가진다. 나아가 평균적인 고객의 시각에서 보면, 제11조 제1항 제1호 단서는 원래 고의에 의한 자살 또는 자해행위는 위 재해사망특약이 정한 보험사고에 해당하지 않지만 예외적으로 계약의 책임개시일로부터 2년이 경과된 후에 자살한 경우에는 특별히 보험사고에 포함시켜 보험금 지급사유로 본다는 취지로 이해할 여지도 충분하다. 이러한 해석은 약관규제법상 작성자 불이익의 원칙에 부합하는 것이기도 하다.

다. 분석[3)]

(1) 관련 분쟁 개관

재해는 우발적인 외래의 사고 발생을 전제한다. 자유의사에 의한 자살은 우발적인 외래의 사고가 아니므로 재해에 해당하지 않는다. 따라서 자살은 일반적인 재해사망보험금의 보험사고가 아니다. 그런데 종래 재해사망보험약관에는 일정한 면책기간이 경과한 후 자살한 경우에는 재해사망보험금을 지급하는 것처럼 읽힐 수 있는 조항(이하 '자살면책 제한조항'이라 한다)이 있어 관련 분쟁이 빈발하였다. 2001년 동아생명(현 KDB생명)이 일반사망보험금보다 2~3배 더 많은 보험금을 지급하는 재해사망특약부 생명보험상품을 출시하면서 일반생명보험약관에만 들어가야 할 조항을 재해사망보험약관에 잘못 포함시켰고, 그 뒤 많은 보험사들이 유사 상품에 이를 베끼고 금융당국도 그 문제를 장기간 인지하지 못하면서 벌어진 일이다.[4)] 2014년 금융감독원이 ING 생명에 대한 검사에서 자살자 유족들에게 일반사망보험금만 지급한 사실을 지적하면서 관련 소송이 폭증하기 시작하였다.[5)] 그동안 분쟁의 대상이 된 자살면책 제한조항의 유형과 이에 대한 대법원 판결의 태도를 정리하면 다음과 같다.

---

3) 이하 내용은 주로 권영준, "자살과 재해사망보험금 지급에 관한 보험약관의 해석". **재산법연구**, 제32권 제3호(2015. 11)의 관련 부분에 의거한 것이다.
4) 박진석, "생보 빅3도 결국 자살보험금 '백기'", 2016. 12. 17.자 중앙일보 기사.
5) 이진우, "자살보험금의 본질", 2016. 12. 21.자 이투데이 칼럼.

유 형	약관 내용	관련 대법원 판결
제1유형	• 주계약 일반사망 보장 • 특약 재해사망 보장 • 자살면책 제한조항은 주계약에 두고 특약에는 주계약 준용조항을 둠	• 2009. 5. 28. 선고 2008다81633 판결(재해사망보험금 지급의무 부정)
제2유형	• 주계약 일반사망 보장 • 특약 재해사망 보장 • 자살면책 제한조항은 주계약, 특약에 각각 둠	• 2016. 5. 12. 선고 2015다243347 판결(재해사망보험금 지급의무 긍정)
제3유형	• 주계약에서 일반사망과 재해사망 모두 보장 • 주계약에 자살면책 제한조항 존재	• 2010. 11. 25. 선고 2010다45777판결(재해 장해연금 지급의무 부정)
제4유형	• 주계약 특수재해사망 보장 • 특약 일반재해사망 보장 • 자살면책 제한조항은 주계약에 두고 특약에는 주계약 준용조항을 둠	• 2007. 9. 6. 선고 2006다55005 판결(재해사망보험금 지급의무 긍정)

4가지 유형 모두 재해사망에 대해 자살면책 제한조항이 직접 규정되어 있거나 그 조항이 준용된다는 공통점을 가진다. 따라서 각 유형 모두 자살의 경우 재해사망보험금 지급 여부가 다투어질 여지가 있다. 결국 4가지 유형 중 2가지 유형에 대해서는 보험금 지급의무 긍정, 나머지 2가지 유형에 대해서는 보험금 지급의무 부정으로 결론이 내려졌다. 대상판결은 그중 제2유형에 대한 판결인데, 여기에서는 재해사망보험금 지급의무가 긍정되었다.[6] 그런데 대상판결을 비롯하여 자살과 재해사망보험금에 대한 일련의 판결들을 돌이켜 보면 좀 더 깊이 생각할 점들이 있다.

6) 대상판결이 선고된 이후 단시간 내에 많은 판례평석들이 출판되었다. 대상판결에 찬성하는 판례평석으로는 김은경, "보험약관 내용구성과 그 적용에 대한 일고－대법원 2016. 5. 12. 선고 2015다243347 판결을 중심으로－", **상사판례연구**, 제29권 제3호(2016); 서완석, "보험약관내용 설계과실에 대한 책임－대법원 2016. 5. 12. 선고 2015다243347 판결을 중심으로－", **기업법연구**, 제30권 제3호(2016. 9); 서종희, "모순 있는 보험약관조항에 대한 해석－대법원 2016. 5. 12. 선고 2015다243347 판결에 대한 평석－", 외법논집, 제40권 제4호(2016); 장덕조, "재해사망보험금지급 약관의 유효성", **금융법연구**, 제13권 제2호(2016); 최승재, "자살면책특약의 해석에 대한 연구", **인권과 정의**, 제461호(2016. 11); 정찬형, "자살의 경우 재해특약에 의한 재해사망보험금 지급 여부(대법원 2016. 5. 12. 선고 2015다243347 판결에 대한 평석), **법과 기업 연구**, 제6권 제3호(2016. 12) 등이 있고, 대상판결에 비판적인 판례평석으로는 김재두, "생명보험에서의 자살로 인한 재해 사망보험금 지급에 관한 고찰－대법원 2016. 5. 12. 선고 2015다 243347 판결을 중심으로－", **법학논총**(단국대학교), 제40권 제2호(2016); 이성남, "보험약관 작성자의 책임한계에 관한 연구", **금융법연구**, 제13권 제2호(2016. 8)(이 논문은 대상판결 자체에 대한 평석은 아님); 박웅, "재해사망특약상의 자살면책제한조항의 해석에 관하여", **사법**, 제37호(2016. 9) 등이 있다.

(2) 의사 해석

약관도 계약의 일종이므로 약관의 특수성에 반하지 않는 한 계약 해석의 원칙이 적용된다.[7] 계약 해석의 궁극적 목적은 계약 당사자의 의사를 확정하는 것이다. 그러므로 약관 해석에서도 약관을 통하여 계약을 체결한 당사자의 의사를 모색하여야 한다. 다만 약관은 불특정 다수의 고객을 상대로 체결되는 것이므로 고객에 따라 다르게 해석되어서는 안 된다(약관규제법 제5조 제1항). 이를 '객관적 해석의 원칙'이라고 한다.[8] 따라서 약관 해석에서는 개별적 고객의 의사가 아니라 평균적 고객의 의사가 문제된다. 계약 해석이 계약 당사자의 기대(expectation)를 보호하는 장치임을 떠올리면 이는 평균적 고객의 기대라고도 표현할 수 있다.[9] 그렇다면 일반생명보험(주계약)과 재해사망보험(특약)을 함께 체결하는 평균적 고객은 피보험자가 자살할 경우 일반생명보험금 외에 재해사망보험금도 수령하리라는 의사 내지 기대를 가졌던 것일까? 현실적으로 추측해 보자면 그러했을 가능성은 낮다.[10] 평균적 고객보다 보험약관에 관하여 높은 정도의 전문성을 가지는 다수 보험회사들과 금융당국조차도 작성-결재-승인의 중층적 과정을 반복하여 거치면서도 상당한 기간 동안 그 가능성을 몰랐었기 때문이다. 오히려 『(자살을 포함한) 일반사망=일반생명보험금, 재해사망=재해사망보험금』의 구도를 전제로 계약을 체결하고 보험료도 산출하였을 개연성이 크다. 이러한 구도는 재해사망특약의 내용에 다양하게 표현되고 있다.[11] 이러한 제반 사정으로부터 계약 당사자의 합리적

---

7) 약관규제법 제5조 제1항 전단은 "약관은 신의성실의 원칙에 따라 공정하게 해석되어야" 한다고 규정하지만, 이는 계약 해석 일반에 적용되는 원칙이다. 양창수 · 김재형, **계약법(민법 I)**, 제2판(박영사, 2015), 159면.

8) 양창수 · 김재형(주 7), 160면.

9) 평균적 고객의 기대는 보험약관에서 더욱 중요한 의미를 가진다. 보험에서는 보험계약자 또는 피보험자 개인의 이해관계뿐 아니라 보험단체 전체의 이해관계를 고려하여야 하기 때문이다. 이재현, "보험약관의 해석에 있어서 '작성자 불이익 원칙'의 적용범위 및 한계", **보험법연구**, 제6권 제2호(2012), 33면.

10) 보험계약 당사자도 아니어서 약관 자체를 접해보지 않았을 보험수익자로 시선을 돌리면 그러한 기대는 더욱 희박해지게 된다.

11) 이 사건 재해사망특약 제9조 제1호는 "재해분류표에서 정하는 재해를 직접적 원인으로 사망"한 경우에 보험사고가 발생한 것으로 규정하고 있고, 당사자들이 가장 관심을 가지고 읽어 보게 될 <별표 1> 보험금 지급기준표에서도 지급사유를 동일하게 규정하고 있다. 또한 <별표 2> 재해분류표에서는 재해를 "우발적인 외래의 사고" 중 분류표에서 열거한 사고로 한정하고 있다. 그런데 자유의지에 기하여 이루어진 자살은 "우발적인 외래의 사고"에 해당하지 않고, 재해분류표에 열거된 어느 유형의 재해에도 해당하지 않는다. 오히려 재해분류표에서는 한국표준질병사인분류

의사를 도출할 수 있다면 그에 좇아 계약을 해석하여야 한다.[12] 그리고 당사자들의 합리적 의사는 애초 재해로 인한 사망만을 보험사고로 하는 것이지 그에 해당하지 않는 자살까지 보험사고로 하는 것은 아니었을 것이다.[13]

문제는 재해사망특약 제11조에서 자살면책의 원칙을 선언한 뒤 2년 후 자살에 대해서는 "그러하지 아니합니다."라고 규정한다는 점이다. 그렇다면 "그러하지 아니합니다."라는 문언에서 재해사망특약과는 개념상 어울릴 수 없는 "2년 후 자살"이라는 새로운 보험사고에 대한 의사 합치를 인정할 수 있는가? 보험사고는 보험약관의 핵심이므로 보험약관에서는 무엇이 보험사고인지를 적극적이고 명시적인 방법으로 규정하는 것이 확립된 관행이다. 그리고 무엇이 보험사고인지를 알고자 하는 보험계약자도 보험사고에 관한 조항을 살피리라는 것이 일반적으로 예상되는 바이다. 그런데 이 사건 재해사망특약은 ① 보험사고(보험금 지급사유)에 대한 제9조에서 재해를 보험사고로 규정할 뿐 자살에 대해서는 아무런 언급이 없고, ② 자살면책 제한사유에 대한 제11조의 표제에서도 제9조에 따른 보험사고의 존재를 전제하며, ③ 면책기간 경과 후 자살이 제9조의 보험사고와는 구별되는 별도의 보험사고에 해당한다는 점을 적극적이고 명시적으로 규정하지 않고 있다. 그럼에도 불구하고 계약당사자들이 이토록 우회적이고 복잡하며 모호하고 의문스러운 방식으로 새로운 보험사고를 규정했다고 말하는 것은 해석의 차원을 넘어서 의제(擬制)의 차원에 접어든 것인지도 모른다.

(3) 고객유리의 원칙

고객유리의 원칙은 "약관의 뜻이 명백하지 아니한 경우"에는 고객에게 유리하게 해석해야 한다는 원칙이다(약관규제법 제5조 제2항).[14] 고객유리의 원칙은 대법원이 대상판결의 결론에 이르는데 결정적인 역할을 한 것으로 보인다. 그런데 "약관의

중 "X60∼X84 고의적 자해"를 제외하고 있는데, 그 전후의 분류번호에 해당하는 재해들은 모두 분류표에 포함되어 있는 점에 비추어 보면, 이는 자살을 포함한 고의적 자해를 의도적으로 제외한 결과로 보인다.

12) 이러한 합리적 의사에 좇은 해석의 요청은 계약 해석에서 가장 우월한 원칙이므로 그 상위 원칙에 따름으로써 일부 하위 원칙의 의미가 퇴색되는 결과가 발생하더라도 이를 감수하여야 한다.

13) 다른 판결에 대한 것이기는 하지만, 양창수, "자살면책제한조항에 의한 '보험사고'의 확장?", 2015. 10. 19.자 법률신문 판례평석 참조.

14) 대상판결은 이를 작성자 불이익의 원칙이라고 불렀으나, 이 글에서는 약관규제법의 표현에 따라 고객유리의 원칙이라고 부르기로 한다.

뜻이 명백하지 아니한 경우"가 약관의 뜻에 대한 여러 갈래의 해석 가능성이 있는 모든 경우를 의미하는 것은 아니다. 만약 그렇게 본다면 해석 분쟁이 발생하는 한 언제나 고객유리의 원칙이 적용되는 결과가 발생하여 계약법을 지배하는 이념인 계약당사자의 자율은 폐기되고, 고객 보호라는 후견적 정책 목표만 남게 되기 때문이다. 따라서 국내 문헌들과 판례는 이를 둘 이상의 합리적 해석이 가능한 경우를 의미한다고 파악하는 한편, 해석 과정에서 하나의 합리적인 해석이 도출될 수 있다면 고객유리의 원칙은 적용되지 않는다고 한다.[15] 이는 독일[16]이나 미국[17] 등의 경우에도 마찬가지이다. 그렇다면 이 사건에서 중요한 쟁점은 자살의 재해사망보험금 지급 여부에 대해 둘 이상의 합리적 해석이 존재하는가, 좀 더 구체적으로는 자살을 새로운 보험사고로 보아 재해사망보험금을 지급하여야 한다는 합리적 해석이 가능한가 하는 문제이다. 이 점에 대해 필자는 전술한 바와 같이 의문을 가지고 있으나, 대상판결은 이러한 합리적 해석이 가능하다고 보아 고객유리의 원칙을 적용하였다.

본래 제4유형에 관한 대법원 2007. 9. 6. 선고 2006다55005 판결이 이러한 태도를 취하였었다. 그런데 제1유형에 관한 대법원 2009. 5. 28. 선고 2008다81633 판결은 평균적 고객의 관점에서 보더라도 자살은 재해에 해당하지 않음이 명백하므로 준용 조항을 빌미로 보험사고의 범위를 자살에까지 확장하는 것은 합리적 해

---

15) 편집대표 곽윤직, **민법주해(XII) 채권(5)**(박영사, 1997), 333-334면(손지열 집필부분); 신현윤, **경제법**, 제3판(법문사, 2010), 591면. 이기수 · 유진희, 경제법, 제8판(세창출판사, 2009), 500면; 김진우, "약관의 해석에 관한 일고찰-객관적 해석과 작성자 불이익의 원칙의 유럽법과의 비교를 통한 검토-", **재산법연구**, 제28권 제3호(2011), 196면; 최준규, "보험계약의 해석과 작성자 불이익 원칙", **BFL**, 제48호(2011), 46-47면; 대법원 2009. 5. 28. 선고 2008다81633 판결.

16) 독일의 문헌들은 불명확성 규칙은 해석방법이 아니라 보충적인 재판규칙에 불과하다고 하여 불명확성 규칙의 보충성(Subsidiarität der Unklarheitenregel)을 강조하면서, 무엇이 올바른 해석인가에 관하여 현저한 의심이 있어야 불명확성 규칙이 적용될 수 있고, 다른 조항들과 연결시켜 보면 명료하게 해석될 수 있는 계약조항이 불명확성 규칙의 이름 아래 계약정의에 부합하는 결과로 해석되어서는 안 된다고 설명한다. 또한 불명확성 규칙이 적용되려면, 수긍할 수 있는 정도의 해석 결과가 두 개 이상 존재하여야 하고, 그중 어느 것도 다른 것에 비해 우위에 있다고 볼 수 없는 경우라야 한다고 설명한다. Anja Schlewing, "Vertragsgestaltung-Auslegung, Unklarheitenregel, geltungserhaltende Reduktion, blue-pencil-Test, ergänzende Vertragsauslegung und Verweisungsklauseln", *NZA-Beil,* S(2012), p. 33; *Münchener Kommentar zum BGB/Basedow,* 6. Auflage(C.H.BECK, 2012), § 305c, Rn. 29 등.

17) 미국에서도 고객유리의 해석원칙은 다른 모든 해석방법을 모두 동원하였는데도 해석에 이를 수 없는 경우에 한하여 비로소 채용되는 보충적인 것이다. Ed. E. Duncan, "The Demise of Contra Proferentem as the Primary Rule of Insurance Contract Interpretation in Ohio and Elsewhere", *Tort Trial & Ins. Prac. L. J.*, 41(2006), p. 1121, pp. 1137-1140.

석이라고 할 수 없고, 따라서 고객유리의 원칙은 적용될 수 없다고 판시하였다.[18] 이러한 취지는 제3유형에 관한 대법원 2010. 11. 25. 선고 2010다45777 판결에서도 반복되었다. 이러한 판례들의 취지에 찬성하면서 재해보험특약의 해석에 대한 대법원의 판례가 사실상 변경되었다고 보는 분석도 있었다.[19] 이와 같은 맥락에서 대상판결이 이러한 판례의 취지에 배척되는 것이 아닌가 하는 의문이 들 수 있다. 그러나 대상판결은 이러한 판례들의 사안이 다르다는 점을 들어 이를 원용하지 않았다. 이 점에 대해서는 과연 위 판례들의 일반론이 특정한 사안 유형만을 염두에 둔 것인지, 또한 조항의 준용과 직접 적용 등 기술적이고 전문적인 차이가 이처럼 당사자의 합리적 의사를 정반대로 해석하게 하는 것인지를 고민하게 된다.

(4) 총평

대상판결을 비롯한 관련 판결들은 약관의 속성, 자율과 후견, 보험계약자와 보험단체의 관계, 고객유리 원칙의 보충성 등 여러 중요한 쟁점들을 다루고 있다는 점에서 중요한 의미를 가진다. 실제로는 암 관련 보험 중 암발생특약, 암치료특약, 입원특약 등 사망과는 무관한 보험상품에도 엉뚱하게 일반사망 보험약관의 자살면책 제한조항이 삽입된 사례들이 존재하는데,[20] 대상판결의 논리가 이러한 사례들에 얼마나 적용될 수 있는지, 만약 앞으로 위와 같은 보험계약에 관한 분쟁이 발생한다면 법원이 자살면책 제한조항을 어떻게 해석하여야 할 것인지는 생각해 볼 필요가 있다.

한편 보험수익자가 가지는 보험금지급청구권이 소멸시효로 완성된 경우 보험사의 소멸시효 항변은 권리남용에 해당하지 않는다고 본 대법원 판결도 얼마 전 선고되었다.[21] 이로써 제2유형이나 제4유형처럼 자살에 대한 재해사망보험금지급청구권이 인정되는 경우에도 그 소멸시효가 완성되었다면 실제로 그 보험금을 받기는 어렵게 되었다. 그런데 이러한 판결에도 불구하고 금융감독원이 소멸시효가 지난 재해사망보험금을 지급하도록 하고 이에 따르지 않을 경우 제재하겠다는 뜻을

---

18) "평균적인 고객으로서는…이 사건 각 특약의 약관에서 정한 재해에 해당하지 않는 자살은 이 사건 각 특약에 의하여 보험사고로 처리되지 않는다는 것 정도는, 위 각 특약 체결시 기본적으로 전제하고 있던 사항이라고 할 것이다."

19) 예컨대 양창수(주 13) 참조.

20) 박웅(주 6), 117－118면.

21) 대법원 2016. 9. 30. 선고 2016다218713, 218720 판결.

내비쳐 논란이 일었다. 금융당국과 여론의 압박 아래 보험회사들도 소멸시효가 완성된 보험금 지급을 시작한 것으로 보인다.[22] 법과 정책, 법과 여론의 관계에 대해서 여러모로 되돌아보게 되는 사건이다.

22) 중앙일보(주 4) 참조.

5 임대인 소유 건물 중 임차 부분 화재로 나머지 건물 부분이 불에 탄 경우의 법률관계

(대법원 2017. 5. 18. 선고 2012다86895, 86901 전원합의체 판결)

가. 사실관계

원고(임대인)는 피고 1(임차인)에게 원고 소유 2층 건물 중 1층 일부인 150평 부분(이하 '임차 건물 부분'이라고 한다)을 임대하였다. 피고 1(임차인)은 피고 2(보험회사)와 임차 건물 부분에 대하여 피고1을 피보험자로 하여 임차자 배상책임 특약과 시설소유자 배상책임 특약이 포함된 화재보험계약을 체결하였다. 그런데 임대차 기간 중 임차 건물 부분에서 화재가 발생하였고, 임차 건물 부분 외의 부분(이하 '임차 외 건물 부분'이라고 한다)에도 불이 옮겨 붙어 임차 건물 전체가 소훼되었다. 화재 발생 원인은 밝혀지지 않았다.

원고는 피고 1에게 임차목적물 반환의무 불이행 및 불법행위를 원인으로 한 손해배상청구를, 피고 2에게 배상책임 특별약관에 따른 책임보험금 청구를 하였다.[1] 원고가 피고 1에게 배상을 구한 손해에는 임차 건물 부분뿐만 아니라 임차 외 건물 부분에 대한 손해도 포함되어 있었다. 한편 피고 1은 반소를 제기하여, 원고가 임차목적물을 사용 · 수익에 필요한 상태로 유지할 채무를 불이행하였다는 이유로 손해배상청구를, 임대차가 종료되었다는 이유로 임차보증금 반환청구를 하였다.

나. 원심판결과 대상판결

1심법원은 화재가 임차 건물 부분에서 발생하였다고 볼 수 없다고 한 뒤 원고나 피고 1의 채무불이행과 불법행위 요건이 증명되지 않았다는 이유로 원고의 피고들에 대한 청구 및 피고 1의 원고에 대한 손해배상청구를 모두 기각하였다. 다만 임차 건물의 소훼로 임대차가 종료되었으므로,[2] 피고 1의 원고에 대한 임차보

1) 상법 제724조 제2항에 근거하여 피해자인 원고가 보험자인 피고 2에게 보험금 직접청구를 한 것이다.

2) 임대인이 임차인에게 임차목적물을 사용 · 수익하게 하는 것이 불가능하게 되면 임대차가 당연히 종료되었다고 보는 것이 판례의 태도이다. 대법원 1996. 3. 8. 선고 95다15087 판결 참조.

증금 반환청구는 인용하였다.[3]

반면 원심법원은 화재가 임차 건물 부분에서 발생한 사실을 인정한 뒤 다음과 같이 판단하였다.[4] 우선 원고의 피고 1에 대한 본소 청구에 관하여는, 피고 1이 임차 건물 부분 보존에 관한 선량한 관리자의 주의의무를 다하였다는 증명을 하지 못하였고, 임차 외 건물 부분은 임차 건물 부분의 유지·존립에 있어 구조상 불가분의 일체 관계에 있으므로 이 부분에 대한 손해도 배상 대상이 된다고 보았다. 다만 그 책임 범위를 70%로 제한하여 배상을 명하였다. 또한 원고의 피고 2에 대한 본소 청구에 관하여는, 피고 2가 보험자로서 화재보험계약의 보상한도액 범위 내에서 위 배상액에 해당하는 보험금을 지급할 의무가 있다고 판단하였다. 한편 피고 1의 반소 청구에 관하여는 원고의 채무불이행이 증명되지 않았고, 원고에게 지급하였던 임차보증금은 위 손해액에 충당되어 더 이상 남아 있지 않다는 이유로 이를 기각하였다. 이에 피고들은 상고하였다.

대법원은 다음과 같이 판단하면서 원심판결을 파기하였다.[5] 우선 대법원은 피고 1의 채무불이행책임에 관하여, 임차 외 건물 부분의 손해에 대한 계약상 의무위반은 임대인이 증명해야 하는데, 이 점이 증명되지 않았으므로 피고 1의 손해배상책임을 인정할 수 없다고 판단하였다. 또한 대법원은 피고 2의 보험금 책임에 관하여, 임차자 배상책임 특약은 임차 건물 부분, 시설소유자 배상책임 특약은 임차 외 건물 부분 각각의 손해를 담보하는 특약인데 원심은 양자의 보상 한도액을 구분하지 않은 채 보험금 지급을 명한 잘못을 저질렀다고 판단하였다. 그중 피고 1의 채무불이행책임에 관한 판시 부분에 대해서는 다수의견 외에 두 개의 별개의견과 반대의견이 있었다.

쟁점에 대한 대법관들의 판단이 복잡하게 얽혀 있어, 아래에 임차 건물 부분과 임차 외 건물 부분에 대한 손해배상책임으로 나누어 간략하게 요약하였다. 전자에 대해서는 의견이 일치하였고, 후자에 대해서는 의견이 대립되었다.

(1) 임차 건물 부분의 손해배상책임

① 임차 건물 부분에 대한 손해배상책임은 채무불이행책임이다(책임의 성격).

② 임차 건물 부분이 화재로 소훼됨으로써 임차인의 임차 건물 반환의무는 이

3) 수원지방법원 성남지원 2010. 12. 1. 선고 2009가합17130(본소), 2010가합7740(반소) 판결.
4) 서울고등법원 2012. 9. 5. 선고 2011나3529(본소), 3536(반소) 판결.
5) 대법원 2017. 5. 18. 선고 2012다86895, 86901 전원합의체 판결.

행불능에 빠지게 되었다(문제 되는 채무불이행).

③ 임차인은 그 이행불능이 자기가 책임질 수 없는 사유로 인한 것이라는 증명을 다하지 못하면 그 이행불능으로 인한 손해배상책임을 부담한다(귀책사유의 증명책임 소재).

④ 화재 등의 구체적 발생 원인이 밝혀지지 않았다면 임차인은 자기의 귀책사유 없음을 증명하지 못한 것이다(원인불명의 화재에 대한 책임).

(2) 임차 외 건물 부분의 손해배상책임

임차 외 건물 부분의 손해배상책임에 대한 대상판결의 다수의견, 별개의견, 반대의견의 입장은 다음과 같다. 편의상 대법관 김신, 대법관 권순일의 별개의견은 '별개의견 1', 대법관 이기택의 별개의견은 '별개의견 2'로 표기한다.

[표 : 임대차 목적물 외 부분에 대한 손해배상책임]

구 분	책임 성격	불이행한 채무	증명책임	책임 범위	책임 제한
다수의견	채무불이행책임	보존 · 관리의무	임대인	민법 제393조에 따라 결정	언급 없음
별개의견 1	불법행위책임	보존 · 관리의무	임대인	민법 제393조에 따라 결정	언급 없음
반대의견	채무불이행책임	보존 · 관리의무	임차인	민법 제393조에 따라 결정	언급 없음
별개의견 2	채무불이행책임	보존 · 관리의무	임차인	민법 제393조에 따라 결정	신의칙에 기한 책임제한
비 고	별개의견 1에 따르면 소훼 부분이 임차 건물이면 채무불이행책임, 그렇지 않으면 불법행위책임이 문제됨	이 의무의 근거인 민법 제374조의 표현에 따르면 "선량한 관리자의 주의로 보존"(선관보존의무)할 의무임	다수의견은 채무불이행, 별개의견 1은 불법행위, 반대의견과 별개의견 2는 채무불이행의 귀책사유에 대한 증명책임을 염두에 둔 것임	종래 판례에서 인정한 불가분 일체론은 폐기함	다수의견, 별개의견 1은 책임 자체를 부정하였고, 반대의견은 적어도 이 사건에서의 책임 제한은 부정한 것으로 보임

다. 분석

(1) 임대차와 화재의 특수성

임대차와 화재는 흥미진진한 논의 소재를 제공하여 왔다. 여기에는 몇 가지 이유가 있다.

첫째, 임대차관계의 복잡성이다. 임대차관계는 남의 물건을 빌려 쓰는 법률관계이다. 이 법률관계 속에서 임차 목적물에 대한 지배권은 중층적으로 파악된다. 임대인은 임차목적물의 소유자인 경우가 많다. 그 경우 임대인은 임차목적물의 소유자로서 이를 관념적으로 지배한다. 반면 임차인은 임차목적물을 인도받아 이를 점유·사용·수익한다. 그러므로 임차인은 임차 목적물을 현실적으로 지배한다. 지배권의 중층적 구조는 임차 목적물에 관한 위험이 현실화된 경우 책임 소재를 결정하기 어렵게 한다. 특히 화재 원인을 구체적으로 알 수 없는 경우에는 책임 소재의 불명확성이 배가된다. 여기에 대처하기 위한 법리도 복잡해진다.

둘째, 화재의 특수성이다. 화재는 인간의 안전을 위협하는 중요한 위험 원인 중 하나이다.[6] 다수 화재는 주거시설이나 산업시설, 생활서비스시설, 판매·업무시설 등 부동산 임대차와 관련될 수 있는 장소에서 발생한다.[7] 일단 화재가 발생하면 불이 옮겨 붙어 확대손해가 발생할 위험이 커진다. 이러한 화재사고의 확장성과 이로 인한 과도한 배상책임의 문제 때문에 실화책임에 관한 법률(이하 '실화책임법'이라고 한다)이 제정되었다.

셋째, 계약법과 불법행위법의 역학관계이다. 화재로 소훼된 물건이 계약의 목적물인 경우 그 손해를 둘러싼 법률관계는 원칙적으로 계약에 의하여 규율된다.[8] 그런데 앞서 살펴보았듯이 화재는 확장 가능성이 높고, 실제로 계약목적물에서 그 위험이 확장되어 타인의 법익을 침해하는 경우도 빈번하다. 이때 불법행위법이 본격적으로 등장한다. 우선 그 타인이 계약관계 없는 제3자인 경우에는 불법행위법으로 그 손해 문제를 해결할 수밖에 없다. 반면 그 타인이 계약관계의 당사자인

---

6) 2007년부터 2016년까지 10년간 우리나라에서 총 444,734 건의 화재가 발생하여 3,326명이 사망하고 18,747명이 부상하였다. 국민안전처, **2016년도 화재통계연감**, 20면.
7) 국민안전처(주 6), 33-38면.
8) 물론 청구권 경합설을 취하는 판례의 태도에 따르면 불법행위의 성립요건을 충족하는 한 불법행위법이 적용될 수도 있다.

경우에는 계약법과 불법행위법이 각각 어떤 역할을 수행해야 하는지가 문제된다. 이는 결국 계약법과 불법행위법의 역학관계에 대한 논의로 귀결된다. 계약위반과 불법행위의 증명책임 구조와 소멸시효 기간이 다르게 설정된 우리 법제하에서는 어떤 입장을 취하는지에 따라 당사자의 법적 지위가 달라진다.

(2) 쟁점별 검토

대상판결은 임차 건물 부분에서 원인을 규명할 수 없는 화재가 발생하여 임차 건물 부분뿐만 아니라 임대인이 소유한 임차 외 건물 부분까지 소훼된 사건을 다루고 있다. 대상판결에서 다루어진 주요 쟁점들은 모두 임차 건물 부분이 아니라 임차 외 건물 부분에서 발생한 손해와 관련되어 있다. 이 쟁점들은 ① 손해배상책임의 성격(채무불이행책임인지, 불법행위책임인지), ② (채무불이행책임으로 볼 경우) 증명책임의 소재, ③ 손해배상책임의 범위, ④ 책임 제한의 가능성으로 나누어 볼 수 있다. 다수의견은 각각의 쟁점에 대해 ① 임차 외 건물 부분에 발생한 손해에 대한 배상책임도 채무불이행책임이지만, ② 그 부분에 관련된 계약상 의무 위반의 점은 임차 건물 부분과는 달리 임대인이 증명해야 하고, ③ 그 증명에 성공할 경우 손해배상의 범위는 민법 제393조에 따라 결정된다고 판시하였다.

① 임차 외 건물 부분에 발생한 손해배상책임의 성격

임차 외 건물 부분의 손해에 대한 배상책임의 성격은 채무불이행책임인가, 불법행위책임인가? 임차인이 임차 외 건물 부분의 소유자인 임대인과 계약관계를 맺고 있다는 점에 착안하면 이를 채무불이행책임으로 볼 여지가 있다. 반대로 임차 외 건물 부분이 임대차계약의 목적물이 아니라는 점에 착안하면 이를 불법행위책임으로 보는 것이 자연스럽다. 임차 외 건물 부분은 임대차계약의 규율 대상이 아니고, 임차인이 이에 대하여 계약상 의무를 부담한다고 볼 근거도 마땅치 않기 때문이다.[9] 그런데 계약상 의무가 무엇인가 하는 문제와 채무불이행으로 배상해야 할

---

9) 임차 건물 외 부분에 대한 신의칙상 보호의무를 인정하는 방안도 생각할 수는 있다. 판례가 계약상 부수의무로서 신의칙상 보호의무 내지 안전배려의무를 인정하는 경우가 있기는 하다. 그러나 이는 숙박계약(대법원 1994. 1. 28. 선고 93다43590 판결), 여행계약(대법원 1998. 11. 24. 선고 98다25061 판결), 고용계약(대법원 1999. 2. 23. 선고 97다12082 판결) 등 계약의 속성상 상대방의 안전을 보호하고 배려하여야 할 필요성이 있는 경우에만 제한적으로 인정되는 것이다. 따라서 임차목적물 외 부분에까지 임차인에게 보호의무를 일반적으로 부담시키는 것은 신의칙을 빌미로 계약상 채무를 무리하게 넓히는 해석론이다. 또한 임대인은 원칙적으로 임차인에게 안전배려 또는

손해의 범위가 어디까지인가 하는 문제는 논의의 차원을 달리한다. 임대차계약의 당사자가 임차목적물에 발생한 손해를 상대방에게 배상하여야 하는 이유는 그것이 계약목적물에 발생한 손해이기 때문이 아니라 그것이 민법 제393조에 따라 배상 대상으로 인정되는 손해이기 때문이다. 따라서 손해가 계약의 목적물 자체에 발생한 것이 아니더라도 그것이 민법 제393조의 요건을 충족하는 한 채무불이행으로 인한 손해로서 배상되어야 한다.[10] 채무불이행으로 인한 확대손해[11]는 물론,[12] 비재산적 손해 역시 계약목적물 자체에 발생한 손해는 아니지만 채무불이행 책임의 대상이 될 수 있는 것도 이러한 이유 때문이다.

② 임차 외 건물 부분에 관한 증명책임의 소재

임차 외 건물에 관한 손해배상책임을 채무불이행책임으로 볼 때, 임대인과 임차인 중 누가 화재 원인에 대한 증명책임을 지는가? 채무불이행책임이 성립하려면 ① 채무불이행, ② 배상대상인 손해의 발생, ③ 채무불이행과 손해 사이의 인과관계, ④ 채무자의 귀책사유가 필요하다. 채권자는 ①, ②, ③요소의 존재, 채무자는 ④요소의 부존재를 증명해야 한다. 그런데 이때 증명책임의 소재를 밝히기 위해서는 임차인이 불이행한 채무가 무엇인지를 먼저 살펴보아야 한다. 임차인이 불이행한 채무의 성격에 따라 증명의 모습이 달라지기 때문이다.

임차인의 채무는 민법 등 임대차 관련 법률과 임대차계약의 내용에 따라 결정된다. 민법상 임차인의 주요 채무로는 차임지급의무(민법 제618조, 제633조, 제640조),

---

도난방지 등 보호의무를 부담하지 않는데(대법원 1999. 7. 9. 선고 99다10004 판결), 임차인에게 이러한 보호의무를 부담시키는 것은 균형에도 맞지 않다.

10) 반면 오창수, "임차건물 화재로 인한 임차 외 건물 소실과 임차인의 손해배상책임 – 대법원 2017. 5. 18. 선고 2012다86895,86901 전원합의체 판결 –", **경희법학**, 제52권 제3호(2017. 9), 281면 이하 및 이현수, "임차건물에 화재가 발생한 경우 임대차 목적물이 아닌 부분에 관한 손해배상의 법리", **민사판례연구**, 제40권(박영사, 2018), 282면은 임차 외 건물 부분에 관한 손해배상은 불법행위의 법리로 해결하여야 한다는 별개의견 1을 지지한다.

11) 독일에서는 이를 하자에 뒤따르는 손해(Mangelfolgeschaden), 동반 손해(Begleitschaden), 이행초과이익(Übererfüllungsmäßiges Interesse) 등으로 표현하는데, 우리나라에서는 이를 확대손해로 번역하는 것이 일반적이다. 이에 대해서는 우선 최봉경, "하자손해, 확대손해 및 하자와 무관한 결과손해에 관한 유형론적 고찰 : 독일의 논의를 중심으로", **비교사법**, 제11권 제4호(2004), 89–90면 참조.

12) 예컨대 확대손해에 대한 배상책임을 인정한 대법원 2004. 7. 22. 선고 2002다51586 판결 참조. 그 외에도 대법원 1997. 5. 7. 선고 96다39455 판결; 대법원 2003. 7. 22. 선고 2002다35676 판결; 대법원 2004. 8. 20. 선고 2001다70337 판결; 대법원 2005. 11. 10. 선고 2004다37676 판결; 대법원 2007. 8. 23. 선고 2007다26455, 26462 판결 참조.

임차목적물 반환의무(민법 제654조, 제613조),[13] 원상회복의무(민법 제654조, 제615조), 임차목적물에 대한 선관보존의무(민법 제374조)[14]가 있다. 종래 대법원은 임차건물에서 발생한 화재로 임대인이 소유하는 임차 외 건물 부분까지 소훼된 경우 임차인이 임차 건물 반환의무를 불이행한 것으로 보는 한편,[15] 임차인이 선관보존의무를 다하였다고 인정되지 않는 한 임차 건물과 불가분일체를 이루는 임차 외 건물 부분에 대한 손해배상책임을 면할 수 없다고 보았다.[16] 이 판결들은 임대인이 채무불이행(①요소)을 증명하기 위해 임차인의 임차 건물 반환의무 불이행을 증명하면 충분하고, 이에 대해 임차인이 귀책사유가 없음(④요소)을 증명하기 위해 선관보존의무의 이행을 증명해야 한다고 본 것이다.[17] 요컨대 종래 판례에서 선관보존의무는 채무불이행이 아닌 귀책사유의 영역에서 논의되었고, 임차인은 선관보존의무 불이행과는 무관한 화재 원인을 밝혀 자신에게 귀책사유가 없음을 증명해야 했다.

그런데 대상판결은 이와 다른 태도를 취하였다. 우선 대상판결은 불이행된 채무가 임차 건물 반환의무가 아니라 선관보존의무라고 파악하였다. 그런데 건물 반환의무는 결과채무인 반면, 선관보존의무는 수단채무의 성격을 가진다.[18] 수단채무의 불이행을 증명하려면 채무이행 과정에서 채무자가 자신에게 요구되는 바에 따라 행위하지 않았다는 점까지 증명해야 한다. 결과채무에서는 채무불이행과 귀책사유의 증명이 분리되어 독자적 의미를 가지지만, 수단채무에서는 채무불이행과

---

13) 대법원 1996. 9. 6. 선고 94다54641 판결.

14) 임차목적물은 특정물이고, 임차목적물 반환의무는 특정물 인도의무이므로 여기에도 민법 제374조가 적용된다.

15) 대법원 1996. 10. 28. 선고 86다카1066 판결("화재로 인한 위 임차물반환의무의 이행불능으로 인한 손해배상으로서는 그 임차점포에만 한할 것이 아니라 이를 유지 · 존립시킴에 있어 불가분일체를 이루고 있는 인접된 점포들에 대한 손해에 관해서도 그 배상을 할 의무가 있다"); 대법원 1997. 12. 23. 선고 97다41509 판결("임차물 반환의 이행불능으로 인한 손해배상으로…나머지 점포들이 소실되어 원고가 입은 손해도 배상할 의무가 있다").

16) 대법원 1996. 10. 28. 선고 86다카1066 판결; 대법원 1997. 12. 23. 선고 97다41509 판결.

17) 대법원 1980. 11. 25. 선고 80다508 판결; 대법원 1982. 8. 24. 선고 82다카254 판결; 대법원 1985. 4. 9. 선고 84다카2416 판결; 대법원 1987. 11. 24. 선고 87다카1575 판결; 대법원 1992. 9. 22. 선고 92다16652 판결; 대법원 1994. 10. 14. 선고 94다38182 판결; 대법원 1999. 9. 21. 선고 99다36273 판결 등에서는 선관보존의무 이행의 증명을 귀책사유 부존재 증명으로 파악하고 있다.

18) 결과채무는 "일정한 결과의 발생을 목적으로 하는 채무"로, 수단채무는 "결과발생을 위하여 필요한 노력을 기울이기만 하면 되는 채무"로 각각 풀이할 수 있다. 지원림, **민법강의**, 제15판(홍문사, 2017), 873면.

귀책사유의 증명이 합일되어 채무자의 귀책사유 부존재 증명은 의미를 상실한다.[19] 대상판결은 임차인이 임차 건물 반환의무가 아닌 선관보존의무를 불이행하였다고 보아, 화재 원인에 대한 증명 문제를 귀책사유의 영역에서 채무불이행의 영역으로 옮겨 놓았다. "임차인이 보존 · 관리의무를 위반하여 화재가 발생한 원인을 제공하는 등 화재 발생과 관련된 임차인의 계약상 의무 위반"이 있었다는 점 등을 임대인이 주장 · 증명해야 한다는 판시 부분이 그것이다. 그에 따라 화재 원인의 증명책임도 임차인으로부터 임대인으로 옮겨졌다.

논리적으로만 보면 대상판결의 태도는 수긍할 수 있다. 임차인의 임차 건물에 대한 선관보존의무는 임차인의 임차 건물 반환의무와는 별도의 법 조항에 기초하여 발생하는 별도의 의무이다. 그리고 임대인에게 손해를 발생시킨 근본적인 원인은 임차건물반환 의무 위반이 아니라 선관보존의무 위반이다. 선관보존의무를 위반하여 화재가 발생하였고 그에 따라 임차 건물을 반환하지 못하게 된 상황에서, 임차인에 대한 비난의 초점은 임차 건물 반환의무 위반이 아니라 선관보존의무 위반에 맞추어져야 한다. 여기에 임대인이 채무불이행(①요소)을 증명해야 한다는 확립된 법리를 여기에 적용하면, 임대인이 채무불이행의 내용으로 임차인의 선관보존의무 위반을 증명해야 한다는 결론이 도출된다. 그런데 이러한 결론에 대해서는 다음과 같은 의문이 제기된다.

첫 번째 의문은 선관보존의무가 임차목적물 반환의무와 대등한 의무인가 하는 점이다. 임차인의 선관보존의무는 민법 제374조에 기초한다. 민법 제374조는 "특정물인도채무자"의 선관보존의무에 관한 조항이다. 특정물인도의 맥락에서 선관보존의무는 주된 급부의무인 특정물인도의무의 이행을 위한 수단적이고 부수적인 의무에 불과하다.[20] 임대차계약에서 임차인이 부담하는 선관보존의무도 마찬가지이다. 임차인의 주된 급부의무는 임대차 존속 중에는 차임을 지급하고 임대차 종료 시에는 임차목적물을 원 상태대로 반환하는 것이다. 임차목적물에 대한 선관보존의무는 임대차 종료 시에 임차목적물을 원 상태대로 반환하기 위한 수단적 의무에 불과하다. 따라서 선관보존의무가 임차목적물 반환의무와 별개로 존재하는 독립된 의무라고 보아 두 의무 사이에 선을 긋는 것은 양자의 실제 관계를 충실히 반영하지 못하는 결과에 이르게 한다. 실질적으로 두 의무는 목적－수단 관계 속

---

19) 지원림(주 18), 873－874면.
20) 곽윤직 편, **민법주해 Ⅷ 채권**(1)(박영사, 1995), 114면(송덕수 집필부분).

에서 유기적으로 존재하고, "임차목적물을 잘 보존하여 반환할 의무"라는 하나의 큰 의무 아래 상호 연결될 수 있다. 그렇다면 손해 발생 부분에 따라 두 의무를 분리하여 증명책임을 달리하는 것은 인위적이다.[21]

두 번째 의문은 임차 건물을 현실적으로 지배하고 있지 않은 임대인이 원인 불명의 화재에 대한 위험을 고스란히 떠안는 것이 타당한가 하는 점이다. 위험은 지배와 밀접하게 관련된다. 위험원(危險源)을 지배하는 자는 그 위험원으로부터 발생하는 위험도 인수한다. 지배의 권능으로부터 위험 회피의 책임이 도출되기 때문이다. 위험원을 지배하는 자는 최소비용회피자이기도 하므로, 그에게 책임을 부과하는 것은 효율성의 측면에서도 정당화된다. 이 사건에서 위험원에 해당하는 임차 건물은 관념적으로 임대인의 지배 아래 놓여 있지만, 현실적으로는 임차인의 지배 아래 놓여 있다.[22] 그렇다면 임대인과 임차인 중 위험원에 대한 현실적 지배주체를 굳이 가려내야 한다면 임차인일 가능성이 높다.[23] 그러므로 임차인이 임차 건물을 점유 · 사용 · 수익하던 중 임차 건물에서 원인불명의 화재가 발생하여 임대인에게 손해가 발생하였다면 그 손해에 대한 위험은 임차인이 부담하는 것이 맞다.

결국 임차 건물의 화재에 관한 위험배분은 다음과 같이 이루어지는 것이 합리적이다. 우선 임대인은 임차 건물에서 화재가 발생하였다는 점을 증명해야 한다. 만약 화재 발생 지점 자체가 분명하지 않으면 화재로 인한 위험은 임대인이 부담해야 한다.[24] 한편 임차 건물에서 화재가 발생하였다는 점이 증명되었더라도 그

21) 대법관 김재형의 반대의견은 "임차인의 이런 의무 위반은 독립된 별개의 여러 의무 위반들이 중첩된 것이라기보다는 서로 밀접하게 관련되어 있는 여러 의무들이 화재라는 하나의 사고 또는 사태로 말미암아 제대로 이행할 수 없게 된 것으로 실질적으로 하나의 의무 위반으로 파악할 수 있다." 라고 지적한다.

22) 임대인은 임차 건물을 사용 · 수익할 수 있는 상태로 유지할 의무를 부담한다(민법 제623조). 이를 위해 임대인은 임차 건물의 보존행위를 할 수 있고, 그 일환으로 사용 · 수익 상태를 유지하는 데 필요한 수리행위를 할 수도 있다(민법 제624조). 임대인이 임차 건물의 소유자인 경우도 많다. 이러한 범위 내에서는 임대인은 임차 건물을 지배한다. 이러한 임대인의 지배권은 규범적이고 종국적인 것이다. 반면 임차인은 임대인으로부터 임차 건물을 인도받아 이를 사용 · 수익한다(민법 제623조). 임차 건물을 인도받는다는 것은 임차 건물에 대한 사실상 지배를 이전받는다는 것을 의미한다(민법 제192조). 그 외에도 임차인이 임차 건물을 사실상 지배한다는 점을 전제로 한 민법 조항이나 법리가 있다. 임차인은 임대인이 임차 건물의 보존에 필요한 행위를 하는 때에는 이를 거절하지 못하는데(민법 제624조), 이는 임차인이 임차 건물에 대한 사실상 지배권이 있음을 전제한 규정이다. 임대인의 수리가 필요한 정도의 문제가 생기면 임차인은 임대인에게 통지할 의무를 부담하는데(민법 제634조), 이 역시 이러한 상황이 임차인의 사실상 지배 영역 내에 있음을 전제한 규정이다.

23) 통계에 따르면 2007년부터 2016년까지 우리나라에서 발생한 주요 화재 원인은 부주의(48%), 전기적 요인(23%), 기계적 요인(9%), 방화의심(4%), 방화(1%)이다. 국민안전처(주 6), 21면.

화재 원인이 임대인의 지배 영역 내에 속한 것이라면 여전히 그 화재로 인한 위험은 임대인이 부담해야 한다. 반면 화재 원인이 끝까지 밝혀지지 않는다면 그 화재로 인한 위험은 임차 건물을 현실적으로 지배하는 것으로 추정되는 임차인이 부담해야 한다. 요컨대 화재 발생 지점의 불명확성에 대한 위험은 임대인이, 화재 발생 원인의 불명확성에 대한 위험은 임차인이 부담하는 것이다.

③ 손해배상책임의 범위

판례는 종래 임차인의 과실로 임차 건물 부분뿐만 아니라 건물 전체가 소실된 경우, 임차 건물을 유지 · 존립함에 있어 불가분일체를 이루고 있는 임차 외 건물 부분에 대한 손해에 관해서도 임차인이 배상책임을 진다고 판시하여 왔다.[25] 이러한 판시는 ① 임차 건물 부분에 발생한 손해로만 배상책임이 제한되는 것은 아니지만, ② 이때 배상의 대상이 되는 것은 임차 외 건물에 대한 손해 전체가 아니라 임차 건물과 불가분일체를 이루는 임차 외 건물 부분에 발생한 손해라는 두 가지 메시지를 한꺼번에 담고 있었다. 그런데 임차 건물과 '불가분일체를 이루는' 부분이 어디까지인지에 대한 판단기준이 반드시 명확하지는 않았다.[26] 판례는 구조상 독립성 여부에 따라 불가분일체 여부를 판단해 온 것으로 보이나,[27] 집합건물법상 구분소유권의 구분 기준 중 하나인 구조상 독립성이 손해배상책임의 범위를 결정하는 기준이 되어야 할 논리필연적인 이유는 없다. 대상판결은 이러한 한계를 안고 있었던 불가분일체론을 폐기하고 이를 민법 제393조에 따른 손해배상책임 범위 결정 문제로 환원시켰다. 이 점에 대해서는 대법관들의 의견이 일치하였다.

그런데 화재로 인한 손해는 화재가 발생하고 불이 옮겨 붙는 과정에서 넓은 범위로 확대될 가능성이 높다. 화재로 인한 확대손해는 쉽게 예상할 수 있는 것이어서 통상손해가 아니라거나 상당인과관계가 없다고 말하기도 어렵다. 그러므로 손해배상 범위에 관한 기존의 법리를 기계적으로 적용하면 화재로 인한 확대손해 전부를 임차인이 떠안게 되어 임차인에게 지나치게 가혹한 결과가 될 수 있다. 이러

---

24) 같은 취지로 이동진, "위험영역설과 증거법적 보증책임", **저스티스**, 통권 제138호(2013. 10), 192면. 대법원 2001. 1. 19. 선고 2000다57351 판결은 발화 지점 자체가 불분명한 경우에도 임차인의 증명책임이 달라지지 않는다고 하여 이로 인한 위험을 임차인이 인수한다고 보고 있으나, 이는 임차인에게 지나치게 불리하다.

25) 대법원 1986. 10. 28. 선고 86다카1066 판결; 대법원 1997. 12. 23. 선고 97다41509 판결; 대법원 2004. 2. 27. 선고 2002다39456 판결.

26) 이은영, "실화시 임차인의 손해배상범위", **민사판례연구**, 제10권(박영사, 1988), 181면.

27) 대법원 1997. 12. 23. 선고 97다41509 판결; 대법원 2004. 2. 27. 선고 2002다39456 판결.

한 고려에서 실화책임법이 제정되고, 불가분일체론이 전개되는 등 화재로 인한 손해배상책임을 합리적인 범위 내에서 조정하려는 시도가 이루어져 왔다. 대상판결에서는 임차 외 건물 부분에 대한 증명책임 전환(다수의견)이나 배상책임 성격의 전환(별개의견 1), 신의칙에 의한 책임 제한(별개의견 2) 등의 방법으로 그러한 조정 시도가 이루어졌다.

화재의 특수성을 고려하여 임차인을 과도한 손해배상책임으로부터 보호하려는 취지는 충분히 수긍할 수 있다.[28] 그러나 하나의 사태로 인한 손해인데도 그 손해의 물리적 발생 부분에 따라 증명책임을 달리하거나 배상책임의 성격을 달리하는 것은 부자연스럽다. 그러므로 별개의견 2가 제시하듯이 신의칙에 의하여 손해배상책임 범위 제한의 길을 열어 놓는 쪽이 더 타당하다. 그 외에도 실화책임법을 유추 적용하는 방안을 생각해 볼 수 있다.[29] 판례는 실화책임법이 채무불이행에 적용되지 않는다는 입장을 취하고 있다.[30] 하지만 과실 있는 불법행위로 인한 화재 손해는 경감하면서 과실이 밝혀지지 않은 채무불이행으로 인한 화재 손해는 경감하지 않는 것은 균형이 맞지 않다. 화재의 특수성으로 인한 손해배상 범위의 제한 필요성은 그 책임이 불법행위와 채무불이행 중 어느 형식으로 구성되건 공통적으로 존재한다. 그러므로 실화책임법을 직접 적용하지는 못하더라도 유추 적용하는 것을 책임 제한 방안으로 생각해 볼 수 있다.

(3) 총평

대상판결은 이론적 관점에서 볼 때 2017년에 선고된 민사판결들 중 가장 흥미로운 판결이다. 임대인과 임차인의 관계, 선관주의의무의 체계적 지위, 단일 사태에 대한 증명책임의 분할 가능성, 이른바 불가분일체론의 정당성, 신의칙에 의한 책임 제한에 이르기까지, 대상판결은 난해하지만 그만큼 매력적인 이론적 문제들을 담고 있다. 그러한 문제를 다루는 대법관들의 치열한 고민도 고스란히 드러나

---

28) 김상헌, "임차건물 부분의 화재가 임차 외 건물 부분에 재산상 손해를 발생시킨 경우, 임차인의 손해배상책임에 관하여 – 대법원 2017. 5. 18. 선고 전원합의체, 2012다86895 판결을 중심으로 –", **국민대학교 법학논총**, 제30권 제2호(2017. 10), 139면도 같은 취지로 이해된다.

29) 실화책임법의 유추 적용은 신의칙에 의존하는 경우보다 더 구체적인 기준을 획득한다는 면에서 장점이 있다(손해배상액 경감 기준에 관한 실화책임법 제3조 참조). 다만 실화책임법 제2조는 연소(燃燒)로 인한 부분에 대한 손해배상청구에 한하여 적용한다고 규정하고 있는데 이것이 유추 적용에 장애가 될 수는 있다.

30) 대법원 1967. 10. 23. 선고 67다1919 판결; 대법원 1968. 9. 17. 선고 68다1402 판결.

있다.

대상판결에서 대법관들이 가진 문제의식은 걷잡을 수 없이 번지는 화재의 특수성 앞에서 위험을 어떻게 배분할 것인가, 좀 더 구체적으로는 임차인을 어떻게 보호할 것인가 하는 점이었다.[31] 다수의견은 증명책임의 전환을 통하여, 별개의견 1은 불법행위법의 개입을 통하여, 별개의견 2는 신의칙에 의한 책임제한에 의하여 이러한 목적을 달성하고자 하였다. 반대의견은 명시적으로 이러한 고려를 하지 않았으나, 통상손해에 의한 합리적 손해배상범위의 설정을 통하여 충분히 합리적인 결과에 이를 수 있다고 본 듯하다. 이처럼 대상판결은 단일한 정책적 목표 앞에서 이론이 얼마나 다양하게 전개되고 변형될 수 있는지를 생각할 계기를 선사하였다.

---

31) 임차인 보호는 임대차 제도를 지배하는 이념이기도 하다. 편집대표 곽윤직, **민법주해 XV 채권(8)** (박영사, 1997), 39면(민일영 집필부분).

6 임대인 지위 승계 전 발생한 연체차임이 새로운 임대인이 반환할 임대차보증금에서 당연 공제되는지 여부 (대법원 2017. 3. 22. 선고 2016다218874 판결)

가. 사실관계

피고는 2010. 4. 23. X건물의 공유자들인 A 등과 사이에 X건물 1층에 있는 Y점포를 임차하기로 하는 계약을 체결하였다. 그 무렵 피고는 A 등에게 임대차보증금을 지급하고, 사업자등록과 함께 Y점포를 인도받았다. 위 임대차계약은 몇 차례 갱신되었는데, 피고는 2013. 1.부터 A 등에게 차임 등을 지급하지 않고 있었다. 한편 원고는 X건물의 공유물분할을 위한 경매절차에서 X건물을 낙찰받아 2014. 7. 30. 낙찰대금을 완납하고 소유권이전등기를 마쳤다. 그런데 피고는 원고가 X건물의 소유권을 취득한 이후에도 차임 등을 지급하지 않았다. 이에 원고는 2014. 11. 7. 2기 이상 차임 연체를 이유로 위 임대차계약의 해지를 통고하는 한편, 피고를 상대로 Y점포의 인도와 연체차임, 지연손해금, 부당이득금 지급을 청구하는 소를 제기하였다. 피고는 임대차보증금을 반환받을 때까지 Y점포를 인도할 수 없다고 항변하였다.

나. 원심판결과 대상판결

1심법원은 원고가 X건물의 소유권을 취득하기 이전에 연체된 차임을 임대차보증금에서 공제하고 나면 임대차보증금이 모두 소멸된다고 보아 피고의 항변을 받아들이지 않았다. 이에 따라 임대차보증금에서 공제되지 않은 소유권 취득 후의 연체차임, 지연손해금, 부당이득금의 지급을 명하였다.[1] 피고는 금전지급청구 부분에 대하여 항소를 제기하였다.

원심법원은 피고의 항소를 받아들여 소유권 취득 전 연체차임은 임대차보증금에서 당연히 공제되지 않고, 소유권 취득 후 연체차임, 지연손해금, 부당이득금은 임대차보증금에서 당연히 공제되어 소멸하였다고 하여 원고의 금전지급청구를 기각하였

1) 서울동부지방법원 2015. 5. 22. 선고 2014가단133642 판결.

다.[2] 원심판결은 원고가 임대인의 지위를 승계하기 전에 A 등이 임대차보증금에서 연체차임을 공제한다는 의사표시를 한 적이 없고, 원고가 A 등으로부터 연체차임채권을 양수하였다는 주장과 증명도 없으므로 원고가 X건물의 소유권을 취득하기 전에 발생한 연체차임은 위 임대차보증금에서 당연히 공제되지는 않는다고 판단하였다.

대법원은 원심판결을 파기환송하였다. 판시 내용은 다음과 같다. 여러 사람이 상가건물 임대차보호법의 적용을 받는 건물을 공유하면서 임대하다가 이를 분할하기 위한 경매절차에서 건물의 소유자가 바뀐 경우 양수인은 임대인의 지위를 승계한다. 임차건물의 양수인이 임대인의 지위를 승계하면, 양수인은 임차인에게 임대보증금반환의무를 부담하고 임차인은 양수인에게 차임지급의무를 부담한다. 그러나 임차건물의 소유권이 이전되기 전에 이미 발생한 연체차임이나 관리비 등은 별도의 채권양도절차가 없는 한 원칙적으로 양수인에게 이전되지 않고 임대인만이 임차인에게 청구할 수 있다. 차임이나 관리비 등은 임차건물을 사용한 대가로서 임차인에게 임차건물을 사용하도록 할 당시의 소유자 등 처분권한 있는 자에게 귀속된다고 볼 수 있기 때문이다. 임대차계약에서 임대차보증금은 임대차계약 종료 후 목적물을 임대인에게 명도할 때까지 발생하는, 임대차에 따른 임차인의 모든 채무를 담보한다. 따라서 이러한 채무는 임대차관계 종료 후 목적물이 반환될 때에 특별한 사정이 없는 한 별도의 의사표시 없이 보증금에서 당연히 공제된다. 임차건물의 양수인이 건물 소유권을 취득한 후 임대차관계가 종료되어 임차인에게 임대차보증금을 반환해야 하는 경우에 임대인의 지위를 승계하기 전까지 발생한 연체차임이나 관리비 등이 있으면 이는 특별한 사정이 없는 한 임대차보증금에서 당연히 공제된다. 일반적으로 임차건물의 양도 시에 연체차임이나 관리비 등이 남아 있더라도 나중에 임대차관계가 종료되는 경우 임대차보증금에서 이를 공제하겠다는 것이 당사자들의 의사나 거래관념에 부합하기 때문이다.[3]

다. 분석

대상판결은 상가건물 임대차보호법이 적용되는 상가 임대차와 관련하여 세 가지 판시 사항을 담고 있다. 첫 번째 판시 사항은 공유물 분할 경매를 통해 상가

---

2) 서울동부지방법원 2016. 3. 9. 선고 2015나23644 판결.
3) 환송 후 항소심인 서울동부지방법원 2017. 11. 3. 선고 2017나22324 판결도 대상판결과 같은 근거에서 원고의 금전지급청구를 받아들였다.

건물 소유자가 바뀌는 경우 신 소유자는 구 소유자가 가지던 임대인의 지위를 승계한다는 것이다. 두 번째 판시 사항은 건물 소유권이 이전되기 전에 이미 발생한 연체차임이나 관리비 등 채권은 원칙적으로 구 임대인에게 남아 있다는 것이다. 세 번째 판시 사항은 위와 같은 연체차임이나 관리비 등 채권은 임대차 종료 시 신 임대인이 반환하는 임대차보증금에서 당연히 공제된다는 것이다.

첫 번째 판시 사항은 어렵지 않게 이해할 수 있다. 상가건물 임대차보호법 제3조 제1항은 임차건물의 양수인이 임대인의 지위를 승계한다고 규정한다. 그 양도 원인이 무엇인지는 중요하지 않다. 그러므로 공유물 분할 경매에 따라 건물이 양도될 때도 건물 양수인은 임대인의 지위를 승계한다. 두 번째 판시 사항은 기존 판례의 태도를 반복한 것이다. 판례에 따르면 임대인의 지위가 양수인에게 승계되더라도 이미 발생한 연체차임채권은 따로 채권양도의 요건을 갖추지 않는 한 승계되지 않는다.[4] 세 번째 판시 사항도 그 자체만 놓고 보면 당연하게 느껴진다. 임대차계약이 종료되면 임차인이 임대차목적물을 반환할 때까지 발생한 모든 채무가 별도의 의사표시 없이도 당연히 임대차보증금에서 공제되기 때문이다.[5]

문제는 두 번째와 세 번째 판시 사항을 어떻게 조화롭게 해석할 것인가 하는 점이다. 두 번째 판시 사항에 따르면 연체차임이나 관리비 등 채권(이하 편의상 '연체차임 채권'이라고 한다)이 귀속되는 주체는 구 임대인인데, 세 번째 판시 사항에 따르면 그 연체차임 채권 공제로 인하여 보증금반환채무 감축의 혜택을 받는 주체는 신 임대인이기 때문이다. 물론 구 임대인과 신 임대인 사이에 연체차임 채권양도가 이루어지거나 연체차임 채권을 임대차보증금에서 공제하는 것을 전제로 양도가액을 계산하였다면 이러한 상황은 부당하지 않다. 반면 그러한 사전 정산 조치가 이루어지지 않은 상태에서 신 임대인이 구 임대인의 연체차임 채권 공제에 기하여 보증금반환채무 감축의 혜택을 받았다면 사후에 부당이득 반환의 형식으로

4) 대법원 2008. 10. 9. 선고 2008다3022 판결. 지원림, 민법강의, 제15판(홍문사, 2017), 1499면도 같은 취지이다. 그러나 학설로서는 임대차보증금에서 연체차임이 당연 공제되고 그 잔액만 양수인에게 승계된다는 견해가 더 지배적이다. 예컨대 곽윤직, **채권각론**, 제6판(박영사, 2003), 223면; 양창수 · 김형석, **민법Ⅲ** 권리의 보전과 담보, 제2판(박영사, 2015), 606면; 편집대표 김용담, **주석민법 채권각칙(3)**, 제4판(한국사법행정학회, 2016), 771면(박해식 집필부분).

5) 대법원 1987. 6. 23. 선고 86다카2865 판결; 대법원 1999. 12. 7. 선고 99다50729 판결; 대법원 2005. 9. 28. 선고 2005다8323,8330 판결 등 다수. 편집대표 곽윤직, **민법주해 XV 채권(8)**(박영사, 1997), 186면(민일영 집필부분).

정산이 이루어져야 한다. 그러나 이러한 사후정산의 가능성을 감안하더라도 구 임대인은 여전히 열악한 지위에 있다. 원래 그는 임대차보증금 공제를 통해 확실히 연체차임 등 채권을 만족받을 수 있었지만, 이제는 임대차보증금이라는 강력한 담보가 사라져 신 임대인의 무자력이나 비협조의 위험을 감수하면서 연체차임 상당액을 회수해야 하는 처지가 되었기 때문이다. 이처럼 채권의 귀속주체인 구 임대인의 불이익 위에 신 임대인이 일단 당연 공제로 인한 혜택을 누리는 법적 현상은 어떻게 정당화할 수 있는가? 대상판결은 "당사자들의 의사나 거래관념"을 정당화 근거로 제시하지만, 더 이상 자세한 설명은 하지 않고 있다.

이 문제에 대한 답은 당연 공제가 인정되는 근거에서 출발하여야 한다. 당연 공제에 관하여 규정하는 민법이나 임대차 관련 법 조항은 찾을 수 없다. 그러므로 당연 공제의 근거는 임대차보증금계약에 기해 보증금을 주고받은 당사자들의 의사에서 찾아야 한다.[6] 일반적으로 임대차보증금계약의 당사자인 임대인과 임차인은 "임차인의 채무 담보를 위해 임대인이 일단 임대차보증금을 받아놓되 임대차기간 중에는 임대인의 의사에 따라 임대차보증금에서 임차인의 채무를 공제할 수 있고, 임대차 종료로 목적물을 반환받는 때에는 임차인의 채무를 당연히 공제하고 임대차보증금을 돌려준다."는 합치된 의사를 가진다.[7] 이러한 사전 합의(공제예약)에 따라 임대차 종료 후 임대차보증금 반환 시 당연 공제(공제의 결과)가 실행된다.[8] 그런데 원래의 계약당사자였던 구 임대인이 임대차 목적물 소유권 이전으로 임대인의 지위에서 이탈하는 경우 당사자의 사전 합의에 기초한 당연 공제 가능성은 어떠한 영향을 받는가?

우선 임차인으로서는 임대차 종료로 임대차목적물을 반환할 때 누가 임대인이건 간에 임대차보증금에서 자신의 채무가 공제되는 것에 반대할 합리적인 이유가

6) 조경임, "임대차에서의 공제에 관하여", **법조**, 통권 제698호(2014. 11), 57면. 대법원 2016. 11. 25. 선고 2016다211309 판결도 임대인과 임차인은 모두 차임채권이 장차 임대차보증금에서 충당 공제되는 것을 용인하겠다는 묵시적 의사를 가지고 있는 것이 일반적이라고 판시한다. 한편 김봉수, "압류되거나 양도된 차임채권도 임대차보증금에서 공제되는지에 관한 연구", **재산법연구**, 제26권 제2호(2009. 10), 99면은 당연 공제의 근거를 1차적으로 의사에서 찾으면서 2차적으로는 민법 제106조의 관습에서도 찾을 수 있다고 한다.

7) 이러한 일반적인 의사 합치와 다른 내용으로 약정할 수 있음은 물론이다. 그런데 대법원 1987. 6. 23. 선고 86다카2865 판결은 이러한 약정이 "명백하고도 명시적인 반대의 약정"이라야 한다고 본다.

8) 그러한 점에서 당연 공제는 의사표시 자체가 아니라 사전의 의사표시에 기해 공제효과가 발생함에 따라 생긴 결과를 가리키는 것이다.

없다. 원래 임차인은 연체차임 채권자인 구 임대인에게 차임을 지급해야 하지만, 임대차 관련 채무를 담보하기 위해 미리 지급한 임대차보증금에서 이를 공제하는 것이 훨씬 간편하고 수월한 결제방법이다.[9] 요컨대 연체차임 등을 임대차보증금에서 당연 공제하는 것은 임차인의 일반적인 의사에 부합할 뿐만 아니라 연체차임 결제의 효율성을 높이는 길이기도 하다.

한편 신 임대인은 구 임대인의 계약상 지위를 인수한 사람이다. 그 계약상 지위에는 임대차보증금계약상 지위도 포함된다.[10] 따라서 그는 임대인의 계약상 지위를 인수하면서 임대차보증금계약에 내재한 당연 공제의 가능성도 함께 인수한다. 이처럼 계약상 지위와 당연 공제 가능성이 함께 인수되는 현상은 압류 · 추심 등의 경우에도 발견된다. 즉 임대차보증금반환채권이 제3자에 의해 압류 · 추심되거나 압류 · 전부된 경우에도 연체차임은 임대차 종료 후 임대차목적물 반환 시 임대차보증금에서 당연 공제된다.[11] 물론 이 경우는 임대차보증금반환'채권'의 인수가 일어난 것이므로, 임대차보증금반환'채무'의 인수가 일어나는 대상판결의 사안과는 다소 차이가 있다. 또한 전자의 경우에는 압류추심권자가 최초 인수 시점보다 불이익을 받지만, 후자의 경우 신 임대인이 최초 인수 시점보다 이익을 얻는다는 차이도 있다. 그러나 어느 쪽이건 당연 공제 가능성의 인수가 일어난다는 점에서는 차이가 없다. 즉 최초에 구 임대인과 임차인 사이에 체결되었던 임대차보증금계약에 내재되었던 당연 공제 가능성은 구 임대인의 계약상 지위가 신 임대인에게 이전되는 과정에서도 동일성을 유지하며 보존된다. 이는 신 임대인의 이익에 부합할 뿐만 아니라 임대차에 관련된 일체의 지위를 인수하고자 하였던 그의 일반적인 의사에도 부합한다.

구 임대인은 이러한 당연 공제 가능성의 이전으로 인해 연체차임 채권이 무담보 상태로 전락하는 불이익을 입게 되는 사람이다. 다만 구 임대인은 연체차임 채권에 관한 처리를 계약 내용에 반영함으로써 이러한 불이익을 피할 수 있다. 예컨대 상가 건물 가액이 2억 원, 임대차보증금이 1억 원, 연체차임 채권이 500만 원

---

9) 물론 임차인이 그 채무를 이행하지 않으려는 생각을 가지고 있다면 일단 임대차보증금 당연 공제를 모면하고 구 임대인과의 관계에서는 시간을 끄는 것이 유리할 수도 있다. 그러나 이것은 임차인이 임대차보증금 계약 체결 당시 가졌던 일반적인 의사와는 배치된다. 또한 이러한 부도덕한 임차인을 기준으로 당연 공제의 규칙(rule)을 정하는 것도 타당하지 않다.

10) 곽윤직(주 4), 222면; 김용담 편(주 4), 771면(박해식 집필부분); 지원림(주 4), 1474면.

11) 대법원 1988. 1. 19. 선고 87다카1315 판결.

인 상태에서 상가 건물 소유자 겸 임대인이 그 건물을 양도한다고 가정해 보자. 이때 구 임대인은 연체차임 채권 500만 원도 함께 양도하면서 건물 양도 대가로 1억 500만 원을 받을 수 있고, 이를 양도하지 않으면서 건물 양도 대가로 1억 원만 받을 수도 있다. 전자의 경우에는 나중에 신 임대인이 반환할 임대차보증금에서 500만 원이 당연 공제되더라도 구 임대인에게는 아무런 영향이 없다. 이미 그는 신 임대인과의 거래 과정에서 연체차임 채권을 회수하였기 때문이다. 후자의 경우에는 구 임대인이 신 임대인에게 자신의 계약상 지위를 이전함으로써 임대차보증금의 당연 공제 가능성이 함께 이전된다는 점을 스스로 감수한 것이다. 한편 구 임대인의 입장에서 지금까지 차임을 연체한 임차인보다는 건물 소유자인 신 임대인으로부터 연체차임 상당액을 회수하는 쪽이 채권을 만족 받을 가능성을 높이는 길이기도 하다. 요컨대 구 임대인에 대해서도 대상판결과 같은 결론이 부당하게 불리하지만은 않다.

이처럼 대상판결의 태도는 당사자들의 이익 상황을 적절히 조정한다는 점에서 타당하다. 대상판결의 결론과 달리 당연 공제가 불가능하다고 보면, 마땅히 지급하였어야 할 차임을 지급하지 않은 임차인이 임대인 변경이라는 우연한 사정으로 망외의 이익을 얻게 된다. 구 임대인의 연체차임 채권은 무담보 상태가 되어 임차인의 부담이 줄어들지만, 임차인은 신 임대인으로부터 임대차보증금을 고스란히 반환받을 수 있기 때문이다. 대상판결과 같이 새기면 이러한 부당한 결과를 막을 수 있다. 나아가 대상판결은 효율적인 결과를 가져온다. 임대차 종료로 목적물을 반환할 때까지도 연체차임이 변제되지 않았다면, 그 연체차임을 임대차보증금에서 공제하는 것이 가장 효율적이고 간편한 채권 실현방법이다. 또한 대상판결과 같이 새기면 구 임대인이 신 임대인과 거래할 때 연체차임 문제를 함께 고려하여 거래함으로써 구 임대인, 신 임대인, 임차인 사이의 법률문제를 1회적으로 해결하도록 유도할 수 있다.

결론적으로 대상판결의 태도는 당사자들의 일반적인 의사[12)]에 부합할 뿐만 아니라, 법률관계의 공정성과 효율성을 담보한다. 임대인의 차임채권에 대해 압류 · 추심명령이 있어 임대인이 더 이상 차임채권의 추심을 할 수 없는 상황에서

12) 만약 이러한 일반적인 의사가 실재하지 않는다고 하더라도 적어도 보충적 해석의 근거가 되는 가정적 의사, 즉 “계약의 목적, 거래관행, 적용법규, 신의칙 등에 비추어 객관적으로 추인되는 정당한 이익조정 의사”(대법원 2006. 11. 23. 선고 2005다13288 판결)에 의해서도 위와 같은 결론이 뒷받침될 수 있다.

도 임대차 종료 후 임대인이 반환할 임대차보증금에서 연체차임이 당연 공제된다고 한 종전의 판례[13]와 일관성을 유지하였다는 점도 대상판결의 타당성을 뒷받침한다.

13) 대법원 2004. 12. 23. 선고 2004다56554 판결. 이 판결도 임대인과 차임채권의 분리가 당연 공제 가능성에 미치는 영향을 다루었다는 점에서 대상판결과 구조적 유사성을 띤다.

7 장기계속공사계약에서 총 공사기간이 연장된 경우 총 공사대금 조정 여부 (대법원 2018. 10. 30. 선고 2014다235189 전원합의체 판결)

가. 사실관계

피고 서울특별시(이하 '피고 서울시'라고 한다) 산하 서울시도시기반시설본부(종전의 서울특별시 지하철건설본부)는 지하철 7호선 연장공사를 추진하기 위하여 조달관계 법령에 따라 피고 대한민국 산하 조달청장에게 공사계약 체결을 요청하였다. 조달청장은 이 사건 공사를 여러 공구로 구분한 다음 공사입찰공고를 하였고, 원고들은 공동이행방식의 공동수급체를 구성하여 입찰에 참가하였다. 원고들은 2004. 12. 30. 피고 대한민국과 사이에 각 공구별로 총공사준공일을 2011. 1. 31.로 부기하여 1차분 계약을 체결하였다. 그 후의 연차별 계약과 변경 총괄계약은 모두 피고 서울시와 원고들 사이에 체결되었다.

한편 국토해양부장관은 2010. 9. 27. '서울 도시철도 7호선(온수역－부평역) 기본계획 변경'을 고시하여 사업기간을 당초 2004~2010년에서 2004~2012년으로 변경하였다. 원고들은 피고 서울시 산하의 서울시 도시기반시설본부에 총 공사기간 연장을 이유로 계약금액 조정을 요청하였으나, 서울시 도시기반시설본부는 공기연장 비용이 이미 연차별 계약금액에 포함되어 있음을 이유로 거절하였다. 원고들은 주위적으로는 피고 대한민국, 예비적으로는 피고 서울시를 상대로 총 공사기간 연장에 따라 증가한 간접공사비 지급을 구하는 소를 제기하였다.

나. 원심판결과 대상판결

1심법원은 피고 대한민국에 대한 주위적 청구를 기각하고,[1] 피고 서울시에 대한 예비적 청구를 전부 인용하였다.[2] 원심법원은 대체로 1심법원의 판단을 유지

1) 피고 대한민국 산하기관인 조달청은 수요기관인 피고 서울시를 위하여 원고들과 계약을 체결하면서, 피고 대한민국, 서울시, 원고들 사이에 이 사건 공사에 관한 도급계약상 권리 · 의무는 피고 서울시와 원고들이 가지기로 합의했다는 이유 때문이었다.

2) 서울중앙지방법원 2013. 8. 23. 선고 2012가합22179 판결.

하면서 인용액만 일부 감액하였다.[3] 원심법원은 총괄계약이 연차별 계약과는 독립된 계약임을 강조하는 한편, 총괄계약에 대해서만 별도로 계약금액 조정신청을 하는 것이 불가능하다면 계약상대자는 총 공사기간의 연장에 따른 계약금액 조정을 받을 수 있는 기회 자체를 박탈당하는 결과가 발생할 수도 있는 점[4] 등을 들어 총괄계약에 기한 계약금액 조정이 가능하다고 판단하였다. 반면 대법원은 원고들이 간접공사비 증액을 청구할 수 없다고 보아 원심판결을 파기하였다. 이에 대해서는 반대의견이 있었다.

다수의견의 요지는 다음과 같다. 총괄계약은 그 자체로 총 공사금액이나 총 공사기간에 대한 확정적인 의사의 합치에 따른 것이 아니라 각 연차별 계약의 체결에 따라 연동되는 것이다. 따라서 일반적으로 장기계속공사계약의 당사자들은 총괄계약의 총 공사금액 및 총 공사기간을 각 연차별 계약을 체결하는 데 잠정적 기준으로 활용할 의사를 가지고 있을 뿐이라고 보이고, 각 연차별 계약에 부기된 총 공사금액 및 총 공사기간 그 자체를 근거로 하여 공사금액과 공사기간에 관하여 확정적인 권리의무를 발생시키거나 구속력을 부여하려는 의사를 가지고 있다고 보기 어렵다. 즉 장기계속공사계약에서 이른바 총괄계약은 전체적인 사업의 규모나 공사금액, 공사기간 등에 관하여 잠정적으로 활용하는 기준으로서, 구체적으로는 계약상대방이 각 연차별 계약을 체결할 지위에 있다는 점과 계약의 전체 규모는 총괄계약을 기준으로 한다는 점에 관한 합의라고 보아야 한다. 따라서 총괄계약의 효력은 계약상대방의 결정(연차별 계약마다 경쟁입찰 등 계약상대방 결정 절차를 다시 밟을 필요가 없다), 계약이행의사의 확정(정당한 사유 없이 연차별 계약의 체결을 거절할 수 없고, 총 공사내역에 포함된 것을 별도로 분리발주할 수 없다), 계약단가(연차별 계약금액을 정할 때 총 공사의 계약단가에 의해 결정한다) 등에만 미칠 뿐이고, 계약상대방이 이행할 급부의 구체적인 내용, 계약상대

---

3) 서울고등법원 2014. 11. 5. 선고 2013나2020067 판결.

4) 서울고등법원은 판결 이유에서 "총 공사기간을 연장하는 변경계약을 체결하였지만 차수별 계약의 공사기간을 연장하는 변경계약이 체결되지 않는 경우, 즉 차수별 계약을 체결하면서 연장된 총 공사기간을 반영하여 원래 예상할 수 있었던 기간보다 긴 기간을 공사기간으로 하여 계약을 체결하거나 차수별 계약 자체를 예정된 숫자보다 추가해서 체결하는 경우에는 차수별 계약을 기준으로 보면 공사기간 연장이라는 개념이 성립할 수 없는바, 이러한 경우에도 차수별 계약에 대해서만 계약금액 조정신청이 가능하고 총괄계약에 대해서는 별도로 계약금액 조정신청이 불가능하다고 하면 공사기간이 연장되었음이 분명함에도 그에 대한 계약금액 조정을 받을 수 없는 결과가 된다."라고 보았다.

방에게 지급할 공사대금의 범위, 계약의 이행기간 등은 모두 연차별 계약을 통하여 구체적으로 확정된다고 보아야 한다. 그러므로 총괄계약에 따른 계약금액 조정은 인정할 수 없다.

반대의견의 요지는 다음과 같다.[5] 다수의견은 "총괄계약이 연차별 계약에 연동된다."라고 표현하면서 연차별 계약에 중점을 두고 있다. 그러나 총괄계약에서 정한 총 공사기간이 연장되면 그에 따라 연장된 기간 내에 연차별 계약이 추가로 체결되는 것이 장기계속공사계약의 실제 모습이다. 다수의견은 현실의 모습과는 정반대의 상황을 전제로 논의하고 있다. 한편 법률행위가 성립하면 효력이 발생하는 것이 원칙이고 다만 그 법률행위의 목적이 불가능하거나 위법하거나 사회적 타당성이 없는 경우에만 효력이 제한된다. 민법의 기본 이념인 사적 자치의 원칙에 비추어 의사의 합치가 있는 경우에는 그 효력을 임의로 제한할 수 없고, 제한하려면 그에 합당한 이유와 근거가 있어야만 한다. 그런데 다수의견은 총괄계약의 성립을 인정하면서도 그 효력이나 구속력을 제한하는 근거를 제시하지 못하고 있다. 더구나 다수의견은 효력을 전부 제한하는 것이 아니라 일부만을 제한하고 있고, 그것도 공사계약에서 가장 중요한 사항이라고 할 수 있는 공사대금과 공사기간에 관한 부분의 효력을 제한하고 있다. 공사업체인 원고들이 이러한 의사를 가졌을 리 없고, 그와 같은 의사를 표시한 적도 없으며, 관련 법령에서 이러한 제한을 두고 있지도 않다. 다수의견은 관련 법령의 해석상 그 효력을 제한한다는 취지인 듯하다. 하지만 이는 명시적인 규정이 없는데도 원칙에 대한 예외를 해석에 의하여 쉽게 인정하는 것으로서, 법률 해석의 방법으로 타당하지 않다. 또한 다수의견은 국가계약법 등이 추구하는 이념인 신의성실의 원칙에도 반하고, 구체적 관련 규정에도 반한다. 아울러 장기계속공사계약에 적용되는 관련 법령이나 계약조건의 해석이 불분명하다면 이러한 법령과 계약조건을 정한 국가가 이로 인한 불이익을 받는 것이 타당하다. 따라서 부기한 총 공사기간에 구속력이 있는지 여부가 관련 법령과 계약조건에 명확히 드러나 있지 않다면, 이를 계약상대방인 원고들에게 유리하게 해석하여 구속력을 인정하여야 한다.

5) 반대의견은 대법관 김소영, 대법관 조희대, 대법관 김재형, 대법관 노정희에 의하여 개진되었다.

다. 분석

(1) 총괄계약 일반론

대상판결은 총괄계약의 문제를 다루었다. 총괄계약을 이해하려면 먼저 장기계속계약을 이해해야 한다. 장기계속계약은 국가를 당사자로 하는 계약의 한 유형으로, 계약 내용의 성질상 계약기간이 1년보다 긴 계약을 말한다.[6] 일반적인 도급계약에서는 공사기간이 얼마나 소요되건 하나의 공사에 대해서 하나의 계약을 체결하고, 그 이행을 수년에 걸쳐서 하면 충분하다. 그런데 국가가 예산을 편성하여 장기공사를 발주하는 경우에는 복잡한 문제가 있다.

국가는 원칙적으로 매 회계연도마다 예산안을 편성하여 국회의 의결을 얻어야 한다(헌법 제54조 제2항). 다만 한 회계연도를 넘어 계속하여 비용을 지출할 필요가 있을 때에는 정부는 연한을 정하여 계속비로서 국회의 의결을 얻어야 한다(헌법 제55조 제1항, 국가재정법 제23조). 이러한 예산제도의 특성은 국가가 당사자로서 체결하는 공사계약의 형태에 영향을 미친다. 「국가를 당사자로 하는 계약에 관한 법률」(이하 '국가계약법'이라고 한다) 제21조 제1항은 국가재정법 제23조에 따른 계속비사업에 대해서는 계속비계약을, 그 외의 장기계속사업에 대해서는 장기계속계약을 체결하도록 규정한다. 계속비계약은 하나의 계약으로 체결되지만, 장기계속계약은 매 회계연도마다 연차별 계약으로 나누어 체결한다. 계속비계약 체결이 간편해 보이지만, 실제로는 그렇지 않다. 변동성이 큰 장기공사의 총예산을 미리 수립하여 확정하기도 어렵고, 국회의 계속비 의결을 얻는 것도 어렵기 때문이다. 따라서 장기공사는 여러 개의 연차별 계약으로 구성되는 장기계속계약 형태로 체결되는 경우가 많다. 그런데 장기공사계약도 크게 보면 여러 개의 공사가 아닌 하나의 공사에 관한 계약이므로 실질에 있어서는 하나의 도급계약이다. 장기계속계약을 위한 입찰공고나 낙찰조건상 공사대금, 공사기간, 공사내용도 모두 하나이다. 그러므로 국가와 계약상대자 사이에는 여러 개의 연차별 계약과 별도로 하나의 공사에 대한 포괄적 합의의 존재를 상정할 수 있다.[7] 이러한 포괄적 합의를 연차별 계약

---

6) 구정택, "정부조달계약상 장기공사계약: 장기계약 개념을 기초로", 석사학위논문, 고려대학교 (2011), 7면.

7) 일반적으로 낙찰자가 결정되면 본계약이 아닌 예약이 성립한다고 보고 있으나(대법원 2006. 6. 29. 선고 2005다41603 판결), 낙찰자 결정을 통해 본계약의 중요 내용에 관한 당사자의 의사 합치

과 대비하여 총괄계약이라고 부른다.

그런데 현실적으로는 국가와 계약상대자가 총괄계약을 별도의 계약서로 체결하지 않는 경우가 많다. 이때 총괄계약이 국가계약법 제11조의 서면주의 요건을 충족하지 못하여 무효인지가 문제될 수 있다.[8] 하지만 국가계약법이 꼭 별도의 독립된 계약서를 작성하도록 요구하지는 않는다. 소정의 내용이 계약서에 기재되면 충분하다. 장기계속계약이 체결되고 이행되는 전체 과정을 살펴보면 총괄계약의 내용이 계약서로 서면화되었다고 평가할 수 있다. 총괄계약 내용에 해당하는 총 공사금액, 공사기간, 공사내용은 입찰 절차에서 확정된다. 그중 총 공사금액은 장기계속공사에 관한 제1차년도 계약 체결 시 그 계약서에 부기된다(국가계약법 시행령 제69조 제2항). 총 공사기간이 함께 계약서에 부기되기도 한다.[9] 그러므로 제1차년도 계약서 작성을 통해 제1차년도 계약과 총괄계약의 서면주의 요건이 함께 충족된다고도 평가할 수 있다.[10] 이렇게 본다면 총괄계약은 제1차년도 계약서 작성 시 유효하게 성립된다.[11]

(2) 총괄계약에 기한 총 공사대금 조정 여부

총괄계약이 유효하게 성립되면 장기계속계약은 「총괄계약(기본계약) + 연차별 계약(개별계약)」의 이중 구조를 띠게 된다.[12] 따라서 장기계속계약의 공사대금 조정

가 이루어진다.

8) 국가계약법 제11조는 각 중앙관서의 장 또는 계약담당공무원은 계약을 체결할 때에는 제1호부터 제7호까지 열거된 사항을 명백하게 기재한 계약서를 작성하여야 하고, 그 담당 공무원과 계약상대자가 계약서에 기명하고 날인하거나 서명함으로써 계약이 확정된다고 규정하고 있다. 서면주의 요건을 충족하지 않은 계약은 무효이다. 대법원 2005. 5. 27. 선고 2004다30811, 30828 판결; 대법원 2009. 12. 24. 선고 2009다51288 판결; 대법원 2015. 1. 15. 선고 2013다215133 판결 참조.

9) 이 사건의 경우가 그러하다.

10) 서울고등법원 2008. 2. 19. 선고 2006나78277 판결.

11) 김태형, "간접비 소송의 주요 쟁점", **변호사**, 제49집(2016), 119면; 윤재윤, **건설분쟁관계법**, 제7판(전면개정판)(박영사, 2018), 97면. 하급심 판결 중에는 총괄계약의 효력을 부인하는 것도 있으나(예컨대 부산고등법원 1998. 6. 19. 선고 97나9246 판결), 대체로 그 효력을 긍정한다고 한다. 박성완, "장기계속공사계약의 공기연장과 추가간접공사비에 대한 소고 : 추가간접공사비 청구에 대한 하급심 판결을 중심으로", **고려법학**, 제89호(2018. 6), 158면. 송권 외 2, "철도건설사업 공사기간 연장에 따른 간접비 소송의 쟁점 고찰", **한국철도학회 논문집**, 제21권 제5호(2018. 6), 513면 이하에서 한국철도시설공단을 상대로 건설사들이 제기한 간접비 소송의 하급심 판결을 분석한 바에 따르면, 총괄계약의 효력을 인정한 사례는 65%, 부정한 사례는 35%라고 한다.

12) 박성완(주 11), 155면. 이러한 이중 구조의 계약은 공사대금채권의 소멸시효, 연대보증책임의 범위, 하자보수책임의 범위, 공사 실적 인정 기준시점, 대금 조정신청의 시기 등 여러 쟁점에 관하여 복잡한 문제를 야기한다. 이에 관한 설명은 윤재윤(주 11), 97-98면 참조.

도 이원적으로 이루어질 수 있다. 즉 총괄계약의 총 공사대금을 조정하는 방법과 연차별 계약의 연차별 공사대금을 조정하는 방법이 모두 가능하다. 연차별 공사대금 조정이 언제나 원활하게 이루어지고, 그 조정된 공사대금의 총합이 총 공사대금을 조정하였더라면 도달하였을 공사대금과 일치한다면, 굳이 총 공사대금 조정을 별도로 논할 필요가 없다. 그러나 실제로는 이러한 전제가 충족되지 않는 경우도 있다. 간접공사비(이하 '간접비'라고 한다)라고 불리는 비용이 이러한 경우와 관련된다.

공사비용은 ① 공사 현장에서 계약목적물을 완성하기 위한 직접 작업에 투입되는 직접비, ② 그러한 공사현장을 운영하고 관리 · 감독하는 보조작업에 투입되는 간접비로 나눌 수 있다.[13] 직접비는 주로 공사물량의 증감 · 변동에 따라 함께 증감 · 변동하는 반면, 간접비는 주로 공사기간의 증감 · 변동에 따라 함께 증감 · 변동한다.[14] 따라서 본래 예정했던 공사물량에는 변함이 없고 공사기간만 늘어난 경우, 직접비는 증가하지 않지만 간접비가 증가한다. 예컨대 5년에 걸쳐 교량을 건설하기로 했는데, 연차별 예산 배정 지연이나 관련 법령 및 정책 변경, 민원 발생 등 여러 가지 변수로 인해 연차별 계약 사이에 공백이 생기면 공사기간이 7년으로 늘어날 수도 있다. 하지만 계약상대자인 건설회사 입장에서는 공사가 끝나지 않은 상황에서 도중에 현장사무소를 폐쇄하고 인력을 철수시킬 수도 없다. 따라서 연차별 계약으로 규율되지 않는 공백 기간 동안에도 이에 관련된 간접비는 계속 지출된다. 이러한 공백기의 간접비를 연차별 계약에 반영하는 것은 현실적으로 쉽지 않다.[15] 이러한 상황에서 총 공사대금 조정이 허용되면, 건설회사는 간접비를 더욱 잘 상환받을 수 있다.

이러한 이유 때문에 계약상대자는 연차별 계약에 기초한 연차별 공사대금 조정과 별도로 총괄계약에 기초한 총 공사대금 조정이 허용되기를 바란다. 하지만 매

---

13) 윤재윤(주 11), 201면.

14) 윤재윤(주 11), 201면.

15) 현실적으로는 연차별 공사대금 조정마저도 쉽지 않은 것으로 보인다. 연차별 공사대금 증액을 거절하면서 그 대신 공사기간 연장에 따른 계약상대자의 지체상금을 면제해 주는 방식도 취하는 것 같다. 이 사건의 경우에도 원고들은 해당 책임감리원에게 최종 정산 변경계약 시 계약금액을 조정하고자 한다는 의사를 밝혔으나, 해당 책임감리원은 계약금액은 조정하지 않고 그 대신 지체상금을 부과하지 않는 것이 적절하겠다는 의견을 제시하였고, 그 후 실제로 계약금액 조정은 이루어지지 않았다. 그러나 계약상대자에게 책임 없는 사유로 공기가 연장되었다면 애당초 면제해 줄 지체상금 자체가 발생하지 않는다.

년 연차별 계약에 관한 예산을 편성하여 집행하는 국가 입장에서는 그 예산 시스템에 맞추어 연차별 공사대금 조정만으로 문제를 해결하기 바란다.[16] 특히 연차별 계약에 따른 연차별 대금 정산이 끝난 후 뒤늦게 총 공사대금 증액을 요구하는 사태를 두려워한다. 이에 상응하는 예산을 별도로 확보할 수 있다는 보장이 없기 때문이다. 이러한 틈바구니 속에서 총괄계약에 기한 총 공사대금 조정 허용 여부는 중요한 쟁점으로 떠오른다.[17] 특히 이러한 조정을 허용하여 간접비 청구를 인용하는 하급심 판결들이 늘어나면서 간접비 청구소송이 급격히 늘어났고, 그 결과 이 문제의 현실적 중요성이 더욱 커지게 되었다.[18] 이 쟁점은 ① 총괄계약의 확정성, ② 공사기간 연장의 위험배분이라는 두 가지 차원에서 검토해 볼 수 있다.

① 총괄계약의 확정성

우선 총괄계약의 확정성에 대해 검토해 보자. 다수의견은 반대의견과 달리 총괄계약의 잠정성을 강조하였다. 총 공사대금이나 총 공사기간은 연차별 계약 체결의 잠정적 기준에 불과하여 법적 구속력이 없고, 연차별 계약을 통해 비로소 구체적인 공사대금이나 공사기간이 확정된다는 것이다. 그러나 총괄계약의 존재와 그 법적 구속력을 인정하면서 총괄계약의 핵심 요소인 총 공사대금이나 총 공사기간에 대한 법적 구속력을 인정하지 않는 것은 아무래도 부자연스럽다.

장기계속공사계약도 결국 하나의 공사에 대한 하나의 도급계약이다. 연차별 계약은 그 도급계약을 구성하는 여러 개의 부속품이다.[19] 도급계약은 "당사자 일방이 어느 일을 완성할 것을 약정하고 상대방이 그 일의 결과에 대하여 보수를 지급할 것을 약정"하는 것이다(민법 제664조). 즉 공사라는 '일'과 공사대금이라는 '보수'가 바로 도급계약의 핵심이다. 따라서 총 공사내용과 총 공사대금을 정하지 않

---

16) 위의 예처럼 공백기가 발생한 경우, 정보는 계약기간이 연장된 것이 아니라 차수별 계약 사이에 공백이 발생한 것에 불과하다고 보아 계약금액 조정을 인정하지 않는 유권해석을 해 온 것으로 보인다. 조달청 2014. 3. 29. 유권해석(장기계속공사계약 공기연장에 따른 간접비 기간적용); 조달청 2013. 3. 14. 유권해석(공기기간 연장에 따른 간접비 청구 가능 여부) 참조. 이러한 공백기도 계약금액 조정 대상이 되어야 한다는 견해로 김태형(주 11), 124-125면.

17) 대상판결 이전 하급심에서는 총 공사대금 조정이 가능하다는 판결과 불가능하다는 판결이 모두 선고되고 있었다. 상세한 내용은 김태형(주 11), 119-121면 참조.

18) 송권 외 2(주 11), 510면 이하에서 실증적으로 분석한 바에 따르면 한국철도시설공단을 상대로 건설사들이 제기한 간접비 소송 건수는 2012년 이후 점차 증가하기 시작하였고, 2015년 이후 건설사들의 승소 확률이 평균 72%에 달하면서 2016년 이후 소송 건수가 급격히 증가하였다고 한다.

19) 그 점에서 장기계속계약은 개별계약을 통해 비로소 구체적 거래내용이 정해지는 계속적 공급계약보다는 미리 정한 내용을 일정 시기에 나누어 실현하는 분할공급계약과 더 유사하다.

은 채 도급계약을 체결하는 것은 상상하기 어렵다. 장기계속공사계약도 마찬가지이다. 실제로 총괄계약 체결 시 도급계약에서 요구되는 총 공사내용은 일단 확정된다. 그에 상응하여 총 공사대금과 총 공사기간도 일단 확정된다고 보는 것이 자연스럽다. 그렇기 때문에 계약보증금의 액수가 정해지고 계약보증서도 발급된다. 그러한 점에서 총괄계약은 계약의 핵심 내용에 대한 구체적 규정 없이 향후 체결될 개별계약을 위한 포괄적 틀을 제공하는 금융거래 기본계약이나 물품거래 기본계약과는 같지 않다.

관련 법령 조항도 이러한 총괄계약의 확정성을 전제로 규정되어 있다. 총 공사가 입찰 대상이 되고(국가계약법 시행령 제14조 제8항, 부대입찰의 경우에는 제19조 제2항), 총 공사대금이 입찰 예정가격과 계약보증금의 기준이 된다(국가계약법 시행령 제8조 제2항, 제50조 제3항). 물가변동, 설계변경, 기타 계약 내용 변경으로 인한 계약금액 조정 시에는 총 공사대금을 계약금액으로 보고(국가계약법 시행령 제64조 제1항, 제65조 제2항, 제66조 제1항, 제69조 제2항), 대형공사와 특정공사도 총 공사대금을 기준으로 분류한다(국가계약법 시행령 제79조 제1항). 연대보증인도 특별한 사정이 없는 한 연차별 공사대금이 아니라 총 공사대금에 대해 보증의무를 부담한다.[20] 계약상대자는 총 공사대금과 총 공사기간에 대한 기대를 기초로 입찰에 응하고, 계약을 체결하며, 사업계획을 수립하고, 비용을 조달한다.

대법원은 "'국가를 당사자로 하는 계약에 관한 법률'에 따른 입찰절차에서의 낙찰자의 결정으로는 예약이 성립한 단계에 머물고 아직 본계약이 성립한 것은 아니라고 하더라도, 그 계약의 목적물, 계약금액, 이행기 등 계약의 주요한 내용과 조건은 지방자치단체의 입찰공고와 최고가(또는 최저가) 입찰자의 입찰에 의하여 당사자의 의사가 합치됨으로써 지방자치단체가 낙찰자를 결정할 때에 이미 확정되었다."는 입장을 취하여 왔다.[21] 그렇다면 이러한 낙찰자 결정 이후에 본계약으로서 이루어지는 총괄계약에서는 더욱 더 계약의 주요 내용 확정이 긍정될 수 있다.

물론 매매목적물과 대금을 반드시 그 계약체결 당시에 구체적으로 특정할 필요는 없고 사후에 이를 구체적으로 특정할 수 있는 방법과 기준이 정하여져 있으면 족하다고 한 판례가 있기는 하다.[22] 하지만 이는 일반 매매에 관한 법리로서, 국

20) 정부 유권해석(회계 41301－2245, 1997. 8. 8.), 윤재윤(주 11), 98면 참조.
21) 대법원 2006. 6. 29. 선고 2005다41603 판결.
22) 대법원 1986. 2. 11. 선고 84다카2454 판결; 대법원 2002. 7. 12. 선고 2001다7940 판결; 대법원 2009. 3. 16. 선고 2008다1842 판결.

가를 당사자로 하는 공사계약에 그대로 적용될 수는 없다. 계약의 목적, 계약금액, 이행기간 등의 사항을 기재한 계약서를 작성하도록 요구하는 국가계약법의 태도에서 알 수 있듯이, 국가계약에는 더 높은 명확성이 요구된다. 설령 국가계약에 위와 같은 법리가 적용된다고 하더라도, 계약서에 명시적으로 부기된 총 공사대금을 연차별 계약에서 정할 공사대금의 잠정적 기준이라고 보는 것은 부자연스럽다. 단순한 총 공사대금의 기재를 두고 연차별 공사대금을 구체적으로 특정할 수 있는 방법과 기준이라고는 보기 어렵기 때문이다. 총 공사대금에 관해 합의하였기 때문에 총 공사대금을 기재한 것이라고 보는 쪽이 자연스럽다.

따라서 총괄계약은 확정성을 가지고, 입찰절차를 거쳐 총괄계약에서 합의된 총 공사대금도 확정성을 가진다. 물론 장기계속공사의 경우 총 공사내용이나 총 공사대금이 나중에 변경될 수도 있다. 하지만 이러한 사후적 변경 가능성은 계약 내용 자체의 잠정성과 다른 개념이다. 일단 확정된 계약 내용도 사후적으로 변경될 수 있다. 특히 국가계약법에서는 일반적인 계약법에서는 인정되지 않는 여러 가지 메커니즘을 통해 이러한 사후적 변경이 용이하게 이루어질 수 있도록 배려하고 있다.[23] 따라서 계약상대자도 총 공사대금이 변경될 가능성을 염두에 두고 계약을 체결한다. 하지만 이러한 사후적 변경 가능성과 총괄계약의 확정성은 충분히 양립할 수 있는 개념이다. 더구나 사후적 변경 가능성은 계약체결 후에도 계약의 등가성을 확보하고 이로써 계약상대자의 이익을 보호하기 위해 인정된다. 그런데 이를 이유로 총괄계약의 확정성을 부정하여 결과적으로 계약상대자의 법적 지위를 약화시키는 이론은 어떤 의미에서는 이율배반적이다. 따라서 총괄계약이 체결될 시점에 부기되는 총 공사대금은 적어도 그 시점에서는 확정된 총 공사대금이라고 보아야 한다.

② 공사기간 연장의 위험배분

공사기간 연장이라는 위험을 누구에게 배분할 것인가도 검토해 보자. 장기간 공사를 계속하다 보면 공사기간 연장의 위험은 도처에 도사리고 있다. 매년 제때에 예산을 확보하지 못할 수도 있고, 공사와 관련된 사업계획이나 인허가 내용이 변경될 수도 있다. 그 결과 당초 정하였던 공사기간이 연장되는 일은 드물지 않게

---

23) 가령 공사계약 체결 이후 계약금액 조정에 관한 국가계약법 제19조 및 같은 법 시행령 제64조 내지 제66조가 그러하다.

일어난다. 공사기간 연장으로 인하여 추가로 발생하는 비용을 누가 부담할 것인가는 곧 공사기간 연장으로 인한 위험 배분의 문제이다. 대상판결은 이 문제를 명시적으로 다루지는 않았다. 하지만 다수의견에는 공사기간 연장에 따른 위험을 일단 계약상대자가 인수하였다는 고려가 숨어 있고, 반대의견에는 계약상대자와 무관하게 발생한 위험을 계약상대자에게 전가해서는 안 된다는 고려가 숨어 있다.

그렇다면 합리적인 위험배분 기준은 무엇인가? 일반적으로 말하면, 위험 원인을 제공하거나, 위험과의 거리가 가깝거나, 위험을 좀 더 적은 비용으로 회피할 수 있는 자에게 위험을 부담시키는 것이 합리적이다.[24] 이러한 위험배분은 사안 유형과 무관하게 일률적으로 행해지는 것이 아니라, 계약당사자들과 위험의 상호관계를 고려하여 개별적으로 행해져야 한다. 만약 계약당사자들이 위험 형성에 공동으로 기여했다면 그 위험을 공동 배분하는 방식도 고려할 수 있다. 이 사건에서는 국토해양부장관이 기본계획을 변경하여 사업기간을 연장함으로써 공사기간이 연장되었고, 그 결과 추가적인 간접비가 발생하였다. 이러한 사태의 원인을 제공하였고, 그 사태에 더욱 가까운 거리에 있었고, 더 적은 비용으로 사태를 제어할 수 있었던 당사자는 계약상대자가 아닌 국가였다. 1심법원과 원심법원도 기본계획 변경에 따른 사업기간 연장은 국가 측 예산부족 때문이었다고 하면서, 국가 측의 책임있는 사유로 사업기간이 연장된 것이라고 판단하였다. 그렇다면 총 공사기간 연장으로 인해 실현된 위험, 즉 간접비는 계약상대자보다는 국가 측이 부담하는 것이 맞다.

채권자지체 법리의 취지에 비추어 보더라도 그렇다.[25] 채권자지체는 채무자가 채무내용에 좇은 이행제공을 하였으나 채권자가 수령 등 이행 완료에 필요한 협력을 하지 않는 상태이다. 채권자지체의 지도 이념은 채권자 측의 사정으로 인하여 생기는 불이익을 채무자에게 전가해서는 안 된다는 것이다.[26] 이러한 이념 아래 우리 민법은 채권자지체로 인한 불이익을 채권자가 부담하도록 하는 규정들을 두고 있다(제401조 내지 제403조). 그중 민법 제403조는 채권자지체로 인한 목적물의

24) 미국 common law에서는 수급인이 공기 연장으로 인한 비용을 지급받기 위해서는 그 공기가 연장된 사유가 도급인의 지배 범위 내에 있어야 한다. 김태관, “건설수급인의 공사기간 연장에 따른 공기연장비용청구권에 관한 연구－미국에서의 논의를 중심으로－”, **한국부패학회보**, 제21권 제1호(2016. 3), 183면.

25) 김태관, “공사계약일반조건상 공기연장에 따른 비용청구권에 관한 소고－채권자지체와의 비교·검토를 중심으로”, **동아법학**, 제78호(2018. 2)에서 일반적으로 이 문제를 다루고 있다.

26) 편집대표 김용담, **주석민법 채권총칙**(1), 제4판(한국사법행정학회, 2013), 81면(유남석 집필부분).

보관 또는 변제비용의 증가분을 채권자의 부담으로 한다. 여기에서 목적물 보관비용이나 변제비용은 채권자의 협력이 없었기 때문에 채무자가 추가로 부담하지 않으면 안 되는 모든 비용을 의미하는 것으로 넓게 해석된다.[27] 이러한 채권자지체 법리는 간접비를 누가 부담할 것인가를 해석할 때 유용한 참고 지침이다. 이 법리를 참고한다면, 국가 측 사정으로 공사기간이 연장되어 계약상대자에게 간접비가 추가로 발생한 경우 그 간접비는 국가가 부담해야 한다.

참고로 2018. 7. 12. 개정 · 시행된 기획재정부의 총사업비관리지침(기획재정부훈령 제386호) 제64조 제9항은 공사기간 연장으로 인한 간접비 위험을 아래와 같이 배분하고 있다.

> 제64조(시공단계)
> ⑨ 발주기관의 귀책사유로 공사기간이 연장되고 이로 인해 공사현장의 유지 및 관리에 직접 필요한 비용(일반관리비 · 이윤 제외)이 추가로 발생하여 다음 각 호의 기준에 따라 협의 조정을 요청한 경우 실소요액을 반영하여 총사업비를 조정할 수 있다. 다만, 계약당사자간 책임이 혼재되어 있어 책임한계가 불명확한 경우에는 균분으로 한다.
> 1. 준공일 전년도 5월 31일까지 신청한다.
> 2. 공기연장의 책임소재 · 사유, 연장기일 등 관련 증빙자료를 총사업비 조정요구서와 함께 제출해야 한다.

요컨대 발주기관의 귀책사유로 인한 총 공사대금 증액분은 발주기관이 부담하고, 양자의 책임이 혼재된 경우에는 발주기관과 계약상대자가 균분하되, 그 조정신청의 시기를 제한하여 예산 편성에 무리가 없도록 한 것이다. 다만 이 지침은 2018. 7. 12. 이후 입찰공고를 한 공사계약부터 적용된다.

(3) 총평

언론 보도에 따르면 이러한 유형의 소송에서 문제 되는 간접비가 1조 1,134억 원에 달한다고 한다.[28] 이러한 비용은 국가나 지방자치단체에 큰 부담일 수 있다. 그러한 부담은 궁극적으로 국민에게 여러 형태로 전가될 것이다. 하지만 이 비용

---

27) 양창수 · 김재형, 민법 I 계약법, 제2판(박영사, 2015), 425면; 김태관(주 25), 297면.
28) 한국경제 2018. 10. 30. 기사 "정부가 공기 연장해도 건설사에 추가 간접비 지급할 의무 없다", http://news.hankyung.com/article/2018103017901(2019. 1. 10. 최종 방문).

을 계약상대자에게 모두 부담시키는 것은 더욱 부당하다. 국가계약은 "국가 등이 사경제의 주체로서 상대방과 대등한 지위에서 체결하는 사법(私法)상의 계약"이다.[29] 그러나 국가의 사경제 주체성이나 국가와 계약상대자의 대등성은 규범의 이념적 지향점이지 현실의 실제적 반영은 아니다.[30] 고권적 주체, 정치적 주체로서의 국가의 그림자는 계약체결 현장에도 드리워져 있다.[31] 국가와 계약상대자가 언제나 대등한 입장에서 협상하고 결정할 수 있는 것도 아니다. 계약상대자 입장에서는 지체상금은 꼬박꼬박 부담해도 간접비는 청구하기 어려운 것이 현실이다.[32] 일종의 거래상 지위 남용 여부가 문제될 수 있는 것이다. 대상판결에 따르더라도 국가가 연차별 공사기간을 연장하여 공사대금을 조정해 주면 계약상대자의 이익이 보호될 수는 있지만, 현실적으로는 국가가 연차별 공사기간을 연장하지 않은 채 연차별 계약의 차수만 늘림으로써 간접비를 지급하지 않을 가능성이 다분하다.

"계약은 서로 대등한 입장에서 당사자의 합의에 따라 체결되어야 하며, 당사자는 계약의 내용을 신의성실의 원칙에 따라 이행하여야 한다."(국가계약법 제5조 제1항)라는 선언은 역설적으로 이러한 현실에 대한 우려 때문일 수도 있다. 일반적인 계약과는 달리 다양한 방식의 계약대금 조정을 허용함으로써 계약의 등가성을 확보하려는 것도 역설적으로 쌍방의 원활한 합의에 따른 계약대금 조정이 어려울 수도 있다는 냉철한 현실 인식에 대한 규범적 대응으로 이해할 수 있다. 이러한 국가계약법의 입장은 계약상대자의 이익을 보호하고, 나아가 부당한 계약이 부실한 이행으로 이어져 저해될 수 있는 공익을 배려한 것이다.

대상판결의 다수의견은 예산 편성과 집행의 특수성에 필요 이상으로 초점을 맞춘 나머지 국가계약법이 추구하는 계약의 대등성과 등가성을 충분히 구현하지 못

---

29) 대법원 2001. 12. 11. 선고 2001다33604 판결 등 다수.

30) 대법원 2017. 12. 21. 선고 2012다74076 전원합의체 판결에서 대법관 고영한, 대법관 김재형의 반대의견은 "공공계약이 사인 간의 계약과 실질적으로 동일하다거나 공공계약에서 국가 등이 사인과 동일한 지위에 서 있다고 할 수는 없다."라고 하여 이 점을 적절히 지적한 바 있다.

31) 권영준, "2017년 민법 판례 동향", **서울대학교 법학**, 제59권 제1호(2018. 3), 479면.

32) 건설산업연구원에서 조사한 결과에 따르면, 발주자 귀책사유에 따른 공기연장 추가비용 발생을 경험한 업체는 61.6%, 이 중 발주자에게 추가비용 청구조차 하지 못한 업체는 절반에 가까운 43.8%이고, 추가비용을 청구하였으나 받지 못한 업체는 64.6%에 달한다고 한다. 시장경제 2018. 12. 14.자 기사, "공기연장 미지급 소송 260건, 소송액만 1.2조…규정미비 탓", http://www.meconomynews.com/news/articleView.html?idxno=18928(2019. 1. 10. 최종 방문). 또한 김태관, "공사계약일반조건상 공기연장비용에 관한 기초연구", **아주법학**, 제9권 제3호(2015. 12), 369-370면; 송권 외 2(주 11), 509-510면에서도 이러한 발주자의 우월적 지위의 현실에 대해 설명하고 있다.

하였다. 그 결과 반대의견이 지적하였듯이 “장기계속공사계약이 예산 집행의 경직성 및 국회의 예산심사권 침해 등 계속비계약이 지닌 단점을 보완하는 제도로 활용되는 것을 넘어 국가의 예산 부족으로 인한 공사지연의 위험을 공사업체에 전가하고 정당한 대가 지급을 회피하는 수단으로 활용되는 것을 허용하는 결과”에 이르렀다. 반대의견과 같이 총 공사대금의 조정을 허용하는 것이 더 공평 타당한 결과를 가져오리라고 생각한다.

8 농지임대차계약과 불법원인급여
(대법원 2017. 3. 15. 선고 2013다79887, 79894 판결)

가. 사실관계

원고는 피고에게 농지를 임대하였다. 피고는 임대차계약에서 정한 바에 따라 원고에게 임대료 전액을 선불로 지급하였다. 임대차 종료 후 피고는 원고에게 농지를 반환하지 않았다. 그러자 원고는 피고에게 농지 인도 및 인도 시까지 차임 상당 손해배상을 구하는 소를 제기하였다. 이에 대해 피고는 위 농지임대차계약은 농지임대차를 금지한 구 농지법(2015. 1. 20. 법률 제13022호로 개정되기 전의 것, 이하 '농지법'이라고만 한다) 제23조에 위반하여 무효이므로 원고가 피고에게 임대료 전액을 부당이득으로 반환해야 한다고 주장하며 반소를 제기하였다.

나. 원심판결과 대상판결

임대차가 종료되면 임차인은 임대차 목적물을 반환하고 종료 후 반환 시까지의 사용·수익에 따른 차임 상당 손해배상을 하거나 차임 상당 부당이득을 반환해야 한다. 따라서 원고의 본소 청구를 인용하는 것은 1심법원부터 대법원에 이르기까지 별다른 문제가 되지 않았다. 그러나 피고의 반소 청구에 관해서는 농지임대차계약의 유효성 및 불법원인급여와 관련하여 어려운 문제들이 있었다.

1심법원은 농지법 제23조는 단속규정이어서 농지임대차계약은 무효가 아니고, 따라서 원고는 피고에게 임대료 전액을 반환할 의무가 없다고 판단하였다.[1] 반면 원심법원은 농지법 제23조는 강행규정이어서 농지임대차계약은 무효이고, 따라서 원고는 피고에게 임대료 전액을 부당이득으로 반환할 의무가 있다고 판단하였다.[2] 원고는 위 임대차계약이 무효라면 임대기간 동안 피고가 점유 권원 없이 X토지를 점유한 셈이 되므로 피고에 대한 손해배상채권을 자동채권으로 하여 위 부당이득반환채권과 상계한다고 항변하였다. 원심법원은 원고가 피고에게 X토지를

1) 청주지방법원 2013. 2. 7. 선고 2012가단13422, 30960 판결.
2) 청주지방법원 2013. 9. 17. 선고 2013나1243, 1250 판결.

임대한 것은 선량한 풍속 기타 사회질서에 위배되는 불법원인급여이므로 피고에게 임대료 상당 부당이득반환이나 손해배상을 구할 수 없다고 보아 원고의 상계항변을 배척하고 피고의 반소청구를 인용하였다. 요컨대 원심법원은 원고는 피고에게 임대료를 부당이득으로 반환해야 하지만, 피고는 원고에게 임대료 상당 이익을 반환하거나 배상할 필요가 없다고 보았다.

대법원은 원심판결과 마찬가지로 농지법 제23조가 강행규정이라고 보았다. 그 근거는 다음과 같다. 농지법이 농지임대를 원칙적으로 금지하는 것은 그 토지가 농지로서 보전될 수 있도록 하고, 외부자본이 투기 등 목적으로 농지를 취득할 유인을 제거하여 지가를 안정시킴으로써 농민이 농지를 취득하는 것을 용이하게 하여 궁극적으로 경자유전의 원칙을 실현하기 위한 것이다. 그리고 그와 같은 입법취지를 달성하기 위해서는 위반행위를 처벌하는 것과 별도로 농지임대차계약의 효력 자체를 부정하여 계약 내용에 따른 경제적 이익을 실현하지 못하도록 함이 상당하므로, 농지 임대를 금지한 농지법 제23조의 규정은 강행규정이다. 따라서 농지법 제23조의 예외사유에 해당하지 아니함에도 이를 위반하여 농지를 임대하기로 한 임대차계약은 무효이다.

반면 대법원은 원심판결과 달리 원고가 피고에게 권원 없는 점유를 이유로 손해배상을 청구한 데 대하여 피고가 불법원인급여의 법리를 이유로 반환을 거부할 수 없다고 보았다. 그 근거는 다음과 같다. 불법원인급여에서 말하는 '불법'이 있다고 하려면, 급부 원인이 된 행위가 그 내용이나 성격 또는 목적이나 연유 등으로 볼 때 선량한 풍속 기타 사회질서에 위반될 뿐 아니라 반사회성 · 반윤리성 · 반도덕성이 현저하거나, 급부가 강행법규를 위반하여 이루어졌지만 이를 반환하게 하는 것이 오히려 규범 목적에 부합하지 아니하는 경우 등에 해당하여야 한다. 그런데 오늘날의 통상적인 농지임대차는 경자유전의 원칙과 농지의 합리적인 이용 등을 위하여 특별한 규제의 대상이 되어 있기는 하지만, 특별한 사정이 없는 한 계약 내용이나 성격 자체로 반사회성 · 반윤리성 · 반도덕성이 현저하다고 단정할 수는 없다. 아울러 임대차계약기간 동안 임차인이 당해 농지를 사용 · 수익함으로써 얻은 토지사용료 상당의 점용이익에 대하여 임대인이 부당이득반환이나 손해배상을 청구하는 것마저 배척하여 임차인으로 하여금 사실상 무상사용을 하는 반사이익을 누릴 수 있도록 하여야만 구 농지법의 규범 목적이 달성된다고 볼 것은 아니다. 그러므로 농지임대차의 반사회성이 현저하다고 볼 수 있는 특별한 사정이 있는 경우가 아니라면, 농지 임대인이 임대차기간 동안 임차인의 권원 없는 점용을 이유로 손해배상을 청구한 데 대하여 임차인이 불법원인급여의 법리를 이유로 반환을 거부할 수는 없다.

다. 분석

대상판결은 농지법 제23조가 강행규정인지, 만약 강행규정이라서 농지 임대차가 무효라면 농지 임대인이 임차인에게 권원 없는 점유를 이유로 손해배상청구를 하는 것이 불법원인급여의 법리에 비추어 허용되는지를 다루었다.

우선 농지 법제의 관련 내용을 요약하면 다음과 같다. 농지 법제의 토대는 헌법상 경자유전(耕者有田)의 원칙이다. 경자유전의 원칙은 농사를 짓는 사람이 농지를 소유해야 한다는 원칙이다. 역사적으로 보면 이는 농지 소작제도를 매개로 한 신분적 예속관계가 생겨나지 않도록 하는 원칙이다.[3] 이와 관련하여 헌법 제121조 제1항은 "국가는 농지에 관하여 경자유전의 원칙이 달성될 수 있도록 노력하여야 하며, 농지의 소작제도는 금지된다."라고 규정하고, 제2항은 "농업 생산성의 제고와 농지의 합리적인 이용을 위하거나 불가피한 사정으로 발생하는 농지의 임대차와 위탁경영은 법률이 정하는 바에 의하여 인정된다."라고 규정한다. 한편 농지법은 이러한 헌법 원리를 구체적으로 구현하고자 한다.[4] 농지법 제6조는 원칙적으로 자기의 농업경영에 이용하거나 이용할 자가 아니면 농지를 소유하지 못한다고 규정한다. 농지법 제23조는 농지 임대차를 금지하면서 이에 대한 예외 사유를 열거하고 있다. 이러한 농지 법제의 요체는 원칙적으로 농지의 소유자와 이용자를 일치시키는 데에 있다. 농인이 아닌 자의 농지 이용이 횡행하면 식량 생산의 희소하고 소중한 자원인 농지가 본래의 효용을 발휘할 수 없게 되고, 외부 자본의 투기 대상으로 전락할 수 있기 때문이다.

이러한 관련 법제의 기틀은 역사적으로 농지가 국가적으로 중요한 자원이었고 농지 소유자가 소작농에 비해 사회적 · 경제적으로 절대적 우위에 있었던 현실을 전제로 형성되었다.[5] 그러나 오늘날 우리 사회는 더 이상 농경사회가 아니고, 오

3) 성낙인, **헌법학**, 제16판(법문사, 2016), 224면.
4) 농지법 제1조는 "농지의 소유 · 이용 및 보전 등에 필요한 사항을 정함으로써 농지를 효율적으로 이용하고 관리하여 농업인의 경영 안정과 농업 생산성 향상을 바탕으로 농업 경쟁력 강화와 국민경제의 균형 있는 발전 및 국토 환경 보전에 이바지하는 것"이 법의 목적임을 밝힌다.
5) 이헌창, "조선시대 경지소유권(耕地所有權)의 성장", **경제사학**, 제58권(2015. 6), 9면은 조선시대

늘날 농지 임대차는 신분적 예속관계와 경제적 착취의 상징이었던 소작관계와 유사하지도 않다. 농지 임대차는 본질적으로 '좀 더 강한 규제를 받는 부동산 임대차' 정도로 인식될 뿐이다. 이러한 현실에서 농지 임대차는 매우 흔하게 이루어진다. 통계청의 자료에 따르면 2016년 기준으로 임차농가의 비율은 57.6%, 임차농지비율은 50%에 이른다.[6] 이처럼 실제로 이루어지는 농지 임대차가 농지법 제23조의 예외사유에 해당하는 적법한 임대차인지 여부는 정확히 알 수 없다.[7] 그러나 적어도 통계상으로 보면 농지 임대차는 더 이상 예외적인 농지 이용 형태가 아닌 것이다.

이러한 현실은 농지 임대차에 대한 법적 평가에 어떤 영향을 미치는가? 우선 이는 농지법 제23조 제1항의 법적 성격을 규명하는 데 영향을 미칠 수 있다. 이 사건 1심법원은 농지법 제23조가 강행규정이 아니라고 보았으나, 원심법원과 대법원은 이를 강행규정으로 보았다. 이는 농지 임대차가 일상적으로 이루어지는 현실과 농지 임대차를 엄격하게 규제해야 한다는 당위 중 어느 쪽에 중점을 둘 것인가의 문제이기도 하다.[8] 그런데 위와 같은 현실을 고려하더라도 헌법상 경자유전의 원칙과 이에 기초한 농지법의 기조를 유지하는 이상 농지법 제23조 제1항은 강행규정으로 보아야 한다. 농지 임대차 금지는 농지 법제를 전면 개편하지 않는 이상 농지 법제의 규범력을 유지하기 위해 반드시 관철되어야 할 원칙이기 때문이다. 농지법 제60조 제2호가 농지 임대차 금지 조항에 위반하여 농지를 임대한 사람은 1,000만 원 이하의 벌금에 처하도록 규정하는 점도 이 때문이다. 결국 대상판결이 농지법 제23조를 강행규정으로 판단한 것은 타당하다.[9]

에 경자유전제도가 마련된 배경으로 경작자가 사실상 소유권을 가져야 농작물이 안정적으로 생산되고, 국가가 그로 인한 잉여를 많이 흡수할 수 있었다는 점을 든다.

6) 국가통계포털(http://kosis.kr/index/index.do)의 농가경제조사 부분 관련 통계 참조.

7) 송재일, "농지거래법제의 문제점과 개선방안－매매, 임대차를 중심으로－", **민사법학**, 제49권 제1호(2010. 6), 4면은 농지법에 위반하여 이루어지는 매매가 전체 농지의 20%에 달하며, 이러한 농지는 대부분 농지법에서 금지하는 임대차로 이어진다고 설명한다.

8) 이러한 현실과 당위의 갈등 양상은 경자유전 원칙에 관해서도 존재한다. 가령 현실을 받아들여 경자유전원칙을 완화하거나 폐지하자는 견해가 있는가 하면[김욱, "헌법상 '경자유전'의 과도기적 소유원칙, 그 발전적 이행을 위하여", **공법연구**, 제28집 제3호(2000), 221면; 정종섭, **헌법학원론**, 제9판(박영사, 2014), 233면], 경자유전 원칙의 규범력을 약화시키려는 시도에 반대하는 견해도 있다[송재일(주 7), 6면; 이종수, "한국헌법상 '경자유전(耕者有田) 원칙'과 한계", **토지법학**, 제24-2호(2008. 12), 20면; 사동천, "농지소유제도에 관한 비판적 고찰", **법조**, 제57권 제11호(2008. 11), 202－203면; 김진곤, "경자유전의 원칙과 소작제도금지의 헌법적 함의", **토지공법연구**, 제38호(2007), 113－114면].

9) 송재일(주 7), 17면도 같은 취지이다. 한편 대상판결 이후에 선고된 대법원 2017. 4. 13. 선고

한편 무효인 농지 임대차에 기한 급부를 불법원인급여로 보아 이에 대한 반환청구 또는 그에 준하는 손해배상청구를 금지할 것인가? 원심판결은 금지해야 한다고 보았고, 대상판결은 그럴 필요는 없다고 보았다. 이 문제를 다루려면 우선 '불법원인'이 무엇을 의미하는지를 살펴보아야 한다. 기존 판례는 '불법원인'이 민법 제103조의 선량한 풍속 기타 사회질서 위반을 의미한다고 풀이하였다.[10] 따라서 강행규정에 위반하여 이루어진 급부가 언제나 불법원인급여에 해당하는 것은 아니라고 보았다.[11] 학계에서는 불법원인급여의 범위를 놓고 다양한 학설들이 개진되어 왔다.[12] 대상판결은 공서양속 위반 외에도 반사회성 · 반윤리성 · 반도덕성의 현저성과 규범 목적 등 더욱 구체적인 기준을 제시함으로써[13] 불법원인급여의 범위를 더욱 엄격하게 해석하였다.[14] 그리고 이러한 기준에 비추어 농지 임대차는 '불법원인'에 해당하지 않는다고 보았다. 이에 따라 임대인은 미리 지급받은 차임을, 임차인은 농지를 사용 · 수익함으로써 얻은 차임 상당의 이익을 각각 상대방에게 반환할 의무를 부담하게 되었다.[15] 대상판결은 임대인과 임차인 사이에서 어느 한쪽에 치우치지 않는 해답을 제시하였다고 평가될 수 있다.[16] 또한 대상판결은

2016다261274 판결도 대상판결의 취지에 따라 농지법 제23조를 강행규정으로 보았다.

10) 예컨대 대법원 1979. 11. 13. 선고 79다483 전원합의체 판결; 대법원 2003. 11. 27. 선고 2003다41722 판결; 대법원 2011. 1. 13. 선고 2010다77477 판결 등.

11) 대법원 2001. 5. 29. 선고 2001다1782 판결.

12) 학설 현황에 대해서는 편집대표 김용담, **주석민법 채권각칙(5)**, 제4판(한국사법행정학회, 2016), 631-632면(민중기 집필부분); 송덕수, **신민법강의**, 제10판(박영사, 2017), 1603-1604면; 지원림, **민법강의**, 제15판(홍문사, 2017), 1640면; 김민중, "농지임대차와 불법원인급여-대법원 2017. 3. 15. 선고 2013다79887, 79894 판결-", **법조**, 통권 제725호(2017. 10), 593-598면 참조.

13) 대상판결의 주심 대법관인 박병대 대법관은 민법 제103조에만 의거하는 종래 판례의 불법원인급여의 판단기준에 관하여 "단지 겉으로만 '선량한 풍속 기타 사회질서'를 심사기준으로 내세우고 있을 뿐, 실상은 개별 사건마다 구체적 타당성과 정책적 판단을 개입시켜 재량껏 결론을 도출하고 있다고 해도 과언이 아니다."라고 지적한 바 있다. 박병대, "불법원인급여의 판단기준에 관한 구조분석", **저스티스**, 제76호(2003. 12), 79면. 그 외에 추신영, "불법원인급여에 대한 비판적 검토", **경희법학**, 제50권 제4호(2015), 306면도 참조.

14) 편집대표 곽윤직, **민법주해 XVII 채권(10)**(박영사, 2005), 454면(박병대 집필부분)은 민법 제103조 위반행위라 하여 모두가 민법 제746조의 불법성이 있다고 평가되어서는 안 되고, 민법 제746조의 불법성이 인정되려면 그 제도의 취지에 합당하도록 별도의 불법성 평가가 있어야 한다고 서술한다.

15) 대법원 2010. 12. 9. 선고 2010다57626, 57633 판결도 유사한 사례를 다루었다. 이 판결에 따르면 어업권의 임대차를 금지하는 구 수산업법 제33조를 위반한 임대차는 무효이지만 불법원인급여의 불법원인에는 해당하지 않으므로 임대인은 임차인이 어업권을 점유 · 사용함으로써 얻은 이익의 반환을 구할 수 있다.

16) 대상판결에 대한 평석인 김민중(주 12), 611면도 대상판결의 취지에 찬성한다.

"임대 목적이 농지로 보전되기 어려운 용도에 제공하기 위한 것으로서 농지로서의 기능을 상실하게 하는 경우" 또는 "임대인이 자경할 의사가 전혀 없이 오로지 투기의 대상으로 취득한 농지를 투하자본 회수의 일환으로 임대하는 경우" 등 농지법의 이념에 정면으로 배치되어 반사회성이 현저하다면 불법원인급여의 법리가 적용될 수 있다고 보았다. 불법원인 여부가 사안의 속성과 맥락에 좌우되는 점을 고려하면 이처럼 농지 임대차와 불법원인급여에 관하여 닫힌 법리가 아니라 열린 법리를 제시한 점도 긍정적으로 평가될 수 있다.

한편 대상판결의 결론에 대해서는 다음과 같은 의문이 생길 수 있다. 농지 임대차가 무효라고 하면서도 농지 임대인이 차임에 상당하는 부당이득[17]을 반환받도록 허용하는 것은 농지 임대차를 유효하게 취급하는 것과 결과적으로 같지 않은가?[18] 그렇다면 농지 임대차를 무효로 보는 것은 현실적으로 아무런 효용이 없는 것 아닌가? 이러한 의문은 임대차를 무효로 보는 경우 임대인이 부당이득으로 반환받는 대상이 '차임 상당' 금액이기 때문에 발생한다. 바꾸어 말하면, 이 사건에서는 ① 임대차를 유효로 보는 경우에 임대인이 임대차계약에 기하여 지급받는 것(차임)과 ② 임대차를 무효로 보는 경우에 임대인이 부당이득으로 반환받는 것(차임 상당액)이 우연히 같았기 때문에 이러한 의문이 제기되는 것이다. 그런데 위 ①과 ②는 외견상 유사할지언정 그 법적 성격이 전혀 다르다. 이는 물품 매매계약이 강행규정 위반으로 무효가 된 경우와 비교해 보면 더 잘 이해할 수 있다. ① 매매를 유효로 보는 경우에 매도인이 매매계약에 기하여 인도받는 것(매매대금)과 ② 매매를 무효로 보는 경우에 매도인이 원상회복으로 반환받는 것(물품)은 확연히 다르다. 그런데 이 경우에도 원물반환이 불가능하여 가액반환이 이루어지면 ① 매매를 유효로 보는 경우에 매도인이 매매계약에 기하여 인도받는 것(매매대금)과 ② 매매를 무효로 보는 경우에 매도인이 원상회복으로 반환받는 것(물품 상당의 가액, 즉 매매대금 상당액)은 외견상 유사하게 된다. 결국 어느 경우이건 본질은 강행규정 위반 전의 상태로의 원상회복에 있는 것이고, 그 회복물이 우연히 적법한 임대차 또는 매매의 대가와 같은 액수의 돈이었다고 하여 그 본질이 달라지는 것은 아니

---

17) 이 사건에서는 차임 상당 손해배상을 구하였으나 이것이 불법원인급여와 관련하여 문제되는 것은 이러한 손해배상이 불법원인급여에 의해 원칙적으로 반환이 거절되는 차임 상당 부당이득의 대체물이기 때문이다. 따라서 편의상 차임 상당 부당이득을 중심으로 서술한다.

18) 진도왕, "영국법상의 불법원인급여제도 적용기준", **민사법학**, 제79호(2017. 6), 111면은 이러한 의문을 제기하면서 대상판결을 비판한다.

다. 물론 현실적으로는 대상판결의 결론이 농지 소유자에게 농지를 임대하려는 잘못된 유인을 제공할 수 있다. 결과적으로는 법에 위반하여 농지를 임대하고도 돈을 받을 수 있기 때문이다. 하지만 이러한 사태는 부당이득반환의 원칙을 포기하여 해결할 문제가 아니라 농지 임대에 대한 적절한 처벌을 통하여 해결할 문제이다.

9 오염된 토지의 유통과 불법행위 성립 여부 (대법원 2016. 5. 19. 선고 2009다66549 전원합의체 판결)

가. 사실관계

피고[1]는 X토지의 소유자로서, X토지 지상에서 약 20년간 주물제조공장을 운영해 왔다. 피고와 같은 기업의 계열사인 A주식회사와 B주식회사는 각각 피고로부터 X토지의 1/2지분을 매수하였다. B주식회사는 피고로부터 주물제조공장 철거공사를, A주식회사로부터 자동차 출하장 조성공사를 각각 도급받아 공사를 진행하였다. 공사가 완료되자 A주식회사는 X토지를 자동차 출하장으로 사용하기 시작하였다. 이후 B주식회사는 자신이 보유하던 X토지의 1/2지분을 C토지신탁에 매도하였고, C토지신탁은 이를 다시 D투자증권에 매도하였다. 그런데 X토지는 피고가 주물제조공장을 운영하는 동안 오염물질로 오염되고, 폐기물까지 매립된 상태였다. 원고는 이러한 사실을 모른 채 A주식회사와 D투자증권으로부터 각각 X토지의 1/2지분을 매수하였다. 이후 X토지에 대한 토양환경평가 결과를 통하여 위와 같은 사실을 인지하게 된 원고는 F주식회사 등에게 오염토양 및 폐기물 처리 업무를 도급 주었다. 그에 따라 원고는 적지 않은 비용을 지출하게 되었고, 피고를 상대로 손해배상을 구하는 소를 제기하기에 이르렀다.

나. 원심판결과 대상판결

1심법원은 불법행위가 성립하지 않는다고 하여 원고의 청구를 기각하였다.[2] 원고는 이에 항소하였다. 원심법원은 1심판결을 일부 취소하고 원고의 청구를 일부 인용하였다.[3] 원심판결의 요지는 다음과 같다. 자신이 소유하는 토지를 오염시키거나 그 토지에 폐기물을 매립하여 행정법규를 위반한 경우, 그로 인하여 타인의 법익이 침해되지 않는 한 토지 소유자에게 불법행위책임을 물을 수는 없다. 그러

1) 원고는 A주식회사와 B주식회사, D투자증권도 피고로 삼아 소를 제기하였으나, 이 글에서는 사안을 간단하게 설명하기 위하여 다른 피고들에 대한 청구는 생략하였다.
2) 서울중앙지방법원 2008. 9. 3. 선고 2006가합7988 판결.
3) 서울고등법원 2009. 7. 16. 선고 2008나92864 판결.

나 토지 소유자가 오염된 토양을 정화시키거나 폐기물을 처리하지 않은 채로 그 토지를 유통시키는 것은 위법한 행위로 평가되어야 한다. 토양오염 및 폐기물 매립 사실은 외부에서 쉽게 알 수 없으므로, 유통과정에서 그 토지를 취득하는 사람은 그러한 하자를 알지 못한 채 토지를 취득하게 될 가능성이 매우 높다. 또한 이러한 하자를 발견한 토지 취득자는 오염토양 및 폐기물 처리에 적지 않은 비용을 지출하여야 한다. 그러므로 토지 소유자의 위와 같은 행위는 토지 거래의 안전을 해치고 장차 그 토지를 취득하려는 사람의 신뢰를 저버리는 위법한 행위이고, 토지 취득자가 비용을 들여 오염토양 및 폐기물을 처리하여야 하는 손해와 사이에 상당인과관계도 인정된다.

대법원 판결의 다수의견은 위와 같은 원심법원의 판단을 지지하였다. 다수의견은 그 근거로 헌법 제35조 제1항, 구 환경정책기본법(2011. 7. 21. 법률 제10893호로 전부 개정되기 전의 것), 구 토양환경보전법(2011. 4. 5. 법률 제10551호로 개정되기 전의 것) 등을 제시한 다음, 위 헌법 및 법률 규정들을 토대로 토지 소유자의 토양오염에 관한 피해배상의무, 오염토양 정화의무, 폐기물 처리의무 등을 인정하였다. 그리고 이러한 법리에 비추어 보면 토지 소유자가 토양오염을 유발하거나 폐기물을 불법으로 매립하였음에도 그 오염토양을 정화하거나 폐기물을 처리하지 않은 상태에서 그 토지를 유통시킨 행위는 거래의 상대방 및 그 토지를 전전 취득한 현재의 토지 소유자에 대한 위법행위라고 평가하였다. 또한 현재의 토지 소유자가 오염토양 정화비용이나 폐기물 처리비용을 지출하였거나 지출해야만 하는 상황에 이르렀다면 비용 지출이라는 손해의 결과가 현실적으로 발생한 것이므로, 토양오염 및 폐기물 매립에 책임이 있는 종전 토지 소유자는 현재의 토지 소유자에게 위와 같은 비용 상당의 손해배상을 하여야 한다고 보았다. 이에 대해서는 반대의견이 있었다. 반대의견의 내용은 필요한 범위 내에서 아래에서 살펴본다.

다. 분석

이 판결은 2016년에 선고된 불법행위 관련 민사판결 중 가장 논쟁적인 판결이다. 이 판결에는 불법행위법에 대한 대법관들의 근본적인 관점 차이가 존재한다. 이러한 관점 차이는 다음 질문들에 걸쳐 있다. 불법행위법은 얼마나 포괄적일 수 있는가? 불법행위법과 계약법은 어떻게 역할 분담을 해야 하는가? 불법행위법에서 예방과 제재는 어떤 비중을 차지하는가? 환경보전의 이념은 사법(私法)의 영역에서 어떤 방식으로 고려되어야 하는가? 토지는 어느 정도로 특수한 취급을 받아야 하는가? 공법상 의무 위반과 사법적 위법성의 상호관계는 어떠한가? 새로운 법리를 채택할 때 향후 발생할 수 있는 파생적인 법리 문제는 어디까지 미리 해결하여야 하는가?

이 사건에는 불법행위책임의 성립 여부와 소멸시효 등 여러 쟁점들이 있으나 아래에서는 불법행위책임의 성립 여부를 중심으로 살펴본다. 이 사건에서는 토양오염과 폐기물 매립이라는 두 가지 형태의 환경오염이 문제되고 있다. 위와 같은 물음들을 염두에 두고 다수의견과 반대의견을 살펴보자.

(1) 토양오염

토양오염으로 인한 손해배상의 근거 조항은 구 토양환경보전법(2011. 4. 5. 법률 제10551호로 개정되기 전의 것) 제10조의3 제1항이다. 위에서 살펴보았듯이 이 조항은 토양오염을 발생시킨 자는 그로 인한 피해를 배상하도록 규정하고 있다.[4] 다수의견은 이 조항이 이 사건에 적용된다고 보았다. 원고가 토양을 오염시킨 뒤 이를 정화하지 않은 채 토지를 유통시켰고, 피고는 이로 인하여 정화비용을 지출하거나 지출해야 하는 손해를 입었다고 보았기 때문이다. 반대의견은 이 조항이 이 사건에 적용되지 않는다고 보았다. 자기 토지에 대한 토양오염행위는 불법행위에 해당하지 않고,[5] 토지 자체의 오염 정화비용은 위 조항에서 말하는 피해에 해당하지 않는다고 보았기 때문이다.

자기 토지에 대한 토양오염행위 그 자체는 타인에게 손해를 입히는 행위가 아니므로 불법행위로 인한 손해배상책임의 원인이 될 수 없다. 그러나 토양오염행위와 오염된 토지의 유통행위가 결합하여 타인에게 손해를 입혔다면 그로 인한 손해배상책임을 부정할 이유가 없다.[6] 토양오염행위는 위법행위이고, 오염된 토

---

4) 참고로 토양환경보전법상 책임과 민법상 책임의 범위가 완전히 일치하는 것은 아니다. 토양환경보전법상 토양오염은 제4조의2에 따른 '사람의 건강 · 재산이나 동물 · 식물의 생육에 지장을 줄 우려가 있는 토양오염의 기준'으로 구체화되므로, 우려기준을 초과하지 않는 토양오염의 경우에는 토양환경보전법상 책임이 발생하지 않는다. 그 경우에도 여전히 민법상 책임은 발생할 수 있다. 안경희, "토양오염으로 인한 민사책임", **환경법연구**, 제36권 제2호(2014), 184-185면.

5) 이번 전원합의체 판결로 변경된 대법원 2002. 1. 11. 선고 99다16460 판결이 그러한 태도를 취하였다.

6) 한지형, "토양오염 관련 민사소송의 제 논점-오염토양 정화비용을 부담한 자에 대한 책임을 중심으로-", **사법논집**, 제57집(2013), 385면. 이선형, "자기 소유 토지에 토양오염을 유발하고 폐기물을 매립한 자의 민사상 불법행위책임에 관하여-대법원 2016. 5. 19. 선고 2009다66549 전원합의

지를 유통시킴으로써 그 위법성이 타인 관련성을 획득하게 되기 때문이다. 한편 반대의견은 "'토양오염으로 인한 피해'란 토양오염으로 지하수가 오염되어 그 물을 마신 사람의 건강에 해를 끼친 때나 인접한 타인 소유의 토지를 오염시킨 때와 같이 토양오염으로 인하여 직접적인 피해가 발생한 경우를 의미하는 것"이라고 해석하여 이 사건에서 문제된 피해는 '토양오염으로 인한 피해'에 속하지 않는다고 보았다. 그러나 '토양오염으로 인한 피해'를 이처럼 축소 해석할 문리적, 목적적 근거를 찾기 어렵다. 이러한 반대의견의 해석론은 제조물 책임에 관한 해석론을 떠올리게 한다.[7] 흠 있는 물건의 유통에 관하여 책임을 지운다는 면에서 토양오염책임과 제조물 책임 사이에 공통점이 있는 것은 사실이다.[8] 그러나 제조물 책임법 제3조 제1항은 제조물 책임으로 인한 손해에서 '그 제조물에 대하여만 발생한 손해'는 제외한다고 명문으로 규정하고 있는 반면, 구 토양환경보전법은 이러한 문구를 두고 있지 않다. 또한 제조물과 토지의 차이점, 환경보전의 특수성을 고려하면 제조물 책임과 토양오염에 대한 책임을 동일하게 보아야 할 필연성도 없다. 결국 위 "피해"는 불법행위법의 일반적인 요건인 "손해"와 마찬가지로 해석하면 충분하다.[9]

그 외에도 반대의견은 "민법 제750조가 규정하는 '손해'로 평가할 수 있는지 여부는 그 토지의 거래 상대방과 사이에서 논의될 수 있을 뿐"이라거나 "전전 매수인에게 위와 같은 정화비용 상당의 손해가 발생하였다고 하더라도, 그 손해의 원인이 오염유발자가 그 토지를 유통시켰기 때문이라고 말할 수는 없다."라고 판시하여 손해 또는 인과관계를 부정하는 입장을 취하였다. 이러한 판시 내용의 기저에는 오염된 토지의 거래는 거래 당사자 간 계약의 문제로 해결하면 충분하고, 불법행위법이 개입하여서는 안 된다는 생각이 깔려 있다.

이처럼 계약과 관련하여 발생한 손해는 계약법으로 해결하면 충분하다는 생각은 비교법적으로 볼 때에 근거가 없지 않다. 영미법계 국가들이 대체로 그러한 입

체 판결", **부산대학교 법학연구**, 제57권 제4호(2016. 11), 17면 이하는 토양오염행위와 그에 이은 유통행위만으로 불법행위 성립을 인정하기는 어렵고, 오히려 정화의무를 이행하지 않은 부작위를 불법행위로 보는 것이 타당하다고 하는데, 실질적으로는 같은 취지로 이해할 수 있다.

7) 제조물 책임법 제3조 제1항은 그 제조물에 대하여만 발생한 손해는 제조물 책임대상이 아니라고 규정한다.

8) 이러한 점에서 일본에서는 제조물 책임법을 부동산에도 확장하여야 한다는 입법론도 주장된다. 松本克美, 不動産と製造物責任, **立命館法學**, 第367号(2016), 170면 이하.

9) 한지형(주 6), 390면.

장을 취한다.10) 가령 미국의 Miller v. United States Steel Corp. 판결11)은 "불법행위법은 순수하게 상업적인 분쟁을 해결하는 데에는 불필요하고 부적절한 도구이다. 우리에게는 그러한 분쟁들을 해결하기 위해 고안된 법규범이 있다. 우리는 이를 계약법이라고 부른다."라고 판시하였다. 이는 계약법을 불법행위법의 특별법처럼 취급하려는 생각이다. 그리고 그 심부(深部)에는 계약당사자의 합리성과 철저성에 대한 신뢰가 숨어 있다.

그런데 우리나라는 프랑스나 일본의 법 전통에 따라 불법행위법에 관하여 민법 제750조와 같은 일반조항을 두어 포괄주의를 채택하고 있다. 또한 계약이 개입된 거래에 대해서도 거래적 불법행위의 성립을 인정하고, 더 나아가 피해자 보호를 위해 계약책임과 불법행위책임의 경합을 인정하고 있다.12) 그러므로 이 사건의 경우 계약이 체결되었다거나 계약법 차원에서 해결할 수 있다는 점만으로 불법행위의 성립이 배제될 수는 없다.13) 토지가 전전 매도된 경우 각자가 자신의 전자(前者)에 대해서 순차적으로 계약책임을 추궁하는 방식으로만 피해를 구제받을 수 있다고 보는 것은 전체적인 분쟁횟수와 분쟁비용을 증가시켜 사회 전체의 효율성을 저해하고, 피해자의 충실한 구제에도 도움이 되지 않는다. 또한 계약당사자가 토양오염 여부와 정도에 대해 정확히 조사하고 평가하여 이를 매매대금에 반영한다는 보장도 없다.14) 반대의견은 인과관계도 문제 삼고 있으나, 계약체결이 개입하였다고 인과관계가 단절되는 것도 아니다.15) 인과관계 단절은 결국 인과관계 존부의 문제인데, 이는 예견 가능성이라는 기준에 의해 판단되어야 한다.16) 그런데 토

---

10) 관련 논의로는 권영준, "미국법상 순수재산손해의 법리", **민사법학**, 제58호(2012. 3) 참조.

11) 902 F. 2d 573, 574 (7th Cir. 1990).

12) 대법원 1983. 3. 22. 선고 82다카1533 전원합의체 판결.

13) 계약법 우위의 원칙이 적용되는 미국에서도 계약을 통하여 전전 매도된 오염 토지에 관한 불법행위 책임에 대하여는 불법행위 책임을 부정하는 판결[Philadelphia Electric Company v. Hercules, Incl, 762 F. 2d 303 (3d. Cir. 1985)]과 긍정하는 판결[T&E Industries, Inc. v. Safety Light Corp., 123 N. J. 317, 587 A.2d 1249 (N. J. 1991); Hanlin Group v. Intern. Minerals & Chemical Corp., 759 F. Supp. 925 (D. Me. 1990)]이 공존하고 있다. 이지민, "토양오염과 불법행위책임－미국 보통법을 중심으로－", **사법**, 제37호(2016. 9), 331－335면 참조.

14) 신옥영, "자기 소유 토지에 토양오염을 유발한 자의 불법행위책임", **판례연구**(서울지방변호사회), 제31집(1)(2016), 120면.

15) 경매공무원의 기일통지 잘못과 원고의 손해 사이에 경매법원의 재판행위가 개입하였더라도 인과관계가 단절되지 않는다고 한 판례(대법원 1982. 6. 22. 선고 80다2801 판결), 법무사 사무장의 등기신청 시 과실과 원고의 손해 사이에 등기관의 잘못된 등기실행 등 제3자의 행위가 개입하였더라도 인과관계가 단절되지 않는다고 한 판례(대법원 2004. 4. 28. 선고 2003다66905 판결) 참조.

16) 편집대표 곽윤직, **민법주해(XVIII) 채권(11)**(박영사, 1992), 247면(이상훈 집필부분)은 상당인과관계

지를 오염시킨 상태로 유통시키는 행위로 인하여 전전 매수인이 손해를 입을 수 있다는 사정은 예견할 수 있는 사정이다. 그러므로 이 사건에서도 인과관계를 인정하는 데에는 큰 어려움이 없다. 인과관계의 증명을 완화해 가는 환경법 분야의 흐름에 비추어 보면 더욱 더 그러하다.

(2) 폐기물 매립

폐기물 매립으로 인한 손해배상의 근거 조항은 구 환경정책기본법(2011. 7. 21. 법률 제10893호로 전부 개정되기 전의 것) 제31조 또는 민법 제750조이다. 폐기물 매립으로 인한 손해배상에 대해서도 토양오염으로 인한 손해배상과 마찬가지 쟁점들이 존재한다. 이러한 쟁점들에 대해서는 이미 토양오염과 관련하여 서술하였으므로, 여기에서는 폐기물 매립과 관련하여 두드러진 쟁점에 대해서만 서술하고자 한다.

구 폐기물관리법(1991. 3. 8. 법률 제4363호로 전부 개정된 후 2007. 1. 19. 법률 제8260호로 개정되기 전의 것)에서는 폐기물 불법매립을 금지하고 이에 위반할 경우 행정상 조치명령 및 형사처벌 대상이 될 수 있다고 규정한다(제7조 제2항, 제12조, 제45조, 제58조의2, 제60조). 그러나 구 토양환경보전법 제10조의3과 같은 피해배상책임이나 정화의무에 관한 규정을 직접 두고 있지는 않다. 이와 관련하여 폐기물 매립에 대해서는 토지 소유자가 공법상 의무를 부담할 뿐 토지의 매수인에 대한 사법상 의무를 부담하지는 않는다는 반론이 제기될 수 있다. 실제로 반대의견은 구 폐기물관리법의 규정들만으로는 사인(私人) 사이의 폐기물 처리의무를 도출할 수 없다고 지적하였다.[17] 이에 대해 다수의견은 "토지에 폐기물이 매립되면, 그것이 토지의 토사와 물리적으로 분리할 수 없을 정도로 혼합되어 토지의 일부를 구성하게 되지 않는 이상, 토지 소유자의 소유권을 방해하는 상태가 계속되며, 이에 따라 폐기물을 매립한 자는 그 폐기물이 매립된 토지의 소유자에 대하여 민법상 소유물방해제거의무의 하나로서 폐기물 처리의무를 부담할 수도 있다."라고 하여

판단을 할 때에는 행위 당시에 보통 사람이 알 수 있었던 사정과 행위자가 특히 알고 있었던 사정을 함께 고려하여야 한다고 본다. 형사판결이기는 하나 가령 대법원 1994. 3. 22. 선고 93도3612 판결; 대법원 2014. 7. 24. 선고 2014도6206 판결 등은 인과관계 단절의 판단기준으로 예견 가능성을 들고 있다. 상당인과관계 이론은 위법행위를 한 자에게 어떠한 경우에 책임을 지울 수 있는가 하는 책임귀속이론의 성격을 가진다는 점, 이러한 책임귀속 여부를 판단함에 있어서는 예견 가능성이 중요한 요소로 고려된다는 점에 비추어, 인과관계 단절 판단에 있어서 예견 가능성을 기준으로 삼는 것은 타당하다.

17) 참고로 반대의견은 구 토양환경보전법상 정화의무에 대해서도 같은 취지로 지적하고 있다.

민법으로부터도 사인(私人) 사이의 폐기물 처리의무를 도출하려는 시도를 하였다. 반면 반대의견은 폐기물은 이미 분리 불가능할 정도로 토지에 부착·합체되어 토지에 부합되었다고 볼 여지가 크므로 폐기물을 토지로부터 분리하여 제거할 의무가 인정되기 어렵다고 반론하였다.

불법행위법의 모(母) 조항인 민법 제750조는 "고의 또는 과실로 인한 위법행위로 타인에게 손해를 가한 자는 그 손해를 배상할 책임이 있다."라고 규정한다. 따라서 어떤 행위가 불법행위로 평가되어 그로 인한 손해배상책임이 인정되려면 고의 또는 과실, 위법성, 손해, 인과관계가 요구된다. 다수의견과 반대의견의 폐기물 처리의무 논쟁은 불법행위의 성립요건 가운데 위법성의 문제로 볼 수 있다. 위법성은 법에 반하는 상태이다. 여기에서의 법은 개별 법 규정뿐만 아니라 전체 법질서 자체도 포함하는 개념이다.[18] 그러므로 어떤 행위를 위법하다고 평가하기 위해 반드시 그 행위를 특정하여 사인 간에도 금지의무를 부과하는 개별 법 규정이 존재해야 하는 것은 아니다. 관련 법령과 일반적 법의식을 종합하여 볼 때 그 행위가 사인 간의 관계에서도 전체 법질서의 요청에 반한다는 결론을 도출할 수 있다면 불법행위 요건으로서의 위법성을 인정할 수 있다.

오늘날 환경보전은 현재와 미래 세대에 공히 심중한 요청이다. 환경보전의 이념을 실현하려면 환경오염을 사전에 예방해야 한다. 또한 환경오염행위가 있었다면 오염주체는 이를 신속히 복원하고 이로 인한 피해를 배상해야 한다. 이러한 이념은 헌법과 환경정책기본법을 비롯하여 다수 환경 관련 법령에 반영되어 있다. 이러한 환경 관련 법령에는 각종 공법상 의무가 부과되어 있지만, 이와 별도로 사인 간의 관계에서 준수해야 할 법적 요청도 반영되어 있다. 구 환경정책기본법 제7조는 환경오염 또는 환경훼손의 원인을 야기한 자에게 환경의 회복·복원의 책임을 지우고, 그 피해 구제비용을 부담시킨다. 같은 법 제31조는 환경오염 또는 환경훼손으로 인한 피해배상책임에 대해 규정한다. 구 토양환경보전법 제10조의3 제1항은 토양오염을 발생시킨 자는 그로 인한 피해를 배상하고 정화 조치를 하여야 한다고 규정한다. 2016. 7. 1.부터 시행된 「환경오염피해 배상책임 및 구제에 관한 법률」은 환경오염피해로 인한 사인 간의 배상문제를 더욱 직접적이고 구체적으로 다루고 있다. 이는 새로운 입법적 결단이라기보다는 환경오염피해와 관련된 제반

18) 곽윤직 편(주 16), 207-208면.

의무가 사인 간에도 존재한다는 기존의 입장을 재확인한 입법이라고 보아야 한다. 요컨대 관련 법령들을 종합하여 보면 환경을 오염하거나 훼손함으로써 타인에게 피해를 끼치지 않을 법적 요청이 인정된다. 이러한 법적 요청은 폐기물관리법에서 구 토양환경보전법과 같은 개별적인 손해배상규정을 두지 않았다는 사정만으로 부정될 것은 아니라고 생각한다.[19)]

(3) 총평

다수의견은 삶의 유한한 토대인 토지의 특수성을 충분히 고려하여 환경보전의 이념을 공법관계뿐만 아니라 사법관계에도 강화된 형태로 구현하고, 불법행위법의 포괄성을 인식하면서 불법행위법의 목적 중 예방과 제재에 관심을 기울인 것으로 평가할 수 있다. 반대의견은 환경보전의 이념을 달성하는 방법론에 관하여 계약법의 역할을 강조함으로써 결과적으로 불법행위법의 보충성을 부각시키고, 공법상 의무와 사법상 의무를 준별하며, 손해의 공평한 분담이라는 불법행위법의 이념에 관심을 기울인 것으로 평가할 수 있다. 또한 다수의견이 위와 같은 생각을 실현하기 위해 간명하고 호방한 법리를 전개하였다면, 반대의견은 이에 대해 정밀하고 신중한 법리로 맞선 것으로 평가할 수 있다. 이번 대법원 판결은 환경오염과 불법행위에 대한 큰 방향성을 제시하였다. 이에 대해, 반대의견은 여러 사례들을 들어 정밀한 법적 문제들을 꼼꼼하게 지적하였다. 반대의견이 제시한 사례들에 대해 이 글에서 상론(詳論)할 여유는 없지만, 향후 이러한 문제들에 대한 논의가 필요할 것이다.[20)]

---

19) 그 외에도 민법상 폐기물 제거의무가 인정되는지는 그러한 폐기물이 매립된 상태가 부합된 상태인지, 또한 방해와 손해 중 어디에 해당하는 상태인지에 따라 판단할 문제로서 일반화된 기준을 제시하기는 어렵다고 생각한다. 대상판결 중 이 쟁점을 주로 다룬 글로는 박철홍, "소유권에 기한 방해배제청구권의 행사 근거 및 행사 범위－폐기물이 매립된 토지를 전전 취득한 자가 매립행위를 한 자에 대하여 소유권에 기한 방해배제청구로 폐기물의 제거를 구할 수 있는지－", **민사판례연구**, 제40권(박영사, 2018), 93－153면이 있다.

20) 필자가 느끼기에 반대의견이 제시하는 가장 강력한 문제 사례는 오염행위자 A가 오염사실을 밝히고 그만큼 가격을 공제한 뒤 B에게 이를 매도하였는데, B가 다시 이를 숨긴 채 C에게 전매하였고, C가 오염정화비용 상당액을 A에게 청구하는 사례이다. 이 경우 A는 사실상 이중으로 오염정화비용을 부담하게 된다. 이 문제에 대해서는 향후 논의가 필요하다고 생각한다. 다만 토양을 오염시킨 후 이를 정화시키지 않은 채 토지를 유통시키더라도 이를 가격에서 공제하면 충분하다는 사고는 돈으로 환경오염을 해결할 수 있다는 사고와 연결된다는 비판에 직면할 수 있다. 또한 사실관계에 따라서는 B에게 공동불법행위자로서의 지위를 인정하여 불법행위책임 또는 구상책임을 묻는 방법도 불가능하지는 않을 것이다. 신옥영(주 14), 134면도 같은 취지.

10 정치적 논쟁에 관한 표현의 자유와 명예훼손 (대법원 2018. 10. 30. 선고 2014다61654 전원합의체 판결)

가. 사실관계

원고 1은 통합진보당 소속 국회의원으로 재직하면서 2010. 7.경부터 통합진보당 대표로 활동한 정치인이다. 원고 2는 원고 1의 남편으로, 원고 1과 같은 법무법인의 공동 대표변호사로 활동하고 있었다. 한편 피고 1은 '주간 미디어 워치'를 창간하여 대표로 활동한 언론인이다. 피고 1은 2012. 3. 21.부터 같은 달 24.에 걸쳐 자신의 트위터 계정에 원고들을 비판하는 글들을 작성·게시하였다. 그 글들에는 "원고들은 경기동부연합 그 자체이다.", "경기동부연합은 종북·주사파이다.", "원고 2는 경기동부연합의 브레인이자 이데올로그이고, 종북파의 성골쯤 되는 인물이다.", "원고 2 등이 원고 1에게 대중선동 능력만 집중적으로 가르쳐 아이돌 스타로 기획하였다." 등의 내용이 담겨 있었다. 나머지 피고들은 정당 대변인, 기자, 언론사 등으로서, 피고 1의 트위터 게시글을 인용하거나 이와 유사한 내용으로 원고들을 비판하는 성명이나 기사를 작성·게시하였다. 원고들은 피고들을 상대로 명예훼손에 따른 위자료 및 정정보도 게재를 청구하는 소를 제기하였다.

나. 원심판결과 대상판결

1심법원은 위와 같은 성명·기사 등으로 인하여 원고들의 명예가 훼손되었고, 달리 위법성 조각사유도 인정되지 않는다고 하여 피고들의 불법행위책임을 인정하였다.[1] 원심법원은 일부 피고들에 대해서는 명예훼손에 의한 불법행위가 성립하지 않는다고 보았으나, 피고 1을 비롯한 나머지 피고들에 대해서는 명예훼손에 의한 불법행위가 성립하였다고 보았다.[2] 하지만 대법원은 명예훼손에 의한 불법행위가 성립하지 않는다고 보아 원심판결을 파기환송하였다. 이에 대해서는 반대의견이 있었다.

---

1) 서울중앙지방법원 2013. 5. 15. 선고 2012가합34257 판결.
2) 서울고등법원 2014. 8. 8. 선고 2013나38444 판결.

다수의견의 요지는 다음과 같다. 타인에 대하여 비판적인 의견을 표명하는 것은 극히 예외적인 사정이 없는 한 위법하다고 볼 수 없다. 특히 정치적 논쟁이나 의견 표명과 관련하여서는 표현의 자유를 넓게 보장할 필요가 있다. 또한 표현행위가 명예훼손에 해당하는지를 판단할 때에는 사용된 표현뿐만 아니라 발언자와 그 상대방이 누구이고 어떤 지위에 있는지도 고려해야 한다. '극우'든 '극좌'든, '보수우익'이든 '종북' · '주사파'든, 그 표현만을 들어 명예훼손이라고 판단할 수 없고, 그 표현을 한 맥락을 고려하여 명예훼손에 해당하는지를 판단해야 한다. 피해자의 지위를 고려하는 것은 이른바 공인 이론에도 반영되어 있다. 공론의 장에 나선 전면적 공적 인물의 경우에는 비판을 감수해야 하고 그러한 비판에 대해서는 해명과 재반박을 통해서 극복해야 한다. 발언자의 지위나 평소 태도도 그 발언으로 상대방의 명예를 훼손했는지 판단할 때 영향을 미칠 수 있다. 또한 정치적 이념에 관한 논쟁이나 토론에 법원이 직접 개입하여 사법적 책임을 부과하는 것은 바람직하지 않다. 이 사건에서 피고들의 표현행위는 의견 표명 내지 구체적 정황 제시가 있는 의혹 제기에 불과하여 불법행위가 되지 않거나, 원고들이 공인이라는 점을 고려할 때 위법하지 않다고 보아야 한다. 물론 이 사건에서 명예훼손과 별개로 모욕이나 인신공격적 표현이 불법행위가 될 수는 있다. 이는 원심이 다시 심리할 문제이다.[3)]

반대의견의 요지는 다음과 같다.[4)] 표현의 자유와 그에 터 잡은 민주주의의 전제는 다른 생각을 가진 사람을 인정하고 관용하는 것이다. 그런데 상대방을 아예 토론의 상대방으로 인정하지 않는 '배제'와 '매도'는 민주적 토론을 원칙적으로 봉쇄할 수 있다. 이처럼 상대방의 존재를 부정하고 토론 자체를 봉쇄하는 표현에 대해서는 일정한 제한이 필요하다. 우리 사회에서 '종북', '주사파' 등의 용어는 그러한 입장으로 규정된 사람들을 민주적 토론의 대상에서 배제하기 위한 공격의 수단으로 사용되어 온 측면이 있다. 더구나 피고들의 표현행위가 있었던 당시에는 소위 보수정권이 국회 다수당을 점하고 있었다. 이처럼 다수가 소수를 공격하기 위해 '종북', '주사파' 등의 표현을 사용한 것을 명예훼손이 아닌 단순한 의견 표명이라고 볼 수는 없다. 따라서 원심이 남북이 대치하고 있고 국가보안법이 시행되고

3) 이와 같이 이 사건에서는 명예훼손의 범주에 속하지 않는 인격권 침해의 불법행위 문제도 다루어졌으나, 편의상 이 글에서는 명예훼손의 문제만 다루기로 한다.

4) 반대의견은 대법관 박정화, 대법관 민유숙, 대법관 김선수, 대법관 이동원, 대법관 노정희에 의하여 개진되었다.

있는 우리나라의 현실에서 특정인이 '주사파'로 지목되거나 북한을 무비판적으로 추종한다는 '종북'으로 지목될 경우, 또는 주사파나 종북 세력으로 인식되고 있는 '경기동부연합'에 속해 있는 것으로 지목될 경우, 그는 대한민국의 정체성과 헌법적 기본질서를 부정하는 행위를 하여 형사처벌을 받아야 하는 사람으로서 반사회 세력이라는 부정적이고 치명적인 오명을 입게 되어 그에 대한 사회적 명성과 평판이 크게 손상될 것이므로 이로 인하여 명예가 훼손된다고 판단한 것은 옳다.

다. 분석

(1) 의견 표명과 사실 적시

우선 다수의견과 반대의견은 피고들의 표현행위가 단순한 의견 표명인가 사실 적시인가의 지점에서 입장이 갈리고 있다. 판례에 따르면, 어떤 표현행위가 단순한 의견 표명과 사실 적시 중 어느 것에 해당하는지에 따라 그 보호 범위가 달라질 수 있다.[5] 특히 단순한 의견 표명과 관련하여 확립된 우리나라 판례 법리는 다음과 같다.[6]

사실의 적시를 전제로 하지 않은 순수한 의견 또는 논평에 의해서는 명예훼손으로 인한 손해배상책임이 성립되지 않는다. 여기에서 말하는 사실의 적시란 반드시 사실을 직접적으로 표현한 경우에 한정할 것은 아니고, 간접적이고 우회적인 표현에 의하더라도 그 표현의 전 취지에 비추어 그와 같은 사실의 존재를 암시하고, 또 이로써 특정인의 사회적 가치 내지 평가가 침해될 가능성이 있을 정도의 구체성이 있으면 족하다. 언론매체의 표현행위가 사실을 적시하는 것인가, 아니면 단순한 의견의 표명인지를 구별하는 척도로서는, 그것이 객관적으로 입증 가능하고 명확하며 역사성이 있는 것으로서 외부적으로 인식 가능한 과정이나 상태를 포함하여 보도 대상이 된 타인의 동기, 목적, 심리상태 등이 외부로 표출된 것은 사실을 적시한 것으로 판단할 수 있다. 그러나 이와 같은 추상적 판단기준 자체도 언제나 명확한 것은 아니므로, 당해 기사의 객관적인 내용과 아울러 일반의 독자

5) 손원선, "허용되는 의견표명과 허용되지 않는 모욕적 비판의 한계 : 대법원 2014. 8. 20. 선고 2012다19734 판결", **법학논총**(한양대학교), 제33권 제1호(2016. 3), 194면.

6) 이하 판례 법리의 내용은 주로 대법원 2000. 7. 28. 선고 99다6203 판결; 대법원 2002. 12. 24. 선고 2000다14613 판결; 대법원 2004. 2. 27. 선고 2001다53387 판결; 대법원 2006. 2. 10. 선고 2002다49040 판결에 기초한 것이다.

가 보통의 주의로 기사를 접하는 방법을 전제로 기사에 사용된 어휘의 통상적인 의미, 기사의 전체적인 흐름, 문구의 연결 방법 등을 기준으로 판단하되, 여기에다가 당해 기사가 게재된 보다 넓은 문맥이나 배경이 되는 사회적 흐름 등을 고려하여야 한다.

이러한 법리에 기초하여 다수의견은 일단 피고들의 표현행위가 의견 표명으로 볼 여지가 있다고 보았다. 반면 반대의견은 피고들의 표현행위가 단순한 의견 표명을 넘어서서 사실을 적시한 것이라고 보았다. 피고들의 표현행위에 사실 적시의 요소가 없다고 말하기는 어렵다. 이 사건에서 피고들은 "경기동부연합의 브레인이자 이데올로그", "종북파의 성골", "아이돌 스타" 등 고도로 압축적인 표현을 사용하였다. 그런데 이러한 피고들의 표현행위에는, 원고들이 경기동부연합이라는 단체에 속해 있으면서 그 단체에서 매우 중요한 역할을 수행한다거나, 북한의 주체사상을 신봉한다거나, 원고 1이 정당 대표임에도 불구하고 원고 2가 배후에서 상당한 영향력을 발휘한다는 등의 사실적 요소가 강하게 암시되어 있다. 이러한 요소들은 그 진위가 객관적으로 검증될 수 있는 것들로, 이를 단순한 의견 표명이라고 보기는 어렵다.[7] 다수의견 역시 피고들의 표현행위가 단순한 의견 표명에 불과하고 사실적시의 요소가 없다는 입장을 강하게 고수하지는 않았다. 그래서 다수의견은 피고들의 표현행위가 의견 표명의 범위를 넘어섰을 가능성도 염두에 두면서, 피고들의 표현 행위가 사실 적시에 해당하더라도 공인인 원고들에 대한 의혹의 제기나 주장이 진실이라고 믿을 만한 상당한 이유가 있다고 보아 위법하지 않다고 판시하였다.

다수의견이 판시하였듯이 피고들의 표현행위가 사실적 요소를 담고 있다고 하여 그 표현행위가 언제나 불법행위가 되는 것은 아니다. 그 표현행위가 구체적 정황 제시가 있는 의혹 제기에 불과하다면 불법행위가 되지 않는다.[8] 특히 정치적 이념에 대한 의문이나 의혹에 대해서는 광범위한 문제 제기가 허용되어 정치적 공방을 통해 궁극적으로 국민의 평가를 받게 할 필요도 있다. 반면 반대의견은 구체적 정황의 제시가 충분하지 않다고 본 원심 판단을 지지하면서 다수의견이 이러한

7) 미국 연방대법원이 Milkovich v. Lorain Journal Co., 497 U.S. 1(1990)에서 제시한 의견과 사실의 구별 기준은 객관적 검증 가능 여부이다. 우리나라에서는 순수한 의견 제시가 기망행위에 해당할 수 있는가의 맥락에서 객관적 검증 가능성이 고려되는데, 명예훼손에 관한 해석론에도 참고할 수 있다.

8) 대법원 2002. 1. 22. 선고 2000다37524, 37531 판결.

사실인정과 판단을 뒤집을 이유를 제시하지 못하다고 하였다. 이러한 결론의 차이는 피고들의 표현행위가 단순한 의견 표명인가, 사실적시인가의 문제보다는 보다 근본적으로 공인에 대한 정치적 표현행위를 얼마나 보호할 것인가의 문제에 대한 근본적 시각의 차이에서 비롯되었다. 실제로 대상판결의 다수의견이나 반대의견도 이 점에 초점을 맞추어 각각의 입장을 논증하였다. 그 과정에서 정치적 표현의 보호범위, 공적 인물 이론, 표현의 자유와 민주주의의 관계 등 굵직한 문제들이 심도 있게 논의되었다. 아래에서는 민주적 자기통치(democratic self-governance)와 관점 중립성(viewpoint neutrality)의 차원에서 대상판결을 분석한다.

(2) 민주적 자기통치

표현의 자유는 민주적 자기통치(democratic self-governance)를 구현하기 위해 보호된다.9) 민주적 자기통치는 자율성과 민주주의라는 두 가지 가치를 담은 개념이다. 자율성과 민주주의는 서로 밀접한 연관관계에 있다.10) 시민의 자율성은 민주주의의 토대이다. 민주주의 발전은 또다시 시민의 자율성을 제고한다. 표현의 자유는 이러한 자율성과 민주주의의 협업을 증진시켜 준다. 좀 더 정치적 측면에서 보면, 표현의 자유는 시민의 자율적 정치참여를 통한 참여민주주의 실현에 기여한다.11) 그런데 '시민'의 '참여'가 강조될수록 표현의 자유에서 사법자제(司法自制)가 가지는 의미도 강조된다. 즉 표현의 자유를 넓게 보호한다는 것은 민주적 담론의 장에서 시민의 지분을 넓히고 그만큼 (사법부를 포함한) 국가의 지분을 줄인다는 것을 의미한다.

이처럼 표현의 자유는 공동체의 형성과 운영, 국가와 시민의 역학관계를 중핵으로 다루는 기본권이므로 그 속성상 강한 정치적 함의를 가질 수밖에 없다. 정치적 표현은 표현의 자유로 보호되어야 할 핵심 대상이다.12) 정치인을 위시한 공적 인

---

9) 이른바 민주적 자기 통치이론은 Whitney v. California 판결에서 Brandeis 대법관이 개진한 별개의견에 뿌리를 두고 있다[247 U.S. 357, 575(1927)]. 그 외에 Cass R. Sunstein, *Democracy and the Problem of Free Speech* (The Free Press, 1993), pp. 121-165.

10) Steven D. Smith, "Religion, Democracy, and Autonomy: A Polotical Parable", *Wm. & Mary L. Rev.*, 42 (2001), p. 685, pp. 688-689는 개인 차원의 '자율성'을 정치구조 차원으로 확장시킨 것이 '민주주의'라고 표현한다.

11) 이에 대해서는 Robert Post, "Participatory Democracy and Free Speech", *Va. L. Rev.*, 97 (2011), p. 477, p. 482; James Weinstein, "Participatory Democracy as the Central Value of American Free Speech Doctrine", *Va. L. Rev.*, 97(2011), p. 491, pp. 502-503.

12) Alexenader Meiklejohn, *Free Speech and Its Relation to Self-Government* (Harper Brothers

물은 표현의 자유가 행사될 핵심 상대방이다. 표현의 자유와 정치참여 사이의 관계는 이념적으로뿐만 아니라 역사적으로도 선명하게 드러나 있다. 정치인의 정치이념에 대한 정치적 표현의 자유 문제를 다룬 대상판결은 표현의 자유의 역사적 · 이념적 배경에 가장 가까운 사안 유형을 다룬 판결이다.

민주적 자기통치와 관련된 주요 가치들은 주로 다수의견에서 집중적으로 거론되었다. 이러한 가치들은 표현의 자유를 넓게 보호해야 한다는 입장의 논거로 활용되기에 적합하기 때문이다. 다수의견은 "민주주의 국가에서는 여론의 자유로운 형성과 전달에 의하여 다수의견을 집약시켜 민주적 정치질서를 생성 · 유지시켜 나가야 하므로 표현의 자유, 특히 공적 관심사에 대한 표현의 자유는 중요한 헌법상 권리로서 최대한 보장되어야 한다."라고 판시하였다. 민주주의 국가에서 공적 대상에 대한 표현의 자유가 가지는 의미를 강조한 것이다. 또한 다수의견은 "언론에서 공직자 등에 대해 비판하거나 정치적 반대의견을 표명하면서 사실의 적시가 일부 포함된 경우에도 불법행위책임을 인정하는 것은 신중해야 한다."라고 하면서 "표현이 공적인 존재의 정치적 이념에 관한 것인 때"에는 더욱 특별하게 취급해야 한다고 판시하였다. 정치인에 대한 정치적 표현이 그 어느 표현보다도 넓게 보장되어야 한다는 점을 지적한 것이다. 아울러 다수의견은 "정치적 이념에 관한 논쟁이나 토론에 법원이 직접 개입하여 사법적 책임을 부과하는 것은 바람직하지 않다."라고 판시하였다. 이는 정치적 이념에 대한 사법자제의 요청을 표현한 것이다. 바꾸어 말하면 정치 문제에 대한 민주적 담론의 주도권을 가급적 시민에게 남겨놓겠다는 생각을 표현한 것이기도 하다. 그러면서도 "법적으로 용인할 수 있는 한계를 명백히 넘는 표현에 대해서는 더욱 엄정하게 대응"하여야 함을 천명함으로써, 사법자제의 이념이 사법부의 무책임으로 이어질 수 있다는 비판에 선제적으로 대응하였다.

이처럼 민주적 자기통치와 관련된 가치들이 강조될수록 원고들의 불법행위책임을 인정하기가 어려워진다. 그러므로 반대의견이 수세에 몰리기 쉬운 형세였다. 하지만 반대의견은 민주주의가 실현되기 위한 전제에 주목하고, 표현의 자유에 일정한 한계를 설정할 필요가 있다고 지적함으로써 이러한 수세를 극복하고자 하였다. 반대의견은 "표현의 자유와 그에 터 잡은 민주주의의 전제는 다른 생각을 가

Publishers, 1948); Sunstein, *supra* note 282, pp. 121–137.

진 사람을 인정하고 관용하는 것"이고, "다른 사람을 인정하고 관용하는 전제 위에서 표현의 자유는 비로소 숨쉴 수 있는 것"이라고 하면서, "상대방을 아예 토론의 상대방으로 인정하지 않는 '배제'와 '매도'는 민주적 토론을 원칙적으로 봉쇄할 수 있다."라고 판시하였다. 정치인의 정치적 이념에 관한 표현도 어디까지나 상대방을 포용하는 전제 위에서 이루어져야 하므로, 상대방을 배제하고 매도하기 위한 수단으로 이루어지는 표현은 애당초 표현의 자유로 포용할 수 없다는 것이다.

흥미롭게도 다수의견과 반대의견은 모두 표현의 자유와 민주주의라는 동일한 테제에 집중하였다. 그런데 피고들의 표현행위를 놓고, 다수의견은 이를 민주적 담론을 형성하는 과정으로, 반대의견은 이를 민주적 담론을 봉쇄하는 행위로 파악하였다. 즉 다수의견은 이를 대항적 소통행위로, 반대의견은 이를 억압적 소통행위로 보았다. 또한 표현의 자유에서 관용이 가지는 가치에 대해서는 의견을 같이 하면서도, 다수의견은 '피고들의 표현행위'에 대한 시민사회의 관용을, 반대의견은 '표현행위의 상대방'에 대한 표현주체의 관용을 주문하였다.[13] 표현행위에 대한 사법자제의 당위성에 함께 공감하면서도, 다수의견은 법적 책임 일반에 대한 사법자제를, 반대의견은 민사책임이 아닌 형사책임에 대한 사법 자제를 강조하였다. 결국 대법관들은 민주적 자기통치를 구현하는 표현의 자유의 핵심 가치에 공감하였으나 세부적인 접근방법이 달랐다.

(3) 관점 중립성

대상판결에서 눈여겨 볼만한 또 다른 대목은 관점 중립성(viewpoint neutrality)의 문제이다. 관점 중립성 이론은 발화자의 정치적 또는 철학적 입장에 기초하여 그들의 발언을 차별 취급해서는 안 된다는 이론이다.[14] 정부 또는 법원의 정치적·철학적 입장에 따라 표현의 자유와 관련된 시민의 법적 지위가 달라져서는 안 된다는 생각에 기초한 것이다.[15] 민주적 자기통치 이론이 표현의 자유가 가지는 자율성을 강조하는 이론이라면, 관점 중립성 이론은 표현의 자유 보호에 관한

13) 일반적으로 표현의 자유라는 맥락에서의 관용은 표현행위에 대한 관용을 의미한다. Lee. C. Bollinger, "The Tolerant Society: A Response to Critics", *Colum. L. Rev.,* 90 (1990), pp. 979, 984.

14) Corey Brettschneider, "Value Democracy as the Basis for Viewpoint Neutrality: A Theory of Free Speech and Its Implications for the State Speech and Limited Public Forum Doctrines", *Nw. U.L. Rev.,* 107 (2013), p. 603.

15) Rosenberger v. Rectors and Visitors of the University of Virginia, 515 U.S. 819 (1995).

시민의 평등한 취급을 강조하는 이론이다. 물론 관점 중립성 이론을 채택한다고 하여 표현의 자유 보호의 한계가 사라지는 것은 아니다. 미국에서는 관점 중립성 이론에 기초하더라도 그 발언이 위협(threat)의 정도에 이르게 되면 표현의 자유는 제약된다고 본다.[16] 우리나라의 해석론으로도 관점 중립성 이론은 표현행위의 규제에 관한 정치적 · 철학적 편향성을 경계하는 의미로 받아들여야 한다. 다른 시민의 권리를 침해하는 데에 이르는 수위와 내용의 표현까지 관점 중립성의 이름 아래 허용한다는 의미로 받아들일 수는 없다.

관점 중립성과 관련된 가치 역시 다수의견에 의해 강조되었다. 다수의견은 “표현의 자유를 보장하는 것은 좌우의 문제가 아니다.”라고 판시하였다. 즉 표현의 자유 보호는 원칙적으로 관점 중립적으로 이루어져야 함을 강조한 것이다. 또한 다수의견은 “진보든 보수든 표현을 자유롭게 보장해야만 서로 장점을 배우고 단점을 보완할 기회를 가진다.”라고 하는 한편, “비록 양쪽이 서로에게 벽을 치고 서로 비방하는 상황이라고 하더라도, 일반 국민은 그들의 토론과 논쟁을 보면서 누가 옳고 그른지 판단할 수 있는 기회를 가져야 한다.”라고 판시하였다. 관점 중립성에 기초한 인내와 관용이 단기적으로는 답답해 보일지 몰라도, 장기적으로는 사회와 그 구성원에게 자율적 성장의 기회를 제공한다는 것이다. 그러므로 여기에서 말하는 인내와 관용은 다소간의 시행착오에 대한 인내와 관용이기도 하다.

반대의견은 관점 중립성에 관해 명시적으로 언급하지는 않았다. 다만 다양한 판시를 통해 우리 사회가 처한 독특한 배경의 맥락 아래에서는 특정한 관점의 존재 자체가 표현의 상대방에게 큰 해악을 미칠 수 있음을 강조하였다. 가령 반대의견은 “남북이 대치하고 있고 국가보안법이 시행되고 있는 우리나라의 현실”에서 특정인을 ‘주사파’나 ‘종북’으로 바라보는 정치적 관점은 그 특정인에게 부정적이고 치명적인 영향을 줄 수 있다고 지적하였다.[17] 또한 “아무리 정치적 · 이념적 논쟁이라 하더라도 이 사건 표현행위에 나타난 것과 같은 여성비하적 관점에서 인격을 침해하는 표현은 그 허용의 한계를 벗어난 것”이라고 판시하였다. 물론 반대의견이 관점 중립성 자체를 부정하였다고 보이지는 않는다. 반대의견은 극우적 관점 또는 여성비하적 관점과 같은 특정한 관점에 기초한 발언이 사회에 미칠 수 있는

16) Brettschneider, *supra* note 287, p. 603.

17) 특히 반대의견은 이러한 해악을 판단하는 기준시점은 표현행위 당시의 시점이고, 그 당시에는 소위 보수정권이 집권하던 시절이었음을 강조하였다.

해악을 보다 무게 있게 받아들이고, 그 토대 위에서 표현의 자유의 보호범위에 한계를 설정하고자 하였다.

다수의견이 제시한 관점 중립성 이론과 반대의견이 제시한 표현의 자유의 한계는 양립할 수 있다. 법원이 어떤 관점을 다른 관점보다 더욱 옹호하거나 차별하면서 표현의 자유에 관한 법리를 적용하여서는 안 되지만, 어떤 관점에 기초한 표현이든 그 내용과 수위가 위법성의 한계를 벗어나면 그 표현행위에 대한 책임을 지워야 하기 때문이다. 결국 특정 관점에 기초한 표현에 관하여 표현의 자유의 한계를 설정할 때에는 특정 관점에 기초한 표현이 그 사회에 어떤 파급효과를 미치는지를 무겁게 고려하여야 한다. 이는 그 사회가 다양한 관점을 얼마나 너그럽게 수용하는가, 그 사회가 특정 관점에 기초한 표현을 걸러서 받아들일 만한 성숙성을 가지는가, 그 표현이 다양한 관점에 기초한 담론을 봉쇄하는가 아니면 촉진하는가의 문제와도 관련이 있다. 다수의견과 반대의견은 이러한 측면에서 한국 사회에 관한 인식을 달리하였다.

(4) 총평

미국 연방대법원의 Brennan 대법관은 New York Times Co. v. Sullivan 판결[18]에서 "공적 문제에 관한 논쟁은 무제한적이고, 강렬하며, 널리 공개되어야 하고, 그 논쟁은 정부와 공직자에 대한 격렬하고 신랄하며 때로는 불쾌할 정도로 날카로운 공격을 포함할 수도 있다."라고 판시하였다. 이러한 이론은 우리나라 판례에도 영향을 미쳤다.[19] 특히 이른바 한국논단 사건[20]을 계기로 정치적 논쟁에 관하여는 구체적 정황의 뒷받침 없이 악의적이거나 현저히 상당성을 잃은 공격이 아닌 한 쉽게 그 책임을 추궁하여서는 안 된다는 판례 법리도 정립되었다.[21]

그런데 최근 이른바 '종북(從北)' 관련 사건에서 하급심 법원들은 대체로 명예훼손을 긍정하는 경향성을 보여 왔다.[22] 대상판결의 1심판결과 원심판결도 명예훼

18) 376 U.S. 254.

19) 대법원 2003. 7 8. 선고 2002다64384 판결; 대법원 2003. 7. 22. 선고 2002다62494 판결; 대법원 2016. 5. 27. 선고 2015다33489 판결.

20) 대법원 2002. 1. 22. 선고 2000다37524, 37531 판결.

21) 대법원 2002. 1. 22. 선고 2000다37524, 37531 판결 외에도 대법원 2005. 5. 27. 선고 2004다69291 판결 참조.

22) 이정기, "'종북(從北)' 관련 판례의 특성과 판례에 나타난 법원의 표현의 자유 인식", **미디어와 인격권**, 제2호(2016)에서는 2013년부터 2016년까지 선고된 18건의 종북 관련 판례를 분석하였는데

손을 긍정하였다. 반면 대상판결은 표현의 자유를 넓게 파악함으로써 이러한 사안 유형에서 명예훼손책임이 인정될 여지를 좁혔다. 이 사건은 "정치인의 정치이념에 관한 정치적 표현"의 자유를 다룬 사건이다. 표현의 자유의 이념과 역사에 비추어 볼 때, 이러한 표현은 표현의 자유가 가장 넓게 보장되어야 할 대상이다. 또한 표현주체와 정치적 담론의 장이 다양화되고 정치적 표현을 수용하는 사회 구성원들의 성숙성이 제고되면서, 정치적 표현에 대한 사법적 개입의 필요성도 줄어들고 있다. 고상하지 않은, 그리고 지극히 감정적인 정치적 표현에 대한 사회적 수용도도 높아져 왔다.

이러한 사회적 배경에 비추어 이 사건 사실관계를 돌이켜 보면, 대상판결의 입장을 수긍할 수 있다. 물론 이러한 정치적 표현의 상대방이 된 정치인도 공인이기 이전에 존엄성을 가진 인간이고, 그렇기에 그에 대해서도 최소한 지켜져야 할 표현의 품격과 감정적 수위가 있다. 다수의견과 반대의견이 모두 적절히 지적하였듯이 이러한 인격적 이익에 대한 최소한의 배려가 어디까지인가는 명예훼손과는 별도의 맥락에서 추가적으로 논의되어야 할 사항이다.

그중 14건에서 명예훼손이 인정되었다(이 논문 236면 참조). 이는 아마도 방송 프로듀서의 역사해석을 곧 주사파의 역사해석으로 단정한 행위에 대해 명예훼손책임을 인정한 대법원 2002. 12. 24. 선고 2000다14613 판결의 영향력 때문이 아닌가 생각된다.

11 일제강점기 시절 강제징용 피해자에 대한 손해배상책임 (대법원 2018. 10. 30. 선고 2013다61381 전원합의체 판결)

가. 사실관계

일본은 1930년대 이후 중일전쟁, 태평양전쟁 등 거듭된 전쟁으로 노동인력 확보가 급해지자 일본 군수기업들과 협력하여 조직적으로 한국인들을 동원하기 시작하였다. 원고들은 이러한 배경 아래 강제 동원된 한국인들이었다.[1] 이들은 1941년부터 1943년 사이에 피고회사의 전신인 일본제철 주식회사(이하 '구 일본제철'이라고 한다)의 제철소에서 노역에 종사하면서 구타와 감금 등에 시달리고 임금도 제대로 지급받지 못하였다. 이후 일본이 패전하였고, 그 무렵 원고들은 한국에 돌아올 수 있었다.

일본이 패전한 이후 1951. 9. 8. 일본과 연합국 사이에 샌프란시스코 평화조약이 체결되었다.[2] 샌프란시스코 평화조약 제4조 a항은 일본의 통치로부터 이탈된 지역의 시정 당국 및 주민과 일본 및 일본 국민 간의 재산상 채권 · 채무관계는 이러한 당국과 일본 간 특별약정으로 처리한다고 규정하고 있었다. 이에 따라 1951년부터 한일 양국 간에 재산상 채권 · 채무관계를 해결하기 위한 교섭이 시작되었다. 14년에 걸친 장기간 교섭 결과 양국 정부는 1965. 6. 22. '국교정상화를 위한 대한민국과 일본국간의 기본관계에 관한 조약'의 부속협정 중 하나로 '대한민국과 일본국간의 재산 및 청구권에 관한 문제의 해결과 경제협력에 관한 협정'(이하 '청구권협정'이라고 한다)을 체결하였다. 청구권협정 제1조에 따르면 일본 정부는 한국 정부에게 무상제공 및 차관 형태로 자금을 제공하여야 하고, 제2조에 따르면 양국 및 그 국민 간의 청구권에 관한 문제는 이로써 완전히 그리고 최종적으로 해결되는 것으로 하였다.

한편 원고들 중 일부는 1997. 12. 24. 일본에서 피고회사를 상대로 임금 지급

1) 원고는 모두 4명이었으나 그중 1명이 소송계속 중 사망하여 상속인들이 소송을 수계하였다. 편의상 나머지 원고들과 소송수계인들을 통틀어 '원고들'이라고 한다.
2) 한국은 이 조약의 당사자가 아니었으므로 이 조약의 효력을 직접 받지 않았으나, 이 조약 제21조는 같은 조약 제2조, 제4조, 제9조 및 제12조가 한국에 적용된다고 규정하였다.

및 불법행위에 의한 손해배상을 구하는 소를 제기하였으나 패소하였고, 그 판결은 2003. 10. 9. 확정되었다. 원고들은 한국에서 다시 피고회사를 상대로 위자료 지급을 구하는 소를 제기하였다. 피고회사는 청구권협정 및 그 후속조치로 인하여 또는 시효완성으로 원고들의 위자료청구권이 소멸하였다고 주장하였다. 1심법원은 청구권협정에 의하여 원고들의 위자료청구권이 소멸하는 것은 아니지만 그 청구권이 시효로 소멸하였다고 판단하였고,[3] 원심법원도 그 판단을 유지하였다.[4] 그런데 대법원은 대한민국의 외교적 보호권이 소멸되었을 뿐 원고들의 위자료청구권은 청구권협정으로 소멸하지 않았고, 피고회사의 소멸시효 항변은 신의칙에 반한다고 하여 원심판결을 파기환송하였다(이하 '환송판결'이라고 한다).[5]

나. 환송 후 원심판결과 대상판결

환송 후 원심판결은 환송 취지에 따라 1심판결을 취소하고 원고들에게 1억 원씩의 위자료를 지급하도록 명하였다.[6] 대상판결은 원심의 판단을 그대로 유지하면서 피고회사의 상고를 기각하였다.

이 사건의 쟁점은 ① 원고들 중 일부가 일본 법원에서 받은 패소확정판결이 우리나라에 효력을 미치는지 여부, ② 구 일본제철의 손해배상채무가 피고회사에 승계되는지 여부, ③ 청구권협정으로 원고들의 손해배상청구권이 소멸되었는지 여부, ④ 피고회사가 소멸시효 항변을 할 수 있는지 여부이다. 대상판결에서 대법원은 환송판결에서와 마찬가지로, 일본 법원의 판결 내용이 우리나라의 선량한 풍속이나 그 밖의 사회질서에 반하므로 우리나라에 효력을 미치지 않고(①쟁점),[7] 구 일본제철의 손해배상채무가 피고회사에 승계되며(②쟁점),[8] 이 사건 소 제기 당시까지 원고들이 피고를 상대로 대한민국에서 객관적으로 권리를 행사할 수 없는 장애사유가 있었으므로 피고의 소멸시효 항변은 권리남용으로 허용될 수 없다고 판

---

3) 서울중앙지방법원 2008. 4. 3. 선고 2005가합16473 판결.
4) 서울고등법원 2009. 7. 16. 선고 2008나49129 판결.
5) 대법원 2012. 5. 24. 선고 2009다68620 판결.
6) 서울고등법원 2013. 7. 10. 선고 2012나44947 판결. 다만 지연손해금 발생 시기는 변론종결 시로 보았다.
7) 이 쟁점에 관한 환송판결 분석으로 석광현, "강제징용배상 및 임금 청구의 준거법", **서울대학교 법학**, 제54권 제3호(2013. 9), 283－325면.
8) 이 쟁점에 관한 환송판결 분석으로 천경훈, "전후 일본의 재벌해체와 채무귀속－일제강제징용사건의 회사법적 문제에 관한 검토－", **서울대학교 법학**, 제54권 제3호(2013. 9), 433－470면.

단하였다(④쟁점).[9]

한편 청구권협정으로 원고들의 손해배상청구권이 소멸되었는지 여부(③쟁점)에 관하여는 대법관들의 의견이 갈렸다. 다수의견(7명)은, 일본 정부의 한반도에 대한 불법적인 식민지배 및 침략전쟁의 수행과 직결된 일본 기업의 반인도적인 불법행위를 전제로 하는 강제동원 피해자의 일본 기업에 대한 위자료청구권은 청구권협정의 적용 대상에 포함되지 않으므로 청구권협정에 의해 소멸되지 않았다고 보았다. 별개의견 1은 이미 2012. 5. 24. 선고된 환송판결에서 대법원은 원고들의 손해배상청구권이 청구권협정의 적용 대상에 포함되지 아니한다고 판단하였으므로, 특별한 사정이 없는 한 그 환송판결의 기속력에 의하여 재상고심인 이 사건에서도 같은 판단을 할 수밖에 없다고 보았다.[10] 별개의견 2는 원고들의 손해배상청구권도 청구권협정의 적용 대상에는 포함되지만, 대한민국의 외교적 보호권이 포기된 것에 불과하므로 원고들은 피고를 상대로 대한민국에서 손해배상청구권을 행사할 수 있다고 보았다.[11] 반대의견은 원고들의 손해배상청구권이 청구권협정의 적용 대상에 포함되고, 청구권협정에 따라 원고들 개인의 소 제기에 따른 권리 행사가 제한된다고 보았다.[12] 다만 반대의견은, 청구권협정으로 인하여 개인청구권을 더 이상 행사할 수 없게 되어 피해를 입은 국민들에게 국가는 지금이라도 정당한 보상을 하여야 한다는 점을 강조하였다.

다. 분석

(1) 청구권협정 제2조의 문언과 그 전후 맥락

대상판결에서 대법관들의 의견이 갈린 부분은 청구권협정으로 인해 원고들의 위자료청구권이 소멸하였는지 여부였다. 이것이 대상판결의 핵심 쟁점이다. 이는 결국 청구권협정 제2조의 해석 문제로 귀착된다. 제2조의 관련 내용은 다음과 같다.

---

9) 이 쟁점에 관한 환송판결 분석으로 남효순, "일제징용시 일본기업의 불법행위로 인한 손해배상청구권의 소멸시효남용에 관한 연구–대법원 2012. 5. 24. 선고 2009다68620 판결–", **서울대학교 법학**, 제54권 제3호(2013. 9), 393–432면.

10) 대법관 이기택에 의해 개진되었다.

11) 대법관 김소영, 대법관 이동원, 대법관 노정희에 의해 개진되었다.

12) 대법관 권순일, 대법관 조재연에 의해 개진되었다.

제2조

1. 양 체약국은 양 체약국 및 그 국민(법인을 포함함)의 재산, 권리 및 이익과 양 체약국 및 그 국민 간의 청구권에 관한 문제가 1951년 9월 8일에 샌프란시스코시에서 서명된 일본국과의 평화조약 제4조(a)에 규정된 것을 포함하여 완전히 그리고 최종적으로 해결된 것이 된다는 것을 확인한다.
3. …일방체약국 및 그 국민의 타방 체약국 및 그 국민에 대한 모든 청구권으로서 동일자 이전에 발생한 사유에 기인하는 것에 관하여는 어떠한 주장도 할 수 없는 것으로 한다.

청구권협정도 조약의 일종이므로, 청구권협정 제2조의 해석은 곧 조약의 해석 문제이다. 조약의 해석 방법에 관하여는 의사주의, 문언주의, 목적주의의 세 가지 입장이 있다.[13] 이러한 세 가지 입장은 상호배척관계가 아닌 상호보완관계에 있다. 「조약법에 관한 비엔나 협약」(Vienna Convention on the Law of Treaties)[14] 제31조는 조약 해석의 일반 기준을 제시하고 있는데,[15] 이 조항도 위 입장들을 모두 반영하였다고 평가되고 있다.[16]

비엔나 협약 제31조에 따르면, 조약 해석의 출발점은 조약 문언이다. 청구권협정 제2조의 해석 대상 문언은 "청구권에 관한 문제"이다. 무엇이 "완전히 그리고 최종적으로 해결"되는지를 밝히려면 먼저 그 해결 대상인 "청구권"의 의미를 밝혀야 한다. 그런데 청구권협정에서는 "청구권"이 무엇인지를 명시적으로 밝히지 않았다. 따라서 "청구권"이라는 문언의 의미를 놓고 여러 가지 해석이 가능하다. "청구권"을 넓게 해석하면 여기에 위자료청구권이 포함될 가능성이 높아진다(별개의견 2, 반대의견). 반대로 "청구권"을 좁게 해석하면 여기에 위자료청구권이 포함되지 않을 가능성이 높아진다(다수의견).

청구권협정 제2조 제3항은 협정 체결일자 이전의 사유에 기한 "모든 청구권"에 기한 주장을 할 수 없다고 규정하고 있다. 이는 넓은 해석을 지지하는 문언상 근거가 될 수 있다. 하지만 그렇다고 "모든"이라는 문언이 청구권협정 제2조의 해석을 둘러싼 모든 문제를 해결해 주지는 않는다. 가령 일제강점기에 발생한 한국 국

13) 정인섭, 조약법강의(박영사, 2016), 162－163면.
14) 우리나라와 일본은 모두 이 협약의 가입국이다.
15) 비엔나 협약 제31조 제1항은 조약문의 문맥, 조약의 대상과 목적에 비추어 그 조약의 문언에 부여되는 통상적 의미에 따라 조약을 해석해야 한다고 규정한다.
16) 정인섭(주 13), 164면; 심인혜, "조약의 발전적 해석", 석사학위논문, 서울대학교(2015), 23면.

민과 일본 기업 사이의 대여금 청구권까지 청구권협정으로 인해 소멸되었다고는 볼 수 없다. 그러므로 "모든 청구권"이라는 표현은 문자 그대로 양 국가와 양 국민 사이에 존재하는 "모든" 청구권을 의미한다기보다는 해석을 통해 확정되는 특정한 범주의 "청구권"에 속하는 모든 청구권을 의미한다고 보아야 한다. 결국 그 "청구권"의 범주가 무엇인가에 관한 해석 문제는 여전히 남게 된다.

문언만으로 일의적인 해석을 도출할 수 없다면 조약 체결 경위 등 비문언적 요소를 통해 나타난 조약 당사국의 의사를 탐구해야 한다. 한국 정부는 제1차 한일회담(1952. 2. 15.~4. 15.)에서 '한 · 일간 재산 및 청구권 협정 요강 8개항'(이하 '8개 항목'이라고 한다)을 제시하였다. 그중 제5항에는 "한국법인 또는 한국자연인의 일본은행권, 피징용한국인의 미수금, 보상금 및 기타 청구권의 변제청구"라고 기재되어 있었다. 그 후 진행된 7차례의 본회의와 수십 차례의 예비회담, 정치회담 및 각 분과위원회별 회의 등에서 8개 항목을 둘러싼 교섭이 이루어졌다. 교섭 끝에 체결된 청구권협정에서는 8개 항목을 일일이 나열하고 있지는 않다. 그러나 같은 날 작성된 「대한민국과 일본국간의 재산 및 청구권에 관한 문제의 해결과 경제협력에 관한 협정에 대한 합의의사록(Ⅰ)」에서는 청구권협정에서 해결 대상으로 삼은 청구권이 앞의 8개 항목과 밀접한 관련성이 있음을 밝히고 있다. 즉 위 합의의사록에 따르면, 청구권협정에서 규정된 "완전히 그리고 최종적으로 해결되는 청구권"에는 한국 측으로부터 제출된 "8개 항목의 범위에 속하는 모든 청구"가 포함되어 있다. 한편 "8개 항목의 범위에 속하는 모든 청구" 외에 다른 청구가 여기에 포함되는지에 대해서는 별도의 언급이 없다. 하지만 한국 정부가 해결 대상으로 제안하지도 않은 다른 청구까지 한 · 일 양국이 청구권협정의 해결 대상에 포함시켰다고 보기는 어렵다. 결국 "8개 항목의 범위에 속하는 모든 청구", 특히 이 사건과 관련하여서는 제5항의 "기타 청구권"이 무슨 의미인지를 밝히는 것이 청구권협정 제2조 해석의 핵심이다.

양국이 제5항의 "기타 청구권"을 어떤 의미로 이해하고 합의에 이르렀는지는 명확하지 않다. 우선 구체적 권리들이 여럿 열거된 뒤 보충적으로 "기타 청구권"이 제시된 방식에 비추어, "기타 청구권"은 앞서 열거된 권리들, 즉 "일본은행권, 미수금, 보상금"에 관한 권리와 본질적으로 유사한 청구권이라고 추론해 볼 수 있다. 한편 "일본은행권, 미수금, 보상금"에 관한 권리들은 불법행위로부터 발생하는 배상청구권이 아니라는 공통점을 가진다. 그러므로 배상청구권은 "기타 청구권"에 포함되지 않는 것 아닌가 하는 질문을 던져볼 수 있다. 대상판결의 결론을 좌우할 핵심 질문 중 하나이다.

이에 대하여 "기타 청구권"에 배상청구권도 포함된다는 답변을 할 여지도 있다. 특히 바로 앞에 열거된 "보상금"에 관한 청구권, 즉 보상청구권이 배상청구권을 포함하는 개념이라고 주장할 여지도 있다. 실제로 교섭과정에서는 "피해보상"이라는 용어가 사용되기도 하였다.[17] "피해"는 "손해"와 유사한 개념이고, "손해보상"은 결국 "손해배상"을 다소 비법적(非法的)으로 표현한 것이라고 생각할 수도 있다. 그러나 여기에서의 "피해"가 미수금이나 보상금 대상인 손실을 의미하는 것인지, 아니면 개인의 재산상 손해까지 의미하는 것인지, 더 나아가 개인의 비재산상 손해까지 포함하는 것인지는 명확하지 않다. 또한 교섭과정에서 교섭 담당자 개인이 사용하였으나 결국 청구권협정에는 등장하지 않는 용어가 얼마나 청구권협정의 해석에 영향력을 미쳐야 하는지도 명확하지 않다.

다른 한편 "일본은행권, 미수금, 보상금"은 모두 일본 식민지배의 불법성을 전제하지 않더라도 받을 수 있는 돈이라는 공통점을 가지므로, "기타 청구권"에는 불법행위로 인한 배상청구권이 포함되지 않는다는 답변도 가능하다. 한일 양국에서는 지금도 마찬가지이지만 그때에도 보상청구권과 배상청구권이 개념상 뚜렷하게 구별되고 있었다. 참고로 일본 측은 교섭과정에서 「재산청구권의 처리에 관한 기본요강」을 제시하며 한국에 있던 일본인 사유재산의 미 군정청 귀속 및 한국정부 이양으로 인한 '보상청구권'을 주장하였다.[18] 배상청구권 차원에서 언급할 여지가 없지 않은 문제였지만, 이처럼 양국은 배상청구권과 구별되는 의미의 보상청구권이라는 용어를 사용하였다. 만약 "기타 청구권"과 관련하여 개인의 배상청구권 문제까지도 아울러 해결하고자 하는 것이 양국의 합치된 의도였다면, 이를 직접 구체적으로 열거하는 것이 단순하고 확실한 방법이었을 것이다.

물론 보상과 배상을 구별하는 것이 다분히 국내법적 사고방식이라고 생각할 수도 있다. 좀 더 큰 정치적, 외교적 차원에서는 보상이 배상의 문제를 포함한다고 볼 수도 있다. 하지만 일본이 당사국이기도 했던 1951년 샌프란시스코 평화조약 제14조(b)에서는 연합국이 일본과 그 국민에 관한 모든 배상청구권(reparation

17) 이근관, "한일청구권협정상 강제징용배상청구권 처리에 대한 국제법적 검토", **서울대학교 법학**, 제54권 제3호(2013. 9), 343-344면.

18) 吉澤文寿, "日韓諸条約における植民地支配認識に対する歴史学的考察　基本関係および請求権をめぐる論議を中心に", **法律時報**, 87巻 10号(2015. 9), 25면.

claims)[19]을 포기한다고 규정하였다. 1972년 중국과 일본의 국교 정상화 당시 양국이 채택한 중일공동성명 제5항에서도 청구권포기의 문제를 다루었다. 여기에서는 "중화인민공화국정부는 중일양국국민의 우호를 위하여 일본국에 대한 전쟁배상을 포기하는 것을 선언한다."라고 규정함으로써 "배상"의 문제를 직접적으로 다루었다.[20] 물론 이러한 전쟁배상은 개인의 손해배상과는 성격을 달리하기는 한다. 그러나 이러한 일련의 사례들은 청구권협정과 연장선상에 있는 관련 조약의 맥락에서도 배상과 보상이 서로 다른 의미로 사용되고 있음을 보여 준다.

사실 일본은 교섭과정에서 식민지배의 불법성을 부정하여 왔으므로,[21] 식민지배의 불법성을 전제로 한 배상청구권의 존재를 인정한 뒤 이를 소멸시키기로 합의하기는 어려운 상황이었다. 또한 개인의 배상청구권 문제를 일률적으로 해결하려면 피해자의 숫자나 배상액에 관한 교섭이 이루어지는 것이 자연스럽다. 하지만 실제 교섭과정에서는 구체적인 징용의 인원수나 그 피해액에 관한 증거자료가 개인별로 제시되거나 이에 기초하여 손해배상액이 산정된 바도 없었다. 일본이 한국에 지불하기로 한 금액의 세부 명목도 구분하여 표시되지 않았다. 결국 일본 정부는 한국 정부에 국가 대 국가 차원에서 총액을 지불하되, 한국 정부는 상당한 재량을 가지고 국내에서 그 총액을 사용하기로 하였던 것이다. 조약의 특수성을 감안하더라도, 결국은 개별적 문제로 귀결될 수밖에 없는 개인의 배상청구권에 대한 종국적 해결의사를 이처럼 두루뭉술한 '총액'으로 담아내기에는 불충분하다.

청구권협정 전후에 보여 준 한일 양국 정부의 태도는 다소 혼란스럽다. 청구권자금과 청구권해결 사이의 관계에 대한 양국의 태도가 그러했다. 청구권협정에서는 양자 간 관계에 관하여 침묵하였다. 일본 측에서는 청구권자금의 명분에 관하여 "배상과 같이 의무적으로 주는 것이 아니라 그것보다는 경제협력이라는 기본적인 사고를 가지고 있다."라거나[22] 청구권자금과 청구권해결 사이에는 "어떠한 법

19) 'reparation claims'는 일본에서 '배상청구권'으로 번역되고 있다. 예컨대 泉澤章, 条約による個人請求権の放棄について, **法律時報**, 76巻 1号(2014. 1), 32면.

20) 중일공동성명에 관한 분석으로는 최은봉 · 오승희, "중국의 대 일본 배상청구 포기의 양면성－'타이완 문제'의 타결과 중일 경제협력의 확장－", **담론 201**, 제13권 제2호, 한국사회역사학회(2010), 151－176면 참조.

21) 교섭과정에서 일본정보 대표는 식민지배의 정당성을 주장하였고, 이것이 도중에 회담이 결렬된 원인이기도 하였다. 吉澤文寿(주 18), 25면. 또한 이 논문 25면 각주 18에서 인용하고 있는「請求権問題に関する非公式会談の概要」1961. 12. 27.자, 北東アジア課,「第5次日韓全面会談予備会談の一般請求権の小委員会会合(非公式)」日/96, 7－8면.

22) 1965. 5. 14. 동경 일본 외무성에서 개최된 청구권 및 경제협력위원회 제6차 회의 중 니시야마

률상의 인과관계도 없다."라고 하는 등 자금의 배상적 성격과는 양립할 수 없는 설명이 이루어졌다.[23] 경제협력자금으로 준 것이지 배상자금으로 준 것이 아니라는 설명이다. 반면 한국 국회에서는 장기영 당시 경제기획원 장관이 청구권자금과 청구권 해결 사이의 인과관계에 초점을 맞추면서 청구권자금의 배상적 성격을 언급하는 한편, 이 자금이 원조자금이 아님을 강조하였다.[24]

한편 개인의 배상청구권 문제에 대한 한일 양국 정부의 태도는 사뭇 다른 양상으로 전개되었다. 우선 한국 정부는 청구권협정 체결 직전인 1965. 3. 20. 발간한 '한일회담백서'에서 청구권협정의 대상에는 개인의 배상청구권이 포함되지 않는다고 설명하였다. 청구권협정 체결 직후인 1965년 7월 한국 정부가 간행한 청구권협정 해설책자에는 "피징용자의 미수금 및 보상금에 관한 청구"가 완전 그리고 최종적으로 소멸케 된다고 설명되어 있었으나,[25] 개인의 배상청구권 문제에 대한 설명은 포함되어 있지 않았다. 한국 정부가 2005. 1. 청구권협정 관련 문서 공개 후 조직한 '한일회담 문서공개 후속대책 관련 민관공동위원회'는 일본 국가권력이 관여한 반인도적 불법행위에 대한 일본 정부의 법적 책임이 남아 있다는 점을 분명히 하였다. 하지만 한국 외교부는 2012년 환송판결 전까지는 강제징용피해자의 청구권 문제가 이미 해결되었다는 입장을 표명해 오기도 하였다.[26]

일본 정부도 한때 청구권 포기는 국가의 외교적 보호권 포기만을 의미할 뿐 개인의 손해배상청구권 포기를 의미하지 않는다는 입장을 취하였다.[27] 여기에는 일본의 원폭 피해자 개인이 미국 등 연합국을 상대로 손해배상청구를 할 수 있는 가능성을 열어 두는 한편, 일본 정부의 자국민들에 대한 보상책임은 회피하려는 의도가 있었다.[28] 일본의 학설상으로는 배상청구권 포기가 명시적으로 규정된 샌프란시스코 평화조약 제14조 (b)항의 해석을 둘러싸고도 개인의 배상청구권 포기 여

일본측 대표 발언. 청구권 및 경제협력위원회 제6차 회의회의록, **한·일회담청구권관련문서**, 제58권(2005), 161면. 이근관(주 17), 349면에서 재인용.

23) 谷田正躬 外, 日韓條約と國內法の解說(大藏省印刷局, 1966), 63면. 이근관(주 17), 349면에서 재인용.

24) 이원덕, **한일과거사 처리의 원점 : 일본의 전후처리 외교와 한일회담**(서울대학교 출판부, 1996), 289면.

25) 대한민국정부, **대한민국과 일본국 간의 조약 및 협정 해설**(1965. 7). 84면. 이근관(주 17), 337면에서 재인용.

26) 이근관(주 17), 336면.

27) 林修三, "在外財産補償問題と憲法 第29条" ジュリスト, 319号(1965. 4.), 46면 참조; 外務省, 外務調査月報 1994년도, No. 1, 112면 이하.

28) 이근관(주 17), 329면은 이를 "해석론적 곡예(interpretive acrobatics)"라고 표현하였다.

부에 대한 논란이 있었다.[29] 그러나 일본 정부는 2001년에 청구권협정으로 인해 개인은 손해배상청구권을 행사할 수 없다고 입장을 바꾸었다.[30] 사법부의 판결은 여러 갈래로 선고되었으나,[31] 최고재판소 판결을 통해 "실체적 청구권은 소멸하지 않았으나 그 청구권을 소로써 행사할 수 없다."라는 소권 소멸론이 채택되기에 이르렀다.[32] 결국 일본 정부가 자발적으로 배상할 수는 있으나 개인은 이를 소로써 강제할 수 없게 되어, 개인의 손해배상청구권은 자연채권으로 남게 된 것이다.

(2) 대상판결 검토

청구권협정은 양 국가 간의 청구권 문제뿐만 아니라 일방 국가와 상대방 국가 국민 간의 청구권 문제를 함께 해결하려고 한 협정이다. 그러나 앞서 살펴본 청구권협정의 전후 경위를 살펴보면 청구권협정이 과연 개인의 손해배상청구권까지 소멸시키기로 한 것인지는 불명확하다. 특히 "일본의 통치로부터 이탈된 지역의 시정 당국 및 주민과 일본 및 일본 국민 간의 재산상 채권·채무관계"를 정리하도록 한 샌프란시스코 평화조약 제4조가 청구권협정의 출발점이 되었음을 생각하면, 개인의 비재산상 손해에 대한 배상청구권이 여기에서의 재산상 채권·채무관계의 범주에 포함되는 것으로 의도하였는지는 더욱 불명확하다.

한국 정부가 일본 정부로부터 받은 자금의 일부를 재원으로 국내 피해자들에게 금전적 보상 또는 지원을 한 것은 사실이다.[33] 그러나 청구권협정으로 인하여 불법행위로 인한 개인의 손해배상청구권까지 일률적으로 소멸된 것인가? 특히 반인도적 불법행위로 인하여 입은 정신적 고통과 같은 비재산적 손해에 대한 배상청구권까지 소멸시키는 것이 청구권협정에 임하는 양국의 의사였는가? 앞서 살펴본 여

---

29) 泉澤章(주 19), 32－33면.

30) 이러한 경위에 관하여 泉澤章(주 19), 32면 참조.

31) 예컨대 東京高判 1988. 7. 22. 판결. 泉澤章(주 19), 34면 참조.

32) 중국인 강제동원에 관한 판결로 最判 2007(平成 19). 4. 27.(判例タイムズ 1240－121). 한국인인 원고들에 대한 판결로 最判 2007(平成 19). 11. 1.(2005(オ)1691).

33) 대상판결에서 소개하고 있듯이 한국은 1966. 2. 19.「청구권자금의 운용 및 관리에 관한 법률」, 1971. 1. 19.「대일 민간청구권신고에 관한 법률」, 1974. 12. 21.「대일 민간청구권신고에 관한 법률」을 각각 제정하여 91억 8,769만 3,000원의 보상금(무상 제공된 청구권자금 3억 달러의 약 9.7%)을 지급하였는데, 그중 피징용사망자에 대한 보상금은 총 25억 6,560만 원이었다. 또한 2007. 12. 10.「태평양전쟁 전후 국외 강제동원희생자 등 지원에 관한 법률」, 2010. 3. 22.「대일항쟁기 강제동원 피해조사 및 국외강제동원 희생자 등 지원에 관한 특별법」을 각각 제정하여 위 청구권자금과는 무관하게 강제동원 피해자에 대한 추가 보상 대책을 수립하였다.

러 가지 전후 상황에 비추어 볼 때 이 점에 관하여 양국의 명확한 상호 이해와 의사 합치가 있었다고 단정하기는 어렵다. 오히려 이 부분에 관하여는 서로 견고하고 정밀한 합의에 이르지 못한 채 외교적으로 이러한 갈등을 적당히 봉합하였는지도 모른다. 그리고 그러한 외교적으로 봉합된 내용의 추상성을 이용하여 양국 정부가 그때그때 자신의 외교적 · 정치적 입장에 부합하게 이해하고 해석해 왔는지도 모른다. 큰 틀에서는 합의에 이르렀지만 자금의 구체적인 법적 성격에 대해서는 적절한 수위에서 봉합된, 동상이몽(同床異夢) 격의 이견합의(異見合意)였던 셈이다.

이처럼 외교적으로 봉합된 조약의 해석 과정에서 불명확성이 존재한다면, 그 조약의 내용은 가급적 국제법상 보호되는 보편적 인권이 존중되는 방향으로 해석되어야 한다. 이는 마치 법률 해석에 불명확성이 존재하면 헌법에 합치되는 방향으로, 계약 해석에 불명확성이 존재하면 가상의 합리적 당사자의 합리적 의사에 합치되는 방향으로 해석되어야 하는 것과 마찬가지이다. 환송판결[34]은 "국가가 조약을 체결하여 외교적 보호권을 포기함에 그치지 않고 국가와는 별개의 법인격을 가진 국민 개인의 동의 없이 국민의 개인청구권을 직접적으로 소멸시킬 수 있다고 보는 것은 근대법의 원리와 상충"된다고 보았다. 하지만 국민의 개인청구권을 소멸시키는 일괄처리협정 형태의 조약은 국제법적으로 널리 승인되고 있다.[35] 따라서 그 이유만으로 그러한 조약이 "근대법의 원리와 상충"된다고 볼 수는 없다. 하지만 적어도 반인도적 불법행위로 인하여 발생한 개인의 배상청구권을 소멸시키는 해석은 신중하게 해야 한다는 점에서 환송판결이 시사하는 바가 있다. 국제법상 청구권과 민사법상 청구권은 서로 병존하는 것이므로,[36] 국제법상 합의로 개인의 배상청구권까지 소멸시키려면 이에 상응하는 명확한 문언상 근거가 있어야 한다. 청구권협정에 명확한 문언상 근거가 있는지 의문이다. 청구권협정을 둘러싼 양국의 혼란상도 청구권협정의 불명확성을 그대로 투영한다. 청구권협정 대상에 개인의 배상청구권이 포함되지만 이러한 합의는 국제법상 강행규범(jus cogen)[37]

---

34) 대법원 2012. 5. 24. 선고 2009다68620 판결.

35) Ware v. Hylton, 3 U.S. 199 (1796); Iwanowa v. Ford Motor Co., 67 F. Supp. 2d 424, 468 (D. N.J. 1999); Nicholas S. Richard, Waivers of Individual Claims via Treaty: Chinese Slave Laborers, Japanese Jurisprudence, and the Solution of the European Court of Human Rights, 34 Brook. J. Int'l L. 245 (2009).

36) 이동진, "강제징용배상책임의 성립 여부와 그 범위에 관한 몇 가지 문제", **서울대학교 법학**, 제54권 제3호(2013. 9), 478면.

에 위반된다는 입장[38]도 결국은 반인도적 불법행위의 피해자가 된 개인의 권리는 가급적 제약하지 말아야 한다는 이념에서는 일맥상통하는 것이다. 이러한 점들에다가 선례(이 사건의 경우 환송판결)는 가급적 존중되어야 한다는 입장에서 볼 때 개인의 배상청구권을 인정한 대상판결의 태도는 수긍할 수 있다.[39]

조약은 계약과 법률의 속성을 모두 지닌다. 한편으로 조약은 국가 간 계약의 성질을 가진다. 하지만 조약은 여러 국가의 국민들에게 법률과 같은 일반적 효력을 미친다.[40] 일국(一國)의 법률보다 그 파급 범위가 더 넓은 셈이다. 그런데도 조약은 계약이나 법률보다 더욱 바꾸기 어렵다. 조약 해석이 조약 체결 당시의 상황에만 머물러서는 역사의 유물로 전락하기 십상이다. 그래서 조약은 현재 상황에 비추어 발전적으로 해석되어야 할 살아 있는 문서(living instrument)이다.[41] 1세기 전에 시작된 일제강점기의 역사를 50여 년 전에 1차적으로 청산한 것이 청구권협정이다. 그렇다면 그로부터 50여 년이 흐른 2018년 현재 청구권협정은 어떻게 이해되어야 하는가? 대법관들은 이에 대해 다양한 의견을 개진하였다. 그러나 대법관들은 방법론을 달리하였을 뿐 모두 반인도적 불법행위로 고통받은 피해자 구제 필요성에 대한 인식을 같이하였다. 대상판결은 일본 기업의 손해배상책임을 인정하는 방법론을 채택하였다. 물론 다수의견에 따른다고 피해자 구제 상황이 대폭 달라지지는 않는다. 일본에서는 어차피 대상판결의 취지를 관철시킬 수 없을 것이기 때문이다. 국내에 있는 일본 기업 재산에 대한 집행은 가능하겠지만,[42] 그러한

37) 국제법상 강행규범의 개념은 비엔나협약 제53조에 성문화되었다. 이 조항에 따르면 강행규범에 위반된 조약은 무효이다.

38) Jon M. Van Dyke, "The Fundamental Human Right to Prosecution and Compensation", *Denv. J. Int'l. L. & Poly,* 29 (2001), pp. 77, 86. 또한 신우정, "1965년 청구권협정과 강제징용 피해자의 개인적 청구권", 석사학위논문, 서울대학교(2018. 8), 92–93면, 96–97면에서는 피고가 원고에게 자행한 행위는 반인도범죄 또는 노예제 금지와 관련한 국제적 강행규범의 중대한 위반을 구성하므로 청구권협정에도 불구하고 개인은 배상청구를 할 수 있다는 입장을 취한다.

39) 이탈리아인 페리니(Ferrini)가 1998년 독일 정부를 상대로 이탈리아 법원에서 독일 나치의 강제노역에 따른 손해배상을 청구하였고, 이탈리아 대법원인 파기원은 독일 정부의 손해배상책임을 인정하였다. 독일은 ICJ에 제소하였고, ICJ는 주권 면제 이론에 따라 독일의 편을 들어 주었다. Juridictional Immunities of the State(Germany v. Italy: Greece Intervening), ICJ Judgment(2012. 2. 3). 그러나 이 사건은 페리니 사건과 달리 일본 정부가 아닌 일본 기업을 상대로 한 것이어서 주권 면제 이론의 제약을 받지 않는다. 이에 관하여는 신우정(주 38), 116–123면 참조.

40) 헌법 제6조 제1항 참조.

41) 유럽인권재판소 Tyrer v. the United Kingdom (application No. 5856/72, Para. 31. 원문은 https://hudoc.echr.coe.int/eng#{%22dmdocnumber%22:[%22695464%22],%22itemid%22:[%22001-57587%22]})(2019. 1. 10. 최종 방문).

42) 대상판결의 원고 중 일부는 2019년 1월 초 대구지방법원 포항지원으로부터 구 일본제철의 후신인

집행이 강제징용 피해자 전체에게 얼마나 실효적인 구제수단이 될 수 있을지, 외교적 차원에서의 어려움은 어떻게 극복할 수 있을지 분명하지 않다. 그러므로 피해자군(郡)의 실제적인 구제는 사법(司法)의 영역을 넘어서서 입법의 영역에서 이루어질 수밖에 없을 것이다.[43]

신 일철주금의 국내 기업 주식에 관한 압류신청 승인을 받았다. 2019. 1. 9.자 법률신문 기사, "법원, '강제징용 배상' 신일철주금 국내 자산 압류 승인" 참조.

43) 2018. 12. 현재 국회에 계류 중인 강제동원 피해자 관련 법안은 모두 11건이다. 박명희, "일제강점기 강제동원 피해자에 대한 구제현황과 과제", **이슈와 논점**, 제1529호, 국회입법조사처(2018. 12. 26) 참조.

12 공개된 개인정보의 영리적 이용의 위법성 (대법원 2016. 8. 17. 선고 2014다235080 판결)

가. 사실관계

원고는 공립대학인 X대학교 법과대학 법학과 교수로 재직 중이었다. 피고는 종합적인 법률정보를 유상으로 제공하는 사이트인 '로앤비'를 운영하는 회사로, 원고를 포함한 전국 법과대학 교수들의 개인정보를 로앤비 사이트 내의 '법조인' 항목에서 제공해 왔다. 피고가 로앤비 사이트에서 제공한 원고의 개인정보는 모두 X대학교 법과대학 홈페이지나 사립대학 교원명부, X대학교 교수요람에 이미 게재되어 있는 것이었다. 원고는 피고가 자신의 동의 없이 자신의 개인정보를 무단으로 수집하여 제3자에게 유료로 제공한 것은 자신의 자기정보결정권을 침해하는 위법한 행위라고 주장하면서, 피고를 상대로 손해배상을 구하는 소를 제기하였다. 피고는 소장 부본을 송달받은 뒤 원고의 개인정보를 로앤비 사이트에서 모두 삭제하였다.

나. 원심판결과 대상판결

1심법원은 원고의 손해배상청구권이 시효로 소멸하였다고 보아 원고의 청구를 모두 기각하였다.[1] 원고는 이에 항소하였다. 원심법원은 다음과 같은 이유에서 1심판결을 일부 취소하고 원고의 청구를 일부 인용하였다.[2] 개인정보를 수집하여 제3자에게 제공하는 경우, 그 개인정보가 이미 공개된 것이라도 정보주체의 동의를 얻어야 하는 것이 원칙이다. 만약 공개된 개인정보를 수집하여 제3자에게 제공하면서 정보주체의 동의를 얻지 않았다면, 그 목적이 비영리적인 것인지 영리적인 것인지를 살펴 수집 및 제공 행위의 적법성을 판단하여야 한다. 공개된 개인정보를 정보주체의 동의 의사가 있었다고 인정되는 범위 내에서 비영리 목적으로 수집 및 제공하는 행위는 특별한 사정이 없는 한 적법한 것으로 보아야 한다. 반면 공

1) 서울중앙지방법원 2013. 8. 29. 선고 2012가단133614 판결.
2) 서울중앙지방법원 2014. 11. 4. 선고 2013나49885 판결.

개된 개인정보를 정보주체의 동의 없이 영리 목적으로 수집 및 제공하는 행위는 특별한 사정이 없는 한 위법한 것으로 보아야 한다. 그 근거는 다음과 같다. 개인정보를 상업적으로 이용하는 것은 그 자체로 개인정보 오·남용으로 볼 수 있다. 또한 정보주체가 자신의 개인정보를 영리 목적으로 이용하는 것에 대해서까지 동의한 것으로 보기 어렵다. 영리 목적 수집 및 제공의 경우 정보주체의 이익보다 우선하는 정당한 이익이 있다고 보이지도 않는다. 한편 정보를 제공받는 소비자 입장에서는 유료로 제공되는 개인정보를 더욱 정확한 것으로 인식할 가능성이 높으므로, 영리 목적 수집 및 제공의 경우에는 더더욱 정보주체의 동의나 확인을 거칠 필요가 있다.

대법원은 피고의 개인정보 수집 및 제공 행위를 원고의 개인정보자기결정권을 침해하는 위법한 행위로 평가할 수 없다고 하여, 원심판결을 파기하였다. 대법원 판결 요지는 다음과 같다.

이미 정보주체의 의사에 따라 공개된 개인정보를 정보주체의 동의 없이 영리 목적으로 수집·제공한 행위가 문제 되는 경우에는 개인정보 보호에 의하여 얻을 수 있는 이익과 그 정보처리 행위로 인하여 얻을 수 있는 이익을 비교형량하여 위법성 여부를 판단하여야 한다. 영리 목적이 있었다는 이유만으로 그 정보처리 행위를 위법한 것으로 평가할 수는 없다. 이 사건에서 피고가 원고의 개인정보를 수집하여 영리 목적으로 제3자에게 제공하였더라도 그에 의하여 얻을 수 있는 법적 이익이 정보처리를 막음으로써 얻을 수 있는 정보주체의 인격적 법익에 비하여 우월하므로, 그 행위를 개인정보자기결정권을 침해하는 위법한 행위로 평가할 수 없다. 한편 개인정보 보호법은 개인정보 수집·이용 및 제3자 제공과 관련하여 공개된 개인정보와 공개되지 않은 개인정보를 달리 규율하고 있지 않다. 그러나 이미 정보주체의 의사에 따라 공개된 개인정보는 공개 당시 정보주체가 그 수집 및 제공 등에 대하여 일정한 범위 내에서 동의를 한 것으로 볼 수 있다. 정보주체의 동의가 있었다고 객관적으로 인정되는 범위 내에서 수집·이용·제공 등의 처리를 할 때 별도로 정보주체의 동의를 다시 구할 필요는 없다. 이 사건에서 피고가 원고의 별도 동의를 받지 않았다고 하여 개인정보 보호법을 위반하였다고 볼 수 없다.

다. 분석

(1) 개관

개인정보 보호는 현대 사회의 중요한 화두이다. 개인정보 보호법상 개인정보는 개인의 동일성을 식별할 수 있는 일체의 정보이다(개인정보 보호법 제2조 제1호).[3] 이러한 의미의 개인정보는 사람들이 공동체를 형성하여 살았던 때부터 존재하였다. 하지만 불과 반세기 전만 해도 개인정보는 그다지 중요한 논제가 아니었다.[4] 개인정보 보호에 대한 논의는 개인정보를 수집하고 이용하는 기술적, 법적 환경이 변화하고 개인정보를 보호하여야 한다는 인식이 널리 퍼짐에 따라 활기를 띠게 되었다. 우리나라는 개인정보 보호에 관하여 영역별로 여러 특별법을 두고 있다가[5] 2011. 9. 30.부터 개인정보 보호법을 시행하면서 체계적이고 포괄적인 개인정보 보호 법제를 갖추게 되었다.[6] 이러한 개인정보 보호 법제를 지탱하는 기본 개념은 개인정보 자기결정권이다. 개인정보 자기결정권은 자신에 관한 개인정보가 언제 누구에게 어느 범위까지 알려지고 이용되도록 할 것인지를 정보주체가 스스로 결정할 수 있는 권리이다.[7]

(2) 개인정보 보호법 시행 전

개인정보 보호법 시행 전에는 개인정보 보호법에 따른 동의 제도가 적용되지 않았지만, 이러한 개인정보 자기결정권의 속성상 정보주체의 동의 없이 개인정보를 이용하는 행위는 위법하다고 평가될 가능성이 컸다. 다만 동의의 부존재가 바로 위법성으로 연결되지는 않고 구체적 사안에서 이익형량을 거쳐 위법성 판단이 이루어졌다.[8] 이 과정에서는 개인이 공적인 존재인지 여부, 개인정보의 공공성과

---

3) 개인정보 보호법 제2조 제1호는 "개인정보"란 살아 있는 개인에 관한 정보로서 성명, 주민등록번호 및 영상 등을 통하여 개인을 알아볼 수 있는 정보(해당 정보만으로는 특정 개인을 알아볼 수 없더라도 다른 정보와 쉽게 결합하여 알아볼 수 있는 것을 포함한다)를 말한다고 규정한다.

4) 외국에서도 최근 5년 내지 20년 정도 사이에 개인정보 보호에 관한 법제가 등장하기 시작하였다. 고학수, "개인정보보호 : 규제체계에 관한 논의의 전개와 정책적 과제", 고학수 편, **개인정보 보호의 법과 정책**, 제2판(박영사, 2016), 6-7면.

5) 「정보통신망 이용촉진 및 정보보호 등에 관한 법률」, 「신용정보의 이용 및 보호에 관한 법률」 등이 이에 해당한다.

6) 2016. 12. 16. 행정자치부는 개인정보 보호법에 추가하여 CCTV 등을 통하여 수집되는 개인영상정보에 특화된 개인영상정보 보호법안을 입법예고하기도 하였다.

7) 헌재 2005. 5. 26. 99헌마513; 헌재 2005. 7. 21. 2003헌마282.

공익성, 개인정보 수집의 목적 · 절차 · 이용형태의 상당성, 개인정보 이용의 필요성, 개인정보 이용으로 인해 침해되는 이익의 성질과 내용 등 여러 사정을 종합적으로 고려하여 개인정보에 관한 인격권 보호에 의하여 얻을 수 있는 이익(비공개 이익)과 표현행위에 의하여 얻을 수 있는 이익(공개 이익)의 우위를 가림으로써 최종적인 위법성을 판단하였다.[9)]

이 사건에서 피고가 원고의 개인정보를 제3자에게 제공한 행위는 개인정보 보호법 시행 전후에 걸쳐 있다. 개인정보 보호법 시행 전의 행위에 대해서는 위와 같은 이익형량의 틀로써 위법성을 판단하여야 한다. 대상판결은 공립대학교 법학과 교수로서 공적 존재이고, 그의 개인정보가 이미 법학과 홈페이지와 사립대학 교원명부, 교수요람에 공개되어 있었으며, 그 정보 역시 공공성을 띠고 있어 이 정보처리를 막음으로써 얻게 되는 이익보다 이를 활용하여 얻게 되는 이익이 더 크다고 보아 위법성을 부정하였다.

개인정보 자기결정권은 개인정보를 정보주체의 절대적이고 배타적인 통제권 안에 놓아두는 개념이다.[10)] 따라서 개인정보 자기결정권은 개념상 '강한' 권리이다.[11)] 그러나 모든 개인정보가 똑같이 강하게 보호받아야 하는 것은 아니다.[12)] 어떤 개인정보는 타인이 개인을 식별할 수 있도록 하는 표지이기 때문에 다분히 공유재산적인 성격을 가진다.[13)] 특히 공적 존재에 대해 공개된 직업 관련 개인정보는 일종의 공공재와 같은 성격을 가진다. 또한 개인정보도 정보의 일종인데, 정보는 본래 유통될 때 정보로서의 사회적 효용이 높아진다.[14)] 현대의 많은 법제도들

---

8) 대법원 2011. 9. 2. 선고 2008다42430 전원합의체 판결; 대법원 2014. 7. 24. 선고 2012다49933 판결.

9) 대법원 2011. 9. 2. 선고 2008다42430 전원합의체 판결; 대법원 2014. 7. 24. 선고 2012다49933 판결.

10) 달리 표현하면, 개인정보 자기결정권의 핵심은 개인정보의 수집, 이용, 제공 등을 정보주체의 의사에 따르도록 하는 것이다. 권건보, "정보주체의 개인정보자기결정권", 고학수 편, **개인정보 보호의 법과 정책**, 제2판(박영사, 2016), 62면.

11) 권영준, "개인정보 자기결정권과 동의 제도에 대한 고찰", **법학논총**(전남대학교), 제36권 제1호 (2016. 3), 686면.

12) 가령 김민중, "공개된 사진, 성명, 출생연도, 직업, 직장, 학력, 경력 등을 동의 없이 수집 · 제공한 행위에 대한 책임—대법원 2016. 8. 17. 선고 2014다235080 판결을 중심으로—", **동북아법연구**, 제10권 제2호(2016. 9), 577면 이하는 공적 관심사항인 개인정보와 그 외의 개인정보, 민감정보 · 고유식별정보인 개인정보와 그 외의 개인정보, 공개되지 않은 개인정보와 이미 공개된 개인정보를 달리 취급하여야 한다고 본다.

13) 권영준(주 11), 688면.

14) 정상조 · 권영준, "개인정보의 보호와 민사적 구제수단", **법조**, 통권 제640호(2009. 3), 6—7면.

이 정보 유통을 촉진시키는 방향으로 설계되어 있는 것도 바로 그러한 이유 때문이다. 한편 개인정보 자기결정권은 인격권의 일종인데, 명예 보호와 표현의 자유 보호의 충돌에서 알 수 있듯이 어떤 인격권의 보호는 다른 인격권의 후퇴를 야기하는 경우가 많다. 따라서 개인정보 자기결정권을 포함한 인격권 침해 판단은 이익형량을 통한 유연한 판단이라야 한다.[15] 이미 공개된 개인정보를 수집하고 제공하는 데 일일이 개별적이고 명시적인 사전 동의를 요구하는 것은 사회적 비용을 높이고 알 권리와 표현의 자유, 직업수행의 자유를 저해한다. 이러한 점들에 비추어 이 사건을 바라보면 대상판결의 이익형량 결과는 타당하다.

(3) 개인정보 보호법 시행 후

한편 개인정보 보호법 시행 후에는 동의 제도의 법제화라는 새로운 변수가 개입한다. 개인정보 보호법은 정보주체가 개인정보의 처리에 관한 동의 여부, 동의 범위 등을 선택하고 결정할 권리를 가진다고 규정한다(제4조 제2호). 개인정보처리자는 원칙적으로 정보주체의 동의를 받아야 개인정보를 수집·이용하고 제3자에게 제공할 수 있다(제15조 제1항 제1호, 제17조 제1항 제1호, 제18조 제2항 제1호, 제19조). 개인정보처리자가 정보주체의 동의를 받을 때에는 각각의 동의 사항을 구분하여 정보주체가 이를 명확하게 인지할 수 있도록 알리고 각각 동의를 받아야 한다(제22조 제1항). 요컨대 ① 개인정보의 수집·이용·제공에는 원칙적으로 정보주체의 동의가 요구되고, ② 개인정보처리자는 정보주체의 동의를 위해 정보주체에게 미리 관련 내용을 충실히 알려야 하며, ③ 정보주체의 동의는 사전에 명시적·개별적으로 이루어져야 한다.[16]

이 사건에서 피고는 개인정보 보호법 시행 후에도 일정 기간 원고의 동의 없이 원고의 개인정보를 제3자에게 제공하고 있었다. 이는 일단 개인정보 보호법 위반에 해당하는 것처럼 보인다. 이 상황에서 피고의 행위를 정당화하기 위해서는 세 가지 방법을 상정할 수 있다. 첫째, 원고가 피고의 개인정보 이용에 동의하였다고

---

15) 권태상, "개인정보 보호와 인격권－사법 측면에서의 검토－", **이화여자대학교 법학논집**, 제17권 제4호(2013), 98면.

16) 이러한 동의 제도에 대해서는 지나치게 엄격한 기준을 요구한다는 비판, 현실에서 동의가 형식적으로만 이루어진다는 비판, 사물인터넷을 필두로 한 정보 기반 사회에서 동의를 요구하는 것은 불가능하거나 비현실적이라는 비판 등이 가해진다. 동의 만능 주의에 대한 비판은 상당 부분 타당하다. 그러나 개인정보 자기결정권의 정당성을 인정하는 이상, 이를 가장 직접적으로 구현하는 동의 제도의 정당성 자체를 송두리째 부정하기는 어려울 것이다.

보는 것이다. 둘째, 이 사건에는 동의 원칙이 애당초 적용되지 않는다고 보는 것이다. 셋째, 동의 원칙의 적용을 긍정하되 원고의 동의가 없더라도 여러 요소들을 고려한 결과 피고의 행위가 위법하지 않다고 보는 것이다. 대법원이 대상판결에서 어떤 방법을 채택하였는지는 명확하지 않다.

"정보주체가 직접 또는 제3자를 통하여 이미 공개한 개인정보는 그 공개 당시 정보주체가 자신의 개인정보에 대한 수집이나 제3자 제공 등의 처리에 대하여 일정한 범위 내에서 동의를 하였다고 할 것"이라는 부분을 보면, 대법원은 첫째 방법을 채택한 것으로 보인다. 그런데 개인정보 보호법상 동의는 개별적이고 명시적인 사전 동의를 말한다.[17] 공개된 개인정보라고 해서 이러한 동의가 불필요한 것은 아니다. 원고는 이 사건에서 이러한 의미의 동의를 한 적이 없다.

한편 "이미 공개된 개인정보를 정보주체의 동의가 있었다고 객관적으로 인정되는 범위 내에서 수집 · 이용 · 제공 등 처리를 할 때에는 정보주체의 별도의 동의는 불필요하다고 보아야 할 것"이라는 부분을 보면, 대법원은 첫째 방법에 둘째 방법을 가미한 것으로 보인다. 그런데 이 사건에서 피고의 개인정보 이용행위가 "정보주체의 동의가 있었다고 객관적으로 인정되는 범위 내"의 것인지는 좀 더 깊이 생각해 볼 필요가 있다. 학교 홈페이지나 교수요람에 자신의 개인정보가 공개되는 것을 허용하는 의사로부터 다른 기업이 그 개인정보를 이용하여 영리활동을 하는 것까지 허용하는 의사를 당연히 이끌어 낼 수 있는지 의문스럽기 때문이다.

그렇다면 첫째 방법에 둘째 방법을 가미하는 것보다는 둘째 방법만을 택하여 공개된 개인정보에 대하여는 동의 원칙이 적용되지 않는다고 보는 쪽이 간명한 해결이었을 것이다. 개인정보 보호법 제20조 제1항은 "개인정보처리자가 정보주체 이외로부터 수집한 개인정보를 처리하는 때에는 정보주체의 요구가 있으면", "개인정보의 수집 출처"와 "개인정보의 처리 목적" 및 "개인정보 처리의 정지를 요구할 권리가 있다는 사실"을 정보주체에게 알리도록 규정하고 있다. 공개된 개인정보처럼 정보주체 이외의 출처로부터 정보를 수집할 수 있는 경우에는 정보주체의 사전 동의를 받지 않아도 되지만, 정보주체의 사후적 통제권에는 복속하게 된다는 취지로 이 조항을 해석할 가능성도 충분하다.[18] 즉 비공개된 개인정보는 사전적

17) 장주봉, "개인정보의 수집 및 이용에 관한 규제방식", 고학수 편, **개인정보 보호의 법과 정책**, 제2판 (박영사, 2016), 232면.

18) 대상판결도 판결이유에서 개인정보 보호법 제20조를 이러한 취지로 해석하고 있다. 또한 장주봉 (주 17), 254면은 정보주체가 자발적으로 개인정보를 공개한 경우에는 정보주체가 개인정보에 대

통제 대상으로, 공개된 개인정보는 사후적 통제 대상으로 삼는 것이다.[19)]

사전 동의 제도는 개인정보 자기결정권을 강력하게 보호하는 수단이지만, 개인정보 자기결정권이 반드시 사전 동의 제도를 통해서만 보호될 수 있는 것은 아니다. 사후적 통제권도 개인정보 자기결정권의 한 발현 형태이다. 그리고 위와 같은 해석에 따른다면 원고가 이러한 사후적 통제권을 행사하기 전에 피고가 원고의 공개된 개인정보를 이용하는 행위는 원칙적으로 개인정보 보호법에 반하지 않는다고 보아야 한다. 원고가 사후적 통제권을 행사하였는데도 피고가 이를 무시하고 계속 원고의 개인정보를 이용하였다면 그때 비로소 개인정보 보호법 위반 문제가 발생하게 된다. 이 사건에서 피고는 원고의 사후적인 삭제 요구에 따라 원고의 개인정보를 모두 삭제하였다.

추가로 생각할 점은 현재 개인정보 보호법에 강고하게 구축된 동의 제도가 개인정보 이용의 위법성을 판단하는 유일하고 종국적인 잣대인가 하는 점이다. 개인정보 보호법만 놓고 보면 동의 대상인데 동의를 받지 않았다면 그 자체로 언제나 위법성이 인정되고, 동의 대상이 아니라면 개인정보를 이용하는 행위가 어떤 모습이건 언제나 위법성이 부정되는 것처럼 해석할 여지도 있다. 현행법의 해석상 동의 유무가 위법성을 판단하는 강력한 잣대임에는 틀림없다. 그러나 동의 대상인데 동의를 받지 않았어도 이익형량을 통하여 위법성이 조각될 여지가 있고, 공개 정보로서 동의 대상이 아니라도 이익형량을 통하여 위법성이 인정될 여지를 예외적으로 남겨 놓는 것이 타당하지 않을까? 즉 동의 제도가 종전에 적용되던 이익형량의 틀을 완전히 축출하였다고 보아서는 안 된다. 이는 지나치게 경직되어 있는 우리나라 개인정보 보호법에 숨 쉴 공간을 마련하는 해석론이기도 하다.[20)] 대상판결은 개인정보 보호법에는 규정되지 않은 '(공개 당시의) 묵시적 동의'라는 개념을 통하여 이러한 숨 쉴 공간을 마련하는 해석론을 전개하였다. 이를 통해 구체적으로

한 관리 · 통제권을 포기한 것으로 보아 특별한 동의 절차를 거칠 필요가 없다고 한다.

19) 다만 정보주체의 사후적 통제권은 정보주체가 자신의 개인정보가 이용되고 있는 사실을 알 때 비로소 행사할 수 있다. 2016. 3. 29. 법률 제14107호로 개정된 개인정보 보호법(2016. 9. 30. 시행) 제20조 제2항 및 개인정보 보호법 시행령 제15조의2는 일정한 기준에 해당하는 개인정보처리자가 정보주체 이외로부터 개인정보를 수집하여 처리하는 때에는 개인정보의 수집출처, 처리 목적, 정지 요구권이 있다는 사실을 고지하도록 하고 있다.

20) Graham Greenleaf & Whon－il Park, "Korea's New Act: Asia's Toughest Data Privacy Law", *Privacy Law & Business International Report*, Issue 117(2012), p. 6에서는 우리나라 개인정보 보호법을 아시아에서 가장 강력한 보호법이고, 유럽 국가들과 비교할 때에도 강력한 보호법의 범주에 포함된다고 평가한 바 있다.

타당한 결론에 이르는 통로를 확보하였다. 이러한 판단은 과감하지만 타당한 것이다. 그런데 공개된 개인정보의 이용을 금한다는 명시적인－그러나 결코 합리적이지 않은－정보주체의 의사표시가 있으면 그 이용은 곧바로 금지되는 것인가? 이러한 상황을 떠올려 보면 개인정보 이용의 위법성을 정보주체의 주관적 의사에 맡기기보다는 개인정보 보호법 시행 전처럼 객관적인 이익형량에 맡기는 쪽이 더 타당하였을 것이다. 근본적으로 이는 정보의 유통과 통제에 대해 유연한 균형 설정의 가능성을 충분히 수용하지 못한 개인정보 보호법을 입법적으로 개선하여 해결할 문제이다.[21]

21) 참고로 독일 연방정보보호법(Bundesdatenschutzgeset) 제28조 제1항 제3호는 일반적으로 접근 가능한 정보는 동의 없이 이용할 수 있게 하면서, 당사자의 이익이 명백하게 더 중대한 경우에는 그렇지 않다고 규정한다. 또한 유럽연합(EU)의 일반정보보호규정(GDPR)(2016/679) 제9조 (e)는 개인정보가 정보주체에 의해 명백하게 공개된 경우, (f)는 실질적인 공익을 위하여 필요한 경우로서 정보주체의 기본적인 권리와 이익을 보호하기 위한 합리적이고 특정한 조치를 취한 경우에는 동의가 요구되지 않는다고 규정한다. 이는 개인정보 처리를 둘러싼 복잡한 이익형량 필요성을 입법으로 신축성 있게 수용한 예들이다.

13 수사기관의 통신자료 요청에 따른 개인정보 제공의 위법성 (대법원 2016. 3. 10. 선고 2012다105482 판결)

가. 사실관계

피고는 인터넷 포털사이트인 '네이버'를 운영하는 회사로, 전기통신사업법상 전기통신사업자이다. 원고는 네이버에 회원으로 가입하고 피고와 서비스 이용계약을 체결하였다. 피고의 이용약관에는 "피고는 정보통신망 이용촉진 및 정보보호 등에 관한 법률 등 관계 법령이 정하는 바에 따라 회원의 개인정보를 보호하기 위해 노력합니다. 개인정보의 보호 및 사용에 대해서는 관련 법 및 피고의 개인정보 취급방침이 적용됩니다."라고 규정되어 있었다. 한편 피고의 「개인정보 취급방침」에 따르면 피고는 원칙적으로 이용자의 사전 동의 없이 이용자의 개인정보를 외부에 공개하지 않지만, '법령의 규정에 의거하거나 수사 목적으로 법령에 정해진 절차와 방법에 따라 수사기관의 요구가 있는 경우' 등에는 예외적으로 이용자의 개인정보를 외부에 공개할 수 있는 것으로 되어 있었다. 또한 위 개인정보 취급방침에는 피고가 사내 개인정보보호 전담기구 등을 통하여 개인정보 취급방침의 이행사항 등을 확인하고 문제가 발견될 경우 즉시 수정하고 바로잡도록 노력한다고도 규정되어 있었다.

원고는 영어학원 강사인 A가 수강생들을 대상으로 하여 네이버에 개설한 X카페에 가입하여 영어공부 관련 활동을 하였다. 원고는 인터넷 검색을 하던 중 당시 문화체육관광부장관이던 C가 동계올림픽 일정을 마치고 귀국하는 피겨선수 B를 환영하는 장면 가운데 어색하게 보이는 장면을 다른 사람이 편집하여 게시한 것을 발견하고, 그 게시물을 스크랩하여 X카페에 다시 게시하였다. 그로부터 얼마 지나지 않아 C는 원고를 포함하여 위 게시물을 게시한 사람들을 명예훼손죄로 고소하였다. 그에 따라 종로경찰서장은 피고에게 구 전기통신사업법(2010. 3. 22. 법률 제9919호로 전부 개정되기 전의 것) 제54조 제3항에 근거하여 원고의 인적 사항을 제공해 줄 것을 요청하는 자료제공요청서를 송부하였다. 피고는 이틀 뒤 종로경찰서장에게 원고의 네이버 아이디, 성명, 주민등록번호, 이메일 주소, 휴대전화 번호,

네이버 가입일자를 제공하였다. 이후 C가 원고에 대한 고소를 취하함으로써 원고에 대한 경찰 수사가 종결되었다.

원고는 피고가 수사기관의 자료제공 요청을 적절히 심사하지 않고 기계적으로 원고의 개인정보를 제공한 것은 관련 법령과 피고의 이용약관에 규정된 개인정보 보호 의무를 위반하는 행위라고 주장하면서, 피고를 상대로 손해배상을 청구하는 소를 제기하였다.

나. 원심판결과 대상판결

1심법원은 원고의 청구를 기각하였다.[1] 원고는 이에 항소하였다. 원심법원은 1심판결을 일부 취소하고, 원고의 청구를 일부 인용하였다.[2] 원심판결의 요지는 다음과 같다. 피고는 국내 최대의 인터넷 포털사이트를 운영하는 전기통신사업자이므로, 피고의 개인정보 관련 사무는 상당한 공공성을 가진다. 더구나 피고가 이용자들의 개인정보를 적절히 보호하지 않는다면 피고의 포털사이트 사업은 존속되기 어렵다. 피고는 수사기관이 통신자료 제공을 요청할 경우 그 내용을 심사할 수 있는 역량을 갖추고 있다. 또한 구 전기통신사업법의 관련 조항들은 전기통신사업자가 수사기관에 통신자료를 제공할 수 있다고만 규정하고 있어, 피고에게 통신자료 제공 의무가 있다고 볼 수 없다. 그러므로 피고는 수사기관이 이용자의 개인정보를 요청할 경우 이익형량을 통해 위법성을 검토하고 사안의 중대성과 긴급성 등을 함께 고려하여 수사기관에 개인정보를 제공할 것인지, 제공한다면 어느 범위까지 제공할 것인지를 적절히 심사하여야 한다. 이 사건에서 문제가 된 게시물로 인하여 C의 법익이 침해될 위험과 원고의 개인정보 보호에 따른 이익을 비교했을 때 전자가 후자보다 크다고 보이지 않는다. 그런데 이 사건에서 피고는 종로경찰서장의 자료제공요청서를 받고 이를 적절히 심사하지 않은 채 원고의 네이버 아이디 등을 제공하였다. 따라서 피고가 수사기관에 원고의 네이버 아이디 등을 제공한 것은 원고의 개인정보자기결정권과 익명표현의 자유를 침해하는 위법한 행위이다.

반면 대법원은 피고에게 실질적 심사 의무가 있다고 볼 수는 없다고 하여, 원심판결을 파기하였다. 대법원 판결의 요지는 다음과 같다. 구 전기통신사업법의 관

1) 서울중앙지방법원 2011. 1. 13. 선고 2010가합72873 판결.
2) 서울고등법원 2012. 10. 18. 선고 2011나19012 판결.

련 조항들은 수사기관의 통신자료 제공 요청이 있을 때 전기통신사업자가 그 내용을 실질적으로 심사하도록 정하고 있지 않다. 구 전기통신사업법은 통신자료의 경우 다른 개인정보와 달리 수사기관이 서면 요청만으로 쉽게 취득할 수 있도록 규정하고 있으므로, 전기통신사업자에게 실질적 심사 의무가 있다고 보는 것은 관련 조항의 입법 취지와도 부합하지 않는다. 또한 통신자료 제공으로 인하여 제한되는 사익과 그로 인하여 달성되는 공익을 비교했을 때 전자가 후자보다 크다고 보기도 어렵다. 수사기관이 제공 요청 권한을 남용하여 이용자의 개인정보 관련 기본권이 침해될 가능성을 부정하기 어려우나, 그에 관한 통제는 사인인 전기통신사업자가 아닌 국가나 해당 수사기관에 의하여 이루어져야 한다. 따라서 수사기관이 제공 요청 권한을 남용하여 정보주체나 제3자의 이익을 부당하게 침해하는 것이 객관적으로 명백한 경우가 아닌 이상, 전기통신사업자가 실질적 심사 없이 수사기관에 통신자료를 제공하였다고 하여 그 이용자의 개인정보자기결정권이나 익명표현의 자유가 위법하게 침해되었다고 볼 수는 없다.

다. 분석

개인정보는 정보주체의 동의 없이 제3자에게 제공할 수 없는 것이 원칙이다. 그러나 법률에 특별한 규정이 있다면 정보주체의 동의 없이도 개인정보 제공이 가능하다.[3] 구 전기통신사업법(2010. 3. 22. 법률 제10166호로 개정되기 전의 것) 제54조 제3항은 수사기관이 수사에 필요한 정보 수집을 위하여 전기통신사업자에게 통신자료를 제공하여 달라고 요청할 수 있고, 전기통신사업자는 이에 응할 수 있다고 규정한다. 이 경우 통신자료가 개인정보에 해당하는 경우에도 이 조항을 동의 원칙에 대한 예외를 규정하는 법률 조항으로 본다면 개인정보를 제공할 수 있다.

문제는 구 전기통신사업법 제54조 제3항이 통신자료 제공 요청에 "응할 수 있다."고 규정하고 있다는 점이다. 만약 법령에 "응하여야 한다."라고 규정되어 있었다면 전기통신사업자의 책임이 문제될 여지가 없었을 것이다. 사업자는 법에 부과된 의무를 이행하였을 따름이기 때문이다. 그런데 법령에 "응할 수 있다."라고만 규정되어 있으므로 사업자는 제공 여부에 대해 재량을 가진다.[4] 이와 관련하여 사

3) 이 사건 당시에는 개인정보 보호법이 시행되고 있지 않았으나 「정보통신망 이용촉진 및 정보보호 등에 관한 법률」 제22조, 제23조, 제24조, 제24조의2에서 동의 원칙과 이에 대한 예외를 규정하고 있었다.
4) 헌재 2012. 8. 23. 2010헌마439.

업자가 제공 요청의 정당성에 대한 실질적 심사의무를 부담한다고 본다면, 사업자가 그 의무를 제대로 이행하지 않아 본래는 제공하지 않아도 될 개인정보를 제공한 경우 재량 범위를 넘어서서 위법행위를 하였다고 볼 여지도 있다. 원심법원은 이러한 실질적 심사의무를 인정하였고, 대법원은 이를 부정하였다. 필자는 다음 이유로 대법원의 판단이 타당하다고 생각한다.

첫째, 전기통신사업자에게 이러한 실질적 심사의무를 인정할 법적 근거가 없다. 구 전기통신사업법 제54조 제3항은 전기통신사업자에게 응할지 여부에 대한 재량만 부여할 뿐 그 판단에 이르는 과정에서의 심사의무에 대해 규정하고 있지 않다. 헌법재판소도 이 조항에 관한 헌법소원심판사건에서 "이 사건 통신자료 취득행위의 근거가 된 이 사건 법률조항은 전기통신사업자에게 이용자에 관한 통신자료를 수사관서의 장의 요청에 응하여 합법적으로 제공할 수 있는 권한을 부여하고 있을 뿐이지 어떠한 의무도 부과하고 있지 않다."라고 판시하였다.[5] 원심판결은 구 전기통신사업법 제54조 제8항과 동법 시행령 제53조 제3항을 이러한 심사의무의 근거로 언급하였으나, 위 조항들은 통신비밀 관련 전담기구 설치에 관한 것일 뿐이어서 이로부터 실질적 심사의무를 도출할 수는 없다.

또한 통신비밀보호법은 통신사실 확인자료의 제공 요청, 전기통신의 감청 등 통신제한조치의 집행이나 집행위탁 내지 협조에 대해서는 법원의 허가를 받도록 규정하고(제2조 제11호, 제6조, 제9조, 제13조 등), 형사소송법은 송수신이 완료된 전기통신에 대해서는 법원의 압수영장을 받도록 규정한다(제106조, 제107조, 제219조). 그에 반해 구 전기통신사업법 제54조 제3항은 이용자의 인적 사항에 관한 정보인 통신자료에 대해서는 수사기관이 법원의 허가나 영장 없이 서면으로 제공 요청을 할 수 있다고 규정한다. 이는 이러한 정보가 수사 초기 단계에서 피의자와 피해자의 신속하고 정확한 특정을 위해 필요한 최소한의 정보이기 때문이다.[6] 그러므로 이러한 취급상의 차이는 이미 입법자가 정보의 특성을 고려하여 신속한 수사 및 범죄 예방이라는 공익과 개인정보 보호라는 법익을 교량한 결과이다. 그런데 피고가 다시 정보 제공 요청의 당부에 대해 실질적 심사를 하도록 하는 것은 구 전기

5) 헌재 2012. 8. 23. 2010헌마439.

6) 이처럼 통신 서비스를 이용하는 자와 특정 개인 간의 동일성을 확인하는 징표인 통신자료는 자유로운 의사소통 그 자체의 비밀성을 보호하기 위한 통신비밀과는 개념상 구별해야 한다. 박민우, "통신자료 제공요청의 법적 성격과 합리적인 제도 개선 방향－영장주의 및 사후통지의 도입 여부와 관련하여", **법조**, 통권 제718호(2016. 8), 126－130면 참조.

통신사업법의 입법 취지에 부합하지 않는다.

피고의 이용약관에도 이러한 실질적 심사의무를 도출할 수 있는 내용이 포함되어 있지 않다. 오히려 피고의 이용약관 중에는 수사 목적으로 법령에 정해진 절차와 방법에 따라 수사기관의 요구가 있는 경우에는 개인정보를 제공할 수 있다는 내용이 포함되어 있을 뿐이다. 이론적으로는 조리(條理)를 근거로 이러한 심사의무를 인정할 여지가 열려 있으나, 무정형한 조리에 기대면서까지 이러한 의무를 인정해야 할 충분하고 합리적인 이유도 없다. 그러므로 통신자료 제공요청의 위법성이 명백하게 드러나는 등 특별한 사정이 없는 한 피고에게 실질적 심사의무를 인정하기는 어렵다.

둘째, 전기통신사업자에게 이러한 실질적 심사의무를 제대로 이행할 것을 기대하기 어렵다. 이러한 의무를 제대로 이행하려면 ① 정보 제공 당부를 판단하는 데 필요한 정보가 충실히 제공되어야 하고, ② 그 정보를 기초로 이익형량을 통해 정보 제공의 위법성 판단을 할 수 있는 인력이 있어야 하며, ③ 수사 협조의 목적이 달성될 수 있도록 이러한 판단을 신속하게 할 수 있는 여건이 갖추어져 있어야 한다. 하지만 현실은 이와 동떨어져 있다. 정보 제공 당부 판단에 필요하다고 하여 전기통신사업자에게 수사정보를 제공할 수는 없다. 이 과정에서 혐의사실이 누설되거나 피의자의 사생활이 침해될 수 있기 때문이다. 전기통신사업자가 정보 제공의 위법성 판단을 하는 것은 용이하지도 않고 바람직하지도 않다. 정보 제공의 위법성은 표현의 자유나 개인정보 자기결정권과 같은 가치들을 고려하여 복잡한 이익형량 절차를 거쳐야 비로소 판단될 수 있고, 법률가 사이에서도 판단 결과가 달라질 수 있는 난이한 문제이다. 이러한 판단을 사법부가 아닌 사업자에게 떠맡기는 것도 바람직하지 않다. 1년에 1,000만 건이 넘는 천문학적인 통신자료 제공요청 규모를 생각하면 실질적 심사의무를 신속하게 이행하기도 어렵다.[7] 더구나 전기통신사업자의 규모나 전문성, 조직, 업무환경은 천차만별이므로 모든 전기통신사업자에게 일률적으로 이를 기대하기도 어렵다.

셋째, 통신자료 제공의 당부 판단을 둘러싼 위험을 전기통신사업자에게 전가하는 것은 타당하지 않다. 위험은 그 위험에 가장 가까운 자, 또는 최소위험회피자

---

7) 수사기관이 전기통신사업자로부터 제공받은 통신자료 제공 건수는 2012년 788만 건, 2013년 958만 건, 2014년 1,297만 건, 2015년 1,058만 건 등으로 계속 증가하고 있다. 2016. 7. 12. 발의된 전기통신사업법 일부개정법률안(대표발의 신경민 의원, 의안번호 828) 의안 원문 참조.

(lease cost avoider)에게 부담시키는 것이 옳다. 개인정보에 해당하는 통신자료 제공이 수사에 꼭 필요하고 정당한 것인지는 사업자가 아닌 국가(수사기관)이 가장 잘 알 수 있다. 따라서 국가가 법령상 엄격하고 구체적인 기준을 수립하거나 내부적으로 세밀한 심사를 거쳐 필요하고도 정당하다고 판단되는 통신자료 제공을 요청하는 것이 정도(正道)이다. 이 과정에서 수사기관이 과도하게 통신자료를 취득하여 국민의 권리를 침해하였다면 원칙적으로 그 책임도 국가가 부담하여야 한다. 그런데 국가가 이러한 기준 수립과 심사 및 판단의 부담, 이에 따른 법적 책임의 위험을 사업자에게 전가하는 것은 앞서 본 위험배분의 원칙에 반한다. 효율성의 차원에서 볼 때에도 수사기관이 법령의 절차와 취지에 따라 정보를 취득하고 그 비밀을 엄수하게 하되 이를 어겼을 경우에 법적 책임을 묻는 쪽이 사업기관으로 하여금 1년에 1,000만 건이 넘는 통신자료 제공요청의 당부를 실질적으로 심사하도록 하는 쪽보다 훨씬 비용이 적게 든다.

이 사건은 피고의 정책에도 실제 영향을 미쳤다.[8] 피고는 본래 수사기관의 정보 제공 요청에 언제나 응하여 왔다. 실질적 심사도 어렵고 수사기관의 요청을 거절하는 것도 어려운 현실 때문이었을 것이다.[9] 그러다가 피고의 정보 제공 행위가 위법하다는 원심판결이 선고된 뒤에는 수사기관의 정보 제공 요청을 모두 거절하는 쪽으로 정책을 선회하였다. 이러한 태도는 대법원 판결이 선고된 뒤에도 계속 유지되고 있다. 반면 SK 텔레콤과 KT, LG유플러스 등 통신사들은 종래와 마찬가지로 수사기관의 정보 제공 요청에 계속 응하고 있다.[10] 범죄 수사 및 국가 안보를 위한 신속하고 적절한 정보 획득과 개인정보 자기결정권 사이의 균형을 모색한다는 관점에서 보면, 일률적으로 정보를 제공하는 것도 언제나 정보 제공을 거절하는 것도 바람직하지 않다. 그렇다고 이 경우 언제나 압수수색영장을 요구하는 것도 비현실적이다.[11] 이는 입법의 불명확성으로 인한 것이므로 입법적으로 개선

8) http://www.bloter.net/archives/252213(2016. 12. 31. 최종 방문) 참조.

9) 헌재 2012. 8. 23. 2010헌마439에서 재판관 김종대, 송두환, 이정미의 반대의견에서는 전기통신사업자가 공권력인 수사권의 행사주체의 정보 제공 요청을 거절할 가능성은 사실상 희박하다고 하면서, 통신자료 취득행위의 본질은 권력적 사실행위에 해당한다고 보았다.

10) 박민우(주 6), 149면은 이러한 차이가 사실상 독과점 상태인 통신사업과 이용자를 향한 경쟁이 치열한 부가통신사업의 차이에서 기인한다고 분석한다.

11) 유주성, "수사기관의 공무소 조회와 개인정보보호－헌법재판소 2014헌마368 사건을 중심으로－", 2016. 11. 18. 서울대학교 공익산업법센터 · (사)한국경찰법학회 공동학술대회 『정보통신기술에 의한 경찰작용과 개인정보보호』 자료집, 54－56면.

하여야 한다.[12)]

수사의 필요성이라는 공익을 고려하더라도 수사기관의 통신자료 제공 건수의 규모와 증가 추세는 수사기관이 국민의 권리를 존중하는 절제된 수사를 행하고 있는지를 되돌아보게 할 만큼 놀랍다. 정보 제공 요청의 실체적 · 절차적 요건을 더욱 구체적이고 엄격하게 정립하여 개인정보 보호를 꾀하는 한편, 수사기관이 이러한 요건을 준수하여 통신자료를 요청하였고 그에 따라 사업자가 정보를 제공하였다면 사업자를 면책시켜 주는 것이 타당하다. 한편 정보주체는 수사기관의 통지 또는 통신자료 제공사실 확인 서비스를 통해 사후적으로 자신의 정보가 제공되었다는 사실을 알 수 있게 하여 그 정당성을 검증할 기회를 부여하는 입법적 조치가 필요하다.[13)]

12) 이와 관련하여 국가인권위원회는 2014. 4. 19. 미래창조과학부 장관에 대하여 통신자료도 법원의 허가를 받아 요청하도록 관련 법 개정을 권고한 바 있다.

13) 20대 국회에는 이미 다수의 전기통신사업법 일부 개정 법률안들이 발의되어 있는 상태이다(의안번호 2000828, 2001271, 2001360, 2002618, 2002232, 2004250). 「금융실명거래 및 비밀보장에 관한 법률」 제4조의2에서 규정하는 사후통보제도도 참조할 가치가 있다. 한편 「정보통신망 이용촉진 및 정보보호 등에 관한 법률」 제30조의2는 정보통신서비스 제공자에게 개인정보 이용 내역을 주기적으로 이용자에게 통지할 것을 의무화하고 있지만, 동법 시행령 제17조 제2항 제2호에서 전기통신사업법 제83조 제3항에 따라 제공한 정보는 이 대상에서 제외하고 있다.

14 정보주체의 동의 없이 개인 위치정보를 수집한 경우 손해배상책임
(대법원 2018. 5. 30. 선고 2015다251539, 251546, 251553, 251560, 251577 판결)

가. 사실관계

피고 1은 휴대폰 등을 제조하여 판매하는 다국적 기업이다. 피고 2는 피고 1의 자회사로서, 구 「위치정보의 보호 및 이용 등에 관한 법률」(이하 '위치정보법'이라고 한다)에 따른 위치정보사업자로서 피고 1이 제조한 휴대폰 등을 국내에 판매하고 사후관리 등을 하는 기업이다. 피고 1은 위치정보시스템을 구축하고 사용자의 요청이 있을 경우 위치정보서비스를 제공하는데, 사용자들로부터 휴대폰 등 기기 자체의 위치정보를 계속해서 전송받고 축적 · 비교함으로써 위치정보시스템의 정확도를 개선해 왔다. 그런데 피고 1이 출시한 휴대폰 등에서 버그가 발생하여, 사용자가 위치서비스 기능을 "끔"으로 설정한 뒤에도 그 휴대폰 등의 위치정보와 주변 통신기지국 등의 식별정보가 피고 1의 서버에 주기적으로 전송되었다. 피고 1이 제조한 휴대폰 등의 사용자인 원고들은 피고들이 무단으로 사용자의 위치정보 또는 개인위치정보를 수집하였다고 주장하면서, 피고들을 상대로 손해배상을 구하는 소를 제기하였다.

나. 원심판결과 대상판결

1심법원은 원고들에게 위자료로 배상받아야 할 만한 정신적 손해가 발생하지 않았다고 보아, 원고들의 청구를 모두 기각하였다.[1] 원심법원도 1심법원의 판단을 유지하였고,[2] 대상판결에서도 결론이 달라지지 않았다. 대상판결의 요지는 다음과 같다.

정보주체의 동의를 얻지 아니하고 개인의 위치정보를 수집한 경우, 그로 인하여 손해배상책임이 인정되는지는 위치정보 수집으로 정보주체를 식별할 가능성이 발

1) 창원지방법원 2014. 6. 26. 선고 2011가합7291 등 판결.
2) 부산고등법원 2015. 11. 5. 선고 2014나21277 등 판결.

생하였는지, 정보를 수집한 자가 수집된 위치정보를 열람 등 이용하였는지, 위치정보가 수집된 기간이 장기간인지, 위치정보를 수집하게 된 경위와 그 수집한 정보를 관리해 온 실태는 어떠한지, 위치정보 수집으로 인한 피해 발생 및 확산을 방지하기 위하여 어떠한 조치가 취하여졌는지 등 여러 사정을 종합적으로 고려하여 구체적 사건에 따라 개별적으로 판단하여야 한다.

이 사건의 경우, 휴대폰 등으로부터 전송되는 정보만으로는 해당 통신기지국 등의 식별정보나 공인 아이피(IP)만 알 수 있을 뿐, 특정 기기나 사용자가 누구인지를 알 수는 없고, 휴대폰 등의 데이터베이스에 저장된 정보는 기기의 분실 · 도난 · 해킹 등이 발생하는 경우 외에는 외부로 유출될 가능성이 없는 점, 휴대폰 등의 사용자들은 피고 1과 피고 2가 위치정보를 수집하여 위치서비스제공에 이용하는 것을 충분히 알 수 있었던 점, 위 버그가 피고 1과 피고 2가 휴대폰 등의 위치정보나 사용자의 개인위치정보를 침해하기 위한 목적으로 이루어진 것으로 보이지 않는 점, 피고 1은 버그가 존재한다는 사실이 알려지자 신속하게 새로운 운영체계를 개발하여 배포하는 등 그로 인한 피해 발생이나 확산을 막기 위해 노력한 점, 수집된 위치정보나 개인위치정보가 수집목적과 달리 이용되거나 제3자에게 유출된 것으로 보이지 않는 점에 비추어 보면 피고들의 손해배상책임이 인정되기 어렵다.

다. 분석

(1) 개인정보자기결정권 침해로 인한 정신적 손해 판단기준의 체계화 · 서열화

대상판결은 개인정보의 일종인 개인위치정보[3]에 관한 자기결정권이 침해된 경우 정신적 손해가 인정될 수 있는지에 대해 다루었다. 우리나라에서 개인정보자기결정권 침해 사건의 손해 발생 판단기준을 제시한 리딩 케이스는 이른바 GS 칼텍스 개인정보 유출 사건이다.[4] 이 사건에서 대법원은 정보주체의 의사에 반하여 개인정보가 유출되었다고 하여 곧바로 정보주체에게 위자료로 배상할 만한 정신적 손해가 발생하는 것은 아니라고 전제한 뒤, 다음과 같은 손해 발생 판단기준을 제시하였다. 즉 "유출된 개인정보의 종류와 성격이 무엇인지, 개인정보 유출로 정보

3) 위치정보법은 개인위치정보를 "특정 개인의 위치정보(위치정보만으로는 특정 개인의 위치를 알 수 없는 경우에도 다른 정보와 용이하게 결합하여 특정 개인의 위치를 알 수 있는 것을 포함한다)"로 정의한다(제2조 제2호).

4) 대법원 2012. 12. 26. 선고 2011다59834, 59858, 59841 판결.

주체를 식별할 가능성이 발생하였는지, 제3자가 유출된 개인정보를 열람하였는지 또는 제3자의 열람 여부가 밝혀지지 않았다면 제3자의 열람 가능성이 있었거나 앞으로 열람 가능성이 있는지, 유출된 개인정보가 어느 범위까지 확산되었는지, 개인정보 유출로 추가적인 법익침해 가능성이 발생하였는지, 개인정보를 처리하는 자가 개인정보를 관리해 온 실태와 개인정보가 유출된 구체적인 경위는 어떠한지, 개인정보 유출로 인한 피해 발생 및 확산을 방지하기 위하여 어떠한 조치가 취하여졌는지 등 여러 사정을 종합적으로 고려하여 구체적 사건에 따라 개별적으로 판단하여야" 한다는 것이다. 이러한 판단기준은 그 후 대법원에서 선고된 개인정보 침해 사건에서도 유사하게 반복되었다.[5] 대상판결이 다룬 사안은 전형적인 개인정보 '유출' 사건이라기보다는 개인정보 '무단수집' 사건에 가깝다. 하지만 유출에 특유한 요소들을 제외하면 큰 틀에서는 이러한 판단기준에 기초하고 있다고 보인다.

이러한 판단기준은 여러 가지 다양한 요소들을 제시한다는 점에서 포괄적이지만, 그 요소들 사이의 상호관계나 서열을 제시하지 않는다는 점에서 결국 법관이 알아서 판단하라는 말과 크게 다르지 않다. 이는 구체적인 사건에서 당사자 및 이해관계자들의 예측 가능성을 저해하고, 법원의 판단이 과연 타당한 것인지를 검증하기 어렵게 한다.[6] 따라서 정신적 손해 판단기준을 좀 더 구체화하기 위하여 이러한 요소들을 체계적으로 분류하고 그중 어떤 요소가 다른 요소보다 상대적으로 더 중요한 것인지를 검토하는 작업이 필요하다.

대법원이 GS 칼텍스 개인정보 유출 사건에서 제시한 고려 요소들은 ① 행위불법 관련 요소와 ② 결과불법 관련 요소로 나눌 수 있다. 이를 표로 나타내면 다음과 같다.

행위불법 관련 요소	• 개인정보처리자가 개인정보를 관리해 온 실태 • 개인정보가 유출된 구체적 경위
결과불법 관련 요소	• 유출된 개인정보의 종류와 성격 • 정보주체의 식별 가능성 • 제3자의 열람 여부 또는 열람 가능성 • 유출된 개인정보의 확산 범위 • 추가적인 법익침해 가능성 • 개인정보 유출로 인한 피해 발생 및 확산 방지 조치

5) 대법원 2016. 9. 28. 선고 2014다56652 판결; 대법원 2018. 5. 30. 선고 2015다251539, 251546, 251553, 251560, 251577 판결.

6) 이소은, "개인정보자기결정권의 민사법적 보호", 박사학위논문, 서울대학교(2018. 8), 222면.

행위불법은 행위 자체의 악성과 관련되고,[7] 결과불법은 그 행위로 인한 결과의 중대성과 관련된다. 행위불법과 결과불법은 본래 위법성과 관련된 개념이지만, 정신적 손해 발생 여부를 규범적으로 판단하는 데에도 요긴하다. 행위불법과 결과불법은 대체로 불법행위법의 양대 목적인 예방과 회복에 대응한다. 행위불법 관련 요소를 위법성이나 손해 발생, 나아가 손해액 산정에 고려하는 것은 대체로 이를 통해 불법행위를 예방 또는 제재하기 위한 것이다. 결과불법 관련 요소를 위법성이나 손해 발생, 나아가 손해액 산정에 고려하는 것은 대체로 이를 통해 불법행위로 인하여 발생한 피해를 회복시키기 위한 것이다.

(2) 2차 피해 발생 가능성의 중요성

그런데 불법행위법의 1차적 목적은 예방이나 제재가 아니라 회복이다.[8] 특히 불법행위의 요건 중 '손해'는 바로 회복 대상을 지칭하는 것이므로 더욱 더 회복적 시각이 강조되어야 한다. 그러므로 손해 발생 판단에 있어서는 그 손해를 야기한 행위가 얼마나 잘못된 것인가 하는 행위불법 관련 요소보다는 그 행위로 인한 불이익이 얼마나 큰 것인가 하는 결과불법 관련 요소가 훨씬 중요하게 고려되어야 한다. 바꾸어 말하면, 손해 판단에서 행위불법 관련 요소와 결과불법 관련 요소는 위법성 판단에서와 같이 대등한 상관관계에 있지 않다. 결과불법 관련 요소가 강하면 행위불법 요소가 약하더라도 정신적 손해가 인정될 수 있다. 반면 결과불법 관련 요소가 약한 사안에서 정신적 손해가 인정되려면 행위불법 관련 요소가 매우 강하게 나타나야 한다. 행위불법 관련 요소는 단지 부차적인 고려 요소로만 기능할 수 있으므로, 결과불법 요소가 약한 사안에서 행위불법 관련 요소에 근거하여 정신적 손해를 인정하기 위해서는 행위불법 관련 요소가 매우 강하여 불법행위 예방 및 제재의 필요성이 매우 큰 경우라야 한다. 요컨대 개인정보 침해로 인한 정신적 손해 판단에서는 행위불법 관련 요소보다 결과불법 관련 요소가 더욱 중요하게 고려되어야 한다.

한편 결과불법 관련 요소로 제시된 개인정보의 속성(개인정보의 종류와 성격, 식별

---

7) 행위불법 관련 요소는 본래 위법성 또는 고의나 과실 판단에서 전형적으로 고려되는 요소이지만, 정신적 손해는 속성상 행위불법의 모습이나 크기에 영향을 받기 때문에 손해 판단에서도 행위불법 관련 요소가 고려될 수 있다.

8) 권영준, "불법행위법의 사상적 기초와 그 시사점－예방과 회복의 패러다임을 중심으로－", **저스티스**, 통권 제109호(2009. 2), 98면.

가능성), 개인정보에 대한 접근 가능성(제3자의 열람 여부 또는 열람 가능성, 유출된 개인정보의 확산 범위), 추가 피해 경감 조치(개인정보 유출로 인한 피해 발생 및 확산 방지 조치)는 모두 개인정보자기결정권 침해 그 자체의 피해를 넘어서서 정보주체에게 2차적으로 발생할 수 있는 피해(이하 편의상 '2차 피해'라고 한다)의 크기와 밀접한 관련이 있다. 한편 "추가적인 법익침해 가능성"은 위 요소들과 같은 층위에서 병렬적으로 서술되었으나, 위 요소들을 종합적으로 고려하여 판단되어야 할 상위 요소이다.[9] 결국 위에서 열거한 결과불법 관련 요소는 한 마디로 말하면 "2차 피해 발생 가능성"이라는 하나의 포괄적 요소로 압축할 수 있다.

이는 개인정보자기결정권의 속성과도 긴밀하게 연결된다. 개인정보자기결정권은 개인정보의 오·남용으로 침해될 수 있는 다른 실체적 권리들을 선제적, 효과적으로 보호하기 위한 도구적 권리의 성격이 강하다.[10] 그러므로 개인정보자기결정권 침해로 인한 정신적 손해 판단에서도 가장 중요하게 고려되어야 할 점은 그 침해행위로 인해 실체적 권리들에 어떤 피해나 피해의 위험이 발생하였는가 하는 점이다. 요컨대 개인정보자기결정권 침해로 인한 정신적 손해 판단에서는 결과불법 관련 요소, 특히 침해행위로 인한 2차 피해 발생 가능성이 중요하게 고려되어야 한다.

이러한 경향성은 우리 판례에도 반영되어 있다. 대법원은 GS 칼텍스 개인정보 유출 사건에서 개인정보 유출 사실을 인정하면서도, 이로 인한 정신적 손해는 인정하지 않았다.[11] 개인정보 유출에 가담한 사람들이 검거되고 개인정보가 담긴 CD 등은 모두 수사기관에 의해 압수되거나 폐기됨으로써 침해행위로 인한 실제 피해 발생 가능성이 낮았기 때문이다. 또한 대법원은 이른바 LG유플러스 개인정보 유출 사건에서 원고들의 개인정보가 피고의 관리·통제를 벗어나 제3자가 알 수 있는 상태에 이르지 않았다고 하여 정신적 손해를 인정하지 않았다.[12] 두 판결

9) 위치정보 침해에 관한 대법원 2016. 9. 26. 선고 2014다56652 판결과 대법원 2018. 5. 30. 선고 2015다251539, 251546, 251553, 251560, 251577 판결에서는 정신적 손해 발생 판단의 고려요소 중 추가적인 법익침해 가능성을 고려요소에 포함시키지 않고 있다. 열거된 다른 결과불법적 요소들이 모두 추가적인 법익침해 가능성에 관한 요소들이기 때문이다.

10) 박경신, "사생활의 비밀의 절차적 보호규범으로서의 개인정보보호법리 개인정보보호법 및 위치정보보호법의 해석 및 적용의 헌법적 한계", **공법연구**, 제40권 제1호(2011), 148면; 김진환, "개인정보 보호의 규범적 의의와 한계－사법(私法) 영역에서의 두 가지 주요 쟁점을 중심으로－", **저스티스**, 통권 제144호(2014. 10), 57－58면은 같은 취지에서 개인정보자기결정권을 '절차적 권리'라고 표현한다.

11) 대법원 2012. 12. 26. 선고 2011다59834, 59858, 59841 판결.

모두 2차 피해가 실제로 발생하지 않았고 앞으로 발생할 가능성도 낮았던 사건들에 관한 판결들이다.

반면 개인택시기사들의 위치정보 무단 열람 사건에서는 정신적 손해 발생이 인정되었다.[13] 이 사건에서 피고들인 콜 택시 서비스 회사 임원들은 위치정보 무단 열람을 통해 2년이 넘는 장기간 동안 수시로 소속 택시기사들의 동향을 파악하였으며, 직접 현장에 가서 택시기사들의 도박행위 또는 음주행위 등을 확인하는 등 택시기사들의 프라이버시권을 실제로 침해하였다. 대법원은 "…위치정보를 다른 정보와 종합적으로 분석하면 개인의 종교, 대인관계, 취미, 자주 가는 곳 등 주요한 사적 영역을 파악할 수 있어 위치정보가 유출 또는 오·남용될 경우 사생활의 비밀 등이 침해될 우려가 매우 크다."라고 전제한 뒤 "이 사건 개인위치정보가 광주택시에 장기간 제공되어 원고들의 평소의 동향 확인에 이용됨으로써 원고들의 사생활의 비밀 등이 침해되었다고 할 것"이라고 하면서 정신적 손해를 인정하였다. 이 역시 2차 피해가 실제로 발생하였는지, 또는 발생할 가능성이 큰지가 정신적 손해 판단에 결정적인 고려 요소임을 보여 주는 판결이다.

미국에서는 정신적 손해배상청구의 당사자적격(standing)이 인정되려면 현실적 손해(actual injury) 발생이 요구된다는 기본 법리에 의거하여,[14] 그 손해가 구체적이고(concrete) 특정되어 있으며(particularized), 실제 발생하였거나 발생 위험이 임박한(actual or imminent) 손해인지에 따라 현실적 손해 발생 여부를 판단한다.[15] 단순히 추측에 의하거나(conjectural) 가정적인(hypothetical) 손해는 여기에서의 현실적 손해에 해당하지 않는다.[16] 그에 따라 미국 연방법원에서도 프라이버시나 재산권 등 기존에 정립된 실체적 권리에 대한 2차 피해가 실제로 발생하였거나 그 발생 위험이 임박한 때에만 현실적 손해요건이 충족된다고 판단한 예들이 많다.[17]

---

12) 대법원 2014. 5. 16. 선고 2011다24555 판결.

13) 대법원 2016. 9. 26. 선고 2014다56652 판결.

14) Lujan v. Defenders of Wildlife, 504 U.S. 555, 560-561 (1992). 또한 이에 대한 증명책임은 원고에게 있다는 판결로 FW/PBS, Inc. v. Dallas, 493 U.S. 215, 231 (1990).

15) Lujan v. Defenders of Wildlife, 504 U.S. 555, 560 (1992); Clapper v. Amnesty International USA, 568 U.S. 398, 409 (2013).

16) Lujan v. Defenders of Wildlife, 504 U.S. 555, 560 (1992); Spokeo, Inc. v. Robins, 136 S.Ct. 1540, 1548 (2016).

17) Reilly v. Ceridian Corp., 664 F.3d 38 (3d. Cir. 2011); Green v. eBay Inc., No. 14-1688, 2015WL2066531, at 3 (E.D. La. May. 4. 2015); Peters v. St. Joseph Sevs. Corp., 74 F. Supp. 3d 847, 854 (S.D. Tex 2015); Storm v. Paytime, Inc., 90 F. Supp. 3d 359, 363, 365-366 (M.D.Pa 2015).

또한 개인정보 침해로 인한 주관적인 공포(subjective fear)나 불안감(anxieties)이 존재한다거나 장차 2차 피해가 발생할 가능성이 높아졌다는 사실만으로는 현실적 손해가 발생하지 않는다고 본 예들도 있다.[18] 최근 미국 연방대법원은 Spokeo 판결에서 위와 같은 손해의 현실성 요건을 재확인하면서, 그러한 손해가 반드시 유형적(tangible)인 손해일 필요는 없지만, 전통적으로 법원에 소를 제기할 수 있는 손해와 밀접한 관련성이 있어야 한다고 판단하였다.[19] 이러한 일련의 흐름은 개인정보자기결정권 침해 사건의 손해 판단에서 기존에 확고하게 정립된 법익에 대한 2차 피해의 발생 가능성이 매우 중요하게 고려되고 있음을 보여 준다.[20]

(3) 대상판결 검토

대법원은 대상판결에서 개인위치정보 침해로 인한 정신적 손해 판단기준으로 5가지 고려 요소를 열거하였다. 이는 앞서 살펴보았듯이 대체로 GS 칼텍스 판결에서 제시한 판단기준과 유사하다. 5가지 고려 요소 중 수집경위와 관리실태를 제외한 4가지(식별 가능성, 이용 여부, 수집 기간의 장단, 피해 발생 및 확산 방지 조치)는 2차 피해 발생 가능성과 관련 있다. 대법원은 해당 사건에 관하여 식별 가능성이 없다는 점, 피고 회사들의 영역을 벗어나는 2차 유출 가능성이 없다는 점, 신속한 피해 발생 및 확산 방지 조치가 취해졌다는 점 등 2차 피해 발생 가능성이 없다는 측면을 강조하여 원고들에게 정신적 손해가 발생하지 않았다는 결론에 이르렀다.

대상판결은 개인위치정보를 다루었다는 점에서 GS 칼텍스 판결을 비롯하여 일반적인 개인정보를 다루었던 판결과는 구별된다. 개인위치정보는 개인의 생명, 신체의 안전이나 사생활과 밀접하게 관련된다. 따라서 개인위치정보는 개인정보 중

---

18) Pisciotta v. Old National Bancorp., 499 F. 3d 629 (7th Cir. 2007); Reilly v. Ceridian Corp., 664 F.3d 38 (3d. Cir. 2011); Green v. eBay Inc., No. 14－1688, 2015WL2066531, at 3 (E.D. La. May. 4. 2015); Peters v. St. Joseph Sevs. Corp., 74 F. Supp. 3d 847, 854 (S.D. Tex 2015); Storm v. Paytime, Inc., 90 F. Supp. 3d 359, 363, 365－366 (M.D.Pa 2015).

19) Spokeo, Inc. v. Robins, 136 S.Ct. 1540, 1549 (2016).

20) 참고로 영국에서는 비교적 최근까지도 개인정보 침해로 인하여 재산적 손해가 발생하지 않으면 정신적 손해도 발생하지 않았다고 보아야 한다는 입장을 견지하여 오다가, 2015년 Vidal-Hall 판결(Vidal-Hall v Ors v Google, Inc. [2015] EWCA Civ 311)에 이르러 비로소 꼭 재산적 손해가 발생하지 않더라도 정신적 손해가 발생할 가능성이 있다고 인정하였다. 또한 최근 영국의 정보보호법(Data Protection Act) 제168조는 2018. 5. 25.부터 시행된 EU의 개인정보 보호규칙(General Data Protection Regulation, GDPR) 제82조의 내용을 반영하여 비재산적 손해(non-material damages)에 대한 배상을 명문으로 규정하였다.

에서도 민감성이 높은 정보이다. 이러한 개인위치정보의 속성은 2차 피해 발생가능성을 판단할 때에도 충분히 고려되어야 한다. 개인정보자기결정권 침해로 인한 정신적 손해가 거의 인정되지 않는 판례의 흐름 속에서도 개인택시기사들의 위치정보 무단 열람 사건에서 정신적 손해가 인정된 것도 그러한 고려의 결과라고 생각된다.[21] 그러나 이러한 개인위치정보의 특수성을 감안하더라도 이 사건에서 정신적 손해가 발생하였다고 보기는 어렵다. 2차 피해 발생 가능성이 거의 없는데다가, 달리 개인위치정보의 수집 과정에서 현저한 행위불법적 요소도 발견되지 않기 때문이다. 대상판결에 찬성한다.[22]

21) 대법원 2016. 9. 26. 선고 2014다56652 판결.

22) 같은 회사를 상대로 한 미국의 유사 소송에서도 회사의 법적 책임은 인정되지 않았다. In re iPhone Application Litig, 844, F. Supp. 2d 1040 (N.D. Cal. 2012).

15 기사형 광고를 게재한 신문사가 방조에 의한 공동불법행위책임을 부담하는 경우 (대법원 2018. 1. 25. 선고 2015다210231 판결)

가. 사실관계

A는 공범들과 허위 상품권 할인 판매 광고로 고객을 모집하여 상품권 대금을 편취하기로 하고, 인터넷 소셜커머스 사이트(이하 'X 사이트'라고 한다)를 개설하였다. 한편 피고는 인터넷 뉴스 사이트(한경닷컴)를 운영하는 인터넷신문사인데, 피고 직원이 A에게 전화하여 240만 원을 내면 인터넷신문에 A의 사업에 대한 기사를 싣고 중소기업브랜드 대상도 주겠다고 하였다. A는 피고에게 그렇게 해 달라고 요청하였고, 피고는 X 사이트를 2011년 하반기 중소기업브랜드 대상 소셜커머스 부문 수상업체로 선정하였다. 피고는 A가 보내온 기사 초안을 토대로 피고의 인터넷 뉴스 사이트에 기사형 광고도 게재하였다. 원고들은 X 사이트를 통해 상품권을 주문하였는데, 대금을 입금하고도 상품권을 배송받지 못하였다. 원고들은 A와 피고 등을 상대로 불법행위로 인한 손해배상을 청구하는 소송을 제기하였다. 그중 피고에 대한 청구원인은 피고가 A의 불법행위를 방조하였으므로 민법 제760조 제3항에 따른 방조자로서의 손해배상책임을 부담하라는 것이었다.

나. 원심판결과 대상판결

1심법원은 A에 대한 손해배상청구는 전부 인용하였으나, 피고가 A에게 중소기업브랜드 대상을 수여하거나 기사를 게재하면서 A의 불법행위를 예견하기는 어려웠다는 점을 들어 피고의 방조책임에 기한 손해배상청구는 전부 기각하였다.[1] 반면 원심법원은 피고의 방조책임을 인정하였다.[2] 원심법원은 언론기관이 광고매체

1) 서울중앙지방법원 2013. 11. 20. 선고 2012가합542086 판결. 1심법원은 A가 피고에게 중소기업브랜드 대상 수상업체로 선정하여 달라는 요청을 하였다는 사실만 인정하고, 피고 직원이 A에게 먼저 접근하였다는 사실은 인정하지 않았다.

2) 서울고등법원 2015. 2. 6. 선고 2014나200602 판결. 원심법원은 1심법원과 달리 피고 직원이 먼저 A에게 접근하여 240만 원을 주면 기사를 실어 주고 중소기업브랜드 대상을 수여하겠다고 말한 사실을 인정하였다.

가 되는 경우 광고내용을 조사 · 확인할 일반적 의무를 부담하지는 않는다고 보았다. 하지만 "그 진실성에 의심을 품어야 할 특별한 사정이 있는 경우, 위험성이나 불법성을 쉽게 예상할 수 있는 상품이나 용역을 광고하는 경우, 광고의 존재가 피해자의 신뢰형성에 중요한 기망수단으로 작용하고 광고매체가 쉽게 피해를 방지할 수 있는 경우 등"에는 "진실성을 조사 · 확인하여 허위나 위법 · 부당한 광고를 독자들에게 제공하여서는 아니 될 의무"를 부담한다고 보았다. 그리고 이러한 의무는 「신문 등의 진흥에 관한 법률」(이하 '신문법'이라고 한다) 제6조에서 정한 독자의 보호 의무와 직무상 안전의무[3]의 내용을 구성한다고 보았다.[4] 그런데 피고는 A로부터 대가를 받고 중소기업브랜드 대상을 수여하면서 별다른 사실 확인 없이 A가 작성한 기사 내용을 그대로 게재하면서도 그 기사가 광고임을 명시하지 않는 등 위와 같은 법적 주의의무에 위반하여 A의 불법행위를 방조하였다는 것이다.

대법원도 다음과 같은 이유로 원심법원의 판단이 정당하다고 보았다. 실질은 광고이지만 기사의 형식을 빌린 이른바 '기사형 광고'도 광고의 일종이다. 이러한 기사형 광고는 구성이나 내용, 편집방법 등에 따라서는 일반 독자로 하여금 '광고'가 아닌 '보도기사'로 쉽게 오인하게 할 수 있다. 따라서 신문사 등이 광고주로부터 특정 상품 등을 홍보하는 내용을 전달받아 기사형 광고를 게재하는 경우에는, 독자가 광고임을 전제로 정보의 가치를 판단하여 합리적 선택과 결정을 할 수 있도록 그것이 광고임을 명확히 표시하여야 하고, 보도기사로 오인할 수 있는 표시나 표현을 사용하여서는 아니 된다. 신문사 등이 광고주로부터 전달받은 허위 또는 과장 광고에 해당하는 내용을 보도기사로 게재하거나 광고주로부터 전달받은 내용을 바탕으로 허위 내용을 작성하여 보도기사로 게재함으로써 이를 광고가 아닌 보도기사로 신뢰한 독자가 광고주와 상거래를 하는 등으로 피해를 입었다면, 기사형 광고 게재행위와 독자의 손해 발생 사이에 상당인과관계가 인정되는 범위 내에서는 신문사 등도 방조에 의한 공동불법행위책임을 부담할 수 있다. 이 사건에서 피고는 이 사건 기사를 작성하면서도 광고임을 명시하지 않아 광고와 기사의 구분의무를 위반하였고, 그 기사에 허위 내용[5]도 기재하였으며, 그 행위와 A의 불법행

---

3) 원심판결은 직무상 안전의무를 "사회규범상 자신의 직업이나 영업에 종사함에 있어서 타인에게 가능한 손해를 입히지 않도록 배려할 의무"로 정의하였다.

4) 특히 「신문 등의 진흥에 관한 법률」 제6조 제3항은 "신문 · 인터넷신문의 편집인 및 인터넷뉴스서비스의 기사배열 책임자는 독자가 기사와 광고를 혼동하지 아니하도록 명확하게 구분하여 편집하여야 한다."라고 규정하고 있다.

위 및 원고들의 손해 발생 사이에 상당인과관계도 인정되므로 피고는 손해배상책임을 부담한다.

다. 분석

(1) 기사형 광고에 관한 언론기관의 주의의무

대상판결은 기사형 광고에 관한 언론기관의 주의의무를 다룬 판결이다. 기사형 광고는 기사 형태로 된 광고이다. 그런데 기사와 광고는 전혀 다른 목적과 성격을 가진다. 기사는 언론기관이 작성하지만, 광고는 광고주가 제작한다. 기사에서는 객관적 사실의 정확한 전달이 중요하지만, 광고에서는 정보 전달 외에도 소비자의 구매욕을 자극하는 감성적 홍보가 중요하다. 기사를 읽을 때와 광고를 볼 때 독자들의 마음가짐은 다르다. 독자들은 기사의 객관성을 신뢰하지만 광고는 에누리하여 본다. 일반 상거래 관행이나 신의칙에 반하지 않는 상업광고의 허위나 과장에 법적 책임을 지우지 않는 것도 이러한 현실을 염두에 두었기 때문이다.[6)]

기사와 광고의 차이는 언론기관의 책임에도 영향을 미친다. 언론기관은 기사의 작성주체로서 허위 기사에 대해 상대적으로 무거운 책임을 진다. 기사의 객관성에 대한 신뢰도가 높은 만큼, 독자들은 기사를 읽을 때 그 내용의 진위를 의심하기보다는 그 내용이 진실일 것으로 생각하기 때문이다. 반면 광고에 관해 언론기관은 정보 전달 매체에 불과하므로 허위 광고에 대해 상대적으로 가벼운 책임을 진다. 또한 광고주의 위법 또는 부당한 광고행위에 대해서는 다양한 행정규제와 형사처벌이 가해지는 만큼, 언론기관에 가해지는 법적 책임의 부하(負荷)는 줄어든다.[7)]

그런데 기사형 광고는 이러한 기사와 광고의 경계를 허물어뜨린다. 그 결과 기사와 광고에 관한 책임 체계도 혼선에 빠뜨린다. 기사형 광고는 기사의 형식을 빌

---

5) X 사이트는 기사 게재 4일 전에 개설되었는데도 기사에는 X 사이트가 오프라인에서부터 소비자의 두터운 신뢰를 받아 온 기업이라고 기재되어 있었다.

6) 대법원 1993. 8. 13. 선고 92다52665 판결; 대법원 2001. 5. 29. 선고 99다55601, 55618 판결; 대법원 2015. 5. 28. 선고 2014다24327 판결.

7) 형법 외에도 소비자기본법, 표시 · 광고의 공정화에 관한 법률, 옥외광고물 등의 관리와 옥외광고산업 진흥에 관한 법률, 방송법, 의료법, 변호사법 등 다양한 법률이 광고를 규제하고 있다. 또한 헌법재판소는 상업광고에도 표현의 자유가 인정되지만, 상업광고 규제의 위헌심사 시에는 피해의 최소성 원칙은 '입법목적을 달성하기 위하여 필요한 범위 내의 것인지'를 심사하는 정도로 완화하여 적용하고 있다. 헌재 2005. 10. 27. 2003헌가3.

린 광고이다. 기사형 광고를 접하는 독자들은 그것이 광고라고 인식하지 못할 위험에 빠진다.[8] 또한 이를 인식하건 인식하지 못하건 기사의 형식 때문에 독자들은 내용을 좀 더 쉽게 믿게 된다. 이러한 무장해제 상태에서의 신뢰 획책이 기사형 광고의 전략이기도 하다.[9] 하지만 기사형 광고도 결국 광고이기에 허위나 과장이 끼어들 위험성이 높다. 본래 광고라면 경계하고 받아들였을 독자들도 기사형 광고에 대한 신뢰에 기초하여 기사형 광고에 쉽게 기망당한다.[10] 그러므로 기사형 광고를 금지하거나 규제할 필요가 있다.

우리 법제는 기사형 광고 자체를 금지하지는 않는다. 기사형 광고도 표현의 자유에 의하여 보호받아야 할 대상이므로,[11] 기사형 광고라는 특정 방식으로 표현행위를 하는 것을 애초부터 봉쇄하지는 않겠다는 입장이다. 그 대신 기사형 광고가 광고임을 밝힘으로써 기사형 광고로 인한 오인 · 혼동의 위험을 최소화하고자 한다. 이를 통해 독자들이 기사형 광고의 실체를 인식한 상태에서 스스로 정보를 취사선택할 수 있도록 한다. 신문법 제6조 제3항이 바로 그 근거 조항이다. 이 조항은 "신문 · 인터넷신문의 편집인 및 인터넷뉴스서비스의 기사배열 책임자는 독자가 기사와 광고를 혼동하지 아니하도록 명확하게 구분하여 편집하여야 한다."라고 규정하고 있다.

대상판결은 이 조항으로부터 기사형 광고에 대한 언론기관의 광고표시의무를 이끌어 내었다. 신문법 제6조 제3항이 언론기관의 사법(私法)상 주의의무를 직접 규정한 것인가에 대해서는 논란의 여지가 있다. 그러나 기사와 광고를 혼동하지 않도록 명확하게 표시하도록 한 신문법 제6조 제3항은 독자 보호를 염두에 둔 조항이다. 따라서 이 조항은 언론기관과 독자의 관계에서 언론기관이 지켜야 할 법적 의무를 규정한 것으로 볼 수 있다. 그러므로 신문법 제6조 제3항으로부터 언론기관의 사법상 주의의무를 이끌어 낸 대상판결의 태도는 타당하다.

---

8) 마윤성 · 황호영, "온라인 기사형 광고의 허위 및 과대 · 과장광고로써의 법률적 접근과 해석", **디지털융복합연구**, 제14권 제5호(2016. 5), 394면에 인용된 세 가지 조사결과에 따르면 각 기사형 광고별로 68.8%, 60%, 77%의 소비자가 광고임을 인지하지 못하였다.

9) 마윤성 · 황호영(주 8), 393면 참조.

10) 김윤식 · 박종민, "과연 독자는 기사와 기사형 광고의 차이를 중요하게 생각하는가?: 정교화 가능성 모델의 중심단서로서 신문의 기사형 광고 표식", **한국언론정보학보**, 제57권 제3호(2013. 6)에서는 실증적 조사에 의하더라도 독자는 기사형 광고에 대해 쉽게 호감을 가진다는 점을 밝힌다.

11) 광고와 표현의 자유에 대해서는 배병일, "광고로 인한 명예훼손", **비교사법**, 제8권 제2호(2001. 12), 521면 이하.

대상판결은 기사형 광고에 관한 언론기관의 주의의무를 처음 제시하였다는 점에서 의미 있다. 해당 사건에 이러한 법리를 적용하여 내린 결론도 타당하다. 이 사건 기사는 온전히 기사의 형식을 띠고 있었으나, 그것이 실은 광고임을 알 수 있는 문구는 전혀 기재되어 있지 않았다. 오히려 인터넷상으로는 '기사본문'이라는 문구가 기재되어 있었고, 그 기사를 삭제한 이후에도 '삭제된 기사'라고 표시되어 있었다. 주의 깊은 독자라면 그것이 기사형 광고임을 알 수도 있었을 것이다. 하지만 주의의무 위반은 주의 깊은 독자가 아니라 평균적 독자를 기준으로 판단해야 한다. 이 사건의 경우 평균적 독자가 이를 기사로 오인·혼동할 위험은 충분하였다고 보인다. 따라서 이 사건에서 언론기관인 피고가 광고표시의무를 위반하였다고 보는 데에는 어려움이 없다.

(2) 광고에 관한 언론기관의 일반적 주의의무

한편 피고가 기사형 광고에 관한 광고표시의무 외에도 광고매체로서 주의의무를 부담하는지도 생각해 볼 문제이다. 이는 기사형 광고를 기사로 볼 것인가, 광고로 볼 것인가의 문제와 연결된다. 그런데 이 기사는 사실상 A가 작성하였고, 기사의 목적과 내용도 A가 운영하는 X 사이트에 관한 광고였다. 그러므로 이 사건 기사형 광고는 실질적으로 광고의 범주에 속한다. 그러므로 피고에게는 광고매체가 부담하는 주의의무가 인정될 수 있다.

그렇다면 피고와 같은 언론기관이 광고매체로서 광고에 관하여 부담하는 주의의무는 무엇인가? 언론기관이 광고를 게재하면서, 기사를 작성할 때와 같은 강도로 그 내용의 진위를 조사·확인할 수는 없다. 광고에 관한 정보는 대부분 광고주가 가지고 있다. 그러므로 언론기관이 광고의 진위를 조사·확인하는 것은 비현실적이고 비효율적이다.[12] 이러한 조사·확인의무 부과는 언론기관의 비용 상승 또는 광고 수익 상실로 이어질 것이다. 그로 인해 언론기관의 경제적 토대는 취약해지고, 언론기관을 통해 구현되는 표현의 자유에 부정적 영향을 미칠 수 있다. 그러므로 언론기관에 광고 내용 진위를 확인할 일반적 주의의무를 부담시킬 수는 없다.

하지만 다른 한편 언론기관이 어떤 경우에도 허위 광고로부터 면책된다고 말하는 것도 극단적이다. 일반 대중이 언론기관에 대해 가지는 신뢰는 광고 가치를 제

12) 판례가 과실의 개념을 파악할 때 효율성을 고려하고 있다는 설명으로 윤진수, "법의 해석과 적용에서 경제적 효용의 고려는 가능한가", **서울대학교 법학**, 제50권 제1호(2009. 3), 66-67면.

고하는 데 결정적으로 중요한 요소이다. 언론기관은 광고주에게 바로 그러한 신뢰를 제공하면서 그 대가를 지급받는다. 바꾸어 말해 허위 광고의 경우 언론기관도 그로 인한 위험 창출에 일조하면서 그를 통해 수익을 얻는 것이다. 그러므로 언론기관이 일반적인 조사 · 확인절차를 거치지 않더라도 광고의 허위성을 쉽게 알 수 있었던 특수한 상황에서는 광고주에게 그 광고 내용을 수정하도록 권고하거나 광고를 싣지 않을 주의의무를 인정할 수 있다. 만약 언론기관이 이러한 상황에서도 광고주의 요청에 따라 그대로 광고를 싣는다면, 일반 대중이 그 광고의 진위를 확인하여 속지 않을 가능성은 요원하다. 이때에는 언론기관이 일종의 게이트 키퍼(gate keeper) 역할을 해야 한다.[13]

대법원은 이 점에 관하여 명확히 판시하지 않았다. 하지만 서울고등법원은 원심판결에서 ① 진실성에 의심을 품어야 할 특별한 사정이 있는 경우, ② 위험성이나 불법성을 쉽게 예상할 수 있는 상품이나 용역을 광고하는 경우, ③ 광고의 존재가 피해자의 신뢰형성에 중요한 기망수단으로 작용하고 광고매체가 쉽게 피해를 방지할 수 있는 경우에는 조사 · 확인의무가 인정된다고 보았다. 즉 광고매체가 광고 내용의 진위를 조사 · 확인할 일반적 주의의무는 인정되지 않지만, 위에 열거한 특별한 사정이 있는 경우에는 제한적으로 조사 · 확인의무가 인정된다는 취지이다.[14]

국내 문헌상으로도 언론기관은 광고 내용의 진위에 대한 일반적인 조사확인의무를 부담하지는 않지만 그 진실성에 의심을 품어야 할 특별한 사정이 있는 경우에는 예외적으로 조사 · 확인의무를 부담한다는 입장이 있다.[15] 일본 최고재판소 역시 광고 내용의 진실성에 의심을 품어야 할 특별한 사정이 있어 독자에게 예측

13) 마찬가지 맥락에서 광고가 명백한 명예훼손적 내용을 담고 있다면 광고매체인 언론기관은 이러한 광고에 대한 수정 내지 편집의 주의의무가 있다. 배병일(주 11), 526면.

14) 이처럼 '일반적' 주의의무는 부정하면서도 특별한 사정이 있을 경우 '예외적' 주의의무를 인정하는 사례는 여럿 있다. 가령 예금 지급 시 은행 직원은 단순히 인감 대조 및 비밀번호 확인 등의 통상적인 조사만을 하면 족하고, 청구자가 정당한 예금인출권한을 가지는지 여부를 조사할 의무는 없다. 그러나 청구자에게 정당한 변제수령권한이 없을 수 있다는 의심을 가질 만한 '특별한 사정'이 있다면 당해 청구자의 신원을 확인하거나 예금주 본인의 의사를 확인하는 등 청구자가 정당한 예금인출권한을 가지는지 여부를 조사할 의무가 인정된다(대법원 2013. 1. 24. 선고 2012다91224 판결; 대법원 2007. 10. 25. 선고 2006다44791 판결). 또한 보증보험회사가 보증보험계약을 체결할 때 주계약의 부존재나 무효 여부를 조사 · 확인할 일반적 의무는 없지만 보험계약자가 제출한 서류에 주계약의 부존재나 무효를 의심할 만한 점이 발견되는 등의 '특별한 사정'이 있는 경우에는 예외적으로 그러한 조사 · 확인 의무가 인정된다(대법원 2014. 9. 25. 선고 2011다30949 판결).

15) 유지원, "인터넷 키워드 검색광고에서 포털과 게시자의 책임", **사법논집**, 제60집(2016), 457면.

하지 못한 손해를 끼칠 염려가 있음을 예견하거나 예견할 수 있는 경우에는 언론기관이 조사 · 확인의무를 부담한다고 판시한 바 있다.[16)]

어느 경우에 진실성을 의심할 만한 특별한 사정이 인정되고 이로 인하여 언론기관이 조사 · 확인의무를 부담하는지는 개별 사안별로 판단할 수밖에 없다. 이러한 조사 · 확인의무는 소비자, 광고주, 언론기관이 광고 내용의 진실성을 담보하기 위한 공동의 노력에 어떤 역할을 부담해야 하는가 하는 관점에서 생각해 볼 수 있다. 가령 병원에서 사용하는 의료기기에 관한 광고와 같이, 매우 전문적인 내용을 담고 있고 전문 지식을 갖춘 특정 소비자를 대상으로 한 광고가 있을 수 있다. 이 경우에는 언론기관보다 소비자가 그 광고 내용의 진위를 쉽게 알아낼 수 있으므로, 언론기관의 조사 · 확인의무를 인정할 필요성이 낮다. 광고주가 스스로 그 진실성을 담보하도록 하는 한편, 소비자가 그 정보를 적절히 수용하도록 하면 충분하다. 반면 일상적으로 섭취하는 식품에 관한 광고와 같이, 매우 일상적인 내용을 담고 있고 넓은 범위의 소비자를 대상으로 한 광고도 있을 수 있다. 이 경우에는 소비자보다 언론기관이 그 전문성과 정보력에 기초하여 그 광고 내용의 진위를 쉽게 알아낼 수 있는 지위에 있다. 그러므로 언론기관의 조사 · 확인의무를 발생시키는 특별한 사정의 존재가 좀 더 너그럽게 인정될 수 있다. 결국 언론기관이 부담하는 조사 · 확인의무의 광협(廣狹)은 소비자와 언론기관 중 누가 더 해당 정보의 진위를 쉽게 파악할 수 있는가, 나아가 해당 정보를 수용하는 소비자에 대하여 어느 정도의 보호 필요성이 인정되는가와 관련된다.

대상판결의 사안에서는 이러한 특별한 사정이 존재하였는가? 대법원은 이 점에 관하여 판시하지 않았다. 원심법원은 위와 같은 일반론을 제시하였지만, 실제 그 일반론을 적용하는 과정에서는 기사형 광고에 특유한 주의의무와 광고매체의 주의의무를 구분하지 않고 적용하였다. 따라서 원심법원의 입장도 알기 어렵다. 필자는 이 사건에서 피고가 기사형 광고에 관한 주의의무뿐만 아니라 광고매체로서의 주의의무에도 위반하였다고 생각한다. A가 운영하던 X 사이트는 기사 게재 작성일 직전에 비로소 개설한 것이었다. 그런데도 피고는 A측이 일방적으로 작성한 초안에 의거하여, 소셜커머스의 사기 위험성을 강조한 뒤 X 사이트가 소비자의 두터운 신뢰를 받아온 기업이라는 허위 사실을 그대로 게재하였고, 그 직후 X 사이

16) 最判 1989(平成 元年). 9. 19.(民集 1574卷 601頁).

트를 중소기업브랜드 대상으로 선정하였다. 이러한 사기 행각은 피고가 먼저 A에게 접근하여, 일정 액수를 내면 X 사이트에 대한 기사를 실어 주고 상을 주겠다고 한 데에서 비롯되었다. 이러한 일련의 과정에 비추어, 대상판결의 사안은 '광고의 존재가 피해자의 신뢰형성에 중요한 기망수단으로 작용하고 광고매체가 쉽게 피해를 방지할 수 있는 경우'에 해당한다고 보아야 한다. 따라서 피고에게는 기사형 광고의 내용에 관한 조사 · 확인의무가 인정될 수 있다. 피고로서는 X 사이트에 대해 좀 더 조사 · 확인하였어야 하고, 그렇게 했더라면 적어도 X 사이트가 소비자의 두터운 신뢰를 받아온 안전한 사이트가 아님을 확인할 수 있었을 것이다. 피고는 기사형 광고의 표시의무뿐만 아니라 광고에 관한 언론기관의 조사 · 확인의무도 위반하였다.

16 해킹 사고와 정보통신서비스제공자의 불법행위 방조책임 (대법원 2018. 1. 25. 선고 2015다24904, 24911, 24928, 24935 판결)

가. 사실관계

피고는 인터넷에서 검색, 커뮤니티 등을 기반으로 각종 정보를 제공하는 포털서비스사업을 하는 회사로, 「정보통신망 이용촉진 및 정보보호 등에 관한 법률」(이하 '정보통신망법'이라고 한다)의 적용을 받는 정보통신서비스 제공자이다.[1] 피고가 제공하는 온라인 서비스에 가입한 이용자[2]들은 회원 가입 시 피고에게 성명, 주민등록번호, ID, 비밀번호, 이메일 주소, 주소, 전화번호 등의 개인정보를 제공하였다. 피고는 이러한 개인정보를 DB 서버에 저장하고 있었다. 한편 피고의 DB 서버에 접속하려면 다음과 같은 단계를 거쳐야 했다. 먼저 피고의 직원 컴퓨터를 켜고 웹 브라우저를 실행한 뒤 아이디, 비밀번호를 입력하여 가상사설전산망(VPN)의 IP 주소를 할당받는다. 그 다음 별도의 아이디, 비밀번호를 입력하여 게이트웨이 서버에 접속한다. 이후 게이트웨이 서버에 설치되어 있는 DB 접근통제 솔루션 '샤크라'로부터 권한 인증을 받고, 다시 별도의 아이디, 비밀번호를 입력하여 DB 서버에 접속한다.

피고의 전산실 직원인 A는 자신의 PC에 무료 소프트웨어를 설치하여 사용하고 있었는데, 해커는 위 소프트웨어의 취약점을 발견하고 업데이트 시 이용자의 PC에 악성코드가 설치되도록 하였다. 위와 같은 경위로 A의 PC가 악성코드에 감염되었고, 해커는 A의 IP 주소로 VPN 서버에 접속한 다음 DB 관리자인 B의 아이디와 비밀번호를 사용하여 게이트웨이 서버 및 DB 서버에 접속하였다. 이어 해커는 DB 서버에서 처리 및 보관되고 있던 개인정보를 제3의 서버로 전송하여, 약 3,500만 명의 개인정보를 유출시켰다.

1) 정보통신망법은 '전기통신서비스 제공자'를 "「전기통신사업법」 제2조 제8호에 따른 전기통신사업자와 영리를 목적으로 전기통신사업자의 전기통신역무를 이용하여 정보를 제공하거나 정보의 제공을 매개하는 자"로 정의한다(제2조 제1항 제3호).

2) 정보통신망법은 '이용자'를 "정보통신서비스 제공자가 제공하는 정보통신서비스를 이용하는 자"로 정의한다(제2조 제1항 제4호).

피고는 위 해킹사고가 있은 다음 날 경찰과 방송통신위원회에 사고 사실을 신고하는 한편, 회원들에게 이 사건 해킹사고로 인한 개인정보 유출 사실을 공지하였다. 피고가 제공하는 온라인 서비스에 가입하면서 피고에게 개인정보를 제공하였던 원고들은, 피고를 상대로 구 정보통신망법 제32조[3]에 근거한 손해배상책임과 정보통신서비스 이용계약상 채무불이행에 따른 손해배상책임을 묻는 소송을 제기하였다.

나. 원심판결과 대상판결

1심법원은 원고들의 청구를 일부 인용하였다.[4] 원심 법원은 1심판결 중 피고 패소 부분을 취소하고, 그 취소 부분에 해당하는 원고들의 청구를 모두 기각하였다.[5] 피고는 구 「개인정보의 기술적 · 관리적 보호조치 기준」[6](이하 '이 사건 고시'라고 한다)에 따른 보호조치를 취하였으므로, 특별한 사정이 없는 한 피고에게 법률상 · 계약상 의무 위반을 인정할 수 없다는 이유에서였다. 대법원도 원심판결의 결론을 유지하였다. 다만 대법원은 피고 담당직원이 퇴근 시 로그아웃을 하지 않거나 자동 로그아웃 기능을 설정하지 않은 점에 관하여 피고의 주의의무 위반을 인정하면서도, 그 주의의무 위반과 해킹사고의 발생 사이에 상당인과관계가 인정되지 않아 피고의 손해배상책임이 인정되지 않는다고 보았다.[7] 그중 주의의무 위반 판단기준에 관한 부분의 요지만 발췌하면 아래와 같다.

정보통신서비스 제공자가 구 정보통신망 이용촉진 및 정보보호 등에 관한 법률(2012. 2. 17. 법률 제11322호로 개정되기 전의 것, 이하 '구 정보통신망법'이라고 한다) 제28조 제1항이나 정보통신서비스 이용계약에 따른 개인정보의 안전성 확보에 필요한 보호조치를 취하여야 할 법률상 또는 계약상 의무를 위반하였는지 여부를 판단함에 있어서는, 해킹 등 침해사고 당시 보편적으로 알려져 있는 정보보안의 기

---

3) 2012. 2. 17. 법률 제11322호로 개정되기 전의 것을 말한다. 구 정보통신망법 제32조는 정보통신서비스 제공자가 개인정보 보호에 관한 같은 법의 규정들을 위반하여 이용자에게 손해가 발생한 경우 정보통신서비스 제공자의 손해배상책임에 관하여 정한다. 같은 조 제2문은 정보통신서비스 제공자가 고의 · 과실이 없음을 입증하지 못하면 책임을 면할 수 없다고 규정하여, 고의 · 과실에 관한 증명책임을 전환하고 있다. 현행 정보통신망법 제32조도 같은 내용을 규정한다.

4) 서울서부지방법원 2013. 2. 15. 선고 2011가합11733, 13234, 14138, 2012가합1122 판결.

5) 서울고등법원 2015. 3. 20. 선고 2013나20047 등 판결.

6) 방송통신위원회 고시 제2011-1호로 2011. 1. 5. 일부개정된 것을 말한다.

7) 대법원은 해커가 이미 키로깅을 통하여 이 사건 DB 서버 관리자의 아이디와 비밀번호를 획득한 상태였으므로 담당직원의 로그아웃 여부와 무관하게 이 사건 DB 서버에 로그인을 할 수 있었다고 보았다.

술 수준, 정보통신서비스 제공자의 업종 · 영업규모와 정보통신서비스 제공자가 취하고 있던 전체적인 보안조치의 내용, 정보보안에 필요한 경제적 비용 및 효용의 정도, 해킹기술의 수준과 정보보안기술의 발전 정도에 따른 피해 발생의 회피 가능성, 정보통신서비스 제공자가 수집한 개인정보의 내용과 개인정보의 누출로 인하여 이용자가 입게 되는 피해의 정도 등의 사정을 종합적으로 고려하여 정보통신서비스 제공자가 해킹 등 침해사고 당시 사회통념상 합리적으로 기대 가능한 정도의 보호조치를 다하였는지 여부를 기준으로 판단하여야 한다. 한편 관련 법령에 따라 방송통신위원회가 마련한 이 사건 고시는 해킹 등 침해사고 당시의 기술 수준 등을 고려하여 정보통신서비스 제공자가 구 정보통신망법 제28조 제1항 등에 따라 준수해야 할 기술적 · 관리적 보호조치를 구체적으로 규정하고 있다. 그러므로 정보통신서비스 제공자가 고시에서 정하고 있는 기술적 · 관리적 보호조치를 다하였다면, 특별한 사정이 없는 한 정보통신서비스 제공자가 개인정보의 안전성 확보에 필요한 보호조치를 취하여야 할 법률상 또는 계약상 의무를 위반하였다고 보기는 어렵다.

다만 이 사건 고시는 정보통신서비스 제공자가 반드시 준수해야 할 최소한의 기준을 정한 것으로 보는 것이 타당하다. 따라서 정보통신서비스 제공자가 고시에서 정하고 있는 기술적 · 관리적 보호조치를 다하였다고 하더라도, 정보통신서비스 제공자가 마땅히 준수해야 한다고 일반적으로 쉽게 예상할 수 있고 사회통념상으로도 합리적으로 기대 가능한 보호조치를 다하지 아니한 경우에는 위법행위로 평가될 수 있다. 나아가 정보통신서비스 제공자가 고시에서 정하고 있는 기술적 · 관리적 보호조치를 다하였다고 하더라도, 불법행위에 도움을 주지 말아야 할 주의의무를 위반하여 타인의 불법행위를 용이하게 하였고 이러한 방조행위와 불법행위에 의한 피해자의 손해 발생 사이에 상당인과관계가 인정된다면 민법 제760조 제3항에 따른 책임을 면할 수 없다.

다. 분석

(1) 해킹 사고에 관한 정보통신서비스 제공자의 개인정보 보호의무 판단기준

정보통신망법은 정보통신서비스 제공자가 개인정보의 분실 · 도난 · 유출 · 위조 · 변조 · 훼손을 방지하고 개인정보의 안전성을 확보하기 위하여 필요한 보호조치를 취하여야 한다고 정한다(제28조). 개인정보를 안전하게 처리하기 위한 내부관리계획의 수립 · 시행(제1호), 개인정보에 대한 불법적인 접근을 차단하기 위한 침입차단시스템 등 접근 통제장치의 설치 · 운영(제2호), 접속기록의 위조 · 변조 방지를 위한 조치(제3호), 개인정보를 안전하게 저장 · 전송할 수 있는 암호화기술 등을 이용한 보안조치(제4호), 백신 소프트웨어의 설치 · 운영 등 컴퓨터바이러스에 의한 침해 방지조치(제5호), 그 밖에 개인정보의 안전성 확보를 위하여 필요한 보호조치(제6호)가 그것이다. 같은 법 시행령 제15조는 위와 같은 보호조치를 한층 더 상세히 규정하면서, 각각의 보호조치의 구체적 내용은 방송통신위원회의 고시에서 정하도록 하고 있다.

그런데 정보통신서비스 제공자가 법령과 고시를 모두 준수하였다면 해킹 사고에 관하여 과실이 없는 것으로 평가되는가? 이 점에 관한 리딩 케이스는 대법원 2015. 2. 12. 선고 2013다43994, 44003 판결(이른바 옥션 판결)이다. 옥션 판결에서도 해킹에 의한 개인정보 유출 사건을 다루었다. 대법원은 "정보통신부장관이 마련한 「개인정보의 기술적 · 관리적 보호조치 기준」(정보통신부 고시)은 해킹 등 침해사고 당시의 기술 수준 등을 고려하여 정보통신서비스제공자가 구 정보통신망법 제28조 제1항에 따라 준수해야 할 기술적 · 관리적 보호조치를 구체적으로 규정하고 있으므로, 정보통신서비스제공자가 고시에서 정하고 있는 기술적 · 관리적 보호조치를 다하였다면, 특별한 사정이 없는 한, 정보통신서비스제공자가 개인정보의 안전성 확보에 필요한 보호조치를 취하여야 할 법률상 또는 계약상 의무를 위반하였다고 보기는 어렵다."라고 판시하였다. 그리고 해당 사건에 관하여는 옥션이 법령과 고시가 요구하는 개인정보 보호를 위한 기술적 · 관리적 보호조치를 다하였다고 하여 옥션의 책임을 부정하였다.

이러한 판례의 태도는 정당하다. 우리나라의 개인정보 보호 관련 법령과 고시는 규율 범위에 있어서는 포괄적이고, 규율 밀도에 있어서는 세밀하다.[8] 한편 일반론으로서 주의의무 판단기준은 가급적 예측 가능하고 명확해야 한다.[9] 따라서 관련 법령과 고시에 상세하게 규정된 것 외에 미리 예측하기 어려운 주의의무를 부과하

---

8) 이 때문에 우리나라는 가장 강력한 개인정보 보호 법제를 가진 국가로 평가되기도 한다. Graham Greenleaf & Whon-il Park, "Korea's New Act: Asia's Toughest Data Privacy Law", *Privacy Law & Business International Report*, Issue 177 (2012), p. 6.

9) 권영준, "불법행위법의 사상적 기초와 그 시사점 – 예방과 회복의 패러다임을 중심으로 –", **저스티스**, 통권 제109호(2009. 2), 97–98면.

는 것은 바람직하지 않다.10) 특히 이러한 관련 법령이 민사책임 외에 형사책임을 부과하는 경우가 많다는 점, 현실적으로 해킹을 완벽하게 봉쇄하는 것은 불가능하다는 점까지 고려하면 더욱 그러하다. 따라서 정보통신서비스 제공자가 법령과 고시에서 요구하는 바를 모두 준수하였다면, 원칙적으로 그에게 기대되는 주의의무도 준수하였다고 보아야 한다. 옥션 판결은 이러한 법리를 선언하였다.

물론 정보통신서비스 제공자가 법령이나 고시를 모두 준수하였지만 주의의무에 위반하였다고 볼 수 있는 예외적인 경우도 있다.11) 행위자에게 요구되는 주의의무가 법령이나 고시에 모두 담겨 있으리라는 보장이 없기 때문이다. 반대로 법령이나 고시를 위반하였지만 주의의무 위반이 부정되는 경우도 있다. 그 법령이나 고시가 사법(私法)상 주의의무를 부과하는 내용이 아닐 수도 있기 때문이다. 옥션 판결에서도 '개인정보 보호에 관한 법령이나 고시 준수'가 원칙적으로 '개인정보 보호에 관한 사법상 주의의무 준수'로 평가될 수 있다고 하면서도 "특별한 사정이 없는 한"이라는 단서를 부가하여 예외가 인정될 여지를 남겨 놓고 있었다.

그럼에도 불구하고 옥션 판결은 적지 않은 비판을 받았다. 정보통신서비스 제공자가 법령상 보호조치를 취하기만 하면 개인정보 유출 사고로 인한 책임을 면할 수 있는 것처럼 판시하였다는 것이 그 비판의 근거였다.12) "특별한 사정이 없는 한"이라는 단서를 부가하기는 하였으나, 이러한 관용적 단서만으로는 언제나 '법령과 고시 준수—주의의무 준수'라는 공식이 적용된다는 오해를 불식시키기에 부족하였다. 그와 같은 비판을 의식한 것인지, 2015. 5. 19. 방송통신위원회고시 제2015—3호로 개정된 「개인정보의 기술적 · 관리적 보호조치 기준」은 해당 기준의 내용이 정보통신서비스 제공자가 취하여야 하는 기술적 · 관리적 보호조치의 "최소한의 기준"임을 명시하였다. 즉 법령상 보호조치를 모두 취하였더라도 정보통신서비스 제공자의 주의의무 위반이 인정될 수 있다는 점을 분명히 한 셈이다. 대상

---

10) 권영준, "해킹(hacking) 사고에 대한 개인정보처리자의 과실판단기준", **저스티스**, 통권 제132호(2012. 10), 51면; 이소은, "개인정보자기결정권의 민사법적 보호", 박사학위논문, 서울대학교(2018. 8), 163면.

11) 권영준(주 10), 52면. 이소은(주 10), 163면은 이러한 접근방식을 통해 정보통신서비스 제공자의 법적 안정성을 확보해 주면서도, 이용자의 보호도 도모할 수 있다고 설명한다.

12) 김준기 · 송현석, "규제 패러다임의 전환과 손해배상 강화를 통한 개인정보보호의 개선방안—해킹 사례를 중심으로—", **규제와 법정책**, 제4호(2016. 4), 262면; 이용재, "개인정보 보호조치에 관하여—옥션 판결의 기술적 · 관리적 보호조치와 인과관계 판단을 중심으로—", **사법**, 제38호(2016. 12), 526면; 전승재 · 권헌영, "해킹을 방지하지 못한 사업자의 법적 책임 판단기준의 문제점", **정보법학**, 제21권 제2호(2017. 9), 133, 138면.

판결은 이러한 배경에서 선고되었다.

(2) 대상판결 검토

대상판결은 옥션 판결에서 말한 "특별한 사정"에 관하여 좀 더 구체적이고 명시적으로 판시하였다. 우선 대상판결은 2015. 5. 19. 개정된 고시의 취지에 따라 그 고시에서 정한 기준이 "최소한의 기준"임을 명시하였다. 고시에서 정한 기준 외에 준수해야 할 기준이 무엇인지 구체적으로 특정하지는 않았지만, "정보통신서비스 제공자가 마땅히 준수해야 한다고 일반적으로 쉽게 예상할 수 있고 사회통념상으로도 합리적으로 기대 가능한 보호조치"를 취해야 한다는 점도 판시하였다. 아울러 해당 사건에서 피고 담당직원이 퇴근 시 로그아웃을 하지 않거나 자동 로그아웃 기능을 설정하지 않은 점에 관하여 피고의 주의의무 위반을 인정함으로써, 정보통신서비스 제공자에게 DB 로그아웃에 관한 주의의무가 있음을 밝혔다. 이로써 대상판결은 정보통신서비스 제공자가 법령과 고시에 정한 조치를 취하기만 하면 개인정보 유출 사고로 인한 책임을 언제나 면하게 된다는 오해를 불식시켰다. 피고의 과실과 개인정보 유출 사이의 인과관계가 부정되어 결과적으로는 피고가 책임을 지지 않게 되었으나, 대상판결이 옥션 판결에 소극적으로 표현되었던 "특별한 사정"을 명시적으로 드러내어 판시한 점은 충분히 의미가 있다.

법령이나 고시는 현실을 제때 반영하기 어렵다. 특히 해킹과 관련된 주의의무를 정하려면 수시로 변하는 보안 관련 기술 현황을 파악해야 하는데, 법령이나 고시 제정 주체가 실시간으로 그러한 현황을 파악하기는 어렵다. 설령 파악이 가능하더라도 그것이 법령이나 고시에 반영되는 데에는 일정한 시간이 소요된다.[13] 따라서 법령이나 고시에 규정된 개인정보 보호조치와 현실에서 통용되는 개인정보 보호조치 사이에는 일정한 간극이 존재할 수밖에 없다.[14] 또한 너무 당연한 것으로 여겨지는 개인정보 보호조치에 관해서는 법령이나 고시 제정 주체가 굳이 명문의 규정을 마련할 필요를 느끼지 못할 수도 있다. 어떠한 이유에서건 이처럼 법령이나 고시에서 정하는 바와 실제 개인정보 보호주체가 취해야 하는 바 사이에 공백이

13) 이소은, "개인정보 유출 사고와 정보통신서비스 제공자의 책임—대법원 2018. 1. 25. 선고 2015다24904, 24928, 24935 판결을 중심으로—", **법학연구**(충북대학교), 제29권 제2호(2018. 12), 265—266면.

14) 실제로 개인정보 유출 사고 당시에는 방송통신위원회 고시에 규정되어 있지 않았던 보호조치가 유출 사고 직후에 고시의 내용으로 편입되는 경우도 적지 않다고 한다. 이소은(주 10), 265—266면.

발생하였다면, 그 공백을 메울 필요가 있다. 대상판결은 이 공백을 메우기 위하여 "일반적으로 쉽게 예상할 수 있고 사회통념상으로도 합리적으로 기대 가능한 보호조치"를 취할 주의의무를 제시하였다. 이는 조리로부터 도출되는 주의의무라고 말할 수 있다. 위와 같은 판시 부분은 그 내용이 지극히 추상적이어서, 구체적으로 어떤 주의의무를 말하는 것인지는 불명확하다. 다만 대법원은 예견 가능성이나 합리적 기대 가능성이라는 요소를 포함시킴으로써 불명확성으로 인한 혼란을 최소화하고자 하였다.

한편 이러한 주의의무 위반은 누가 증명해야 하는가? 정보통신망법 제32조에서는 "이용자는 정보통신서비스 제공자등이 이 장의 규정을 위반한 행위로 손해를 입으면 그 정보통신서비스 제공자등에게 손해배상을 청구할 수 있다. 이 경우 해당 정보통신서비스 제공자등은 고의 또는 과실이 없음을 입증하지 아니하면 책임을 면할 수 없다."라고 규정한다. 고의 또는 과실에 대한 증명책임을 전환한 규정이다. 그러므로 이용자가 정보통신서비스 제공자 등의 법 위반 행위만 증명하면, 정보통신서비스 제공자 등이 자신의 무과실을 증명해야 한다. 하지만 정보통신서비스 제공자 등이 법령과 고시에 정한 바를 모두 준수하였다면 정보통신망법 제32조는 적용될 수 없다. 그러므로 이때에는 일반조항인 민법 제750조를 적용하는 한편, 증명책임도 그 조항에서 정한 바에 따라야 한다.[15]

15) 이소은(주 10), 272면.

17 사용자의 보험자가 피용자의 보험자에게 구상권을 행사하는 경우의 법률관계 (대법원 2017. 4. 27. 선고 2016다271226 판결)

가. 사실관계

보험회사인 원고는 A회사와 근로자재해보장책임, 사용자배상책임 등을 보장하는 보험계약을 체결하였다. A회사는 B회사 소유 X차량을 별도의 임대차계약 없이 B회사 대표이사의 양해를 구하여 사용하고 있었다. A회사는 2012. 8. 27. 가로수 전지작업을 하게 되었는데, 작업현장에는 A회사의 작업차량과 X차량이 정차되어 있었다. X차량은 당시 A회사 직원 C가 운전하고 있었다. A회사 직원 D는 작업차량 후미에서 장비를 조작하고 있었는데, C가 X차량을 정차하면서 주차 브레이크를 제대로 조작하지 않아 위 작업차량 후방에 정차되어 있던 X차량이 경사로에서 밀리기 시작하였다. 결국 D는 작업차량과 X차량 사이에 끼여 상해를 입었다. 원고는 위 보험계약에 따라, 2014. 12. 24. D에게 손해배상금으로 65,970,000원을 지급하였다. 원고는 B회사와 X차량에 관하여 자동차손해배상보험계약을 체결한 보험회사인 피고에게 구상금 청구를 하였다.

나. 원심판결과 대상판결

1심법원은 사고가 A회사 직원 C의 과실로 발생하였고 B회사의 내부적 책임부담 부분이 없으므로 A회사의 보험자인 원고가 B회사의 보험자인 피고에 대하여 구상권을 행사할 수는 없다고 보았다.[1)] 반면 원심법원은 A회사의 작업감독상 주의의무 태만으로 인한 과실과 X차량 운전자인 C의 과실이 경합하여 발생하였으므로 원고가 피고의 책임 부담 부분의 범위 내에서 구상권을 행사할 수 있다고 보았다.[2)]

대법원은 원심판결을 지지하면서, 다음과 같은 법리를 전개하였다. 일반적으로

1) 서울중앙지방법원 2016. 6. 28. 선고 2015가단104785 판결.
2) 서울중앙지방법원 2016. 11. 18. 선고 2016나42045 판결.

사용자가 피용자의 업무수행 관련 불법행위로 인하여 직접 손해를 입었거나 그 피해자인 제3자에게 사용자로서의 손해배상책임을 부담하게 된 경우, 사용자는 손해의 공평한 분담이라는 견지에서 신의칙상 상당하다고 인정되는 한도 내에서만 피용자에 대하여 손해배상을 청구하거나 구상권을 행사할 수 있다. 그리고 이러한 구상권 제한의 법리는 사용자의 보험자가 피용자에 대하여 구상권을 행사하는 경우에도 마찬가지로 적용된다. 그러나 사용자의 보험자가 피해자인 제3자에게 사용자와 피용자의 공동불법행위로 인한 손해배상금을 보험금으로 모두 지급하였고, 그로 인하여 피용자의 보험자가 면책되어 사용자의 보험자가 피용자의 보험자에게 그가 부담하여야 할 부분에 대하여 직접 구상권을 행사하는 경우, 그와 같은 구상권의 행사는 상법 제724조 제2항에 의한 피해자의 직접청구권을 대위하는 성격을 갖는 것이어서 피용자의 보험자는 사용자의 보험자에 대하여 구상권 제한의 법리를 주장할 수 없다.

다. 분석

(1) 법리 자체의 타당성

대상판결이 제시한 법리의 요지는 사용자와 피용자의 구상관계와는 달리 사용자의 보험자가 피용자의 보험자에게 가지는 구상권은 신의칙에 따라 제한되지 않는다는 것이다. 이러한 법리 자체는 타당하다.

사용자는 사용자책임에 기해 피해자에게 손해배상을 한 후 피용자에게 구상권을 행사할 수 있다(민법 제756조 제3항). 그런데 판례에 따르면 사용자는 "사업의 성격과 규모, 시설의 현황, 피용자의 업무내용과 근로조건 및 근무태도, 가해행위의 발생원인과 성격, 가해행위의 예방이나 손실의 분산에 관한 사용자의 배려 정도, 기타 제반 사정에 비추어 손해의 공평한 분담이라는 견지에서 신의칙상 상당하다고 인정되는 한도 내에서만" 피용자에게 손해배상청구권 또는 구상권을 행사할 수 있다.[3] 학설도 대체로 같은 입장이다.[4] 피용자는 사용자가 제공하는 환경과

3) 대법원 1987. 9. 8. 선고 86다카1045 판결; 대법원 1991. 5. 10. 선고 91다7255 판결; 대법원 1996. 4. 9. 선고 95다52611 판결; 대법원 2009. 11. 26. 선고 2009다59350 판결; 대법원 2014. 5. 29. 선고 2014다202691 판결.

4) 학설 역시 사용자의 구상권 행사를 제한하여야 한다는 데 대체로 동의하나 책임제한 근거에 관하여는 다양한 견해가 제시되어 왔다. 학설에 관한 소개로는 장석천, "사용자책임에 있어서 구상권 제한의 법리", **한양법학**, 제39집(2012. 8), 446면 이하 참조.

근무조건 아래에서 사용자의 이익을 위하여 사용자의 지휘 · 감독 아래 업무를 수행하다가 불법행위에 이르렀다. 사용자가 이로 인한 불이익 전체를 경제적 약자인 피용자에게 전가하는 것은 신의칙이나 공평의 관념에 어긋난다.[5] 피용자가 사용자로부터 받는 보수에 비해 부담해야 할 법적 위험이 과도하게 크기도 하다. 이러한 이유로 사용자의 구상권 행사는 제한될 필요가 있다.

그런데 사용자와 피용자 사이의 구상관계에 존재하는 특수성은 사용자의 보험자와 피용자의 보험자 사이의 구상관계에는 존재하지 않는다. 어느 한 보험사가 다른 보험사의 이익을 위하여 일하지도 않고, 다른 보험사보다 구조적으로 열후한 지위에 있지도 않다. 그러므로 피용자의 보험자는 사용자의 보험자에게 신의칙에 따른 책임 제한을 주장할 근거가 없다. 또한 피용자의 보험자가 규정한 보험사고가 "피용자의 제3자에 대한 손해배상책임 발생"이라면, 피용자의 보험자는 자신의 피보험자인 피용자가 제3자에게 부담할 손해배상책임의 크기에 따라 보험료를 산정하고 위험을 인수하였을 것이다. 그런데 사용자에게 보험자가 있었고 그가 피해자에게 먼저 손해를 배상하였다는 우연한 사정 때문에 피용자의 보험자가 신의칙에 따른 구상권 제한을 주장할 수 있다면 피용자의 보험자가 망외의 이익을 얻게 되어 부당하다. 이러한 점에서도 피용자와 달리 피용자의 보험자에게는 구상책임 제한의 혜택을 부여할 필요가 없다.

(2) 이 사건과 관련된 문제

그런데 이 사건과 관련하여 보면 대상판결에는 두 가지 문제가 있다.

첫째, 이 사건은 사용자와 피용자의 구상관계에 관한 사건이 아니다. 이 사건은 두 가지 성격을 함께 가진다. 우선 이 사건은 사용자책임 사건이다. 피용자인 C의 불법행위로 인해 사용자인 A회사의 사용자책임이 문제된 사건이다(민법 제756조 참조). 동시에 이 사건은 운행자책임 사건이다. 자동차 운행자[6]인 B가 운전자 C를 통해 X차량을 운행하던 중 발생한 사고로 인한 운행자책임이 문제 된 사건이다(자

5) 양창수 · 권영준, **민법Ⅱ 권리의 변동과 구제**, 제3판(박영사, 2017), 716면. 한편 편집대표 김용담, **주석민법 채권각칙**, 제4판(한국사법행정학회, 2016), 549면(이원범 집필부분)은 이에 더하여 사용자가 보험 등을 통하여 위험을 분산시킬 수 있다는 점도 언급한다.

6) 자동차손해배상 보장법은 자동차 운행자에게 그 운행으로 인한 사상(死傷) 사고에 대한 손해배상책임을 지운다(제3조). 운행자는 자동차에 대한 운행을 지배하여 그 이익을 향수하는 책임주체로서의 지위에 있는 자이다. 대법원 1998. 10. 27. 선고 98다36382 판결; 대법원 2004. 4. 28. 선고 2004다10633 판결 등.

동차손해배상 보장법 제3조 참조).[7] 한편 C는 두 가지 지위를 함께 가진다. 사용자책임의 영역에서는 A의 피용자이고, 운행자책임의 영역에서는 B의 운전자이다. 이 사건에서 문제되는 책임주체는 사용자 A와 운행자 B이다. 이들은 각각 피해자 D에 대해 손해배상책임을 부담한다. 이들 책임은 부진정연대책임의 성격을 띤다. 따라서 어느 한쪽이 먼저 피해자에게 손해배상을 하면 다른 쪽에 구상권을 가진다.[8] 이들 사이의 구상관계는 사용자와 운행자의 구상관계, 또는 넓은 의미에서 공동불법행위자 상호 간의 구상관계이다.

이 사건에서도 이러한 구상관계가 문제되었던 것이지 사용자와 피용자의 구상관계가 문제되었던 것이 아니다. 이들의 보험자인 원고와 피고도 각각 사용자책임에 관한 보험자, 운행자책임에 관한 보험자였다. 실제로 1심판결과 원심판결에 따르면 원고는 사용자의 피용자에 대한 구상권에 기초한 주장을 한 적이 없었다. 따라서 사용자의 구상권 제한 법리는 당사자들 사이에 다투어지지도 않았고 그 결과 1심판결이나 원심판결 이유 어디에도 설시되지도 않았다. 그런데 대상판결은 사용자와 피용자 사이의 구상권 제한 법리에 관하여 판시한 뒤 "사용자의 보험자"와 "피용자의 보험자" 사이의 구상관계에는 이러한 법리가 적용되지 않는다는 논리를 전개하였다. 그러나 앞서 보았듯이 대상판결에서 "피용자의 보험자"라고 지칭한 피고는 엄밀히 말하면 "피용자의 보험자"라기보다는 "운행자의 보험자"였다. 따라서 대법원이 사용자와 피용자 사이의 구상권 제한 법리를 설시한 것은 이 사건에 불필요한 일이었다.

둘째, 구상권 제한 법리가 적용되지 않는 근거 제시에도 문제가 있다. 대상판결은 사용자의 보험자가 피용자의 보험자에게 직접 구상권을 행사하는 경우에는 구상권 제한 법리가 적용되지 않는다고 판시하면서 그 근거로 "그와 같은 구상권의 행사는 상법 제724조 제2항에 의한 피해자의 직접청구권을 대위하는 성격을 갖는

7) "운행"은 자동차를 그 용법에 따라 사용하거나 관리하는 것을 말한다(자동차손해배상 보장법 제2조 제2호). 자동차를 그 용법에 따라 사용하거나 관리하는 이상 주행 중 사고뿐만 아니라 정차 중 사고도 운행 중 사고에 포함된다. 판례 중에는 한강 선착장 주차장에 주차시킨 승용차가 비탈면을 굴러서 강물에 빠진 사고를 운행 중 사고로 본 것이 있다(대법원 1997. 8. 26. 선고 97다5183 판결). 이 사건에서도 작업현장에 정차 중이던 X차량이 경사로에서 미끄러져 사고가 발생하였다.

8) 민법에 명문으로 이러한 구상권을 규정하고 있지는 않다. 그러나 판례는 부진정연대채무자 상호 간에 공평의 원칙에 따라 구상권을 인정하고 있다. 대법원 1989. 9. 26. 선고 88다카27232 판결; 대법원 2001. 1. 19. 선고 2000다33607 판결 등 다수. 또한 편집대표 곽윤직, **민법주해 XIX 채권(12)**(박영사, 2005), 210면(정태윤 집필부분) 참조.

것"이기 때문이라고 설명하였다. 상법 제724조 제2항에 의한 피해자의 직접청구권은 책임보험에서 피해자가 보험자에게 직접 보험금의 지급을 구할 수 있는 권리이다. 그리고 이러한 권리는 손해배상청구권의 성격을 가진다.9) 한편 대상판결은 사용자의 보험자인 원고가 피해자인 D에게 손해배상을 하면서 상법 제682조의 보험자 대위 법리에 따라 D가 피용자의 보험자인 피고에게 가지는 직접청구권을 대위하게 되었다고 파악한 듯하다.10) 그리고 이러한 직접청구권은 손해배상청구권의 성격을 가지므로 구상권 제한 법리의 적용 대상이 아니라고 본 듯하다. 그런데 이러한 논리 전개에는 두 가지 의문이 든다.

우선 상법 제682조의 보험자 대위는 "손해가 제3자의 행위로 인하여 발생한 경우에 보험금을 지급한 보험자는 그 지급한 금액의 한도에서 그 제3자에 대한 보험계약자 또는 피보험자의 권리를 취득"하는 것을 말한다. 즉 보험자 대위를 통해 취득하는 권리는 "보험계약자 또는 피보험자의 권리"이다. 그런데 이 사건에서 피해자인 D는 보험계약자도 아니고 피보험자도 아니다. 그러므로 D가 가지는 직접청구권은 보험자 대위의 대상이 될 수 없다.11) 직접청구권이 보험자 대위의 대상이 될 수 있다고 한 판결들이 있기는 하나, 이는 보험자가 피해자 겸 피보험자에게 보험금을 지급한 뒤 그 피보험자가 가지는 직접청구권을 대위한 사안을 다룬 것들이다.12)

설령 원고가 보험자 대위에 의해 D의 직접청구권, 즉 손해배상청구권을 취득하여 행사하게 되었더라도 이 사건에는 다음과 같은 문제가 있다. 1심판결과 원심판결에 따르면 원고는 이 사건에서 "공동불법행위에 의한 구상권"을 행사한다고 주장하였다. 공동불법행위자 상호 간의 구상권은 본질상 부당이득반환청구권에 해당하므로 손해배상청구권의 일종인 직접청구권과는 법적 성격을 달리하는 별개의 권리이다. 따라서 변론주의 원칙에 따르면 법원은 원고가 주장한 의미의 구상권에 대해 판단하면 충분하다. 이를 넘어서서 법원이 원고가 행사하는 권리를 손해배상청구권의 실질을 가지는 직접청구권으로 스스로 규정한 뒤 이에 기초하여 판단하

9) 대법원 1995. 7. 25. 선고 94다52911 판결.
10) 대법원 1999. 6. 11. 선고 99다3143 판결 참조.
11) 한기정, **보험법**(박영사, 2017), 528면에서도 피해자의 직접청구권이 보험자 대위의 대상이 된다는 해석이 법률 해석의 한계를 넘는 것이 아닌가 하는 의문을 제기한다.
12) 예컨대 대법원 1998. 9. 18. 선고 96다19765 판결; 대법원 1999. 6. 11. 선고 99다3143 판결; 대법원 2016. 5. 27. 선고 2015다237618 판결.

였다면 변론주의에 반하는 처사라는 비판을 받을 수 있다.[13)]

결국 이 사건은 사용자와 피용자의 구상관계나 보험자 대위의 법리를 끌어들일 필요 없이 사용자와 운행자 상호 간 구상관계 또는 이와 유사한 그들 보험자 상호 간 구상관계의 문제로 해결하였으면 충분하였을 것이다. 그 점에서 대상판결의 결론은 타당하나 그 결론에 이르는 이유의 적절성에 대해서는 의문이 있다.

13) 여하윤, "사용자의 보험자가 피용자의 보험자를 상대로 행사하는 구상권의 제한 여부 – 프랑스 민법상 사용자책임 관련 판례와의 비교를 중심으로 –, – 대법원 2017. 4. 27. 선고 2016다271226 판결 –", 법조, 통권 제725호(2017. 10), 674–675면에서 이러한 비판을 가하고 있다.

제 5 장

가족법 분야

1 이혼을 원인으로 한 재산분할청구권의 양도 (대법원 2017. 9. 21. 선고 2015다61286 판결)

가. 사실관계

A는 2009. 5. 27. 피고를 상대로 이혼 및 재산분할을 구하는 소를 제기하였고, 이에 대하여 피고는 이혼 및 위자료 등을 구하는 반소를 제기하였다. 1심법원은 피고에 대하여 A에게 재산분할로 약 5억 원을 지급하라는 취지의 판결을 하였다. 위 판결에 대하여 A와 피고가 모두 항소하였고, 항소심법원은 2012. 11. 8. 피고에 대하여 A에게 재산분할로 약 10억 원을 지급하라는 취지의 판결을 하였다. 이후 A와 피고 모두 상고하였으나, 대법원이 상고를 기각하여 위 판결은 2013. 4. 2. 확정되었다. 한편 A는 2012. 12. 13. 원고와 사이에 A가 원고에게 위 재산분할채권의 일부인 1,500만 원을 양도하기로 하는 계약을, 2013. 1. 7. 원고회사와 사이에 A가 원고회사에게 위 재산분할채권의 일부인 1억 원을 양도하기로 하는 계약을 각각 체결하였다. A는 2012. 12. 13. 및 2013. 1. 9. 위 각 채권양도 사실을 피고에게 통지하였고, 그 무렵 피고에게 채권양도 통지가 도달하였다.

원고와 원고회사는 피고에 대하여 위 양수금의 지급을 구하는 소송을 제기하였다. 1심에서 피고는 위 이혼 및 재산분할을 구하는 소송이 확정되기도 전에 A가 원고 및 원고회사에게 재산분할채권의 일부를 양도한 것은 무효라고 주장하였다.

나. 원심판결과 대상판결

1심법원은 장래의 채권도 양도 당시 기본적 채권관계가 어느 정도 확정되어 있어 그 권리의 특정이 가능하고 가까운 장래에 발생할 것임이 상당 정도 기대되는 경우에는 이를 양도할 수 있다는 법리에 기초하여, 피고의 주장을 받아들이지 않았다.[1] 원심법원도 A가 항소심에서 재산분할을 명하는 판결을 선고한 이후에 그 재산분할채권을 양도하였고, 실제로 그로부터 수개월 후 상고기각판결로 항소심이 선고한 대로 재산분할이 확정된 점 등을 들어, 재산분할청구권 양도 당시 권리의

1) 서울중앙지방법원 2014. 4. 17. 선고 2013가합43661 판결.

특정이 가능하고 가까운 장래에 발생할 것이 기대되므로 양도가 유효하다고 보았다.[2)]

대법원은 다음 이유로 원심판결을 파기환송하였다. 이혼으로 인한 재산분할청구권은 이혼이 성립한 때에 그 법적 효과로서 비로소 발생한다. 또한 재산분할청구권은 협의 또는 심판에 의하여 그 구체적 내용이 형성되기 전까지는 그 범위 및 내용이 불명확 · 불확정하다. 따라서 당사자가 이혼이 성립하기 전에 이혼소송과 병합하여 재산분할의 청구를 한 경우, 아직 발생하지 아니하였고 그 구체적 내용이 형성되지 아니한 재산분할청구권을 미리 양도하는 것은 성질상 허용되지 않는다. 재산분할청구권은 법원이 이혼과 동시에 재산분할로서 금전의 지급을 명하는 판결이 확정된 이후부터 채권양도의 대상이 될 수 있다. 따라서 A의 원고 및 원고회사에 대한 채권양도는 성질상 채권양도가 허용되지 않는 채권을 목적으로 한 것이어서 무효이다.

다. 분석

우선 원심판결의 관점에서 살펴본다. 원심판결은 재산분할이 확정되기 전의 재산분할청구권을 일반적인 장래 채권과 같게 보았다. 장래 채권이라도 ① 양도 당시 기본적 채권관계가 어느 정도 확정되어 있어 그 권리의 특정이 가능하고, ② 가까운 장래에 발생할 것임이 상당 정도 기대되는 경우에는 이를 양도할 수 있다.[3)] 이러한 법리는 물품공급계약에 따른 물품대금채권과 같이 계약관계의 존속을 전제로 한 채권뿐만 아니라,[4)] 매매계약 해제에 따른 원상회복청구권과 같이 계약관계의 종료를 전제로 한 채권에도 적용된다.[5)] 대상판결에서 쟁점이 된 재산분할청구권은 혼인계약의 종료를 전제로 하면서 재산상 이익을 목적으로 하는 채권이다. 이러한 채권의 당사자와 내용은 혼인관계를 종료하기 위해 이혼소송을 제기하고 이에 부대하여 재산분할청구를 하면서 다른 채권과 구별할 수 있을 정도로 특정된다. 이러한 채권이 가까운 장래에 발생할 가능성이 있는지는 사안마다 다르겠지

2) 서울고등법원 2015. 8. 28. 선고 2014나26202 판결.
3) 대법원 1991. 6. 25. 선고 88다카6358 판결; 대법원 1996. 7. 30. 선고 95다7932 판결; 대법원 1997. 7. 25. 선고 95다21624 판결; 대법원 2010. 4. 8. 선고 2009다96069 판결.
4) 대법원 1991. 6. 25. 선고 88다카6358 판결.
5) 대법원 1997. 7. 25. 선고 95다21624 판결. 물론 사실관계에 따라 양도성이 부정될 수도 있다. 매매계약 해제에 따른 원상회복청구권의 양도성을 부정한 사례로는 대법원 1982. 10. 26. 선고 82다카508 판결 참조.

만, 적어도 이 사건처럼 재산분할을 명하는 항소심판결이 선고되었다면 그러한 가능성을 인정할 수 있다. 또한 재산분할은 부양적 속성도 있는데, 이혼소송 중에 배우자 부양이 성실하게 이루어지리라 기대하기 어렵다. 소송이 언제 끝날지 알 수 없는 상황에서 재산분할청구권의 조기 양도를 허용하는 것은 경제적 약자를 배려하는 길일 수도 있다. 이러한 점들을 종합하면 원심판결처럼 확정 전 재산분할청구권이라고 하더라도 장래 채권의 양도요건을 갖추는 한 유효하게 양도할 수 있다고도 볼 수 있다. 이처럼 원심판결에도 설득력이 없지 않지만 결론적으로는 다음 이유로 대상판결이 타당하다고 생각한다.[6]

혼인관계나 부양관계 등 가족관계는 전형적인 인적 관계이다. 일반적인 재산관계 중에도 인적 신뢰를 바탕으로 하는 관계(가령 계속적 계약관계)가 있기는 하다. 그러나 혼인관계는 전인격적이고 무제한적인 인격적 개입을 특징으로 하는 관계로서,[7] 일반적인 재산관계와는 차원을 달리하는 인적 관계이다. 혼인관계에서 부부는 하나의 생활공동체를 이루며, 그들이 공동의 노력으로 이룩한 재산은 생활토대를 이룬다.[8] 재산분할청구권은 혼인생활에서 공동의 노력으로 이룬 생활 토대의 청산이자 혼인관계 해소 뒤에도 남게 되는 부양의 수단이기도 하다.[9] 그 점에서 재산분할청구권은 재산상 이익을 목적으로 하는 다른 권리보다 더 인적 속성이 강하다.

재산분할청구권은 이혼이 성립한 때에 그 법적 효과로서 비로소 발생한다.[10] 이혼소송과 재산분할청구가 병합되어 진행 중 배우자 일방이 사망하면 상속인은 그 절차를 수계할 수 없고 재산분할청구 역시 이혼소송의 종료와 동시에 종료한다.[11] 전형적인 인적 관계인 혼인관계의 운명과 밀접하게 결부되어 있다는 말이다. 재산분할청구권은 협의 또는 심판에 의하여 구체적 내용이 형성될 때 비로소 구체적인 권리가 된다.[12] 이와 같이 재산분할청구권이 구체화되기 전에는 성질상

---

6) 대상판결에 대한 평석인 임채웅, "이혼을 원인으로 한 재산분할청구채권의 확정 전 양도가능성에 관한 연구", **가족법연구**, 제31권 제3호(2017. 11), 493면도 대상판결에 찬성한다.

7) 윤진수, "혼인과 이혼의 법경제학", **법경제학연구**, 제9권 제1호(2012), 41－42면은 관계적 계약이론에 기초하여, 혼인계약은 전인격적이고 무제한적인 인격적 개입을 특징으로 한다고 설명한다.

8) 편집대표 윤진수, **주해친족법**, 제1권(박영사, 2015), 373면(이동진 집필부분).

9) 김주수 · 김상용, **주석민법 친족 (2)**, 제4판(한국사법행정학회, 2015), 182－183면; 윤진수, **친족상속법 강의**(박영사, 2016), 103－104면.

10) 대법원 1998. 11. 13. 선고 98므1193 판결; 대법원 2001. 9. 25. 선고 2001므725, 732 판결.

11) 대법원 1994. 10. 28. 선고 94므246, 94므253 판결.

12) 대법원 2001. 9. 25. 선고 2001므725, 732 판결.

이를 미리 포기할 수 없고,[13] 대위행사될 수도 없으며,[14] 채권자취소권의 대상이 될 수도 없고,[15] 가집행의 대상이 되지도 않는다.[16] 또한 재산분할청구권은 부양적 속성도 가지는데, 부양에 관한 권리는 인적 권리로서 양도와 친하지 않다(민법 제979조).

이러한 대상판결의 태도가 장래 채권 양도에 관한 기존 판례와 저촉되는 것도 아니다. 우선 장래 채권 양도에 관한 이론은 어디까지나 그 채권의 속성상 양도가 허용된다는 점을 전제로 한 것이다(민법 제449조 제1항 단서). 그런데 협의 또는 심판에 의하여 구체적 내용이 형성되기 전의 재산분할청구권은 혼인관계의 해소를 앞둔 부부 일방의 지위에 수반하는 권리이다. 이처럼 당사자의 지위에 수반하는 권리는 그 지위와 분리하여 양도할 수 없는 것이 보통이다.[17] 또한 그러한 재산분할청구권을 제3자에게 양도할 수 있다면, 제3자가 혼인관계의 해소 및 재산분할 과정에 개입하는 것이 가능해진다는 문제도 있다. 혼인은 폭넓은 인격적 개입을 전제로 하는 계약이므로, 그 계약관계의 해소 및 그에 따른 청산 역시 혼인의 해소를 앞두고 있는 당사자에 의하여 이루어져야 한다. 따라서 협의 또는 심판에 의하여 구체적 내용이 형성되기 전의 재산분할청구권은 성질상 양도가 허용되지 않는다고 볼 수 있다.[18]

또한 이혼이 성립하지 않은 경우, 재산분할청구권의 구체적 내용이 형성되지 않은 경우에는 앞의 ①요건이 갖추어졌다고 보기 어렵다. 장래 채권 양도가 인정되려면 "기본적 채권관계"가 어느 정도 확정되어 있어야 하는데, 대상판결의 사안처럼 이혼소송 및 재산분할청구소송이 확정되기 전에는 기본적 채권관계가 존재한다고 할 수 없기 때문이다. 한편 ②요건과 관련하여 재산분할청구권이 "가까운 장래에 발생할 것임이 상당 정도 기대"될 수 있는 것인지는 구체적인 사안에 따라 그 답이 달라질 것이다.[19] 재산분할심판이 확정되기까지 걸리는 시간은 사안의 성

---

13) 대법원 2016. 1. 25.자 2015스451 결정. 또한 대법원 2003. 3. 25. 선고 2002므1787, 1794, 1800 판결도 참조.

14) 대법원 1999. 4. 9. 선고 98다58016 판결.

15) 대법원 2013. 10. 11. 선고 2013다7936 판결.

16) 대법원 2014. 9. 4. 선고 2012므1656 판결.

17) 편집대표 김용담, **주석민법 채권총칙 (3)**, 제4판(한국사법행정학회, 2014), 344면(최수정 집필부분).

18) 편집대표 곽윤직, **민법주해 X 채권 (3)**(박영사, 1995), 563-564면(이상훈 집필부분)은 성질상 양도가 제한되는 채권을 ① 채권자가 변경되면 급부 내용이 달라지는 경우, ② 채권자가 변경되면 권리 행사에 큰 차이가 생기는 경우, ③ 특정한 채권자와의 사이에서 결제되어야 할 특별한 사정이 있는 경우를 든다.

격, 양도 시점의 소송 절차 진행 정도, 당사자의 소송 수행 양상과 담당 법원의 사건 적체 상황 등 수많은 외부 변수에 달려 있기 때문이다. 위와 같은 변수들을 고려하여 "가까운 장래에 발생할 것임이 상당 정도 기대되는" 재산분할청구권과 그렇지 않은 재산분할청구권 사이에 합리적인 경계를 설정하는 것은 실무적으로 거의 불가능해 보인다. 그렇다면 협의 또는 심판에 의하여 구체적 내용이 형성되기 전의 재산분할청구권은 위 ②요건을 갖추지 못한 것으로 보는 것이 더욱 간명한 해결이다.

재산분할청구권의 조기 양도 문제는 넓게 보면 어떤 권리를 시장(market)에 상품(commodity)으로 내놓을 수 있는가 하는 문제와 맞닿아 있다. 그런데 재산분할청구권의 인적 속성에 대한 일반적 이해를 바탕으로 하면 재산분할청구권의 조기 양도를 선뜻 인정하기는 어렵다. 재산분할청구권이 조기 양도되었으나 이혼이 성립하지 않은 경우 또는 재산분할의 구체적 내용이 당초 양도된 채권의 내용과 다른 경우에 혼란을 초래할 수도 있다. 재산분할청구권의 조기 양도가 이혼을 더욱 조장한다는 우려도 제기될 수 있다. 이러한 점들에도 불구하고 조기 양도를 허용할 필요성이 있다는 사회적 공감대가 형성되었는지도 의문이다. 만약 앞으로 그러한 사회적 공감대가 형성되어 재산분할청구권의 조기 양도성을 인정하려면 민법 제806조 제3항[20]과 같이 입법을 통하여 이 점을 명확히 하는 것이 바람직할 것이다.

19) "가까운 장래에 발생할 것임이 상당 정도 기대"된다는 요건에 관하여는 '가까운 장래'나 '상당한 발생가능성'의 개념이 불명확하여 법적 안정성을 해친다는 비판이 있다. 양창수 · 권영준, **민법Ⅱ 권리의 변동과 구제**, 제3판(박영사, 2017), 168면.

20) 민법 제806조 제3항은 약혼해제로 인한 위자료청구권은 양도하지 못하지만, 당사자 간에 이미 그 배상에 관한 계약이 성립되거나 소를 제기한 후에는 양도할 수 있다고 규정하고, 민법 제843조를 통해 이를 재판상 이혼의 경우에도 준용하고 있다.

2 제척기간 경과 후 재산분할청구권의 행사 (대법원 2018. 6. 22.자 2018스18 결정)

가. 사실관계

A와 청구인은 서로를 상대로 각각 이혼 및 재산분할소송을 제기하였고, 그 판결이 2012. 9. 6. 확정되어 이혼하였다. 청구인은 종전의 소송에서 A가 분할대상 재산을 은닉하였다고 주장하면서, 2014. 8. 18. 다시 재산분할심판을 청구하였다. 이어 청구인은 2016. 2. 3. 청구취지 변경신청서를 제출하여 누락된 재산을 추가하고 청구취지를 확장하였다. 이에 대하여 상대방[1)]은 청구인이 종전 판결이 확정된 때로부터 2년이 경과한 이후에 청구취지를 변경하였으므로, 적어도 그 청구취지 확장으로 추가된 부분은 제척기간이 경과되어 부적법하다고 주장하였다.

나. 원심결정과 대상결정

1심법원은 위와 같이 청구취지 확장으로 추가된 부분에 관해서도 제척기간이 준수된 것으로 보아, 추가된 재산에 대해서도 분할을 명하였다.[2)] 반면 원심법원은 청구취지 확장으로 추가된 부분에 관해서는 제척기간이 경과되어 부적법하다고 판단하였다.[3)]

대법원도 원심법원의 판단을 유지하였다. 결정 요지는 다음과 같다. 민법 제839조의2 제3항, 제843조에 따르면 재산분할청구권은 협의상 또는 재판상 이혼한 날부터 2년이 지나면 소멸한다. 2년의 제척기간 내에 재산의 일부에 대해서만 재산분할을 청구한 경우 청구 목적물로 하지 않은 나머지 재산에 대해서는 제척기간을 준수한 것으로 볼 수 없으므로, 재산분할청구 후 제척기간이 지나면 그때까지 청구 목적물로 하지 않은 재산에 대해서는 분할청구권이 소멸한다. 재산분할재판에서 분할대상인지 여부가 전혀 심리된 바 없는 재산이 재판확정 후 추가로 발견된 경우에는 이에 대하여 추가로 재산분할청구를 할 수 있다. 다만 추가 재산분할청

1) A가 소송계속 중 사망하여, A의 재혼 배우자인 상대방이 A의 재산을 상속하였다.
2) 창원지방법원 2017. 8. 3.자 2014느단739 심판.
3) 창원지방법원 2018. 2. 22.자 2017브26 결정.

구 역시 이혼한 날로부터 2년 이내라는 제척기간을 준수하여야 한다.

다. 분석

(1) 재산분할청구와 제척기간

이혼으로 인한 재산분할청구제도는 1990년 민법 개정(1990. 1. 13. 법률 제4199호로 개정되어 1991. 1. 1.부터 시행) 시 도입되었다. 재산분할청구권은 혼인관계가 해소될 때 당사자 일방이 다른 일방에게 재산분할을 청구할 수 있는 권리이다.[4] 재산분할청구는 혼인취소의 경우에도 준용된다[가사소송법 제2조 제1항 2.나.4) 참조]. 재산분할의 본질에 관한 학설로는 청산설, 부양설, 청산 및 부양설이 있다.[5] 대법원은 재산분할 제도가 "부부가 혼인 중에 취득한 실질적인 공동재산을 청산 분배하는 것을 주된 목적으로 하는 것"이라고 판시하여 청산이 재산분할의 본질이라고 파악하면서도,[6] "혼인 중 쌍방의 협력으로 형성된 공동재산의 청산이라는 성격에 상대방에 대한 부양적 성격이 가미된 제도"라고 하여[7] 보충적으로 부양적 성격도 인정한다. 청산 및 부양설의 입장으로 평가된다.

이러한 청산 및 부양의 요청을 끝까지 관철시키면, 재산분할청구는 언제라도 허용되어야 한다고 말할 수도 있다. 하지만 이혼 후 어느 시점에라도 재산분할청구를 할 수 있다면, 이혼 후 재산관계에 관한 법적 안정성이 침해된다. 특히 이혼한 배우자가 재혼하거나 그 재산을 제3자에게 처분한 경우에는 더욱 그러하다. 따라서 민법 제839조의2 제3항은 협의이혼에 따른 재산분할청구권의 행사기간을 이혼 후 2년으로 규정하고, 제843조는 재판상 이혼에 따른 재산분할청구의 경우에 이를 준용한다.[8] 통설[9]과 판례[10]는 이 기간을 제척기간으로 본다.[11]

---

4) 재산분할청구는 사실혼관계 해소의 경우에도 인정된다. 대법원 1993. 11. 23. 선고 93므560 판결; 대법원 1995. 3. 10. 선고 94므1379, 1386 판결 등.
5) 관련 판례와 학설 동향은 함윤식, "이혼에 따른 재산분할에 관한 판례의 최근 동향", **민사판례연구**, 제38권(박영사, 2016), 1177-1187면 참조.
6) 대법원 1993. 5. 11.자 93스6 결정.
7) 대법원 2006. 9. 14. 선고 2005다74900 판결.
8) 이혼에 따른 국민연금 분할에 관하여는 제척기간을 5년(국민연금법 제64조 제3항), 공무원연금 분할에 관하여는 제척기간을 3년(공무원연금법 제46조 제3항)으로 정하는 특칙이 있다.
9) 윤진수 편, **주해친족법**, 제1권(박영사, 2015), 418면(이동진 집필부분) 외 다수. 다만 조미경, "이혼과 위자료-재산분할제도와 관련하여-", **가족법학논총(박병호교수 화갑기념논문집 Ⅰ)**(박영사, 1991), 293면은 이를 소멸시효기간이라고 해석한다.
10) 대법원 1994. 9. 9. 선고 94다17536 판결; 대법원 2000. 8. 18. 선고 99므1855 판결.

이혼 후 2년이 경과할 때까지 재산분할청구를 아예 하지 않았다면, 재산분할청구권이 제척기간 경과로 소멸한다는 점은 명백하다. 그런데 이혼 후 2년이 경과하기 전에 재산분할청구를 하였는데 그 심판절차에서 전혀 심리되지 않은 재산이 나중에 발견되었다면 어떠한가? 대법원은 이혼 후 2년이 경과하기 전이라면 그 재산에 대한 추가분할청구가 가능하다고 한다.[12] 재산분할재판에는 기판력이 인정되지 않기 때문이다.[13] 그런데 이혼 후 2년이 경과한 후에 비로소 발견된 재산은 어떠한가? 대상판결은 제척기간이 경과하였으므로 추가분할청구가 불가능하다고 한다. 이러한 대상판결의 태도는 제척기간이 뒷받침하고자 하는 법적 안정성을 중시한 것으로서, 일반론의 차원에서는 타당한 결론이다.

(2) 예외 인정 여부

그런데 이러한 일반론에 대한 예외가 인정될 여지는 전혀 없는 것인가? 가령 일방이 재산분할을 회피할 목적으로 고의로 재산을 은닉한 경우는 어떠한가? 또는 일방이 혼인 중 공동재산의 형성에 수반하여 제3자에게 부담한 채무의 존재가 다투어지다가 뒤늦게 재판 등으로 확정된 경우는 어떠한가?[14] 이러한 경우에는 이혼 후 2년이 지나도 재산분할청구를 허용하는 것이 형평에 맞지 않은가? 대상판결은 이러한 예외의 문제에 대해서는 다루지 않았다. 학설상으로도 이에 대한 논의는 찾아보기 어렵다. 편의상 예외 부정설과 예외 인정설을 상정해 보자.

예외 부정설의 입장은 다음과 같이 상정해 볼 수 있다. 제척기간은 권리를 신속하게 행사하도록 하여 법률관계를 조속히 확정하기 위해 설정된 기간이다.[15] 제척기간에 관하여는 소멸시효와 달리 중단이나 정지가 인정될 여지가 없다.[16] 또한

---

11) 일본 민법 제768조 제2항 단서에서는 재산분여청구권(우리나라의 재산분할청구권에 해당)을 이혼 후 2년 내 행사하도록 규정하고 있다. 재산분여청구권에 관한 규정은 1947년 일본 민법 개정 시 신설되었는데[二宮周平, **家族法**, 第4版(新世社, 2013), 92면], 이 청구권의 행사기간은 제척기간으로 해석되고 있다[柳 勝司 編著, **家族法**(嵯峨野書院, 2013), 54면].

12) 대법원 2003. 2. 28. 선고 2000므582 판결; 대법원 2017. 9. 28.자 2017카기248 결정.

13) **법원실무제요** [4-2] : 가사(Ⅱ)(2010), 512면; 김선혜, "가사재판의 기판력", **가족법연구**, 제23권 제3호(2009), 300면.

14) 이러한 채무도 재산분할대상이다. 대법원 1993. 5. 25. 선고 92므501 판결. 또한 소극재산 총액이 적극재산 총액을 초과하는 경우에도 채무분담을 정하는 방법으로 재산분할을 할 수 있다. 대법원 2013. 6. 20. 선고 2010므4071, 4088 전원합의체 판결.

15) 대법원 1995. 11. 10. 선고 94다22682, 22699 판결.

16) 대법원 1980. 4. 22. 선고 79다2141 판결; 대법원 1992. 7. 28. 선고 91다44766, 44773 판결; 대법원 2000. 8. 18. 선고 99므1855 판결; 대법원 2003. 1. 10. 선고 2000다26425 판결; 대법원 2004.

제척기간에 대해서는 신의칙이 적용될 여지도 없다.[17] 그러므로 제척기간으로 설정된 2년이 경과하면 이유를 불문하고 재산분할청구권이 소멸되고, 이를 더 이상 행사할 수 없는 상태가 된다. 어떤 경우에 예외를 인정할 수 있는지도 분명하지 않다. 이처럼 예외 인정 기준이 불명확한 상태에서 예외 인정설을 택하면, 이혼 후 재산관계가 불안정해지고, 그 결과 이혼한 당사자 일방과 재혼 상대방의 법적 지위가 불안해질 수 있다. 현실적으로 이러한 예외를 인정할 실익도 크지 않다. 분할대상재산에 대한 대부분의 정보는 당사자에 의하여 제공된다. 여기에다가 법원이 재산명시제도나 재산조회제도를 통해 직권으로 취득할 수 있는 정보를 더하면, 재산 누락이 발생할 가능성은 매우 낮다. 고의적인 은닉 재산은 사해행위취소권 행사를 통해 회복되어 분할대상재산으로 삼을 수 있다. 설령 일방의 고의적인 재산 은닉 행위가 있었고 법원이 이를 미처 발견하지 못한 채 재산분할이 이루어졌더라도, 그러한 재산은닉행위가 불법행위를 구성한다면 타방은 손해배상청구를 통해 재산분할과 유사한 효과를 누릴 수 있다.

예외 인정설의 입장은 다음과 같이 상정해 볼 수 있다. 제척기간은 일반적으로 소멸시효보다 법률관계의 조속한 확정이라는 공익적 요청이 더 강하게 반영되어 있기는 하지만, 기간의 경과에 따른 권리 행사의 제한을 둘러싼 문제를 다룬다는 점에서 소멸시효와 본질적으로 다르지 않다.[18] 또한 제척기간에도 다양한 유형이 있고, 세밀하게 살펴보면 그 취지나 공익성의 정도도 다양하므로 모든 제척기간을 일률적으로 취급할 필요도 없다.[19] 따라서 사안에 따라서는 제척기간에도 소멸시효의 중단이나 정지에 관한 규정이 유추 적용되거나 신의칙이 적용될 여지가 있다. 재산분할심판은 마류 가사비송사건으로서[가사소송법 제2조 제1항 나.(2) 마류사건 제4호] 법원이 직권으로 재산분할대상을 탐지하여야 하고,[20] 법원이 심리하여 판단함에 있어서 재산분할대상이나 재산분할방법에 관한 당사자들의 주장에 얽매

7. 22. 선고 2004두2509 판결.

17) 대법원 1992. 8. 18. 선고 92다21180 판결에서는 환매권의 제척기간이 경과하였다는 국가의 주장이 신의칙에 반하지 않는다고 보았다.

18) 이상태, “제척기간의 본질에 관한 연구”, **저스티스**, 제72호(2003. 4), 121면; 김진우, “제척기간의 정지 및 중단 여부에 관하여”, **재산법연구**, 제24권 제3호(2008. 2), 17－18면.

19) 독일에서도 제척기간은 다목적의 제도로 관념된다. 김진우(주 18), 4면 참조.

20) 대법원 1995. 3. 28. 선고 94므1584 판결; 대법원 1996. 12. 23. 선고 95므1192, 1208 판결; 대법원 1997. 12. 26. 선고 96므1076, 1083 판결. 법원은 직권으로 재산명시(가사소송법 제48조의2)나 재산조회(가사소송법 제48조의3)를 명할 수 있다. 이 점에서 가사소송법상 재산명시나 재산조회는 민사집행법상의 그것과 구별된다.

이지 않는다.[21] 그 결과 소송상 처분권주의가 적용되지 않고 청구의 일부인용, 일부기각도 있을 수 없다. 이러한 법원과 당사자의 역할 배분 구도 아래에서는 일방이 2년 내에 재산분할청구권을 행사하였다면 그때 어떤 재산을 분할대상으로 특정하였건 간에 제척기간을 준수한 것이고, 2년 후에 새로운 분할대상재산이 발견되었다고 하여 제척기간 준수 여부에 관한 평가가 바뀌는 것은 아니다. 즉 이론적으로 따지면, 당사자는 개별재산이 아닌 총체재산에 대해 추상적 재산분할청구를 하면 족하고, 개별재산에 대한 구체적 재산분할청구권은 법원의 심판을 통하여 비로소 형성되는 것이다.[22]

요약하자면, 예외 부정설은 제척기간 제도를 엄격하게 적용하여 법적 안정성을 제고하고자 하는 입장이고, 예외 인정설은 제척기간 제도에 일정한 유연성을 부여하는 한편 재산분할사건의 비송적 성격을 강조하는 입장이다. 결론적으로 필자는 예외 가능성을 완전히 봉쇄할 필요는 없다고 생각한다.

우선 제척기간에도 일정한 유연성이 부여되어야 하는 경우가 없지 않다. 학설상으로는 제척기간에도 소멸시효 정지 규정을 유추 적용할 수 있다는 견해가 유력하고,[23] 또 그 견해가 타당하다. 제척기간과 소멸시효를 엄격하게 구분하고 전자에 대한 후자의 유추 적용 가능성을 봉쇄할 합리적 이유가 없기 때문이다. 참고로 제척기간의 일종인 사기 또는 강박에 의한 취소기간에 관하여 규정하는 독일 민법 제124조에서는 소멸시효의 정지(Hemmung) 또는 완성유예(Ablaufhemmung)에 관한 제206조, 제210조, 제211조를 준용한다. 나아가 독일 판례는 소멸시효 정지규정 및 중단규정을 제척기간에 유추 적용한다.[24] 일본에서는 와가츠마 사카에(我妻栄) 이래 소멸시효 정지 규정을 제척기간에 유추 적용할 수 있다는 입장이 학계의 광범위한 지지를 얻고 있고,[25] 그러한 취지의 최고재판소 판례도 있다.[26]

---

21) 대법원 1995. 3. 28. 선고 94므1584 판결; 대법원 2013. 7. 12. 선고 2011므1116 판결.

22) 대법원 2013. 10. 11. 선고 2013다7936 판결 참조.

23) 김진우(주 18), 18면; 편집대표 김용담, **주석민법 채권총칙**(3), 제4판(한국사법행정학회, 2014), 506면(이연갑 집필부분); 서종희, "이혼 후 재결합한 경우의 재산분할청구권－제척기간의 중단 여부 및 재산분할대상의 확장을 통한 해결", **비교사법**, 제20권 제2호(2013. 5), 532－533면; 양창수 · 김형석, **민법** Ⅲ, 권리의 보전과 담보(박영사, 2015), 147면; 전원열, "부인권과 제척기간－대법원 2016. 7. 29. 선고 2015다33656 판결－", **법조**, 통권 제720호(2016. 12), 514－515면. 제척기간의 정지에 관하여는 민법 제182조만 유추 적용할 수 있다는 견해와 나머지 시효정지 규정도 유추 적용할 수 있다는 견해가 있는데, 이에 관하여는 전원열, 위 논문, 513면 이하에서 상세하게 설명하고 있다.

24) BGHZ 43, 235. 이러한 독일의 판례와 학설에 관하여는 전원열(주 23), 517－518면.

한편 제척기간에는 소멸시효처럼 신의칙이 비교적 광범위하게 적용되기 어렵겠지만, 그렇다고 해서 제척기간에 신의칙이 아예 적용되지 않는다고 할 수도 없다.[27] 신의칙은 제척기간을 포함한 민법 전반에 적용되는 원칙이고, 제척기간이라고 하여 그 적용 대상에서 제외될 이유가 없다. 재산분할청구권의 제척기간이 2년으로 비교적 짧게 설정되어 있고,[28] 주관적 기산점이 아닌 객관적 기산점을 채택하고 있어 권리자에게 불리하다는 점,[29] 재산분할에는 청산적 성격 외에도 부양적 성격이 있다는 점도 재산분할청구권 행사에 관한 신의칙의 적용 가능성을 열어 주는 요소이다. 참고로 독일에서는 제척기간에 신의칙이 적용될 수 있다고 해석한다.[30] 일본에는 제척기간에 신의칙이 적용될 여지가 없다고 한 최고재판소 판결이 있기는 하나,[31] 상당한 비판을 받고 있다.[32] 정의와 공평의 이념 및 시효정지에 관한 규정의 취지에 비추어 불법행위로 인한 손해배상청구권의 제척기간 경과의 효과를 제한한 최고재판소 판결도 있다.[33]

우리 대법원은 이미 대법원 2000. 8. 18. 선고 99므1855 판결에서 재산분할청구권의 제척기간을 유연하게 해석한 바 있다. 이 판결은 법률혼과 사실혼이 3회에 걸쳐 계속 이어지다가 파탄된 사안을 다루었다. 대법원은 마지막 사실혼의 해소에 따른 재산분할을 할 때에는 앞서 이루어진 이혼에 따른 재산분할 문제를 정산하였다거나 이를 포기하였다고 볼 만한 특별한 사정이 없는 한 그 각 혼인 중에 쌍방의 협력으로 이룩한 재산은 모두 청산 대상이 된다고 보았다.[34] 형식적으로만 따

---

25) 我妻榮, **新訂 民法總則**(岩波書店, 1965), 437면; 內田 貴, **民法 Ⅰ, 總則 · 物權總論**, 第4版(東京大學出版会, 2015), 337면 등. 이러한 일본 학설에 관하여는 전원열(주 23), 519－520면 참조.

26) 最判 1998(平成 10) 6. 12.(**民集** 52-4巻 1087頁). 이러한 일본 판례의 의미에 관하여는 전원열(주 23), 520－521면 참조.

27) 윤진수, “상속회복청구권의 성질과 그 제척기간의 기산점”, **재판의 한 길 : 김용준 헌법재판소장 화갑기념논문집**(1998), 506－507면; 서종희, “신의칙에 의거한 제척기간의 적용제한－일본판례 및 학설을 중심으로－”, **고려법학**, 제71호(2013. 12), 486－487면. 제척기간에 신의칙이 적용되지 않는다고 한 대법원 판결들은 해당 사건에서 신의칙 적용을 거부한 것일 뿐, 일반론으로서 신의칙 적용 가능성을 봉쇄한 것이 아니다.

28) 가령 법률행위의 취소권 행사의 제척기간은 추인할 수 있는 날부터 3년, 법률행위를 한 날부터 10년이고(민법 제146조), 불법행위로 인한 손해배상청구권의 제척기간은 불법행위를 한 날로부터 10년(민법 제766조)이다. 공유물분할청구권이나 상속재산분할청구권에는 제척기간의 제한이 없다.

29) 예컨대 하자담보책임의 제척기간은 6개월로 짧지만 “매수인이 그 사실을 안 날”을 기산점으로 삼는다(민법 제580조 내지 제582조).

30) Palandt, *Bürgerliches Gesetzbuch*, 78. Auflage (C.H.BECK, 2019), § 242 Rn. 92.

31) 最判 1989(平成 元年). 12. 21.(**民集** 43-12巻 2009頁).

32) 內田 貴(주 25), 337면 등.

33) 最判 2009(平成 21). 4. 28.(**民集** 63-4巻 853頁).

지면 제1차 이혼으로부터 2년이 경과하면 제1차 이혼 전에 공동형성된 재산에 대한 분할청구권은 제척기간 경과로 소멸하였다고 보아야 한다. 그런데 대법원은 혼인관계의 결합과 해소가 이어진 사안에서 마지막 혼인관계 해소일로부터 2년 내에 일괄적인 재산분할을 할 수 있도록 허용한 것이다.

또한 재산분할심판의 비송적 성격을 강조한다면 제척기간이라는 이름 아래 분할대상재산을 파악하지 못한 불이익을 오로지 재산분할청구의 주체에게만 전가할 수는 없다. 재산분할제도는 개별 재산의 분할이 아니라 전체 재산의 총체적 분할을 꾀하는 제도이고,[35] 실무에서는 부양적 재산분할에 대한 관심도 고조되고 있다.[36] 이러한 분할은 법원의 광범위한 후견적 개입 아래 이루어진다. 재산분할대상의 확정도 그러하다.[37] 물론 재산분할심판의 대심적(對審的) 성격을 무시할 수는 없다. 재산분할청구에 있어서도 법원은 당사자가 구하는 청구취지를 초과하여 의무이행을 명할 수 없다(가사소송규칙 제93조 제2항 본문). 항고심의 심판 범위도 당사자의 불복신청 범위로 한정된다.[38] 그러므로 재산분할심판의 비송적 성격에만 초점을 맞추어 이혼 후 2년이 경과한 경우에도 언제나 추가 발견된 재산에 대한 분할청구를 할 수 있다는 결론을 성급하게 도출할 것은 아니다. 그러나 재산분할심판의 비송적 성격에다가 앞서 본 제척기간의 유연성까지 함께 고려한다면 추가 발견된 재산에 대한 분할청구를 예외적으로 인정할 가능성은 열어 두는 것이 타당하다.[39]

(3) 예외가 인정되는 경우

이러한 예외 인정 가능성은 결국 신의칙에 의해 뒷받침될 수 있다. 일반론으로서는 소멸시효 정지규정을 제척기간에 유추 적용하는 것도 가능하다. 그러나 재산

34) 대법원 2016. 8. 30. 선고 2016두36864 판결도 이 법리를 다시 한 번 확인하였다.

35) 함윤식(주 5), 1199면.

36) 함윤식(주 5), 1200면.

37) 최문기, "이혼시 재산분할청구권에 관한 판례의 경향", **한국민법의 새로운 전개 : 고상룡교수고희기념논문집**(법문사, 2012), 564면.

38) 대법원 1996. 12. 23. 선고 95므1192 판결.

39) 필자가 검색해 본 바로는 이러한 문제에 대한 논의는 잘 발견되지 않으나, 김수정, "이혼으로 인한 재산분할청구권", **사법논집**, 제40집(2005), 550-551면에서는 "적어도 재판 당시 상대방이 그 존부를 알지 못하여 재산분할의 대상으로 주장하지 아니하였고, 따라서 재판에 현출되지 않았음이 명백하며, 그 가액이 전 심판의 분할액수에 비추어 상당한 금액에 이를 경우에는 형평의 원칙상 예외적으로 청구의 이익을 긍정하여 새로운 재산에 대한 분할의 재청구를 허용하여야 할 것이다." 라고 하여 예외가 인정될 수 있다고 설명한다. 박동섭, "가사소송의 제척기간과 불변기간-판례를 중심으로-", **법조**, 통권 제578호(2004. 11), 174면도 비슷한 취지로 이해된다.

분할청구에서 분할대상재산 누락과 같은 구체적인 사정에 유추 적용할 수 있는 소멸시효 정지사유는 찾아보기 어렵다.[40] 그렇다면 신의칙을 적용하여 예외 인정 가능성을 열어 두되, 그 예외의 폭이 너무 넓어지지 않도록 제어하는 것이 온당한 해결일 것이다.[41]

구체적으로 어떤 경우에 상대방의 제척기간 경과 주장 또는 법원의 제척기간 적용이 신의칙에 반한다고 판단될 수 있는가? 신의칙의 속성상 이에 관한 획일적 판단 기준을 제시할 수는 없다. 그러나 그 판단에서 고려될 수 있는 몇 가지 요소들을 제시해 보는 것은 가능하다. 가령 ① 분할청구 주체가 누락재산을 발견할 합리적 가능성이 있었는가, ② 분할청구 상대방이 누락재산을 고의로 은닉하였는가, ③ 고의로 은닉하지 않았더라도 누락재산의 사후 발견의 경위에 비추어 그 재산을 분할해야 할 당위성이 충분히 큰가, ④ 누락재산이 기존 심판에 따른 분할액수에 비추어 상당한 규모에 이르는가, ⑤ 누락재산이 제3자에게 처분되었다면 그 처분이익이 현존하는가, ⑥ 상대방이 재혼하였는가, 재혼하였다면 누락재산의 유지와 형성에 새로운 배우자가 기여하였는가, ⑦ 제척기간 전에 재산분할청구를 하였으나 그 이후에 청구취지를 확장한 경우 최초 분할청구 당시 장차 청구취지를 확장할 수 있다는 점을 명시하였는가[42] 등의 요소들이 종합적으로 고려될 수 있을 것이다. 그중에서도 ②와 ④의 요소가 좀 더 중요하게 고려될 수 있을 것이다.

물론 신의칙은 엄격하게 적용되어야 하고, 제척기간에 관한 한 더욱 그러하다. 그러한 점에서 대상판결의 사안에 나타난 사정만으로는 추가 발견재산에 대한 분

40) 시효정지에 관한 규정으로는 제한능력자의 시효정지(제179조), 재산관리자에 대한 제한능력자의 권리, 부부 사이의 권리와 시효정지(제180조), 상속재산에 관한 권리와 시효정지(제181조), 천재 기타 사변과 시효정지(제182조)가 있다. 그러나 이러한 규정들이 예정하는 사안 유형과 분할대상 재산 누락 사이에는 유추 적용을 정당화할 만한 유사성이 존재하지 않는다. 다만 일본의 東京高裁 1991(平成 3). 3. 14. 判例時報 1387호, 62면(1991. 8)에서는 재산분할계약이 무효가 되어 새롭게 재산분할청구를 하는 경우 이미 이혼 시부터 2년의 기간이 경과하였더라도 시효정지에 관한 일본 민법 제161조(천재 등에 의한 시효 정지)를 유추 적용할 여지가 있다고 하여 재산분할청구권의 제척기간 기산점을 재산분할계약 무효 확정 시점으로 잡았다.

41) 이러한 필자의 입장은 결국 앞서 상정한 예외 인정설에 속하지만, 예외 부정설을 토대로 하되 신의칙을 적용할 가능성을 열어 놓는 것과 다름없다고 말할 수도 있다.

42) 상속분상당가액지급청구권의 가액산정 대상 재산을 인지 전에 이미 분할 내지 처분된 상속재산 전부로 삼는다는 뜻과 함께 추후 감정결과에 따라 청구취지를 확장하겠다는 뜻을 미리 밝히면서 우선 일부의 금액만을 제척기간 내에 청구하고 그 제척기간 경과 후에 감정결과에 따라 청구취지를 확장한 경우, 청구취지 확장으로 추가된 부분에 관하여도 제척기간을 준수하였다고 한 대법원 2007. 7. 26. 선고 2006므2757, 2764 판결 참조.

할이 허용되어야 한다고 단정하기는 어렵다. 실제로 대상판결의 사건에서는 상대방이 고의로 재산을 은닉하였다는 청구인의 주장이 있었을 뿐 그 주장의 당부가 판단되지도 않았다. 제척기간 전에 재산분할청구를 하면서 그 이후에 청구취지를 확장하겠다는 뜻을 미리 밝히긴 하였으나,[43] 앞서 살펴본 여러 요소들을 심리하여 종합적으로 고려하기 전에 이러한 사정만으로 제척기간에 대한 예외가 인정될 수 있다고 확정적으로 말하기도 어렵다. 다만 앞서 살펴본 것처럼 일반론의 차원에서는 위와 같은 예외의 인정 가능성을 열어 놓는 것이 타당하다.

---

43) 1심법원은 이러한 점 등을 이유로 들어 청구취지 확장 부분에 대한 제척기간 준수를 인정하였다.

3 법정후견과 임의후견의 관계 (대법원 2017. 6. 1.자 2017스515 결정)

가. 사실관계

사건본인은 2010년경부터 기억력 장애와 장소 등에 관한 지남력 장애를 이유로 치매 관련 치료약을 지속적으로 처방받아 복용하였다. 1심법원은 사건본인이 질병, 노령 등의 제약으로 사무를 처리할 능력이 부족한 상태에 있다고 인정하여, 사건본인에 대한 한정후견 개시를 명하였다.[1] 이후 사건본인은 항고를 제기하는 한편, 자신의 자녀인 A를 임의후견인으로 하는 후견계약을 체결하고 이를 등기한 뒤 가정법원에 임의후견감독인 선임을 청구하였다.

나. 원심결정과 대상결정

사건본인의 대리인은 항고심에서, 법정후견에 대한 임의후견의 우선적 지위를 인정한 민법 제959조의20의 규정 취지에 비추어 위 임의후견감독인 선임 청구에 관한 심판이 있을 때까지 항고심의 심리가 중단되어야 한다고 주장하였다. 원심법원은 후견계약이 등기되어 있는 경우에도 가정법원은 본인의 이익을 위하여 특별히 필요할 때에는 법정후견의 심판을 할 수 있고(민법 제959조의20 제1항), 법정후견 개시 후 임의후견감독인 선임청구가 있는 경우에도 법정후견 조치의 계속이 본인의 이익을 위하여 특별히 필요하다고 인정하면 가정법원은 임의후견감독인을 선임하지 아니할 수 있다는 점(민법 제959조의20 제2항)에 비추어 임의후견감독인 선임청구 사실은 법정후견 개시 사건의 심리 및 심판에 장애사유가 되지 않는다고 판단하였다. 또한 이 사건에서는 사건본인의 이익을 위하여 법정후견 심판이 특별히 필요한 것으로 보았다. 이러한 원심의 항고기각 결정에 대해 사건본인은 재항고하였다.

대법원은 원심법원의 판단을 지지하면서, 다음과 같이 판시하였다. 위 민법 규정들은 후견계약이 등기된 경우에는 사적 자치의 원칙에 따라 본인의 의사를 존중

1) 서울가정법원 2016. 8. 29.자 2015느단31667 결정.

하여 후견계약을 우선하도록 하고, 예외적으로 본인의 이익을 위하여 특별히 필요할 때에 한하여 법정후견에 의할 수 있도록 한 것으로서, 민법 제959조의20 제1항에서 후견계약의 등기 시점에 특별한 제한을 두지 않고 있고, 같은 조 제2항 본문이 본인에 대해 이미 한정후견이 개시된 경우에는 임의후견감독인을 선임하면서 종전 한정후견의 종료 심판을 하도록 한 점 등에 비추어 보면, 위 제1항은 본인에 대해 한정후견개시심판 청구가 제기된 후 그 심판이 확정되기 전에 후견계약이 등기된 경우에도 그 적용이 있다고 보아야 하므로, 그와 같은 경우 가정법원은 본인의 이익을 위하여 특별히 필요하다고 인정할 때에만 한정후견개시심판을 할 수 있다. 그리고 위 규정에서 정하는 후견계약의 등기에 불구하고 한정후견 등의 심판을 할 수 있는 '본인의 이익을 위하여 특별히 필요할 때'란 후견계약의 내용, 후견계약에서 정한 임의후견인이 그 임무에 적합하지 아니한 사유가 있는지, 본인의 정신적 제약의 정도, 기타 후견계약과 본인을 둘러싼 제반 사정 등을 종합하여, 후견계약에 따른 후견이 본인의 보호에 충분하지 아니하여 법정후견에 의한 보호가 필요하다고 인정되는 경우를 말한다. 이러한 법리를 설시한 후 대법원은 이 사건의 경우 사건본인의 이익을 위하여 한정후견의 개시가 특별히 필요하다고 본 원심의 판단이 정당하다고 보았다.

다. 분석

2013년 7월 1일부터 시작된 새로운 성년후견제도가 시행 4년차에 접어들었다. 성년후견제도는 후견이 필요한 사람에게 '금치산자' 등의 부정적인 용어를 붙이고, 본인의 행위능력을 획일적으로 지나치게 제한하는 금치산 · 한정치산제도에 대한 반성에서 출발하였다.[2)] 성년후견 신청 건수의 증가 추세에서도 알 수 있듯이,[3)] 성년후견제도는 서서히 안착하고 있다.

성년후견제도의 기본 이념은 '본인의 의사와 현존능력의 존중'이다.[4)] 이러한 기

2) 윤진수, **친족상속법 강의**(박영사, 2016), 241면; 구상엽, **장애인을 위한 성년후견제도**(경인문화사, 2015), 21-24면.

3) 성년후견신청은 2013년 727건에서 2016년 3,716건으로, 한정후견신청은 2013년 116건에서 2016년 282건으로, 특정후견신청은 2013년 5건에서 2016년 158건으로, 임의후견신청은 2013년 7건에서 2016년 17건으로 각각 증가하였다. 제철웅, "성년후견과 신탁 : 새로운 관계설정의 모색", **가족법연구**, 제31권 제2호(2017. 7), 3면 〈표 2〉 참조(이 통계는 제철웅 교수가 배인구 변호사의 도움으로 입수한 법원의 비공식통계자료라고 함).

4) 구상엽(주 2), 13면.

본 이념에서 본인이 필요로 하는 범위 내에서만 후견이 행해져야 한다는 필요성의 원칙, 본인의 의사가 반영된 임의후견이 법정후견보다 우선적으로 활용되어야 한다는 보충성의 원칙, 본인이 다른 사회 구성원들과 대등하고 조화롭게 살 수 있도록 해야 한다는 보편화 · 정상화의 원칙이 도출된다.[5)]

성년후견은 후견계약에 기초한 임의후견(민법 제959조의14 이하)과 법원의 심판으로 후견인이 선임되는 법정후견(민법 제9조 내지 제14조의3, 제929조 이하)으로 나뉜다. 후견계약을 이행 · 운영할 때 본인의 의사를 최대한 존중하여야 한다는 민법 규정(제959조의14 제4항)에서 보듯이, 임의후견은 본인의 의사결정을 중시하는 기조 위에 서 있다.[6)] 임의후견은 새롭게 도입된 성년후견제도 중에서 사적 자치의 이념을 가장 잘 실현하는 제도이고, 후견을 필요로 하는 사람이 자신에게 가장 적합한 보호조치를 스스로 설계할 수 있도록 하는 후견제도의 변화 방향을 잘 반영한 제도이다. 이 점에서 임의후견은 성년후견법 개정의 계기가 된 UN 장애인권리협약의 취지를 가장 잘 살린 제도로 평가되기도 한다.[7)]

임의후견의 첫 번째 단계는 후견계약이다. 후견계약은 자기의 사무처리를 타인에게 위탁하는 위임계약의 성격을 가진다.[8)] 후견계약은 현재의 사무처리 능력 부족을 이유로 체결될 수도 있지만 장래의 사무처리 능력 부족에 대비하여 체결될 수도 있다.[9)] 후견계약의 내용을 충분히 이해하고 그 결과를 합리적으로 판단할 수 있을 정도의 의사능력만 있으면, 후견계약을 통하여 임의후견을 이용할 수 있다.[10)] 후견계약은 반드시 공정증서로 체결되어야 한다(민법 제959조의14).[11)] 임의후견의 두 번째 단계는 후견등기이다. 후견계약이 체결되면 임의후견인은 후견계약의 등기를 신청하여야 한다(후견등기에 관한 법률 제20조 제2항). 후견등기에는 본인, 임의후견인, 공증인, 임의후견감독인의 정보와 임의후견인의 권한범위 등이 공시된다(후견등기에 관한 법률 제26조 제1항). 임의후견의 세 번째 단계는 임의후견감

5) 윤진수(주 2), 250면; 구상엽(주 2), 14면.
6) 윤진수 · 현소혜, 2013년 **개정민법해설**(법무부, 2013), 156면.
7) 김수정, "임의후견에서 본인의 자기결정권과 법원의 감독", **가족법연구**, 제31권 제2호(2017. 7), 200면.
8) 윤진수 · 현소혜(주 6), 147면.
9) 구상엽(주 2), 161면.
10) 구상엽(주 2), 160면.
11) 이는 후견계약 체결 과정에서 발생할 수 있는 여러 법적 문제를 방지함으로써 본인을 보호하기 위한 것이라고 설명된다. 윤진수 · 현소혜(주 6), 153면.

독인의 선임이다. 후견계약이 효력을 가지려면 가정법원이 본인, 임의후견인 등 법이 정하는 청구권자의 청구에 의하여 임의후견감독인을 선임하여야 한다(민법 제959조의14 제3항, 제959조의15). 즉 임의후견감독인의 선임은 후견계약 효력 발생의 정지조건이다.

그런데 본인이 후견계약을 체결하였으나 그와 별도로 법정후견 개시 사건이 법원에 계속되는 등, 임의후견과 법정후견이 충돌하는 상황이 생길 수 있다. 임의후견 사유인 "질병, 장애, 노령, 그 밖의 사유로 인한 정신적 제약으로 사무를 처리할 능력이 부족한 상황"(민법 제959조의14 제1항)은 법정후견의 하나인 한정후견개시 사유(민법 제12조 제1항)와 정확하게 일치하므로, 임의후견과 법정후견의 요건을 동시에 충족하는 것도 가능하다. 그러나 임의후견과 법정후견은 병존할 수 없다.[12] 이때 후견계약 체결을 통하여 표시된 본인의 의사(임의후견)와 본인의 이익에 관한 법원의 판단(법정후견) 가운데 무엇이 우선하는지가 문제 된다. 이는 본인에게 정신적 제약이 있음에도 그의 자율적 판단을 존중할 것인가, 혹은 합리적인 제3자의 후견적 개입을 허락할 것인가 하는 문제이기도 하다.

민법 제959조의20은 법정후견의 보충성을 천명한다. 이에 따르면 후견계약이 등기되어 있는 경우에는 가정법원은 '본인의 이익을 위하여 특별히 필요할 때에만' 임의후견인 또는 임의후견감독인의 청구에 의하여 성년후견, 한정후견 또는 특정후견의 심판을 할 수 있다. 임의후견이 우선하는 것을 원칙으로 삼되, 본인의 이익을 위해 법정후견이 우선하는 예외도 인정한 것이다. 본인의 의사를 존중하고 자기결정권을 보장하는 후견제도의 이념을 생각하면, 원칙적으로 임의후견이 우선한다고 보는 입법 태도는 정당하다.[13] 양자의 시간적 선후가 이러한 우열을 뒤바꾸는 것도 아니다.[14]

이 사건에서는 법정후견 사건의 항고심이 진행되던 중 뒤늦게 후견계약과 후견등기가 이루어졌고, 이러한 처사가 가정법원의 법정후견인 선임을 방해하고 심리절차를 지연시키는 수단이 아닌가가 문제되었다. 그러나 법정후견 사건의 심리 중에도

12) 윤진수 · 현소혜(주 6), 171면. 이에 대한 입법론적 비판으로는 구상엽(주 2), 184−185면; 제철웅, "개정 민법상의 후견계약의 특징, 문제점 그리고 개선방향−후견대체제도의 관점을 중심으로", **민사법학**, 제66호(2014. 3), 123면 참조.

13) UN 장애인권리협약에 의해 설치된 UN 장애인권리위원회는 성년후견제도는 본인의 자율과 권리, 의사와 선호를 존중하는 의사결정지원제도가 되어야 한다고 권고한다. 박인환, "성년후견제도 시행 4년의 평가와 과제", **법조**, 통권 제722호(2017. 4), 7−8면 참조.

14) 편집대표 윤진수, **주해친족법**, 제1권(박영사, 2015), 1457면(현소혜 집필부분).

후견계약과 후견등기가 이루어질 수 있고, 임의후견감독인까지 선임되어 임의후견이 개시되면 임의후견이 우선한다. 다만 후견제도는 본인의 이익을 보호하기 위한 것이므로 법정후견이 본인의 이익을 위하여 특별히 필요한 예외적인 경우에는 법정후견이 앞설 수 있는 길도 열어 놓아야 한다. 따라서 이러한 예외적인 경우에는 법정후견 사건을 담당한 법원은 후견등기의 존재에도 불구하고 법정후견을 개시할 수 있다. 이러한 가능성이 열려 있기 때문에 법정후견 사건의 심리 중에 후견등기가 이루어졌다고 하여 법정후견 사건을 담당한 가정법원이 심리를 당연히 중단해야 하는 것도 아니다. 또한 임의후견 사건을 담당한 가정법원은 본인의 이익을 위하여 특별히 필요한 경우에는 임의후견감독인을 선임하지 않을 수 있다.

그런데 보충적 지위에 있던 법정후견이 앞으로 나아오는 때, 즉 "본인의 이익을 위하여 특별히 필요한 때"는 어떤 경우인가? 대상결정은 "후견계약의 등기에 불구하고 한정후견 등의 심판을 할 수 있는 '본인의 이익을 위하여 특별히 필요할 때'란 후견계약의 내용, 후견계약에서 정한 임의후견인이 임무에 적합하지 아니한 사유가 있는지, 본인의 정신적 제약의 정도, 기타 후견계약과 본인을 둘러싼 제반 사정 등을 종합하여, 후견계약에 따른 후견이 본인의 보호에 충분하지 아니하여 법정후견에 의한 보호가 필요하다고 인정되는 경우를 말한다."라고 판시하였다. 어떠한 상황에서 법원의 후견적 개입이 정당화되는지에 대한 기준을 제시한 것이다. 대상결정은 위와 같은 기준에 비추어, 이 사건에서는 법정후견에 의한 보호가 필요하다고 인정하였다. 다만 그러한 결론을 뒷받침하는 구체적 사정은 판시하지 않았다. 따라서 대상결정의 최종 판단이 옳은지를 외부에서 평가하기는 어렵다. 일반적으로 보면, 임의후견 개시 후 본인의 정신적 능력이 더욱 쇠퇴하여 더욱 강력한 형태의 후견이 필요하게 되었거나, 후견계약의 내용이 부당하거나, 후견계약에 따른 임의후견인의 권한이 본인을 충실히 보호하는 데 미흡하거나, 임의후견인이 본인의 이익 보호에 적합하지 않거나 적합하지 않게 되었을 때에 법정후견이 우선하게 될 것이다.

한편 대상결정을 계기로 임의후견제도의 활성화에 대해서도 생각해 볼 필요가 있다. 대상결정은 일반론으로서 법정후견의 보충성을 천명하였으나, 현실에서 임의후견제도는 거의 이용되지 않고 있다.[15] 이러한 현상은 가까운 일본에서도 나타

15) 박인환(주 13), 24-25면에서 인용한 법무부 통계에 따르면 2016년 성년후견 총 신청건수는 4,173건인데 임의후견등기는 17건만 이루어졌다.

난다고 한다.[16] 이는 임의후견제도가 널리 활용되는 서구의 상황과 대비된다. 이처럼 임의후견제도가 우리 법문화에 안착하지 못하고 있는 것은 제도 자체의 생소함과 그 이용에 수반되는 절차의 복잡함 때문이라고 생각된다. 우리나라에서 임의후견은 후견을 필요로 하는 사람은 물론, 법률전문가들에게조차 여전히 낯선 제도이다. 공정증서에 의한 작성과 등기, 임의후견감독인 선임 등 후견계약의 복잡한 구조와 절차도 임의후견을 꺼리는 하나의 요인이다.[17] 임의후견을 위해서는 본인의 의지가 필요한데, 아직 사리를 분별하고 판단하는 능력이 확실히 있을 때에 후견계약을 미리 체결하여 놓는 문화나 분위기가 조성되어 있지 않다. 앞으로 임의후견제도가 우리 법문화에 안착하고 후견을 필요로 하는 사람의 복리에 기여하기 위해서는 임의후견제도에 대한 홍보, 임의후견 관련 절차의 신속화, 표준 후견계약 서식의 제정과 보급 등이 필요하다.

16) 박인환(주 13), 39면.
17) 제철웅(주 12), 120면.

4 「헤이그 국제아동탈취협약 이행에 관한 법률」상 반환예외사유 (대법원 2018. 4. 17.자 2017스630 결정)

가. 사실관계

재일교포 3세인 청구인과 한국에서 출생하여 성장한 상대방은 2006. 4. 13. 일본에서 혼인을 한 후 일본에서 생활을 해 왔다. 청구인과 상대방은 그 사이에 2007. 1. 2.생인 사건본인 1과 2009. 6. 1.생인 사건본인 2를 자녀로 두고 있다. 청구인과 상대방은 2016. 6. 28. 부부싸움을 하였고, 상대방은 그 다음 날 사건본인들을 데리고 집을 나와 청구인의 동의 없이 사건본인들과 대한민국에 입국하였다. 상대방은 입국 이후 현재까지 서울 송파구에 위치한 언니의 집에서 사건본인들과 거주하고 있고, 사건본인들은 2016. 9. 1.부터 한국에서 초등학교에 다니고 있다. 청구인은 가정법원에 사건본인들의 반환을 청구하였다.

나. 원심결정과 대상결정

1심법원은 청구인의 반환청구를 기각하는 결정을 하였다.[1] 원심법원 역시 청구인의 상대방에 대한 폭언과 폭행으로 사건본인 1이 겪은 정신적 고통, 사건본인들만 또는 사건본인 2만 일본으로 돌아갈 경우 사건본인들이 겪게 될 심리적 고통을 함께 고려하여 청구인의 항고를 기각하였다.[2] 대법원도 아래와 같은 이유에서 원심법원의 판단을 지지하였다.

아동의 불법적인 이동 등으로 양육권이 침해되어 「헤이그 국제아동탈취협약 이행에 관한 법률」 제12조 제1항에 따라 법원에 아동의 반환을 청구할 수 있는 경우에도, 법원은 "아동의 반환으로 인하여 아동이 육체적 또는 정신적 위해에 노출되거나 그 밖에 견디기 힘든 상황에 처하게 될 중대한 위험"이 있다면 그 반환청구를 기각할 수 있다(같은 법 제12조 제4항 제3호). 이러한 반환예외사유는 아동의

1) 서울가정법원 2017. 4. 21.자 2016느단52500 심판.
2) 서울가정법원 2017. 10. 18.자 2017브30068 결정.

신속한 반환으로 인하여 오히려 아동의 구체적 · 개별적인 복리가 침해되어 발생할 수 있는 위해를 방지하기 위한 것이다. 그러므로 그 해석에 있어서는 아동의 권익이 일방 부모의 양육권, 절차의 신속성 등보다 우선하여 고려되어야 한다. 위 반환예외사유에서 말하는 "중대한 위험"에는 청구인의 아동에 대한 직접적인 폭력이나 학대 등으로 아동의 심신에 유해한 영향을 미칠 우려가 있는 경우뿐만 아니라, 일방 부모에 대한 잦은 폭력 등으로 인하여 아동에게 정신적 위해가 발생하는 경우와 상거소국(常居所國)에 반환될 경우 오히려 적절한 보호나 양육을 받을 수 없게 되어 극심한 고통을 겪게 되는 경우를 포함한다. 나아가 반환청구를 받은 법원은 그와 같은 위험의 정도와 그 위험이 반복될 우려가 있는지 여부, 아동의 반환 전후 양육에 관한 구체적 환경, 반환이 아동에게 미칠 심리적 · 육체적 영향 등 기타 일체의 사정을 종합적으로 검토하되, 청구인과 상대방의 양육권 등을 고려하여 아동에 대한 최선의 이익이 무엇인지와 반환이 오히려 아동의 복리에 심각한 침해가 되는지 여부를 판단하여야 한다.

다. 분석

(1) 일반론

「국제적 아동탈취의 민사적 측면에 관한 협약」(이하 '협약'이라고 한다)은 탈취된 아동의 신속한 반환에 관한 협약이다.[3] 이 협약은 1980년 헤이그국제사법회의에서 성안되어 2013. 3. 1. 우리나라에서 발효되었다. 같은 날부터 이행법률인 「헤이그 국제아동탈취협약 이행에 관한 법률」(이하 '이행법률'이라고 한다)이 시행되었다.[4]

협약의 목적은 "어느 체약국으로 불법적으로 이동되거나 유치되어 있는 아동의 신속한 반환을 확보"하고, "일방 체약국의 법률에 기한 양육권 및 면접교섭권이 타방 체약국에서 효과적으로 존중되도록 보장"하는 것이다(제1조). 협약은 아동의 신속한 반환을 확보하기 위한 조항들을 여럿 두고 있다. 체약국은 자국 영토 내에서 협약의 목적 이행을 확보하기 위한 모든 적절한 조치를 취하여야 하고, 이를

---

3) 아동의 탈취(child abduction)는 타인이 하는 아동의 유괴, 즉 고전적 유괴(classic kidnapping)와 대비하여 부모의 일방, 후견인, 기타 가까운 가족이 하는 아동의 일방적 이동(removal) 또는 유치(retention)를 의미한다. 윤진수 편, **주해친족법**, 제2권(박영사, 2015), 1739면(석광현 집필부분).

4) 이 이행법률에 따라 「헤이그 국제아동탈취협약 이행에 관한 대법원규칙」(대법원규칙 제2465호)이 제정되었다.

위해 이용 가능한 한 가장 신속한 절차를 이용해야 한다(협약 제2조, 제11조, 이행법률 제3조). 체약국의 관계 사법당국 또는 행정당국이 절차 개시일로부터 6주 내에 결정에 이르지 못하면, 신청인이나 수탁국 중앙당국은 그 지연 이유를 설명해 달라고 요청할 권리를 가진다(협약 제11조, 이행법률 제14조). 체약국의 사법당국은 양육권 존부나 양육권자로서의 적합성 등 본안 판단을 하지 않는다. 아동이 탈취되기 전에 이루어졌던 사실상의 양육을 보호할 뿐이다.[5] 탈취 직전 아동의 상거소 소재지국의 법률에 따라 사실상 행사되던 양육권이 침해되면 그 아동을 신속하게 반환해야 한다(협약 제3조 제1항).[6]

그런데 "아동의 신속한 반환"은 "아동의 복리"를 구현하기 위한 수단이다. 협약 전문은 "이 협약의 서명국은 아동의 양육에 관한 문제에 있어서 아동의 복리가 최고의 중요성을 가짐을 확신"한다고 천명하고 있다. 이처럼 협약은 모두(冒頭)에서 아동의 복리를 최고 가치로 내세우면서 본문에서는 아동의 신속한 반환을 위한 여러 규정을 두고 있다. 아동의 신속한 반환이 아동의 복리에 부합한다고 전제하는 것이다.[7] 그런데 아동의 반환이 아동의 복리와 충돌할 수도 있다. 그래서 협약과 이행법률은 아동의 복리를 보호하기 위해 예외적으로 아동의 반환을 거부할 수 있는 사유를 열거하고 있다(협약 제13조, 이행법률 제12조 제4항). 이 사건에서 문제 된 반환거부사유는 "아동의 반환으로 인하여 아동이 육체적 또는 정신적 위해에 노출되거나 그 밖에 견디기 힘든 상황에 처하게 될 중대한 위험이 있는 사실"(이행법률 제12조 제4항 제3호)이었다. 그런데 무엇이 아동의 복리에 부합하는지를 판단하는 것은 쉬운 문제가 아니다. 더구나 체약국의 사법당국은 아동의 복리에 관한 본안 판단을 하는 기관이 아니다. 따라서 반환거부사유를 너무 넓게 해석하면 불법 탈취된 아동의 신속한 반환을 위해 마련된 협약의 취지가 무색해진다. 이러한 점 때문에 전통적으로 반환거부사유는 좁게 해석하여 왔다.[8]

협약 가입국인 독일에는 이에 관한 논의가 우리보다 많이 축적되어 있다. 독일 해석론의 기본적인 입장도 반환거부사유를 엄격하게 해석해야 한다는 것이다.[9]

---

5) 윤진수 편(주 3), 1741면(석광현 집필부분).
6) 윤진수 편(주 3), 1741면(석광현 집필부분).
7) BVerfGE 99, 145(NJW 1999, 631).
8) 윤진수 편(주 3), 1743–1744면(석광현 집필부분)도 반환거부사유는 엄격하게 해석해야 한다고 설명한다.
9) Markwardt, beck-online.GROSSKOMMENTAR (2018), HKÜ Art. 13, Rn. 18.

예컨대 대상판결에서 문제된 '중대한 위험'은 단순히 큰 위험(große Gefahr)이 아니라 문자 그대로 중대한 위험(schwerwiegende Gefahr)이어야 한다.[10] 이러한 위험은 장차 발생할 수 있는 위험 또는 가상적 위험이 아니라 현존하는 위험이어야 한다.[11] 이러한 위험은 다른 사람(가령 탈취 부모)에 대한 것이 아니라 자녀에 대한 것이어야 한다. 아동이 상거소국으로 반환되면서 전형적으로 수반되는 어려움만으로는 중대한 위험이 있다고 할 수 없다. 현재 살고 있는 나라에서 떠나면서 겪게 되는 어려움, 가령 주변 사람들과의 관계, 언어 문제, 지속적인 학교 교육에 미치는 문제 등은 중대한 위험에 해당하지 않는다.[12] 현재 살고 있는 부모와 분리된다는 점을 전제로 중대한 위험을 쉽게 인정해서도 안 된다. 오히려 탈취 부모는 아동과 함께 상거소국으로 돌아갈 것이 기대된다. 탈취 부모가 상거소국으로 돌아갈 수 없는 경우는 엄격하게 해석해야 한다. 독일 법원은 탈취 부모가 상거소국으로 돌아가면 체포될 위험이 있어 아동과 함께 귀국하기 어려운 상황이 여기에 해당한다고 한 바 있다.[13]

반면 독일 뉘른베르크 고등법원은 2003. 7. 7. 판결[14]에서 만 9세의 아동이 상거소국으로 돌아가는 것에 반대한다면, 헤이그 아동협약 제13조 제2항에 따라 그 의사를 고려해야 한다고 판단하였다. 아울러 이처럼 아동이 반대하는데도 강제로 아동을 현재의 부모와 분리시켜 상거소국으로 송환시키는 과정에서 아동이 입게 될 피해도 중대한 정신적 피해에 해당한다고 판단하였다. 이 사건에서는 아동의 반대 의사가 중요하게 고려되었다. 아울러 이미 존재하는 중대한 위험뿐만 아니라 아동의 반대를 무릅쓰고 강제 반환할 경우에 새롭게 초래될 위험도 중대한 위험에 포섭시킬 수 있다는 점을 분명히 하였다. 반면 독일 슐레스비히 고등법원은 만 7세의 아동의 반대 의사는 고려의 대상이 아니라고 판단하였다.[15] 이러한 두 상반된 판결은 아동의 연령과 사리분별 능력이 중대한 위험 판단에서 중요한 고려 요소임을 보여 준다.

반환거부사유를 엄격하게 해석해야 한다는 요청은 탈취 아동의 반환이 아동의

---

10) Markwardt, beck-online.GROSSKOMMENTAR (2018), HKÜ Art. 13, Rn. 18.
11) OLG Hamm, Beschluss vom 22.12.2016-11 UF 194/16(NJOZ 2017, 1384, 1387).
12) OLG Schleswig, Beschluss vom 03.02.2005-12 UF 20/05(BeckRS 2005, 19359).
13) OLG Hamm, Beschluss vom 22.12.2016-11 UF 194/16(NJOZ 2017, 1384, 1387).
14) OLG Nürnberg, Beschluss vom 07.07.2003-7 UF 954/03(NJOZ 2004, 4512).
15) OLG Schleswig, Beschluss vom 03.02.2005-12 UF 20/05(BeckRS 2005, 19359).

복리에 부합한다는 협약의 전제 위에서 정당화될 수 있다. 이는 비단 독일뿐만 아니라 종래 각국 실무의 일반적인 시각이었다.[16] 그런데 2008년 체약국을 대상으로 하는 아동탈취사건에 관한 통계를 살펴보면, 그중 주된 양육자인 모(母)에 의한 탈취가 약 67%를 차지하고 있다.[17] 특히 가정폭력의 피해자인 모(母)의 탈취행위와 같은 사안 유형에 관한 한 이러한 엄격한 입장은 완화되고 있다.[18] 자의 반환이 자의 복리에 미칠 수 있는 영향을 좀 더 심도 있게 심사하고, 자를 반환하더라도 일정한 보호조치(undertaking)를 조건으로 하여 반환을 명하는 예도 나타나고 있다.[19] 결국 반환거부사유의 엄격한 해석이라는 큰 틀을 유지하면서도, 특정한 사안 유형에서는 일정 정도 그 엄격함을 완화하려는 경향이 나타나고 있다.[20]

(2) 대상결정 검토

대상결정에서 대법원은 "아동의 반환으로 인하여 아동이 육체적 또는 정신적 위해에 노출되거나 그 밖에 견디기 힘든 상황에 처하게 할 중대한 위험"(협약 제13조(b),이행법률 제12조 제4항 제3호)이 있어 반환요청을 거부한 원심의 결정이 정당하다고 하면서, 중대한 위험의 내용으로 원심과 같이 ① 사건본인들만 일본으로 돌아갈 경우 그 분리로 인하여 겪게 될 심리적 고통, ② 청구인의 상대방에 대한 폭언과 폭행을 목격하며 사건본인들이 겪었던 정신적 고통 등을 들었다.

반환거부사유를 엄격하게 제한적으로 해석하는 입장에서는 대상결정에 대해 의문을 품을 수도 있다. 가령 대상결정이 근거의 하나로 제시한 '부모 일방(이 사건에서는 母)과의 분리로 인한 심리적 고통'만으로 중대한 위험을 인정하는 것은 무리가 있다. 탈취 부모와의 분리가 아동에게 중대한 위험을 초래한다면, 부모 일방은 아동의 복리를 위해 아동과 함께 상거소국으로 돌아가는 것이 맞다. 탈취 부모와의 분리로 인한 심리적 고통은 탈취 부모가 달리 선택하는 경우에 비로소 발생한

---

16) 곽민희, "헤이그아동탈취협약의 해석상 「중대한 위험」과 자의 이익", **민사법학**, 제67호(2014. 6), 32면.

17) Lowe, Statistics National Reports (2011), p. 5. 곽민희, "헤이그 아동탈취협약 적용사건에 관한 각국의 판결 및 이행입법의 쟁점별 분석", **법학연구**(경상대학교), 제24권 제1호(2016. 1), 101면에서 재인용.

18) 곽민희(주 16), 33면.

19) 곽민희(주 16), 34면. 특히 중대한 위험을 엄격하게 해석하면서도 보호조치를 조건으로 이를 완화하는 미국 판결의 경향에 대해서 같은 논문 38면 이하 참조.

20) 체약국 실무경향에 관한 요약은 곽민희(주 17), 120면 참조.

다. 그러므로 분리로 인한 심리적 고통이 꼭 아동 반환 때문에 발생한다고만 할 수는 없다. 오히려 이는 부모 일방의 잔류 결정, 나아가 더 근본적으로는 그 부모 일방의 아동 탈취로 인한 것이기도 하다. 또한 대상결정이 또 다른 근거로 제시한 '부모 타방(이 사건에서는 父)의 일방(이 사건에서는 母)에 대한 폭력적 행동 전력'은 중대한 위험을 인정하는 중요한 단서가 될 수 있으나, 반환예외사유로서의 중대한 위험은 '현저하고 구체적이며 현존하는 위험'이라야 한다.[21] 대상결정에 나타난 사정만으로는 이러한 정도의 중대한 위험이 존재한다고 단정하기 어렵다.

그러나 대상결정의 결론은 대상결정이 다루는 특정한 사안 유형, 즉 '가정폭력 피해자인 모(母)가 자녀들을 데리고 상거소국을 떠난 사안 유형'을 염두에 두고 이해해야 한다. 앞서 살펴보았듯이 이러한 사안 유형에는 엄격한 해석론을 획일적으로 적용하기보다는 아동을 상거소국으로 반환하는 결정 아동의 복리에 미칠 수 있는 영향을 좀 더 세심하게 조사하고 확인할 것이 요구된다. 이와 관련하여 이 사건에서는 가정폭력 가해자인 부(父)의 폭력적 행동 전력이 과연 중대한 위험에 해당하는지와 관련하여 폭력적 행동의 상대방, 경위와 배경, 빈도와 재발 가능성, 폭력적 행동 당시 자녀의 연령, 목격 여부, 기타 그 행동이 자녀에게 미쳤거나 미칠 영향 등이 법원에 의해 면밀히 심리되어야 한다. 필자로서는 이 사건에서 그러한 면밀한 심리가 실제로 이루어졌는지는 알 수 없다. 그러므로 대상결정의 결론이 구체적으로 타당한지도 알 수 없다. 하지만 가정폭력 피해자이자 주된 양육자인 모에 의한 탈취행위라는 사안 유형의 특성상 다른 사안 유형과 비교할 때 대상결정의 결론이 정당화될 가능성은 상대적으로 높다.

아울러 대상결정에서 상세히 다루어지지는 않았으나, 협약상 독자적인 반환거부사유로 규정되어 있는 '아동의 이의'가 더욱 중요하게 다루어질 필요도 있다. 이행법률 제12조는 제4호에서 "아동이 반환에 이의를 제기하고, 아동의 의견을 고려하는 것이 적절할 정도의 연령과 성숙도에 이르렀다고 인정되는 사실"을 반환거부사유의 하나로 규정하고 있다. 이 사건에서 사건본인들은 1심결정 당시 만 11세 및

---

21) OLG Hamm NJW-RR 2013, 69 (FamRZ 2013, 52); OLG Rostock FamRZ 2002, 46; OLG Hamm NJWE-FER 1999, 30; Bach FamRZ 1997, 1051 (1057). 윤진수 편(주 3), 1744면(석광현 집필부분)에서는 중대한 위험이 인정되는 전형적인 예로 "아동을 전쟁지역, 기아지역 또는 전염병 지역으로 반환함으로써 임박한 위험에 빠뜨리는 경우"를 들고 있다. 또한 곽민희(주 16), 41면에서도 父의 子에 대한 직접적인 폭력은 없고 母에 대한 폭력만으로는 원칙적으로 중대한 위험이 인정되지 않는 것이 미국 실무의 주류적인 경향이라고 소개하고 있다.

만 10세였다. 협약상 아동이 만 16세 미만임을 감안하면 사건본인들은 "아동의 의견을 고려하는 것이 적절할 정도의 연령과 성숙도"에 이르렀다고 보인다. 그러므로 사건본인들이 진지하게 반환에 이의를 제기하였다면, '중대한 위험'을 무리하게 인정하기보다는 이러한 이의 제기를 이유로 반환을 거부하는 쪽이 더 자연스러운 방법이자, 아동의 복리를 더욱 두텁게 보호하는 방법이다. 다만 이러한 이의의 의사를 확인할 때에는 현재 양육 중인 부모 일방의 간섭과 통제로부터 자유로울 수 있도록 유의해야 한다.

5 가분채권과 상속재산분할 (대법원 2016. 5. 4.자 2014스122 결정)

가. 사실관계

청구인과 상대방 1 내지 상대방 3은 사망한 A의 공동상속인들이다. A는 사망 당시 B은행에 4억 원의 예금채권을 가지고 있었다. 이전에 A는 C의 B은행에 대한 대출금채무를 담보하기 위해 B은행에 위 예금채권에 근질권을 설정하여 준 일이 있었다. B은행은 상속개시 후 그 근질권을 실행하면서 예금채권 일부를 대출채권과 상계하였고, 나머지 예금채권은 상속인인 청구인과 상대방들에게 공탁하였다. 그런데 근질권 실행을 위한 예금채권 상계로 인해 C에 대해 발생한 구상권은 상대방 1이 행사하여 변제받았고, 청구인에 대한 공탁금은 출급되지 않았으나 상대방들에 대한 공탁금은 압류 · 추심권자에 의한 추심과 공탁금 출급 등으로 현재 존재하지 않게 되었다. 이 상황에서 청구인은 위 예금채권에 대하여 상속재산분할 심판을 청구하였다. 이 심판 사건에서는 예금채권과 같은 가분채권이 상속재산분할대상이 되는지 다투어졌다.

나. 원심결정과 대법원 결정

1심법원은 예금채권과 같은 가분채권은 상속개시와 동시에 공동상속인들에게 법정상속분에 따라 분할되는 것이 원칙이지만, 특별수익이나 기여분으로 인하여 법정상속분의 재조정이 이루어져야 하는 경우에는 공동상속인들 사이의 형평을 기하기 위하여 가분채권도 분할대상인 상속재산에 포함시키는 것이 타당하다고 보아 소정의 비율로 분할을 명하였다.[1] 이에 청구인과 상대방들은 모두 항고하였다. 원심법원도 1심법원과 마찬가지로 예외적으로 가분채권을 분할대상에 포함시킬 수 있다고 보아 예금채권을 분할하였으나, 구체적 사실 인정을 달리하여 그 분할 비율을 변경하였다.[2] 이에 상대방 중 1인이 재항고하였다.

1) 서울가정법원 2013. 11. 5.자 2012느합208 심판.
2) 서울고등법원 2014. 6. 2.자 2013브127 결정.

대법원도 1심 및 원심법원과 마찬가지로 가분채권이 예외적으로 상속재산분할 대상이 될 수 있다고 보았다. 그 요지는 다음과 같다. 금전채권과 같이 급부의 내용이 가분인 채권이 공동상속되는 경우, 그 채권은 상속개시와 동시에 당연히 법정상속분에 따라 공동상속인들에게 분할되어 귀속되므로 상속재산분할의 대상이 될 수 없는 것이 원칙이다. 그러나 가분채권을 일률적으로 상속재산분할의 대상에서 제외하면 부당한 결과가 발생할 수 있다. 예를 들어 공동상속인들 중에 초과특별수익자가 있는 경우 초과특별수익자는 초과분을 반환하지 아니하면서도 가분채권은 법정상속분대로 상속받게 되는 부당한 결과가 나타난다. 그 외에도 특별수익이 존재하거나 기여분이 인정되어 구체적인 상속분이 법정상속분과 달라질 수 있는 상황에서 상속재산으로 가분채권만이 있는 경우에는 모든 상속재산이 법정상속분에 따라 승계되므로 수증재산과 기여분을 참작한 구체적 상속분에 따라 상속을 받도록 함으로써 공동상속인들 사이의 공평을 도모하려는 민법 제1008조, 제1008조의2의 취지에 어긋나게 된다. 따라서 이와 같은 특별한 사정이 있는 때에는 상속재산분할을 통하여 공동상속인들 사이에 형평을 기할 필요가 있으므로 가분채권도 예외적으로 상속재산분할의 대상이 될 수 있다.

다만 대법원은 상속개시 당시에는 상속재산을 구성하던 재산이 그 후 처분되거나 멸실 · 훼손되는 등으로 상속재산분할 당시 상속재산을 구성하지 않게 되었다면 그 재산은 상속재산분할의 대상이 될 수 없고, 그 대상재산이 상속재산분할의 대상이 될 수 있다고 보았다. 이 점에서 대법원은 분할대상인 대상재산에 대해 심리 · 판단하지 아니한 채 이제는 존재하지 않는 상속재산인 예금채권을 분할대상으로 삼은 원심결정은 위법하다고 보아 원심결정을 파기하였다.

다. 분석

대상결정은 두 가지 쟁점을 다루고 있다. 첫 번째 쟁점은 가분채권이 상속재산분할의 대상이 될 수 있는지 여부이다. 대법원은 이를 원칙적으로 부정하면서도 이에 대한 예외를 설정하였다. 두 번째 쟁점은 상속재산을 구성하는 개별 재산이 상속재산분할 당시 존재하지 않는 경우의 상속재산분할 문제이다. 대법원은 존재하지 않는 개별 재산이 상속재산분할대상이 될 수는 없지만, 그 대상재산(代償財産)은 상속재산분할대상이 될 수 있다고 하였다.[3)]

원래의 상속재산뿐만 아니라 그 가치변형물인 대상재산도 상속재산분할대상이 될 수 있다는 판시는 상속재산분할제도의 이념에 비추어 볼 때 타당하다. 대상재산을 분할대상에서 제외할 경우 공동상속인 중 1인이 이를 그대로 보유하면서 동시에 다른 상속재산으로부터도 분배를 받게 되는데 이것은 공평하지 않다.[4] 이것이 그동안 통설[5]과 하급심 판례[6]의 태도이기도 하다. 따라서 아래에서는 두 번째 쟁점에 대한 추가 설명은 생략하고, 보다 논쟁적인 첫 번째 쟁점에 대해서만 살펴본다.

(1) 가분채권의 공동상속에 관한 원칙

가분채권이 상속재산분할대상이 되는지의 문제는 채권 공동상속의 본질과 관련이 있다. 민법 제1006조는 "상속인이 수인인 때에는 상속재산은 그 공유로 한다." 라고 규정한다. 여기에서의 '공유'의 의미에 대해 공유설과 합유설이 대립하는데,[7] 판례는 공유설을 취한다.[8] 공유와 합유를 구별하는 우리 민법의 태도에 비추어 민법 제1006조에서 공유라는 개념을 사용하고 있는 이상 공유설이 타당하다.[9] 한편 가분채권은 물건이 아니므로 공유대상이 될 수는 없지만 민법 제278조에 따라 준공유대상이 될 수 있다. 이때 원칙적으로 공유 규정이 적용된다.[10]

---

3) 이 사건에서 예금채권은 구상금채권, 공탁금출급청구권 등으로 순차 변형되었는데, 그 대상재산으로는 ① 청구인의 공탁금출급청구권, ② 구상금을 변제받거나 공탁금을 출급함으로써 상대방들이 보유하게 된 현금 기타 재산상 이익이 있다.

4) 방웅환, "가분채권과 대상재산에 대한 상속재산분할", **대법원판례해설**, 제107호 2016년 상(2016), 452면.

5) 박동섭, **친족상속법**, 제4판, 2013, 660면; 윤진수, **친족상속법 강의**(박영사, 2016), 395면; 이경희, "공동상속인의 평등을 위한 상속재산분할법리에 관한 연구", **현대민법의 과제와 전망 : 남송 한봉희 박사 화갑기념**(밀알, 1994), 691－695면; 시진국, "상속재산분할심판의 실무상 제문제", **가사재판연구** I (서울가정법원), 2007, 27면; 김윤정, "상속재산분할의 대상성과 관련한 논의", **사법**, 제15호(2011. 3), 200－201면. 독일 민법 제2041조 제1문은 명문으로 이를 인정한다.

6) 서울가정법원 1996. 8. 23. 선고 94느196 판결; 서울가정법원 1998. 6. 8.자 97느8607 심판; 서울가정법원 2005. 6. 16.자 2003느합83, 101(병합) 심판; 서울가정법원 2010. 9. 14.자 2009느합2 심판.

7) 합유설과 공유설의 내용에 관하여는 김주수 · 김상용, **주석민법, 상속(1)**, 제3판(한국사법행정학회,2010), 305－306면; 김윤정(주 5), 179면 이하 참조.

8) 대법원 1988. 2. 23. 선고 87다카961 판결 등.

9) 일본에도 유사한 학설 대립이 있다. 그런데 일본 민법은 제249조 내지 제264조까지 공유에 대한 규정을 두고 있을 뿐, 우리나라와 달리 합유와 총유에 대한 규정을 두고 있지 않다. 그 외에 어디에서도 합유라는 개념은 찾아볼 수 없다. 그러므로 일본의 공유설과 합유설이 우리나라에 같은 맥락으로 적용될 수 없음에 유의해야 한다.

10) 가분채권의 준공유가 구체적으로 어떤 의미를 가지는지는 뚜렷하지 않다. 가령 공유물의 공유지분은 공유물 전체에 미치는데(이 점에서 구분소유적 공유와 구별된다), 가분채권에 대한 준공유지분

그런데 이와 별도로 채권의 공동귀속에 대해서는 수인의 채권자에 관한 규정들(민법 제408조 이하)이 있다. 그렇다면 채권의 준공유에 적용되는 공유 규정과 채권의 공동귀속에 적용되는 다수 당사자 채권관계 규정의 관계는 무엇인가? 양자의 관계에 대해서 ① 다수 당사자 채권관계 규정이 우선 적용된다는 견해, ② 채권 지배(예 : 과실 기타 수익의 분배, 채권의 보존 · 이용방법의 결정, 비용의 부담, 처분 등)에 관한 한 공유 규정이 적용된다는 견해, ③ 물건의 지배를 수반하는 채권(예 : 임차권, 사용채권 등)에는 공유 규정이, 그 외의 경우에는 다수당사자 채권관계 규정이 적용된다는 견해 등이 있는데,[11] 첫 번째 견해가 다수설이다.[12]

이러한 학설의 주류적 흐름에 따른다면 금전채권과 같은 가분채권의 공동귀속에 대해서는 다수 당사자 채권관계 규정에 따른 가분채권의 법리가 우선적으로 적용된다. 가분채권의 법리에 따르면 가분채권의 공동상속인은 상속개시와 동시에 법정상속분에 따라 채권을 분할하여 가지게 된다. 이처럼 상속개시 시 가분채권의 당연분할이 일어나면 그 이후 별도의 상속재산분할은 필요하지 않다는 논리를 도출할 수도 있다. 대법원은 이러한 논리를 채용하였던 대법원 2006. 7. 24.자 2005스83 결정을 인용하면서 이 점을 재확인하였다.[13] 그런데 대상결정의 가치는 이 원칙에 예외를 설정하였다는 데에 있다.[14]

(2) 예외 1 – 초과특별수익자가 있는 경우

대상결정이 제시한 첫 번째 예외 상황은 공동상속인 중 초과특별수익자가 있는 경우이다. 특별수익자는 피상속인으로부터 재산의 증여 또는 유증을 받은 자이다. 민법 제1008조는 이러한 수증재산을 상속받은 것으로 취급하여 수증재산이 특별

은 가분채권 전체에 미치는가, 아니면 지분 비율에 상응하는 금액에만 미치는가? 또한 공유자는 다른 공유자의 동의 없이 공유물의 전부 또는 일부를 처분할 수 없는데(민법 제264조 참조), 가분채권의 준공유자가 자기 지분에 상응하는 금액을 단독으로 지급받는다면 이는 준공유 대상의 일부 처분에 해당하는가? 사실 채권의 준공유가 가지는 법적 의미는 제대로 탐구된 바 없다. 전원열, "채권의 공동상속", **일감법학**, 제35호(2016. 10), 227–228면에서 이 점을 지적하고 있다.

11) 이러한 학설 정리는 편집대표 김용담, **주석민법 물권(2)**, 제4판(한국사법행정학회, 2010), 121면(박삼봉 집필부분) 참조.

12) 예컨대 편집대표 곽윤직, **민법주해(X) 채권(8)**(박영사, 1995), 3–5면(허만 집필부분).

13) 한편 김주수 · 김상용(주 7), 308면은 이러한 판례의 태도에 반대하면서, 채무자가 상속인 가운데 1인에게 그 상속분을 초과하여 변제한 경우 그 채무자는 다른 공동상속인에게 대항할 수 없게 되므로 채무자에게 지나치게 불리하다는 점을 근거로 든다.

14) 일본의 하급심 재판례 중에도 공동상속인들 사이의 합의가 있거나 구체적 형평 실현을 위해 필요한 경우 예외적으로 가분채권의 분할대상성을 인정할 수 있다고 한 것이 많다. 시진국(주 5), 16면 참조.

수익자의 상속분에 미치지 못하는 경우 그 부족한 부분에 한하여 상속분이 있다고 규정한다. 이는 그 수증재산을 상속분의 선급으로 다루어 구체적 상속분을 산정할 때 이를 참작함으로써 공동상속인들 사이의 공평을 기하기 위한 취지이다.[15] 그런데 수증재산이 특별수익자의 상속분을 초과하는 경우도 있다. 이때 특별수익자는 초과특별수익자에 해당한다. 초과특별수익자에게는 초과분을 반환할 의무가 없다는 것이 일반적 해석론이다.[16] 이러한 해석론에 따르면 초과특별수익자는 본래 상속받아야 할 부분보다 더 많이 상속받는 셈이 되어 불균형이 발생한다. 그러나 이는 피상속인의 추정적 의사를 존중하거나 초과특별수익자의 법적 안정성을 지키기 위해 감수해야 할 불균형이다. 그런데 상속재산분할대상에 가분채권을 포함시키지 않으면 가분채권을 포함시키는 경우보다 그 불균형의 폭이 더 커진다. 이러한 사태는 막아야 한다.

예컨대 공동상속인으로 형제인 X, Y가 있고, 공동상속재산으로 4억 원 상당 부동산 및 4억 원 상당 예금채권이 있으며, X가 피상속인 생존 당시 피상속인으로부터 12억 원 상당 부동산을 증여받았다고 하자.[17]

가분채권인 예금채권을 상속재산분할대상에서 제외하는 경우에는 간주상속재산은 16억 원(4억 원 부동산+12억 원 특별수익)이고, X, Y의 법정상속분은 각 8억 원(16억 원×1/2)이며, X의 구체적 상속분은 -4억 원(8억 원-12억 원), Y의 구체적 상속분은 8억 원이다. 그런데 X는 초과특별수익자로서 4억 원의 반환의무를 부담하지 않으므로, 종국적으로 X는 이미 증여받은 12억 원의 특별수익을 그대로 보유하고, Y는 미반환 부분인 4억 원의 부담을 떠안음으로써 최종적으로 4억 원(8억 원-4억 원)을 보유하게 된다. 여기에다가 상속재산분할대상에서 제외된 예금채권

---

15) 대법원 1998. 12. 8. 선고 97므513, 520, 97스12 판결.

16) 이 점에 대해서는 우선 윤진수, "상속재산분할에 있어서 초과특별수익의 취급", 민법논고 V(박영사, 2011), 245-247면 및 이 문헌의 각주에 소개된 같은 취지의 문헌 및 관련 판결들(광주고등법원 1989. 6. 9. 선고 88르367 판결 및 서울고등법원 1991. 1. 18. 선고 89르2400 판결) 참조.

17) 참고로 상속재산분할에 따른 최종 상속분은 다음과 같이 산정한다. 우선 피상속인 사망 당시 재산과 특별수익의 사망 당시 가액을 합하여 간주상속재산을 계산한다(① 간주상속재산 계산). 여기에 공동상속인의 법정상속분을 곱하여 각 법정상속분액을 산출한다(② 법정상속분액 계산). 그 후 각 법정상속분액에서 특별수익을 공제하여 수정된 상속분을 산정한다(③ 구체적 상속분액 계산). 한편 일부 상속인의 특별수익이 법정상속분액을 초과하는 경우 초과특별수익자는 초과특별수익에 대한 반환의무가 없으나, 실제 상속재산에 대하여는 아무런 지분을 가지지 못한다(④ 초과특별수익자의 배제). 이때 다른 상속인들의 최종 상속분은 반환되지 않는 초과특별수익의 부담을 법정상속분에 따라 분담하는 방식으로 산정한다(⑤ 반환되지 않는 초과특별수익부분의 분담).

4억 원은 상속개시와 더불어 X와 Y에게 각각 2억원씩 분할 귀속된다. 결국 X는 14억 원(특별수익 12억 원+예금채권 2억 원), Y는 6억 원(최종 상속분 4억 원+예금채권 2억 원)을 보유하게 된다(이상 제1 사례).

한편 가분채권인 예금채권을 상속재산분할대상에 포함시키는 경우에는 간주상속재산은 20억 원(4억 원 부동산+4억 원 예금채권+12억 원 특별수익)이고, X, Y의 법정상속분은 각 10억 원(20억 원×1/2)이며, X의 구체적 상속분은 -2억 원(10억 원-12억 원), Y의 구체적 상속분은 10억 원이다. 그런데 X는 초과특별수익자로서 2억 원의 반환의무를 부담하지 않으므로, 종국적으로 X는 이미 증여받은 12억 원의 특별수익을 그대로 보유하고, Y는 미반환부분은 2억 원의 부담을 떠안음으로써 최종적으로 8억 원(10억 원-2억 원)을 보유하게 된다(이상 제2 사례).

두 사례를 비교하면 가분채권인 예금채권을 상속재산분할대상에 포함시키는 제2사례(X : Y=12억원 : 8억 원)가 그렇지 않은 제1사례(X : Y=14억 원 : 7억 원)보다 초과특별수익의 반환 부정으로 인한 불균형을 상대적으로 줄이는 결과를 가져온다. 이러한 이유 때문에 대상결정은 공동상속인 중 초과특별수익자가 있는 경우에는 예외적으로 가분채권을 상속재산분할대상에 포함시킬 수 있다고 보았다.

(3) 예외 2 - 구체적 상속분과 법정상속분이 다른데 가분채권만 상속재산인 경우

대상결정이 제시한 두 번째 예외 상황은 특별수익이 존재하거나 기여분이 인정되어 구체적인 상속분이 법정상속분과 달라질 수 있는데 상속재산으로 가분채권만 있는 경우이다. 그런데 가분채권을 상속재산분할대상에서 제외하는 입장에 따르면 상속재산분할의 문제는 애당초 발생하지 않는다. 왜냐하면 가분채권 외에는 분할할 대상 자체가 존재하지 않기 때문이다. 물론 특별수익이 있는 경우에는 이를 간주상속재산으로 삼는 것이 이론적으로 불가능하지는 않지만, 어차피 특별수익의 반환의무가 인정되지 않는 이상 분할의 의미가 없어지는 것은 마찬가지이다.[18] 이처럼 상속재산분할의 문제가 애당초 발생하지 않으면 가분채권은 특별수

18) 즉 간주상속재산이 4억 원(특별수익)이라고 하더라도, X, Y의 법정상속분은 각 2억 원(4억 원×1/2)이며, X의 구체적 상속분은 -2억 원(2억 원-4억 원), Y의 구체적 상속분은 2억 원이 된다. 그런데 X는 2억 원의 반환의무를 부담하지 않으므로, 종국적으로 X는 이미 증여받은 4억 원을 그대로 보유하고, Y는 미반환부분인 2억 원의 부담을 떠안음으로써 결국 아무런 분할도 받지 못하게 된다.

익이나 기여분과 무관하게 법정상속분에 따라 처음부터 분할 귀속되고, 그 외에 상속재산이 없으므로 상속재산분할절차를 통하여 특별수익이나 기여분이 고려될 여지가 사라지게 된다. 이는 수증재산과 기여분을 참작한 구체적 상속분에 따라 상속을 받도록 함으로써 공동상속인들 사이의 공평을 도모하려는 민법 제1008조(특별수익자의 상속분), 제1008조의2(기여분)의 취지[19]에 어긋난다. 대상결정은 이 점을 들어 이 경우에도 예외적으로 가분채권을 상속재산분할대상에 포함시킬 수 있다고 보았다.

(4) 총평

대상결정이 가분채권은 상속재산분할대상이 아니라는 기존 판례의 태도를 원칙적으로 견지하면서도 적정한 예외를 설정하여 위와 같은 원칙이 초래할 수 있는 불균형을 감소시킨 점은 진일보한 것이다. 다만 여전히 다음과 같은 의문이 남는다.

민법은 상속재산분할대상에 아무런 제약을 두고 있지 않다. 그러므로 법의 문언만 놓고 보면 가분채권이 상속재산분할대상에서 제외되어야 할 필연적 이유는 없다. 이에 대하여는 상속개시와 더불어 자동적으로 분할되어 버리는 가분채권의 속성상 상속재산분할대상에서 제외되는 것이 논리적으로 당연하다고 반론할 수도 있다. 즉 가분채권은 상속개시와 더불어 자동 분할되었으니 그 후 다시 분할할 여지가 없다는 것이다. 이러한 논리는 상속개시 시 일어나는 '분할'과 상속재산분할을 통하여 이루어지는 '분할'이 같은 용어라는 점에 영향을 받았을 가능성이 크다. 그러나 두 '분할'은 서로 다른 목적과 성격을 가지는 개념이다. 가분채권에 대해 상속개시 시 일어나는 '분할'은 상속재산이 법률에 의해 피상속인의 사망과 더불어 공동상속인에게 어떤 형태로든 공동으로 귀속되지 않으면 안 되기 때문에 발생하는 잠재적 귀속상태이다. 반면 상속재산'분할'은 일단 이렇게 잠재적으로 귀속된 상속재산을 최종적으로 공동상속인 사이에 나누게 되는 확정적 귀속과정이다. 상속 개시와 더불어 상속재산인 부동산이 일단 공동상속인에게 공유 형태로 귀속되지만 나중에 상속재산분할을 통하여 그중 1인의 단독소유로 최종 귀속시킬 수 있는 것을 보더라도 그러하다. 따라서 전자의 '분할'이 일어났다고 후자의 '분할'이

19) 김주수 · 김상용(주 7), 342, 356면.

불가능하게 되는 것은 아니다.

상속재산분할은 협의 또는 심판에 의해 상속재산의 경제적 가치를 사후적으로 재분배하는 절차이다.[20] 그러므로 어떤 재산이 그 속성으로 말미암아 공동상속인에게 일단 분할된 상태로 귀속되었더라도 이러한 초기 귀속을 사후에 재조정하는 것을 막을 이유가 없다. 가분채권에서도 이러한 사후적 재조정이 필요한 경우가 있다. 특히 예금채권의 경우에는 상속재산분할을 인정해야 할 현실적 필요성도 있다. 금융기관은 공동상속인들 전원의 예금지급청구가 있어야만 예금인출에 응하고 있어 전원의 공동청구가 어려운 경우에는 예금채권 분할을 통한 단독청구의 길을 열어 놓을 필요가 있기 때문이다.[21] 학설로서도 가분채권이 상속재산분할대상이 될 수 있다는 견해가 유력하다.[22] 가분채권의 상속 이후 분할 전에 변제가 이루어짐으로써 법률관계가 복잡해질 수 있으나 이는 상속재산분할제도가 존재하는 이상 가분채권이건 아니건 일반적으로 발생하는 문제이다. 이 문제에 대해 민법 제1015조 본문은 상속재산분할에 소급효를 인정하면서도 단서에서 제3자의 권리를 해치지 못한다고 규정하여 제3자 보호를 꾀하고 있다.

대상결정은 예외 설정을 통하여 구체적 형평을 도모하고자 하였다. 그러나 가분채권이 상속재산분할대상이 아니라는 전제를 여전히 고수하면서 이로부터 발생하는 문제점만 미시적으로 수정하고자 하였다는 점에서 여전히 한계를 가진다. 가분채권은 상속재산분할대상이 아니라는 원칙이 고수되어야 하는가에 대한 근본적인 재검토가 필요하다. 참고로 일본 최고재판소도 가분채권은 상속개시 당시에 당연히 법정상속분에 따라 공동상속인에게 분할하여 귀속되므로 상속재산분할의 대상이 되지 않는다는 입장을 취하였으나,[23] 2016. 3. 23. 최고재판소 제1소법정이 이

---

20) 김윤정(주 5), 178면은 구체적 상속분을 정하고 그에 따라 적정하고 타당한 분할방법을 정하는 것에 상속재산분할의 의의가 있다고 한다.

21) 윤진수(주 16), 238면. 채권자 불확지를 원인으로 변제공탁을 하여야 한다는 견해로는 김현선, "예금주가 사망한 경우 상속예금에 대한 법률관계—공동상속인 1인이 자기 법정상속지분만큼 단독청구할 수 있는지 여부—", **금융법연구**, 제9권 제2호(2012), 405면 이하. 이와 관련하여 금융기관이 예금을 공탁할 수 있도록 제도를 정비해야 한다는 의견을 개진하는 문헌도 있다. 전원열(주 10), 240—241면.

22) 임완규 · 김소영, "상속재산분할심판", **가정법원사건의 제문제, 재판자료**, 제62집, 1993, 704면; 김창종, "상속재산의 분할", **상속법의 제문제, 재판자료**, 제78집, 1998, 187면; 시진국(주 5), 18면; 김윤정(주 6), 188면; 박동섭(주 5), 660면; 윤진수(주 16), 237—238면; 윤진수(주 5), 394면.

23) 最高裁 1954(昭和 29). 4. 8. 판결, **民集** 8巻 4号, 819면; 最高裁 2004(平成 16). 4. 20. 판결, **金融法務事情** 1711号, 32면. 다만 最高裁 2009(平成 21). 1. 22. 판결, **民集** 63巻 1号, 228면은 예금채권이 분할 귀속되더라도 공동상속인 전원에게 귀속되는 예금계약상의 지위에 기하여 공동

쟁점에 관한 사건을 대법정(우리나라 전원합의체에 해당)에 회부하는 결정을 내렸고,[24] 2016. 12. 19. 대법정 결정을 통하여 가분채권이라고 하여 당연히 상속재산분할[25]의 대상이 되지 않는 것은 아니라고 하여 종전 판례를 변경하였다.[26]

상속인 중 1인이 예금계좌 거래경과의 개시를 구하는 권리를 단독으로 행사할 수 있다고 보았다.

24) 平田 厚, "相續預金を遺産分割の對象にでけるか－最高裁大法廷の判斷を前に－", **金融法務事情** 2040号(2016. 4. 25), 1면 참조. 전원열(주 10), 237－238면에서 이를 소개하였다.

25) 일본에서는 이를 유산분할이라고 한다.

26) 이 판결에서 최고재판소는 "정기예금채권은 상속개시와 동시에 당연히 상속분에 응하여 분할되는 것이 아니라 유산분할의 대상이 된다고 해석하는 것이 상당하다."라고 판시하였다. 이러한 결론에 대하여 재판관 전원의 의견이 일치하였다.

6 북한이탈주민의 상속재산회복청구권과 제척기간 (대법원 2016. 10. 19. 선고 2014다46648 전원합의체 판결)

가. 사실관계

A는 B와 혼인하여 슬하에 C를 포함하여 여러 자녀를 두었다. A의 차남인 C는 한국전쟁 당시 서울에서 실종된 이래 북한에서 거주하였다. A는 1961년경 사망하였는데, 당시 상속인으로는 배우자 B 및 자녀들인 C, D, E, 피고 1, 피고 2가 있었다. 1977년경에는 C에 대한 실종선고가 이루어졌고, 1978년경에는 상속재산인 X토지에 관하여 B, D, E, 피고 1, 피고 2 앞으로 소유권보존등기가 마쳐졌다. 한편 C는 2006년경 북한에서 사망하였다. C의 딸인 원고는 2009년경 남한에 입국한 뒤, C에 대한 실종선고 취소심판을 받고 피고 1과 피고 2를 상대로 상속재산회복을 구하는 소를 제기하였다.[1]

나. 원심판결과 대상판결

1심법원은 「남북주민 사이의 가족관계와 상속 등에 관한 특례법」(이하 '남북가족특례법'이라 한다) 제11조가 상속회복청구권의 제척기간에 관한 민법 제999조 제2항을 배제하는 취지라고 보아 원고의 청구를 일부 인용하였다.[2] 피고 2의 소송수계인들은 이에 항소하였다. 원심법원은 1심법원과 달리 남북가족특례법 제11조가 상속회복청구권의 제척기간에 관한 민법 제999조 제2항을 배제하는 취지라고 보기 어렵다고 하여, 상속회복청구권의 제척기간이 경과하였음을 이유로 1심판결을 취소하고 원고의 소를 각하하였다.[3]

대법원 판결의 다수의견은 원심법원의 판단을 지지하였다. 다수의견의 요지는 다음과 같다. 남북가족특례법은 일정한 경우 제척기간을 연장함으로써 북한 주민의 권리를 보호하는 한편 그 권리 행사로 인하여 남한 주민 등에게 발생할 수 있

---

1) 원고의 소 제기 이후 피고 2가 사망하여, 피고 2의 상속인들이 피고 2의 재산을 상속받아 소송절차를 수계하였다.
2) 서울남부지방법원 2014. 1. 21. 선고 2011가단83213 판결.
3) 서울남부지방법원 2014. 6. 19. 선고 2014나2179 판결.

는 법률관계의 불안정을 최소화하여, 남·북한 주민 사이의 이해관계를 합리적으로 조정하고 있다. 남북가족특례법이 친생자존재확인의 소, 인지청구의 소와 달리 상속회복청구의 소의 경우 제척기간에 관한 특례를 두지 않은 것은 입법자의 선택이다. 그리고 이러한 선택은 친생자관계존재확인 및 인지청구는 가족관계의 존부 내지 형성 그 자체에 영향을 미치는 사항으로서 재산에 관한 법률관계에 그치는 상속회복청구보다 보호의 필요성이 크다는 점에서 정당화된다. 남북가족특례법을 해석함에 있어 북한 주민을 배려할 필요가 있는 것은 사실이나, 그 해석이 해당 규정에 관한 합리적인 법률 해석의 범위를 넘어서는 안 된다. 해석을 통하여 제척기간을 연장하게 되면 그로 인하여 법률관계가 불안정해질 위험이 있다. 그러한 위험을 해소하고 여러 당사자들의 이해관계를 조정하는 것은 법률 해석의 한계를 넘는 것이다.

대법원 판결의 반대의견은 해석을 통하여 제척기간을 연장할 수 있다고 보았다.[4] 반대의견의 요지는 다음과 같다. 남북가족특례법을 해석함에 있어서는 평화통일을 지향하는 헌법 정신에 비추어 남·북한 주민이 자연스럽게 통합될 수 있도록 북한 주민에 대한 보호와 배려가 이루어져야 한다. 그런데 진정상속인인 북한 주민은 자신의 상속권이 침해된 사실을 알 수 없었고, 알 수 있었다고 하더라도 자신의 상속회복청구권을 행사할 수 없었다. 이처럼 권리 행사가 객관적으로 불가능하였음에도 제척기간이 진행된다고 보는 것은 타당하지 않다. 또한 남북가족특례법이 상속회복청구권의 제척기간에 관한 특례를 두지 않은 것은 입법자가 제척기간의 연장 여부를 법률 해석에 맡겨 둔 것으로도 볼 수 있다. 이러한 특례규정의 흠결은 상속회복청구권의 제척기간에 관하여 가장 유사한 취지의 규정을 유추하여 보충될 수 있다. 즉 소멸시효에 관한 제166조 제1항을 유추 적용하여, 북한 주민이 남한에 입국함으로써 남한에 존재하는 상속재산에 관하여 상속회복청구권을 행사할 수 있게 된 때로부터 3년 내에 상속회복청구를 할 수 있다고 보는 것이 타당하다.

다. 분석

이 판결은 법률 해석의 한계 문제를 다루고 있다. 해석 대상 법률 조항은 남북가족특례법 제11조 제1항이다. 남북가족특례법 제11조 제1항 제1문은 "남북이산

4) 반대의견은 대법관 김창석, 대법관 김소영, 대법관 권순일, 대법관 이기택, 대법관 김재형에 의하여 개진되었다.

으로 인하여 피상속인인 남한주민으로부터 상속을 받지 못한 북한주민(북한주민이었던 사람을 포함한다) 또는 그 법정대리인은 민법 제999조 제1항에 따라 상속회복청구를 할 수 있다."라고 규정하고 있다. 민법 제999조 제1항은 "상속권이 참칭상속권자로 인하여 침해된 때에는 상속권자 또는 그 법정대리인은 상속회복의 소를 제기할 수 있다."라고 규정하고 있다. 그런데 민법 제999조는 더 나아가 제2항에서 상속회복청구권의 제척기간을 규정하고 있다. 이 조항에 따르면 상속회복청구권의 제척기간은 "그 침해를 안 날부터 3년, 상속권의 침해행위가 있은 날부터 10년"이다. 그런데 남북가족특례법 제11조 제1항은 "민법 제999조 제1항"에 따라 상속회복청구를 할 수 있다고만 할 뿐 제척기간에 관한 민법 제999조 제2항은 언급하지 않고 있다. 따라서 북한주민이 상속회복청구를 하는 때에도 민법 제999조 제2항의 제척기간이 적용되는지, 적용된다면 같은 모습으로 적용되는지 문제 된다. 대상판결은 이 문제를 다룬 첫 대법원 판결이다.

우선 대법원은 북한주민의 상속회복청구에도 제척기간이 적용된다는 전제에서 출발하였다. 북한주민에게도 우리 법이 적용되는 이상 민법 제999조 제2항의 적용을 피할 수 없고, 이를 배제하는 다른 규정이 없기 때문이다. 하지만 제척기간 기산점에 대해서는 대법관들 사이에 견해가 갈렸다. 다수의견은 북한주민의 상속회복청구에 관해서도 제척기간 기산점은 권리가 발생한 때라는 제척기간 일반론[5]이 적용된다고 보았다. 이 입장에 따르면 일반적으로 북한주민의 상속회복청구권은 제척기간 만료로 소멸할 가능성이 커진다. 왜냐하면 남북 분단이 장기화되는 상황에서 남한에서 상속권 침해행위가 있어 북한주민에게 상속회복청구권이 발생하였더라도 북한주민은 이를 알기 어렵고, 알았더라도 어떤 조치를 취하기는 어렵기 때문이다. 반대의견은 북한주민의 상속회복청구에 관해서는 "소멸시효는 권리를 행사할 수 있는 때로부터 진행한다."는 민법 제166조 제1항을 제척기간의 기산점에 유추 적용하여 '북한주민이 남한에 입국함으로써 남한 내 존재하는 상속재산에 관하여 상속회복청구권을 행사할 수 있는 때'가 제척기간의 기산점이라고 보았다. 이 입장에 따르면 북한주민이 상속회복청구권을 행사할 수 있는 가능성은 높아지게 된다. 다수의견과 반대의견은 여러 면에서 대조적이다. 다수의견은 법적

5) 대법원 1995. 11. 10. 선고 94다22682, 22699 판결; 대법원 1997. 6. 27. 선고 97다12488 판결 등. 편집대표 김용담, **주석민법 총칙 (3)**, 제4판(한국사법행정학회, 2010), 499, 503면(이연갑 집필 부분)도 같은 취지로 설명한다.

안정성, 반대의견은 구체적 타당성에 주목하였다. 다수의견은 입법 의도, 반대의견은 입법 목적에 주목하였다. 다수의견은 사법자제주의, 반대의견은 사법적극주의에 주목하였다. 이러한 근본적인 가치 대립이 제척기간의 기산점 문제에 고스란히 투영되었다.

제척기간의 기산점을 유연하게 해석하여 북한주민이 상속회복청구를 할 수 있는 길을 넓히고자 한 반대의견은 상당한 설득력과 매력을 갖추고 있다. 이러한 결론에 도달하기 위해 반대의견은 유추 적용이라는 법 기술을 활용하였다. 유추 적용은 법률의 흠결을 전제한다.[6] 반대의견은 제척기간 연장 특례가 존재하지 않는 상황을 법률의 흠결 상황으로 파악하였다. 유추 적용은 원리로의 복귀를 꾀한다.[7] 반대의견은 "법은 누구에게도 불가능한 것을 요구할 수 없다."는 원리에 기대었다. 이 원리는 불완전하게나마 소멸시효 제도에 구현되어 있다. 소멸시효의 기산점은 권리를 행사할 수 있는 때이다. 권리를 행사할 수 있는 때라는 표현은 이미 권리 행사 가능성을 전제한다. 즉 권리 행사가 불가능하다면 소멸시효도 진행되지 않는 것이다.[8] 반대의견은 소멸시효와 제척기간이 모두 법적 안정성이라는 이념에 봉사한다는 유사성에 착안하여 이러한 소멸시효 관련 논의를 제척기간에도 확장하고자 하였다. 북한주민들은 법률적으로 상속회복청구권을 행사할 수 있지만,[9] 현실적으로는 남한에 입국하지 않는 한 상속회복청구권을 행사하리라 기대하기 어렵기 때문이다. 북한주민인 진정상속인의 의사와 무관하게 발생한 분단 상황으로 인한 부담을 진정상속인에게 전가하는 처사에는 분명 가혹한 측면이 있다. 반대의견은 이러한 점을 날카롭게 지적하면서 북한주민들에 대해서는 상속권 침해행위가 있은 날부터 10년이 경과하였더라도 남한에 입국한 때부터 3년 내에 상속회복

---

6) 김영환, "한국에서의 법학방법론의 문제점－법발견과 법형성 : 확장해석과 유추, 축소해석과 목적론적 축소 간의 관계를 중심으로", **법철학연구**, 제18권 제2호(2015), 143면 이하; 최봉경, "민법에서의 유추와 해석", **법철학연구**, 제12권 제2호(2009), 145면.

7) 권영준, "위약벌과 손해배상액 예정－직권감액 규정의 유추 적용 문제를 중심으로－", **저스티스**, 통권 제155호(2016. 8), 219면.

8) 판례와 학설은 소멸시효의 기산점에 관하여 권리 행사에 대한 법률상 장애가 있으면 소멸시효가 진행하지 않지만 권리 행사에 대한 사실상 장애가 있으면 소멸시효가 진행한다고 일치하여 새긴다. 그러나 필자는 이러한 잣대를 과도하게 도식화하여 적용하는 것에 대한 문제점을 지적하면서 법은 객관적으로 기대 가능하지 않은 것을 요구할 수 없고, 소멸시효의 기산점도 이러한 객관적 기대 가능성이 있는지 여부에 따라 결정해야 한다고 주장하였다. 권영준, "소멸시효와 신의칙", **재산법연구**, 제26권 제1호(2009. 6), 17－19면.

9) 가령 자신이 북한에 있더라도 남한의 대리인을 통하여 상속회복청구의 소를 제기하는 것이 불가능하지는 않다.

청구권을 행사하면 충분하다는 해석론을 전개하였다.

이러한 반대의견의 논리 전개는 원리에 대한 논구와 구체적 정의에 대한 갈망이라는 점에서 높게 평가할 수 있다. 그러나 필자는 이 사건에 관한 한 다수의견이 타당하다고 생각한다. 우선 법률의 흠결이 존재한다는 반대의견의 출발점의 타당성부터 검토하여야 한다. 법률의 흠결 판단은 사법부와 입법부의 역학관계를 좌우하는 중요한 판단이다. 이러한 판단은 사법부와 입법부의 권력 분립에 중요한 의미를 가진다. 왜냐하면 법률의 흠결 또는 법의 불명확성을 얼마나 너그럽게 인정할 것인가에 따라 사법부의 역할 폭이 좌우되기 때문이다. 여기에서 법률의 흠결이 당해 법률의 조항 부존재만을 의미하지 않는다. 전체 법체계를 유기적으로 바라볼 때 당해 사안에 적용될 수 있는 다른 법률이 있다면 법률의 흠결은 존재하지 않는다. 반대의견이 지적하듯 남북가족특례법에 제척기간 연장특례 조항이 존재하지 않는 것은 사실이다. 그러나 남북가족특례법은 민사관계에 관한 한 민법의 특별법이고, 특별법에 별다른 조항이 없다면 민법으로 회귀하는 것이 정상적인 경로이다.[10] 민법에는 이미 상속회복청구권의 제척기간에 대한 조항을 두고 있다. 그러므로 상속회복청구권의 제척기간에 대한 침묵은 곧 민법 조항을 적용하라는 지시라고 보는 것이 자연스럽다. 어떤 의미에서 보면 입법부는 이미 민법 제999조 제2항을 적용하기로 입법적인 선택을 한 것이다. 또한 어떤 법률 규정의 유추 적용이 정당화되려면 그 법률 규정이 적용되는 상황과 유추 적용을 통하여 해결하려는 상황 사이에 충분한 유사성이 있어야 한다. 반대의견은 소멸시효가 적용되는 상황과 제척기간이 적용되는 상황 사이에 충분한 유사성이 있다고 보아 양자를 동등하게 취급하고자 한 것이다. 그러나 권리관계의 조속한 확정을 통한 법적 안정성 도모라는 측면에서 과연 소멸시효와 제척기간이 동등하게 취급될 수 있는지도 곰곰이 따져보아야 할 문제이다. 한편 민법 제999조 제2항에 따른 제척기간 경과 주장이 신의칙에 위반된다는 논리도 생각해 볼 수 있으나, 단지 청구인이 북한주민이라는 사정만으로 제척기간을 적용하여 청구를 배척하는 것이 신의칙에 위반된다고 일반적으로 말하기는 어렵다.

---

10) 김상훈, "북한주민의 상속회복청구권 행사와 제척기간－대법원 2016. 10. 19. 선고 2014다46648 전원합의체 판결에 대한 검토－", **가족법연구**, 제30권 제3호(2016. 11), 507－508면은 이와 달리 남북가족특례법에 제척기간에 관한 명문의 규정이 없으므로 북한주민의 상속회복청구권에는 아예 제척기간이 적용되지 않는다고 설명한다. 그러나 이는 북한주민의 상속회복청구에도 제척기간이 당연히 적용된다는 전제 위에서 그 연장 여부를 논의하였던 입법 연혁에 반하는 설명이다.

다수의견의 타당성은 입법 연혁을 살펴보면 더욱 명확해진다. 원래 남북가족특례법 초안에는 북한주민의 상속회복청구권의 제척기간을 연장하는 특례를 두었다. 그러나 논의 과정에서 소급입법에 의한 남한주민의 재산권 침해 문제, 북한 내 상속재산에 대한 남한주민의 상속권 보호 흠결로 인한 차별 등이 문제되었다. 실제로 2011년 12월 국회 법제사법위원회 심사보고서는 상속재산회복청구권의 제척기간을 연장하는 특례를 둘 것인지 여부에 대해 다루면서 이를 부정하여야 한다는 입장을 취하고 있다.11) 결국 국회는 남북가족특례법에 제척기간을 연장하는 특례를 두지 않고, 향후 다양한 의견을 수렴하여 특례 수용 여부를 논의하기로 하였다.12) 그러므로 입법부는 이를 향후 입법과제로 미룬 것이지 사법부의 해석과제로 위임한 것이 아니다. 입법 과정에서 특정한 방향의 해결책을 관철시키려다가 합의를 이루지 못한 난제를 사법부의 해석으로 해결하도록 맡겼다고 보는 것은 부자연스럽기도 하다. 이 문제에 대한 결론이 초래할 사회적 · 법률적 파장을 생각하면 더욱 그러하다.

대상판결은 보이는 대상(상속재산의 회복을 원하는 북한주민)과 보이지 않는 대상(상속재산 법률관계의 안정성), 구체적 사건과 거시적 정책, 사법 해석과 입법 결정 사이의 미묘한 관계를 다루고 있다. 이러한 구도에서 어느 쪽을 택하여야 하는가를 사전적 · 획일적으로 결정할 수는 없다. 필자는 입법부와 사법부는 동업자의 관계에 가깝다고 생각한다. 따라서 사법부는 입법부가 의도적으로 또는 비의도적으로 남겨 놓은 공백을 메워 나가거나 드워킨(Dworkin)의 비유에 따르면 입법부가 펼쳐 놓은 스토리에 이어 그 후속 스토리를 써 내려갈 수도 있다.13) 그러나 동업자에게도 역할 분담이 있다. 그리고 북한주민의 상속재산 회복이라는 난제는 입법부의 몫으로 남겨 놓는 것이 타당하다.

---

11) 법제사법위원회(2011. 12), "남북 주민 사이의 가족관계와 상속 등에 관한 특례법안 심사보고서", 37-38면.

12) 윤대해, "남북 주민 사이의 가족관계와 상속 관련 문제 해결-남북 주민 사이의 가족관계와 상속 등에 관한 특례법(안)을 중심으로-", **남북교류와 관련한 법적 문제점[10]-특수사법제도연구위원회 제27 · 28차 회의 결과보고**, (법원행정처, 2012), 118면; 임복규, "남북 주민 사이의 가족관계와 상속 등에 관한 특례법 중 상속 관련 규정에 대한 고찰", **통일과 사법**[1], (법원행정처, 2011), 353면. 이상 김영기, "남한 내 북한주민 관련 가족법적 실무상 쟁점", **통일사법 정책연구**(3), (대법원 사법정책연구원, 2016), 67면에서 재인용.

13) Ronald Dworkin, *Law's Empire* (Harvard University Press, 1986), p. 313.

7 상속포기의 효력이 대습상속에 미치는지 여부 (대법원 2017. 1. 12. 선고 2014다39824 판결)

가. 사실관계

A는 B회사로부터 대출을 받으면서 그 대출원리금의 상환지급보증을 위하여 원고와 사이에 소액대출보증보험계약을 체결하였다. C는 위 계약과 관련하여 원고와 연대보증계약을 체결하였다. 이후 A가 B회사에 대출원리금을 지급하지 못하게 되자 원고는 B회사에 보험금을 지급하였고, 그에 따라 보험계약자인 A 및 그 연대보증인인 C는 원고에 대하여 구상금채무를 부담하게 되었다. 한편 C는 2000. 11. 24. 사망하였는데, C의 배우자인 피고 1 및 C의 자녀들인 피고 2, 3, 4, 5가 상속을 포기하여 C의 어머니인 D가 C의 상속재산을 단독상속하게 되었다. D는 2004. 2. 10. 사망하였고, D의 상속재산은 위 피고 1 내지 피고 5를 포함한 상속인들에게 상속되었다. 원고는 위 상속인들을 상대로 각각의 상속지분 비율에 따라 위 구상금을 변제하라는 소를 제기하였다.

나. 원심판결과 대상판결

1심법원은 원고의 청구를 받아들여, 원고 전부승소 판결을 하였다.[1] 이에 피고 1, 피고 2, 피고 3, 피고 4는 항소하였다. 피고들은 항소심에서, 피고들이 이미 C의 재산상속을 포기하였음에도 C의 후순위 상속인인 D를 거쳐 다시 C의 상속분을 대습상속한다고 보는 것은 상속포기 및 대습상속의 제정 목적에 맞지 않고, 이미 포기한 채무를 다시 부담하는 셈이 되어 신의칙에 반한다고 주장하였다. 원심법원은 이 사건에서 D에게 고유재산이나 채무가 전혀 없었다는 점을 들어, 피고들이 C로부터의 상속을 포기한 효과가 D의 사망에 따른 C의 대습상속에도 미친다고 판단하였다.[2] 이러한 판단에 기초하여 원심법원이 피고들의 항소를 받아들이자, 원고는 상고하였다.

---

1) 창원지방법원 마산지원 2013. 8. 21. 선고 2012가단11405 판결.
2) 창원지방법원 2014. 5. 21. 선고 2013나10875 판결.

대법원은 상속포기의 효력이 피상속인을 피대습자로 하여 개시된 대습상속에 미치지 않는다고 보아, 원심판결을 파기환송하였다. 대상판결의 요지는 다음과 같다. 대습상속은 상속과는 별개의 원인으로 발생하는 것이고, 대습상속이 개시되기 전에 이를 포기하는 것은 허용되지 않는다. 이는 종전에 상속인이 상속포기를 하여 피대습자의 직계존속이 피대습자를 상속한 경우에도 마찬가지이다. 원심판결은 D에게 고유재산이나 채무가 전혀 없었다는 점을 들고 있으나, 피대습자의 직계존속이 사망할 당시 피대습자로부터 상속받은 재산 외에 고유재산을 소유하고 있었는지에 따라 상속포기의 효력이 미치는 범위를 달리 볼 이유가 없다. 이 사건에서 피고들이 대습상속 개시 후 민법이 정한 절차와 방식에 따라 상속포기를 하지 않은 이상, 피고들은 대습상속을 단순승인한 것으로 보아야 한다. 이와 달리 당초 피상속인에 대한 상속포기에 대습상속포기의 효력이 있다고 본다면, 상속포기의 의사를 명확히 하고 법률관계를 획일적으로 처리함으로써 법적 안정성을 꾀하고자 하는 상속포기제도가 잠탈될 우려가 있다.

다. 분석

이 사건에서 상속인인 피고들에게는 피상속인인 C의 채무를 상속할 의사가 없었다. 따라서 피고들은 상속포기를 하였고, 이로써 C의 채무를 종국적으로 승계하지 않으리라는 기대를 가지게 되었다. 그런데 C의 채무를 상속한 D가 사망하면서 피고들은 대습상속인의 지위에서 C의 채무를 상속할 상황에 처하였다. 특히 이 사건에서는 D에게 아무런 고유재산이 없었으므로 C의 채무가 D를 거쳐 다시 피고들에게 상속되게 되었다. 이는 피고들의 의사나 기대와는 전혀 다르게 전개된 사태였다. 상속포기는 불의(不意)의 상속채무를 면하기 위해 하는 것인데,[3)] 피고들은 상속포기를 하고도 불의(不意)의 상속채무를 부담하게 된 셈이다. 피고들이 대습상속 개시 후 상속포기기간 내에 대습상속도 별도로 포기하였다면 문제가 없었을 것이다. 그러나 피고들과 같은 일반인들은 대습상속에 대한 기본적인 이해가 없거나, 일단 상속포기를 하면 피상속인의 상속으로부터 완전히 벗어나므로 별도의 대습상속포기는 필요하지 않다고 생각하기 쉽다. 피고들도 C의 채무를 승계할 의사가 전혀 없었지만 상속포기 기간 내에 대습상속포기를 하지 못하였다. 이 상황에

---

3) 박동섭, **친족상속법**, 3정판(박영사, 2009), 653면.

서 원심판결은 이러한 피고들의 의사와 기대를 보호하려는 과감한 해석론을 전개하였다. 즉 피상속인(D)의 고유재산이 전혀 없어 그가 단순히 당초의 상속포기재산(C의 재산)을 물려받아 넘겨주는 역할만 한 경우에는 최초의 상속포기 효과가 대습상속에도 미친다고 본 것이다. 그러나 대상판결이 적절히 지적하듯이 상속포기의 일반 법리에 비추어 보면 이는 무리한 해석론이다.

상속포기는 의사표시만으로 효력이 발생하는 행위가 아니라 포기 기간 내에 가정법원에 신고하여야 하는 요식행위이다(민법 제1041조). 상속포기사건은 가사비송사건의 일종으로 법원의 재판을 요하고(가사소송법 제36조), 가정법원이 신고를 수리할 때에는 심판서를 작성해야 하며(가사소송규칙 제75조 제3항), 그 심판이 당사자에게 고지되어야 효력이 발생한다.[4] 일단 상속포기신고가 수리되면 취소할 수 없다(민법 제1024조 제1항). 대법원도 상속포기는 상속개시 전에 할 수 없다거나,[5] 조건을 붙일 수 없다거나,[6] 법이 정하는 절차와 방식에 따르지 않은 상속포기는 효력이 없다고 하는 등[7] 상속으로 인한 법률관계의 획일적 처리나 법적 안정성을 도모하는 해석을 하여 왔다.[8]

그런데 원심판결이 상정하는 형태의 대습상속포기는 이러한 법령이나 판례의 태도에 어긋난다. 피고들은 상속포기의 절차를 거쳤을 뿐 대습상속포기의 절차는 거치지 않았다. 가정법원도 상속포기를 수리하는 심판을 하였을 뿐 대습상속포기를 수리하는 심판을 하지 않았다. 또한 원심판결이 상정하는 대습상속포기는 대습상속이 일어나기도 전에 하는 사전 상속포기이고, 대습상속의 개시 및 피상속인의 고유재산 부존재를 조건으로 하는 조건부 상속포기이다. 이러한 사전 상속포기와 조건부 상속포기는 모두 판례가 금지하는 형태의 상속포기이다. 또한 대습상속에서 대습자는 피대습자의 권리를 승계하는 것이 아니라 자기 고유의 권리로서 피상속인을 상속하는 것이므로,[9] 상속과 대습상속은 별개의 상속이다. 그러므로 전자

4) 대법원 2016. 12. 29. 선고 2013다73520 판결.
5) 대법원 1994. 10. 14. 선고 94다8334 판결.
6) 대법원 1995. 11. 14. 선고 95다27554 판결.
7) 대법원 1994. 10. 14. 선고 94다8334 판결.
8) 상속재산의 처분행위에 관한 대법원 2016. 12. 29. 선고 2013다73520 판결; 대법원 2010. 4. 29. 선고 2009다84936 판결; 상속포기의 요식성에 관한 대법원 1998. 7. 24. 선고 98다9021 판결; 대법원 1994. 10. 14. 선고 94다8334 판결 등 참조.
9) 대법원 2005. 1. 13. 선고 2004다34080 판결; 김주수 · 김상용, **주석민법 상속 (2)**(한국사법행정학회, 2015), 215면; 이선형, "상속포기의 효과는 대습상속에도 미치는가 - 대법원 2017. 1. 12. 선고 2014다39824 판결을 중심으로 -", **동북아법연구**, 제11권 제2호(2017. 9), 482면.

에 관한 사유(이 사건의 경우에는 상속 포기)가 후자의 효과에 영향을 미칠 수는 없다.[10] 원심판결처럼 해석하면 법률관계의 명확성이 저해된다. 상속 또는 대습상속 포기는 포기주체 외에 상속에 이해관계를 가지는 제3자들에게도 중요한 문제이므로 민법 등 관련 법령은 상속포기를 요식행위로 규정하여 상속포기의 의사와 내용이 명확한 방식으로 드러나도록 하였다. 그런데 당초의 상속포기만으로는 원심판결이 상정하는 대습상속포기의 의사와 내용을 외부에서 확정하기 어렵다.

다만 피고들과 같은 일반인은 상속포기의 효력이 대습상속에까지 미친다고 생각하기 쉽다는 점을 배려한 원심판결의 태도를 마냥 비판만 할 수는 없다. 원심판결은 일반인의 눈높이에서 이 문제를 고민하였고, 그러한 문제의식은 일반적으로 권장할 만한 것이기 때문이다. 일반인의 상식과 법률적 판단이 같지 않은 경우 법률가는 어떤 판단을 하여야 하는가? 일반인의 상식으로 법률적 판단을 수렴해 가는 방법과, 법률적 판단은 원칙대로 하되 일반인이 이러한 판단의 취지를 이해하고 이에 따라 행동하도록 유도하는 방법이 있다. 이 사건이 내포한 문제는 후자의 방법에 따라 해결해야 한다. 또한 해석론으로서는 미처 이러한 사실을 인지하지 못한 대습상속인도 민법 제1019조 제3항에 따라 구제받을 길이 열려 있다. 민법 제1019조 제3항은 상속인이 상속채무가 상속재산을 초과하는 사실을 중대한 과실 없이 포기 기간 내에 알지 못하고 단순승인 또는 법정승인한 경우에는 그 사실을 안 날부터 3개월 내에 한정승인을 할 수 있다고 규정한다. 이러한 요건이 갖추어지면 대습상속인도 한정승인을 통하여 상속채무의 위험으로부터 벗어날 수 있을 것이다.

---

10) 윤진수, **친족상속법 강의**(박영사, 2016), 295면 참조. 프랑스 민법 제754조 제4항은 대습상속인이 될 자가 피대습인에 대한 상속을 포기한 경우에도 대습상속을 인정한다.

8 제3자의 권리 대상인 유증 목적물의 법률관계 (대법원 2018. 7. 26. 선고 2017다289040 판결)

가. 사실관계

A는 사회복지법인인 피고 법인을 설립하여 이사장으로 재직하면서 피고 법인을 운영해 왔다. 피고 법인은 A 소유인 X토지 위에 피고 소유의 Y건물을 신축하였고, 이후 X토지를 기한의 정함 없이 무상으로 사용해 왔다. A는 X토지를 B종친회에 유증한 후 사망하였다. X토지에 관하여는 B종친회 앞으로 유증을 원인으로 하는 소유권이전등기가 마쳐졌다. B종친회의 채권자인 원고는 B종친회가 피고 법인에게 가지는 토지 사용료 상당의 부당이득반환채권의 일부에 대하여 채권압류 및 추심명령을 받은 뒤 피고 법인을 상대로 추심금소송을 제기하였다. 피고 법인은 A가 생전에 피고 법인이 X토지를 무상으로 사용하는 것을 허락하였고, 수증자인 B종친회는 민법 제1085조에 규정된 것처럼 X토지에 관한 피고 법인의 권리를 소멸시키는 청구를 할 수 없다고 주장하였다.

나. 원심판결과 대상판결

1심법원은, 민법 제1085조는 수증자가 유증의무자에게 제3자의 권리소멸을 청구하지 못한다는 취지일 뿐, 수증자가 제3자에게 직접 자신의 권리를 행사하는 것을 제한하는 취지는 아니라고 보았다. 그리고 이러한 해석에 기초하여 피고 법인의 주장을 배척한 뒤 원고의 청구를 인용하였다.[1] 원심법원도 1심법원의 판단을 유지하였다.[2] 그러나 대법원은 원심판결을 파기환송하였다. 판결 요지는 다음과 같다.

민법 제1085조는 "유증의 목적인 물건이나 권리가 유언자의 사망 당시에 제3자의 권리의 목적인 경우에는 수증자는 유증의무자에 대하여 그 제3자의 권리를 소멸시킬 것을 청구하지 못한다."라고 규정하고 있다. 이는 유언자가 다른 의사를 표

1) 서울남부지방법원 2017. 4. 11. 선고 2016가단26611 판결.
2) 서울남부지방법원 2017. 11. 23. 선고 2017나54041 판결.

시하지 않는 한 유증의 목적물을 유언의 효력발생 당시의 상태대로 수증자에게 주는 것이 유언자의 의사라는 점을 고려하여 수증자 역시 유증의 목적물을 유언의 효력발생 당시의 상태대로 취득하는 것이 원칙임을 확인한 것이다. 그러므로 유증의 목적물이 유언자의 사망 당시에 제3자의 권리의 목적인 경우 그와 같은 제3자의 권리는 특별한 사정이 없는 한 유증의 목적물이 수증자에게 귀속된 후에도 그대로 존속하는 것으로 보아야 한다.

다. 분석

(1) 민법 제1085조의 일반적 해석론

대상판결은 민법 제1085조의 해석론을 다룬 첫 번째 대법원 판결이다. 민법 제1085조는 유증 목적물이나 목적 권리(이하 합쳐서 '유증 목적물'이라고만 한다)가 제3자의 권리 대상이었던 경우 유증으로 인해 제3자의 권리가 어떤 법적 운명을 맞게 되는지를 다루는 조항이다. 이 조항에 따르면 "수증자"는 "유증의무자"에게 "제3자의 권리를 소멸시킬 것"을 청구하지 못한다. 이 사건에서 유증목적물인 X토지는 피고 법인의 무상사용권 대상이었는데, X토지가 B종친회에 유증으로 이전되었다. 이러한 상황에서 수증자인 B종친회가 피고 법인에게 유증 목적물의 소유권에 기해 토지 사용료 상당의 부당이득반환청구를 할 수 있는지가 문제 되었다.

학계에서는 민법 제1085조를 대체로 다음과 같이 이해하여 왔다.[3] 유언자는 다른 의사를 표시하지 않는 한, 유증 목적물을 유증 효력 발생 당시의 상태대로 수증자에게 주려는 의사를 가진다. 민법 제1085조는 이러한 유언자의 일반적인 의사를 표현한 조항이다. 민법 제1085조가 규정하는 "제3자의 권리"에는 용익물권이나 담보물권과 같은 물권뿐만 아니라 임차권과 같은 채권도 포함된다. 다만 유언자가 타인에 대하여 유증 목적물 위에 존재하는 제3자의 권리를 소멸시키도록 청구할 권리를 가질 때에는, 이 권리는 종된 권리로서 수증자에게 이전한다. 예컨대, 유언자가 저당권이 있는 부동산을 매수하여 매도인에게 그 저당권의 제거를 청구할 권리를 가지고 있는데 그 부동산을 유증하였다면, 수증자는 그 부동산의 매도인에게 저당권의 제거를 청구할 수 있다. 다만 민법 제1085조는 임의규정이므로,

---

3) 이하 편집대표 김주수 · 김상용, **주석민법 상속 (2)**, 제3판(한국사법행정학회, 2010), 300-301면; 송덕수, **친족상속법**, 제3판(박영사, 2017), 425면.

유언자가 유언으로 다른 의사를 표시하였을 때에는 그에 의한다(민법 제1086조).

이러한 민법 제1085조의 취지는 특정물이 유증의 목적인 경우 담보책임이 인정되지 않는 것과도 일맥상통한다. 이때 담보책임이 인정되지 않는 이유는, 유증 목적물을 현상 그대로 주려는 것이 유언자의 일반적인 의사이고, 수증자로서도 유언자가 보유하고 있던 상태 그 이상을 요구할 수 없기 때문이다.[4] 따라서 유증의무자는 특정물인 유증 목적물을 현상대로 인도하면 된다.[5] 또한 매매 목적물이 제한물권의 목적이 된 경우에 매도인이 민법 제575조에 따라 담보책임을 부담하는 것과 달리, 유증 목적물이 제한물권 등의 목적이 된 경우에도 유증자나 유증의무자는 그와 같은 담보책임을 부담하지 않는다.

일본 민법 제1000조도 우리 민법 제1085조와 동일한 내용을 규정하고 있다. 일본에서도 이 조항은 "물건은 그 부담과 함께 이전한다"(res transit cum suo onere)는 원칙에 따라 수증자는 유증의 효력이 발생할 때의 현상 그대로 유증 목적물의 권리를 취득한다는 당연한 내용을 담고 있다고 설명한다.[6] 이 조항을 기초하는 단계에서는 이 조항이 당연한 내용을 규정하고 있으므로 이를 삭제해도 좋다는 의견이 제시되기도 하였으나, 이 조항이 없으면 유증의무자가 그 부담을 소멸시켜 이전할 의무를 진다고 해석할 여지도 있고, 스페인 민법처럼 반대 취지의 입법례도 있어 이 조항을 명문으로 두게 되었다고 한다.[7] "제3자의 권리"에 용익물권이나 담보물권[8] 등 물권이 포함된다는 점에 대해서는 아무런 논란이 없다. 한편 임차권, 차지권(借地權), 차가권(借家權)도 "제3자의 권리"에 포함시켜야 한다는 것이 일반적 견해이다.[9] 다만 대항력 없는 임차인은 유증 목적물의 새로운 소유자가 된 수증자의 반환청구에 응할 수밖에 없고, 이로 인하여 그의 채권이 침해되었다면 상속인을 상대로 채무불이행에 기한 손해배상청구권을 행사할 수 있을 뿐이라는 견해도 있다.[10] 참고로 최근 일본 상속법이 개정되면서 일본 민법 제1000조는 삭

---

4) 윤진수, **친족상속법강의**, 제2판(박영사, 2018), 542면.
5) 박동섭, **친족상속법**, 제4판(박영사, 2013), 766면.
6) 中川善之助, 加藤永一 編, **新版 注釋民法, 相續(3)**(有斐閣, 1988), 249면(上野雅和 집필부분).
7) 中川善之助, 加藤永一 編(주 6), 249면(上野雅和 집필부분).
8) 담보물권의 부담을 승계한 수증자가 그 담보물권이 실행된 경우 물상보증인과 마찬가지로 주채무자인 상속인에게 구상권을 행사할 수 있는지에 대해서는 논란이 있다. 中川善之助, 加藤永一 編(주 6), 251-252면(上野雅和 집필부분).
9) 中川善之助, 加藤永一 編(주 6), 250면(上野雅和 집필부분).
10) 中川善之助, 加藤永一 編(주 6), 250-251면(上野雅和 집필부분).

제되었고 이 조항이 규율하던 법률관계는 제998조에 의해 규율될 예정이다.[11] 개정 일본 민법 제998조에 따르면 유언자의 사망 시점, 즉 상속개시 시점에 특정유증의 목적인 물건 또는 권리가 제3자의 권리의 대상이 되어 있던 경우에도, 유증의무자는 유언에 다른 의사표시가 없는 한 그 상태대로 인도 또는 권리를 이전하면 족하다.

(2) 대상판결 검토

대법원이 "제3자의 권리는 특별한 사정이 없는 한 유증의 목적물이 수증자에게 귀속된 후에도 그대로 존속하는 것"이라고 본 부분은 타당하다. 유증이 이루어졌다고 하여 그 유증 목적물에 관한 제3자의 권리가 자동적으로 소멸하는 것은 아니기 때문이다. 하지만 대법원이 본래 대항력 없던 사용차주에 불과하던 제3자(피고)가 수증자에게 자신의 권리로 대항할 수 있으므로 부당이득반환채무가 없다고 본 부분은 논란의 여지가 있다. 제3자(피고)의 권리는 유언자 또는 그로부터 채무를 상속한 상속인에게만 행사할 수 있는 채권에 불과하기 때문이다. 수증자가 자신이 특정유증으로 취득한 소유권에 기해 대항력 없는 제3자에게 인도청구나 부당이득반환청구를 할 수 있는가에 대해서는 그동안 별 논의가 이루어지지 않았다. 편의상 권리 행사 가능설과 권리 행사 제한설을 상정해 볼 수 있다. 대상판결은 권리 행사 제한설을 채택하였다. 그러나 필자는 이러한 결론의 타당성에 대해 의문을 가지고 있다. 다음 세 가지 질문을 살펴보는 것이 유용하다.

첫째, 민법 제1085조의 적용 범위를 어떻게 파악할 것인가? 법률 해석은 문언의 통상적인 의미 범위를 벗어나지 않도록 하는 것이 원칙이다. 민법 제1085조의 문언은 단순하다. "수증자"는 "유증의무자"에 대하여 "제3자의 권리를 소멸시킬 것을 청구하지 못한다."는 것이다. 문언상 이 조항은 수증자와 유증의무자의 관계에 대해서만 다루고 있다. 하지만 이 사건에서 문제되는 것은 수증자와 제3자의 관계이다. 그런데 민법 제1085조의 문언 어디에서도 이 조항이 수증자와 제3자의 관계를 다루는 조항임을 확인할 수 있는 명문의 근거를 찾아볼 수 없다. 민법 제1085조는 "수증자"가 "유증의무자"에게 제3자의 권리를 소멸시킬 것을 청구하지

---

11) 상속편 개정을 내용으로 하는 개정 일본 민법은 2018. 7. 13. 공포되었고, 내용별로 나누어 2019. 1. 13.과 2019. 7. 1. 그리고 2020. 4. 1.에 순차적으로 시행될 예정이다. 민법 제998조는 2019. 7. 1. 시행 대상이다. 개정된 제998조에 관한 일반적 설명으로는 潮見佳男, 詳解 相続法(弘文堂, 2018), 501-502면 참조.

못한다고 규정하고 있을 뿐이다. 그렇다면 수증자와 제3자의 관계는 애당초 민법 제1085조의 적용 대상이 아니라고 보아야 하지 않을까?

둘째, 일반 법리와의 정합성을 어떻게 파악할 것인가? 만약 제3자의 권리가 물권이라면 수증자는 그 물권의 부담을 떠안아야 한다. 그것이 물권의 본질이기 때문이다. 가령 유증 목적물에 이미 지상권이 설정되어 있었다면 수증자는 그 지상권의 부담을 떠안아야 한다. 제3자의 권리가 대항력 있는 임차권인 경우도 마찬가지이다. 그러한 상태를 원하지 않는 수증자는 유증을 포기하면 된다(민법 제1074조). 만약 제3자의 권리가 대항력 없는 채권(가령 대항력 없는 임차권, 사용차권, 소유권이전등기청구권이나 인도청구권 등 기타 일반 채권)이라면 수증자는 그 권리의 부담을 떠안을 필요가 없다. 수증자는 유증 목적물의 소유자이고, 제3자는 그 소유자와의 관계에서 권원이 구비되어 있지 않는 이상 소유자에게 대항할 수 없는 채권자에 불과하기 때문이다. 사회정책적으로 보호 필요성이 높은 주택임차인이나 상가임차인마저도 대항력 있는 임차권을 획득하려면 일정한 요건을 갖추어야 한다. 그런데 제3자가 자신과는 무관하게 이루어진 유증이라는 외부적 사태를 계기로, 본래는 없던 대항력을 갑자기 획득하는 것과 같은 상태에 이르는 것은 이상하다. 일반적인 증여 또는 사인증여에는 인정되지 않는 법적 효과가 유독 유증에만 인정될 합리적 사유도 찾을 수 없다.[12)]

셋째, 유언자의 의사를 어떻게 파악할 것인가? 대상판결은 민법 제1085조가 "유증의 목적물을 유언의 효력발생 당시의 상태대로 수증자에게 주는 것이 유언자의 의사라는 점을 고려하여 수증자 역시 유증의 목적물을 유언의 효력발생 당시의 상태대로 취득하는 것이 원칙"이라는 점을 밝힌 뒤 권리 행사 제한설을 채택하였다. 즉 민법 제1085조로부터 "유언의 효력발생 당시의 상태대로" 취득한다는 일반 원칙을 이끌어 내고, 이 원칙을 매개로 유언자가 처했던 법적 상태를 수증자가 이어받는다는 결론으로 연결시켰다. 그런데 유언자의 의사 해석은 속성상 개별적으로 이루어져야 하므로, 유언자의 의사를 손쉽게 일반화한 뒤 그에 기초하여 수증자와 제3자의 관계를 확정하지 않도록 해야 한다. 그런데 일반적으로 유언자는 굳이 제3자의 권리를 소멸시켜 가면서까지 유증하겠다는 의사를 가지지는 않겠지만, 그렇

12) 특정유증의 경우 유증 목적인 재산은 일단 상속재산으로서 상속인에게 귀속되고 유증을 받은 자는 단지 유증의무자에 대하여 유증을 이행할 것을 청구할 채권을 취득하게 될 뿐이다(대법원 2010. 12. 23. 선고 2007다22859 판결). 이러한 채권의 행사에 따라 특정유증의 목적에 관한 소유권을 취득하는 과정은 증여의 경우와 다를 바 없다.

다고 굳이 대항력 없는 제3자의 권리에 새로운 대항력을 부여해 가면서까지 제3자의 권리를 보호하겠다는 의사를 가진다고 단정하기도 어렵다.

대상판결과 같은 결론을 설명하려면 유언자가 부담부 유증을 하였다고 인정할 수 있어야 한다. 부담부 유증은 수증자가 유증 목적 외에 채무도 함께 부담하게 되는 유증을 말한다(민법 제1088조). 이 사건의 경우 유언자가 가지던 사용대주로서의 채무는 유언자의 사망에 따라 상속인이 상속한다. 하지만 유언자의 의사에 따라 수증자가 사용차주인 제3자에 대해 이러한 채무를 부담하도록 할 수도 있다. 이때 수증자는 유증 목적물의 가액을 초과하지 않는 범위에서만 이러한 채무를 이행할 책임이 있다(제1088조 제1항). 이 사건에서도 수증자가 사용차주의 토지 이용을 용인할 채무를 부담한다고 말하지 않고서는 수증자가 취득한 토지 소유권에 기한 부당이득반환청구권의 행사를 제한할 수 없다. 즉 유언자가 부담부 유증을 하였다고 해석되는 경우이다.[13] 그러나 대상판결은 부담부 유증이 아닌 일반 유증에서도 수증자가 민법 제1085조에 기초하여 이러한 채무를 부담한다고 보았다. 이러한 대상판결의 태도에는 찬성할 수 없다.

13) 지상권이나 지역권 또는 대항력 있는 임차권과 같은 물권적 부담의 승계나 압류 또는 가압류 상태와 같은 법률상 부담의 승계는 유언자가 그 부담의 승계를 의도하였기 때문이 아니라 물권적 속성이나 법률상 제한에 따라 당연히 이루어지는 것이므로 부담부 유증과는 구별해야 한다.

판례색인

민 / 법 / 판 / 례 / 연 / 구

사항색인

민 / 법 / 판 / 례 / 연 / 구

[저자 약력]
■ 권 영 준

서울대학교 법과대학 졸업
하버드 로스쿨 졸업(LL.M.)
서울대학교 대학원 졸업(법학석사, 법학박사)
서울지방법원 등 판사 역임
서울대학교 법학전문대학원 교수

민법판례연구 I

초판발행 2019년 6월 28일

지은이 권영준
펴낸이 안종만 · 안상준

편 집 이강용
기획/마케팅 조성호
표지디자인 이미연
제 작 우인도 · 고철민

펴낸곳 (주) 박영사
서울특별시 종로구 새문안로3길 36, 1601
등록 1959. 3. 11. 제300-1959-1호(倫)
전 화 02)733-6771
f a x 02)736-4818
e-mail pys@pybook.co.kr
homepage www.pybook.co.kr
ISBN 979-11-303-3421-9 93360

정 가 28,000원